KB111170

법학입문

대표저자
홍준형

머 리 말

법과 함께, 법을 가지고 씨름을 한지 거의 반세기가 다 되도록 갈수록 뚜렷해지는 깨달음이 있다. 법이 중요하고 법을 공부할 가치가 있다는 생각 이다.

그러고 보니 날이 갈수록 법이 더욱 더 흥미진진해지는 것도 사실이다. 속담에 '법 없이도 사는 사람'이란 말이 있지만 이것은 더 이상 시대에 맞지 않는 허구일 뿐이다. 법은 시민사회의 일원이자 국가공동체의 구성원으로서 반드시 알아야 하고, 잘 지킬 뿐만 아니라 잘 다룰 수도 있어야 하는 필수과 목이기 때문이다.

불산 누출 사고나 강원도 산불 등 대형재난, 특히 최근 우리를 공포에 휩싸이게 만든 코로나19 사태에서 보듯 시민 한사람 한사람이 책임 있게 행 동하지 않는다면 이 엄청난 초복합 위험사회에서 안전한 삶이란 불가능하다. 그렇기에 시민이 법적 소양을 갖추도록 하는 일만큼 중요하고 필수적인 일 은 없다.

그런 뜻에서 이 책은 무엇보다도 시민적 교양의 핵심으로서 법을 소개 하고자 한다.

하지만 이 책은 종래 '법학개론'과는 사뭇 다른 관점에서 편찬되었다. '법학입문'이란 이름을 붙였지만 '인간과 법'이란 법철학적·법학방법론적 문 제를 필두로 민법, 헌법, 형법, 상법, 민사소송법, 형사소송법, 노동법, 행정 법 등 주요 법 영역의 핵심적 내용을 단순한 겉핥기에 그치지 아니 하고 집 약적으로 설명한다.

어쩌면 가장 새로운, 현행화된 법학 입문서로서 깨어 있고자 하는 시민 들은 물론 법학에 입문하려는 법학도에게 법에 대한 진전된 지식과 사용설 명서 또는 유용한 스타터 메뉴(stater menu)가 될 수 있을 것이다. 아울러 비 법학배경을 가지고 법률전문직에 도전하는 법학전문대학원생들에게도 법학의 이론과 실제에 대한 일종의 선행학습자료로 활용될 수 있을 것이다.

　이 책이 법학입문서의 바람직한 모델을 제시한 좋은 선례가 되리라고 믿어 의심치 않는다.

　끝으로 이 책의 편찬에 열과 성을 다하여 매진해 주신 학계와 실무계를 대표하는 필진들께, 그리고 도서출판 오래를 이끌어 오신 황인욱 대표님께 감사의 뜻을 전하고자 한다.

2020년 2월 21일
필진을 대표하여　홍 준 형

차 례

1. 인간과 법

〈변환철, 김기영〉

인간과 법

Ⅰ. 인간과 법
  1. 인간(존엄성과 가치) ……………………………………………………… 2
  2. 법(인간의 존엄과 가치의 수호자) …………………………………… 4

Ⅱ. 법과 사회규범
  1. 법과 도덕 ………………………………………………………………… 10
  2. 법과 종교 ………………………………………………………………… 15
  3. 법과 관습 ………………………………………………………………… 16

Ⅲ. 법의 목적
  1. 정 의 ……………………………………………………………………… 18
  2. 법적 안정성 ……………………………………………………………… 21
  3. 법의 합목적성 …………………………………………………………… 23
  4. 법의 목적 상호간의 관계 ……………………………………………… 25

Ⅳ. 법의 존재형식
  1. 법원의 개념 ……………………………………………………………… 27
  2. 성문법원 ………………………………………………………………… 27
  3. 불문법원 ………………………………………………………………… 33

Ⅴ. 법의 분류
  1. 공법과 사법 ……………………………………………………………… 38
  2. 실체법과 절차법 ………………………………………………………… 40
  3. 일반법과 특별법 ………………………………………………………… 40
  4. 강행법과 임의법 ………………………………………………………… 41
  5. 국내법과 국제법 ………………………………………………………… 42

Ⅵ. 법의 효력
  1. 법의 실질적 효력 ………………………………………………………… 43
  2. 법의 형식적 효력 ………………………………………………………… 47

Ⅶ. 법의 해석과 적용
  1. 실정법 해석의 방법 ……………………………………………………… 52
  2. 법의 적용 ………………………………………………………………… 56

2. 민 법

〈이준형, 김동민〉

제1. 민법총칙

I. 총 설
1. 민법의 법원 ·· 64
2. 민법의 기본원리 ·· 65
3. 법률관계 ·· 67
4. 권 리 ·· 68
5. 의 무 ·· 75
6. 권리의 행사와 의무의 이행 ·································· 76

II. 권리의 주체
1. 권리주체 일반론 ·· 78
2. 자연인 ·· 79
3. 법 인 ·· 87

III. 권리의 객체
1. 총 설 ·· 92
2. 물 건 ·· 93

IV. 권리의 변동
1. 총 설 ·· 95
2. 권리변동의 원인 ·· 97
3. 법률행위 ·· 98
4. 의사표시 ·· 103
5. 대 리 ·· 107
6. 법률행위의 무효와 취소 ·· 113
7. 조건과 기한 ·· 115

V. 기 간
1. 기간의 의의 ·· 117
2. 기간의 계산방법 ·· 117

VI. 소멸시효
1. 시효제도의 의의 ·· 118
2. 소멸시효 ·· 118

제2. 물 권 법

I. 물권의 의의
1. 물권의 개념 ·· 120

  2. 물권과 채권의 구별 ················ 121
Ⅱ. 물권변동
  1. 부동산 물권변동 ················ 124
  2. 동산에 관한 물권변동 ················ 134
Ⅲ. 물권의 소멸 141

제3. 채 권 법

Ⅰ. 채권총론
  1. 채권의 기초 ················ 143
  2. 채권의 목적 ················ 144
  3. 채권의 효력 ················ 147
  4. 다수당사자의 채권관계 ················ 151
  5. 채권관계 당사자의 교체 ················ 155
  6. 채권의 소멸 ················ 157
Ⅱ. 채권각론
  1. 계 약 ················ 159
  2. 전형계약 ················ 165
  3. 사무관리 ················ 174
  4. 부당이득 ················ 175
  5. 불법행위 ················ 175

제4. 친 족 법

Ⅰ. 친족법 총설
  1. 친 족 ················ 185
  2. 친족의 법률상 의미 ················ 186
  3. 친족과 가족의 차이 ················ 188
  4. 성과 본 ················ 189
Ⅱ. 혼 인
  1. 약 혼 ················ 190
  2. 혼인의 성립 ················ 190
  3. 혼인의 무효와 취소 ················ 192
  4. 혼인의 효과 ················ 193
  5. 사실혼 ················ 195
  6. 이 혼 ················ 196

Ⅲ. 부모와 자녀
 1. 친생자 ··· 201
 2. 양 자 ··· 204
 3. 친 권 ··· 207

제5. 상 속 법

Ⅰ. 상속제도 총설 210

Ⅱ. 상속인의 순위 및 상속분
 1. 상속인의 순위 ··· 211
 2. 상속분 ··· 212

Ⅲ. 대습상속
 1. 요 건 ··· 213
 2. 효 과 ··· 214

Ⅳ. 상속결격
 1. 결격사유 ··· 216
 2. 결격의 효과 ··· 216

Ⅴ. 상속의 효과 217

Ⅵ. 상속의 승인과 포기
 1. 승인 및 포기제도 ··· 220
 2. 승인 및 포기의 기간 ··· 221
 3. 상속의 포기 ··· 221

3. 헌 법

〈장용근〉

제1. 개 관

Ⅰ. 헌법의 개념
 1. 헌법개념의 양면성 ··· 224
 2. 헌법개념의 역사적 전개 ··································· 225

Ⅱ. 헌법의 분류
 1. 헌법의 전통적 분류방법 ··································· 226
 2. 뢰벤슈타인의 분류 ··· 228

Ⅲ. 헌법의 제정과 개정
1. 헌법의 제정 ··· 228
2. 헌법의 개정 ··· 229

Ⅳ. 헌법의 보장
1. 헌법보장제도의 유형 ·································· 231
2. 우리나라의 헌법보장제도 ························· 231

Ⅴ. 국민의 헌법상의 지위
1. 국민의 요건 ··· 234
2. 국민의 헌법상의 지위 ································· 234

Ⅵ. 대한민국의 기본질서
1. 민주적 기본질서(자유민주적 기본질서) ···· 236
2. 사회적 시장경제질서 ································· 238
3. 평화주의적 국제질서 ································· 239

Ⅶ. 한국헌법의 기본제도
1. 정당제도 ··· 241
2. 선거제도 ··· 243
3. 공무원제도 ··· 244
4. 지방자치제도 ··· 245

제2. 기 본 권

Ⅰ. 기본권 총론
1. 각국의 인권선언 ··· 247
2. 기본권의 본질 ·· 249
3. 기본권의 주체 ·· 249
4. 기본권의 효력 ·· 251
5. 기본권의 제한 ·· 254
6. 기본권의 침해와 구제 ································· 257

Ⅱ. 기본권 각론
1. 포괄적 기본권 ·· 258
2. 자유권적 기본권 ··· 259
3. 생존권적 기본권 ··· 263
4. 청구권적 기본권 ··· 267
5. 참정권적 기본권 ··· 268
6. 국민의 기본의무 ··· 269

제3. 통치구조

I. 대의제
1. 대의제의 의의 ……………………………………………… 270
2. 대의제 원리의 특징 ……………………………………… 271
3. 판례의 입장 ………………………………………………… 272

II. 정부형태
1. 정부형태의 의의 ………………………………………… 273
2. 정부형태의 유형 ………………………………………… 273

III. 입법의 특성
1. 입법의 의미 ……………………………………………… 277
2. 입법의 일반성·추상성의 원칙 ………………………… 278
3. 처분적 법률의 개념·유형 ……………………………… 278
4. 처분적 법률의 인정 여부 ……………………………… 279

IV. 행정입법
1. 행정입법의 근거 ………………………………………… 280
2. 행정입법의 종류 ………………………………………… 280
3. 행정입법의 한계 ………………………………………… 281

V. 국무총리
1. 헌법상 행정각부의 설치 ……………………………… 283
2. 국무총리의 헌법상 지위 ……………………………… 283
3. 행정각부 기관의 설치 ………………………………… 284

VI. 위헌법률심사제도
1. 위헌법률심사제도 ……………………………………… 284
2. 위헌법률심사제도의 유형 …………………………… 284

VII. 헌법재판소결정의 유형과 효력
1. 헌법재판에 있어서의 종국결정 유형 ……………… 286
2. 위헌법률심판결정의 유형 …………………………… 286

VIII. 탄핵제도
1. 우리 헌법상 탄핵제도의 특징 ……………………… 287
2. 탄핵심판의 요건— 실체적 요건 …………………… 288
3. 탄핵심판의 절차 ……………………………………… 288
4. 판례의 입장 …………………………………………… 289

4. 형 법

〈강동욱, 남선모, 김봉수〉

제1. 총 론

I. 형법의 기본이론
1. 형법의 의의 ……………………………………………… 292
2. 죄형법정주의 …………………………………………… 293
3. 형법의 적용범위 ………………………………………… 293

II. 범죄론
1. 범죄의 의의 ……………………………………………… 295
2. 범죄의 종류 ……………………………………………… 298

III. 죄수론
1. 의 의 …………………………………………………… 303
2. 실체적경합 ……………………………………………… 304
3. 법조경합 ………………………………………………… 305
4. 상상적경합 ……………………………………………… 305

IV. 형벌론
1. 사형(생명형) …………………………………………… 306
2. 징역·금고·구류(자유형) ……………………………… 307
3. 벌금·과료·몰수(재산형) ……………………………… 308
4. 자격상실·자격정지(명예형) …………………………… 309
5. 보안처분 ………………………………………………… 310

제2. 각 론

I. 개인적 법익에 대한 죄
1. 생명과 신체에 대한 죄 ………………………………… 314
2. 자유에 대한 죄 ………………………………………… 316
3. 명예와 신용에 대한 죄 ………………………………… 319
4. 사생활의 평온에 대한 죄 ……………………………… 321
5. 재산에 대한 죄 ………………………………………… 322

II. 사회적 법익에 대한 죄
1. 공공의 안전과 평온에 대한 죄 ………………………… 326
2. 공공의 신용에 대한 죄 ………………………………… 329
3. 공중의 건강에 대한 죄 ………………………………… 330
4. 사회의 도덕에 대한 죄 ………………………………… 330

Ⅲ. 국가적 법익에 대한 죄
   1. 국가의 존립과 권위에 대한 죄 ……………………………… 332
   2. 국가의 기능에 대한 죄 …………………………………………… 337

5. 상 법

〈이성우, 김동민〉

상 법

Ⅰ. 상 인
   1. 기업의 주체 …………………………………………………… 342
   2. 상인의 유형 …………………………………………………… 342
   3. 상인자격의 취득과 상실 …………………………………… 343

Ⅱ. 상행위 통칙
   1. 기본적 상행위와 준상행위 ………………………………… 346
   2. 영업적 상행위와 보조적 상행위 ………………………… 346
   3. 상법 제46조의 기본적 상행위 …………………………… 347

Ⅲ. 상행위에 관한 특칙
   1. 민법 총칙편에 대한 특칙 ………………………………… 351
   2. 민법 물권편에 대한 특칙 ………………………………… 353
   3. 민법 채권편에 대한 특칙 ………………………………… 356
   4. 상사매매 ……………………………………………………… 358

Ⅳ. 상법에 특유한 제도
   1. 상호계산 ……………………………………………………… 361
   2. 익명조합 ……………………………………………………… 364

Ⅴ. 상행위 각론
   1. 대리상 ………………………………………………………… 368
   2. 중개업 ………………………………………………………… 370
   3. 위탁매매업 …………………………………………………… 371
   4. 운송업(물건운송) …………………………………………… 374
   5. 공중접객업 …………………………………………………… 380

6. 민사소송법

〈이동률, 황태윤〉

민사소송법

Ⅰ. 사법적 법률관계의 분쟁
  1.사법적 법률관계의 성립 ·· 384
  2. 분쟁의 발생 ··· 385
  3. 사법관계의 분쟁해결방안 ·· 385

Ⅱ. 민사소송의 의의와 민사소송을 지배하는 법원리
  1. 민사소송의 의의 ·· 391
  2. 민사소송을 지배하는 법원리 ··· 392

Ⅲ. 민사소송절차의 종류
  1. 소송과 비송 ·· 397
  2. 민사소송절차의 종류 ·· 398

Ⅳ. 민사소송의 기본요소
  1. 당사자 ·· 409
  2. 소송물(소송의 객체) ··· 411
  3. 법 원 ··· 413

Ⅴ. 다수당사자소송
  1. 통상의 공동소송 ·· 422
  2. 필수적 공동소송 ·· 423
  3. 소송참가 ··· 424
  4. 소송고지 ··· 425

7. 형사소송법

〈유주성〉

형사소송법

Ⅰ. 형사소송법 개설
  1. 형사소송법의 의의 ·· 428
  2. 형사소송법 지도이념 ··· 429
  3. 형사소송의 기본구조 ··· 430

II. 수 사

1. 수사기관 및 피의자 ··· 431
2. 수사개시 ··· 434
3. 임의수사 ··· 435
4. 강제수사 ··· 437
5. 수사종결 ··· 442

III. 기 소

1. 의 의 ··· 445
2. 공소제기의 기본원칙 ·· 446
3. 공소제기의 방식 ··· 447
4. 공소제기의 효과 ··· 448
5. 공소시효 ··· 448

IV. 공 판

1. 소송주체와 참여자 ··· 450
2. 공판절차 ··· 456

V. 증거법

1. 증거법 기초개념 ··· 468
2. 증거능력 ··· 470
3. 증명력 ··· 476

VI. 재판 및 상소

1. 개 설 ··· 479
2. 재 판 ··· 479
3. 상 소 ··· 484

VII. 비상구제 및 특별절차

1. 비상구제절차 ··· 489
2. 특별절차 ··· 490

VIII. 재판집행 및 형사보상

1. 재판집행 ··· 494
2. 형사보상 ··· 494

8. 노 동 법

〈송강직, 김홍영, 조용만〉

제1. 근로계약법

I. 근로자와 근로기준법 적용
1. 근기법상의 근로자 ···································· 496
2. 근기법상의 근로자보호 ···························· 502

II. 근로계약
1. 채용내정과 시용계약 ······························· 504
2. 위약예정의 금지 ···································· 507
3. 전차금상계의 금지 ·································· 509

III. 임 금
1. 임금채권의 양도 ···································· 510
2. 임금채권의 보호 ···································· 511

IV. 취업규칙
1. 불이익변경 ·· 516
2. 동의방식 ·· 516
3. 사회통념에 비추어 합리성이 인정되는 경우 ··· 516
4. 불이익변경이고 집단동의·합리성도 없는 취업규칙변경의 경우 ········ 517

V. 인사조치
1. 인사조치의 정당성 판단 기준 ···················· 518
2. 인사조치 불응과 해고 ····························· 519

VI. 산업재해
1. 산업재해 판단 ······································ 520
2. 산업재해보상 ······································· 521

VII. 징계 및 근로계약의 종료
1. 해고의 일반적 기준 ································ 523
2. 해고 제한 ··· 524
3. 경영상 이유에 의한 해고 ························· 525
4. 해고와 불법행위 ···································· 525
5. 기간제 근로자 해고와 대기발령 후 면직처리 ···· 526

VIII. 정당한 이유 없는 해고 등의 구제절차 528

제2. 노동단체법

I. 노동조합

1. 노동조합 설립절차 ·· 530
2. 노동조합의 조직형태 및 구직활동중인 자의 노동조합 설립 ·········· 531
3. 노조법에 의해 설립된 노동조합의 보호 ······················ 532

II. 노동조합 통제권

1. 통제처분의 필요성 ·· 534
2. 통제처분의 한계 ·· 534

III. 노동조합 활동

1. 노동조합활동의 정당성 판단기준 ···························· 536
2. 유인물배포행위의 정당성 ···································· 537
3. 리본·조끼·셔츠 착용 ······································ 538

IV. 단체교섭

1. 산업별노동조합 하부조직의 단체교섭 당사자 지위 ·············· 539
2. 단체교섭 대상 ·· 540

V. 단체협약

1. 해고동의 조항 ·· 542
2. 해고협의 조항 ·· 543
3. 단체협약 불이익변경 ·· 544
4. 불이행과 형사책임 ·· 545

VI. 쟁의행위

1. 정당성 요건 ··· 547
2. 준법투쟁 ·· 548
3. 직장폐쇄 ·· 548
4. 위법한 쟁의행위와 손해배상 ································ 549
5. 위법한 쟁의행위 후의 면책합의 효력 ························ 550

VII. 부당노동행위

1. 부당노동행위의 유형 ·· 551
2. 부당노동행위의 구제 ·· 552

9. 행 정 법

〈홍준형, 박원규〉

행정법

I. 행정법이란 무엇인가?
　1. 행정법의 정의 ································ 556
　2. 행정법의 개념과 특성 ···················· 556
　3. 통치행위 ································ 559

II. 법치행정의 원리
　1. 헌법과 행정법의 관계: 구체화된 헌법으로서 행정법 ············ 563
　2. 법치행정의 원리 ························ 563

III. 행정법의 법원, 행정법의 일반원칙
　1. 행정법 일반원칙의 법적 성질 ·············· 568
　2. 법의 일반원칙: 평등원칙, 행정의 자기구속 원칙 ········· 569
　3. 비례의 원칙 ·························· 570
　4. 신뢰보호의 원칙 ······················ 572
　5. 그 밖의 행정법의 일반원칙 ·············· 574

IV. 공권론
　1. 공권의 개념과 반사적 이익 ·············· 576
　2. 공권의 성립요건: 보호규범설 ············ 576
　3. 행정에 대한 사인의 지위 강화 ············ 576

V. 특별권력관계
　1. 특별권력관계론 ······················ 580
　2. 특별권력관계의 성립, 종류, 내용 ·········· 581
　3. 특별권력관계와 기본권, 법치주의 및 사법심사 ······ 583

VI. 행정입법
　1. 의 의 ······························ 584
　2. 법규명령 ···························· 585
　3. 행정규칙 ···························· 586

VII. 행정계획
　1. 행정계획 의의 ······················ 588
　2. 행정계획의 법적 성질 ·················· 588
　3. 행정계획의 종류 ····················· 589
　4. 행정계획의 절차 ····················· 589
　5. 행정계획의 통제 ····················· 590
　6. 계획보장청구권 ······················ 591

Ⅷ. 행정행위
 1. 행정행위의 개념 ··· 592
 2. 행정행위의 종류 ··· 592
 3. 행정행위의 내용 ··· 594
 4. 행정행위의 부관 ··· 597
 5. 행정행위의 하자 ··· 598
 6. 행정행위의 효력소멸 ··· 600

Ⅸ. 행정의 실효성 확보수단
 1. 의 의 ·· 601
 2. 행정상 강제집행 ··· 602
 3. 행정상 즉시강제 ··· 604
 4. 행정벌 ·· 604

Ⅹ. 행정구제법
 1. 행정상 손해전보 ··· 606
 2. 행정쟁송 ·· 608

법학입문

1. 인간과 법

*집필: 변환철. 변호사
       김기영. 조선대학교 법과대학 교수

인간과 법

I. 인간과 법

1. 인간(존엄성과 가치)

　'칸트'(Immanuel Kant)는 철학 일반의 개념을 정의하면서, 철학의 명제를 '우리는 무엇을 알 수 있는가, 우리는 무엇을 해야 하는가, 우리는 무엇을 원하는가, 인간이란 무엇인가'라고 하는 4가지 물음으로 정리하였다. 그러면서 첫 번째 질문은 형이상학이, 두 번째 질문은 도덕이, 세 번째 질문은 종교가, 네 번째 질문은 인간학이 각각 해결하지만, 앞의 3가지 질문도 결국에는 인간이란 무엇인가에 집약된다고 하였다.

　역사가 시작된 이래 인간에 대한 정의는 무수히 생겨났다. 경제인·정치인·권력인·리비도인 등의 정의가 그러하고, 이성적 인간·종교적 인간·공작적 인간·디오니소스적 인간·무신론적 초월인 등의 분류가 그러하다. 또한 '라메트리'(La Mettrie)의 기계인간론, '마르크스'(Karl Marx)의 투쟁인간론도 역시 그러하다. 그러나 인간에 대한 정의가 아무리 넓고 포괄적이라고 해도 인간은 여전히 그 정의를 벗어난 다른 모습을 나타내면서, 자신의 참 모습을 드러내지 않는다. 그러므로 인간의 본질에 대한 질문은 인간이 영원히 짊어져야 할 '시시포스'(Sisyphus)의 바위이며, 인간이란 먼 옛날부터 지금까지 그리고 다시 먼 훗날 까지, 자신의 참 모습을 찾아 끝없는 순례의 길을 걷고 또 걷는 고독한 순례자인지도 모른다.

　그러나 인간에 대한 정의가 어떻게 내려지든 인간의 본질을 어떻게 파악하든, 인간에 대한 이해에는 절대로 흔들리지 않아야 할 대전제가 있으니,

그것은 바로 인간의 존엄성과 가치에 대한 올바른 인식이다. 인간은 존엄하기 때문에, 그 존엄성은 어떤 경우에도 침해받아서는 안 되고 침해하여서도 안 된다. 국가는 마땅히 인간의 존엄을 존중하고 보호하여야 하며 이는 모든 국가권력의 가장 기본적인 의무이기도 하다.

인간의 존엄성에 대하여 '순자'(荀子)는 왕제편(王制篇)에서, '불과 물은 기는 있으나 생명이 없고, 초목은 생명은 있으나 지각이 없으며, 금수는 지각은 있으나 옳고 그름을 분별하지 못하되, 인간은 기도 있고 지각도 있으며 생명도 있을 뿐만 아니라 옳고 그름의 분별력도 있으니, 천하에 제일 귀한 존재는 인간이다'라고 하였다. 또한 조선말 동학을 이끈 해월 '최시형'(崔時亨)도 '사람이 곧 하늘이니, 사람 섬기기를 하늘과 같이 하라'(人是天 事人如天)고 하였고, 이는 곧 '사람이 바로 한울이요 한울이 바로 사람이니, 사람 밖에 한울이 없고 한울 밖에 사람이 없느니라'(人是天 天是人 人外無天 天外無人)고 하는 천도교의 '인내천'(人乃天) 사상으로 정립되었다.

고대 그리스의 철학자인 '소포클레스'(Sophocles)는 '세상에서 경이로운 것이 많지만 인간보다 더 경이로운 존재는 없다'고 하였으며, '프로타고라스'(Protagoras)는 '인간은 만물의 척도이다'라고 하였다. 중세의 '기독교' 사상에서는 인간이 하느님의 모습대로 지음을 받은 특별한 존재이기 때문에, 인간은 존엄한 것으로 이해하였다. 근세의 철학자인 '파스칼'(Pascal)은 인간의 존엄성에 대하여, '인간은 자연계에서 가장 약한 갈대에 불과하다. 그러나 그는 생각하는 갈대이다. 바로 여기에 도덕원리가 있다. 인간을 파괴하기 위해서 전 우주가 무장할 필요는 없다. 수증기 혹은 한 방울의 물로도 인간을 죽이기에 충분하다. 그러나 전 우주가 그를 파괴한다고 할지라도 인간은 여전히 그를 파괴하는 우주보다 고귀하다. 왜냐하면 그는 자신이 죽는 것을 알고 있기 때문이다. 우주가 그에게서 모든 이익을 취한다고 하더라도 우주는 이 점을 전혀 모르고 있다. 그러므로 인간 존엄성은 전적으로 인간이 사유하는 데 있다'고 하였다.

이와 같이 인간이 존엄하다는 근거를 인간이 신의 형상대로 지음 받았기 때문이라고 생각하든지, 인간 스스로가 만물의 척도라고 생각하기 때문이든지, 또는 인간은 이성을 가진 존재라고 생각하기 때문이든지 간에, 인간이 존엄하다는 생각 그 자체는 변함이 없음을 알 수 있다. 따라서 모든 제도와 사상은 인간의 존엄성과 가치에 대한 확고한 인식 위에 구축되어야 하고, 그 정당성을 인간의 존엄성과 가치에 대한 확고한 인식이라는 테두리 안에서 검증받아야 한다. 특히 전체주의에 의하여 인간의 존엄성이 유린될 가능성이 여전히 사라지지 않고 있는 현대사회에서 더욱 절실한 것이 인간의 존엄성과 가치에 대한 새로운 인식이다.

2. 법(인간의 존엄과 가치의 수호자)

(1) 인간의 사회성과 규범의 필요성

인간은 사회적 존재이며 홀로 고립되어서는 살 수 없다. 사람을 뜻하는 한자 '人'자도 사람들이 서로 받쳐 주고 의지하면서 살아가는 모습을 문자화한 것이다. 인간의 이러한 사회성에 착안하여, '키이르케고르'(Søren Aabye Kierkegaard)는 '인간의 인간다움은 인간과 인간의 결합에 있다'고 하였으며, '하이데거'(Martin Heidegger)는 '사람의 존재는 개인 상호간의 공존에 있다'고 하였다. 또한 '순자'(荀子)는 '사람은 힘에 있어서 소나 말을 당할 수 없으나, 그들이 사람에게 이용되는 까닭은 사람의 공동생활인 사회생활이 없기 때문이다'라고 하였다. 그리고 '비노그라도프'(Paul Gavrilovich Vinogradoff)도 '사람의 사회적 교섭은 자연 스스로가 명하는 것이다'라고 하면서 인간의 사회성을 역설하였다.

인간은 태어나면서부터 한 가정의 자녀이고, 한 사회의 구성원이며, 한 국가의 국민일 뿐만 아니라, 지구촌의 한 가족으로서 다양한 형태의 공동생활을 영위하게 되며, 이러한 공동생활을 통하여 한 인간으로서 성숙해져 간다. 그런데 이러한 공동생활에는 구성원 상호간에 서로 이해관계의 충돌로 인하여 분쟁이 발생하기 마련이다. '토마스 홉스'(Thomas Hobbes)는 이와 같이 '분쟁으로 얼룩진 인간사회는 만인(萬人)의 만인(萬人)에 대한 투쟁이다'라고 극단적으로 표현하였다. 이렇듯 인간의 공동생활이 만인의 만인에 대한 투쟁까지는 아니더라도, 사람들의 한살이(一生)에는 그들이 결코 원하지 않았던 크고 작은 다툼이 늘 있어 왔고, 또 앞으로 남은 날에도 그러한 다툼을 피해 가기는 어려울 것이다.

그런데 공동체 내부에서 다툼이나 분쟁이 발생하였을 때, 이를 해결해 줄 아무런 제도가 없어서, 타인의 권리를 침해한 자와 자신의 권리를 침해당한 자들 스스로가 그 문제를 해결해야 한다면, 사회는 그야말로 '토마스 홉스'(Thomas Hobbes)가 표현한 것처럼 '만인의 만인에 대한 투쟁상태'에 빠질 것이며, 그 결과 강자는 살아남아 약자를 지배하고, 약자는 인간으로서의 존엄성과 가치를 유린당한 채 굴종의 삶을 살게 되어 인간사회에 정의와 평화는 찾아볼 수 없게 될 것이다.

그리하여 모든 인간사회에는 구성원들의 행위를 통제하고, 그 이해관계를 조정하며 분쟁이 발생하였을 때 이를 해결하여 정의를 구현하고, 사회의 통합을 유지하기 위하여 다양한 규칙, 즉 규범들이 마련되어 있다. 구체적으로 도덕, 종교, 관습, 법 등이 바로 그러한 규범들이다. 그런데 이러한 규범들의 가장 중요한 차이점은 '도덕, 종교, 관습' 등의 규범은 사회 구성원들이 이를 준수하지 않고 위반하여도, 그에 대한 도덕적, 종교적, 사회적 비난만 가해질 뿐 그 규범을 실현하기 위한 강제수단은 사용할 수 없지만, '법규범' 은 국가권력에 의하여 이를 위반하는 자에게 즉각 제재를 가하고, 그 실현을 강제할 수 있어 실효성이 있다는 점이다. 바로 이러한 점 때문에, 사회 구성원들의 행위를 규율하고 사회의 통합을 유지하기 위하여는, 법규범이 다른 규범들보다 중요한 것이다. 그리고 모든 사회는 그 나름대로 특유한 법규범을 가지고 있다. '비노그라도프'(Vinogradoff)는 '어린이가 둘이서 놀 때에도 지켜야 할 규칙이 없이 각자 마음대로 행동한다면 서로 노는 목적을 이룰 수가 없다'고 하였으며, '괴테'(Johann Wolfgang von Goethe)는 '지옥에도 법이 있다'고까지 말하였다.

원시사회나 문화가 덜 발달한 사회에는 도덕, 종교, 관습, 법의 경계가 모호하여 그들이 서로 섞여서 구별되지 않는 경우가 많았다. 아주 옛날 모든 사람이 순박하고 사회도 단순했던 시대에는 종교나 도덕만 가지고도 충분히 사회질서를 지켜 나갈 수 있었다. 이 시대에는 이들 종교, 도덕, 관습 등이 법규범의 역할까지 하였다. 그러나 인지가 발달하여 이해의 대립이 커지고 사회가 복잡해지면서 종교나 도덕과 같이 신(神)에 대한 두려움이나 가슴 속의 양심에 호소하는 규범만으로는 사회의 평화를 누리기가 어렵게 된다. 이에 일정한 질서를 지킬 것을 명령하고 그것에 따르지 않을 경우에는 가슴에 손을 대고 뉘우치게 하는 데서 그치지 않고, 한 걸음 더 나아가 외부에서 강제적으로 제재를 가할 수 있는 규범이 필요하게 된다. 이 규범이 법인 것이다. 그리하여 법은 사람의 행동을 사회가 기대하는 일정한 모습에 합치하도록 통제하는 수단으로서의 역할을 담당하게 된다.

이렇듯 법규범은 강자의 횡포로부터 약자의 권리와 인간으로서의 존엄성을 지켜서 인간사회에 정의를 실현하는 유용한 도구임에도 불구하고, 예로부터 법규범을 도리어 사람을 억압하는 도구로 생각하는 경향이 있기도 하다. 그 단적인 예가 착하고 선량하여 다른 사람에게 해를 끼치지 않는 사람을 가리켜 흔히 '법 없이도 살 사람'이라고 하는 데서 나타난다. 이때 '법 없이도 살 사람'이라는 뜻은 법의 강제를 받지 않아도 자신의 할일을 다하고, 다른 사람에게 나쁜 짓을 하거나 해악을 끼치지 않을 사람이라는 뜻이지, 법의 보호를 받지 않아도 되는 사람이라는 뜻은 아니다. 따라서 '법 없이도 살 사람'이라는 말에는, 법은 사람을 강제하거나 억지로 무엇을 하도록 시키는 것이라는 부정적인 의미가 강하고, 법은 약자를 보호하고 지켜주는 것이라는 긍정적인 의미는 담고 있지 않다.

위와 같은 법에 대한 잘못된 인식은 그동안 법을 다루는 위정자들이 법을 악용한 경우가 적지 않았기 때문이라고 생각되나, 이는 법을 다루는 사람이 잘못한 것이지 법의 고유한 기능은 아니다. 인간은 법과 이를 구체적으로 실현하는 사법제도가 존재함으로써 타인으로부터 자신의 자유와 권리를 부당하게 침해당하지 않을 수 있을 뿐 아니라, 이를 침해당했을 때에는 즉시 그 회복을 구할 수 있어 자신의 존엄성을 지킬 수 있고, 나아가 타인의 자유와 권리를 침해한 사람도 자기가 저지른 침해행위에 상응하는 불이익만을 당할 뿐 무한으로 보복당하는 것을 방지할 수 있는 것이다.

(2) 법의 어원

'법'을 한자로 쓰면 '法'이라고 쓴다. 물(水)을 뜻하는 삼수 변(氵)과 갈 거(去)를 합한 것이다. 그리고 흔히 이 글자의 의미를 '물이 자연의 이치에 따라 높은 데서 낮은 데로 흘러가듯이, 모든 일이나 분쟁을 이치에 맞게 순리대로 처리한다'는 뜻으로 새긴다. 그런데 이 글자는 한(漢)나라 시대 이전의 고문에서는, '水+去'에 해태를 뜻하는 '치(廌)'를 합하여 '법(灋)'이라고 썼다. 고문에서 사용하던 법이라는 글자의 의미에 대하여, 설문해자(說文解字) 등의 문헌에서는 다음과 같이 설명하고 있다.

'법은 형(刑)을 뜻하는데, 물이 어떠한 그릇에 담겨도 평평한 것처럼 형은 공평해야 하므로, 먼저 물을 뜻하는 삼수 변(氵)을 취한다. 또한 치(廌)는 해태와 비슷한 신화 속의 동물로서 뿔이 하나 달렸으며, 겉모습은 소를 닮기도 하고, 산양이나 사슴을 닮기도 하였는데, 옳고 그름과 굽고 곧은 것을 판별할 줄 알았다. 따라서 재판을 할 때 이러한 해태가 바르지 않은 자의 몸에 뿔을 닿게 하여 부정을 가려내어 사라지게 했으므로, 해태 치(廌) 자와 갈 거(去) 자를 합하여 사용하였다. 이후 후대에 내려오면서 치(廌) 자가 빠지고 수(水)와 거(去)만 남게 되었다'고 기록되어 있다.

이와 같이 고대에서 사용하던 법(法)이라는 글자도 그 글자 자체로 법의 이념인 정의 내지 형평의 뜻을 함축하고 있으며, 법이라는 규범은 위정자나 권세자의 마음대로 이리 굽고 저리 굽을 수 없다는 평범하지만 간단치 않은 진리를 드러내고 있는 것이다.

그리스어에서 법을 뜻하는 단어인 '노모스'(nomos)는 원래 '나누어 준다'라는 뜻의 동사 '네모'(γεμω)에서 유래된 것이다. 결국 노모스(nomos)도 의식주의 토대인 토지를 서로 공평하게 나누어 갖는 데서 시작된 것이다. 라틴어의 'jus', 독일어의 'Recht', 프랑스어의 'droit'는 모두 옳은 것, 즉 정의를 뜻하는 단어이므로, 법이란 정의를 실현하는 것이라는 관념과 일치한다. 또한 라틴어의 'lex'나 영어의 'law' 등도 명령을 따르는 것에서 유래하여 그것이 계율을 뜻하게 되었고 다시 법률을 뜻하게 된 것이다.

(3) 법의 기능

가. 인권 보장적 기능

법은 '인권의 보장'을 최우선의 덕목으로 삼는데, 이는 법의 가장 기본적인 기능이다. 인간의 존엄성과 가치를 지키는 최후의 보루가 바로 법이라고 해도 과언이 아니다. 법은 국가권력으로부터 개인의 자유와 권리를 보호하는 것을 그 이념으로 삼는다. 법질서를 유지하는 강제력을 가지는 국가는 당연히 개인의 인권을 보장할 의무를 갖는다.

법의 역사는 인권보장의 역사이다. 역사의 발전과정에서 볼 때 인권을 무엇보다 심각하게 위협한 존재는 모순되게도 국가권력 또는 권력을 가진 자였다. 권력을 가진 자가 자신의 권력을 남용하여 자국민은 물론이고 나아가 전쟁 등을 통하여 타국민까지도 그 인권을 유린해 온 사실은 역사가 증명해주고 있다. 국민은 실력으로 이에 저항하기도 하였지만 권력 남용을 막기 위한 제도적인 안전장치도 끊임없이 강구해 왔는데 그 대표적인 것이 법이다. 이와 같이 법은 거대한 국가권력(또는 권력자)으로부터 인권을 보호하고 자유를 지키는 중요한 기능을 담당하고 있는 것이다. 법은 이렇게 역사 속에서 인권을 지키는 보루로서 지대한 공헌을 해 왔다. 법은 이러한 인권보장적 기능을 전면에 내세워서 앞으로도 여러 거대 권력에 대항하여 인간의 존엄성을 지키는 최후의 가치로 역할을 해야 할 것이다.

나. 질서유지 기능

(가) 조직규범(사회통합기능)

법은 '국가조직의 근간'을 형성하는 기능을 한다. 예컨대, 헌법을 통하여 통치기구의 기본조직을 정하고, 정부조직법, 법원조직법, 국회법 등을 통하여 각 기관의 기본직제를 규정한다. 이와 같이 법은 국가나 자치단체 등의 조직 또는 작용에 관한 사항을 규정하는 규범으로서, 법의 제정·적용·집행을 담당하는 기관의 조직과 이 조직을 구성하는 기관에 일정한 권한을 부여하는 근거를 규정하는 규범으로 기능하고 있다.

조직규범으로서의 법은 국가의 개별 조직과 관련한 법체계를 전체로서 통괄하여 국가의 기본조직과 통합운영에 관한 원칙을 규정함으로써, 통치질서를 유지하고 그 기능을 발휘할 수 있도록 보장한다. 이러한 조직규범은 국민 일반의 사회생활을 규율하는 것이 아닌 점에서 행위규범과 다르며, 위법행위에 대하여 국가의 강제력을 발동하는 것이 아니라는 점에서 재판규범과 구별된다. 법은 이러한 조직규범으로서의 역할을 통하여 사회조직을 유기적으로 통합하는 기능을 수행한다.

(나) 행위규범(질서유지 기능)

법은 미리 설정해 놓은 '행위의 기준'을 통하여 구성원들이 할 수 있는 일과 해서는 안 되는 일이 무엇인가를 제시해 준다. 예컨대, 절도를 하면 처벌을 받는다거나, 또는 돈을 빌리면 변제를 해야 한다는 것을 법 규정을 통하여 미리 알려 줌으로써, 구성원들이 절도를 하지 않도록 하거나 또는 채무를 변제하도록 하여 그 행위를 제어하는 역할을 한다. 이와 같이 법은 사회적 가치를 객관적으로 설정하고 이를 구성원들에게 알려 줌으로써, 사회의 질서를 유지하고 사회의 안정을 보장한다. 이는 법이 가지는 '교육적 기능'이다. 이러한 교육적 기능으로 인하여 구성원들은 일상생활을 하면서 법이 제시한 기준을 벗어나지 않도록 주의를 기울여 행동하게 된다. 이와 같이 법은 구성원들이 사회의 기본가치에 맞게 행동하도록 제어함으로써, 사회의 안정을 도모하고 사회가 지향하는 목적을 이루고자 한다. 또한 국가의 기본가치를 위반하는 행위를 한 사람에 대해서, 국가는 법적 강제력을 동원하여 제재를 가한다.

다. 분쟁해결적 기능

법은 사회의 구성원들 사이에 분쟁이 발생하였을 때 무엇이 법인가를 선언함으로써 '분쟁을 해결'하는 기능이 있다. 분쟁의 법적 해결은 종국적으로는 재판에 의한다. 법은 분쟁해결을 위한 판단기준으로서 법의 이념을 제시하여 이를 실현시킨다. 재판제도가 확립됨으로써 분쟁의 해결은 결코 사인간의 힘으로 해결해서는 안 되며, 법의 힘을 빌려 재판으로 해결되게 되었다. 재판제도를 통한 분쟁의 해결은 분쟁에 대한 최종적 판단인 동시에 위법행위를 사전에 예방하는 기능도 갖는다.

라. 문화적 기능

법은 사회적 현상 및 '문화적 가치'가 반영된 규범이다. 법은 모든 규범 중에서도 구성원들의 의사와 가치관이 가장 집약되어 있는 규범이다. 즉 법은 사회질서를 규율하는 절대적 가치기준으로서 그 시대의 정신을 담고 있다. 이러한 의미에서 법은 '문화규범'이라 할 수 있다.

마. 자원배분의 기능

법은 국가가 보유한 여러 재화와 자원을 일정한 기준에 따라 분배해 주는 기능을 수행한다. 법은 국가의 경제제도를 창설하기도 하고, 이를 유지하면서 발전시키는 역할을 담당하기도 한다. 국가는 특정한 경제정책을 추진하기 위하여 법률을 제정하거나 개정하기도 하며, 국토이용의 질서를 확립하고 자원배분의 효율성을 제고하기 위하여 다양한 제도를 창설하는 법률을 만들기도 한다. 이와 같이 법은 사회가 보유하고 있는 다양한 재화와 자원을 법의 가치기준에 따라 분배 내지 활용하는 역할을 한다. 이러한 의미에서 법에는 '자원배분'의 기능이 있는 것이다.

Ⅱ. 법과 사회규범

1. 법과 도덕

'도덕'이란 공동체의 구성원인 인간으로서 당연히 지켜야 하는 사회적 도리를 말한다. 도덕은 법이 발생하기 전부터 인간사회를 규율해 온 사회규범이므로, 법은 도덕으로부터 유래된 규범이라고 할 수 있다. 고대부터 중세에 이르기까지 법과 도덕은 뚜렷이 구분되지 않았다. 그리하여 로마의 법학자인 '울피아누스'(Domitius Ulpianus)는 '법은 정의에서 나온 형평과 선의 기술이다'라고 하면서, 법을 도덕적 질서의 한 부분으로 보았다. 이후 근대에 이르러 법과 도덕을 구분하게 되면서, 법과 도덕의 관계가 무엇이며 그 관계를 어떻게 정립해야 할 것인지의 문제가 대두되었다.

법 규정 중에는 도덕과 전혀 무관한 규정이 있다. 예컨대, 대통령의 임기나 국회의원의 재적 인원수, 소득에 대한 세액 산출이나 특정 지역의 건물의 용적률 등에 관한 법 규정은 대체로 도덕과는 관계가 없다. 그러나 법적 의무와 도덕적 의무의 내용이 일치하는 법 규정도 있다. 타인의 물건을 절취하거나 살인을 하면 처벌되는 규정, 계약을 이행하거나 손해를 배상해야 하는 규정 등은 법규범인 동시에 도덕규범의 내용을 이룬다.

법과 도덕의 상호관계에 관하여는 다양한 견해가 있다. i) 법과 도덕은 '중복'되는 것으로 보는 견해가 있다. 다만 법과 도덕의 규범내용이 같다고 할지라도 규율하는 목적은 서로 달리 작용한다고 본다. ii) 법은 도덕의 '일부'라고 파악하는 견해도 있다. 이는 모든 사회규범들이 피라미드 구조를 이루고 있다고 가정하면서, 그 가장 기초에 도덕이 있고 그 상위에 법규범이 있으므로, 법은 도덕의 일부를 구성하고 있다고 한다. iii) 법과 도덕은 서로 다르기 때문에, '병행관계'에 있는 것으로 보는 견해도 있다.

(1) 법과 도덕의 구분

법과 도덕의 구별기준에 관하여는, 그동안 많은 학설이 제기되어 왔으나 아직도 뚜렷한 정설은 없다. 독일의 법학자인 '예링'(Rudolf von Jhering)은 이 문제를 '법철학에서의 케이프 혼'이라고 하였다. 케이프 혼(Cape Horn)은 남미 대륙의 최남단에 있는 섬으로 태평양과 대서양이 만나는 지점이며, 주변 바다의 강풍과 큰 파도 및 빠른 해류 때문에 극히 위험하여 선원들의 무덤이라고 불리는 곳이다. '예링'의 이러한 지적은 법과 도덕의 상호관계를 설명하는 것이 얼마나 어려운지를 단적으로 보여준다.

법과 도덕은 다 같이 사회규범으로 사회의 가치와 질서를 보호하기 위한 규범이라는 점에서 차이가 없다. 그러나 법과 도덕의 가치기준이 상이하기 때문에, 양자는 내용상 다음과 같은 점에서 구별된다.

가. 법의 외면성과 도덕의 내면성

법은 인간 외부의 물리적 행위를 규율하는 '외면성'을 갖지만, 도덕은 인간 내부의 정신적 의사를 규율하는 '내면성'을 갖는다는 것이다. 이는 독일의 계몽기 자연법론자인 '토마지우스'(Christian Thomasius)에 의해 주장되었다. 그에 의하면 법은 타인과의 관계에서 인간의 외면적 행위를 규율함으로써 외적 평화의 확립을 추구하지만, 도덕은 인간의 내면적 양심을 규율함으로써 내적 평화의 달성을 지향한다고 한다. 법은 인간이 외부에 표출한 행동만을 규율하므로, 내심으로 사람을 살해할 의사를 가지고 있더라도 그것이 행위로 나타나지 않으면 법에 위반되지 않는다고 한다. 도덕의 세계에서는 간음을 할 마음을 품는 것조차도 비난의 대상이 될 수 있지만, 법의 세계에서는 간음이라는 부정한 행위가 외면에 나타났을 때 비로소 간통죄가 성립되고 비난의 대상이 된다고 한다.

그러나 법이 외면성만을 규율하고 도덕이 내면성만을 규율한다고 보기는 어렵다. 법의 세계에서도 내면적 의사의 존재 여부에 따라 그 취급을 달리하고 있기 때문이다. 예컨대, 형법상으로는 내면적 의사로서 고의가 있는 경우에만 처벌되고, 주의의무를 소홀히 한 과실의 경우에는 예외적으로 처벌할 뿐이다. 민법상으로도 어떠한 법률행위를 함에 있어서 표의자의 선악에 따라 그 법률효과가 달라진다. 다만 여기서 선의 및 악의라 함은 해당 법률행위를 함에 있어 그 기초가 되는 어떤 사실을 알거나(악의) 또는 모르는 것(선의), 즉 내면적 인식의 정도를 의미할 뿐이고, 상대방에게 해를 끼칠 의사의 유무를 말하는 것은 아니다.

생각건대, 인간의 외면적 행위는 그 내면적 심리과정과 분리시켜 논의할 수 없는 복합적인 것이다. 따라서 법이 외적 행위와 내적 심리를 필연적으로 함께 그 적용의 대상으로 하는 한, 법과 도덕을 그 외면성과 내면성의 차이에 의하여 구별하는 견해는, 절대적인 기준이 될 수 없고 오히려 그 관심방향의 차이를 선언한 것에 불과하다.

나. 법의 타율성(강제성)과 도덕의 자율성

법은 외부적인 힘을 요인으로 하는 '타율성'을 본질로 하지만, 도덕은 양심에 기초를 둔 '자율성'을 본질로 한다는 것이다. 그리하여 법의 경우에는 국가권력에 의하여 그 준수가 강제되고 이를 위반하면 일정한 제재가 예정되어 있지만, 도덕의 경우에는 사회적 내지 양심적으로 막연하게 강제될 뿐이고 이를 위반하더라도 일반적인 비난만 가해질 뿐 국가권력에 의한 제재는 예정되어 있지 않다. 독일의 법학자 '예링'(Rudolf von Jhering)은 '강제성은 법의 중요한 요소로서, 강제성이 없는 법은 타지 않는 불과 같이 그 자체로 모순이다'라고 하였다.

그러나 법적 의무도 스스로의 판단에 따라 자율적으로 실천할 수 있다. 대부분의 사람들은 제재가 두려워서 법적 의무를 이행하기보다는, 오히려 민주화된 시민으로서 스스로의 자율적 판단으로 법적 의무를 이행하는 경우가 더 많을 것이다. 한편 도덕은 자기 자신을 규제할 뿐만 아니라 타인도 규율한다는 측면에서 타율적일 수 있다. 예컨대, '타인의 재물을 탐내지 말라 또는 신의를 저버리지 말라'고 하는 도덕의 문제는, 자신은 물론이고 타인에게도 요구되는 규범인 것이다. 이러한 점에서 법이나 도덕은 모두 외부로부터 영향을 받거나 외부의 강요에 의하여 성립된다고 볼 수 있다. 이 경우 강요는 심리적일 수도 있고 물리적일 수도 있으며, 물리적 강제의 예정을 통하여 심리적으로 강요될 수도 있다. 따라서 법과 도덕을 타율성과 자율성으로 구분하는 견해는 타당하지 않다.

다. 법의 양면성과 도덕의 일면성

권리는 이에 상응하는 의무를 전제로 하기 때문에, 법은 서로 주고받는 대가적 관계의 '양면성'(쌍면성)을 갖지만, 도덕은 일방적으로 의무만을 부담하게 되는 '일면성'(편면성)을 갖는다는 것이다. 이는 이탈리아의 법학자인 '베키오'(Giorgio Del Vecchio)에 의해 주장되었다. 법적 의무는 반대급부인 권리가 있으나, 도덕적 의무는 이에 상응하는 권리가 없고 자신의 양심에 기초를 둔 양심적 의무만 존재할 뿐이다. 양심적 가치에 따른 행동은 반대급부를 요청하지 않으며, 의무자 자신의 의무만이 목적이고 대상이라는 것이다. 도덕적 규범은 행위자에게 일방적 지시만을 의미하지만, 법규범의 지시는 항상 권리와 의무의 양면성을 지닌다는 것이다.

그러나 법에도 권리와 의무가 항상 연관되어 있는 것은 아니다. 권리만 있고 의무가 따르지 않는 것이 있는가 하면, 그 반대의 경우도 있다. 예컨대, 취소권·추인권·해제권 등과 같은 형성권의 경우에는 권리만 있고 이에 상응하는 의무는 없다. 반대로 청산인의 공고의무(민법 제88조, 제93조), 이사 또는 청산인의 등기의무(민법 제50조, 제85조, 제94조) 등의 경우에는 의무만 있고 이에 대응하는 권리는 없다. 따라서 법과 도덕을 일면성과 양면성으로 구분하는 견해는 타당하지 않다.

라. 법의 단일성과 도덕의 병존성

법은 국가권력에 의해서 성립되고 그 준수가 강제되는 사회규범이므로, 한 나라의 법체계 속에서 그 내용이 서로 상충되는 두 개 이상의 법은 동시에 존재할 수 없는 '단일성'을 가진다. 설령 내용이 다른 두 개의 법이 존재하는 경우라도, '신법 우선의 법칙' 또는 '특별법 우선의 원칙' 등에 의하여 그 적용상의 우열 내지 우선순위를 미리 정해 두기 때문에, 그 적용에 있어서 상호간에 충돌이 발생하는 경우는 없다. 그러나 도덕은 하나의 국가 내지 사회 안에서도 사회구조나 계층 및 지역에 따라 서로 모순되는 두 개 이상의 도덕률이 존재할 수 있는 '병존성'을 가진다. 예컨대, 신세대와 구세대 사이에 또는 도시지역과 농촌지역 사이에는 서로 모순되면서도 양립할 수 있는 도덕률이 병존할 수 있다. 그러나 이러한 성질이 법과 도덕을 구분하는 결정적 기준은 될 수 없다.

(2) 법과 도덕의 관계

사회규범으로서의 법과 도덕이 서로 밀접한 관계에 있음을 부인할 수는 없다. '법은 도덕의 최소한이다'라는 법언(法諺)처럼, 법은 그 생성의 바탕에 도덕을 기반으로 하고 있다. 그러나 도덕이 지켜지지 않는다고 하여 이를 모두 법으로 만들고 그 이행을 강제할 수는 없다. 예컨대, 어른을 공경하고 보살피는 문제 또는 사회적 약자를 돕는 문제 등은, 이를 법으로 제정하여 강제한다고 하여 해결될 수 있는 사안이 아니고, 오히려 사회적 도덕심을 함양하여 해결의 방향을 잡는 것이 훨씬 바람직하다. 하지만 도덕규범만으로 공동생활의 모든 문제가 해결되는 것은 아니다. 즉 도덕규범만으로 사회의 질서가 유지되는 것이 어렵기 때문에, 국가는 법을 제정하고 그 준수를 위하여 물리적 강제력까지 동원하는 것이다. 더구나 현대사회와 같이 다원화된 사회에서는 도덕규범만으로 사회를 이끌어 나갈 수 없으므로, 법규범도 다양한 내용과 형식으로 존재하게 된다. 이러한 의미에서 '법은 도덕의 최대한이다'라는 법언(法諺)도 상당한 타당성을 지닌다고 볼 수 있다.

2. 법과 종교

'종교'란 신(神)이나 초자연적인 절대자에 대한 믿음을 통하여 인간생활의 고뇌를 해결하고 삶의 궁극적인 의미를 추구하는 문화체계를 말한다. 정치와 종교가 분리되지 않았던 '제정일치' 시대에는 법과 종교를 사회규범으로서 동일하게 인식하였다. 즉 종교적인 금기(taboo)는 동시에 법규범으로 간주되기도 하였다. 구성원이 터부를 어기면 그 개인도 종교적으로 부정을 타게 되지만, 마을에도 재앙을 몰고 오게 된다는 이유로 법적인 비난을 하고 제재를 가하였다. 모세의 십계명(十誡命)이나 신라의 세속오계(世俗五戒)도 종교규범이면서 동시에 법규범의 역할을 하였다. 한편 종교가 맹위를 떨치던 '중세'에도 종교는 법과 도덕을 포괄하고 있었다.

하지만 '근세' 이래 국가권력이 형성됨에 따라 법규범과 종교규범도 분화되었다. 그리하여 법규범은 국민의 사회생활을 규율하고, 종교규범은 종교단체의 신자사회를 규율하게 되었다. 종교와 정치가 분리된 국가에서 법규범은 조직화된 국가권력에 의하여 성립되고 강제되지만, 종교규범의 실천은 모든 사람에게 무조건 강제되는 것은 아니다.

결국 법규범은 인간의 외부적 행동을 규율하는 '외면성'을 갖고 있지만,

종교규범은 개인의 신념과 양심에 기초하는 '내면성'이 더 강하다. 또한 법규범은 국가의 강제력이 동원되는 '타율성'을 갖는데 반하여, 종교규범은 개인 스스로의 결단에 의한 실천을 중요시 하는 '자율성'에 기초하고 있다. 법규범은 하나의 국가 내에 모순되는 규정이 양립할 수 없는 '단일성'을 갖지만, 종교규범은 하나의 국가 내에서도 다양한 종교에 따라 서로 다른 규범이 함께 존재할 수 있는 '병존성'을 갖는다.

생각건대, 인간의 정신세계에 기초를 둔 신앙의 유무나 선택 등 인간의 내적인 믿음의 자유는 제한할 수 없는 절대적 자유이다. 그러나 종교적 양심이 외부로 표출되는 대외적 행위에 대하여는, 법질서의 위반 여부에 따라 제한이 가능하다. 예컨대, 종교적 의식으로 이루어지는 간음이나 일부다처제 또는 안수기도 등의 행위는, 이로 인하여 강간이나 상해 등 법질서를 위반하는 결과가 초래되므로 허용되지 않는다. 하지만 현역병 입영통지서를 받고 입영일이 지나도록 종교적 양심을 이유로 입영하지 않고 병역을 거부하는 소위 '양심적 병역거부'는, 그러한 양심의 진정성이 인정되는 범위에서 병역법 위반이 아니다(대법원 2016도10912).

3. 법과 관습

'관습'(慣習)이란 일정한 행위가 사회 내에서 장기간 반복됨으로써 그 구성원들의 행동준칙으로 규범화된 것을 말한다. 법은 관습을 바탕으로 형성되는 경우가 많으므로, 양자는 서로 밀접한 관계를 가진다. 역사적으로는 법보다 관습이 먼저 생성되었기 때문에, 관습은 법의 전 단계로 이해할 수 있다. 즉 '관습은 실정화되지 않은 법'으로 파악할 수도 있다.

그러나 법과 관습은 다음과 같은 점에서 차이가 있다. 첫째, 법은 국가의 입법기관에 의하여 인위적으로 제정됨으로써 성립하지만, 관습은 특정한 사회에서 그 구성원에 의해 자연적으로 승인됨으로써 형성된다. 둘째, 법은 특별한 사정이 없는 한, 하나의 국가 내의 모든 지역과 그 모든 국민에게 효력이 강제되지만, 관습은 그 관습이 형성된 특정지역이나 일정한 사람들 사이에서만 효력을 가지는 경우가 많다. 셋째, 법은 국민에게 복종에 대한 동의를 묻지 않고 그 성립과 동시에 강제력이 발생하지만, 관습은 구성원의 임의적이고 자발적인 수행과 승인을 근거로 하여 효력이 발생한다.

Ⅲ. 법의 목적

사례 1 (법의 이념)

　　제1차 세계대전이 발생하기 전에 독일인 사업가 B는 베를린 인근에 공장을 짓기 위하여 A 은행으로부터 100만 마르크(Deutsche Mark)를 차입하였는데, 전쟁이 끝난 후 독일에서는 극심한 인플레이션이 발생하여 전쟁 전의 1마르크가 전쟁 후에는 1조(兆, trillion) 마르크로 그 가치가 폭락하였다. 이후 채권자 A는 채무자 B에 대하여 그 차입금을 '현재의 화폐가치로 환산한 금액'으로 지급하라는 소를 제기하였다. 이 경우 채무자 B가 얼마의 금액을 지급하는 것이 법의 이념에 부합하는가?

　법의 이념 혹은 목적은 법에 대한 존재론적 사유이다. 즉 법은 무엇을 위하여 존재하는가, 법은 왜 있는가에 대한 물음인 것이다. 이 점에서 법의 목적에 대한 고찰은 법 개념의 출발점이라고 볼 수 있다. 법은 일단 제정되면 그 준수가 국가권력에 의하여 강제되며, 각 개인의 호·불호에 따른 선택의 여지는 없게 된다. 따라서 준수의 강제를 받게 된 개개인은 당연히 이 법이 어떤 이유로 존재하는지, 왜 준수가 강제되는지에 대한 심각한 의문을 가질 수 있다. 어떤 법이라도 아무런 이유 없이 제정되지는 않는다. 사회적 내지 국가적 필요에 의하여 제정되며 어떤 이념과 가치를 실현하기 위하여 존재하게 된다. 따라서 법의 본질을 파악하기 위해서는 당연히 법이 추구하는 이념에 대한 이해가 선행되어야 한다.

　법의 이념에 관하여는 많은 학자들이 다양한 견해로 설명하고 있다. 우리나라에서는 독일의 법학자인 '라드부르흐'(Gustav Radbruch)의 견해에 입각하여, 법의 이념을 총체적으로 파악하고 있다. 그는 법의 이념을 정의, 합목적성, 법적 안정성 등 3개의 기본가치를 들어 설명하고 있다.

1. 정   의

'정의'란 인간이 사회생활을 하면서 마땅히 지켜야 할 보편타당한 규범으로서, 법이 실현하고자 하는 궁극적인 목적이자 최고의 가치를 말한다. '라드부르흐'(Radbruch)는 법과 정의의 관계에 대하여, '정의는 실정법의 가치표준이며 입법자의 목적이다. 정의는 어떤 상위가치에서 연원되는 것이 아니고, 진·선·미와 같이 그 자체에 근거하는 절대적 가치이다'라고 하였다. 이와 같이 법은 정의에 근원을 두고 있으며, 정의를 실현하려는 데에 그 목적이 있다. 그리스에서의 법(Dike)과 정의(Dikaion), 로마에서의 법(Ius)과 정의(Iustitia)에서도 알 수 있듯이, 서양의 법철학에서는 법과 정의를 불가분의 관계로 파악하고 있다. 그렇다면 정의란 무엇인지가 문제된다. 이는 법철학의 가장 근원적인 문제로서 오랫동안 논의되어 왔다. 정의는 상대적인 개념으로서 시대와 사회적 배경에 따라 견해를 달리할 수 있다.

(1) 고대 법철학에서의 정의론

고대 그리스의 '자연철학'(自然哲學)에서는 '정의란 삼라만상의 자연적인 것으로서, 인간의 주관적 판단을 초월하는 것이다'라고 하였다. 그러나 '프로타고라스'(Protagoras)는 '인간은 만물의 척도이다'라고 하면서, 정의에 대한 객관적 가치척도를 부정하고 주관적 상대주의에 입각한 정의론을 제창하였다. 한편 '소크라테스'(Socrates)는 주관적 상대주의를 배척하고 법과 정의를 동일한 것으로 보면서, '법과 정의는 개인적인 이해관계에서 나오는 것이 아니고, 인간의 본성에서 발현되는 것이다'라고 하였다. 이후 '플라톤'(Plato)은 정의를 인간의 이성에서 구하려고 하였으며, 그는 덕(德)을 지혜·용기·절제·정의로 나누고, '정의의 본질은 공동생활 속에서 각자가 자신의 분수를 지키는 것이다'라고 하였다.

'아리스토텔레스'(Aristoteles)는 정의의 개념을 최초로 이론화하였으며 오늘날까지 정의론의 지주를 이루고 있다. 그는 정의를 윤리학적 견지에서 고찰하여, '정의는 단순한 개인의 도덕이 아니라 인간이 이행해야 할 최고의 덕목이고, 각자가 다른 사람과의 관계에서 실현하여야 할 사회적인 도덕이다'라고 하였다. 그는 정의를 평등으로 보았으며, 평등을 다시 교환적 정의와 분배적 정의로 구분하였다. '교환적 정의'는 대등한 당사자 간의 계약이나 선거에서의 1인 1표 등과 같이 동일한 가치에 대하여 획일적으로 취급하는 절대적 평등으로 파악하였고, '배분적 정의'는 성과급의 보상이나 생활보호대상자에 대한 특혜 등과 같이 능력과 공적에 따른 합리적 차별이 허용되는 비례적 평등으로 파악하였다. 또한 '같은 것은 같게 그리고 다른 것은 서로 다르게'라는 법언(法諺)과 같이, '정의란 일정한 가치를 하나의 공동체 내에 존재하는 모든 구성원들에게 어떻게 분배할 것인가의 문제이다'라고 하였다. 아리스토텔레스의 정의론은 개인주의와 단체주의의 양 측면을 모두 고려하고 그 조화를 꾀한 것으로서, 후세의 정의론에 결정적 영향을 미쳤다. 한편 로마 시대의 '키케로'(Marcus Cicero)와 '울피아누스'(Domitius Ulpianus)는 '정의란 각자에게 그의 몫을 주려는 항구적 의지이다'라고 규정하였는데, 이는 현재의 정의의 기본개념이 되었다.

(2) 현대 법철학에서의 정의론

'칸트'(Immanuel Kant)는 '정의가 소멸하면 인간이 지상에서 존재할 하등의 가치가 없다'고 하면서 정의의 본질적 가치를 강조하였으며, 정의의 원칙을 평등의 원리로 파악하였다. '라이프니츠'(Gottfried Leibniz)는 인간중심주의에 기초한 자연법적 정의론을 주장하였다. 즉 '정의란 i) 엄격의 단계로서 타인을 해치지 말아야 한다는 교정적 정의, ii) 형평의 단계로서 각자에게 그의 몫을 나누어 주어야 한다는 배분적 정의, iii) 경건과 성실의 단계로서 성실하게 살아야 한다는 보편적 정의 등 3단계로 분류된다'고 하였다. 한편 '토마스 홉스'(Thomas Hobbes)는 '정의와 부정의를 구별하는 기준은 국가권력의 의사결정에 있다'고 하면서, 정의를 국가의 의사와 동일하게 다루었다. 그리고 '파운드'(Roscoe Pound)는 '정의란 법을 통하여 인간의 이상적 세계를 실현하고 유지하는 것이다'라고 하였다.

'라드브루흐'(Gustav Radbruch)는 '법에서 문제 삼는 정의는 객관적 정의로서, 그것은 인간 상호간의 관계 및 이상적인 사회질서를 대상으로 하는 것이다'라고 하였다. 그는 아리스토텔레스의 정의론을 인용하면서 정의를 평균적 정의와 배분적 정의로 구분하였다. '켈젠'(Hans Kelsen)은 법실증주의자로서 정의의 상대성을 강조하였다. 즉 '정의가 절대적으로 무엇인지 말하는 것은 불가능하고, 실제로 정의를 규정하는 것은 실정법이며 정의의 객관적 기준은 있을 수 없다'고 하였다. '코잉'(Helmut Coing)은 '정의 자체로는 그 구체적 내용이 명확하지 않으므로, 신의성실의 원칙과 같은 도덕적 가치로 보완되어야 한다'고 하였다. 그는 평균적 정의에 해당하는 평등상태, 배분적 정의에 해당하는 공동체상태 이외에, 국가권력은 그 목적을 넘어서 행사되면 안 되고 기본적 인권의 보호를 위해 제한된다는 보호적 정의를 제창하면서 이를 복종상태라고 하였다.

 '롤스'(John Rawls)는 '사회의 모든 가치, 즉 자유와 기회, 소득과 부, 인간적 존엄성 등은 기본적으로 평등하게 배분되어야 하며, 가치의 불평등한 배분은 사회의 최소 수혜자에게 유리한 경우에만 정의로운 것이다'라고 하였다. 그는 정의의 실현을 위한 사회구성의 원리로서, '기본적 자유의 평등원칙'과 '조정의 원칙'을 제시하였다. 전자는 모든 개인은 다른 사람의 자유와 충돌하지 않는 범위 내에서 최대한 기본적인 자유에 대하여 평등한 권리를 인정해야 한다는 것이고, 후자는 전자에서 발생하는 불평등을 조정하기 위한 원칙으로서, 공정한 기회균등의 원리와 차별의 원리로 구분하였다. '공정한 기회균등의 원리'란 사회경제적 불평등은 그 원천이 되는 모든 직무와 직위에 대한 공평한 기회균등 하에 발생해야 한다는 것이며, '차별의 원리'란 사회경제적 불평등은 불평등이 가장 불리한 입장에 있는 사람에게도 이익이 되는 경우에만 정당화될 수 있다는 것인데, 이들 원리가 충돌하는 때에는 기회균등의 원리가 차별의 원리에 우선되어야 한다고 하였다. '샌델'(Michael Sandel)은 정의를 판단하는 3가지 기준으로서 행복·자유·미덕을 제시하였으며, '정의란 분배의 문제나 자유주의적 정의가 아니라 자유를 바탕으로 하는 공동선을 실현하는 것이다'라고 하였다.

2. 법적 안정성

'법적 안정성'이란 법이 국민의 일반생활을 규율하고 법이 안정적으로 기능하고 작용하는 것을 말한다. 즉 법의 규정이 명확해야 하고 빈번한 변경이 없도록 하여 국민들이 법에 따라 안심하고 생활할 수 있도록 해야 한다는 이념이다. 법이 국민으로부터 신뢰를 얻기 위해서는 법이 안정적으로 정착되어 국민으로부터 확신을 얻어야 한다. 법은 최소한의 도덕에 대하여 강제력을 부여함으로써 이를 관철하기 위해 제정된 것이다. 법이 강제력으로 국민을 규율하기 위해서는, 국민들로 하여금 법이 존재한다는 사실을 인식케 하고, 법이 국민의 일상생활에서 작용하고 있음을 인지토록 해야 한다. 이를 통하여 법은 사회적 혼란을 사전에 방지하고, 사회의 질서를 유지하며 국가의 붕괴를 방지할 수 있다.

(1) 법적 안정성의 내용

법적 안정성은 두 가지 측면, 즉 사회질서의 안정성과 법 자체의 안정성으로 구분할 수 있다. 첫째, '사회질서의 안정성'으로서, 법에 의하여 보호되고 법석으로 보장되는 사회질서의 유지로 인하여 국민들이 안심하고 사회생활을 할 수 있도록 해야 한다는 것이다. 둘째, '법 자체의 안정성'으로서, 법 자체가 구성원들의 동의 없이 졸속으로 개정되거나 폐지되지 않고 오랫동안 존속하면서 그 효력을 갖고 있어야 한다는 것이다.

한편 법은 행위규범인 동시에 재판규범이다. 따라서 법이 자주 변경되면 국민은 행동지침을 잃게 되고 그 결과 사회도 안정될 수 없다. 법적 안정성을 유지하기 위해서는 다음과 같은 요건을 갖추어야 한다.

(2) 법적 안정성의 요건

첫째, 법은 '명확성'(확정성)을 갖추어야 한다. 법 규정이 모든 사건을 미리 예측하여 일일이 구체적으로 규정할 수는 없다. 하지만 일반인이 법 규정의 내용을 충분히 이해할 수 있도록 명확하게 기술되어 있어야, 누구든지 그 내용을 인지하고 법적 생활을 예측할 수 있게 된다. 법은 그 규정의 의미와 내용이 객관적으로 명확하게 확정될 수 있어야만, 재판규범 내지 행위규범의 역할을 다할 수 있다. 불명확한 법 규정으로 인하여 자의적인 법해석이 가능하게 되면, '귀에 걸면 귀걸이, 코에 걸면 코걸이'식의 처벌 내지 단속을 받게 되어 국민은 항상 불안에 떨게 될 것이다.

둘째, 법은 '실제로 집행'되어야 한다. 법이 존재하면서도 법을 어긴 자에게 합당한 제재를 가하지 않으면, 법은 유명무실하게 되어 질서유지가 어렵게 되고 사회는 안정을 잃게 될 것이다. 따라서 법적 안정성을 위하여는 타당성과 실효성이 요구된다. '예링'(Jhering)의 말처럼, 강제성이 없어서 집행을 하지 못하는 법은 타지 않는 불과 같이 일종의 장식으로 전락하게 되어 그 자체로 모순이 된다. 따라서 법은 그 위반자에 대하여 예정된 제재를 반드시 실행하여 그 실효성을 확보하는 것이 법적 안정성을 위하여 필요하다. 예컨대, 시효제도는 어떠한 사실상태가 일정 기간 지속되는 경우에 진실된 권리관계와 무관하게 그에 적합한 법률효과를 인정하는 제도인데, 이 또한 법적 안정성이 반영된 것이다.

셋째, 법은 '함부로 변경'되어서는 안 된다. 즉 법은 국민들에게 현행법에 대한 예측가능성을 부여해야 한다. 법이 새로 제정되거나 개정될 때에는 그 필요성과 효과에 대하여 구성원 사이에 많은 논의가 있어야 한다. 일단 적법한 절차를 거쳐서 제정되고 시행된 법은, 특별한 사정이 발생하지 않는 한 상당기간 동안 존재하면서 실효성을 갖고 있어야 법적 안정성을 꾀할 수 있다. 또한 법의 제정이나 개정의 시점을 명확하게 알 수 없을 정도로 빈번하게 바뀌어서 법의 내용이 수시로 변경되면, 국민들은 그 법을 행위규범으로 삼아 안심하고 법적 생활을 영위할 수 없게 될 것이다. 예컨대, 소급입법의 금지(헌법 제13조 제1항) 및 형벌불소급의 원칙(형법 제1조 제1항) 등은 이러한 법적 안정성의 이념이 반영된 제도이다.

넷째, 법은 '국민의 법의식'에 합당한 것이어야 한다. 법이 국민의 법적 생활의 유지에 안정적으로 기여하기 위해서는, 법 규정이 일반인의 법감정에 부합하는 내용을 담고 있어야 한다. 물론 법은 준엄하게 지켜져야 하지만,

법이 진정으로 국민들로부터 외면 받지 않으려면, 법 규정이 국민의 일반 상식 내지 보편적 이성과 합치되어야 한다. 법이 국민의 정서나 법의식에 합당하지 아니하고 정의감에 반하는 경우에는, 구성원들이 준법의지를 가질 수 없을 뿐만 아니라 오히려 시민불복종 운동이나 저항권의 대상이 될 수도 있다. 그러한 법은 국민으로부터 법으로서의 존재가치를 부인 당하게 되어 그 실효성을 담보할 수 없게 될 것이므로, 법적 안정성의 차원에서 모든 법 규정은 국민의 법감정을 충족시켜야 한다.

3. 법의 합목적성

일반적으로 합목적성이란 어떤 사물이 일정한 목적에 적합한 방식으로 존재하는 성질을 말한다. 그리하여 법학에서의 '합목적성'이란 법이 존재하는 그 시대의 사회나 국가의 이념에 부합해야 하는 원칙을 말한다. 법은 그 법이 존재하는 시대의 가치관을 반영하면서 공동체의 법률관계를 규율하므로, 그 시대의 공동체가 추구하는 목적과 가치 기준에 부합하여야 한다. 즉 법은 본질적으로 국가의 의사이므로, 법의 목적은 국가의 목적을 반영할 수밖에 없다. 따라서 법은 국가의 목적에 맞추어 제정되고 운영될 것이 요구되는데, 이것이 바로 법의 합목적성이다.

합목적성의 가장 핵심적 요소는 정의이다. 정의는 공동체의 구성원들이 당연히 지켜야 하는 원칙으로서, 옳고 그름을 판단하는 잣대가 되고 행위의 정당성을 결정하는 기준으로 작용한다. 법이 합목적성에 부합하는 내용을 갖고 있으면, 국민들은 아무런 불만 없이 법을 준수하게 되고, 공동체는 정의롭고 평화롭게 질서를 유지하게 된다. 그리고 법은 국민들로부터 신뢰를 얻을 때 비로소 본래의 기능을 하게 되는데, 국민에 의한 신뢰가 담보되는 기준은 법이 정의에 부합하는지, 즉 합목적성을 갖고 있는지의 여부이다. '국민이 원하는 것이 법이다' 또는 '악법은 법이 아니다'라는 말은 합목적성을 대표하는 법언(法諺)이다. 따라서 국민의 법감정에 어긋나는 법 또는 정의에 부합되지 않는 법은, 법이 규율하는 법률관계에서 법의 본질적 기능을 다하지 못하게 되어 국민으로부터 외면당하게 된다.

(1) 합목적성의 내용

법의 합목적성은 공동체의 가치관에 따른 상대적 개념이다. 법은 그 시대와 사회의 가치관을 반영하면서 국민의 법적 생활을 규율한다. 따라서 법의 합목적성도 국가와 사회가 처해 있는 시대적·정치적·사상적·경제적 배경에 따라 그 구체적 내용이 결정된다. 결국 합목적성은 국가의 형태 또는 시대적 상황에 의하여 다르게 표출될 뿐만 아니라, 국가와 사회가 변화함에 따라 그 시대를 반영하면서 그 내용을 달리하게 된다.

i) 근대의 '자유주의' 시대에서는 국민의 자유보장이 최대의 관심사였고, 자유를 보장하는 것이 국가의 덕목이었다. 그리하여 근대에는 국가나 사회의 간섭 또는 통제를 금지함으로써 개인의 자유를 보장하는 것이 합목적성의 내용이었다. 하지만 ii) 19세기 말에 등장한 '전체주의'에서는 개인의 자유 내지 가치보다는 집단과 국가의 가치에 우선순위를 두는 사상이 지배하게 됨으로써, 법은 개인의 자유가 희생되더라도 집단과 국가의 이익을 우선적으로 보호하는 것이 합목적성의 내용으로 되었다. 그리하여 국가의 공권력을 동원한 사회의 안전보장과 질서유지가 중요한 가치로 부각되었고, 이를 위하여 죄형법정주의가 제한되기도 하였다. 그러나 iii) 두 차례의 세계대전을 경험한 인류는 자유주의와 전체주의 사이에서 합리적인 생존의 균형점을 찾고자 하였다. 그리하여 20세기 이후에 등장한 '복지국가'에서는 개인의 이익과 집단의 이익을 조화롭게 형량할 수 있는 타협점에서 공동체를 규율하는 것을 합목적성의 내용으로 하게 되었다.

(2) 합목적성의 한계

일반적으로 '국민이 원하는 것이 법이다' 또는 '악법은 법이 아니다'라는 말은 합목적성을 강조한 법언(法諺)으로서, 법은 그 시대의 가치를 반영하여 일반 국민의 의사와 합치된 내용을 담고 있어야 한다는 것이다. 반면에 '악법도 법이다', '정의의 극치는 부정의의 극치이다'라는 말은 법적 안정성을 강조한 법언(法諺)으로서, 정의롭지 못한 법이라도 이를 지키고 준수함으로써 국민의 생활과 사회를 안정적으로 규율해야 한다는 것이다. 따라서 '합목적성'만 강조하면, 국가의 목적을 위한 자의적인 법해석으로 인하여 국민의 예측가능성이 무시되어 사회적 혼란을 초래하게 되고, '법적 안정성'만 추구하면, 기계적 내지 획일적인 결론에 도달하게 됨으로써 분쟁의 해결에 있어서 구체적 타당성이 반영되지 못하는 문제가 야기될 수 있다. 결국 합목적성과 법적 안정성은 평화롭게 공존하면서 국민의 법률관계를 규율하고 사회질서를 유지하는 기능을 수행해야 한다.

현대사회에서는 국가의 기능이나 국민의 행위가 법에 근거하면서 법에 합치될 것만을 요구하는 것이 아니라, 그러한 법이 국가와 사회가 추구하는 이상적인 가치를 예상하고 이에 맞추어 집행될 수 있는 합목적성을 충족하고 있어야 한다. 국가의 목적을 이루는 여러 이념들은 서로 대립되고 모순되기 때문에, 현실적으로 어떠한 이념 내지 주의를 택할 것인지는 구성원 사이의 세계관과 양심에 따라 상대적으로 정해진다. 다만 '인간의 최소한의 존엄과 가치'는 어떠한 법질서에 의해서도 침해될 수 없는 절대적 가치이므로, 이를 파괴하는 법은 그 합목적성을 상실한 법으로서 허용될 수 없다.

4. 법의 목적 상호간의 관계

'정의'는 그 본질상 평등과 공평을 지향하기 때문에, 공공의 복리를 바탕으로 하는 '합목적성'과 대립관계를 가질 수 있다. 또한 '법적 안정성'은 법의 내용이 정의와 합목적성에 부합하는지를 도외시하면서 그 존속만을 추구하는 경향이 있으므로, '정의'나 '합목적성'과 긴장관계를 보여주기도 한다. 하지만 정의와 합목적성 및 법적 안정성은 각자 독자적으로 기능하는 이념이 아니라, 본질적으로 상호간에 모순적이면서도 동시에 보완 내지 조정하는 관계에 있다. 즉 법의 이념 상호간에는 서로의 이념을 배척하기 보다는 보완하고 협력하면서, 법이 본래의 기능을 수행토록 하는 것이다. '모순되면서도 조화롭게' 라는 말은 비록 이율배반적이기는 하지만, 대립하는 가치들이 병존하는 상태에서 어느 가치에 더 비중을 둘 것인가는 그 사회의 패러다임의 문제이고 국민의 선택이기도 하다.

이와 같이 법의 이념 상호간에는 대립과 긴장의 관계도 존재하지만, 전체로서의 법의 목적을 구현하는 데 있어서는 서로 보완과 조화의 관계에 있는 것이다. '정의'에 의하여 어떤 명령이 법의 개념으로 인정되고 '합목적성'을 척도로 하여 그 명령이 내용적으로 정당성 여부가 결정되면 '법적 안정성'의 정도에 따라 그 명령에 효력을 인정하여 평가받는 것이다. 그러면 법의 목적 상호간에 모순 충돌이 있을 때, 어느 이념을 더 중요시할 것인지가 문제된다. 헌법에서는 '국민의 모든 자유와 권리는 국가안전보장, 질서유지, 공공복리 등을 위하여 필요한 경우에 한하여 법률로써 제한할 수 있으며, 제한하는 경우에도 자유와 권리의 본질적인 내용을 침해할 수 없다'고 규정하고 있다(헌법 제37조 제2항). 따라서 정의와 합목적성 및 법적 안정성이 상호간에 충돌하는 경우에는, 개별적인 상황에 적합한 합리적이고 조화적인 조정이 이루어지도록 노력해야 하고, 그 경우에도 국민의 자유와 권리의 본질적 내용은 침해될 수 없다는 것이 전제로 되어야 한다.

사례 1 〈해설〉 (법의 이념)

위 소송에서 독일의 연방최고법원은 '독일 민법상 신의성실의 원칙에서 파생된 '사정변경의 원칙'에 근거하여(우리 민법 제2조 제1항), 원고 A는 피고 B에게 현재의 화폐가치로 환산한 금액을 지급해야 한다'고 판시하면서 원고의 청구를 인용하였다. 이후 연방최고법원의 판결을 신뢰하게 된 수많은 채권자들 C가 채무자들 D에 대하여 동일한 취지로 소송을 제기하였다. 그러나 차입금을 현재의 가치로 환산한 금액으로 변제토록 하는 것은, 채권자와 채무자에게는 공평하여 정의에 부합하고 합목적성을 달성하는 것이지만, 이로 인해 사회적 혼란이 야기되어 법적 안정성이 무너지게 되었다. 그리하여 연방최고법원은 '피고 D가 변제할 금액은 차입금을 현재의 가치로 환산한 금액이 아니라, 차입금 대여 당시의 본래 금액으로 한정된다'고 판시하면서, 기존의 판례를 변경하여 원고 C의 청구를 기각하였다. 이 판결은 '합목적성'을 희생하더라도 사회의 안녕과 질서를 지키기 위하여 '법적 안정성'을 추구한 공동체의 결단을 보여준 것으로 평가된다.

Ⅳ. 법의 존재형식

1. 법원의 개념

'법원'(法源, source of law)이란 법의 원천 내지 연원의 줄인 말로서, 법의 존재형식, 법의 인식근거 등 여러 의미로 사용된다. 또한 법이 성립하는 기초인 법의 타당성이나 그 근거를 뜻하는 '실질적 의미'로 사용되기도 하고, 법의 존재형식과 종류를 뜻하는 '형식적 의미'로 사용되기도 한다. 일반적으로는 형식적 의미로 사용된다. 법은 강제력을 가진 사회규범으로서 사람들이 인식할 수 있는 형식으로 존재해야 하기 때문이다.

법은 그 존재형식에 따라 성문법(written law)과 불문법(unwritten law)으로 분류된다. '성문법'(成文法)은 국가 및 지방자치단체의 입법기관에 의해 제정된 법이므로, 제정법(制定法)이라고도 한다. '불문법'(不文法)은 입법기관에 의해 문서로써 제정 내지 공포되어 있지 않고, 그 내용과 형식이 구전이나 관습에 의해 전해지므로, 비제정법(非制定法)이라도도 한다.

2. 성문법원

'성문법'은 국가의 입법기관에 의하여 일정한 절차를 거쳐 문장의 형식으로 표현된 제정법이다. 권한 있는 기관이 문서의 형식을 갖추고 일정한 절차와 형식에 따라서 제정·공포하므로 제정법이라고도 한다. 법의 진화과정을 존재형식의 측면에서 보면, 불문법에서 성문법으로 이행되어 왔다고 볼 수 있다. 오늘날 문명국가는 성문법을 원칙으로 하고 있다. 성문법원의 종류에는 헌법, 법률, 명령, 규칙, 지방자치규칙 등이 있다.

성문법은 법규범을 성문화 내지 법전화 함으로써 그 내용이 문자로 고정하여 규정되어 있다. 성문법의 장점은 법의 존재와 의미내용이 명확하여 법을 구체적으로 시행하기에 적합하고, 법의 통일 및 정비로 인하여 법적 안정성을 확보할 수 있게 된다. 반면 성문법의 단점은 법의 문서화 내지 법전화에 의한 법의 고정화로 인하여 급변하는 사회의 현실적 수요에 대처하기가 용이하지 않고, 법문의 성질상 일반적이고 추상적인 문장으로 되어 있어서 일반인이 그 내용을 정확하게 이해하기가 어렵다. 또한 법의 개정을 위하여는 국회의 의결 등의 복잡한 절차를 거쳐야 하고 그러한 과정에서 많은 시간이 소요되어, 사회적 수요에 탄력적으로 대응할 수 없게 되는 문제점이 있다. 성문법의 장점과 단점은 거꾸로 불문법의 단점과 장점이 된다.

(1) 헌 법

'헌법'(憲法)은 국가의 이념과 조직 및 작용에 관한 국가의 기본법으로, 국가 법질서의 최상위에 있는 단일의 법규범이며, 헌법이라는 법전으로 구성되어 있다. 헌법은 '규범 중의 규범'의 성질을 갖는다. 헌법에도 성문헌법과 불문헌법이 있는데, 영국이나 호주 등 영미법계의 몇 나라를 제외한 대부분의 국가들은 성문헌법을 가지고 있다.

우리나라의 헌법은 1948년 7월 12일에 제정되어 같은 해 7월 17일에 공포 시행한 이래, 9차례에 걸쳐 개정되면서 오늘에 이르고 있다. 현행 헌법은 전문, 본칙 130개조, 부칙 6개조로 구성되어 있다. 헌법은 국가의 최상위법이므로, 그 효력은 법률이나 명령 등 하위법에 우선한다. 헌법의 제정권과 개정권은 국민에게 있고, 그 개정 절차도 까다로운 경성헌법이다.

(2) 법 률

'법률'(法律)이란 용어는 광의와 협의의 두 가지 의미로 사용된다. '광의'의 법률은 실질적 의미의 법으로서, 모든 법규와 명령을 포함한 법 일반을 말한다. 이에 반하여 '협의'의 법률은 형식적 의미의 법으로서, 입법부가 헌법에 규정된 일정한 절차에 따라 심의와 의결을 거쳐 제정되고 공포된 법률을 말한다. 일반적으로 법률이란 협의의 법률을 의미하므로, 행정기관이나 사법기관에 의해 제정한 명령이나 규칙 등과 구별된다. 법률은 그 효력상 헌법의 하위규범이므로, 헌법에 위반되는 법률은 헌법재판소의 위헌심판을 거쳐 무효가 된다. 그러나 법률은 명령이나 규칙 등의 상위규범이므로, 법률에 위배되는 명령이나 규칙 등은 무효이다.

　법률은 그 규정이 일반적이고 추상적이어야 한다. '일반적'이란 법률이 불특정다수인 즉 모든 사람에게 적용되어야 함을 말하고, '추상적'이란 법률이 모든 사건에 적용되어야 함을 뜻한다. 헌법에서 반드시 법률로 정하도록 한 사항이 있는데, 이를 법률사항 또는 입법사항이라고 한다.

　법률은 법률안의 제안, 심의 및 의결, 정부로의 이송 및 공포 등의 과정을 거쳐서 성립되고 시행된다. 법률안의 제안권은 정부와 국회의원 10인 이상 및 국회의 상임위원회에 있다(헌법 제52조, 국회법 제79조). 다만 정부의 법률안은 국무회의의 심의를 거쳐(헌법 제89조 제3호) 국무총리와 관계 국무위원의 부서를 받은 후(헌법 제82조) 대통령이 국회의장에게 제출한다. 제안된 법률안은 국회 상임위원회에서 먼저 심의하고 채택되면(상임위원회 중심주의), 법제사법위원회에 넘겨서 체계와 자구수정을 거친 후 본회의에 부의한다. 국회 본회의에서는 소관 상임위원장의 심사보고를 듣고 질의와 토론을 거쳐서 표결처리한다. 법률안이 본회의를 통과하려면 재적의원 과반수의 출석과 출석의원 과반수의 찬성이 있어야 한다(헌법 제49조).

　국회에서 의결된 법률안은 정부에 이송되어 15일 이내에 대통령이 서명하고 공포한다. 대통령의 서명·공포에는 국무회의의 심의와 국무총리 및 관계국무위원의 부서가 있어야 한다. 다만 대통령은 이송된 법률안에 이의가 있는 때에는 거부권을 행사할 수 있다. 이러한 거부권의 행사는 이송된 날로부터 15일 이내에 이의서를 붙여서 국회로 환부하고 그 재의를 요구하게 된다. 법률안이 환부거부 되면 국회는 재의에 붙이는데, 재적의원 과반수의 출석과 출석의원 3분의 2 이상의 찬성으로 재의결하면 법률로서 확정된다. 이와 같이 확정된 법률은 다시 정부로 이송되어 5일 이내에 대통령이 공포하지 않으면 국회의장이 공포한다. 법률안이 정부에 이송된 후 공포나 재의 요구도 없이 15일이 경과됨으로써 법률로 확정된 경우에도, 국회의장이 공포한다(헌법 제53조 참조). 공포된 법률은 특별한 규정이 없는 한 공포한 날로부터 20일을 경과함으로써 효력이 발생한다.

(3) 명 령

국회에서 제정한 법률은 일반적이고 추상적인 규범이므로, 사회에서 발생하는 모든 사항을 상세하게 규정할 수 없는 한계가 있다. 그리하여 이러한 세부적인 사항에 관하여는 전문적인 행정기관에 일임할 필요가 있는데, 이것이 바로 명령이다. 즉 '명령'(命令)이란 국회의 의결을 거치지 않고 법률의 위임을 받아 행정기관이 제정하는 법규를 말한다. 이러한 '명령'은 국회의 의결을 거치지 않고 행정기관이 단독으로 개정 및 폐지를 할 수 있으므로 그 개폐가 시의적이고 탄력적일 수 있지만, 행정기관의 자의가 게재되어 부당한 규정이 만들어질 수도 있는 위험이 있다.

가. 명령의 유형

명령에는 위임명령과 집행명령이 있다. 첫째, '위임명령'(委任命令)이란 법률에서 구체적으로 위임을 받은 사항에 대하여 그 법률 내용을 보충하기 위해서 내리는 명령을 말한다. 위임명령은 사실상 법률의 내용을 보충하는 것이므로 '보충명령'이라고도 하며, 위임받은 범위 안에서는 새로운 법규사항이나 벌칙 등을 정할 수 있다. 이러한 점에서 위임명령은 행정권에 의하여 정립되면서 법규로서의 성질을 가지는 명령인 '법규명령'에 해당한다. 참고로 법규명령(法規命令)은 행정기관이 정립한 일반적인 명령 중에서 국민의 권리·의무에 관한 사항을 규율하는 규범으로서, 법규의 성질이 있으므로 국가와 국민 모두에 대하여 일반적 구속력을 가진다. 이는 법규의 성질을 가지지 않는 행정명령(行政命令)과 구별된다.

둘째, '집행명령'(執行命令)이란 법률이나 상위명령을 집행하기 위하여 필요한 시행세칙을 직권으로 발하는 행정부의 명령을 말한다. 일반적으로 '위임명령'은 법률이나 상위명령의 위임에 의하여 발하는 데 반하여, '집행명령'은 상위명령(대통령령)의 위임이 없더라도 직권에 의하여 당연히 발할 수 있다. 그리고 '위임명령'은 국민의 새로운 권리·의무에 관한 사항(법규사항)이나 벌칙 등을 규정할 수 있지만, '집행명령'은 법률이나 상위명령(대통령령)의 집행에 필요한 시행세칙만 규정할 수 있다.

나. 명령의 구체적 형태

대통령은 법률에서 구체적으로 범위를 정하여 위임받은 사항(위임명령)과 법률을 집행하기 위하여 필요한 사항(집행명령)에 관하여 '대통령령'을 발할 수 있다(헌법 제75조). 그리고 국무총리 또는 행정각부의 장관은 소관 사무에 관하여 법률이나 대통령령의 위임에 의하여(위임명령) 또는 직권에 의하여(집행명령) '총리령' 또는 '부령'을 발할 수 있다(헌법 제95조). 일반적으로 대통령령을 시행령이라 하고, 총리령 및 부령을 시행규칙이라 한다. 이들 명령 간의 서열을 살펴보면, 대통령령은 총리령이나 부령보다 상위에 있으나, 총리령과 부령은 우열의 차이가 없다.

이와 같은 명령은 모두 법률의 하위규범이므로, 법률에 위배된 명령은 효력을 가질 수 없다. 다만 국가의 위기상황에 대처하기 위하여 대통령이 국가긴급권으로서 발하는 긴급명령 및 긴급재정경제명령은 법률과 동일한 효력을 갖는다. 즉 '긴급명령'은 국가의 안위에 관계되는 중대한 교전상태에서 국가를 보위하기 위하여(헌법 제76조 제2항), '긴급재정경제명령'은 내우외환이나 천재지변 기타 중대한 재정·경제상의 위기에서 국가의 안전보장이나 공공질서의 유지를 위하여(헌법 제76조 제1항) 각각 대통령이 발하는 명령으로서, 법률의 효력을 제한하거나 정지시킬 수 있다.

(4) 규 칙

'규칙'(規則)은 다음과 같은 두 가지의 의미로 사용된다. 첫째, '법규명령'에 해당하는 규칙이다. 이는 법규의 성질을 갖는 규칙으로서, 헌법기관인 국회나 대법원 등이 헌법의 규정에 따라 제정한 규범을 말한다. 이러한 규칙으로는 국회규칙(헌법 제64조), 대법원규칙(헌법 제108조), 헌법재판소규칙(헌법 제113조), 중앙선거관리위원회규칙(헌법 제114조) 등이 있다. 둘째, '행정규칙' 내지 협의의 '행정명령'에 해당하는 규칙이다. 이는 법규의 성질을 갖지 않는 규칙으로서, 법률이나 명령에 특별한 수권규정 없이 행정기관 내부의 사항을 규율하기 위하여 제정한 일반적 규범을 말한다. 이러한 규칙은 훈령, 일일명령, 지시, 예규, 통첩 등의 형식으로 존재한다. 이들 규칙은 행정기관 내부의 사항을 규율하는 것을 목적으로 하기 때문에, 일반 권력관계나 다른 행정조직 내부에는 그 효력이 미치지 않는다.

(5) 자치법규

'자치법규'(自治法規)란 지방자치단체가 주민의 복리에 관한 사무를 처리하고 재산을 관리하기 위하여 법령의 범위 안에서 제정하는 자치에 관한 규정을 말한다. 이는 지방자치단체가 헌법에 규정된 '자치입법권'에 기초하여 법령의 범위 안에서 제정한 법규범이다(헌법 제117조 제1항). 이러한 자치법규에는 조례와 규칙이 있다. '조례'(條例)는 지방자치단체가 지방의회의 의결을 거쳐 그 사무에 관하여 제정한 자치법규이고(지방자치법 제15조), '규칙'(規則)은 지방자치단체의 장이 조례에서 위임한 범위 안에서 그 권한에 속하는 사무에 관하여 제정한 자치법규이다(지방자치법 제16조).

(6) 조 약

'조약'(條約)이란 문서에 의한 국가 간의 명시적 합의를 말하며, 그 내용은 국제법의 구성부분이 된다. 조약은 그 내용에 따라 조약, 협약, 규약, 약정, 협정, 규정, 헌장, 규정서, 의정서, 잠정협약, 양해각서, 교환공문 등 다양한 명칭으로 사용되고 있지만, 그 명칭과는 상관없이 모두 조약에 해당한다. 하지만 법적 구속력이 없는 정치적 내지 도덕적 합의에 불과한 일반적 협정이나 합의서는 조약이 아니다. 조약은 국무회의의 심의를 거쳐서(헌법 제89조 제3호) 대통령이 체결하고 비준한다(헌법 제73조). 다만 국민생활에 중대한 영향을 미치거나 국내법의 개폐를 요구하는 조약의 경우에는, 그러한 조약의 체결 및 비준에 대하여 국회의 동의를 받아야 한다(헌법 제60조 제1항). 한편 헌법에 의하여 체결되고 공포된 조약과 일반적으로 승인된 국제법규는 '국내법'과 동일한 효력을 가지며(헌법 제6조 제1항), 외국인은 국제법과 조약이 정하는 바에 의하여 그 지위가 보장된다(헌법 제6조 제2항).

3. 불문법원

사례 2 (분묘기지권)

A는 경기도 가평군에 소재하는 자기 소유의 임야에 사망한 부(父)의 시신을 안치하고 봉분을 설치하였는데, 이후 그 봉분에 대한 소유권을 유보하거나 그 봉분도 함께 이전한다는 특약 없이 위의 임야를 B에게 처분하였다.

(1) A는 위 봉분을 수호하고 부(父)의 제사를 위한 목적으로 B의 토지를 이용할 수 있는가? 이 경우 B는 A 소유의 봉분을 철거할 수 있는가?

(2) 위 봉분의 제사 주재자인 A가 아닌 다른 후손 C가 위 봉분에 비석 등을 설치한 경우, 위 임야의 소유자 B는 그 비석 등을 철거할 수 있는가?

(3) 이후 A가 사망한 모(母)의 시신을 위의 봉분에 합장하면서 그 묘역을 정비하고 상석 등을 설치한 경우, 이러한 분묘의 신설은 허용되는가?

'불문법'(不文法)은 성문법 이외의 법, 곧 법규범이 문자나 법전의 형식으로 표현되지 않았고 특정한 제정기관에 의하여 일정한 절차에 따라서 제정되지 않았으며, 관습법이나 법원의 판례 등에 의해서 그 실효성이 인정되는 법을 말한다. 불문법에는 관습법과 판례법 및 조리가 있다.

(1) 관습법

'관습법'(慣習法)이란 사회의 거듭된 관행으로 생성한 사회생활규범이 사회의 법적 확신(법규범으로서의 의식)에 의하여 법적 규범으로 승인되어 강행되기에 이른 규범을 말한다. 관습법은 법원(法源)으로서 법령에 저촉되지 아니하는 한 법칙으로서의 효력이 있으며, 또한 사실상의 관습이 법적 규범으로 승인되기기 위하여는, 헌법을 최상위 규범으로 하는 전체 법질서에 반하지 않으면서 동시에 정당성과 합리성이 있어야 한다(대법원 2002다1178). 관습법으로 인정되는 것으로는 분묘기지권, 관습법상 법정지상권, 명인방법에 의한 권리변동, 양도담보, 사실혼 등이 있다.

가. 관습법의 성립요건

관습법의 성립근거로는 관행설, 법적 확신설, 국가승인설 등이 있으나, '법적 확신설'이 타당하다. 따라서 관습법이 성립하기 위하여는, '객관적 요건'으로서 일정한 관행의 반복 및 사회질서에의 적합성이 있어야 하고, '주관적 요건'으로서 법적 확신이 필요하다. i) '일정한 관행'이 존재하여야 한다. 관행이란 어떤 사항에 관하여 상당한 기간 동안 동일한 행위가 반복되어 널리 행하여지고 있는 상태를 말한다. ii) '법적 확신'이 있어야 한다. 관습이 법적 가치를 가진다는 공신력 있는 확신이 필요하다. 법적 확신에 이르지 않은 관습은 사실로서의 관습에 불과하다. iii) '선량한 풍속' 기타 사회질서에 반하지 않아야 한다. 이에 위반하는 관습은 법적으로 보호할 가치가 없기 때문이다.

관습법의 성립시기는 관습이 국가에서 인정하는 규범으로서 성립한 때이다. 즉 법원의 판결에 의하여 관습법의 존재가 인정되는 때에, 즉 그러한 관습이 법적 확신을 얻고 사회에서 행하여지게 된 시점으로 소급하여 관습법으로 존재하고 있었던 것이 된다. 따라서 관습법을 적용해야 할 시점에, 사회의 기본적 이념이나 사회질서의 변화로 인하여 그 관습법이 전체 법질서에 부합하지 않게 되었다면, 그러한 관습법은 법규범으로서의 효력이 부정된다. 대법원도 '공동선조의 후손 중 성년 남자만을 종중의 구성원으로 하고 여성은 종중의 구성원이 될 수 없다는 종래의 관습은, 공동선조의 분묘수호와 봉제사 등 종중의 활동에 참여할 기회를 출생에서 비롯되는 성별에 의하여만 생래적으로 부여하거나 원천적으로 박탈하는 것으로서, 위와 같이 변화된 우리의 전체 법질서에 부합하지 아니하여 정당성과 합리성이 있다고 할 수 없으므로, 종중 구성원의 자격을 성년 남자만으로 제한하는 종래의 관습법은 이제 더 이상 법적 효력을 가질 수 없게 된 것이다'라고 하였다(대법원 2002다1178).

나. 관습법의 효력

관습법은 사실인 관습과 구별된다. 즉 '관습법'은 법원(法源)으로서 법령과 같은 효력을 갖는 관습이고 법령에 저촉되지 않는 한 법칙으로서의 효력이 있지만, '사실인 관습'은 법령으로서의 효력이 없는 단순한 관행으로서 당사자의 의사표시를 해석하는 기준이 될 뿐이다. '관습법'은 법령과 동일한 효력을 가지므로 당사자의 주장을 기다림이 없이 법원이 직권으로 이를 확정해야 하지만, '사실인 관습'은 그 존부 자체가 명확하지 않고 법적 확신에 의해 법규범으로 승인되었는지도 인식하기 어려우므로 당사자가 그 존재를 입증하여야 한다.

관습법은 사회생활에서의 관행을 통하여 성립하므로, 규범과 사회적 사실이 일치하는 법규범의 가장 직접적인 형태로서 법원(法源)으로 인정될 수 있다. 민법과 상법은 관습법 내지 상관습법에 대하여 보충적 효력을 인정하면서, 각각의 법원으로 인정하고 있다(민법 제1조, 상법 제1조). 결국 관습법은 성문법에 대하여 원칙적으로 보충적(補充的) 효력을 가지고, 예외적으로 개폐적(改廢的) 내지 변경적 효력을 갖는다. 대법원도 '관습법이 법령 특히 강행규정에 저촉되지 않는 한 법규범으로서의 효력이 있으므로, 제정법에 대하여 열후적(劣後的) 내지 보충적 성격을 갖는다'고 하였다(대법원 80다3231). 그러나 형법에서는 죄형법정주의가 기본원리로 되어 있기 때문에, 형벌에 관한 한 관습법의 효력은 전혀 인정되지 않는다.

(2) 판례법

'판례법'(case law)이란 사법기관인 법원의 재판(판결, 결정)을 통해서 형성되는 것으로 인식되는 법을 말한다. 법원이 새로운 사건을 판단함에 있어서 동일한 종류의 사건에 대한 판단이 이미 존재하고 있다면, 그 전의 재판 내용과 동일한 내용으로 재판을 하게 되고, 이러한 재판이 반복되면서 사실상 법원을 구속하게 된 경우 판례법이 성립된 것으로 본다. 즉 유사한 사건에 관하여 법원의 판결과 결정이 쌓이게 되면, 점차적으로 일반적인 법칙이 밝혀지면서 추상적인 규범이 성립하는데, 이것이 판례법이다. 결국 판례법이란 개별 법규범의 의미와 내용에 관하여 가지는 법원의 일관된 견해를 법인식의 근거로 인정하는 것을 말한다.

i) '영미법계' 국가의 경우, 판례가 보통법(common law)을 이루고 있으므로, 대법원 판결은 자신을 포함하여 모든 법원을 구속하고, 항소법원과 고등법원의 판결은 그 하급법원을 구속한다. 이를 '선결례의 구속력'이라 하고,

이러한 경우 '선례 구속성의 원칙'이 적용된다. 하지만 ii) '대륙법계' 국가의 경우, 성문법주의를 택하고 있으며 법관은 헌법과 법률에 의하여 재판할 의무가 있을 뿐이므로(헌법 제103조). 하급법원은 동급이나 상급법원의 판결에 구속되지 않는 것이 원칙이다. 다만 법원조직법에서는 '상급법원의 재판에 있어서의 판단은 당해 사건에 관하여 하급심을 기속한다'고 규정하고 있다(동법 제8조). 실제로 하급법원은 대법원 판례를 재판의 지침으로 삼고 있으며, 대법원 판례와 다르게 재판하면 대부분 상급심에서 파기되므로, 하급심에서는 대법원 판례를 따르고 있다. 이러한 점에서 최고법원의 일관된 판례는 법률상 구속력은 없지만, '사실상 구속력'은 가진다고 본다.

(3) 조 리

'조리'(條理)에 해당하는 영어 'nature of things'를 직역하면 사물의 본성이 된다. 따라서 '조리'란 사람의 건전한 상식으로 판단할 수 있는 자연의 이치 내지 본질적 법칙을 말한다. 이는 공동생활관계에서 일반인이 통상적으로 인정하는 직관적인 원리나 법칙으로서, 공동체에 내재하는 질서 또는 공동생활에 적합한 원리라고 할 수 있다. 조리는 자연법과 같은 의미로 사용되기도 하고, 사회통념, 경험법칙, 사회적 타당성, 공서양속, 사회질서, 신의성실의 원칙, 법의 일반원칙 등으로 표현되기도 한다. 조리는 성문법 체계에서는 법규범이 아니므로 법원성을 인정하기 어렵지만, 불문법 체계에서는 법원성이 인정되어 재판의 준거가 되고 있다.

민법에서는 '민사에 관하여 법률에 규정이 없으면 관습법에 의하고 관습법이 없으면 조리에 의한다'고 규정하고 있다(민법 제1조). 이는 조리의 법원성을 명시적으로 인정한 것이다. 따라서 민사사건의 경우 법원은 법의 흠결 내지 공백을 이유로 재판을 거부할 수 없으며, 이러한 점에서 법관에게 보충적 입법권을 부여한 것으로 볼 수 있다. 대법원도 '종중이란 공동선조의 분묘수호와 제사 및 종원 상호간의 친목 등을 목적으로 하여 구성되는 자연발생적인 종족집단이므로, 종중의 이러한 목적과 본질에 비추어 볼 때 공동선조와 성과 본을 같이 하는 후손은 성별의 구별 없이 성년이 되면 당연히 그 구성원이 된다고 보는 것이 조리에 합당하다'고 판시하고 있다(대법원 2002다 1178). 그러나 형사사건의 경우에는 죄형법정주의 및 명확성의 원칙상 조리의 법원성이 부정되기 때문에, 구체적 사건에 적용할 성문법규가 존재하지 않으면 법원은 무죄를 선고하여야 한다.

사례 2 〈해설〉 (분묘기지권)

(1) '분묘기지권'이란 타인의 토지에 분묘(墳墓)를 설치한 자가 그 분묘를 소유하고 제사하는 목적으로 분묘의 기지(基地) 부분에 해당하는 타인 소유의 토지를 사용할 수 있는 관습법상의 권리이다. 분묘기지권은 ① 토지 소유자의 승낙을 얻어 분묘를 설치한 경우, ② 토지 소유자의 승낙이 없더라도 분묘를 설치하고 20년 동안 평온·공연하게 점유하여 시효로 취득한 경우, ③ 자기 소유의 토지에 분묘를 설치한 자가 분묘에 관한 별도의 특약이 없이 토지만을 타인에게 처분한 경우 등에 성립한다. 사례의 경우 A는 분묘기지권을 취득하므로, 그 분묘의 소유와 제사를 위해 B의 토지를 이용할 수 있다.

(2) 분묘의 부속시설인 비석 등 제구를 설치·관리할 권한은 분묘의 수호·관리권에 포함되어 원칙적으로 제사를 주재하는 자에게 있으므로, 제사주재자 아닌 다른 후손들이 비석 등 시설물을 설치하였고 그것이 제사주재자의 의사에 반하는 것이라 하더라도, 제사주재자가 분묘의 수호·관리권에 기하여 철거를 구하는 것은 별론으로 하고, 그 시설물의 규모나 범위가 분묘기지권의 허용범위를 넘지 않는 한, 분묘가 위치한 토지의 소유권자가 토지소유권에 기하여 방해배제청구로서 그 철거를 구할 수 없다(대법원 99다14006). 사례의 경우 B는 다른 후손 C가 설치한 비석 등의 철거를 청구할 수 없다.

(3) '분묘기지권'은 분묘를 수호하고 봉제사하는 목적을 달성하는 데 필요한 범위 내에서 타인의 토지를 사용할 수 있는 권리를 의미하는바(대법원 93다210), 이러한 분묘기지권에는 그 효력이 미치는 지역의 범위 내라고 할지라도 기존의 분묘 외에 새로운 분묘를 신설할 권능은 포함되지 않는 것이므로, 부부 중 일방이 먼저 사망하여 이미 분묘가 설치되고 그 분묘기지권이 미치는 범위 내에서 그 후에 사망한 다른 일방을 단분(單墳) 형태로 합장하여 분묘를 설치하는 것은 허용되지 않는다(대법원 2001다28367). 사례의 경우 새로 설치한 봉분이 기존에 A의 분묘기지권이 미치는 지역적 범위 내의 동일한 봉분 안에 위치한다고 하더라도, 그러한 분묘의 신설은 허용되지 않는다.

V. 법의 분류

법은 여러 가지 방법으로 분류된다. 일반적으로는 법의 존재형식에 따라서 성문법과 불문법으로 구분된다. 그 밖에도 법은 규율의 대상과 내용, 제정된 장소, 법전이나 법규의 형태 등에 따라 다양하게 구분된다.

1. 공법과 사법

(1) 공법과 사법의 구분

법을 공법과 사법으로 분류하는 이유는, 공법과 사법에 적용되는 법리가 현격히 다를 뿐만 아니라, 구체적인 법적 분쟁에서 소송의 관할권을 정할 필요가 있기 때문이다. 그러나 어떠한 기준에 의해 공법과 사법으로 분류할 것인지에 대하여는, 로마법 이후로 수많은 학설상의 논쟁이 있어 왔다. 현행법상 공법과 사법의 구별기준과 상관없이, 공법(公法)으로는 헌법, 형법, 행정법, 민사소송법, 민사집행법, 형사소송법, 국제법 등이 있고, 사법(私法)으로는 민법, 상법, 민사특별법, 상사특별법, 국제사법 등이 있다.

(2) 공법과 사법의 구별기준

공법과 사법의 구별기준에 대해서는 주체설, 목적설, 법률관계설(종속설), 통치관계설, 통합설 등 여러 견해가 나뉘고 있다.

1) '주체설'(主體說)은 법이 규율하는 법률관계의 주체가 누구인지에 의해 구별하는 견해이다. '공법'은 국가나 공공단체가 당사자의 일방 또는 쌍방인 법률관계를 규율하는 법이고, '사법'은 개인 상호간이 당사자로 되는 법률관계를 규율하는 법이라고 한다. 그러나 국가나 공공단체가 개인과 마찬가지의 지위에서 사인과 매매계약을 체결하는 경우, 국가나 공공단체가 매매계약의 주체이기는 하지만 이에 대하여는 공법이 아니라 사법이 적용된다. 주체설은 이러한 경우를 설명하지 못하는 단점이 있다.

2) '목적설'(目的說)은 법이 보호하는 이익이 무엇인지에 의해 구별하는 견해로서, '이익설'(利益說)이라고도 한다. '공법'은 사회의 이익인 공익(公益)의 보호를 목적으로 하는 법이고, '사법'은 개인의 이익인 사익(私益)의 보호를 목적으로 하는 법이라고 한다. 그러나 공익과 사익의 구별이 언제나 명확한 것은 아니며, 사익의 보호를 통해 공익이 보호되는 경우도 있고, 그 반대의 경우도 가능하다. 예컨대, 절도죄를 처벌함으로써 개인의 재산권이 보호되는 것처럼, 사회질서의 유지라는 공익을 목적으로 하는 형법이 사인의 이익을 보호해 주는 것에 대해서는 설명이 불가능하다.

3) '법률관계설'(法律關係說)은 당사자들의 법률관계가 대등한지에 의해 구별하는 견해로서, '종속설'(從屬說)이라고도 한다. '공법'은 불평등한 당사자 사이의 권력 내지 복종관계를 규율하는 법이고, '사법'은 평등하고 대등한 당사자의 법률관계를 규율하는 법이라고 한다. 그러나 국가 상호간의 관계는 서로 대등함에도 불구하고 국제법은 공법으로 분류되고 있으며, 친자관계는 상하의 복종관계에 있음에도 불구하고 친족법은 사법에 해당하고 있다는 것을 제대로 설명하지 못하는 한계가 있다.

4) '통치관계설'(統治關係說)은 당사자 간에 통치관계가 존재하는지에 의해 구별하는 견해이다. '공법'은 국가 통치권의 발동에 관한 사항을 규율하는 법이고, '사법'은 국가의 통치권과 관계가 없는 사항을 규율하는 법이라고 한다. 그러나 국제사회에서 국가 통치권의 작용을 규율하는 국제법은 공법에 속하며, 국가나 공공단체가 사인과 대등한 자격으로 체결하는 계약은 통치권의 발동에 관한 것이 아니므로 사법에 속하게 된다. 즉 공법적 특성과 사법적 특성을 모두 포함하지 못하는 단점이 있다.

5) '통합설'(統合說)은 위의 학설들을 종합하여 공법과 사법을 구별하는 견해이다. 그리하여 '공법'은 공익적, 국가적, 강제적, 통제적, 권력적인 법률관계, 즉 불평등한 사회적 관계를 규율하는 법이고, '사법'은 사익적, 사회적, 임의적, 자율적, 대등적인 법률관계, 즉 평등한 사회적 관계를 규율하는 법이라고 한다. 통합설이 다수의 견해이고 타당하다.

(3) 사회법

'사회법'(社會法)이란 공법과 사법의 어느 유형으로도 분류하기 어려운 중간영역의 법을 말한다. 노동법·경제법·사회보장법 등이 이에 해당한다. 독일의 법학자인 '라드브루흐'(Radbruch)는 공법과 사법 이외에 제3의 영역으로서 사회법을 인정하였다. 20세기 초에 들어와서 자본주의 경제의 모순이 심화 내지 고도화되면서 빈부의 격차, 노사의 갈등, 소비자의 피해, 생존권의 위험 등 다양한 사회문제가 대두하는 과정에서, 국가가 이를 해결하기 위하여 근대 민법의 원칙인 재산권절대 및 계약자유의 원칙에 공법적 제한을 가하는 등 행정권의 개입을 강화하면서 등장한 법 영역이다. 이와 같이 사회법의 등장으로 인하여 종래의 사법적 법률관계에 공법적 요소가 개입하게 되었는데, 이러한 현상을 '사법의 공법화', '공법과 사법의 혼합', '공법에 의한 사법의 지배' 등으로 표현하기도 한다.

2. 실체법과 절차법

법률의 규정 내용을 기준으로 하여 실체법과 절차법으로 분류된다. '실체법'(實體法)은 법률관계의 실체, 즉 권리·의무의 주체와 객체, 그 종류와 내용, 권리·의무의 발생과 변경 및 소멸 등을 규정한 법이다. '절차법'(節次法)은 실체법의 내용인 권리·의무를 구체적으로 실현하기 위한 수단과 방법 및 절차를 규정한 법이다. '실체법'에는 헌법, 민법, 형법, 상법 등이 있고, '절차법'에는 민사소송법, 형사소송법, 행정소송법 등이 있다.

3. 일반법과 특별법

법이 적용되는 효력범위를 기준으로 하여 일반법과 특별법으로 분류된다. '일반법'(一般法)은 그 적용에 있어서 사람, 장소, 사항, 시간 등에 관하여 보편적이고 일반적인 효력을 가지는 법이고, '특별법'(特別法)은 이러한 요소들에 관하여 일정한 범위 내에서 특수적이고 제한적인 효력을 가지는 법이다. '일반법'에는 헌법, 민법, 형법 등이 있고, '특별법'에는 상법, 군형법, 선원법, 공무원법, 도시계획법 등이 있다. 그러나 양자의 구별은 상대적인 것이다. 즉 상법은 민법에 대해 특별법이지만, 보험업법에 대해서는 일반법에 해당한다. 결국 양자를 구별하는 실익은 법의 적용순서에서 나타난다. 즉 법을 적용함에 있어서 동일한 사항에 대하여 양자가 병존할 때에는, '특별법 우선의 원칙'에 따라 특별법이 일반법보다 먼저 적용된다.

4. 강행법과 임의법

법의 효력이 어느 정도로 유지하는지, 즉 당사자의 의사에 의해 법의 적용을 배제할 수 있는지에 따라 강행법과 임의법으로 분류된다. '강행법'(强行法)은 당사자의 의사 여하와 상관없이 그 적용이 강제되는 법이고, '임의법'(任意法)은 당사자의 의사에 따라 그 적용을 배제할 수 있는 법이다. '강행법'(강행규정)으로는 헌법, 형법, 행정법, 소송법과 같은 공법 규정, 민법 중에서 물권, 법인, 친족, 상속에 관한 규정, 노동법이나 경제법과 같은 사회법 규정 등이 있다. '임의법'(임의규정)으로는 민법 중에서 채권에 관한 규정, 상법 중에서 상행위에 관한 규정 등이 있다.

양자를 구별하는 실익은 당사자의 의사표시에 의해 법률의 적용을 배제할 수 있는가에 있다. 민법은 '법률행위의 당사자가 법령 중의 선량한 풍속 기타 사회질서에 관계없는 규정과 다른 의사를 표시한 때에는 그 의사에 의한다'고 규정하고 있다(민법 제105조). 여기서 '선량한 풍속 기타 사회질서'와 관계있는 규정이 강행규정이고, 그렇지 않은 규정이 임의규정이다. 강행규정은 당사자의 합의에 의해 그 적용을 배제할 수 없지만, 임의규정은 그러하지 아니하다. 이러한 점에서 강행규정은 사적자치의 한계를 정하는 것이고, 임의규정은 사적자치를 보충하는 것이다.

강행규정은 그 제재의 정도에 따라 효력규정과 단속규정(금지규정)으로 나눌 수 있다. '효력규정'(效力規定)은 당사자 사이의 법률관계의 효력에 절대적 영향을 미치는 규정으로서, 이를 위반하여 이루어진 행위는 사법상의 효력이 부정되어 무효로 된다. 그러나 '단속규정'(團束規定)은 국가가 일정한 행위의 금지 내지 제한을 목적으로 하는 규정으로서, 이를 위반하더라도 사법상의 효력에는 영향을 미치지 않고, 다만 행위자가 형벌이나 행정벌 등 공법에 의한 단속상의 제재를 받을 뿐이다.

5. 국내법과 국제법

법이 지배하는 영역에 따라 국내법과 국제법으로 분류된다. '국내법'(國內法)은 국가의 단독의사에 의하여 성립되고 당해 국가의 영역에 한정하여 효력이 미치는 법이다. 반면 '국제법'(國際法)은 국가 간의 명시적 내지 묵시적 합의를 기초로 하여 성립된 법으로서, 국제사회의 행위주체인 국가들의 이해관계와 그 위법행위를 규율한다. 국제법의 법원(法源)은 국가 간의 명시된 합의에 바탕을 둔 조약(條約)과, 여러 국가의 관행을 기초로 하여 성립된 국제관습법(國際慣習法) 등이다. 여기서 국제관습법이란 외교관에 대한 면책특권, 타국의 내정 불간섭, 포로에 관한 인도적 대우 등 국제사회에서 당연히 지켜야 하는 관습상 규범을 말한다.

국제연합(UN)에는 국가 간의 분쟁해결을 위한 기구로서, '국제사법재판소'(ICJ, International Court of Justice)를 두고 있다. 하지만 동 재판소의 판결은 강제적 관할권이 없어서 일방 당사자의 청구만으로는 재판이 개시되지 않으며, 판결의 구속력은 인정되지만 이를 불이행한 국가에 대해서는 안전보장이사회가 적절한 조치를 취할 수 있을 뿐이다. 이와 같이 국제법은 국가 상호 간을 기속하지만 그 위반행위에 대한 강제수단이 제대로 정비되어 있지 않다. 즉 국제법 제정의 권위체와 효율적 집행기구의 부존재 및 재판권 행사의 과정과 절차의 한계 등으로 인하여, 국제법 위반행위에 대하여 강력한 준수를 강제할 수단이 없는 한계가 있다.

국제법이 국내법과 충돌하는 경우, 이를 해결하는 방법과 절차가 문제된다. 헌법에는 조약의 체결 근거와 방법을 명시하고 있으며, 헌법이 갖는 국가의 최고규범성을 밝히고 있으므로, 조약의 내용은 헌법질서에 어긋나지 않아야 한다. 즉 헌법 시행 당시의 법령과 조약은 현행 '헌법'에 위배되지 않는 한 그 효력을 지속하므로(헌법 부칙 제5조), 국회의 동의를 얻어 체결되고 공포된 조약이라도 그 내용이 헌법에 위반될 때에는 국내법적 효력이 부인된다. 또한 헌법에 의하여 체결되고 공포된 조약과 일반적으로 승인된 국제법규는 '국내법'과 동일한 효력을 가지므로(헌법 제6조 제1항), 조약의 유효성 여부는 헌법재판소의 위헌법률심사에 의한 통제를 받는다.

Ⅵ. 법의 효력

법의 효력은 법이 가진 규범력을 말한다. 법은 구속력을 가지고 인간의 사회생활을 규율하고 그 내용대로 실현할 수 있는 힘을 가지는데, 이를 법의 규범력이라고 한다. 여기서 '법의 규범력'이란 법이 구성원들의 행위규범으로서 법의 목적을 실현하는 강제력을 말한다. 법의 효력은 실질적 효력과 형식적 효력으로 구분할 수 있다. 법의 '실질적 효력'은 법에 내재하는 타당성 문제 및 실효성 문제를 포함한다. 한편 법의 '형식적 효력'은 시간과 장소 및 사람에 관한 법의 효력, 즉 법의 효력범위를 정하는 문제이다.

1. 법의 실질적 효력

법규범은 행위규범이면서 강제규범의 성격을 모두 가지고 있으므로, 법이 효력을 갖기 위해서는 규범적 타당성과 실제적 실효성을 동시에 갖추어야 한다. 법의 '규범적 타당성'이란 법이 행위규범으로서 구속력을 가지고 그 내용으로 정한 행위를 마땅히 준수토록 요구할 수 있는 정당한 자격 내지 권능을 말한다. 한편 법의 '실제적 실효성'이란 법이 강제규범으로서 국가권력에 의하여 보장받아 강행되는 효력을 말한다. 법은 법규범을 위반한 자에 대하여 그에 상응하는 강제 내지 제재를 가하는데, 이러한 강제가 현실적으로 가능한 근거가 바로 법의 실효성인 것이다.

법의 타당성과 실효성은 법의 필수적 요건으로서 사실상 불가분의 관계로 결합되어 있다. 타당성이 없는 법은 비록 실효성이 있다 할지라도 악법이 될 것이고, 반대로 타당성이 있더라도 실효성이 없는 법은 사문화된 법 내지 장식에 불과한 법이 되어 그 존재가치를 상실하게 될 것이다.

(1) 법의 타당성

법은 행위규범이기 때문에, 구성원들이 그 법의 존재가치를 인정하고 이를 준수할 때 실제적 효력을 가진다. 이러한 법의 규범적인 측면을 법의 '규범적 타당성'이라고 한다. 따라서 어떤 법이 규범적 타당성을 가진다는 것은, 법의 존재가치에 대하여 구성원들이 동의를 함으로써 준수될 수 있고, 또한 이를 준수하지 아니하는 자에 대해서는 제재 내지 강제를 할 수 있는 정당한 자격 내지 권능이 있다는 의미이다. 그렇다면 법이 현실에서 이러한 강제력을 가지는 근거는 어디에서 비롯되는 것인지가 문제된다. 이에 대하여는 법에 선행하는 초월적인 것으로서 법의 외적인 것에서 타당성의 근거를 구하는 입장과, 법 자체의 내재적인 것에서 그 근거를 구하는 입장 등 여러 가지 견해가 제시되고 있다.

가. 자연법설

이는 법의 타당성 근거는 자연법에서 비롯된다고 하는 견해이다. 실정법 이전에 존재하는 만고불변(萬古不變)의 법이 존재하는 것으로 가정하고, 이를 자연법으로 본다. 그리고 이러한 자연법이 구체적 실정법의 기본원리가 되어, 실정법이 타당성을 갖는 근거 내지 기준이 된다고 본다. 그러나 이 견해에서 말하는 자연법은 매우 관념적인 것으로서 시대에 따라 자연법의 내용을 달리 파악하고 있다. 즉 고대에는 '있는 그대로의 자연질서'로, 중세에는 '신의 의사'로, 근대에는 '인간의 이성'으로, 현대에는 '사물의 본성'으로 보는 등 시대에 따라 각각 그 해석을 달리하고 있다. 따라서 이 견해는 법의 타당성을 설명하기에 적합하지 않다.

나. 사실의 규범력설

이는 사실 속에 규범으로 바뀔 수 있는 힘이 내재하고 있는 것으로 보는 견해이다. 독일의 법학자인 '옐리네크'(Georg Jellinek)는 사실상의 관행이 오랫동안 반복되면 관습법이 성립되어 규범력을 가지게 된다고 보았다. 또한 혁명이라는 사실에 의하여 종래의 법체계가 부정되고 새로이 창설된 규범체계가 효력을 가지게 되는데, 이 또한 사실이 가지는 규범력에서 비롯된다는 것이다. 그러나 이 견해는 법의 존립 근거를 사실의 힘에서 구한다는 점에서, 법의 타당성에 대한 설명으로는 불충분하다.

다. 주권자 명령설

이는 실정법의 본질을 통치권자인 국가의 명령으로 보고, 법의 타당성의 근거를 명령의 발동에서 찾는 견해이다. 법은 실력을 가진 자의 명령이며, 동시에 최고지배자의 지배형식이라고 본다. 지배계급이 국가권력과 결합하여 실력의 지지를 받게 되면 법은 유효하게 행하여지지만, 실력의 뒷받침을 잃게 되면 그 효력이 상실된다는 것이다. '주관적 명령설'은 의식적으로 발달된 법제만을 그 대상으로 하면서 통치자의 명령만을 법이라고 하기 때문에, 이 견해에 따를 경우 불문법은 물론 국제법도 법이 아니게 되는 문제가 있다. 또한 통치자의 명령이 법의 효력을 가질 만큼 정당화되는지를 설명하지 못하고 있으므로 타당하지 않다.

라. 법률적 효력론(근본규범설)

이는 오스트리아의 법학자인 '켈젠'(Hans Kelsen)의 '법단계설'에서 비롯된 견해이다. '켈젠'은 국가의 법규범은 평면적으로 병존하는 것이 아니라, 입체적으로 상하의 종적 내지 단계적 질서를 이루면서 구성되어 있다고 보았다. 법질서는 최상위의 규범인 헌법으로부터 최하위의 규범인 명령이나 자치법규에 이르기까지 상하의 단계적 구조를 이루는데, 하위규범의 타당성은 상위규범의 수권(授權)에서 비롯된다는 것이다. 즉 법률은 상위규범인 헌법에 의하여, 헌법은 보다 상위의 근본규범으로부터 정당성을 위임받는 것이라고 한다. 여기서 '근본규범'(根本規範)이란 법을 제정할 수 있는 국가의 정치적 기본원리로서 논리적 의미의 헌법이라고 한다. 이 견해는 실정법의 존재기반과 그 타당성의 근거를 근본규범에서 찾고 있으나, 근본규범에 대한 설명이 없어서 지나치게 형식적이라는 비판이 있다.

마. 목적설

이는 법의 타당성 근거를 법의 목적에 내재하는 것으로 보는 견해이다. 독일의 법학자인 '예링'(Rudolf von Jhering)은 '법에 있어서의 목적'이라는 자신의 저서에서 '목적은 모든 법의 창조자이다'라고 하면서, 법의 타당성 근거를 법의 목적에서 구하였다. 법이 현실사회에서 규범의 내용대로 실현되기를 요구하는 것은 법 속에 목적이 내재하고 있기 때문이라고 한다. 따라서 법에 있어서 목적이 없는 법은 무의미하며, 목적이야말로 법의 존재이유이고 법이 타당성을 갖게 되는 근거로 보았다.

(2) 법의 실효성

'법의 실효성'이란 법이 강제규범으로서 국가권력에 의하여 보장받고 강행되는 것을 말한다. 법은 행위규범이면서 강제규범이므로, 그 규범의 내용대로 사실을 실현할 수 있는 힘을 가지고 있으며, 규범을 위반한 자에 대하여는 강제력을 가지고 있는데, 이러한 법의 사실적 측면을 법의 실효성이라고 한다. 법의 실효성은 국가권력에 그 정당성의 기반을 두고 있으므로, 개개인의 실력이나 폭력에 의한 강제력의 발동은 허용되지 않는다. 다만 정당방위나 긴급피난 및 자구행위 등 법률이 예외적으로 사력구제(私力救濟)를 허용하는 경우에 한하여 인정될 수 있다.

법의 실효성은 법의 타당성을 전제로 한다. 규범적 타당성을 결여한 법이 실효성을 가질 때, 즉 악법(惡法)이 존재할 때, 그러한 법에 대하여도 실효성을 인정해야 하는지가 문제된다. 법적 안정성을 강조하고 자연법을 부정하는 '법실증주의자'들은 악법도 정당한 절차만 밟아 제정되었으면 법이라고 주장하면서, 악법도 법이므로 이를 준수해야 한다고 보고 있다. 이에 반하여

'자연법론자'들은 정의의 원리에 반하는 법, 즉 타당성을 상실한 법은 이미 법으로서의 가치가 없는 것이라고 한다. 법적 안정성이라는 형식적인 이념이 내용적인 정의보다도 우위에 설 수 없다는 것이다. 다만 악법은 '참을 수 없을 정도로 악한 법'도 있고, '그 정도는 아니지만 여전히 악한 법'도 있는데, 후자의 경우에는 법으로는 인정하지만 시민불복종이나 법개정운동을 전개해야 하고, 전자의 경우에는 이를 법으로 볼 수 없으므로 오로지 저항권의 행사만이 문제된다고 보는 견해도 있다. '라드브루흐'(Radbruch)도 '참을 수 없을 정도로 악한 법은 법이 아니다'라고 하였다.

2. 법의 형식적 효력

법의 형식적 효력은 구체적으로 법이 적용되는 범위를 말한다. 법의 형식적 효력은 시간, 장소, 인(人)의 3가지 측면으로 나누어 볼 수 있다.

(1) 법의 시간적 효력

가. 법의 시행

법은 시행일로부터 폐지일까지 효력을 갖는다. 이와 같이 법의 '시간적 효력'은 법이 효력을 갖는 시간적 범위를 말한다. 법의 시행일부터 폐지일까지의 기간을 법의 '시행기간' 또는 '유효기간'이라고 한다. 법은 시행기간 안에 발생하는 사항에 대해서만 효력을 갖는다. 법은 시행에 앞서 관보에 게재하여 공포되는데(헌법 제53조 제1항), 국회의장이 법률을 공포하는 경우에는 서울특별시에서 발행하는 둘 이상의 일간신문에 게재하여야 한다(법령등공포에관한법률 제11조). 공포는 법을 시행하는 전제로서 법의 내용을 국민에게 널리 알리기 위한 절차이다.

법령의 시행기일은 공포된 법령에서 개별적으로 정하는데, 이는 부칙에서 정하는 경우가 대부분이다. 민법은 1958년 2월 22일에 제정되었으나, 부칙 제28조에 의하여 1960년 1월 1일부터 시행한다고 명시되어 있다. 한편 시행일이 특별히 정해져 있지 않은 경우에는, 공포한 날부터 20

일을 경과함으로써 효력을 발생한다(법령등공포에관한법률 제13조). 법령의 공시일부터 시행일까지 일정한 기간을 두고 있는데, 이 기간을 '주지기간'이라고 한다. 한편 성문법과는 달리 관습법은 시행기일을 정할 수 없으므로 성립과 동시에 효력을 발생하는 것으로 보아야 할 것이다.

나. 법의 폐지

'법의 폐지'란 법이 가진 효력을 명시적 내지 묵시적으로 소멸시키는 것을 말한다. 법은 폐지에 의하여 그 효력을 상실한다.

첫째, 법의 '명시적 폐지'에는 두 가지 경우가 있다. i) 법 자체에서 시행기간 내지 유효기간을 정한 때에는, 그 기간의 종료로 당연히 그 법은 폐지된다. 이와 같이 일정기간 동안만 효력을 발생하도록 제정된 법을 '한시법'이라고 한다. ii) 신법에서 명시적 규정으로 구법의 일부 또는 전부를 폐지한다고 정한 때에는, 이에 해당하는 구법의 일부 또는 전부가 당연히 폐지된다. 이러한 경우 신법은 구법을 대신하여 효력을 갖는다. 특히 구법의 일부만 폐지된 경우에는 폐지되지 아니한 부분은 당연히 신법과 병존하여 효력을 갖게 된다.

둘째, 법의 '묵시적 폐지'는 신법이 제정되면 구법은 자동으로 효력을 잃게 되는 경우이다. 동일 사항에 관하여 신법과 구법이 서로 모순 내지 저촉되는 경우, 그 범위 내에서 구법은 당연히 효력을 상실하게 된다. 이를 '신법우선의 원칙'이라고 한다. 한편 '해제조건'이 부가된 법인 경우에도 묵시적 폐지가 일어날 수 있다. 즉 처음부터 일정한 조건의 성취나 목적의 달성을 위하여 제정된 법은 그 조건의 성취 또는 목적의 달성이나 소멸로써 당연히 폐지가 된다. 이 경우 법이 규율할 사항이 완전히 소멸되었으므로, 규율대상이 없어진 법이 자연히 폐지되는 것이다.

다. 법률불소급의 원칙

'법률불소급의 원칙'이란 법의 효력은 시행 이후에 생긴 사항에 관해서만 적용되며, 시행 이전에 발생한 사항에 대하여는 소급하여 적용하지 못한다는 원칙이다. 이는 죄형법정주의의 파생원칙으로서, 법의 시간에 관한 효력 중에서 가장 중요한 원칙이다. 어떤 행위를 할 당시에는 법이 금지하는 행위가 아니었는데, 이후 제정된 법률에 의하여 과거의 그 행위를 위법한 것으로 보고 처벌한다면, 법질서의 문란이 야기될 뿐만 아니라 법적 안정성도 심하게 훼손될 수 있다. 법률불소급의 원칙은 이러한 혼란을 방지하고 국민의 예측가능성을 제고하기 위한 것이다.

그러나 예외적으로 소급효를 인정해도 법적 안정성을 해하지 않는 경우에는 이러한 원칙이 적용되지 않는다. 예컨대, 어떤 행위가 행위 당시에는 범죄로 취급되었으나, 이후 제정된 신법에 의하여 범죄를 구성하지 않거나 형이 감경되는 등 신법의 적용을 받는 자에게 유리하게 된 때에는 이 원칙이 적용되지 않고 신법에 의하게 된다. 형법 제1조 제2항은 '범죄 후 법률의 변경에 의하여 그 행위가 범죄를 구성하지 아니하거나 형이 구법보다 경한 때에는 신법에 의한다'고 규정하고 있다.

라. 경과규정

구법의 시행 당시에 발생한 사실에 관해서는 구법을 적용하고, 신법이 제정된 이후에 발생한 사실에 관해서는 신법이 적용되는 것이 원칙이다. 그러나 어떤 사실이 신법과 구법 사이에 걸쳐 발생했을 때, 즉 구법 당시 발생한 사실이 신법 당시까지 진행되고 있을 때, 신법과 구법 중 어느 법을 적용해야 하는지가 문제된다. 이러한 규정을 '경과규정'이라고 한다. 경과규정은 별도의 법으로 제정하는 것이 아니고, 신법의 부칙 또는 시행령에 특별규정을 두는 것이 일반적이다. 예컨대, '상법의 시행 당시 구법에 의한 소멸시효기간을 경과하지 아니한 권리에는 상법의 시효에 관한 규정을 적용한다'는 상법시행령 제4조 등이 있다.

(2) 법의 장소적 효력

법의 효력은 국가의 전체 영토에 미치는 것이 원칙이므로, 그 영역 내에 있는 내국인과 외국인을 불문하고 모든 사람에게 적용된다. 이를 국가의 '영토주권'이라고 한다. 국가의 영역은 국가의 주권이 미치는 범위로서 영토,

영수(영해, 내수), 영공을 포함하며, 법은 이러한 영역 안에서는 내국인은 물론
이고 외국인에 대하여도 일률적으로 적용되는 것이 원칙이다. 그러나 국제법
상 치외법권을 가진 자, 또는 외국군대가 관리하는 토지나 시설물 등에 대해
서는 자국법의 효력이 미치지 않는다. 그러나 외국의 영역 내에 있는 자국의
원수, 외교사절과 그 수행원, 군함과 선박 및 항공기 안에서는 자국법의 효
력이 미친다. 그리고 도시계획법이나 지방자치단체가 제정하는 조례와 규칙
등은 그 도시나 그 자치단체에 한하여 효력이 미친다.

(3) 법의 대인적 효력

법의 대인적 효력이란 법을 적용할 때 어떠한 범위의 사람에게 적용해
야 하느냐의 문제를 말한다. 우리나라는 속지주의를 원칙으로 하면서 속인주
의 및 보호주의를 가미하는 입법주의를 채택하고 있다.

가. 속지주의 우선의 원칙

법의 대인적 효력과 관련해서는 속인주의와 속지주의가 있다. '속
인주의'란 사람의 소재 여하를 불문하고 그 사람이 속하는 국적을 표준으
로 하여 그 국가의 법을 적용하는 원칙이다. 속인주의는 자기 나라의 국민
에게는 자국법을 적용한다는 것으로서, '대인주권'에서 유래한다. 이에 대
하여 '속지주의'란 자국의 영토 내에 있는 사람은 내국인과 외국인을 불문
하고 모두 자국법을 적용하는 원칙으로서, '영토주권'에서 기인한다. 근대
국가의 성립과 더불어 영토권이 확립되면서 속지주의가 관철되었고, 현대
국가는 양자를 병용하면서도 속지주의를 우선하고 있다.

나. 속지주의의 예외

참정권이나 병역의무과 같은 헌법상의 권리·의무는 국가적 이익을
위하여 자국에 거주하는 외국인에 대해서는 적용하지 않는다. 형법상 일정
한 범죄에 대하여는 타국에 있는 내국인뿐만 아니라 타국에 있는 외국인에
게도 형법이 적용된다. 형법 제5조는 '본법은 대한민국 영역 외에서 다음
에 기재한 죄를 범한 외국인에게 적용한다'고 규정하면서, 그러한 죄로서

내란죄, 외환죄, 국기에 관한 죄, 통화에 관한 죄, 유가증권 및 우표와 인지에 관한 죄, 문서에 관한 죄, 인장에 관한 죄 등을 들고 있다. 이 중에서 내란죄, 외환죄, 국기에 관한 죄 등은 대한민국 영역 밖에서 죄를 범한 외국인에 대하여도 형법을 적용한다. 속지주의는 외교특권(치외법권)을 가진 자에게는 적용되지 않는다. '외교특권'이란 체재국의 법 적용을 받지 않고 본국법의 적용을 받을 권리를 말한다. 국제관습법, 영사조약, 주둔군지위협정 등에 의하면, 국가의 원수, 외교사절 및 그 가족, 입국승인을 받은 군대나 군함 등은 체재국의 법에 따르지 않고 본국법에 따른다.

Ⅶ. 법의 해석과 적용

'법의 해석'이란 추상적으로 규정되어 있는 법규의 의미와 내용을 특정한 사건에 구체적으로 적용하기 위하여 이를 명백하게 밝히는 것을 말한다. 성문법의 법규는 일반적이고 추상적이기 때문에, 구체적 사건에 그대로 적용하기에는 어려움이 있을 수밖에 없다. 입법자가 아무리 세심한 주의를 기울여 법을 제정하였더라도 천태만상의 인간생활을 모두 담아낼 수는 없으며, 또한 사회의 변화에 따라 입법 당시에는 전혀 예상할 수 없었던 새로운 사실이 발생할 수 있다. 따라서 추상적 법규를 구체적 사건에 적용하기 위해서는 법의 해석 과정이 필요하다.

법의 해석은 법이 지닌 뜻을 규명하는 이론적 문제이기 때문에 논리적이어야 하며, 단순히 언어학적 해석의 문제가 아니라 법규범상의 문제로 보아야 할 것이다. 이러한 의미에서 법의 해석은 일정한 가치판단을 전제로 하여 객관적이고 과학적이어야 하며, 규제되는 사실과 규제의 결과를 고려하면서 해석해야 한다. 법 해석의 대상이 되는 법은 주로 성문법이다. 불문법은 그 존재 자체에서 의미와 내용을 나타내고 있으므로 법의 해석보다는 법의 존재 여부가 문제로 된다. 관습법도 해석을 필요로 하는 경우가 있으나 관습법은 사회생활 속에서 관행을 통하여 구체적인 형태로서 존재하기 때문에 해석하는 경우에는 어려운 점이 없을 것이다.

1. 실정법 해석의 방법

법의 해석은 그 해석이 법적 구속력을 가지는지에 따라 유권해석(공권해석)과 학리해석(무권해석)으로 나누어진다. 첫째, '유권해석'은 국가의 권한있는 기관에 의하여 법규의 의미가 해석되고 확정되는 법적 구속력이 있는 해석으로서, '공권해석'이라고도 한다. 유권해석은 해석기관에 따라 입법해석, 행정해석, 사법해석 등으로 구분된다. 둘째, '학리해석'은 학술적 내지 학리적 방법에 의하여 법규의 의미를 해석하는 것으로서, 보통 법의 해석이라 할 때에는 학리해석을 가리킨다. 학리해석은 법이론을 기초로 한 개인의 법에 관한 자유로운 견해에 지나지 않으므로, 강제력을 갖지 못하여 '무권해석'이라고도 한다. 학리해석에는 문리해석과 논리해석이 있다.

(1) 문리해석

'문리해석'은 법규의 자구·문언 등을 언어학적 의미로 해석하는 방법을 말한다. 즉 법문의 단어와 문장의 의미를 밝혀내는 해석방법으로서, '문언적 해석'이라고도 한다. 모든 법령은 문자로 표시되어 있으므로 문리해석은 법해석의 첫 단계를 이룬다.

예컨대, 형법 제355조는 '① 타인의 재물을 보관하는 자가 그 재물을 횡령하거나 그 반환을 거부한 때에는 5년 이하의 징역 또는 1,500만원 이하의 벌금에 처한다. ② 타인의 사무를 처리하는 자가 그 임무에 위배하는 행위로써 재산상의 이익을 취득하거나 제3자로 하여금 이를 취득하게 하여 본인에게 손해를 가한 때에도 전항의 형과 같다'고 규정하고 있다. 이 규정에서 '타인의 재물'과 '타인의 사무'가 무엇을 뜻하는지를 언어학적 의미로 밝히는 것이 문리해석이다. 문리해석이 필요한 이유는 법률용어의 사용방법은 일반용어의 사용방법과 다른 경우가 많기 때문이다.

예컨대, 민법 제109조는 '① 의사표시는 법률행위의 내용의 중요부분에 착오가 있는 때에는 취소할 수 있다. 그러나 그 착오가 표의자의 중대한 과실로 인한 때에는 취소하지 못한다. ② 전항의 의사표시의 취소는 선의의 제3자에게 대항하지 못함'고 규정하고 있다. 일반적으로 '선의'(善意)란 친절한 마음 즉 '호의'로 인식되지만, 이 규정에서 '선의'라는 법률용어는 '어떤 사정을 알지 못함'이라는 의미이다. 따라서 '선의의 제3자'는 해당 의사표시가 '취소될 수 있는 의사표시였음을 모르는 제3자'라는 의미를 가진다. 또한 '악의'(惡意)도 일반적으로는 '해할 의사'로 인식되지만, 법률용어로서는 '어떤 사정을 알고 있음'이라는 의미를 가진다.

어떤 법률에서 사용한 용어는 시대와 사회사정의 변화에 따라 그 의미가 변화될 수 있다. 예컨대, 민법 제103조는 '선량한 풍속 기타 사회 질서에 위반한 사항을 내용으로 하는 법률행위는 무효로 한다'고 규정하고 있다. 이 경우 '선량한 풍속 기타 사회질서'를 법 제정시의 기준과 현대적 기준 중 어디에 맞추어 볼 것인지가 문제될 수 있다. 그 법률의 제정시의 뜻대로 해석하여야 한다는 주장(연혁적 해석론)과 현재의 의미에 따라 해석해야 한다는 주장(진화적 해석론)으로 나뉘나, 대체로 후자의 견해가 타당하다. 시대나 장소에 따른 진화적 해석이 필요한 것이다. 일반적으로 법규범의 내용은 사회의 평균인을 표준으로 하고 있다. 따라서 어떤 용어가 일반인에게 통용되는 의미와 전문가에게 통용되는 의미가 있을 때에는, 사회의 평균인에게 통용되는 의미로 해석하여야 한다. 또한 입법기술상 용어의 사용에 일정한 관례가 있을 때에는 그 관례에 따라 해석하여야 한다.

(2) 논리해석

'논리해석'이란 법문의 자구(字句)에 구속됨이 없이 법 제정 당시의 사회적 사정, 입법의 취지, 목적, 사회생활의 필요성, 법의 적용 효과 등으로 법규의 의미를 해석하는 방법이다. 일반적으로 법령의 해석은 문리적 해석만으로는 불충분하기 때문에, 문리적 해석을 기초로 하고 그 바탕 하에서 논리해석을 하게 된다. 논리해석의 방법에는 확장해석, 축소해석, 반대해석, 물론해석, 보정해석 등의 방법이 있다.

가. 확장해석

'확장해석'이란 법문의 의미를 보통의 뜻보다 넓게 해석하여 법에 내재된 진정한 의미를 밝혀 내려는 해석방법을 말한다. 예컨대, '마차통행금지'라고 했을 때, 반드시 말이 끄는 마차뿐만 아니라 소까지 포함시켜 '우마차통행금지'라고 해석하는 것과 같은 경우이다. 또한 '공원의 수목을 꺾지 마시오'라는 표현은 '공원 내의 화초도 포함된다'고 해석하는 것도 확장해석의 예가 된다. 민법 제752조는 '타인의 생명을 해한 자는 피해자의 직계존속과 직계비속 및 배우자에 대하여는 재산상의 손해 없는 경우에도 손해배상의 책임이 있다'고 규정하고 있다. 통상적으로 '배우자'라 함은 법률상의 배우자를 의미하지만, 이 규정에서 배우자는 사실상의 배우자도 포함된다는 해석도 확장해석의 예이다.

나. 축소해석

'축소해석'이란 법문의 의미를 보통의 경우보다 축소하여 좁게 해석하는 방법을 말하며, '제한해석' 또는 '한정해석'이라고도 한다. 예컨대, 형법 제329조에서는 '타인의 재물을 절취한 자는 6년 이하의 징역 또는 1천만원 이하의 벌금에 처한다'고 규정하고 있다. 일반적으로 민법상의 '물건'에 해당하는 '재물'은 동산과 부동산을 포함하는 개념이지만, 형법상 절도죄의 객체인 재물에는 부동산을 포함하지 않고 동산만으로 제한하여 해석하는 것이 축소해석이다. 또한 도로교통법 제22조 제3항에서는 앞지르기 금지의 시기 및 장소에 관련하여, '도로의 구부러진 곳에서는 다른 차를 앞지르지 못한다'고 규정하고 있다. 일반적으로 '도로의 구부러진 곳'이란, 조금이라도 휘어진 도로, 즉 '도로가 완전히 직선이 아닌 모든 곳'을 말하지만, 위 규정의 입법취지를 고려해보면, '앞지르기로 인하여 위험을 초래하고 교통안전에 지장을 줄 수 있는 정도의 구부러진 도로'를 의미하는 것으로 한정하여 해석하는 것도 축소해석의 예이다.

다. 반대해석

'반대해석'이란 법을 해석함에 있어 명문으로 규정되어 있지 않을 경우에는 그와 반대로 해석하는 것을 말한다. 예컨대, 민법 제800조는 '성년에 달한 자는 자유로 약혼할 수 있다'고 규정하고 있다. 따라서 위 규정을 반대로 해석하면, 성년에 달하지 못한 자(미성년자)는 자유롭게 약혼할 수 없고 법정대리인의 동의나 승낙을 얻어서만 약혼할 수 있다고 해석되는 것이다. 또한 민법 제3조는 '사람은 생존한 동안 권리와 의무의 주체가 된다'고 규정하고 있다. 따라서 반대해석상 사람은 사망한 이후에는 권리와 의무의 주체가 될 수 없다고 보는 것도 반대해석의 예이다. 그리고 민법 제832조는 '부부의 일방이 일상의 가사에 관하여 제3자와 법률행위를 한 때에는 다른 일방은 이로 인한 채무에 대하여 연대책임이 있다'고 규정하고 있다. 이 경우 어떤 채무가 일상가사에 관한 채무가 아닌 한 연대책임이 없다고 해석하는 것도 반대해석에 의한 것이다.

라. 유추해석

'유추해석'은 어떠한 사항에 대하여 적용할 법조문이 존재하지 아니할 경우에는 그와 비슷한 다른 법조문을 적용하는 것을 말한다. 예컨대, 자동차와 오토바이는 운송수단으로서의 기능 등 중요한 점에서 유사하므로, 자동차에 대한 출입금지를 오토바이에 대해서도 적용할 수 있다는 것이 유추해석이다. '유추해석'은 명문규정에 없는 사항이 명문규정에 있는 사항과 유사함을 이유로 확대 적용한 경우임에 반하여, '확장해석'은 법조문에 의한 확장으로서 적어도 법규 자체가 이미 예상하고 있는 범위 내의 해석이라는 점에서 구별된다.

형법의 규정을 해석하면서 유추해석을 허용하면, 형법에 명시되지 않은 행위가 처벌될 가능성이 있기 때문에, 죄형법정주의의 원칙상 허용되지 아니한다. 다만 법의 논리성이 허용하는 범위 안에서 피고인에게 불리하지 않는 유추해석의 경우에는, 죄형법정주의에 반하지 않는다. 한편 '유추'(類推)라는 것은, 어떤 내용을 중복하여 규정할 필요가 없어서 규정하지 않을 때 사용되는 '준용'(準用)과 구별된다. 엄격하게 말하면 '유추'는 법해석의 한 방법이지만, '준용'은 입법기술상의 방법이다.

2. 법의 적용

'법의 적용'이란 추상적 법규정을 구체적인 사안에 대입하여 결론(법적 효과)을 내리는 일을 말한다. 즉 추상적인 법규범을 대전제로 하고, 구체적인 사안을 소전제로 하면서, 3단 논법에 의하여 결론을 도출해 내는 작업이 바로 법을 적용하는 것이다. 재판은 법을 적용하는 절차이고, 따라서 법의 적용은 법관의 임무에 속한다. 그리고 법을 적용하는 재판절차는, 제1단계로서 사실의 확정 즉 구체적 사실의 유무와 내용을 확정하고, 제2단계로서 법의 해석 즉 확인된 사실관계에 적용할 법규를 찾아 해석함으로써 결론을 도출하는 과정을 통해서 행하여진다.

이와 같이 법의 적용은 사실에 대한 조사 즉 사실 심리(사실확정)와, 이로부터 밝혀진 사실에 따른 결론(판결)이라는 복합적인 구조를 가진다. 그리고 밝혀진 사실과 그 사실에 따른 판결, 이 양자를 연결해 주는 고리의 역할을 하는 것이 바로 법률이다. 구체적으로 ① 사실조사의 과정을 거쳐서 어떤 사실이 밝혀지면, ② 그 사실에 법률을 적용하여, ③ 그에 따른 판결을 하게 된다. 예컨대, 돈을 빌린 사실에 대해서는, 민법의 대여금에 관한 규정을 적용하여, 빌린 돈을 갚으라는 판결을 한다. 또한 물건을 산 사실에 대해서는, 민법과 상법 등의 매매에 관한 규정을 적용하여, 매매대금을 지급하고 물건에 대한 소유권을 이전하라는 판결을 하게 된다.

이 경우 민법이나 상법 등의 법률은 이미 제정되어 있으므로 새로 확정할 필요가 없다. 그러나 돈을 빌리거나 물건을 산 사실이 있는지에 대해서는 그랬을 수도 있고 아닐 수도 있으므로, 각각의 사안마다 이를 조사하여 밝힐 필요가 있는데, 이를 '사실의 확정'이라고 한다. 사실이 확정되지 않으면 법을 적용할 수 없으므로, 사실의 확정은 법의 적용 여부를 결정하는 중요한 문제이다. 사실의 확정이 어떻게 되느냐에 따라 법규범이 예정하고 있는 법률효과의 적용을 받을 수 있는지가 결정되기 때문이다. 사실확정의 방법에는 사실의 입증과 사실의 추정 및 의제(간주)가 있다.

(1) 사실의 입증

가. 증거의 개념

　　예컨대, 甲이 친구 乙에게 100만원을 한달 후에 받기로 하고 빌려 주었다. 한달 후에 乙이 돈을 갚으면 아무 문제가 생기지 않지만, 乙이 한 달이 지난 후에도 돈을 갚지 않으면 문제가 발생할 수 있다. 이 경우에도 乙이 100만원을 빌려 간 사실은 인정하면서 다만 형편이 어려우니 조금만 기다려 달라며 사정을 하면, 甲과 乙 사이에 소송문제까지는 생기지 않는다. 그런데 乙이 마음이 변하여 돈을 빌린 사실을 부인하면 문제는 복잡해지게 된다. 甲이 억울하여 乙을 상대로 100만원을 돌려달라는 소송을 제기하게 되면, 담당 법관이 어떤 근거로 어떤 판결을 해야 하는지는 사실에 대한 입증에 따라 달라지게 된다.

　　담당 법관이 甲의 말만 믿고 乙에게 100만원을 지급하라는 판결을 할 수 없음은 당연하다. 판결에 앞서 두 사람 사이에 돈을 빌려 주고 빌려 받은 사실이 있는지를 밝혀내는 사실확정의 과정을 거쳐야 한다. 이러한 사실확정의 근거가 되는 것, 즉 사실확정의 자료를 '증거'라고 한다. 예컨대, 乙 명의의 차용증이나 현금보관증, 또는 甲이 乙에게 돈을 빌려 준 것을 본 증인 등이 증거가 될 수 있다. 실제의 소송은 그 절차의 대부분을 이와 같은 사실 심리, 즉 소송당사자들이 제출한 증거를 조사하고, 이를 토대로 하여 소송당사자 사이에서 있었던 구체적인 사실을 밝혀서 확정하는 데 집중된다. 따라서 소송에 임하는 당사자들은 먼저 사실을 밝히는 것에 최선을 다해야 하고, 이를 위하여 그 사실을 밝혀 줄 수 있는 구체적이고 직접적인 증거를 수집하여 법관에게 제시해야 한다.

나. 증거의 역할 및 가치

　　젊은 여자 甲과 乙이 갓난아기를 안고 솔로몬(Solomon) 왕을 찾아

왔다. 그리고 서로 그 아기가 자신의 아기라고 주장하였다. 솔로몬 왕은 甲과 乙의 주장을 듣고 난 후에, 누가 그 아기의 어머니인지 판단하기 어려우니 그냥 아기를 반으로 갈라 각자 반씩 나누어 가지라는 판결을 내렸다. 그러자 甲은 자신의 주장을 거두어들이고, 그 아기를 죽이지 말고 乙에게 주어 기르게 할 것을 호소했고, 乙은 그 판결에 그대로 따르겠다고 하였다. 이에 솔로몬 왕은 자신의 주장을 거두어들인 甲을 진짜 어머니로 판단하고 甲에게 아기를 돌려주었고, 乙은 엄벌에 처하였다.

위의 사례에서 솔로몬(Solomon) 왕은 두 여인 중 누구라도 진짜 어머니라면 비록 자신이 아기를 못 키우게 되더라도 자신의 아기를 해치는 일은 하지 않을 것이라는 판단을 한 것이다. 그런데 만약 벌을 받은 乙이 현대인들처럼 영악했더라면 다른 결과가 되었을 수도 있다. 평소 뛰어난 지혜로 칭송받던 솔로몬 왕이 '아기를 반으로 갈라서 나누어 가지라'는 판결, 즉 누가 보아도 황당하기 이를 데 없는 판결을 내린 의도를 乙이 간파하고, 그 자신도 진짜 어머니였던 甲처럼 아기를 죽이지 말 것을 호소하였다면, 사건은 다시 원점으로 돌아갔을 수도 있다.

그런데 위 사건이 지금의 법정에서 전개되었다면, 아이와 생모라고 주장하는 두 여자의 유전자를 감정해 보는 증거방법을 통하여 간단하게 생모를 확정지을 수 있다. 비록 재판장이 솔로몬 왕과 같은 지혜를 갖추지 못하였어도, 구체적인 증거만 있으면 사건을 훨씬 더 정확하게 판단할 수 있는 셈이다. 실제 재판에서 원고나 피고는 자신의 주장을 장황하게 설명한 후 아무런 증거도 제시하지 않은 채 무조건 자신의 주장이 옳으니 자신의 주장대로 판결을 내려 줄 것을 구하는 경우가 많다. 심지어는 자신이 옳은 것은 하늘도 알고 땅도 알고 세상 사람도 다 아는데, 왜 판사는 자신의 말을 믿지 않느냐고 화를 내는 사람도 있다. 그러한 당사자에게 어떤 법관은 '하늘이 알고 땅이 알고 세상 사람이 다 알면 무슨 소용이요, 판결을 할 법관인 내가 모르는데..'라고 대답했다고 한다.

어떤 사건을 판단하고 사실을 확정하는 데 있어서, 솔로몬의 지혜보다 더 필요한 것은 그 사건에 대한 직접적이고도 구체적인 증거이다. 이러한 증거만 있다면, 비록 솔로몬의 지혜를 갖추지 못하여도 사안을 정확히 판단해 낼 수 있지만, 그러한 증거 없이는 솔로몬의 지혜를 갖추었더라도 구체적인 증거에 입각하여 판단하는 경우보다 오판의 가능성이 더 높아진다. 확실한 문서나 물증만 남겨 놓으면 상대방도 괜한 억지를 부리지 않는다. 따라서 모든 거래나 약정에 구체적이고도 확실한 문서나 물증을 남기는 것이야말로 장래의 분쟁을 예방하는 첫걸음이 되는 것이다. 소송법이 인정하는 증거방법으로서, 인적 증거로는 증인이나 감정인 및 당사자 본인 등이 있고, 물적 증거로는 문서나 검증물 등이 있다.

(2) 사실의 추정

'추정'이란 어떤 사실의 존재 여부가 불명확한 경우에, 공익상의 이유나 주위의 사정으로 인하여 사회의 통상적인 상태를 기준으로 일단 그 사실을 존재하는 것으로 가정하고 그에 상응한 법률효과를 부여하는 것이다. '사실의 추정'은 사실의 존재 여부에 대한 가정에 불과한 것이므로, 반대의 사실을 주장하는 당사자의 반증이 있을 경우에는 그 확정을 번복시킬 수 있다. 예컨대, 헌법 제27조 제4항은 '형사피고인은 유죄의 판결이 확정될 때까지 무죄로 추정한다'고 규정하고 있다. 이로써 형사피고인은 무죄의 추정을 받게 되어 인권이 보호될 수 있다. 또한 민법 제844조 제1항은 '처(妻)가 혼인 중에 포태한 자(子)는 부(夫)의 자로 추정한다'고 규정하고 있다. 이 규정은 혼인 중에 아내가 임신을 하면 그 아이를 다른 남자의 아이로 보기에는 입증이 곤란하고 사회의 통념을 기준으로 판단하여 일단 그 남편의 아이로 추정하는 것이다. 따라서 甲과 乙이 혼인 중이고 乙이 자(子)를 포태하였다면, 민법 제844조 제1항에 의하여 처(妻)인 乙이 포태한 자는 부(夫)인 甲의 자로 추정된다. 그러나 乙이 포태한 자(子)가 乙의 불륜행위로 인한 타인의 자라는 것이 입증되면 추정된 효과는 생겨나지 않는다.

(3) 간주(의제)

'간주'란 사실의 진실 여부에 관계없이 어떤 사실이 존재하는 것으로 확정적으로 보는 것이다. 간주는 법이 의제하는 사실이 존재한다는 것을 기초로 하여 법을 적용하기 때문에, 그 사실의 진실 여부를 불문하고 반증을 들어 이를 부인하는 것도 허용되지 않는다. 예컨대, 민법 제28조는 '실종선고를 받은 자는 실종기간이 만료하였을 때 사망한 것으로 본다'고 규정하고 있다. 이 규정에 의하여 실종자는 실종기간이 만료하였을 때부터 사망한 자로 인정되고, 설령 나중에 실종자가 살아서 돌아왔다고 하더라도 그 사실만으로는 사망한 자로 간주된 법률효과가 번복되지 않는다. 따라서 실종자가 사망으로 간주된 효과를 부인하기 위하여는, 기존의 실종선고에 대하여 다시 법원으로부터 취소선고를 받아야 한다. 이와 같이 사실의 확정절차에 있어서, 간주 규정이 추정 규정보다 훨씬 더 강하고 엄격하다.

(4) 입증책임

사례 3 (입증책임)

원고가 피고를 상대로 빌려간 돈을 갚으라는 소를 제기하였는데, 피고는 원고로부터 돈을 빌린 사실이 없다고 주장하고 있다. 그런데 이 소송에서 원고는 자신이 피고에게 돈을 빌려 주었다는 사실에 대하여 차용증·현금보관증·영수증과 같은 서증이나 증인 등의 증거를 제대로 대지 못하고 있으며, 피고도 자신이 원고에게 돈을 빌린 적이 없다는 사실에 대하여 아무런 증거를 제출하지 못하고 있다.

사례 4 (입증책임)

원고가 피고를 상대로 빌려간 돈을 갚으라는 소를 제기하였는데, 피고는 원고로부터 돈을 빌린 사실은 있지만 이를 갚았다고 주장하고 있다. 그런데 이 소송에서 피고는 자신이 돈을 갚은 사실에 대한 영수증·변제증서와 같은 서증이나 증인 등의 증거를 제출하지 못하고 있으며, 원고도 자신이 피고에게 빌려준 돈을 돌려받은 바가 없다는 사실에 대한 아무런 증거도 제시하지 못하고 있다.

가. 입증책임의 개념

위의 사례에서는 원고와 피고 누구도 자신의 주장사실에 대하여 구체적이고 직접적인 증거를 제시하지 못하고 있다. 따라서 이 사건을 담당하는 판사는 특별한 사정이 없는 한, 사례 3에서는 원고 패소로, 사례 4

에서는 피고 패소로 판결할 것이다. 이러한 차이는 입증책임의 귀속과 관련된 것으로서, 입증책임이 누구에게 있는가에 대한 차이에서 비롯되는 결과이다. 소송상 주장 사실에 대하여 입증책임을 부담하는 사람이 그 사실에 대하여 충분한 입증을 하지 못하게 된 경우에, 그러한 사실은 소송상 존재하지 않은 것으로 취급을 받게 된다.

위의 사례 3에서는 원고가 돈을 빌려준 사실에 대하여 입증책임이 있다. 그런데 원고가 돈을 빌려 준 사실에 대하여 충분한 입증을 하지 못하였기 때문에, 그 사실은 소송상 없었던 것으로 취급받는다. 즉 돈을 빌려 준 사실이 법률상 인정되지 않으므로, 돈을 갚으라는 판결을 할 수 없고 그 결과 원고는 패소하게 된다. 반면 사례 4에서는 피고가 돈을 갚은 사실에 대하여 입증책임이 있다. 그런데 피고가 돈을 갚은 사실에 대하여 입증책임을 다하지 못하였기 때문에, 그 사실은 소송상 없었던 것으로 취급받는다. 다만 피고가 돈을 빌린 사실은 인정하였으므로, 위 소송에서는 원고가 피고에게 돈을 빌려 준 사실은 쟁점이 되지 않는다. 따라서 피고는 돈을 빌렸으나 이를 갚은 사실은 인정되지 않았기 때문에, 당연히 돈을 갚으라는 판결을 받을 수밖에 없고 그 결과 피고는 패소하게 된다.

나. 입증책임의 분배

이처럼 입증책임은 소송에서 승소와 패소를 가르는 결정적인 분수령이 된다. 즉 구체적인 소송에서 쟁점사실에 대하여 원고와 피고 중 누구에게 입증책임이 있는지가 결정되어야 한다. 이를 당사자 간의 '입증책임의 분배'라고 한다. 일반적으로 자신에게 어떤 권리가 있다고 주장하는 사람(원고)은 자신에게 그러한 권리가 있다는 사실에 대하여 입증책임이 있다. 여기서 '권리'란 실체법상의 권리 또는 법률관계로서, 예컨대 빌려 준 돈을 받을 권리, 물건의 대금을 받을 권리, 손해배상을 받을 권리, 임금을 받을 권리, 공사대금을 받을 권리 등을 말한다. 이 경우 원고는 그 입증책임을 다하지 못하면 그러한 사실이 없었던 것으로 되고, 따라서 권리도 발생하지 않았다는 취급을 당하는 불이익을 받게 된다.

이에 대하여 상대방(원고)이 주장하는 권리가 존재하기는 하였지만 그 후에 별개의 사유로 그러한 권리가 소멸하였다는 사실(권리소멸사실), 또는 상대방에게 권리가 있기는 하지만 아직 그 권리를 행사할 시기가 아니라거나 조건이 성취되지 않고 있다는 사실(권리행사저지사실) 등을 주장하는 사람(피고)은 그러한 사실이 있음을 입증할 책임이 있다. 여기서 '권리소멸사실'이란, 예컨대 빌린 돈을 이미 갚았다거나 또는 소멸시효가 완성되었다는 사실 등을 말하고, '권리행사저지사실'이란, 예컨대 아직 돈을 갚아야 하는 기한이 남아 있다거나 또는 임대기간이 만료되지 않았다는 사실 등을 말한다. 이 경우 피고는 그 입증책임을 다하지 못하면 그러한 주장사실을 인정받지 못하게 되고, 따라서 상대방(원고)의 권리 주장에 대하여 의무를 이행해야 하는 불이익을 받게 된다.

2. 민 법

*집필: 이준형. 한양대학교 법학전문대학원 교수
김동민. 상명대학교 지적재산권학과 교수

제1. 민법총칙

I. 총 설

민법은 사적 법률관계인 재산관계 및 가족관계를 규율하는 법규범이다. 민법은 사회 구성원들의 행위 기준을 제시하는 규범적 기능을 담당한다는 점에서 전체 법규범의 일부를 차지하고, 사회 내의 일반 개인들 사이의 사적 관계를 규율한다는 점에서 사법에 해당하며, 특별한 제한 없이 모든 이들에게 일반적으로 적용된다는 점에서 일반법에 해당한다.

현행 민법전(民法典)은 총칙, 물권, 채권, 친족, 상속의 5개의 부분으로 구성되어 있다. 그 중에서 총칙은 민법 전반에 걸쳐 통용되는 일반적 개념이나 규정들로 구성되어 있지만, 주로 재산관계에 초점을 두어 마련된 것으로 이해되고 있다. 이러한 민법총칙은 민법의 통칙, 권리의 주체, 권리의 객체, 권리의 변동에 관련된 사항들을 규정하고 있다.

1. 민법의 법원

법원(法源)이란 법의 존재형식을 일컫는 말로서, 법관이 재판에 적용하는 구체적인 판단기준을 의미한다. 민법은 '민사에 관하여 법률에 규정이 없으면 관습법에 의하고 관습법이 없으면 조리에 의한다'고 규정하고 있다(민법 제1조). 이와 같이 민법은 법률, 관습법, 조리를 민법의 법원으로 삼는 동시에, 그 열거된 순서를 각 법원의 적용순서로 정하고 있다. 따라서 제정법을 의미하는 법률이 재판에 우선적으로 적용되고, 적용할 수 있는 법률이 존재하지 않는 경우에는 관습법이 적용될 수 있으며, 그러한 관습법조차 없는 경우에는 조리가 적용된다.

민법 제1조에서 말하는 '법률'이란 헌법이 정한 절차에 따라 제정된 모든 성문 형식의 법을 의미한다. 그리고 '관습법'이란 사회 내에서 오랫동안 지속되어 온 관행이 법적 확신을 얻어 사회 구성원들이 그것을 법규범으로 인식하는 것을 말한다. 그러나 오래 지속된 관행으로 존재할 뿐이고 법적 확신에까지 이르지 못한 것을 '사실인 관습'이라고 하는데, 이는 관습법과 구별되는 개념이다. 한편 '조리'는 사물의 본성이나 자연의 이치, 혹은 사회통념이나 경험칙 등을 표현하는 것으로 이해되고 있지만, 실체적인 내용을 담고 있는 것으로 파악하기는 힘들다. 다만 민법의 법원이 완전무결한 것은 아니기 때문에, 그로 인해 발생할 수 있는 법적용의 공백을 막고자 재판의 기준으로 정한 것이라 볼 수 있다.

'판례'도 법원이 될 수 있는지에 대해서는 견해가 대립되지만, 성문법주의를 취하는 우리 법의 태도에 비추어 볼 때 판례의 법원성을 인정하지 않는 것이 일반적이다. 다만 법원이 재판을 통해 생성시킨 판례는 실질적으로 동종사건의 재판에 영향을 미치기도 하고, 특히 대법원 판례는 일반인들의 법생활에도 지대한 영향을 미치기 때문에 사실상의 구속력을 가지는 것으로 본다. 그러나 이는 법적 구속력이 아님을 유의해야 한다.

2. 민법의 기본원리

민법의 규정들은 공통적으로 특정의 가치들을 구현하기 위해 기능하고 있는데, 민법이 추구해야 할 가치들을 '민법의 기본원리'라고 한다. 이러한 기본원리는 민법을 해석함에 있어서 중요하고도 근본적인 지침을 제공한다. 그러나 민법전에 기본원리가 명시적으로 규정되어 있는 것은 아니므로, 무엇이 민법의 기본원리인지에 관해서는 견해의 대립이 있을 수 있다. 다만 전통적 입장이라 할 수 있는 근대민법의 3원리를 기초로 변화하는 사회의 모습을 반영하여 보완하는 기본적인 틀은 크게 다르지 않다.

(1) 근대민법 3원리

가. 사유재산권 존중의 원리

개인이 자신의 행위를 자유롭게 결정하기 위해서는 물질적 기반이 보장되어야 하는데, 이를 위해 각 개인에게는 자신의 소유 재산에 대한 '절대적 지배권'이 부여된다. 그리하여 어떤 개인이 소유하고 있는 재산에 대하여 타인이나 국가가 간섭하거나 방해할 수 없다고 보는 것이다.

나. 사적자치의 원리

법이 허용하는 테두리 안에서, 개인은 자신의 자유로운 의사에 입각하여 자신의 책임 하에 상대방과 법률관계를 결정하여 형성해 나갈 수 있는데, 이를 '사적자치'의 원리라고 한다. 사적자치의 원리 안에는 계약의 자유, 단체결성의 자유, 유언의 자유 등이 포함되어 있다고 본다.

다. 과실책임의 원리

어떤 행위로 인해 타인에게 손해를 입힌 자는 원칙적으로 그 행위에 대하여 고의나 과실이 존재하는 경우에만 그 책임을 지게 되는데, 이를 '과실책임'의 원칙이라고 한다. 이러한 경우 그 행위는 위법한 것으로 평가될 수 있는 것이어야 한다. 이와 같이 개인의 책임을 일정범위 내로 한정 짓는 것은, 결국 개인의 자유로운 활동을 보장하는 데에 유용하다.

<민법에서의 고의 및 과실>
고의(故意)는 자신의 행위가 어떠한 결과를 발생시킨다는 사실을 인식하면서 그 행위를 한 경우이고, 과실(過失)은 자신의 행위가 어떠한 결과를 발생시킨다는 점을 부주의하게 인식하지 못한 경우이다. 형법에서는 행위 자체의 악성(惡性) 여부, 즉 고의에 대한 비난가능성의 정도에 따라 범죄의 성립과 형벌이 결정되므로, 고의·과실의 구별이 유의미하지만, 민법에서는 손해라는 결과발생에 초점을 두어 원상회복을 위한 책임을 추궁하므로, 고의·과실의 구별에 실질적인 의미가 없다. 그리하여 민법에서는 고의와 과실을 엄격히 구별하지 않으며, 과실에는 고의의 의미까지 포함되어 있는 것으로 해석한다.

(2) 사회적 조정의 원리(보충적 원리)

위에서 언급한 근대민법의 3원리는 개인의 자유를 보장하여 인간의 존엄과 가치를 확보하는 데에 의의가 있다. 그러나 인간의 존엄과 가치는 무제한의 자유 보장을 통해서만 확보할 수 있는 것은 아니고, 거기에 형평이나 공평의 이념도 균형 있게 반영될 필요가 있다. 그리하여 근대민법의 3원리를 어느 정도 제한하는 원리로서 사회적 조정의 원리가 요구된다. 이러한 원리의 구체적 예로는, 신의성실의 원칙(민법 제2조 제1항)과 권리남용 금지의 원칙(민법 제2조 제2항), 사회질서에 반하는 법률행위 금지의 원칙(민법 제103조), 불공정한 법률행위 금지의 원칙(민법 제104조) 등이 있다.

3. 법률관계

사람이 사회생활을 하면서 맺게 되는 생활관계 중에서 특히 법이 그 규율의 대상으로 삼는 생활관계를 '법률관계'(法律關係)라고 한다. 법률관계는 궁극적으로는 사람과 사람 사이의 관계로 귀결되는 것이고, 그러한 관계를 연결하는 핵심요소는 법적 권리와 의무가 된다. 즉 사람과 사람 사이의 권리·의무관계를 법률관계라고 한다. 예컨대, 가옥의 매매계약에서 당사자들은 그 가옥을 이전해야 할 의무와 가옥의 이전을 요구할 수 있는 권리, 또는 합의한 대금을 지급해야 할 의무와 대금을 요구할 수 있는 권리가 상호 교차하는 법률관계에 놓이게 된다.

법률관계는 호의관계와 구별된다. '호의관계'(好意關係)란 법적 의무가 없음에도 불구하고 호의로 어떤 행위를 해 주기로 하는 생활관계를 말한다. 예컨대, 자기가 운전하는 차에 아는 사람을 무료로 태워주는 경우(호의동승), 부모가 외출하는 동안 아이를 무료로 돌보아 주기로 하는 경우 등이다. 호의관계는 법의 규율을 받지 않기 때문에 그 이행을 강제 받지 않으며, 약속을 어기더라도 법적 제재를 받지 않는다. 단지 도덕적 내지 사회적 비난만 받을 뿐이다. 호의관계와 법률관계의 구별이 쉽지 않은 때도 있다. 구체적인 경우의 모든 사정을 참작하여 합리적으로 판단해 볼 때, 당사자에게 법적으로 구속당할 의사가 있었는지의 여부에 의하여 결정함이 타당하다.

4. 권 리

(1) 권리의 본질

'권리'란 법이 보호하는 이익 또는 가치인 법익(法益)을 향수토록 하기 위하여 특정인에게 부여되는 법률상의 힘을 말한다. 권리의 본질에 관하여는 의사설, 이익설, 법력설 등이 대립되고 있다.

i) '의사설'(意思說)은 권리의 본질을 법에 의하여 인정되는 의사의 힘 또는 의사의 지배라고 한다. '칸트'(Kant)와 '헤겔'(Hegel) 등은 '의사의 자유'를 권리의 본질이라고 보았다. 이에 의하면 의사를 가진 자만이 법률상의 권리를 보유하게 되므로, 의사무능력자인 태아나 정신병자 및 의사능력을 가지지 못하는 법인 등은 권리의 주체가 될 수 없다. 따라서 의사무능력자의 권리를 인정하고 있는 민법에는 적합하지 않다.

ii) '이익설'(利益說)은 법이 보호하는 이익을 권리의 본질이라고 한다. 이는 목적법학의 창시자인 '예링'(Jhering)과 '데른부르크'(Dernburg)가 주장하였다. 이익설에 의하면 권리주체와 의사주체는 반드시 같을 필요가 없으므로, 의사능력이 없는 유아나 정신병자도 권리주체가 될 수 있다. 그러나 이 견해에 따를 경우 권리주체와 수익주체는 항상 같아야 되는데, 반사적 이익과 같이 수익을 누릴 수는 있지만 권리가 인정되지 않는 경우도 있고, 또한 친권과 같이 권리자에게 아무런 이익을 주지 않는 권리도 있기 때문에, 권리의 본질에 관한 설명으로는 타당하지 않다.

iii) '법력설'(法力說)은 권리를 일정한 이익을 누릴 수 있는 법률상의 힘 또는 가능성이라고 한다. 여기서 '일정한 이익'이란 개인의 사회생활에서 필요한 가치 있는 것, 즉 물질적 내지 경제적 내용을 가진 것뿐만 아니라, 생명, 신체, 정조, 비밀, 자유, 명예 등과 같은 비물질적인 이익을 포함한다. 또한 '법적으로 부여된 법률상의 힘'이란 법에 의하여 인정되는 힘을 의미한다. 이 견해는 의사설과 이익설의 결점을 보완한 학설로서 다수설이다. 법력설에 의하면, 권리는 법에 의하여 주어진 힘이므로, 법을 떠나서는 존재할 수 없는 동시에 그 내용도 법으로 제한할 수 있다고 본다.

(2) 권리와 구별되는 개념

'권원'(權源)이란 어떤 법률상 또는 사실상의 행위를 하는 것을 정당화하는 근거가 되는 원인을 말한다. 예컨대, 지상권자나 임차권자는 지상권·임차권의 목적이 되는 타인 소유의 부동산에 자기의 동산을 부속시켜서 그 부동산을 이용할 수 있는 권리를 가지는데, 이 경우 지상권이나 임차권이 동산부속행위를 정당화시켜 주는 권원이 되는 것이다.

'권한'(權限)이란 타인을 위하여 그 자에 대하여 일정한 법률효과를 발생시키는 행위를 할 수 있는 법률상의 자격을 말한다. 예컨대, 국가를 위한 공무원의 권한, 단체를 위한 간부의 권한, 회사를 위한 이사의 대표권, 본인을 위한 대리인의 대리권 등을 들 수 있다.

'권능'(權能)이란 권리에서 파생되는 개개의 기능 또는 권리의 내용을 이루는 개개의 법률상의 작용을 말한다. 예컨대, 소유권은 하나의 권리이지만, 그 안에는 사용권, 수익권, 처분권 등의 권능이 있다. 권리의 내용이 하나의 기능으로 성립하는 경우에 권능은 권리와 같다.

'반사적 이익'(反射的 利益)이란 법률이 특정인이나 일반인에게 어떤 행위를 명함으로써 다른 특정인이나 일반인이 그 반사적 효과로서 받는 이익을 말한다. 예컨대, 공중목욕장의 영업허가를 일정한 경우 제한함으로써 기존의 공중목욕장 영업자가 받는 영업상의 이익이 이에 해당한다. 또한 흡연장소를 제한함으로써 비흡연자가 원치 않는 간접흡연을 피할 수 있는 것도 그 예가 될 수 있다. 반사적 이익은 권리가 아니므로, 반사적 이익이 침해되었다는 이유로 법원에 구제를 청구할 수는 없다.

(3) 권리의 분류

권리는 그 내용에 따라 공권, 사권, 사회권으로 나누어진다. '공권'은 공법상의 권리로서 공적·정치적·국가적 생활에서의 이익을 목적으로 하는 권리이다. '사권'은 사법상의 권리로서 사적·시민적·사회적 생활에서의 이익을 목적으로 하는 권리이다. '사회권'은 국민이 인간다운 생활을 영위하는 데 필요한 조건의 형성을 국가에 대하여 요구할 수 있는 권리이다.

가. 공 권

'공권'(公權)은 다시 국내법상의 공권과 국제법상의 공권으로 분류된다. 첫째, '국내법상 공권'은 국가나 기타 공공단체가 가지는 국가적 공권과 국민이 국가나 기타 공공단체에 대하여 가지는 개인적 공권으로 분류할 수 있다. 국가적 공권은 작용에 따라 입법권·사법권·행정권으로, 목적에 따라 조직권·경찰권·군정권·형벌권·재정권으로 분류된다. 개인적 공권은 자유권·수익권·참정권 등으로 나뉜다. 둘째, '국제법상 공권'이란, 국가가 대외적으로 독립적인 인격자로서 국제법상의 권리·의무의 주체가 되는 것을 말한다. 국제법상의 공권은 독립권·자위권·평등권 등이 있다.

나. 사 권

(가) 내용에 따른 분류

1) '재산권'은 권리자의 재산에 대한 이익의 향유를 목적으로 하는 권리로서, 물권·채권·무체재산권 등이 있다. i) '물권'은 권리자가 물건을 직접 지배하여 배타적으로 이익을 얻는 권리이다. 민법상 물권은 점유권·소유권·지상권·지역권·전세권·유치권·질권·저당권 등이 있고, 관습법상 물권은 분묘기지권, 관습법상 법정지상권 등이 있다. ii) '채권'은 특정인(채권자)이 특정인(채무자)에게 채무의 내용인 일정한 행위(이행행위, 이를 '급부'라고도 한다)를 청구하는 권리다. 채권은 계약·사무관리·부당이득·불법행위 등 여러 원인에 의하여 발생하는데 그 중 가장 중요한 원인은 계약이다. iii) '무체재산권'은 인간의 정신적 창작물을 지배할 수 있는 권리로서, 저작권·특

허권·실용신안권·디자인권·상표권 등이 있다.

　　2) '신분권'은 친족관계에서 일정한 지위에 따르는 이익을 누리는 것을 내용으로 하는 권리이다. 친족권과 상속권이 있다.

　　3) '인격권'은 권리의 주체와 불가분적으로 결합되어 있는 인격적 이익의 향유를 내용으로 하는 권리이다. 생명권·신체권·자유권·명예권·초상권 등이 있다. 인격권과 신분권은 권리자로부터 분리할 수 없고 권리자만 누릴 수 있는 권리로서, '일신전속권'이라고 한다.

　　4) '사원권'은 사단법인의 구성원인 사원의 지위에서 그 법인에 대하여 가지는 포괄적인 권리이다. 민법상 사단법인에서 사원의 권리, 상법상 주식회사에서 주주의 권리 등이 이에 해당한다.

　　(나) 권리의 작용에 따른 분류

　　1) '지배권'은 권리자가 타인의 행위를 게재시키지 않고 권리의 객체를 직접·배타적으로 지배하는 권리이다. 물권이 대표적이며, 무체재산권·친권·후견권 등도 지배권에 속한다.

　　2) '청구권'은 특정인이 다른 특정인에 대하여 일정한 이행행위(작위, 부작위, 인용 등)를 요구하고 그 이행행위를 통하여 만족을 얻는 권리로서, 채권이 대표적이다. '지배권'은 권리의 객체를 직접 지배하여 권리의 만족을 얻는데 반하여, '청구권'은 권리의 객체를 지배하지 않고 오로지 타인의 이행행위를 통하여 권리의 만족을 얻는다.

　　3) '형성권'은 권리자의 일방적 의사표시에 의하여 법률관계를 발생·변경·소멸시키거나 일정한 법률효과를 발생시키는 권리로서 해제권·해지권·취소권·추인권·철회권·인지권 등이 있다.

　　4) '항변권'은 타인의 청구권행사에 대하여 그 권리를 인정하면서도 그 권리의 행사를 저지할 수 있는 권리로서, 동시이행의 항변권, 최고 및 검색의 항변권, 상속에서의 한정승인 등이 있다.

　다. 사회권

　　'사회권'이란 국가의 기능이 사회적·경제적 영역에까지 확대되어 국민생활의 보장이 국가의 책임으로 됨으로써 발생하게 된 권리를 말한다. 구체적으로 인간다운 생활을 할 권리, 건강하고 쾌적한 환경에서 생활할 권리, 보건에 관하여 국가의 보호를 받을 권리, 교육을 받을 권리, 근로자의 노동3권으로서 단결권·단체교섭권·단체행동권 등이 있다.

(4) 권리의 보호

권리가 의무자나 제3자에 의하여 침해되는 경우에는, 그 침해된 권리를 구제하는 수단이 필요하다. 이에는 국가구제와 사력구제가 있다. 과거에는 권리자가 자기의 힘으로 직접 권리를 보호하고 구제하는 '사력구제'(私力救濟)가 인정되었으나, 근대 법치국가에 와서 권리의 보호는 '공권력 구제' 또는 '국가구제'(國家救濟)를 원칙으로 하고 있다. 따라서 자신의 권리가 침해되어 그 보호를 받기 위해서는 우선적으로 국가구제수단인 재판제도나 기타의 분쟁해결수단(화해, 조정, 중재)을 이용해야 한다. 다만 법이 특별히 정한 경우에는 예외적으로 정당방위나 긴급피난(민법 제761조) 및 자력구제(민법 제209조) 등의 사력구제수단이 허용될 수 있다.

가. 공권력구제

'공권력구제'란 국가가 재판기관인 법원을 통하여 국가의 공권력에 의하여 분쟁을 강제적으로 해결하는 제도를 말하며, '국가구제'라고도 한다. 이러한 국가구제에는 재판제도와 강제집행제도가 있다.

(가) 재판제도

의무자가 의무의 이행을 해태하거나 또는 제3자에 의하여 권리가 침해된 경우에, 권리자는 법이 정하는 절차에 따라 법원에 그 구제를 위한 '재판을 청구'할 수 있다. 권리자로부터 권리보호의 청구가 있는 것을 '소의 제기'라고 한다. 소의 제기가 있으면, 법원은 사실문제로서 구체적 사건의 내용을 확정하고, 법률문제로서 사건에 관한 법규의 내용을 명확히 해석한다. 여기서 '사실의 확정'은 당사자의 공격·방어에 의해 쌍방이 제출하는 증거를 조사하여 당사자가 주장하는 사실의 진부를 가리는 것이다. 사실의 확정은 배심제도가 있으면 배심원의 심증형성에 의하지만, 배심제도가 없으면 법관의 자유심증에 의한다. 이를 바탕으로 법원은 추상적 법규를 대전제로 하고 구체적 사실을 소전제로 하여 '판결'이라는 결론을 내리고(판결의 삼단논법), 모든 절차가 종료된 후에 '확정'된다.

그러나 이는 원칙론에 해당한다. 예컨대 민사소송청구의 취지와 원인에 의하여 결정되는 민사소송이나 공소범죄사실에 의하여 결정되는 형사소송에서는 처음부터 사실적인 것과 법적인 것이 함께 섞여 있다. 따라서 법규범 자체가 사실성과 규범성의 양면을 가지고 있는 것과 같이, 법의 실현과정으로서 재판과정도 처음부터 이러한 양면을 가지고 있기 때문에, 사실인정과 법령적용이 동시에 이루어지는 경우가 많다.

(나) 강제집행제도

'강제집행'이란 판결에 의하여 확정된 권리의 내용을 국가의 강제력에 의하여 사실적으로 실현하는 제도를 말한다. 이러한 강제집행제도는 결국 사법상의 청구권의 만족을 얻기 위하여 채무자에게 국가권력에 의한 강제력을 가하여 급여청구권의 실현을 목적으로 하는 민사소송절차의 하나이다. 그런데 강제집행절차가 민사소송절차의 하나라고 하더라도 판결절차와 강제집행절차는 별개의 기관이 관장하는 독립된 절차이며 판결절차의 필연적 연장으로서 강제집행절차가 있는 것은 아니다.

(다) 판결과 강제집행의 차이

강제집행절차와 판결절차는 서로 분리되고 독립되어 있기 때문에, 양자는 절차진행상 근본이념의 차이가 있다. 판결절차는 심리의 정밀·정확·신속을 요한다. 그러나 강제집행절차에 있어서는 채권자의 신속하고도 확실한 집행의 이익과 채무자에 대한 집행으로 인한 불필요하고도 과대한 경제적 손해 및 개인적 자유에 대한 침해를 고려하여야 하며 채권자·채무자의 이익을 공평하게 조화시킬 것을 이념으로 한다.

나. 사력구제

권리침해가 급박하여 국가의 구제를 기다리면 너무 늦게 되어 권리의 보호라는 목적을 달성할 수 없는 경우에는 예외적으로 사력구제가 인정된다. 그 종류로는 정당방위, 긴급피난, 자력구제가 있다.

(가) 정당방위

예컨대, 외딴 골목에서 강도가 칼로 위협하는 경우, 경찰이 피해자의 생명과 신체 및 재산을 보호하는 것은 시간적·공간적으로 불가능하다. 이러한 경우 강도를 만난 자는 스스로 강도의 생명·신체를 훼손해서라도 자신을 지킬 수밖에 없는데, 이를 '정당방위'라고 한다. 즉 정당방위란 타인의 불법행위에 대하여 자기 또는 제3자의 이익을 방위하기 위하여 가해행위를 하는 것이다. 민법 제761조 제1항에 의하면, 정당방위에 의한 가해행위는 그 위법성이 조각되어 불법행위가 되지 않으므로 가해자는 손해배상책임을 지지 않는다. 여기서 타인의 불법행위는 객관적으로 위법한 행위이면 족하고, 행위자의 고의·과실 및 책임능력을 요하지 않는다. 정당방위는 부득이한 경우에 행하게 되는데, 이는 타인의 불법행위가 급박하여 그것을 방어하기 위해서는 자신도 타인에게 손해를 가하는 것 이외에 다른 적당한 방법이 없는 경우를 말한다. 또한 방위되는 이익에 비하여 방위를 위하여 가한 손해가 객관적으로 균형을 이루어야 한다.

(나) 긴급피난

예컨대, 광견이 달려들 경우 경찰에 도움을 요청할 여유가 없으면 광견을 만난 자는 자신을 지키기 위해 바로 옆집의 문을 부수고라도 들어가서 피신할 수밖에 없다. 이처럼 급박한 위난을 피하기 위하여 부득이 타인에게 가해행위를 하는 것을 '긴급피난'이라고 한다. 민법 제761조 제2항에 의하면, 긴급피난은 위법성이 조각되어 불법행위를 구성하지 않게 된다. 긴급피난에서 인정되는 급박은 반드시 위법한 것일 필요가 없다는 점에서, 정당방위와 차이가 있다. '정당방위'는 부정(不正) 대 정(正)의 관계이고, '긴급피난'은 정(正) 대 정(正)의 관계로 표현된다. 급박한 위난의 원인은 사람이든 물건이든 상관없으며, 가해행위로 인한 손해는 위난의 원인을 제공한 사람이나 물건뿐만 아니라 제3자에게 발생해도 무방하다.

(다) 자력구제

'자력구제'란 권리를 실현하기 위하여 국가기관의 협력을 기다릴 여유가 없는 경우에 권리자가 자력으로 실현하는 구제방법을 말한다. 정당방위나 긴급피난은 현재의 침해에 대한 방위수단인 데 반하여, 자력구제는 주로 과거의 침해에 대한 회복이라는 차이가 있다. 이러한 자력구제는 이를 인정하지 않으면 국가의 보호가 불가능 또는 현저히 곤란하게 되는 경우가 아니면 허용되지 아니한다. 민법은 점유침탈의 경우에 자력구제를 인정하고 있다(민법 제209조). 그러나 점유침탈 이외의 경우에도 그 수단이나 정도가 상당한 것이면 자력구제를 인정하게 된다.

5. 의 무

'의무'란 의무자의 의사와 무관하게 일정한 행위를 하거나 하지 말아야 할 법률상의 구속을 말한다. 의무는 책임과 구별된다. '의무'가 자기의 의사와 관계없이 일정한 작위 또는 부작위를 하여야 할 구속인 데 반하여, '책임'은 의무위반으로 법의 강제력에 굴복하는 상태를 말한다.

(1) 의무의 종류

의무는 적극적 의무(작위의무)와 소극적 의무(부작위의무)로 나누어진다. 여기서 '작위의무'란 의무의 이행에 있어서 의무자의 능동적인 행위를 필요로 하는 적극적 의무를 말한다. 예컨대, 물건을 인도하거나 노무를 제공하는 등의 의무이다. 그리고 '부작위의무'란 의무자가 어떤 행위를 하지 않을 것을 내용으로 하는 의무로서, 금지규정에 의하여 발생하는 소극적 의무를 말한다. 부작위의무는 다시 단순부작위의무와 인용의무(수인의무)로 나누어진다. 예컨대, 건축을 하지 않거나 경업을 하지 않아야 할 의무 등을 '단순부작위의무'라 하고, 임대인이 임대물을 수선하는 것을 임차인이 방해하지 않아야 할 의무 등을 '인용의무' 또는 '수인의무'라고 한다.

(2) 의무의 이행

'의무의 이행'이란 의무자가 의무의 내용을 실현하는 행위를 하는 것을 말한다. 그 행위는 의무의 내용에 따라 작위일 수도 있고 부작위일 수도 있다. 의무의 이행은 의무를 발생시킨 계약 등의 법률관계에 따라야 함은 물론이고, 민법 제2조의 규정대로 신의에 따라 성실하게 하여야 한다.

6. 권리의 행사와 의무의 이행

(1) 권리와 의무의 관계

매매의 예에서 보듯이 권리와 의무는 불가분의 관계를 이루며 서로 대응한다. 즉 권리가 존재하면 그에 상응하는 의무가 있는 것이 일반적이지만, 항상 그러한 것은 아니다. 예컨대, 권리만 있고 의무가 없는 경우로서, 취소권·추인권·해제권 등과 같은 형성권이 있다. 반대로 의무만 있고 권리는 없는 경우로서, 청산인의 공고의무(민법 제88조, 제93조), 이사나 청산인의 등기의무(민법 제50조, 제85조, 제94조) 등이 있다.

(2) 신의성실의 원칙

권리행사는 권리의 내용을 실현하는 것이고, 의무이행은 의무의 내용을 이행하는 것이다. 원칙적으로 권리행사는 권리자 자신의 의사에 따라 자유롭게 행사하는 것을 전제로 한다. 다만 민법은 법률관계의 당사자, 즉 권리자·의무자 모두 상대방의 정당한 이익을 성실히 고려하고 서로의 신뢰를 보호하는 방법으로 권리를 행사하고 의무를 이행하도록 하는데(민법 제2조 제1항), 이를 '신의성실의 원칙'이라 한다. 여기서 신의성실이란 상대방의 신뢰를 헛되이 하지 않도록 성의를 가지고 행동해야 하는 것을 말한다. 신의칙은 구체적 법률관계의 당사자들의 행위준칙이면서, 동시에 법관의 재판기준이 되기도 한다. 신의칙은 구성원 간의 합리적이고 공평한 법률관계 형성에 기여하는 역할을 하는데, 여기서 파생된 하위원칙은 다음과 같다.

가. 권리남용 금지의 원칙

어떤 권리의 행사가 신의칙에 반하면, 이를 권리남용으로 보아 정당한 권리행사로 인정하지 않고 그 권리행사의 효과도 발생하지 않는다. '권리남용 금지'는 민법 제2조 제2항에 규정되어 있으나, 그 성립요건이 명시되어 있지 않아 무엇이 권리남용에 해당하는지에 관해서는 학설과 판례에 맡겨져 있다. 그러나 권리남용의 인정 여부는 구체적 사안에 따라 탄력적으로 결정되어야 하므로 획일적으로 정할 수는 없다. 다만 판례는 권리남용이 성립하기 위하여는 주관적 요소와 객관적 요소가 모두 필요하다고 한다. 즉 '권리행사가 권리의 남용에 해당한다고 할 수 있으려면, 주관적으로 그 권리행사의 목적이 오직 상대방에게 고통을 주고 손해를 입히려는 데 있을 뿐이며 행사하는 사람에게 아무런 이익이 없는 경우이어야 하고, 객관적으로는 그 권리행사가 사회질서에 위반된다고 볼 수 있어야 한다'고 판시하고 있다(대법원 2002다62319).

나. 사정변경의 원칙

당사자 사이에 법률관계가 형성된 후 법률행위의 전제가 된 사실이나 사정에 중대한 변경이 있는 경우, 그 법률행위의 효력을 그대로 인정하게 되면 부당한 결과가 발생할 수 있다. 이런 경우에 그 법률행위(대표적으로 계약)의 내용을 수정하거나 또는 해제나 해지할 수 있도록 하는 것을 '사정변경의 원칙'이라고 한다. 과거 판례는 사정변경의 원칙을 부정하였으나, 최근에는 이 원칙을 인정하는 추세에 있다.

다. 금반언 및 실효의 원칙

'금반언의 원칙'이란 어떤 행위를 한 후에 그 행위와 상반되는 행위를 하는 경우 그 상반된 행위의 효력을 인정하지 않는 것을 말한다. 선행되는 행위에 반하는 후행 행위는 신의칙에 반하기 때문이다. 한편 '실효의 원칙'이란 권리자가 장기간에 걸쳐 그 권리를 행사하지 아니함에 따라 그 상대방이 더 이상 권리자가 그 권리를 행사하지 아니할 것으로 신뢰할 만큼 정당한 기대를 가지게 되는 경우에, 그 권리행사는 신의칙에 반하는 것으로 보아 허용하지 않는 것을 말한다(대법원 93다26212).

Ⅱ. 권리의 주체

사례 1 (권리의 주체)

(1) 甲은 백화점에서 쇼핑을 한 후 백화점 앞 횡단보도를 건너던 중 과속으로 운전하던 丙의 차량에 치여 사망하였다. 사고 당시 甲의 아내 乙은 임신상태였는데, 이 사고 이후 A가 태어났다. A는 丙에 대하여 위자료청구권을 행사할 수 있는가?

(2) 甲과 乙이 함께 해외여행을 갔다가 비행기 추락사고로 사망하였다. 이 경우 甲과 乙의 사망시점은 어떻게 판단하는가?

(3) 18세의 乙은 백화점의 매장직원 甲으로부터 300만원 상당의 점퍼를 구입하기로 약속하였다. 이때 乙과 甲 그리고 乙의 친권자 丙의 관계를 설명하라. 만약 乙이 혼인한 상태였다면 어떠한가?

(4) 甲은 아프리카 탐험을 떠난 뒤 현재까지 생사가 불명한 상태이다. 이에 배우자 乙은 甲에 대한 실종선고를 법원에 신청하여 결국 甲은 실종선고를 받았다. 이후 乙은 丙과 재혼을 하였으나, 살아서 돌아온 甲의 청구에 의해 법원은 그 실종선고를 취소하였다. 이러한 경우 乙과 丙의 재혼은 유효한가?

(5) A가 10억원 상당의 토지를 출연하여 甲 재단법인을 설립한 경우, 당해 토지가 甲 재단법인에 귀속하는 시점은 언제인가?

---

1. 권리주체 일반론

(1) 권리의 주체와 권리능력

권리가 귀속되는 주체가 권리의 주체다. 그리고 당연히 의무가 귀속되는 주체는 의무의 주체가 된다. 이와 같이 권리의 주체가 될 수 있는 지위 또는 자격을 '권리능력'이라고 한다. 권리능력은 '법인격'이라고도 한다. 물론 훌륭한 성품을 뜻하는 인격이라는 말과는 다르다. 권리능력에 대응하여 의무의 주체가 될 수 있는 지위나 자격을 '의무능력'이라고 한다. 권리를 가질 수 있는 자는 동시에 의무도 가질 수 있으므로, '권리·의무능력'이라는 표현이 용어상으로는 정확하겠으나, 민법이 법률관계를 권리 중심으로 규율하고 있기 때문에 일반적으로는 권리능력이라는 용어를 사용한다.

(2) 민법상 권리능력자

민법상 권리·의무의 주체가 될 수 있는 자, 즉 권리능력자로는 i) 살아 있는 사람(자연인), ii) 사람은 아니지만 법에 의해 권리·의무의 주체가 될 수 있는 능력이 부여된 단체(법인)가 있다. 이 경우 살아 있는 사람을 '자연인'(自然人)이라 하고, 법에 의해 권리능력이 인정되는 단체를 '법인'(法人)이라고 한다. 법인에는 사람의 단체인 '사단'(社團)과 재산의 집단인 '재단'(財團)이 있다. 매도인이나 매수인, 본인이나 대리인 등에서 사용된 '인'(人)에는 물론이고, 채권자나 채무자, 수익자나 설립자 등에서 사용된 '자'(者)에도 자연인과 법인이 모두 포함된다. 사람은 생존하는 동안 권리능력자이고(민법 제3조), 법인은 정관의 목적 범위 내에서 권리능력을 가진다(민법 제34조).

2. 자연인

(1) 자연인의 권리능력

민법에 의하면 '사람은 생존한 동안 권리와 의무의 주체가 된다'고 규정하고 있다(민법 제3조). 따라서 모든 사람은 출생시부터 사망시까지 평등하게 권리능력을 가진다. 권리능력에 관한 규정은 강행규정이다.

(2) 권리능력의 존속기간

가. 권리능력의 시기

민법은 사람이 생존한 동안 권리와 의무의 주체가 된다고 규정하고 있으므로, 사람은 생존하기 시작하는 때, 즉 '출생한 때' 비로소 권리능력을 가지게 된다. 민법에는 언제를 출생한 때로 보느냐에 관하여 아무런 규정을 두고 있지 않다. 그리하여 진통설·일부노출설·전부노출설·독립호흡설 등 여러 견해가 있으나, 통설과 판례는 태아가 모체로부터 완전히 분리된 때에 출생한 것으로 보는 '전부노출설'의 입장이다.

태아는 아직 출생 전의 상태이므로 권리능력을 갖지 못하는 것이 원칙이지만, 이를 고수하면 태아가 나중에 살아서 태어난 경우 가혹한 결과가 될 수 있다. 그리하여 민법은 태아의 보호를 위하여 일정한 경우에는 태아인 상태에서 이미 출생한 것으로 보아 권리능력의 취득시기를 앞당기고 있다. 이와 같이 태아의 일반적인 권리능력을 부인하고 특별히 보호되는 예외를 인정하는 것을 '개별주의'라고 한다. 민법이 태아를 이미 출생한 것으로 보고 있는 법률관계는, 불법행위로 인한 손해배상의 청구(민법 제762조), 상속(민법 제1000조 제3항), 대습상속(민법 제1001조), 유증(민법 제1064조, 제1000조 제3항), 유류분(민법 제1118조), 인지의 대상 등이 있다.

나. 권리능력의 종기

사람은 생존하는 동안에만 권리능력을 가지므로(민법 제3조), 사망에 의하여 권리능력을 잃게 된다. 그리고 오직 사망만이 권리능력의 소멸을 가져온다. 사람이 사망하면, 그의 재산이 상속되고 유언의 효력이 발생하는 등 여러 가지 법률효과가 발생한다. 사람의 사망시점에 관하여, 통설은 호흡과 심장의 기능이 영구적으로 정지한 때 사망한 것으로 본다. 최근에는 뇌사까지도 사망으로 인정해야 한다는 주장이 있다. 사망의 유무나 시기는 법적으로 대단히 중요한데 이를 증명·확정하기 어려운 경우가 있다. 이에 대비하는 제도로서 동시사망의 추정, 인정사망, 실종선고 등이 있다.

(3) 제도사망

가. 동시사망의 추정

동일한 위난(위험한 재난)에서 여러 사람이 사망한 경우(가령, 비행기 추락사고로 가족이 사망한 경우), 그들의 사망시점의 선후(先後)는 상속문제와 관련하여 중요하게 다루어진다. 이 경우 사망시점은 사망자 상호간에 상속이 이뤄지는지의 여부와 그에 따라 누가 상속인이 되는지의 여부를 정하는 중요한 판단기준이 되기 때문이다. 그런데 동일한 위난에서의 수인의 사망시점의 선후는 그 증명이 곤란한 경우도 있기 때문에, 이러한 증명곤란의 문제를 해결하기 위하여 민법은 '수인이 동일한 위난으로 사망한 때에는 동시에 사망한 것으로 추정한다'고 규정하고 있다(민법 제30조). 이를 '동시사망의 추정'이라고 한다. 다만 이러한 추정은 반대 사실, 즉 동시에 사망하지 않았다는 사실을 증명함으로써 용이하게 번복시킬 수 있다.

나. 인정사망

'인정사망'은 수해나 화재, 그 밖의 재난으로 인하여 사망한 사람이 있는 경우에, 이를 조사한 관공서의 사망통보에 의하여 가족관계등록부에 사망의 기록을 하는 것을 말한다(가족관계의 등록 등에 관한 법률 제87조).

(4) 부재와 실종

가. 부재자의 재산관리

종래의 주소나 거소를 떠나 당분간 돌아 올 가망이 없는 자(생사불명일 필요까진 없음)를 부재자라 하는데, 부재자의 재산이 그대로 방치되면 사회적·경제적 손실을 발생시킬 수 있다. 이러한 손실을 막기 위해 우리 민법은 부재제도를 두어 부재자의 잔류재산을 관리하고자 한다. 만약 부재자가 따로 재산관리인을 두었다면 원칙적으로 가정법원이 개입될 필요가 없는 것이지만, 반대로 그러한 재산관리인 없다면 가정법원이 적극적으로 재산관리에 관여하여 관리에 필요한 적절한 처분을 명하거나 혹은 재산관리인을 선임·개임할 수 있다(민법 제22조 제1항). 다만 재산관리인이 있는 경우라도 본인의 부재중에 그 재산관리인의 권한이 소멸한 경우나 혹은 본인의 생사가 분명하지 않게 된 경우에는 가정법원이 재산관리에 적극적으로 개입하여, 재산관리에 필요한 처분을 명하거나 또는 재산관리인의 개입을 명할 수 있다(민법 제22조 제1항, 제23조). 법원에 의해 선임된 관리인은 기본적으로 해당 재산의 보존행위, 재산의 성질을 변형시키지 않는 한도 내에서의 이용 및 개량행위만을 할 수 있고, 그 범위를 벗어나는 경우에는 법원의 허가를 얻어야 한다(민법 제25조). 한편, 재산관리인은 관리행위에 따른 보수와 필요비 등을 청구할 수 있다(민법 제26조 제2항).

나. 실종선고

부재자의 생사불분명 상태가 오랫동안 계속되어 사망의 개연성은 크지만 사망의 확증이 없다고 하여 이를 그대로 두면, 배우자는 재혼을 할 수 없고 상속도 일어나지 않는 등 이해관계인에게 큰 불이익을 준다. 그리하여 민법은 주소나 거소를 떠나 장기간 돌아오지 않는 부재자의 생사가 불분명한 경우, 일정한 요건 하에 실종선고를 하고 일정시기를 기준으로 하여 사망한 것과 같은 효과를 발생시키는데, 이를 '실종선고'라고 한다. 본래 사람의 권리능력은 사망으로 인해 소멸되는 것이지만, 사망사실의 입증이 없더라도 그 개연성이 높은 경우에는 사망으로 간주함으로써 남아있는 이해관계인들의 이익을 보호하고자 하는 것이다.

(가) 실종선고의 요건 및 효과

법원이 실종선고를 하려면 ① 부재자의 생사불명, ② 실종기간의 경과(생사불명이 일정기간 계속되어야 하는데, 이 기간을 '실종기간'이라고 한다) ③ 이해관계인(배우자나 상속인 등 이해관계인으로 제한된다)이나 검사의 청구, ④ 6개월 이상 기간의 공시최고(일정 기간을 정하여 부재자 본인이나 부재자의 생사를 아는 자에 대하여 신고하도록 하는 공고) 등의 요건을 모두 갖추어야 한다. 여기서 '보통실종'의 경우에는 5년의 실종기간이 경과해야 하고, 전쟁이나 항공기 추락 및 선박 침몰 등에 의한 '특별실종'의 경우에는 위난 발생 후 1년의 실종기간이 경과해야 한다(민법 제27조 제1항 및 제2항).

이러한 기간이 지나면 이해관계인 또는 검사의 청구에 의해 법원이 실종선고를 하는데, 실종선고의 효력은 실종기간이 만료한 때에 발생한다. 즉 실종선고가 확정되면 선고를 받은 자는 실종기간이 만료한 때에 사망한 것으로 본다(민법 제28조). 따라서 실종기간이 만료한 때를 기준으로 상속의 개시, 유언의 효력 발생, 혼인관계의 해소 등의 효과가 발생한다. 이 경우 실종자의 권리능력이 박탈되는 것이 아니라, 종래의 주소지를 중심으로 하는 사법적 법률관계에서 사망한 것으로 간주될 뿐이다.

(나) 실종선고의 취소

실종선고는 사망이 추정되는 것이 아니고 사망으로 간주되기 때문에, 실종선고 후 부재자가 생환하거나 다른 시점에 사망한 사실이 입증되더라도, 당연히 실종선고의 효력이 소멸하는 것은 아니다. 실종선고의 효력을 소멸시키기 위해서는 이해관계인 또는 검사의 청구에 의해 법원이 실종선고를 취소해야 한다(민법 제29조 제1항). 실종선고의 취소는 소급효를 가지므로 기존에 내려진 실종선고는 처음부터 무효가 되고, 모든 사법적 법률관계는 실종선고가 있기 이전의 상태로 돌아간다. 이렇게 되면 실종선고를 신뢰한 이해관계인이나 제3자는 불측의 손해를 입을 수 있으므로, 민법은 이들을 보호하기 위한 규정을 두고 있다.

실종선고 후 실종선고의 취소 전에 '선의'로 한 행위는 실종선고 취소의 소급효가 배제되어 유효한 것으로 본다(민법 제29조 제1항 단서). 예컨대, 배우자의 실종선고 후 재혼을 하였으나 그 배우자가 생환하여 실종선고를 취소한 경우, 재혼 당사자 모두가 선의라면 실종선고 취소의 소급효는 그 재혼에 영향을 미치치 않는다. 한편 실종선고를 '직접원인'으로 하여 재산을 취득한 자가 선의인 경우에는 그 받은 이익이 현존하는 한도에서 반환해야 하고, 악의인 경우에는 그 받은 이익에 이자까지 붙여서 반환해야 하며 손해가 있으면 이를 함께 배상해야 한다(민법 제29조 제2항).

(5) 의사능력 및 행위능력

'의사능력'이란 자신 행위의 의미를 판단할 수 있는 능력을 말한다. 이러한 능력을 갖고 있지 못한 자를 '의사무능력자'라 하는데, 의사능력의 유무는 사람에 따라 주관적으로 결정된다. 판례는 대략 7세 내지 8세 정도의 지능을 갖추지 못한 경우에는 의사무능력자로 판단하고 있다. 개인의 의사는 타인과의 법률관계를 형성시키는 데에 매우 중요한 요소이므로, 의사무능력자(유아, 백치, 정신병자)의 법률행위에는 효력을 인정할 수 없다. 법인의 경우 그 성질상 의사능력이 문제되지 않는다.

한편 '행위능력'이란 독자적으로 유효한 법률행위를 할 수 있는 지위를 의미하는데, 이는 권리능력과 의사능력을 전제로 하는 것이다. 행위능력은 의사능력과 달리 획일적 기준에 의해 결정된다. 모든 자연인은 권리능력을 취득하지만, 모든 자연인이 행위능력을 가지는 것은 아니다. 가령, 유아나 정신병자는 자연인으로서 출생한 때로부터 권리능력을 가지지만 단독으로 유효한 법률행위를 할 수 있는 지위, 즉 행위능력까지 인정되는 것은 아니다. 이들은 스스로 권리를 행사하거나 의무를 이행하는 데에 어려움이 있으므로, 민법은 이들을 '제한능력자'로 규정하고, 제한능력자의 독자적인 법률행위는 취소할 수 있는 것으로 하였다(민법 제5조 제2항, 제10조 제1항, 제13조 제4항). 이러한 행위능력제도는 일반적으로 재산적 법률행위에 주로 적용되고, 신분상의 법률행위(친족법상의 행위)에는 원칙적으로 적용되지 아니한다. 제한능력자의 종류와 그 내용은 다음과 같다.

가. 미성년자

민법은 만 19세에 이른 자를 성년자로 규정하고 있으므로(민법 제4조), 그렇지 않은 자는 미성년자에 해당한다. 다만 18세의 미성년자가 부모의 동의를 얻어 혼인한 경우에는 그 가정의 독립성을 보장하기 위해 부모의 친권으로부터 벗어나 완전한 행위능력을 취득한 것으로 의제되는데, 이를 '성년의제'라고 한다(민법 제826조의2). 성년의제가 된 미성년자는 단독으로 유효한 법률행위를 할 수 있게 된다. 성년의제의 경우가 아닌 한, 미성년자는 법률행위를 함에 있어서 법정대리인의 동의를 얻어야 하고, 그렇지 않으면 법정대리인이 그 법률행위를 취소할 수 있다(민법 제5조). 다만 미성년자가 권리만을 얻거나 혹은 의무만을 면하는 법률행위의 경우에는 법정대리인의 동의가 요구되지 않는다(민법 제5조 제1항 단서).

한편 법정대리인은 일정 범위를 정하여 미성년자의 재산 처분을 허락할 수도 있는데, 이 범위 내에서 미성년자는 임의로 재산을 처분할 수 있다(민법 제6조). 또한 법정대리인은 미성년자에게 특정 영업의 수행을 허락할 수 있는데, 그 영업에 관한 한 미성년자는 성년자와 동일한 행위능력을 갖는다(민법 제8조 제1항). 법정대리인은 1차적으로 친권자(부모)가 맡게 되고(민법 제911조), 친권자가 없는 경우에는 후견인이 맡는다.

나. 피성년후견인

'피성년후견인'이란 질병, 장애, 노령 등의 사유로 인한 정신적 제약으로 사무를 처리할 능력이 지속적으로 결여된 사람으로서 가정법원으로부터 성년후견개시의 심판을 받은 자이다(민법 제9조). 피성년후견인의 법률행위는 취소할 수 있지만, 가정법원은 취소할 수 없는 피성년후견인의 법률행위의 범위를 정할 수 있다(민법 제10조 제1항·제2항). 다만 일용품의 구입 등 일상생활에 필요하고 그 대가가 과도하지 않은 법률행위는 성년후견인이 취소할 수 없다(민법 제10조 제4항).

다. 피한정후견인

'피한정후견인'이란 피성년후견인만큼의 지속적 정신제약이 있는 것은 아니지만 사무처리능력이 상당히 부족한 자로서, 가정법원의 한정후견개시 심판을 거치도록 되어 있다(민법 제12조). 피한정후견인의 법정대리인은 한정후견인이 되며, 가정법원은 한정후견인의 동의를 요하는 행위의 범위를 정하고, 이 범위 내에서 한정후견인의 동의 없이 한 피한정후견인의 법률행위는 취소의 대상이 된다(민법 제13조 제1항·제4항). 다만 피성년후견인의 경우에서와 마찬가지로, 일상생활에 필요하고 그 대가가 과도하지 않은 법률행위에 대해서는 한정후견인의 동의가 없었다고 하더라도 취소할 수 없다(민법 제13조 제4항). 한편 피한정후견인의 이익이 침해될 우려가 있음에도 불구하고 한정후견인이 동의를 하지 않는 경우 가정법원이 한정후견인의 동의에 갈음하여 그 행위를 허가할 수 있다(민법 제13조 제3항).

라. 피특정후견인

'피특정후견인'이란 정신적 제약으로 인해 일시적 후원 또는 특정 사무에 대한 후원이 필요한 사람을 말한다(민법 제14조의2). 가령, 매매의 법률행위를 제한하는 경우는 한정후견에 해당할 수 있는 반면 구체적으로 특정 아파트의 처분을 제한하는 경우는 특정후견에 해당한다. 원칙적으로 특정후견은 본인의 의사에 반하여 할 수 없는 것이고(민법 제14조의2 제3항), 특정후견개시의 심판을 할 경우 특정후견의 기간 또는 사무의 범위를 정해야 한다(민법 제14조의2 제3항). 특정후견인은 피특정후견인의 법률행위를 대리권만을 가지며, 동의권이나 취소권은 가지지 않는다고 본다.

(6) 제한능력자의 상대방 보호

제한능력자의 법률행위는 제한능력자 본인은 물론이고 그 법정대리인에 의하여도 취소될 수 있으므로, 제한능력자와 거래한 상대방의 지위는 불안정할 수밖에 없다. 그리하여 민법은 제한능력자의 거래상대방을 보호하기 위한 제도를 규정하고 있다. 제한능력자와 거래한 후 그 제한능력자가 능력자로 된 경우에는, 거래상대방은 그 능력자에 대해 법률행위를 추인할 것인지 여부를 확답하라고 요구할 수 있고, 정해진 기간 내에 확답하지 아니하면 추인한 것으로 본다(민법 제15조 제1항). 제한능력자와 거래한 후 그 제한능력자가 아직 능력자로 되지 않은 경우에는, 거래상대방은 그 법정대리인에 대해 위와 같은 촉구를 할 수 있고, 정해진 기간 내에 확답이 없으면 역시 추인한 것으로 본다(민법 제15조 제2항).

제한능력자임을 모르고 계약을 체결한 거래상대방은 제한능력자 측의 추인이 있기 전에 자신의 의사표시를 철회할 수 있다. 가령 제한능력자와 토지매매계약을 체결한 상대방은 추인이 있기 전에 자신의 토지매수 의사표시를 철회할 수 있고, 이로써 토지매매계약은 처음부터 없었던 것이 된다. 다만 제한능력자가 속임수를 써서 거래상대방으로 하여금 자신을 능력자로 믿게 하였다거나 혹은 법정대리인의 동의가 있는 것으로 믿게 한 경우에는 제한능력자 측의 법률행위 취소권이 인정되지 않는다(민법 제17조).

(7) 주 소

'주소'(住所)란 사람의 실질적인 생활의 근거가 되는 장소를 말한다. 사람 사이에 법률관계가 발생하려면 그 당사자들이 실재(實在)하는 장소가 필요하다. 즉 법률관계가 확정되기 위해서는 그 법률관계의 당사자들 역시 확정되어야 하므로, 당사자들의 생활관계의 중심지인 주소가 요구된다. 민법상 주소의 구체적인 효과는 부재와 실종의 표준이 되고(민법 제22조, 제27조), 채무의 변제 장소를 정하는 기준이 되기도 한다(민법 제467조). 한편 주소와 구별되어야 하는 개념으로 '거소'(居所)가 있는데, 이는 사람이 일정 기간 계속하여 거주하는 장소로서 주소보다는 장소적 밀접성이 떨어지는 것을 말한다. 주소를 알 수 없는 경우에는 거소를 주소로 본다(민법 제19조).

3. 법 인

(1) 법인의 의의

'법인'(法人)이란 법이 사람의 집단 또는 재산의 집합에 인격을 부여하여 자연인에 준하는 권리와 의무의 주체로 삼은 것이다. 이로써 법인은 자연인처럼 독립적으로 법률행위를 할 수 있게 된다. 민법상 법인은 사단법인과 재단법인으로 나뉘는데, '사단법인'은 일정 목적을 가진 사람들의 단체(社團)에 권리능력이 부여된 것이고, '재단법인'은 일정 목적을 위해 모여진 재산(財團)에 권리능력이 부여된 것을 말한다. 법인의 권리능력은 법률 규정에 좇아 정관에서 정한 목적 범위 내에서만 인정될 수 있다(민법 제34조). 이러한 법인은 법률 규정에 의해 설립되는 것을 원칙으로 하고(민법 제31조), 설립등기를 마침으로써 성립한다(민법 제33조).

법인의 이사나 대표자가 그 직무와 관련하여 타인에게 손해를 입힌 경우, 법인은 그 손해를 배상할 책임이 있다(민법 제35조 제1항). 이때 가해행위가 대표기관의 직무와 관련이 없다면, 이는 법인의 불법행위가 아니라 대표기관 개인의 불법행위가 되므로 그 행위를 한 대표기관이 손해배상책임을 진다. 다만 법인의 불법행위가 성립되지 않더라도, 피해자 보호를 위해 의결에 찬성한 사원과 이사 및 이를 집행한 이사 기타 대표기관이 연대하여 배상할 책임이 있다(민법 제35조 제2항). 한편 직무관련성이 인정되어 법인이 손해배상책임을 지게 되더라도, 대표기관이 자신의 손해배상책임으로부터 해방되는 것은 아니다. 즉 법인은 피해자에게 손해배상을 한 이후에 대표기관에 대해 구상권을 행사할 수 있다(민법 제65조, 제61조).

한편 모든 사람의 모임이나 재산의 집합이 당연히 법인격을 갖는 것은 아니며 법률이 정한 요건과 절차를 갖추어야 법인이 될 수 있다. 그리하여 법인으로서의 실체는 갖추었으나 법인격을 취득하지 못한 경우가 생기는데 이를 '법인격(또는 권리능력) 없는 사단 또는 재단'이라고 한다. 종중이 대표적인 예이다. 법인격 없는 사단이나 재단의 경우 특별한 규정(예컨대 민법 제275조)이 있으면 그에 따르지만 그 밖에는 권리능력을 전제로 한 사항을 제외하고는 법인에 관한 규정을 유추적용 하여야 한다.

(2) 법인의 설립

'사단법인'의 설립행위의 법적 성질은 합동행위이다. 즉 2인 이상의 설립자의 의사의 합치가 요구된다. 한편 '재단법인'의 설립행위는 상대방 없는 단독행위이다. 양자 모두 서면에 의하는 요식행위로 본다.

가. 법인의 설립절차

법인의 설립을 위해서는 우선 '정관의 작성'이 요구된다. 사단법인의 경우에는 ① 목적, ② 명칭, ③ 사무소 소재지, ④ 자산에 관한 규정, ⑤ 이사 임면에 관한 규정, ⑥ 사원자격 득실에 관한 규정, ⑦ 존립시기나 해산사유를 정하는 경우 그 시기나 사유 등을 정관에 작성하여 기명날인해야 한다(민법 제40조). 재단법인의 경우에는 일정 재산을 출연하고 위의 ①-⑤의 사항을 정관에 작성하여 기명날인한다(민법 제43조). 사단법인 정관의 변경은 총사원 2/3 이상의 동의를 요하고, 이는 다시 주무관청의 허가를 얻어야 한다(민법 제42조). 재단법인의 정관 변경은 원칙적으로 그 변경방법을 정관에 정한 때에만 가능하다(민법 제45조 제1항).

법인설립의 '허가'를 받은 후 주된 사무소 소재지에서 '설립등기'를 마쳐야 한다. 등기사항은 ① 목적, ② 명칭, ③ 사무소, ④ 설립허가 연월일, ⑤ 존립시기나 해산이유를 정한 때에는 그 시기나 사유, ⑥ 자산의 총액, ⑦ 출자의 방법을 정한 때에는 그 방법, ⑧ 이사의 성명과 주소, ⑨ 이사의 대표권을 제한할 때에는 그 제한 등이다(민법 제49조).

나. 출연재산의 귀속시기

민법 제48조는 출연된 재산이 재단법인의 소유로 귀속되는 시기를 정하고 있다. 이에 따르면 생전(生前)의 처분으로 재산을 출연하여 재단법인을 설립하는 경우에는 법인이 성립된 때, 즉 법인설립등기를 한 때에 그 재산이 법인으로 귀속되고(민법 제48조 제1항), 유언으로 재산을 출연하여 재단법인을 설립하는 경우에는 유언의 효력이 발생하는 때, 즉 출연자의 사망시에 그 재산이 법인의 소유로 귀속된다(민법 제48조 제2항). 그런데 이러한 규정은 출연재산이 부동산인 경우에는 민법이 취하고 있는 물권변동의 형식주의(민법 제186조)와 상충되는 문제가 있다. 즉 부동산의 소유권 변동은 이를 등기한 때로부터 비로소 효력이 있는데, 민법 제48조 규정은 이러한 원칙을 정면으로 배제하고 있는 것이다.

이에 대해 다수설은 민법 제48조를 재단법인의 재산적 기초를 충실히 하기 위한 특칙으로 이해하여, 재단법인 앞으로의 부동산등기가 없더라도 민법 제48조에서 정한 시기에 권리귀속이 이루어진다고 한다(민법 제186조의 예외). 판례는 재산출연자와 법인과의 관계에 있어서는 등기 없이도 민법 제48조에서 정한 시기에 법인에 출연재산이 귀속되지만, 제3자에 대한 관계에서는 민법 제186조의 적용을 받아 등기를 해야 출연재산 귀속의 효력을 주장할 수 있다고 한다(대법원 78다481·482). 한편 사단법인의 사원의 지위는 양도 또는 상속할 수 없다(민법 제56조).

(3) 법인의 기관

법인의 업무수행을 위해서는 자연인으로 구성된 기관이 필요하다. 사단법인의 '필요기관'은 이사와 사원총회가 있고, '임의기관'으로는 감사가 있다. 재단법인의 기관으로는 이사와 감사가 있을 뿐이고, 그 성질상 사원이 존재하지 않으므로 사원총회라는 기관은 고려할 수 없다.

가. 이 사

'이사'는 법인의 사무를 집행하는 자로서 필요기관이다(민법 제58조 제1항, 제57조). 이사의 수나 임기에 관한 사항은 정관에 임의로 정할 수 있다(민법 제40조, 제43조). 이사가 수인인 경우 정관에 다른 규정이 없는 한 법인의 사무집행은 이사의 과반수로써 결정한다(민법 제58조 제2항).

이사가 법인의 사무에 관하여 각자 법인을 대표함에 있어서 정관의 취지에 위반하면 안 되고, 특히 사단법인의 경우에는 총회의 의결에 따라야 한다(민법 제59조 제1항). 대표기관으로서 이사의 행위는 곧 법인의 행위로 취급되어 법인이 그로 인한 권리와 의무를 부담하게 된다. 이사의 대표권은 정관으로 제한할 수 있지만, 이를 등기해야 제3자에게 그 효력을 주장할 수 있다(민법 제60조, 제49조). 즉 대표권 제한에 관한 사항을 등기하지 않은 경우, 그 제한을 위반하여 대표권을 행사한 이사의 행위의 효과는 제3자와의 관계에서 그대로 법인에게 귀속된다.

이사는 직무를 수행함에 있어서 선량한 관리자의 주의를 기울어야 하고(민법 제61조), 이를 위반하는 때에는 채무불이행에 기한 손해배상책임을 부담할 수 있다. 이러한 주의의무를 소홀히 한 이사가 수인인 경우에는 연대하여 배상책임을 부담한다(민법 제65조).

나. 감 사

법인은 정관 또는 총회의 결의로 감사를 둘 수 있다(민법 제66조). '감사'는 법인의 재산상황이나 이사의 업무집행 상황을 감사하고, 거기에 부정(不正)이나 불비(不備)가 있으면 이를 총회나 주무관청에 보고해야 하며, 그 보고를 위해 총회를 소집할 수 있다(민법 제67조).

다. 사원총회

'사원총회'란 사단법인의 구성원인 사원 전원의 구성체로서 최고의 의사결정기구로서, 주식회사의 주주총회에 해당하는 기관이다. 사단법인의 사무는 정관으로 이사 또는 기타 임원에게 위임한 사항 외에는 총회의 결의에 따라 결정해야 한다(민법 제68조). 특히 정관의 변경(민법 제42조)이나 임의해산(민법 제77조 제2항)은 사원총회 결의사항이 된다.

(4) 법인의 소멸

법인은 해산과 청산의 절차를 거치고 난 후에 청산등기를 마침으로써 소멸한다. 이 경우 법인의 '해산'(解散)이란 기존에 해 오던 업무를 정지하고 청산의 과정으로 들어가는 것을 말하고, '청산'(淸算)이란 해산한 법인의 잔존 업무와 재산을 정리하는 절차를 의미한다.

가. 해 산

법인은 존립기간 만료, 법인의 목적 달성 또는 달성불능 기타 정관에서 정한 해산사유의 발생, 파산 또는 설립허가의 취소로 해산한다(민법 제77조 제1항). 여기에 사단법인만의 추가적 해산사유로는 사원이 없게 되거나 총회의 결의로써 해산될 수 있다(민법 제77조 제2항). 총회 결의에 의한 해산을 임의해산이라고 하는데, 정관에 다른 규정이 없는 한 총사원 3/4 이상의 동의를 요한다(민법 제78조).

나. 청 산

해산한 법인이 청산절차에 들어가면 청산법인이 된다. 이때 해산한 법인은 청산의 목적 범위 내에서만 권리가 있고 의무를 부담하게 된다(민법 제81조). 법인이 해산하는 이유가 파산신청에 의한 경우에는 파산법에서 정한 절차를 따르게 되고, 그 외의 사유에 의한 경우에는 민법의 규정을 따른다. 그리하여 법인이 해산하는 때에는 파산의 경우를 제외하고는 이사가 청산인이 되고(민법 제82조), 청산인이 될 자가 없는 경우에는 법원이 청산인을 선임할 수 있다(민법 제83조). 청산인은 현존사무의 종결, 채권의 추심 및 채무의 변제, 잔여재산의 인도 등 청산인의 직무를 수행해야 한다(민법 제87조 제1항). 청산 과정에서 법인의 재산이 그 채무를 완제하기에 부족한 것이 분명하게 된 때에는 청산인은 지체없이 파산선고를 신청하고 이를 공고하여야 한다(민법 제93조 제1항).

사례 1 <해설> (권리의 주체)

(1) 태아도 손해배상청구권에 관하여는 이미 출생한 것으로 보는데, 아버지인 甲이 교통사고로 사망할 당시 태아가 아직 출생하지 않았다고 하더라도 그 뒤에 출생하였다면 아버지의 사망으로 인하여 입게 될 정신적 고통에 대한 위자료를 청구할 수 있다(대법원 93다4663).

(2) 수인이 동일 위난으로 사망한 경우에는 동시에 사망한 것으로 추정한다. 다만 甲과 乙은 반증을 들어서 이를 번복할 수 있다. 甲과 乙이 상속관계에 있더라도 동시사망의 추정이 되는 당사자 간에는 상속이 일어나지 않는다.

(3) 乙은 미성년자이므로 점퍼를 구입하기로 한 甲과의 계약을 취소할 수 있다. 또한 乙의 친권자인 丙 역시 법정대리인으로서 취소할 수 있다. 한편 甲은 乙 측에게 취소권의 행사 여부를 묻는 최고권을 행사하거나, 乙 측의 추인이 있기 전에 계약을 철회할 수 있다. 만약 乙이 혼인한 상태였다면, 성년의제 규정이 적용되어 乙은 단독으로 유효한 법률행위를 할 수 있게 되므로, 미성년자임을 이유로 甲과의 계약을 취소할 수 없다.

(4) 실종선고 후 그 취소 전에 선의로 한 행위에 대하여는 실종선고 취소의 효력이 미치지 아니한다. 따라서 乙의 재혼이 선의에 의한 경우이면 여전히 유효한데, 이 경우 재혼의 쌍방인 乙과 丙이 모두 선의여야 한다.

(5) 민법 제48조와 관련된 문제로서, 위의 '(2) 출연재산의 귀속시기' 참조.

Ⅲ. 권리의 객체

1. 총 설

권리의 내용 또는 목적을 실현하기 위해서는 일정한 대상이 필요한데, 이러한 대상을 '권리의 객체'라고 한다. 민법은 권리의 객체를 권리의 목적이라고 표현하고 있다(민법 제191조, 제260조, 제288조 등). 권리는 그 내용이나 목적이 각기 다르기 때문에, 권리의 객체도 권리의 종류에 따라 다르게 된다. 권리의 객체는 다음과 같다.

'물권'은 원칙적으로 물건 그 자체를, '채권'은 채무자의 일정한 행위인 급부를 객체로 하며, 권리를 목적으로 하는 권리는 그 대상인 권리(지상권을 담보목적으로 하는 저당권은 지상권이 권리의 객체가 된다)를 객체로 한다. 그리고 '형성권'은 형성의 대상이 되는 일정한 법률관계를, 인격권'은 생명·신체·사유·명예 등의 인격적 이익을 객체로 한다. 또한 '친족권'은 친족법상의 일정한 지위를, '상속권'은 피상속인의 재산을 객체로 한다. 한편 '지적재산권'은 저작이나 발명 등과 같은 무형의 정신적 창작물을 그 객체로 하고 있다. 권리의 객체가 이와 같이 다양하기 때문에, 민법은 권리의 객체 전부에 관한 일반적인 규정을 두지 않고 물건에 관하여만 규정하고 있다.

2. 물 건

(1) 물건의 의의

민법에서 '물건'이라 함은 유체물 및 전기 기타 관리할 수 있는 자연력을 말한다(민법 제98조). 물건이 되기 위한 요건은 다음과 같다.

1) 유체물 또는 무체물이어야 한다. '유체물'이란 공간의 일부를 차지하고 사람의 오감에 의하여 지각할 수 있는 형태를 가진 물질, 즉 고체·액체·기체를 말한다. '무체물'이란 어떤 행체가 없이 단지 관념 속에서만 존재하는 것을 말하며, 전기·전파를 비롯하여 열·에너지·빛·음향 등이 있다. 민법 제98조에서 자연력으로 표현된 것이 무체물이다. 권리가 물권의 객체가 되는 수도 있으나 권리는 물건이 아니므로 무체물은 아니다.

2) '관리 가능성'이 있어야 한다. 즉 사람이 관리할 수 있어서 그 배타적인 지배가 가능해야 한다. 따라서 유체물이라도 배타적으로 지배할 수 없는 것이면 물건이 될 수 없고(태양·달·별), 무체물이라도 관리가 가능하다면 물건이 될 수 있다고 본다(전기·원자력 등).

3) '외계의 일부'이어야 한다. 사람은 권리의 대상이 될 수 없으므로 비인격적인 것이어야 한다. 따라서 살아있는 사람이나 신체의 일부는 물건이 아니다. 인위적으로 인체에 부착된 의치·의안·의수 등도 신체에 붙어있는 한 물건이 아니다. 사체나 유골은 물건에 해당하더라도 매장이나 제사를 위한 특수한 소유권의 객체일 뿐이다. 다만 인체의 일부라 하더라도 신체와

분리된 경우(분리된 모발·치아·장기 등)에는 물건성을 가진다.

　4) '독립한 물건'이어야 한다. 배타적 지배를 위하여는 독립된 존재여야 한다. 따라서 물건의 일부나 구성부분 또는 물건의 집합은 원칙적으로 물건이 될 수 없다. 이처럼 하나의 물건에 하나의 물권만 인정하는 것을 '일물일권주의'라고 한다. 물건의 독립성 유무는 사회통념에 따라 결정된다.

(2) 물건의 분류

　민법은 위에서 언급한 물건을 동산과 부동산, 주물과 종물, 원물과 과실 등으로 분류하여 각각 규정하고 있다.

가. 부동산과 동산

　　부동산은 토지와 그 정착물을 말하고, 동산은 부동산 이외의 물건을 말한다(민법 제99조). 첫째, '부동산'의 경우, 토지의 정착물이란 토지에 고정되어 쉽게 이동할 수 없는 물건을 말하는데, 여기에는 '토지의 구성부분'으로서 일부에 지나지 않는 것(돌담이나 교량)과, '토지와 별개'로 독립한 물건(건물, 입목등기를 한 입목, 명인방법을 갖춘 수목, 농작물)이 포함된다. 둘째, '동산'의 경우, 이러한 부동산 이외의 물건이 모두 포함된다. 따라서 관리할 수 있는 자연력도 동산에 해당한다(민법 제98조). 부동산의 경우에는 등기를 요하지만, 동산의 경우에는 인도를 요한다(민법 제186조, 제188조).

나. 주물과 종물

　　물건의 소유자가 그 물건의 일상적 사용에 필요한 자기 소유의 다른 물건을 이에 부속시킨 경우에, 앞의 물건을 '주물'이라고 하고 그 주물에 부속된 물건을 '종물'이라 한다(민법 제100조 제1항). 즉 각기 독립한 두 개의 물건 사이에서 한 물건이 다른 물건의 효용을 돕는 관계에 있는 경우를 말한다. 예컨대, 배와 노 혹은 자물쇠와 열쇠 등이 그러하다. 민법은 주물과 종물의 경제적 효용 가치를 보전하기 위해 양자의 법률적 운명을 같이 하도록 규정하고 있다. 그리하여 종물은 주물의 처분에 따르도록 하고 있다(민법 제100조 제2항). 예컨대, 배를 처분하는 경우에 특별히 다른 언급이 있지 않는 한 노도 함께 처분되는 것으로 본다.

다. 원물과 과실

어떤 물건으로부터 발생되는 경제적 이익을 '과실'이라고 하고, 그러한 과실을 발생시키는 물건을 '원물'이라고 한다. 민법은 과실의 종류로서 천연과실과 법정과실을 규정하고 있다. '천연과실'은 물건의 용법에 의하여 수취하는 산출물을 말하는데(민법 제101조 제1항), 열매나 가축의 새끼 또는 광물이나 토사 등이 여기에 해당한다. '법정과실'은 물건의 사용대가로 받는 금전 기타 물건을 말하는데(민법 제101조 제2항), 임료나 지료 또는 이자 등이 대표적인 예이다.

Ⅳ. 권리의 변동

1. 총 설

(1) 권리변동의 의의

사람과 사람 사이의 생활관계 중에서 법이 규율하는 관계를 법률관계라고 하고, 그러한 법률관계는 결국 권리·의무관계로 요약된다. 이 법률관계는 당연히 일정한 원인이 있는 경우에(법률요건) 그 결과로서 일정한 효과가 발생한다(법률효과). 그것은 권리의 발생·변경·소멸의 형태로 나타나는데, 이를 '권리변동'이라고 한다. 예컨대, 가옥매매계약이라는 법률요건이 충족되면 그 가옥을 매도한 자는 가옥의 소유권을 매수인에게 이전함으로써(권리 주체의 변경) 종래 자신이 가지고 있던 가옥소유권을 상실하게 되고(권리 소멸), 매수인은 가옥에 대한 소유권을 취득하게 된다(권리 발생).

(2) 권리변동의 구체적 모습

민법상 권리의 변동에는 권리의 발생·변경·소멸의 세 가지가 있다. 이들 중 권리의 발생 및 소멸은 권리가 귀속하는 자(권리의 주체)의 입장에서 보면 권리의 취득 및 상실에 해당한다.

첫째, '권리의 발생'은 권리의 주체의 입장에서 보면 권리의 취득인데, 권리의 취득에는 원시취득과 승계취득이 있다. i) '원시취득'은 타인의 권리에 기초함이 없이 원시적으로 권리를 취득하는 것이다. 예컨대, 무주물 선점(민법 제252조), 습득(민법 제253조), 매장물 발견(민법 제254조), 시효취득(민법 제245조) 등이 있다. ii) '승계취득'은 타인의 권리를 취득하는 것을 말한다. 이는 다시 이전적 승계와 설정적 승계로 나눌 수 있다. ① '이전적 승계'는 종래의 권리자로부터 새로운 권리자에게 동일성이 유지되면서 권리가 이전되는 것을 말하며, 특정승계와 포괄승계가 있다. '특정승계'는 매매와 같이 하나의 특정된 원인을 통해 권리를 승계하는 것이고, '포괄승계'는 상속과 같이 하나의 원인을 통해 수개의 권리·의무를 승계하는 것이다. ② '설정적 승계'는 어떤 소유권 위에 지상권·전세권·저당권 등을 설정하는 것처럼, 종래의 권리자는 자신의 권리를 그대로 보유하면서 새로운 권리자는 그 권리의 일부 권능(사용·수익·처분)만을 취득하는 것이다.

둘째, '권리의 변경'은 권리 자체의 동일성은 그대로 유지되면서 그 권리의 주체·내용·작용(효력)에 대하여 변경이 가해지는 것을 말한다. i) '주체의 변경'은 앞서 설명한 이전적 승계에 해당한다. ii) '내용의 변경'은 소유물 위에 제한물권이 설정되는 경우 또는 물건의 인도 대신 손해배상청구권을 취득하는 경우 등에 해당한다. iii) '작용의 변경'의 예로는 부동산 임차권이 등기되어 대항력을 취득하는 경우이다.

셋째, '권리의 소멸'은 절대적 소멸과 상대적 소멸로 구분된다. i) '절대적 소멸'은 권리 자체가 세상에서 완전히 없어져 버리는 것이다. 예컨대, 건물에 화재가 발생하여 소실됨으로써 건물에 대한 소유권이 소멸하는 것이다. ii) '상대적 소멸'은 권리 자체가 없어지는 것이 아니고 타인에게 이전되어 종래 권리자가 권리를 잃게 되는 것이다. 이는 권리의 주체가 변경되는 경우이다. 엄밀히 말하면 권리가 소멸하는 것은 아니지만, 권리주체의 면에서 보면 자신의 권리가 소멸하는 것이므로 이를 상대적 소멸이라고 한다. 그리고 상대방의 입장에서 보면 승계취득 중 이전적 승계에 해당한다.

2. 권리변동의 원인

(1) 법률요건

민법의 규정들은 어떤 사실이 있으면 어떤 효과가 발생한다는 방식으로 표현되어 있는데, 전자를 '법률요건'이라고 하고 후자를 '법률효과'라고 한다. 가령, 매매계약을 체결하게 되면 그 계약의 당사자들 사이에는 매매 목적물을 이전할 의무와 대금을 지급해야 할 의무가 발생하게 되는데, 이때 매매계약의 체결은 법률요건에 해당하고 그로부터 발생하는 목적물 이전의무와 대금 지급의무 등은 법률효과에 해당한다.

'법률효과'를 권리의 관점에서 보면 권리의 변동으로 나타난다. 이처럼 권리변동이 생기기 위해서는 먼저 법률요건이 충족(존재)되어야 하고, 법률요건이 충족되면, 법률효과는 당연히 발생한다. 민법상 법률효과의 발생을 가져오는 법률요건으로는 법률행위·준법률행위·불법행위·부당이득·사무관리 등 여러 가지가 있는데, 이 중에서 '법률행위'가 가장 중요한 법률요건이 된다. 즉 의사표시를 요소로 하는 법률행위는 사적자치의 원리가 지배하는 민법에서 가장 중요하게 다루어지는 부분이다.

(2) 법률사실

법률요건을 완성하기 위하여 구성되는 개개의 사실을 '법률사실'이라고 한다. 이러한 법률사실은 그 단독으로 또는 다른 법률사실과 합해져서 법률요건을 이루게 된다. 법률사실은 사람의 정신작용에 의한 사실인 '용태'와, 그렇지 않은 사실인 '사건'으로 나눌 수 있다.

첫째, 사람의 정신작용에 의하지 않는 법률사실은 '사건'(事件)이라고 한다. 예컨대, 사람의 출생과 사망, 건물의 멸실, 시간의 경과 등이 그것이다. 이러한 '사건'이 있으면, 그 결과로 법률효과가 발생한다. 즉 사람이 사망하면 상속이라는 법률효과가 발생하고, 건물이 멸실하면 소유권의 소멸이라는 법률효과가 발생하는 것이 그것이다.

둘째, 사람의 정신작용에 의한 법률사실은 '용태'(容態)라고 하며, 적법성의 여부에 따라 적법행위와 위법행위로 나눌 수 있다. i) '위법행위'(違法行爲)는 법질서에 반하여 허용되지 않는 행위를 말하는데, 채무불이행과 불법행위가 있다. 위법행위(법률사실)가 있으면, 그 결과로서 손해배상책임이 발생하는 등 법이 규정하고 있는 일정한 제재(법률효과)를 받게 된다. ii) '적법행위'(適法行爲)는 법질서에 부합하는 유효한 행위를 말하는데, 다시 의사표시라는 법률사실을 필수적 요소로 하는 '법률행위'와, 의사표시를 요소로 하지 않는 '준법률행위'(準法律行爲)로 나뉜다.

① '법률행위'는 하나의 의사표시로 성립하는 단독행위(유언, 취소, 해제 등)와, 2개 이상의 교차적 의사표시의 합치에 의하여 성립하는 계약(매매, 임대차, 고용 등)의 둘로 나누어진다. 단독행위는 의사표시라는 하나의 법률사실이 곧바로 법률요건으로 된 것이고, 매매·임대차·고용 등의 계약은 청약이라는 의사표시와 승낙이라는 의사표시(두 개의 법률사실)가 결합하여 하나의 법률요건으로 된다. ② '준법률행위'는 적법행위 중에서 법률행위를 제외한 그 밖의 모든 법률요건을 포괄하는 추상적 개념이다. 준법률행위는 다시 표현행위와 비표현행위로 나누어진다. '표현행위'에는 의사의 통지, 관념의 통지, 감정의 표시 등이 있고, '비표현행위'는 사실행위라고도 한다.

3. 법률행위

사례 2 (부동산의 이중매매)

甲은 자신 소유의 토지를 乙에게 매매하기로 하였으나, 이러한 사정을 알고 있던 丙은 甲을 적극적으로 부추켜서 자신에게 그 토지를 넘길 것을 요구하였고, 결국 甲은 丙에게 그 토지를 매도하고 등기 명의를 이전해주었다.
(1) 이러한 경우 甲과 丙 사이의 토지매매는 유효한가?
(2) 만약 丙이 이러한 사정을 모르고 甲으로부터 토지를 매수한 경우의 효력은?

(1) 법률행위의 의의

실제 거래에서는 매매·임대차·고용·유언·채권양도 등과 같은 개개의 행위유형이 있다. 그런데 이들 행위유형은 모두 '의사표시'라는 요소를 그 속성으로 가지고 있다는 공통점이 있다. 따라서 의사표시를 중심으로 이러한 행위유형 전부를 총괄하는 집합개념 내지 추상화 개념으로 법률행위라는 개념을 만들어낸 것이다. 즉 '법률행위'는 의사표시를 불가결의 요소로 하는 법률요건이다. 그렇다고 의사표시가 곧 법률행위로 되는 것은 아니며, 의사표시 없는 법률행위가 존재할 수 없을 뿐이다. 다만 법률행위가 의사표시만으로 구성되는 것은 아니다. 따라서 법률상 혼인에 관한 의사표시가 있어도 혼인신고까지 해야 혼인이 성립하고, 비영리법인을 설립하는 의사표시를 하더라도 주무관청의 허가와 설립등기가 있어야 법인이 성립한다.

(2) 법률행위의 종류

법률행위는 구분하는 기준에 따라 여러 종류로 나눌 수 있다. 첫째, 법률행위를 구성하는 의사표시의 수나 방향에 따라 단독행위·계약·합동행위로 나누어지고, 둘째, 법률행위에 의하여 발생하는 법률효과에 따라 채권행위·물권행위·준물권행위로 구분할 수 있다.

가. 단독행위·계약·합동행위

'단독행위'는 하나의 의사표시만으로 성립하는 법률행위이다. 하나의 의사표시로 법률효과가 발생하면서 경우에 따라서는 상대방을 구속할 수 있으므로, 이는 관련 법률규정이 있는 경우에만 인정된다. 단독행위는 상대방이 있느냐에 따라 상대방 있는 단독행위와 상대방 없는 단독행위로 세분된다. 채무면제·상계·추인·해제·해지·취소 등이 전자의 예이고, 유언·권리의 포기·재단법인의 설립 등은 후자의 예이다.

'계약'은 복수의 당사자가 서로 상대방에 대하여 내용적으로 일치되는 의사표시를 함으로써 성립하는 법률행위를 말한다. 이는 반드시 복수의 의사표시가 필요하다는 점에서 단독행위와 구별되고, 그 복수의 의사표시의 방향이 평행적·구심적이 아니고, 대립적·교환적인 점에서 합동행위와 차이가 있다. '광의'로는, 채권의 발생을 목적으로 하는 채권계약, 물권의 변동을 목적으로 하는 물권계약, 채권 이외의 재산권의 변동을 목적으로 하는 준물권계약, 혼인·입양과 같은 가족법상의 계약이 모두 포함된다. '협의'로는 채권계약만을 가리킨다.

'합동행위'는 같은 방향의 여러 의사표시가 합치함으로써 성립하는 법률행위를 말한다. 사단법인의 설립행위가 그 전형적인 예이다. 의사표시의 방향이 평행적·구심적인 점에서 계약과 구별된다. 즉 계약에서처럼 두 개의 의사표시가 서로 교차하는 것이 아니라 하나의 목적을 위해 한 방향으로 나아가는 특징이 있다.

나. 채권행위·물권행위·준물권행위

'채권행위'는 채권을 발생시키는 법률행위이다. 채권행위가 있으면 채권자는 채무자에 대하여 일정한 행위(이를 '급부'라고 함)를 청구할 수 있는 권리만 가질 뿐이고, 채무자의 이행이 있을 때까지는 그들 사이에 존재하는 권리가 직접 변동되지는 않는다. 그리하여 채권행위에 있어서는 채무자의 이행의 문제가 남아 있게 된다.

'물권행위'는 물권의 변동을 목적으로 하는 의사표시(물권적 의사표시)를 요소로 하여 성립하는 법률행위이다. 소유권의 이전·저당권의 설정 등이 이에 해당한다. 물권행위는 채권행위와 달리 직접 물권을 변동시키고 (발생·변경·소멸) 이행의 문제를 남기지 않는다. 한편 '준물권행위'는 물권 이외의 권리를 종국적으로 변동시키고 이행이라는 문제를 남기지 않는 법률행위이다. 채권양도·채무인수가 그 예이다.

(3) 법률행위의 요건

법률행위가 법률효과를 발생시키기 위해서는 먼저 법률행위가 제대로 성립하여야 하고, 다음으로 성립한 법률행위가 유효해야 한다. 법률행위의 '성립요건'으로는 일반적으로 당사자, 목적, 의사표시가 있어야 한다. 그밖에 특별성립요건으로서 혼인에서의 신고나 유언에서의 일정 방식 등이 추가적으로 포함될 수 있다. 이렇게 성립한 법률행위가 유효한 것으로 인정되기 위해서는 '효력요건'이 필요하다. 즉 당사자가 능력(권리능력·의사능력·행위능력)을 갖추어야 하고, 법률행위 내용(목적)이 확정·가능·적법·타당하여야 하며, 법률행위를 구성하는 의사표시에 흠결 및 하자가 없어야 한다.

가. 확정성

법률행위 내용은 '명확히 확정'될 수 있어야 한다. 여기에는 법류행위의 해석이 필요하게 되는데, 그 해석의 기준은 우선적으로 당사자의 의사나 목적이 된다. 당사자의 의사가 불명확한 경우에는 임의법규와 다른 관습이 있다면, 그 관습이 법률행위 해석의 기준이 된다(민법 제106조). 임의법규란 법률행위의 당사자가 의사표시로써 그 적용을 배제시킬 수 있는 법규정을 말하는데, 이때 임의법규는 선량한 풍속 기타 사회질서에 관계없는 것이어야 한다(민법 제105조). 이러한 해석과정을 거치고도 법률행위의 내용을 확정지을 수 없다면 그 법률행위는 무효이다.

나. 가능성

법률행위의 내용은 '실현 가능'한 것이어야 한다. 실현 불가능(불능)한 내용의 법률행위는 무효이다. 불능은 불능사유의 발생 시점에 따라 원시적 불능과 후발적 불능으로 나눌 수 있다. 예컨대, 가옥의 매매계약을 체결한 경우 그 가옥이 계약체결 전에 화재로 인해 소실되었다면 이는 원시적 불능에 해당하고, 계약체결 이후에 소실되었다면 후발적 불능에 해당한다. 원시적 불능은 법률행위를 무효로 만들지만, 후발적 불능의 경우에는 이미 성립한 법률행위는 유효한 것으로 보고, 다만 그 불능에 귀책사유가 있는지 여부에 따라 채무불이행에 기한 손해배상책임(민법 제390조)이나 위험부담(민법 제537조, 제538조)의 문제로 처리된다. 한편, 불능의 범위에 따라 전부불능과 일부불능으로 구분할 수 있다. 전부불능인 경우에는 법률행위가 전부 무효가 되지만, 일부불능의 경우에는 일부무효의 법리(민법 제137조, 이하에서 설명)에 따르게 된다.

다. 적법성

법률행위의 내용은 '적법'한 것이어야 한다. 사법(私法)상 법규는 임의법규와 강행법규로 나뉘는데, 임의법규는 사적자치의 원리가 허용되는 영역에 해당하지만 강행법규는 사적자치의 한계를 설정하는 기능을 하여 사적자치가 허용되지 않는 영역에 해당한다. 이러한 강행법규에 위반하는 내용의 법률행위는 적법하지 않은 것으로서 무효라고 할 것이다. 민법상 강행법규의 예로는 능력에 관한 규정, 법인제도에 관한 규정, 대부분의 물권법과 가족법의 규정들이 있다. 이러한 강행법규 안에 단속법규도 포함되는 것으로 해석하지만, 단속법규에 반하는 법률행위는 벌칙의 적용만 있을 뿐 사법상의 효력까지 부인되는 것은 아니다(무허가 음식점).

라. 타당성

법률행위의 내용은 사회적으로 '타당'한 것이어야 한다. 즉, 법률행위의 내용이 선량한 풍속 기타 사회질서에 반하는 것은 무효가 된다(민법 제103조). 예컨대, 이중양도, 범죄행위를 조장하는 대가지급의 약속, 부첩계약 등은 그 행위의 내용이 사회적으로 타당한 것이 아니어서 무효이다. 또한 상대방의 궁박·경솔·무경험을 이용하여 현저하게 균형을 잃은 거래를 함으로써 부당한 재산적 이익을 얻는 불공정한 법률행위 역시 사회질서에 반하는 것으로서 무효이다(민법 제104조). 이른바 '공서양속'이라 불리는 이 요건은 강행법규와 마찬가지로 사적자치의 한계를 설정하는 기능을 담당한다. 그리고 의사표시의 흠결이 없어야 한다.

사례 2 <해설> (부동산의 이중매매)

부동산의 이중매매가 반사회적 법률행위에 해당하면 절대적 무효이다. 반사회적 법률행위가 되기 위해서는 제2매수인 丙이 매도인 甲의 배임행위에 적극 가담하여 이루어져야 하는데, 그 가담의 정도는 부동산이 제1매수인 乙에게 매도된 사실을 제2매수인 丙이 알면서도 자기에게 매도할 것을 요청하여 매매계약에 이르는 정도가 되어야 한다. 사례의 경우 甲과 丙 사이의 매매계약은 반사회적 법률행위로서 무효가 된다. 만약 丙이 위의 사정을 모르거나 또는 단순히 아는 경우, 甲과 丙 사이의 토지매매는 민법 제103조에 위반하지 않고 유효하다.

4. 의사표시

사례 3 (의사표시)

(1) 甲은 시한부 선고를 받은 친구 乙을 기쁘게 해주기 위해 乙이 평소에 좋아하던 甲 소유의 그림을 乙에게 무상으로 준다고 말하고 이를 인도하였는데, 甲은 내심으로 乙이 사망한 후에 그 그림을 다시 찾아올 생각이었다. 얼마 후 乙이 사망하자 丙이 상속인으로 되었다. 甲은 丙에게 그림의 반환을 청구할 수 있는가?

(2) 甲은 채권자들의 강제집행을 면탈하기 위하여 乙에게 부동산을 매도하는 허위매매계약서를 작성하고 소유권이전등기를 마쳤다. 그 후 乙은 이러한 사정을 모르는 丙에게 그 부동산을 매도하여 현재 丙 명의로 등기가 되어있다. 甲은 乙에게 부동산의 소유권을 주장할 수 있는가?

법률행위를 통해 법률효과를 발생시키기 위해서는 법률행위의 요소인 의사표시에 흠결(欠缺) 및 하자(瑕疵)가 없어야 한다. 그러나 현실에서는 당사자의 의사와 그 표시에 일치하지 않거나 혹은 타인의 부당한 간섭에 의해 의사표시가 이루어지는 경우가 있다. 우리 민법은 이렇듯 의사표시에 흠결 및 하자가 있는 경우의 효과를 규정하고 있다. 진의 아닌 의사표시(민법 제107조), 통정한 허위의 의사표시(민법 제108조), 착오로 인한 의사표시(민법 제109조), 사기·강박에 의한 의사표시(민법 제110조) 규정이 그러하다. 또한 민법은 상대방 있는 의사표시에 있어서 그 의사표시의 효력발생시기(민법 제111조), 의사표시의 상대방이 제한능력자인 경우의 효과(민법 제112조), 의사표시의 공시송달(민법 제113조) 등을 규정하고 있다.

(1) 의사와 표시의 불일치

가. 비진의 의사표시

진의 아닌 의사표시는 표의자가 그것이 진의 아님을 알고 한 것이라 하더라도 유효하다(민법 제107조 제1항). 즉, 자신이 표시하는 내용의 객관적 의미가 자신의 내심과 일치하지 않음을 알면서도 의사표시를 한 경우에는 법이 그 자를 보호할 가치가 없으므로 일단은 유효한 것으로 본다. 다만, 상대방이 그 의사표시가 표의자의 진의와 다름을 알거나 알 수 있었을 경우에는 그 상대방을 보호할 가치가 없게 되므로 무효로 한다(민법 제107조 제1항 단서). 가령, 사직할 의사가 없으면서 고용주의 자신에 대한 신임의 정도를 알아보기 위해 사직서를 제출한 경우, 원칙적으로 거기에는 사직의사가 있다고 보아 효력이 발생한다. 그러나 고용주가 그러한 사정을 알거나 알 수 있었을 경우에는 사직의 의사표시는 효력이 없는 것으로 된다. 진의 아닌 의사표시가 무효가 되더라도, 거래의 안전을 위해 그 무효는 선의의 제3자에게 효력이 미치지 않는 것으로 한다(민법 제107조 제2항).

나. 허위표시

통정에 의한 허위표시는 상대방과 통정하여 진의 아닌 의사표시를 하는 경우에 해당한다. 예컨대, 재정상태가 악화되어 강제집행을 면하기 위한 목적으로 친구와 통정한 후 자신의 유일한 재산인 부동산을 친구에게 양도하는 경우를 말한다(이렇듯 허위표시로 구성된 법률행위를 가장행위(假裝行爲)라고 한다). 이 경우 실제로 자신의 부동산을 친구에게 양도하려는 진의가 없으므로 진의 아닌 의사표시에 해당하지만, 양도의 상대방인 친구와 통정하였다는 점에서 민법 제107조의 진의 아닌 의사표시와 구별된다. 이러한 통정 허위표시는 표의자뿐 아니라 그 상대방 모두 진의 아님을 알고 있었던 경우이므로 보호가치 없고, 따라서 의사표시의 효과가 발생하지 않는다(민법 제108조 제1항). 이러한 무효의 효과는 선의의 제3자에게는 미치지 아니한다(민법 제108조 제2항). 이는 거래안전을 위하여 그 가장행위의 외관을 신뢰한 제3자를 보호하기 위함이다.

다. 착오에 의한 의사표시

착오로 의사표시를 하여 그 표시가 표의자의 진의와 일치하지 않게 되더라도, 그 의사표시는 유효한 것으로서 표의자를 구속하는 것이 원칙이다. 그러나 진의 아닌 의사표시나 통정허위표시의 경우와 달리 표의자는 착오로 인해 자신의 의사와 표시가 불일치함을 알지 못하므로 보호받을 가치가 있다. 그리하여 민법은 그 착오가 법률행위 내용의 중요부분에 관한 것이고, 또한 그 착오가 표의자의 중대한 과실로 발생된 것이 아닌 때에 한하여 표의자로 하여금 자신의 의사표시를 취소할 수 있도록 규정하였다(민법 제109조 제1항). 표의자가 취소하면 그 의사표시에 기초한 법률행위는 소급적으로 무효가 된다. 다만, 거래안전을 위하여 그 취소의 효과는 선의의 제3자에게 미치지 아니한다(민법 제109조 제2항).

(2) 의사표시의 하자

하자(瑕疵) 있는 의사표시는 타인의 부당한 간섭에 의해 의사표시가 이루어진 경우를 말하는데, 사기(詐欺)나 강박(强迫)에 의한 의사표시가 이에 해당한다. 사기·강박에 의한 의사표시는 취소할 수 있다(민법 제110조).

가. 사기에 의한 의사표시

사기에 의한 의사표시가 성립하기 위해서는 사기자에게 이중의 고의가 있어야 한다. 즉 표의자를 기망하여 착오에 빠지게 하려는 고의와 그 착오에 의해 의사표시를 하게 하려는 고의가 요구된다. 또한 표의자에게 그릇된 관념을 가지게 하는 기망행위(欺罔行爲)가 있어야 하는데, 여기에는 적극적으로 허위사실을 알리는 행위 뿐 아니라 소극적으로 침묵하여 진실을 숨기는 행위도 포함될 수 있다(이 경우에는 그 진실을 알려야 할 의무가 존재했어야 함). 민법 제110조의 적용을 받는 기망행위는 신의칙 및 거래관념에 비추어 용인될 수 없는 정도의 위법한 것이어야 한다. 한편 기망행위-착오-의사표시 사이에는 인과관계가 성립되어야 하는데, 이때 인과관계는 표의자의 주관적 인식을 기준으로 결정된다.

나. 강박에 의한 의사표시

강박에 의한 의사표시가 성립하기 위해서는 강박자에게 이중의 고의가 있어야 한다. 강박행위(强迫行爲)란 어떤 해악(害惡)을 고지하여 상대방으로 하여금 공포심을 불러일으키는 행위를 말한다. 민법 제110조의 적용을 받는 강박은 표의자의 의사결정을 제한하는 정도를 의미하는 것이어서, 공포심이 있는 상태라도 최소한 의사표시는 표의자 스스로 한 경우를 말한다. 그에 반해, 표의자의 의사결정의 자유를 완전히 박탈시키는 절대적 강박의 경우에는 행위의사가 결여된 상태로서, 그러한 상태에서의 의사표시는 취소가 아닌 무효의 대상이 된다. 강박행위와 공포 밍 의사표시 사이에는 인과관계가 존재해야 하고, 강박행위는 위법한 것이어야 한다.

다. 제3자에 의한 사기·강박

제3자가 사기나 강박을 행하여 표의자에게 착오나 공포를 불러일으키고 그로 인해 표의자가 상대방에게 의사표시를 한 경우에는 표의자 보호 뿐 아니라 표의자의 의사표시를 신뢰한 상대방의 보호도 고려되어야 한다. 민법은 제3자의 사기나 강박이 개입된 경우 상대방이 그러한 사실을 알거나 알 수 있었을 경우에 한하여서 표의자가 취소할 수 있도록 규정하였다(민법 제110조 제2항). 사기·강박에 의한 의사표시의 취소는 선의의 제3자에게 영향을 미치지 아니한다(민법 제110조 제3항).

(3) 의사표시의 효력발생

상대방 있는 의사표시는 상대방에게 도달한 때에 그 효력이 발생한다(도달주의. 민법 제111조). 여기서 '도달'이란 상대방이 일반적 내지 객관적으로 그 의사표시를 인식할 수 있는 상태에 놓이는 것을 말하고, 반드시 상대방이 그 의사표시의 내용을 알았을 것을 요구하지 않는다. 도달주의의 예외로서, 격지자간의 계약에서 청약에 대한 승낙의 의사표시는 발송한 때에 그 효력이 발생한다(발신주의. 민법 제531조). 의사표시의 상대방이 제한능력자인 경우, 표의자는 의사표시가 도달하였다는 이유로 그 효력의 발생을 주장할 수 없다(민법 제112조 본문). 다만 상대방의 법정대리인이 의사표시의 도달을 안 후에는 그러하지 아니하다(민법 제112조 단서).

사례 3 <해설> (의사표시)

1) 甲의 증여의 의사표시는 진의 아닌 의사표시이므로 원칙적으로 유효하지만 乙이 이러한 사정을 알았거나 알 수 있었을 경우에는 무효가 되어 乙은 그림의 소유권을 취득할 수 없다. 그러나 이 무효는 선의의 제3자에게 대항하지 못하는

데, 민법 제107조 제2항에서 말하는 선의의 제3자에는 포괄승계인은 제외되므로 상속인인 丙은 위의 선의의 제3자에 해당하지 않는다. 따라서 甲에게 증여의 사가 없음을 乙이 알았거나 알 수 있었던 경우에는 甲의 증여는 무효로 된다. 또한 병은 동조의 선의의 제3자에 해당하지 않아서 무효의 효과가 미치기 때문에, 甲은 丙에 대해 그림의 반환을 청구할 수 있다.

(2) 甲과 乙 사이의 매매계약은 허위표시에 의한 것으로서 무효이지만, 그 무효의 주장은 선의의 제3자에게 주장할 수 없는 것이므로, 甲은 선의인 丙에게 해당 부동산의 소유권을 주장할 수 없다.

5. 대 리

사례 4 (대리)

(1) 乙은 甲의 임의대리인으로서 丙과 거래를 하던 중, 甲은 乙의 평소 행실에 문제가 있음을 알고서 즉시 乙의 대리권을 박탈하였다. 그럼에도 乙은 그 이후에도 丁을 복대리인으로 선임하여 丁으로 하여금 丙과의 거래를 계속하도록 하였다. 그 과정에서 丁은 丙의 물건을 시가의 3배를 더 주고 매수하기로 계약을 하였고, 이에 丙은 그 대금의 지급을 甲에게 청구하였다. 이 경우의 법률관계를 설명하라.

(2) 乙이 아무 권한도 없이 甲의 대리인이라고 칭하고 甲 소유의 부동산을 丙에게 매각한 경우의 법률관계를 설명하라.

(1) 대리의 의의

'대리'(代理)란 타인(대리인)이 본인의 이름으로 법률행위를 하고 그 법률효과는 직접 본인에게 발생하도록 하는 제도이다. 복잡다단한 현대사회에서 모든 법률관계를 스스로 형성시키는 것은 매우 어려우므로 대리제도를 통해 보다 전문화된 자에게 이를 맡기는 것은 합리적인 일이고(사적자치의 확장), 또한 제한능력자는 단독으로 유효한 법률행위를 할 수 없으므로 법정대리인을 통해 법률관계를 형성시킬 수 있다(사적자치의 보충). 대리는 본인이 대리권을 수여한 경우인 임의대리와 법률규정에 의한 경우인 법정대리로 구분될 수 있다. 또한 대리인이 정당한 대리권을 가지고 있는지에 따라 유권대리(有權代理)와 무권대리(無勸代理)로 나누어진다.

(2) 대리의 3면관계

대리의 법률관계는 대리인·본인·상대방 사이의 3면 관계를 중심으로 검토한다. 구체적으로 i) 본인과 대리인 간의 '대리권', ii) 대리인과 상대방 간의 '대리행위', iii) 본인과 상대방 간의 '대리효과'이다.

가. 대리권

'대리권'이란 본인의 이름으로 법률행위를 하거나 또는 의사표시를 수령함으로써 본인에게 직접 법률효과를 귀속시킬 수 있는 법률상 지위 내지 자격을 말한다. 대리권은 법정대리권과 임의대리권으로 나뉜다. ① '법정대리권'은 친권자나 후견인처럼 법률규정이나 법원의 선임에 의해 부여되는 대리권을 말한다. 법정대리권의 범위는 그 발생의 근거가 되는 법률규정에 따른다. 이에 반해 ② '임의대리권'은 본인이 대리인에게 대리권을 수여하여야 발생한다. 이처럼 임의대리권은 본인의 수권행위에 의한 것이므로, 그 범위 또한 수권행위에서 정한 대로 따르는 것이 원칙이다. 그러나 수권행위에 대리권의 범위를 정한 바가 없어서 불분명한 경우에는 보존행위와 이용 및 개량행위만을 할 수 있다(민법 제118조). 여기서 이용 및 개량행위는 대리의 목적인 물건이나 권리의 성질을 변하지 않는 범위 내에서만 허용된다(민법 제118조 제2호).

한편 대리인 자신이 상대방이 되어 본인을 대리하는 '자기계약'이나, 한명의 대리인이 동일한 법률행위의 당사자 쌍방을 모두 대리하는 '쌍방대리'는 금지되며, 그 효력이 발생하지 않는다(민법 제124조). 이는 본인과 대리인, 또는 본인과 다른 본인 사이의 이해충돌을 방지하기 위함이다. 그러나 본인의 허락이 있거나 단순한 채무의 이행의 경우에는 자기계약과 쌍방대리도 유효할 수 있다(민법 제124조 단서).

대리권은 본인의 사망, 대리인의 사망, 대리인의 성년후견 개시 또는 파산이 있게 되면 소멸한다(민법 제127조). 다만, 임의대리권의 경우에는 앞의 경우 외에도 본인과 대리인 사이의 수권행위를 있게 한 법률관계(가령 위임계약관계)가 종료하거나 혹은 법률관계 종료 전이라도 본인이 수권행위를 철회함으로써 소멸할 수 있다(민법 제128조).

나. 대리행위

대리인이 한 의사표시의 효과가 직접 본인에게 귀속되려면 그것이 본인을 위한 것임을 표시해야 한다(顯名主義. 제114조 제1항). 대리인이 상대방의 의사표시를 수령하는 경우에는 상대방이 본인에 대한 의사표시임을 표시하여야 한다(민법 제114조 제2항). 대리인이 본인을 위한 것임을 표시하지 아니한 때에는 그 의사표시는 대리인 자신을 위한 것으로 본다(민법 제115조). 또한 의사표시의 효력이 하자로 인하여 영향을 받을 경우에 그 판단은 대리인을 기준으로 한다(민법 제116조 제1항). 그러나 특정한 법률행위를 위임하여 대리인이 본인의 지시를 쫓아 그 행위를 한 경우에는 본인은 자신이 안 사정 또는 과실로 인하여 알지 못한 사정에 관하여 대리인의 부지를 주장할 수 없다(민법 제116조 제2항). 한편 대리인은 행위능력자임을 요하지 않는다(민법 제117조). 본인 스스로 제한능력자를 대리인으로 삼았다면 그에 따른 불이익도 감수하는 것이 마땅하기 때문이다.

다. 대리의 효과

대리인은 본인의 이름으로 대리행위를 하기 때문에, 대리인이 한 법률행위의 효과는 본인에게 직접 귀속된다(민법 제114조).

(3) 복대리

'복대리인'(復代理人)이란 대리인이 그의 권한 내의 행위를 하도록 하기 위하여 대리인 자신의 이름으로 선임한 본인의 대리인을 말한다(민법 제123조 제1항). 대리인이 복대리인을 선임하더라도 대리인의 대리권은 소멸하지 않고 그대로 존재하며, 복대리인은 본인이나 제3자에 대하여 대리인과 동일한 권리·의무가 있다(민법 제123조 제2항).

i) '임의대리인'은 원칙적으로 복대리인을 선임하지 못하지만, 본인의 승낙이 있거나 부득이한 사유가 있으면 선임할 수 있다(민법 제120조). 임의대

리인이 복대리인을 선임한 경우에는 본인에 대하여 그 선임·감독에 대한 책임을 진다(민법 제121조 제1항). 그러나 본인의 지명에 따라 복대리인을 선임한 경우에는 복대리인의 부적임 또는 불성실을 알면서도 본인에게 통지하지 않거나 해임을 태만히 한 경우에만 책임을 진다(민법 제121조 제2항). ii) '법정대리인'은 원칙적으로 본인의 승낙 없이 복대리인을 선임할 수 있다(민법 제122조). 다만 복대리인의 선임·감독에 관하여 과실이 없더라도 책임을 부담한다. 그러나 부득이한 사유로 복대리인을 선임한 경우에는 그 선임감독상의 과실에 대해서만 책임을 진다(민법 제122조 단서).

　복대리권도 결국 본인에 대한 대리권이므로 대리권의 일반 소멸사유(본인의 사망, 대리인의 사망, 대리인의 성년후견 개시 또는 파산)에 의해 소멸한다(민법 제127조). 또한 대리인과 복대리인 사이의 내부적 법률관계가 종료하거나 대리인이 수권행위를 철회한 경우에도 복대리권은 소멸한다. 복대리권은 대리인의 대리권을 기초로 발생한 것이므로, 대리인의 대리권 소멸도 복대리권을 소멸시키는 사유가 된다.

(4) 무권대리

가. 무권대리의 의의

　'무권대리'(無權代理)란 대리의사는 있으나 대리권 없이 행한 대리행위로서, 원칙적으로 그 행위의 효과를 본인에게 귀속시킬 수 없는 것을 말한다. 우리 민법은 표현대리와 협의(狹義)의 무권대리를 각각 규정하면서, 이를 광의(廣義)의 무권대리에 포함시키고 있다(통설).

나. 표현대리

　'표현대리'(表見代理)란 대리인에게 대리권이 없음에도 마치 대리권이 있는 것과 같은 외관이 존재하고, 본인이 그러한 외관형성에 기여하는 등 본인이 책임져야 할 사정이 있으며, 나아가 상대방이 거기에 대리권이 있다고 믿거나 혹은 그렇게 믿는 데에 과실이 없는 경우, 그 무권대리행위의 효과를 본인에게 귀속시키는 제도이다. 민법이 규정하고 있는 표현대리로는, 대리권수여의 표시에 의한 표현대리, 권한을 넘은 표현대리, 대리권 소멸 후의 표현대리가 있다.

(가) 대리권수여의 표시에 의한 표현대리

제3자에 대하여 타인에게 대리권을 수여함을 표시한 자는 그 대리권의 범위 내에서 행한 그 타인과 제3자간의 법률행위에 대하여 책임이 있다(민법 제125조). 그러나 제3자가 대리권 없음을 알았거나 혹은 알 수 있었을 때에는 그러하지 아니하다(민법 제125조 단서). 예컨대, 甲이 자기 소유 토지의 매매에 관하여 乙을 대리인으로 선임한다고 외부에 광고한 후 실제로는 대리권을 수여하지 않았던 경우, 그 광고를 접한 丙이 乙을 甲의 대리인으로 믿고 토지거래를 하였다면 乙의 대리행위의 효과는 甲에게 귀속되어 甲이 책임을 진다. 민법 제125조의 표현대리는 대리권 수여 표시라는 요건이 충족되어야 하므로 임의대리에만 적용이 있다.

(나) 권한을 넘은 표현대리

대리인이 대리권은 있으나 그 대리권 범위 밖의 대리행위를 한 경우, 제3자가 그 권한이 있다고 믿을 만한 정당한 이유가 있는 때에는 본인은 그 행위에 대하여 책임이 있다(민법 제126조). 민법 제126조가 적용되기 위해서는 우선 기본대리권이 존재해야 하는데, 여기에 법정대리권도 포함될 수 있다. 그리하여 부부간의 일상가사대리권(법정대리권. 제827조 제1항)을 기본대리권으로 하는 표현대리도 가능하다고 본다(다수설). 한편, 거래 상대방인 제3자는 대리인에게 그러한 권한이 있다고 믿은 데에 정당한 이유가 있어야 한다. 가령, 대리인이 당해 거래에 필요한 서류로서 등기필증이나 인감증명서 등을 소지하고 있었다면, 특별한 사정이 없는 한 거기에는 그러한 권한이 있다고 믿을 만한 정당한 이유가 존재한다(대법원 68다999). 민법 제126조의 표현대리는 임의대리와 법정대리 모두에 적용된다.

(다) 대리권소멸 후의 표현대리

대리권이 소멸하여 대리권이 없게 된 자가 대리행위를 한 경우, 그 자와 거래한 상대방이 선의이고 무과실인 때에는 그 대리행위의 효과가 본인에게 귀속한다(민법 제129조). 민법 제129조는 대리인이 이전에는 대리권을 가졌지만 대리행위를 할 당시에는 그 대리권이 소멸한 경우에 적용되는 것이고, 처음부터 전혀 대리권이 없었던 경우에는 적용되지 않는다. 동조는 임의대리와 법정대리 모두에 적용된다.

다. 협의의 무권대리

'협의의 무권대리'란 광의의 무권대리 중에서 표현대리에 해당하지 않는 유형의 무권대리를 말한다. 민법은 그 대리행위가 계약인 경우와 단독행위인 경우를 나누어서 규율하고 있다. 이는 주로 무권대리의 상대방 보호에 관한 규정들이다.

(가) 계약의 무권대리

대리권 없는 자가 타인의 대리인으로 한 계약은 본인이 이를 추인하지 않으면 본인에 대해 효력이 없다(민법 제130조). 이 때 상대방은 상당한 기간을 정하여 본인에게 그 추인 여부의 확답을 최고할 수 있다(민법 제131조). 또한 선의의 상대방은 본인이 추인하기 전까지 본인 또는 그 대리인에 대하여 계약을 철회할 수도 있다(민법 제134조). 본인이 이러한 기간 내에 확답을 하지 않으면, 추인을 거절한 것으로 본다(민법 제131조 단서). 만약 본인이 추인을 하게 되면, 대리권 없이 한 계약이라도 계약시에 소급하여 유효한 것으로 된다(민법 제133조).

한편 타인의 대리인으로 계약을 한 자가 그 대리권을 증명하지 못하고 또 본인의 추인을 얻지 못한 경우에는 상대방의 선택에 따라 그 계약을 이행할 책임 또는 손해를 배상할 책임이 있다(민법 제135조 제1항). 다만 대리인으로서 계약을 맺은 자에게 대리권이 없다는 사실을 상대방이 알았거나 알 수 있었을 경우 또는 대리인으로 계약을 맺은 자가 제한능력자일 경우에는 그러하지 아니하다(민법 제135조 제2항).

(나) 단독행위와 무권대리

대리인이 상대방 없는 단독행위를 한 경우에는 특별히 보호해야 할 상대방이 없으므로 앞의 상대방 보호규정(민법 제131조 ~ 제134조)이 적용될 여지가 없다. 상대방 있는 단독행위의 경우에도 원칙적으로는 무효이지만, 무권대리인이 대리권 있다고 믿은 상대방을 보호할 필요가 있기 때문에 일정한 요건 하에 계약의 무권대리에서 적용되는 상대방 보호 규정들을 준용하고 있다(민법 제136조).

사례 4 해설 (대리)

(1) 대리인이 대리권 소멸 후 직접 상대방과 사이에 대리행위를 하는 경우는 물론이고, 대리인이 대리권 소멸 후 복대리인을 선임하여 복대리인으로 하여금 상대방과 사이에 대리행위를 하도록 한 경우에도, 상대방이 대리권 소멸 사실을 알지 못하여 복대리인에게 적법한 대리권이 있는 것으로 믿었고 그와 같이 믿은 데에 과실이 없다면, 민법 제129조의 표현대리가 성립할 수 있다(대법원 97다5531). 사례의 경우 대리권의 소멸로 선의·무과실인 거래 상대방에게 대항할 수 없으므로, 甲은 丙에게 책임을 진다.
(2) 乙은 자신에게 대리권 있음을 증명하지 못하거나 또는 甲으로부터 무권대리의 추인을 얻지 못하면, 乙은 상대방 丙의 선택에 따라 계약의 이행을 하거나 또는 손해배상의 책임을 진다(민법 제135조 제1항).

---

6. 법률행위의 무효와 취소

사례 5 (법률행위의 무효와 취소)

미성년자인 甲이 자신의 부동산을 법정대리인의 동의 없이 乙에게 매도하였고, 乙은 다시 丙에게 매도하였다. 이 경우의 법률관계를 설명하라.

(1) 무 효

'법률행위의 무효'란 법률행위가 성립한 때부터 법률상 당연히 효력이 없는 것으로 확정된 것을 말한다. 민법상 무효사유로는 의사무능력, 강행규정 위반, 공서양속 위반(민법 제103조), 불공정한 법률행위(민법 제104조), 진의 아닌 의사표시(민법 제107조), 통정허위표시(민법 제108조), 무권대리(민법 제130조) 등이 있다. 무효의 종류로는 절대적 무효, 상대적 무효 또는 당연무효, 재판상 무효가 있다. 절대적 무효는 모든 사람에 대하여 무효의 효과를 주장할 수 있는 반면, 상대적 무효는 특정인에 대해서는 무효의 주장을 할 수 없는 경우이다. 가령, 진의 아닌 의사표시나 통정허위표시에서의 무효처럼 선의의 제3자 보호규정이 있는 경우에 해당한다. 한편, 재판상 무효는 반드시 소송을 통해서만 이를 주장할 수 있는 반면, 당연무효는 소송을 통하지 않더라도 무효를 주장할 수 있다. 민법상 무효는 당연무효이다.

법률행위의 일부분이 무효인 때에는 그 전부를 무효로 한다(전부무효의 원칙. 제137조). 그러나 그 무효부분이 없더라도 법률행위를 하였을 것이라고 인정되는 때에는 나머지 부분은 무효가 되지 아니한다(전부무효 원칙의 예외. 제137조 단서). 또한, 무효인 법률행위가 다른 법률행위의 요건을 충족하고 당사자가 그 무효를 알았더라면 다른 법률행위를 하는 것을 의욕하였으리라고 인정될 때에는 다른 법률행위로서 효력을 가진다(무효행위의 전환. 제138조). 예컨대, 입양신고에 갈음하여 혼인 중의 출생자로 신고한 경우에 그것은 친생자출생신고로서는 무효이지만, 입양의 실질적 성립요건이 모두 구비되어 있다면 입양의 효력이 발생한다(대법원 77다492). 한편, 무효인 법률행위는 그것을 추인하여도 효력이 발생하지 않는다(민법 제139조). 그러나 당사자가 무효임을 알고 추인한 때에는 새로운 법률행위로 본다(민법 제139조 단서).

(2) 취 소

'법률행위의 취소'란 일단 유효하게 성립한 법률행위를 취소권자의 의사표시로써 소급적으로 무효화하는 것이다(민법 제141조). 취소권자는 제한능력자, 착오나 사기·강박에 의한 의사표시를 한 자, 그의 대리인 또는 승계인이 된다(민법 제140조). 취소가 되면 법률행위는 소급적으로 무효가 되므로, 그 법률행위로 인해 이미 이행된 급부가 있다면 부당이득으로서 반환되어야 한다(민법 제741조). 다만 제한능력자의 경우에는 그 행위로 인하여 받은 이익이 현존하는 한도에서 상환할 책임이 있다(민법 제141조 단서).

취소할 수 있는 법률행위는 취소권자가 추인할 수 있고, 일단 추인을 하면 더 이상 취소할 수 없기 때문에(취소권의 포기) 그 법률행위는 확정적으로 유효가 된다(민법 제143조). 추인은 취소의 원인이 종료한 후에 해야만 효력이 있다(민법 제144조 제1항). 가령, 제한능력자는 능력자가 된 후에 추인할 수 있다. 그러나 법정대리인에 의한 추인은 취소원인의 종료 전이라도 가능하다(민법 제144조 제2항). 취소권은 추인할 수 있는 날부터 3년 이내에, 법률행위를 한 날부터 10년 이내에 행사하지 않으면 소멸한다(민법 제146조). 이 경우 취소권은 형성권이므로, 그 행사기간은 제척기간에 해당한다.

사례 5 <해설> (법률행위의 무효와 취소)

법률행위는 취소가 있으면 처음부터 무효인 것으로 된다. 또한 당사자의 제한능력을 이유로 취소하는 경우에는 취소의 효과를 제3자에게도 주장할 수 있는 절대효를 가지므로 선의의 제3자에게도 대항할 수 있다. 따라서 甲이 乙과의 계약을 취소하는 경우에는 丙이 선의라도 甲은 소유권을 회복할 수 있다.

7. 조건과 기한

사적자치의 원칙 아래에서는 당사자가 법률행위 효력의 발생이나 소멸을 장래의 일정 사실에 의존케 하는 것도 허용된다. 이러한 방식으로 법률행위에 부가시키는 약관을 '부관'(附款)이라고 한다. 우리 민법은 부관으로서 조건(條件)과 기한(期限)을 규정하고 있다.

(1) 조 건

'조건'이란 법률행위의 효력의 발생 또는 소멸을 장래의 불확실한 사실의 성부(成否)에 의존케 하는 법률행위의 부관이다. 조건에는 정지조건과 해제조건이 있는데, 정지조건은 조건이 성취한 때로부터 효력이 발생하는 것인 반면, 해제조건은 조건이 성취한 때로부터 효력이 소멸되는 것을 말한다(민법 제147조 제1항·제2항). 조건은 모든 법률행위에 대하여 가능한 것이 아니다. 예컨대, 신분행위나 단독행위의 경우에는 조건을 붙일 수 없다.

만약 조건이 선량한 풍속 기타 사회질서에 반하는 것(불법조건)이라면, 그

것이 붙은 법률행위는 무효가 된다(민법 제151조 제1항). 법률행위 성립 당시에
이미 성취된 조건(기성조건)의 경우에는 그것이 정지조건이라면 조건 없는 법
률행위가 되고, 해제조건이라면 그 법률행위가 무효로 된다(민법 제151조 제2
항). 법률행위 성립 당시에 이미 불능인 조건(불능조건)의 경우에는 그것이 해
제조건이면 조건 없는 법률행위가 되고, 정지조건이라면 그 법률행위는 무효
로 된다(민법 제151조 제3항).

한편 조건부 법률행위의 당사자는 그 조건의 성부가 아직 정해지지 않
은 동안에는 조건의 성취로 발생할 수도 있는 상대방의 이익을 해하지 못한
다(민법 제148조). 또한 조건의 성취로 인하여 불이익을 받을 자가 신의성실에
반하여 그 조건의 성취를 방해한 경우에는 상대방은 그 조건의 성취를 주장
할 수 있다(민법 제150조 제1항). 그리고 조건의 성취로 이익을 얻을 자가 신의
성실에 반하여 그 조건을 성취시킨 때에는 상대방은 그 조건이 성취하지 않
은 것으로 주장할 수 있다(민법 제150조 제2항).

(2) 기 한

'기한'이란 법률행위의 효력 발생 또는 소멸을 장래에 발생하는 확실한
사실에 의존케 하는 법률행위의 부관이다. 기한의 종류에는 시기(始期)와 종
기(終期)가 있는데, 시기는 법률행위의 효력 발생에 관한 기한을 말하고, 종기
는 법률행위 효력 소멸에 관한 기한을 말한다(민법 제152조). 기한의 이익이란
기한이 도래하지 않음으로써 당사자가 받는 이익을 뜻한다. 민법은 기한을
채무자의 이익으로 추정한다(민법 제153조 제1항). 기한의 이익은 포기될 수 있
지만, 이때 상대방의 이익을 해하지 못한다(민법 제153조 제2항).

V. 기　간

사례 6 (기간)

기간의 계산과 관련하여, 다음의 괄호 안에 들어갈 내용을 기재하시오.
(1) 6시부터 5시간이라고 하면 (　)시까지이다.
(2) 3월 2일부터 1개월이라고 하면 (　)월 (　)일까지이다.
(3) 사단법인의 사원총회 소집을 1주일 전에 통지하여야 하는 경우에, 그 법인은 사원총회일이 11월 19일이라고 하면 늦어도 (　)월 (　)일 오후 12시까지는 사월들에게 소집통지를 발신해야 한다.

---

1. 기간의 의의

　　기간이란 어느 시점에서 어느 시점까지의 계속된 시간을 말한다. 기간 계산에 관한 민법 규정은 임의규정으로서, 법령이나 재판상 처분 또는 법률행위에 달리 정한 바가 있으면 그에 따른다(민법 제155조).

2. 기간의 계산방법

　　기간을 시·분·초로 정한 때에는 즉시로부터 기산한다(민법 제156조). 기간을 일·주·월·년으로 정한 때에는 기간의 초일을 산입하지 아니한다(민법 제157조). 그러나 그 기간이 오전 영시로부터 시작하는 때에는 초일을 산입한다(민법 제157조 단서). 기간을 일·주·월·년으로 정한 때에는 기간말일의 종료로 기간이 만료한다(민법 제159조).

사례 6 <해설> (기간)

(1) 시·분·초를 단위로 하는 기간의 계산방법은 즉시로부터 기산한다.
(2) 기간을 일·주·월·년으로 정한 때에는 초일을 산입하지 아니하므로 기산일은 3일이고 따라서 3월 2일 24시에 만료된다.
(3) 기산점은 사원총회일로써 19일 0시이므로, 그 일주일 전인 11일 오후 12시 또는 12일 0시까지 소집통지를 하여야 한다.

Ⅵ. 소멸시효

1. 시효제도의 의의

　　시효란 일정한 사실상태가 일정 기간 동안 계속되는 경우에, 그 사실상태가 진실한 권리관계에 일치하는지를 따지지 않고 그 사실상태에 일정한 법률효과를 부여하는 제도이다. 시효에는 권리취득의 효과를 발생시키는 취득시효와 권리소멸의 효과를 부여하는 소멸시효가 있는데, 총칙편에는 소멸시효에 관한 규정만을 두고 있다.

2. 소멸시효

　　'소멸시효'는 일정 기간 동안 권리를 불행사하는 상태가 지속되면 그 권리를 소멸시키는 제도이다. 소멸시효의 대상이 되는 권리는 채권과 소유권 이외의 재산권이다(민법 제162조). 소유권은 영속적이고 항구적인 특징을 가지므로 소멸시효의 대상이 될 수 없다. 소유권 이외에도 점유권, 형성권, 항변권, 비재산권 등은 소멸시효에 걸리지 않는다.

　　소멸시효는 권리를 행사할 수 있음에도 불구하고 행사하지 않는 때로부터 진행된다(민법 제166조 제1항). 예컨대, 시기부 권리의 경우 그것이 확정기한부인 때에는 그 기한이 도래한 때로부터 소멸시효가 진행되고, 불확정기한부인 때에는 기한이 객관적으로 도래한 때로부터 진행된다. 소멸시효는 그 기산일에 소급하여 효력이 발생한다(민법 제167조). 일반채권은 10년의 소멸시효 기간에 걸리고, 채권 및 소유권 이외의 재산권은 20년의 소멸시효 기간에 걸린다(민법 제162조). 이 외에 3년의 단기소멸시효에 걸리는 채권(민법 제163조)과 1년의 단기소멸시효에 걸리는 채권(민법 제164조)이 있고, 판결 등에 의하여 확정된 채권은 그것이 단기소멸시효에 해당하는 것이라도 10년의 소멸시효 기간에 걸린다(민법 제165조).

소멸시효는 권리의 불행사라는 소멸시효의 기초사실이 사라진 경우에 중단될 수 있다. '소멸시효가 중단'되면 이미 진행된 시효기간의 효력은 상실된다. 소멸시효의 중단 사유로는 청구, 압류·가압류·가처분, 승인이 있다 (민법 제168조). 이러한 사유가 발생하여 소멸시효가 중단되면, 그 때까지 경과한 시효기간은 더 이상 효력이 없고, 그 중단사유가 종료한 때로부터 새롭게 소멸시효가 진행된다(민법 제178조 제1항). 소멸시효중단의 효력은 당사자 및 그 승계인 사이에서만 발생한다(민법 제169조).

일정한 사유가 발생하면 그 사유가 종료한 때로부터 일정기간 내에는 소멸시효가 완성하지 않도록 하는 것을 '소멸시효의 정지'라고 한다. 이는 소멸시효의 완성을 막아 권리자를 보호한다는 점에서 중단과 유사하지만, 이미 경과한 시효기간이 효력을 잃지 않고 일정 유예기간이 경과하면 시효가 완성된다는 점에서 중단과 차이가 있다. 예컨대, 소멸시효의 기간만료 전 6개월 내에 제한능력자에게 법정대리인이 없는 경우에는 그가 능력자가 되거나 법정대리인이 취임한 때로부터 6개월 내에는 시효가 완성되지 않는다(민법 제179조). 소멸시효의 이익은 시효기간이 완성되기 전에는 이를 미리 포기하지 못한다(민법 제184조 제1항).

소멸시효와 구별되는 개념으로 제척기간(除斥其間)이 있다. '제척기간'이란 어떤 권리에 관하여 법률이 미리 정하고 있는 그 권리의 존속기간이다. 따라서 그 기간 내에 행사하지 않으면 그 권리는 당연히 소멸한다. 소멸시효는 소급효를 가지지만, 제척기간은 장래효를 가진다. 또한 소멸시효에서의 중단은 제척기간에 적용되지 않는다. 소멸시효는 변론주의에 입각하여 소송에서 당사자가 스스로 주장해야 하는 반면, 제척기간은 법원의 직권조사사항으로서 당사자의 주장 여부와 관계없이 고려된다. 소멸시효의 이익은 포기될 수 있으나, 제척기간의 경우에는 포기가 인정되지 아니한다. 소멸시효의 기간은 법률행위로서 이를 단축 또는 경감할 수 있으나(민법 제184조 제2항), 제척기간은 자유로이 단축할 수 없다.

제2. 물권법

I. 물권의 의의

사례 7 (물권이란)

A가 B에게 부동산인 아파트를 매도하는 매매계약을 체결한 후 매매대금을 다 받았으나 아직 이전등기를 하지 않고 있던 중, A가 자신에게 아직 등기가 남아있음을 기화로 C에게 다시 위 아파트를 매도하는 매매계약을 체결하였고 C도 A에게 매매대금을 모두 지급하였다. 위 아파트의 소유자는 누구인가?

---

1. 물권의 개념

물권은 물건에 대하여 가지는 권리로서, 그 종류로는 민법상 점유권, 소유권, 지상권, 지역권, 전세권, 유치권, 질권, 저당권 등이 있다. 그밖에 특별법에 의한 담보물권으로 가등기담보, 공장저당법에 의한 공장저당 등이, 관습법에 의한 관습법상의 법정지상권, 양도담보 등이 있다.

'소유권'은 물건에 대하여 전면적인 지배권으로 그 물권을 사용하고 수익을 취할 수 있는 포괄적인 권리이다. 이러한 포괄적 권능 중 사용가치를 다른 사람에게 부여하여 그 사람이 그 물건을 이용하게 할 수도 있는데, 이때 그 사람이 가지는 권리를 '용익물권'이라고 한다. 용익물권에는 지상권, 지역권, 전세권(전세권은 용익물권적인 성격과 담보물권적인 성격을 겸유하고 있다), 관습상의 법정지상권 등이 있다. 또한 소유권의 권능 중 교환가치를 이용하여 금융을 얻을 수도 있는데, 이때 채권자가 그 물건에 대하여 가지는 권리를 '담보물권'이라고 한다. 담보물권에는 유치권, 질권, 저당권, 가등기담보, 양도담보 등이 있다. 용익물권과 담보물권은 소유권의 권능 중의 일부에 대하여 제한을 가한 것이라는 의미에서, 이들을 '제한물권'이라고 한다.

이처럼 '물권'은 법률(관습법 포함)에 의해 규정되어 있는 것에만 한정되어 그 종류나 내용이 정해져 있는 것임에 반하여(물권법정주의), '채권'은 그 대상이나 내용이 다종다양하여 그 모든 종류와 내용을 열거한다는 것은 불가능할 정도로 많다(예컨대, 특정물에 대한 매매계약, 공연계약, 의료계약 등).

2. 물권과 채권의 구별

물권과 채권은 서로 밀접한 관련을 가지면서도 서로 구별해야 하는 개념이다. 즉 '물권'은 물건을 직접 지배하여 이익을 얻는 배타적이고 절대적인 권리이고, '채권'은 특정인에 대하여 일정한 작위 또는 부작의의 행위를 요구할 수 있는 권리이다.

사례 7에서 A가 자기 소유의 아파트를 B에게 매도하는 경우, A는 B와 매매계약을 체결한 후 대금을 받고 B에게 아파트에 대한 소유권이전등기와 인도를 해 주게 되면 B는 아파트의 소유권을 취득하게 된다. 이를 채권과 물권이라는 관점에서 분석해 보면, A는 아파트에 대한 소유권(물권)을 가지고 있다가, 채권계약인 매매계약을 체결함으로써 A는 B에 대하여 매매대금을 자기에게 지급해 달라고 할 수 있는 매매대금지급 청구권(채권)을 가지게 되고, 반대로 B는 매매대금을 지급할 의무(채무)를 부담한다.

한편 B는 매매대금을 지급하는 채무를 이행하면 A에 대하여 자기 명의로 이전등기를 해 달라고 청구할 수 있는 소유권이전등기청구권(채권)과 아파트의 점유를 자기에게 이전해 달라고 청구할 수 있는 인도청구권(채권)을 가지게 되며, 반대로 A는 위와 같은 의무(채무)를 부담하게 된다. 그 후 B가 이전등기를 하게 되면 점유를 이전받지 않았더라도 이제 B는 아파트에 대한 소유권(물권)을 취득하게 된다. 이런 관점에서 보면 물권은 채권계약의 완전한 이행으로 인하여 취득하게 된다고 볼 수 있다.

(1) 절대권과 상대권

　　물권은 물건을 지배하는 권리(지배권)임에 반하여, 채권은 어떤 행위를 청구할 수 있는 권리(청구권)이다. 또한 물권은 모든 사람에 대하여 주장할 수 있는 권리(절대권)이지만, 채권은 모든 사람이 아닌 어떤 특정인에 대해서만 주장할 수 있는 권리(상대권)이다. 그리고 물권은 채권보다 우선하고 물권 상호간에 우열관계가 있지만(우월성, 배타성), 채권은 물권에 우선당하고 채권 상호간에 평등하다(채권자 평등주의).

　　이것을 사례 7에서 구체적으로 보면, 물권인 소유권은 A가 아파트를 독점적으로 다른 사람의 행위의 개입없이 직접 사용·수익하여 만족을 얻을 수 있다는 의미에서 지배권적 성격을 가진다. 이에 반하여 채권은 위의 예에서 보듯 A가 B에 대하여 매매대금의 지급을 청구하거나, B가 A에 대하여 이전등기 또는 인도를 청구하여 상대방이 그 청구에 대한 어떤 행위(B의 금전지급이나 A의 등기이전행위 또는 인도행위)가 있어야(채권에서는 이를 '이행행위'라고 한다) 비로소 만족을 얻을 수 있는 점에서 청구권적 성질을 가진다. 또한 아파트에 대한 소유권은 A가 그 소유권을 모든 사람들에 대하여 주장할 수 있다는 의미에서 절대권(대세권)이라고 하지만, 매매대금청구권이나 이전등기청구권 또는 인도청구권은 A가 B에 대해서만 혹은 B가 A에 대해서만 요구할 수 있는 권리라는 점에서 상대권(대인권)이라고 한다.

　　배타적인 권리로서 물권인 소유권은 하나의 물건 위에 하나의 소유권만이 있을 수 있는 데 반하여(일물일권주의), 채권인 매매대금지급청구권이나 이전등기청구권 또는 인도청구권은 A나 B가 아닌 다른 사람도 가질 수 있다. 즉 사례 1과 같이 A가 B에게 아파트를 매도하고 난 후 이전등기를 해 주기 전에, 다시 C에게 아파트를 매매하는 경우로서 소위 이중매매의 경우에 생길 수 있다. 이렇게 되면 A는 B나 C에 대하여 매매대금지급청구권을 행사할 수 있고, B와 C는 A에 대하여 이전등기청구권과 인도청구권을 행사할 수 있다. 이처럼 채권에서는 동일한 물건(또는 행위)을 대상으로 하여 2개 이상의 채권이 성립할 수 있는데 이 경우 B와 C 상호간의 권리에는 우선권이 없다.

다시 말하면 B가 C보다 먼저 매매계약을 체결하였다고 하여 C보다 권리가 우선하거나, C가 B보다 먼저 매매대금을 전부 지급하였다고 하여 B보다 우선하지 않고, 오로지 A가 B와 C 중 누구에게 물권인 소유권을 취득하게 해 주느냐, 다시 말하면 A가 누구에게 이전등기를 해 주느냐에 따라 B와 C의 우열은 결정된다.

즉 이 경우는 등기를 하는 사람이 물권인 소유권을 취득하게 되어, 등기를 하지 않은 사람보다 우선하여 소유권을 취득하게 되는 것이다. 이를 법적으로 보면 C가 먼저 A로부터 등기를 이전받게 되면 C가 아파트의 소유권이라는 물권을 취득하게 되고, 그때부터는 A가 아파트의 소유자가 아니게 된다. 이런 상황에서 B는 A에 대해서만 아파트에 대한 이전등기청구권과 인도청구권이라는 채권을 가질 뿐으로 채권은 상대권이어서 C에 대하여는 위 채권을 행사할 수 없게 되고, B는 아파트의 소유권을 취득할 수 없게 된다. 결국 B로서는 A에 대하여 매매계약상의 이전등기 및 인도채무를 이행할 수 없게 되었음을 이유로 채무불이행책임(이행불능)인 손해배상청구만을 할 수 있을 뿐이고, 아파트의 소유권을 취득할 수는 없게 된다.

(2) 차이의 상대성

위에서는 전형적인 물권과 채권의 차이를 설명하고 있다. 그러나 이런 차이가 철저하게 지켜지는 것은 아니다. 부동산취득을 내용으로 하는 이전등기청구권이라는 채권도 가등기를 해 두면, 그 후에 물권자가 나타나더라도 그 물권자보다 우선할 수 있고, 판례에 의하면 제3자에 의한 채권침해를 인정하고 있으며(제3자에게 채권을 주장한 결과), 대항요건을 갖춘 임대차(채권계약)에 방해제거청구권을 인정하는 다수설에 의하면, 물권과 채권의 구별은 관철되고 있지 않다. 그리고 법률이 특별한 이유로 일정한 채권에 대하여 저당권 등의 물권에 우선하는 효력을 인정하는 경우가 있다. 예컨대, 근로기준법의 임금우선특권(근로기준법 제30조의2), 주택임대차보호법의 소액보증금 최우선변제권, 상법의 우선특권(상법 제468조, 제866조) 등이 있다.

사례 7 <해설> (물권이란)

B와 C는 아직 어느 누구도 자기 명의로 등기를 하고 있지 않기 때문에 B와 C는 채권자의 지위에 있어 서로 상대방에 대하여 우월한 지위에 있다고 주장할 수 없다. 우리나라에서는 부동산의 경우 물권자가 되기 위해서는 소유권을 넘긴다고 하는 물권적 합의와 공시방법으로서 등기를 요하므로, 결국 B와 C 사이의 아파트의 소유권은 누가 먼저 등기를 하느냐에 달려 있다. 그리하여 B가 먼저 등기를 하면 B가, C가 먼저 등기를 하면 C가 아파트의 소유자가 된다.

Ⅱ. 물권변동

우리 민법은 동산의 물권변동과 부동산의 물권변동에 관하여 규정을 따로 두고 있는데, 이는 동산의 경우에는 점유, 부동산의 경우에는 등기라는 다른 공시방법을 가지고 있기 때문이다. 물권변동은 매매와 같이 법률행위로 인한 경우와 상속과 같이 법률의 규정에 의한 경우로 나눌 수 있는데, 실생활에서 주로 이용되는 것이 매매와 같은 법률행위로 인한 물권변동이다. 법률행위에 의한 부동산 물권변동은 민법 제186조가 규율하고 있고, 법률의 규정에 의한 부동산 물권변동은 민법 제187조가 규율하고 있는데, 이 두 법조문은 부동산 물권변동에 있어서 뼈대를 이루고 있다고 해도 과언이 아니므로 이 두 조문을 중심으로 살피기로 한다. 물권변동의 이해를 돕기 위하여 매매에 의한 소유권의 변동을 주된 예로 하여 설명한다.

1. 부동산 물권변동

(1) 법률행위에 의한 물권변동

물권변동의 원인 중 가장 많은 것이 매매인바, 이는 매매라는 채권계약인 법률행위에 의하여 물권변동이 일어나는 것을 말한다. 물권은 지배권으로 대세권이므로 다른 사람들에 대하여 소유자가 누구인지를 널리 알릴 필요가 있고, 이를 위하여 고안된 제도가 부동산에 있어서는 등기라는 제도로서, 등기란 국가기관(등기소)이 전산정보처리 조직에 의하여 일정한 권리관계와 같은 등기정보자료를 입력해 두는 것 또는 그 기록 자체를 말한다. 물권변동과 등기와의 관계에 대해서는 등기하여야만 물권변동, 즉 소유권이라는 물권의 변동이 일어난다는 입법주의(성립요건주의)와, 매매계약의 당사자 사이에서는 매매계약의 체결로 소유권이라는 물권이 매수인에게 이전되는 것으로 보나 계약 당사자가 아닌 제3자들 사이에서는 등기가 있어야만 소유권이라는 물권의 변동을 주장할 수 있다는 입법주의(대항요건주의)가 있다.

가. 성립요건주의

우리나라는 민법 제186조에서 '부동산에 관한 법률행위로 인한 물권의 득실변경은 등기하여야 그 효력이 생긴다'고 규정하여 성립요건주의를 취하고 있다. 예컨대, A로부터 B가 A 소유 아파트를 매매하는 과정을 생각해 보자. A와 B가 채권계약인 매매계약을 체결하고, 계약금, 중도금 및 잔금을 지급하고 통상 잔금 지급과 동시에 이전등기에 필요한 서류와 현관 열쇠를 B가 A로부터 교부받은 후 그 서류를 이용하여 B가 단독으로 자기 명의로 이전등기를 경료하게 된다.

이러한 과정에서 B가 소유권을 취득하게 되는 시점은, 민법 제186조에 따라 이전등기를 경료하는 때이다. 따라서 B가 A에게 매매대금 전부를 지급하였고 현관 열쇠까지 받았더라도(점유의 이전에 해당) 이전등기를 하지 않고 있다면 B는 이전등기청구권만을 가지는 채권자의 지위에 있을 뿐이고, A에게나 다른 제3자에게도 자신이 아파트의 소유자임을 주장할 수 없다. 그리고 이런 상태에서 A가 이중으로 C에게 아파트를 매도하고 이전등기를 하면, 특단의 사정이 없는 한 C가 아파트의 소유자가 되고, B는 더 이상 아파트에 대한 소유권을 취득할 수 없게 된다.

이처럼 부동산에 관하여 물권자인 소유자가 되기 위해서는 매매계약 외에 소유권을 넘기는 것에 대한 A와 B 사이의 합의(채권적 합의 내지 계약과 구별하는 의미에서, '물권적 합의'라고 함)와 등기가 있어야 한다. 학설 중에는 이러한 물권적 합의가 매매계약인 채권행위와 독립하여 행해진다고 하는 물권행위의 독자성을 주장하는 견해도 있으나, 판례는 이러한 입장을 취하지 않고 있다. 이와 같이 물권적 합의와 공시수단인 등기를 하게 되면 물권의 변동이 일어나게 되므로, 만일 A와 B 사이에 매매대금이 모두 지급이 되지 않은 상태에서 B명의로 먼저 이전등기를 하고 후에 매매대금을 지급하기로 합의가 되고, 이에 따라 B명의로 이전등기가 이루어지면 그 이후부터는 B가 소유자로 된다. 그런데 그 후 B가 매매대금을 지급하지 않게 되면, A는 B의 매매대금 미지급을 이유로 매매계약을 해제하는 등으로 그 효력을 상실시키고 아파트의 소유권을 되찾아오는 절차를 취하게 되는데, 이때 그 소유권은 언제 A에게 복귀하는지가 문제된다.

나. 부동산 물권변동에 관한 판례이론(유인성)

물권행위의 독자성을 강조하는 입장에서는 채권행위가 무효로 되더라도 물권행위에는 영향이 없고 따라서 소유권은 여전히 B에게 있고, A명의로 이전등기를 하여야만 A에게 소유권이 복귀된다고 보게 된다(무인성 이론). 그러나 판례는 일관되게 유인성 이론을 채택하여, 채권계약이 취소나 해제가 되어 소급하여 무효가 되면 그에 따른 물권적 효과도 소급하여 무효가 되어 소유권은 소급하여 복귀되고, 무효의 경우에는 처음부터 소유권은 이전되지 않은 것으로 보고 있다(대법원 75다1394). 따라서 판례이론에 따르면 A는 소유권에 기하여 무효의 등기인 B명의 이전등기의 말소를 구할 수 있고, 이 말소등기청구권은 소유권에 기한 것으로서 소멸시효에 걸리지 않게 되며, 만일 B가 그동안 목적 부동산을 점유하여 사용하였다면 그 이득은 A 소유의 부동산을 법률적 원인 없이 사용한 셈이 되어 그 이득을 부당이득으로 반환하여야 한다.

유인성 이론에 따라 당사자 사이에 매매계약이 취소가 된 때에는 소급하여 소유권변동의 효력이 부정되고, 무효인 때에는 처음부터 소유권이 이전되지 않는다고 하면, 이전등기가 되어 있던 B로부터 그 이전등기를 믿고 매수한 제3자가 있는 경우에 그 제3자는 소유권을 취득할 수 없다고 보아야 한다. 이렇게 되면 거래의 안전에 큰 위험이 발생하므로, 유인성 이론에서는 거래의 안전을 도모할 방법이 필요하다.

다. 제3자의 보호문제

부동산을 매수하려고 하는 사람의 입장에서는, 소유자가 누구인지를 알 수 있는 것은 공시제도, 즉 등기부상에 누가 소유자인가를 조사하는 수밖에 없고, 등기부에 소유자로 기재된 사람을 적법한 소유자라고 믿고 거래를 하게 된다. 그 등기의 기재내용을 믿고 거래한 자는 항상 소유권을 취득하는지가 문제된다. 예컨대, B가 소유자 A로부터 부동산을 매수하여 자기 앞으로 이전등기를 하였고, 그 후 C에게 매도하여 C 앞으로 이전등기까지 마쳤는데, 그 후 A와 B의 매매계약이 무효가 되거나 취소되거나 해제되는 경우. C는 소유권을 취득하는지의 문제이다.

유인성 이론에 의하면, A와 B의 매매계약이 원래부터 효력이 없거나 소급하여 효력을 잃게 되어 B는 처음부터 소유자가 아니게 된다. 결국 C는 무권리자인 B와 거래를 한 것이 되고, 무권리자로부터는 어떠한 권리도 취득할 수 없기 때문에 C는 소유권을 취득하지 못한다. 이는 거래의 안전에 큰 위협이 된다. 만약 거래의 안전을 위하여 항상 C를 보호하게 되면, 진정한 소유자인 A의 이익이 위험하게 된다.

(가) 무효의 경우

민법에 의하면 A와 B의 매매계약이 무효로 되는 경우로는 제103조(반사회적 법률행위), 제104조(불공정 행위), 제107조(비진의 의사표시), 제108조(통정 허위표시) 등을 들 수 있다. 이 중에서 '선의의 제3자를 보호'하는 규정은 제103조와 제104조에는 없지만, 그 이외의 조문에는 있다. 민법 제103조와 제104조에 제3자 보호규정을 두지 않은 이유는, 위 규정에 위반되는 계약은 우리나라가 기본적 가치로 삼고 있는 사회적 질서에 반하는 것으로서 어떠한 경우에도 효력을 인정할 수 없고, 비록 제3자가 피해를 보게 되더라도 그러한 계약은 무효로 하여 사회에서 근절시켜야 할 정도로 위법성이 크다고 입법자들이 평가하였기 때문일 것이다.

이에 반하여 민법 제107조와 제108조의 경우에 선의의 제3자를 보호하는 규정을 두고 있는 것은, 이들 규정에 의한 무효는 의사표시를 한 자에게도 그 의사표시에 관하여 어느 정도 책임이 있다는 것을 고려하여 선의의 제3자를 보호하여 거래의 안전을 도모하려 한 것이라고 판단한다. 따라서 A와 B의 매매계약의 무효가 선의의 제3자를 보호한다는 내용이 없는 민법 제103조나 제104조에 의하여 무효가 되는 경우에는 C는 보호되지 못하여 A의 말소등기청구에 응할 수밖에 없고 C는 당해 부동산에 관한 소유권을 취득할 수가 없다. 이는 B에게 이전등기가 경료되었다고 하더라도 소유권은 B에게 이전되지 않은 채 등기만이 B 앞으로 되어 있었던 것에 불과하므로, 무권리자인 B로부터 양수받은 제3자인 C는 무효인 사실을 모르고(선의) B로부터 매수하여 이전등기를 경료하였더라도 A의 말소청구에 응하여야 한다는 것을 의미한다. 이는 달리 말하면 등기부의 기재가 진실성을 담보하지 못하고, 따라서 그 기재를 믿고서 거래를 하더라도 선의자는 보호되지 않는다는 것이다.

이와 같이 등기부의 기재내용이 실제 권리관계와 다른 경우에는 그 등기부의 기재대로 권리관계가 있었던 것으로 보지 않는 것을 두고 등기에 공신력을 인정하지 않는다고 한다. 한편 A와 B의 매매계약의 무효가 민법 제107조와 제108조에 의하여 무효가 되는 경우에는 C가 선의라면 C는 해당 부동산의 소유권을 취득할 수 있게 된다.

(나) 취소의 경우

매매계약이 취소로 되는 경우는 민법 제5조(미성년자의 행위), 제10조(피성년 후견인의 행위), 제13조 제4항(피한정후견인의 행위), 제109조(착오의 의사표시), 제110조(사기·강박에 의한 의사표시) 등을 들 수 있다. 그런데 제5조, 제10조, 제13조의 취소의 경우에는 선의의 제3자를 보호하는 규정이 없는데, 이는 거래의 안전보다는 행위능력이 제한되는 자를 더 보호해야 한다는 입법자의 결단 때문이다. 따라서 A가 제한능력자임을 이유로 A와 B의 매매계약이 취소되는 경우 C는 보호받지 못한다.

그 이외의 취소사유에는 선의의 제3자를 보호하는 규정이 있는데, 이는 표의자에게 어느 정도의 책임이 있는 것을 고려한 것이다. 이 경우에 보호되는 제3자의 범위가 문제된다. 취소는 유효하였던 계약이 취소라는 의사표시에 의하여 소급하여 효력을 상실하는 것인바, A와 B 사이의 매매계약은 최초에는 유효하므로 B는 적법하게 소유권을 취득하게 된다. 따라서 A와 B의 매매계약이 취소되기 전에 C가 B로부터 매매계약을 체결하고 이전등기를 경료하면, C는 적법한 소유자인 B로부터 소유권을 취득한 셈이 되어 적법하게 소유권을 취득한다. 그런데 그 후 A가 B와의 계약을 취소하면 그 소급효로 인하여 B는 소유권을 소급하여 잃게 되고, 매매계약은 승계취득이므로 전자가 가지고 있었던 권리를 그대로 취득하고 그가 가진 것 이상의 권리를 취득할 수 없기 때문에, C도 그 소급효로 인하여 적법하게 취득한 소유권을 상실한다.

만일 C가 A와 B 사이의 매매계약이 취소될 위험이 있다는 것을 알았다면(악의), C는 위와 같은 위험을 감수하고서 B와 매매계약을 체결하였던 것이므로 C를 보호하지 않아도 된다. 그러나 C가 그 취소가능성을 전혀 모른 상태에서(선의) 등기부상 B명의의 등기까지 확인하여 B와 매매계약을 체결하면, 거래의 안전을 심하게 훼손하는 것이 된다. 이러한 이유로 제3자를 보호하는 규정을 둔 것이기 때문에, C는 A가 취소의 의사표시를 하여 B가 적법하게 취득하였던 소유권을 소급시켜 무효로 되기 전에 거래를 하였어야 한다. 이 경우에 C는 A가 취소의 의사표시를 하여 그 의사표시가 효력을 발휘하게 되는, B에게로의 송달시까지 취소가능성을 모르고 B와 거래를 한 사람을 의미한다.

그러면 A에 의한 취소의 의사표시가 B에게 송달되었지만, 아직 A 명의로 이전등기가 이루어지기 전에 C가 취소한 사실을 모르고 B와 매매계약을 체결한 자는 구제받을 수 있는지가 문제된다. A가 취소의 의사표시를 하여 그 의사표시가 B에게 송달되면, 유인성 이론에 따라 A는 자기 명의로 등기를 하지 않았더라도 소유권은 복귀하게 되므로 취소 이후 소유자는 B가 아니라 A가 되고, C는 소유자가 아닌 B로부터 매수하였으므로 등기에 공신력이 인정되지 않는 우리 법제에서는 소유권을 취득할 수 없다. 한편 A가 취소하기 전에 C가 B와 매매계약을 체결한 경우에는 적어도 A가 취소하기 전까지는 적법한 소유자였던 적이 있었지만, A가 취소한 후에 B와 매매계약을 체결한 C는 처음부터 소유자가 된 적이 없다. 이러한 자도 선의의 제3자로 보호해야 하는지가 문제된다

　　　C의 입장에서 보았을 때, A가 취소하기 전에 B와 매매계약을 한 경우, 또는 A가 취소한 후 A 앞으로 등기가 이루어지기 전에 B와 매매계약을 한 경우, 거래의 안전이라는 측면에서 보호가치에 있어 차등을 둘 이유는 없다. A의 입장에서도 취소를 하게 되면 바로 자기 명의로 등기가 이루어지도록 하거나 가처분을 하는 등으로 이해관계인이 생기지 않도록 하는 조치를 게을리 한 잘못도 있으므로, A보다는 C를 보호해야 할 것이다. 판례도 '사기에 의한 법률행위의 의사표시를 취소하면 취소의 소급효로 인하여 그 행위의 시초부터 무효인 것으로 되는 것이지 취소한 때에 비로소 무효로 되는 것이 아니므로, 취소를 주장하는 자와 양립되지 않는 법률관계를 가졌던 것이 취소 이전에 있었든가 이후에 있었든가는 가릴 필요 없이, 사기에 의한 의사표시 및 그 취소사실을 몰랐던 모든 제3자에 대하여는 그 의사표시의 취소를 대항하지 못한다고 보아야 할 것이고, 이는 거래안전의 보호를 목적으로 하는 민법 제110조 제3항의 취지에도 합당한 해석이 된다'고 판시하였다(대법원 75다533).

(다) 해제의 경우

　　　물권변동과 관련하여 해제가 문제되는 경우는, A와 B 사이에 매매대금이 지급되지 않은 상태에서 먼저 소유권이전등기를 하기로 특약을 하고 그 특약에 기하여 B명의로 이전등기를 한 상태에서, C가 B로부터 매매계약을 체결하여 이전등기까지 경료한 후 B가 매매대금을 지급하지 아니하는 등 매매계약에 기한 채무의 이행을 하지 않아 이를 이유로 A가 매매계약을 해제하는 경우이다. 이 때 A와 B 사이에는 물권적 합의와 공시로서 등기가 경료되었기 때문에 B가 적법하게 소유권을 취득하게 되고, 그 권리

에 기하여 C에게 처분하게 되는 것이므로 C가 적법하게 소유권을 취득한다. 그런데 그 후에 A와 B 사이의 계약이 해제되고 그 소급효로 인하여 B의 소유권이 소급적으로 박탈당하고 이에 따라 C에게로의 물권변동도 최초에는 유효했던 것이 소급하여 효력을 상실하게 된다. 효력의 측면에서만 보면 취소와 비슷한 구조이다.

B의 입장에서는 자신의 채무불이행으로 불이익을 당하는 것이므로 당연히 감수해야 할 것이지만, C의 입장에서 보면 행위 당시에는 매매계약도 적법하여 유효하게 소유권을 취득하였는데 그 후 자신과 무관한 A와 B의 사정으로 인하여 소유권을 박탈당하게 되는 결과가 되어 부당하다. 이러한 사정으로 인하여 민법 제548조 제1항 단서에서 '제3자의 권리를 해하지 못한다'고 규정하여 제3자의 권리를 보호하고 있는 것이다. 따라서 매매대금 지급 전에 미리 소유권이전등기를 해 주기로 하는 특약이 없음에도 B가 서류를 위조하여 이전등기를 하게 되면, 이때에는 물권적 합의가 없이 공시가 이루어진 것으로서 물권변동의 효력이 없게 되어 B는 소유권을 취득하지 못하게 된다.

이런 상태에서 B가 C에게 매도하는 것은 소유권이 없는 무권리자가 매도하는 셈이 되어 해제의 소급효를 제한하는 민법 제548조 제1항 단서가 적용될 여지가 없다. 이와 같이 소유자가 아니면서 자기 명의로 이루어진 것을 기회로 B가 C에게 매도하는 것은, B가 마치 아무런 권원 없이 서류를 위조하여 자기 명의로 이전등기를 하여 소유권이 없는 상태에서 C에게 매도한 것과 동일하게 평가할 수 있다. 이와 같이 소유권이 없는 무권리자가 부동산을 매매한 경우에는, 등기에 공신력을 인정하지 않는 우리 법제에서는 선의의 제3자도 보호되지 않으므로, 그 후에 A가 B와의 매매계약을 해제하게 되면 C는 보호받지 못한다. 또한 민법 제548조 제3항에서 규정하고 있는 제3자 보호 규정은 적법하게 권리를 취득한 사람과 제3자가 거래를 하여 이해관계를 가지게 된 경우에 적용되는 것이지, 제3자가 무권리자와 거래를 하여 이해관계를 가지게 된 경우에 적용되는 것이 아니므로 위 규정이 적용되지도 않는다. 결국 서류를 위조하여 자기 이름으로 등기한 자와 거래한 제3자를 민법 제548조 제3항 소정의 제3자라고 할 수는 없다는 것이다.

(2) 법률의 규정에 의한 물권변동

가. 민법 제187조의 의미

법률행위가 아닌 원인으로 인한 부동산의 물권변동 중 물권의 취득은 등기 없이도 취득하지만, 이를 처분하기 위해서는 등기를 해야 한다. 물권을 민법 제187조에 의하여 등기 없이 취득한 자가 그 물권을 매매계약 등의 법률행위로 처분하려면, 매수인에게 등기를 해야 매수인이 물권을 취득할 수 있도록 하여 간접적으로나마 등기를 하도록 강요하고 있다. 다만 민법 제245조는 점유로 인한 부동산 소유권은 등기함으로써 소유권을 취득한다고 규정하고 있으므로, 점유취득시효로 인하여 물권을 취득하는 것은 법률의 규정에 의한 물권취득이지만 법률의 규정 자체에 등기를 요하게 함으로써 민법 제187조의 예외라고 할 수 있다.

나. 적용범위

민법 제187조는 상속, 공용징수, 판결, 경매 기타 법률의 규정에 의한 것을 법률규정에 의한 물권변동의 예로 들고 있다. 이때의 법률에는 관습법도 포함되므로 관습상의 법정지상권 등도 이에 속하게 된다. 이렇게 취득에 등기를 요하지 않는 이유는 다음과 같다.

상속의 경우에는 등기의무자인 피상속인이 사망하게 되면 상속등기를 공동으로 신청을 할 수 없다. 또한 상속인이 등기해야만 소유권을 취득한다고 하면, 피상속인의 사망 후부터 상속등기 전에는 무주의 부동산이 되어 민법 제252조 제2항에 의하여 국가에 귀속될 것인데, 이렇게 되면 상속인은 국가로부터 소유권을 이전받지 않는 이상 소유권을 취득할 수 없다고 보아야 함에도 우리 민법은 피상속인이 사망하면 피상속인 소유의 부동산은 상속인의 소유로 보고 있어 이를 이론적으로 설명하기 어려운 문제가 있다. 이처럼 이론적인 난점 및 법정책적인 사유 등으로 등기가 없이도 물권의 취득을 인정하는 것이다. 또한 건물을 신축하는 경우도 새로운 물건을 창조해 내는 것으로 민법 제187조의 물권변동으로 보고 있어 자신의 명의로 등기가 없더라도 소유권을 취득하게 된다. 이하에서는 법률의 규정에 의한 물권변동의 예를 살펴보도록 한다.

(가) 판 결

매도인 A가 매수인 B에게 이전등기를 안 해주면, B는 A를 상대로 소유권이전등기청구의 소를 제기하여 승소판결을 받은 후, 이 판결에 기하여 B가 단독으로 등기를 할 수 있게 된다. 이러한 판결이 민법 제187조의 판결에 해당하여, 이 판결을 받으면 등기를 하지 않더라도 B는 소유권을 취득하는 것인지가 문제된다. 그러나 이 판결은 A가 B와 공동하여 이전등기를 신청할 의무가 있음에도 이를 이행하지 않고 있으므로 B가 A에 대하여 그 이행을 구하는 것으로서, 이 판결이 확정되면 B는 단독으로 이 판결을 가지고 이전등기를 신청할 수 있는 것에 불과하고, 그 효과는 A와 B가 공동하여 이전등기를 신청하는 것과 같다.

그렇다면 A와 B가 공동으로 신청하여 이전등기를 한 경우, 또는 B가 A에 대하여 위 판결을 받아서 단독으로 이전등기를 하는 경우는 모두 그 효과가 같아야 한다. 이렇게 보면 매매계약에 있어서 매도인과 매수인이 협력하여 이전등기를 한 경우, 또는 매수인이 매도인을 상대로 이행판결을 받아 이전등기를 한 경우 등은 모두 민법 제186조에 의한 물권변동으로서 등기를 해야만 물권변동의 효력이 발생한다. 그러면 민법 제187조의 판결은 어떤 판결인지가 문제된다

민법 제187조에서의 판결은 이행판결이 아니라 형성판결을 의미하는 것이다. 형성판결이란 판결에 의하여 당사자의 권리관계가 변동이 일어나는 판결을 말하며, 민법 제268조의 공유물분할판결, 민법 제1013조에 의한 상속재산분할심판 등이 이에 해당한다. 즉 '이행판결'의 경우에는 A가 B에 대하여 이전등기의무가 이미 존재하고 있는 것이므로 이것을 이행하도록 명령하는 것임에 반하여, '형성판결'의 경우에는 그 판결 전에는 공

유 재산 중 어느 재산이 누구에게 얼마만큼 귀속하는지, 또는 상속재산 중
어느 재산이 누구에게 얼마만큼 상속되는지는 알 수 없고, 그 판결이 확정
되어야 비로소 그 범위나 소유자가 결정되는 것이다. 이러한 형성판결이
확정된 경우, 각자에게 귀속하는 것으로 결정된 부동산은 각자 명의로 등기
하지 않더라도 그들 소유로 물권이 변동된다.

(나) 경 매

경매에는 강제집행과 담보권실행을 위한 경매, 민법이나 그 밖의
법률에 의한 경매가 있다(민사집행법 제1조). 그 외에도 세무관서 등에서 하는
'공매처분'도 있다. B가 A에 대한 저당권이 있거나, A가 B에게 금원을 지
급할 것을 명한 판결이 있음에도 A가 변제하지 않는다면 A의 부동산을 A
의 의사에 반하여 법원에 경매신청을 할 수 있다.

경매신청을 하면 법원은 경매개시결정을 하면서 부동산에 대하여
경매개시등기를 하면서(압류에 해당), 아울러 채무자와 소유자 등 이해관계인
에게 통지를 하고, 부동산의 시가감정과 현황조사(부동산의 존재 여부, 임차인의
존재 여부 등을 조사)를 명한다. 그 후 매각기일과 배당요구의 종기, 매각결정
기일을 정하고 매각기일에 최고가 매수신고인이 있으면 매각기일을 종결하
고 매각허가결정을 한 후, 정해진 대금납부기일에 최고가 매수신고인이 매
각대금을 납부하면, 법원은 직권으로 경매개시결정등기 및 매수인이 인수
하지 아니하는 등기의 말소와 매수인 앞으로 이전등기를 촉탁하고 매각대
금으로 채권자들에게 배당을 한다. 이러한 경매절차 중에 언제 매수인에게
소유권이 이전되는지가 문제된다. 매수인은 자신의 명의로 등기한 때가 아
니라 대금을 완납한 때에 등기 없이도 소유권을 취득하게 된다.

2. 동산에 관한 물권변동

(1) 법률행위에 의한 물권변동

동산물권의 변동에 대해서도 법률행위에 의한 물권변동의 경우에는 물

권적 합의와 공시가 필요하다. 따라서 동산에 있어서의 공시방법은 점유이므로 물권적 합의 외에 점유의 이전이 있어야 한다.

가. 점유이전의 방법

점유이전의 방법으로 현실의 인도, 간이인도, 목적물반환청구권의 양도, 점유개정 등 4가지가 있다. i) '현실인도'는 실제로 현실적인 점유가 이전되는 것을 말한다. ii) '간이인도'는 A가 동산을 B에게 임대해 주어 B가 점유하고 있던 중 B가 A로부터 그 동산을 매수하는 경우로서, 인도가 이미 B에게 이루어진 상태이므로 점유를 이전한다는 의사표시만으로 소유권이 이전되는 것이다. iii) '목적물 반환청구권의 양도'는 A가 동산을 B에게 보관시키고 있던 중 C에게 그 동산을 양도하는 경우와 같이, A가 B에 대하여 가지는 목적물반환청구권을 양도하여 C로 하여금 소유권을 취득하게 하는 것이다. iv) '점유개정'은 A가 자기 자신이 점유 중인 동산을 B에게 매도함과 동시에 B로부터 임차하여 자기가 계속 점유하는 것이고, 양도 전후로 기존의 소유자 A가 계속 점유하는 것에 특색이 있다.

나. 목적물반환청구권의 양도 검토

민법상 점유이전의 방법 중 문제되는 것은 목적물반환청구권의 양도와 점유개정인바, 점유개정은 선의취득에서 보도록 하고, 여기서는 목적물반환청구권의 양도에 관하여 살펴보도록 한다. 예컨대, A가 B에게 기계를 임대하여 B가 그 기계를 점유하고 사용하던 중, A가 B에 대한 반환청구권을 양도하는 형식으로 C에게 그 기계를 매도하였는데, 당시 A는 C에게 그 기계를 B에게 임대한 사실을 알리지 않아서 C는 언제라도 그 기계를 반환받을 수 있는 것으로 알고 양도받은 경우, C는 B에게 즉시 위 기계의 반환을 구할 수 있는지가 문제된다.

C는 물권적 합의와 인도에 의하여 물권자인 소유자가 되었고, B는 그 기계에 대하여 채권자적 지위인 임차인의 지위에 있으므로, 소유자로서의 C의 반환요구에 응하여야 할 것으로 생각할 수도 있다. 다른 한편으로는 C가 양도받은 것은 A가 양도 당시에 가지고 있던 권리를 승계하여 취

득하는 것이므로, B에 대한 임대차 계약의 부담이 있는 기계의 소유권을 양도받았다고밖에 볼 수 없고, 또한 C는 A로부터 A가 B와의 임대차계약에 기초하여 발생한 반환청구권을 양도받은 것이어서, C의 반환요구에 B는 양도되기 전에 A에 대하여 대항할 수 있었던 사유로 대항이 가능할 것이므로(민법 제451조), A와의 임대차계약기간 중임을 이유로 적법하게 점유할 권한이 있다고 주장할 수도 있다.

생각건대 C가 물권자인 이상 채권자적 지위에 있는 B는 C에게 자신의 임차권을 주장할 수 없다는 이론은 수긍이 되지만, 동산 임차인의 경우는 부동산 임차인의 경우와 달리 등기를 하여 대항력을 갖출 수 있도록 하는 제도(민법 제621조)가 마련되어 있지 않다. 민법 제621조가 부동산 임차인에게 공시방법으로서의 등기에 대항력을 인정해 준다면 동산에 대하여도 임차인에게 공시방법인 점유에 대항력을 인정하여도 부당하지 않은 점 및 C로서도 B가 점유하고 있다면 그 점유의 경위를 조사하여 거래에 응하여야 할 것이라는 점 등을 감안하면, B는 C에 대하여 자신의 임차권을 주장할 수 있다는 견해가 타당하다.

한편 C는 임차권이 없는 것으로 알고 기계를 매수하였으므로, 선의취득은 인정되는 것이 아닌가 하는 의문이 들 수도 있다. 그러나 선의취득이 인정되기 위해서는 선의이고 무과실이어야 하는데, 위의 예처럼 B가 기계를 점유하고 있는 상황에서는 이를 매수하려는 C는 어떤 경위로 B가 점유하고 있는지를 조사해야 할 것인데 이를 하지 않은 것에 과실이 있다고 할 것이므로, 선의취득은 인정되지 않을 것이다.

(2) 무권리자로부터의 권리취득(선의취득)

민법 제249조는 양도인이 동산에 대하여 무권리자이더라도 양수인은 권리를 취득할 수 있다고 규정하여, 승계취득할 때에는 양수인은 양도인의 권한의 범위 내에서만 그 권리를 취득할 수 있다는 원칙에 예외를 인정하고 있다. 이는 점유라는 공시방법에 대하여 그 공시가 실제의 권리관계와 다른 경우 실제권리관계가 아닌 그 공시에 의하여 표상되는 권리를 인정하는 것으로 '공신의 원칙'이라 하고, 동산에만 인정되고 부동산에는 인정되지 않는다. 공신의 원칙은 신속한 거래를 필요로 하는 분야에서 거래의 안전을 위하여 예외적으로 인정되는 것으로서, 증권화된 채권(민법 제514조, 제524조, 제525조)에도 인정되고 있다.

이러한 선의취득은 거래의 안전을 보호하기 위한 것이므로, 거래와 무관한 경우 즉 공연장의 대기실에 외투를 맡겨둔 후 찾았는데 직원의 실수로 다른 사람의 옷을 준 경우에는 거래관계가 아니어서 그 옷에 대하여는 선의취득이 인정되지 않고, 또한 거래행위 자체는 유효 적법해야 하므로 그 거래가 무효나 취소되는 경우에는 선의취득이 인정되지 않는다. 경매를 거래행위라고 볼 것인가에 대해서는, 경매의 법적 성격을 사법상의 매매와 같이 보고 있으므로 선의취득이 인정된다고 본다.

가. 선의취득의 요건

(가) 객체에 관한 요건

선의취득이 모든 동산에 적용되는 것은 아니고, 양도가 금지된 동산이 아니어야 한다. 선의취득제도가 거래의 안전을 도모하기 위한 것이라면 본래 양도가 금지되어 있는 동산에 대하여는 거래의 객체로서의 자격이 없으므로 보호대상에서 제외되어야 한다. 그러나 양도가 가능한 동산이라도 그 양도방법이 부동산의 등기와 같이 장부에 의하여 이루어지는 경우, 예컨대 자동차나 선박 등은 자동차등록원부나 선박등기부 등으로 공시되기 때문에, 그 양도방법은 부동산에 준하여 취급된다. 따라서 이에 대하여는 선의취득 규정이 적용되지 않는다.

한편 '금전'은 기재된 금액의 가치를 표상하는 것으로서 그 소유자와 점유자가 일치하므로, 금전을 빌려주거나 보관을 시킨 때에도 금전의 소유권은 현재의 점유자에게 귀속한다. 따라서 이런 사람에 대하여는 금전의 소유권에 기한 물권적 반환청구권을 행사할 수가 없고, 오로지 부당이득반환청구만이 문제가 된다. 다만 기념주화와 같이 그것이 가치표상으로 거래된 것이라고 보기 힘든 경우에는 선의취득이 인정된다.

(나) 양도인에 관한 요건

양도인은 동산에 대하여 권리가 없는 자로서 동산을 점유하고 있어야 한다. 선의취득제도는 동산을 점유하고 있는 양도인이 적법한 권리자라고 믿은 것에 대한 거래상대방의 신뢰를 보호함으로써 거래의 안전을 도모하는 제도이므로, 점유라는 공시방법을 취하고 있지 않은 양도인을 적법한 권리자라고 믿은 거래 상대방은 보호할 가치가 없고 또 그와 같이 믿은 데에 과실이 있다고 하지 않을 수 없다.

양도인은 직접점유자이든 간접점유자이든 상관없으며, 점유보조자를 점유자로 잘못 알았다고 하더라도 선의취득의 다른 요건을 갖추고 있다면 선의취득을 인정해도 상관없을 것이다. 그리고 양도인이 권리자라면 그와 거래한 사람은 양도인의 권리를 그대로 취득할 것이어서 선의취득을 인정할 이유가 없으므로, 양도인은 무권리자여야 한다. 문제는 분량적으로 일부에 대해서만 권리를 가지는 경우, 즉 A와 B가 공유하는 동산을 A가 점유하고 있던 중 C에게 매도한 경우이다. 이 경우 C로서는 A의 지분 1/2에 대해서는 A로부터 적법하게 매수한 것이고, B의 지분 1/2에 대해서는 다른 요건이 갖추어지면 선의취득이 가능할 것이다.

(다) 양수인에 관한 요건

무권리자로부터 양수인이 평온, 공연하게 동산을 선의로 과실없이 양수하게 되면 그 동산의 소유권을 취득하게 된다. 이 경우 '평온'이란 폭력을 동원하지 않는다는 것이고, '공연'이란 비밀스럽지 않게 공개적인 것을 말하며, '선의'란 양도인이 무권리자인 것을 알지 못한 것을 의미한다. 이러한 3가지 요건은 양도인이 점유(간접점유도 포함)하고 있으면 민법 제197조에 의하여 추정되므로, 선의취득을 주장하는 자가 증명할 책임이 없고 상대방이 그 반대의 사실을 증명해야 한다.

문제는 과실에 대한 입증책임으로서, 양도인이 점유하고 있는 것을 보고 양수인이 소유자로 믿은 것에 대하여 과실이 없다는 것에 대해서도 추정이 되는가이다. 이에 대해 다수설은 민법 제200조를 근거로 추정이 된다고 보아 양도인이 양수인에게 과실이 있었음을 증명해야 한다고 한다. 그러나 판례는 양수인이 자신에게 과실이 없었음을 증명해야 하는 것으로 판시하고 있다(대법원 80다2910). 증명책임의 분배는 증거에의 접근 및 증명의 용이함과 가능성도 중요하므로 단순히 법규정의 형식만으로 결정할 것은 아니다. 예컨대, A 소유의 자전거를 B가 임차한 후, C에게 그 자전거를 자신이 소유자인 것처럼 양도하고, 다시 C가 D에게, D가 E에게 순차적으로 양도하여 현재 E가 점유하고 있는 경우, A가 소유자로서 E를 상대로 자전거의 반환을 구함에 대하여 E가 선의취득을 주장하면 A와 E는 어떤 상황에 처하게 되는지가 문제된다.

다수설에 의하면, 'E가 D로부터 자전거를 양수할 당시에 과실이 있었음'을 A가 증명해야 하는데, A로서는 E가 누구한테서 자전거를 취득하였는지 어떤 경위로 E가 취득하게 되었는지를 알 길이 없으므로, E의 과실을 증명하는 것은 불가능에 가까울 것이고, 따라서 이런 경우에는 대부분 진정한 소유자인 A가 증명책임을 지게 될 것이다. 이에 반하여 E의 입장에서는 자기가 누구로부터 매수하였는지는 잘 알 수 있고, 그에 대한 증거도 쉽게 접근하여 용이하게 획득할 수 있으므로, E에게 '자기에게 과실이 없었음'의 증명책임을 부담시킨다고 하여 부당한 것은 아니다. 이러한 점에 비추어 보면 판례의 입장이 타당하다.

(라) 점유개정 등의 방식에 의한 양수

양수인이 점유를 취득해야 하는 요건과 관련하여, 반환청구권의 양도 또는 점유개정으로 선의취득이 가능한지가 문제된다. 첫째, '반환청구권의 양도'의 방식으로 양수하는 경우이다. 예컨대, A가 기계를 B에게 보관시켰는데, B는 다시 C에게 보관을 의뢰하여 C가 보관 중에, B가 D에게 위 기계가 자신의 소유라고 말하고 D에게 C에 대한 반환청구권을 양도하는 형식으로 소유권을 양도하였다. 이 경우 D의 선의취득과 관련하여, 통설과 판례는 반환청구권의 양도의 경우에도 선의취득을 인정하므로(대법원 97다48906), D는 소유권을 취득한다.

둘째, '점유개정'의 방식으로 양수하는 경우이다. 예컨대, 인쇄업을 경영하는 A는 영업자금이 부족하게 되자 B로부터 1억원을 차용하면서 인쇄기의 소유권을 넘기되, 자기가 이를 임차하여 계속 사용하기로 하였다(이를 '양도담보'라고 한다). 그러던 중 A는 자금압박이 더욱 심해지자 C에게 위 인쇄기가 자기 소유라고 속여 5천만원을 차용하면서, 위 인쇄기의 소유권을 C에게 넘기되 자기가 임차하여 계속 사용하는 것으로 하였다(이중으로 '양도담보'한 경우). 그래도 자금사정이 호전되지 않자 A는 D에게 위 인쇄기를 매각하고 현실로 인도하여 현재 D가 그 기계를 점유하고 있다. 이 경우 인쇄기는 누구의 소유로 되는지가 문제된다.

판례와 통설은 점유개정에 의한 양수에는 선의취득이 인정되지 않는다는 입장이다(부정설). 그 이유는 양수인의 점유취득은 물건에 대한 사실상의 지배관계가 원소유자의 지배를 벗어나서 취득자의 지배 안으로 들어와야 하는데, 점유개정에 의한 경우에는 이러한 지배의 이전이 없기 때문이라고 한다. 위의 사례에서 A와 B 사이에 소유권을 넘기고 점유개정을 한 때에는, 점유개정에 의해 B가 유효하게 소유권을 취득한 것이므로, 그 이후부터는 A에게 소유권이 없다. 따라서 C는 무권리자인 A로부터 소유권을 취득할 수 없으므로, C에게 선의취득이 인정되지 않는 이상 C는 위 인쇄기의 소유권을 취득할 수 없다.

판례에 의하더라도 점유개정으로는 선의취득이 인정되지 않으므로 C는 소유권을 취득하지 못하게 된다. 만일 위의 사례가 이 상태로 종료되었다면, B는 A가 점유 중인 인쇄기에 대하여 소유권에 기한 반환청구권을 행사하여 이를 찾아올 수 있을 것이다. 그런데 위의 사례는 여기에서 더 나아가 D에게 매도하고 현실의 인도까지 해준 것이기 때문에, D가 선의취득의 다른 요건을 갖추고 있었다면 D가 선의취득을 하게 될 것이다. 그러나 D가 선의취득의 다른 요건을 갖추고 있지 않다면, 예컨대 D가 악의이거나 과실이 있다면 선의취득이 되지 못하고 여전히 B의 소유라고 보아야 하므로, D는 B의 반환요구에 응해야 할 것이다

(마) 유효한 거래행위

선의취득은 거래의 안전을 위하여 양도인의 무권리를 구제해 주는 제도이므로, 거래행위 자체는 유효하고 적법해야 한다. 부적법한 거래행위를 보호하면서까지 거래의 안전을 도모할 수는 없기 때문이다.

나. 선의취득의 효과

선의취득자는 유효하게 물권을 취득하는데, 취득하는 권리는 동산에 관한 물권으로서 소유권과 질권에 한한다. 점유권이나 유치권은 법정의 요건에 해당되어야 취득할 수 있으므로 선의취득이 문제될 수 없다. 그리고 선의취득은 원시취득으로서 양도인의 소유권을 승계하는 것이 아니므로 종전의 소유권에 부가되어 있던 부담은 소멸하게 된다.

다. 도품 및 유실물의 특칙

도품과 유실물의 경우에는 소유자에게 어떠한 귀책사유도 없으므로, 소유자를 보호하기 위하여 정책적으로 민법 제251조를 두어 선의취득의 요건을 갖추더라도 소유자가 2년 이내에 찾아올 수 있도록 하고 있다. 이러한 2년은 점유상실 시점부터 기산하고 조속한 권리관계의 안정을 기하려는 입법취지에 비추어 제척기간으로 보아야 할 것이다.

(3) 법률의 규정에 의한 물권변동

동산에 관하여는 부동산과 같은 총칙규정(민법 제187조)이 없다. 물권의 취득 부분에 대하여는 소유권에서 규정한 후에(취득시효, 무주물 선점, 유실물 습득, 매장물 발견, 부합·혼화·가공 등) 다른 물권에도 준용하고 있다.

Ⅲ. 물권의 소멸

물권의 소멸원인에는 각 물권에 공통된 것과 개별 물권에 특유한 것이 있다. 이 경우 공통된 소멸원인으로는 목적물의 멸실, 소멸시효, 물권의 포기, 혼동 등을 들 수 있다. 물건의 소멸의 경우에는 그에 관한 물권이 소멸하지만, 물상대위와 같이 물권의 효력이 그 물건을 대신한 것에 미칠 수 있는 것이 있다(민법 제342조, 제355조, 제370조 등). 한편 소멸시효의 완성에 의하여 지상권, 지역권, 전세권 등은 소멸하고, 시효완성의 효과와 관련하여 절대적 소멸설과 상대적 소멸설의 대립이 있다. '절대적 소멸설'에 의하면 물권이 당연히 소멸하므로 민법 제186조가 적용되지 않는다고 한다. 하지만 '상대적 소멸설'에 의하면 시효의 완성으로 등기말소청구권이 발생할 뿐이고 곧바로 소멸하는 것은 아니며, 위 말소등기청구권의 행사로 인하여 등기가 말소된 때 비로소 권리가 소멸한다고 한다.

동일한 물건에 대하여 소유권과 다른 물권이 동일인에게 귀속하면 그 다른 물권은 혼동으로 소멸하지만, 그 물건이 제3자의 권리의 목적인 경우 또는 제한물권이 제3자의 권리의 목적인 경우에는 혼동에 의해 소멸하지 않는다. 예컨대, B는 A가 소유하는 토지에 지상권을 가지고 있는데, B가 A로부터 위 토지의 소유권을 취득하게 되면 그 지상권은 포괄적 권리인 소유권에 포섭되어 소멸하게 되는데, 이것이 민법 제191조 제1항 본문의 내용이다. 또한 C가 B의 위 토지에 대한 지상권에 저당권을 가지고 있었는데, 그후 B가 위 토지의 소유권까지 취득하게 되면, 이러한 경우에도 혼동으로 B의 지상권이 소멸하게 되는지가 문제된다.

만일 B의 지상권이 소멸된다고 하면, 이미 소멸하여 효력이 없는 지상권을 대상으로 한 C의 저당권도 소멸하게 되는데, 그 결과 지상권자인 B가 우연히 소유권을 취득하게 되어 C의 저당권도 소멸하게 됨으로써, B가 부당한 이득을 보게 되는 기이한 현상이 발생한다. 이는 C의 손해로 B가 이익을 보는 결과가 되어 부당하므로, C의 저당권의 존속을 위하여 B의 지상권은 소멸하지 않는다고 보아야 한다. 이것이 민법 제191조 제1항 단서의 취지이다. 이러한 혼동의 경우는 소유권과 제한물권 사이뿐만 아니라 제한물권 상호간에도 발생할 수 있는데, 이때에도 위와 동일하다고 본다.

제3. 채권법

I. 채권총론

1. 채권의 기초

(1) 채권법과 채권

채권법은 용역을 제공하거나 제공받는 것을 목적으로 하는 법률관계를 규율함을 그 내용으로 한다. 채권은 특정한 자에 대해 일정한 행위를 할 것 또는 하지 않을 것을 청구할 수 있는 권리이다.

(2) 채권관계의 기본원칙

채권관계의 기본원칙으로는 사적자치, 신의성실, 채권자평등에 관한 원칙이 있다. '사적자치의 원칙'이란 강행법규나 선량한 풍속 기타 사회질서에 위반하지 않는 한 사적인 법률관계는 자유로운 의사에 기한 자기결정과 자기책임으로 형성할 수 있다는 원칙이다. '신의성실의 원칙'이란 법률관계의 당사자는 서로 상대방의 신뢰를 헛되이 하지 않도록 성의를 가지고, 권리를 행사하고 의무를 이행할 것을 요구하는 법원칙이다. '채권자평등의 원칙'이란 채권은 물권과 달리 특별한 담보를 가지고 있지 않기 때문에 그 발생의 전후를 불문하고 모두 평등한 지위에 있다는 것을 말한다.

(3) 채권의 내용

'채권'은 타인의 행위를 요구 내지 청구할 수 있는 권리로서, 채무자에 대해서만 주장할 수 있다. 타인의 행위의 내용은 선량한 풍속 기타 사회질서에 반하지 않는 한 그 제한이 없다. 즉 금전으로 환산할 수 없는 것이라도 채권의 목적으로 할 수 있다. 이러한 채권은 보통 당사자 간의 계약에 의해서 발생하고, 사무관리·부당이득·불법행위에 의해서도 발생한다. 예컨대, 매매계약에 의하여 매도인은 매수인에 대하여 대금지급청구권을 가지며, 매수인은 매도인에 대하여 목적물에 대한 재산권이전청구권을 가진다(민법 제568조). 그리고 고의 또는 과실로 인한 위법행위로 손해를 입은 피해자는 가해자에 대하여 손해배상청구권을 행사할 수 있다(민법 제750조).

2. 채권의 목적

> **사례 8** (채권의 목적)
>
> 　제과점을 운영하는 A는 농산물 수입도매상인 B와 중국산 밀가루 100포대(1포대당 20kg)를 포대당 2만원에 사기로 매매계약을 체결하였다.
> 　(1) B가 밀가루를 가져오기로 약속한 날이 되기 1일 전에, B는 자신의 창고에 화재가 발생하여 약속한 날짜에 밀가루를 가져갈 수 없다고 A에게 연락을 해 왔다. 이러한 경우 A와 B의 법률관계는?
> 　(2) 중국의 극심한 가뭄으로 인하여 중국산 밀가루의 가격폭등이 있게 되자, B는 계약한 가격으로는 도저히 밀가루를 공급할 수 없으니 가격을 올려주기 전에는 밀가루를 갖다 줄 수 없다고 한다. 이 경우 A와 B의 법률관계는?

(1) 급 부

채권의 목적은 채무자의 행위를 말하는 것으로서, 이를 '급부'라고 한다. 급부로서의 채무자의 행위에는 작위·부작위가 포함된다. 급부의 내용은 계약에 의해 발생하는 경우에는 당사자의 합의에 의해 결정되지만, 그 이외의 경우에는 일반적으로 법률의 규정에 의하여 결정된다. 채권의 목적인 급부는 법률행위의 목적이 되므로, 확정성, 가능성, 적법성, 사회적 타당성 등 법률행위 목적의 일반적 성립요건을 모두 갖추어야 한다.

(2) 특정물채권

'특정물채권'이란 특정물의 인도를 목적으로 하는 채권을 말한다. 특정물의 인도라 함은 구체적으로 특정되어 있는 물건의 점유를 이전하는 것이다. 채무자는 그 특정된 목적물을 선량한 관리자의 주의로 보관해야 한다(민법 제374조). 특정물의 보존비용은 채무자(매도인)가 부담한다.

(3) 종류채권

'종류채권'이란 사과 10상자나 통조림 3세트의 경우처럼, 인도해야 할 목적물이 종류와 수량에 의해서 정해져 있는 급부채권을 말한다. 종류채권은 종류와 수량에 의해 추상적으로 목적물이 정해지는 데 불과하므로, 실제로 채무를 이행하기 위해서는 정해진 종류에 속한 물건 중에서 일정량의 물건을 구체적으로 선정하여야 한다. 이를 '종류채권의 특정'이라고 한다. 그리고 종류채권이기는 하지만 특정한 범위 안에 있는 일정량의 물건을 채권의 목적으로 하는 경우를 '제한종류채권'이라고 한다. 예컨대, 쌀 10가마를 인도받을 채권은 순수한 종류채권이지만, 일정한 장소의 특정 창고 안에 있는 쌀 10가마의 인도를 받을 채권은 제한종류채권이다.

(4) 금전채권

'금전채권'은 금전의 인도를 목적으로 하는 채권으로서, 보통 종류채권과 달리 일정량의 가치의 인도를 목적으로 하는 가치채권으로서의 성질을 갖는다. 금전채권에 있어서는 이행불능의 상태가 발생하지 않으며, 금전채무의 불이행에 있어 채무자는 과실이 없는 경우에도 책임을 진다. 그리고 채권자가 채무불이행에 기한 손해배상청구권을 행사하기 위해서는 손해의 증명을 필요로 하지 않는다. 한편 손해배상액을 법정이율에 의하여 정하도록 한 규정은 위약금의 예정이 있는 경우에는 적용되지 않는다.

(5) 이자채권

'이자'란 금전 기타의 대체물의 사용의 대가로서 지급하는 금전 기타의 대체물이며, 법정과실의 일종이다. 즉 이자란 원본인 유동자본으로부터 발생하는 수익으로서 원본액과 사용기간에 비례하여 일정한 이율에 따라 지급되는 금전 기타의 대체물을 의미한다. 따라서 '이자채권'은 이자의 지급을 목적으로 하는 채권으로서, 유효한 원본채권을 전제로 한다.

(6) 선택채권

'선택채권'이란 여러 개의 서로 다른 급부가 선택적으로 채권의 목적으로 되어 있지만, 선택에 의해 그 중에서 하나가 급부의 목적으로 확정되는 채권을 말한다(민법 제380조). 여러 개의 급부가 처음부터 개별적으로 예정되어 있는 점에서 '종류채권'과 다르며, 여러 개의 급부가 각각 대등한 지위를 갖고 있는 점에서 '임의채권'과 구별된다.

사례 8 <해설> (채권의 목적)

1) 문제의 소재

첫 번째 사례의 경우, A와 B의 계약에서 밀가루 100포대를 인도할 급부의 종류가 문제되며, A의 특정 여부 및 대금지급 여부에 대하여 검토해야 한다. 두 번째 사례의 경우, 금전채권에 있어서 화폐가치의 변동으로 인해 당사자간에 심한 불공평이 생겼을 때 이를 어떻게 조정할 수 있는지가 문제이다.

2) B의 급부의 종류

B가 A에게 밀가루 100포대를 인도하여야 할 급부는 일정한 종류(밀가루)와 수량(20kg 100포대)으로 정해진 물건의 인도를 목적으로 하는 종류채권이다.

3) 종류채권의 특정

종류채권의 채무를 실제로 이행하기 위해서는 정해진 종류에 속한 물건 중에서 일정량의 물건을 구체적으로 선정해야 하는데, 이를 종류채권의 특정이라고 한다. 종류채권의 목적은 당사자의 합의에 의해 특정되는데, 합의가 없는 때에는 채무자가 물건을 인도하기 위해 필요한 행위를 완료한 때에 특정된다. 사례의 경우 B가 밀가루를 A에게 가져오기로 했으므로 지참채무에 해당하고, 지참채무는 채무자가 채권자의 주소에서 급부목적물을 현실적으로 제공한 때(민법 제460조)에 특정된다. 따라서 아직 특정 전이라고 할 것이다.

4) B의 급부의무의 유무

특정 전의 B의 급부의무는 종류채무이므로 거래계에 밀가루가 존재하는 한 B는 급부의무를 면하지 못한다. 다만 A가 매매대금의 지급을 준비하지 않은 경우에는 B의 구두제공으로 채권자지체가 성립될 수 있고, 이때에는 B에게 고의나 중과실이 없는 한 B는 급부의무를 면하게 된다.

5) 금전채권의 특질과 사정변경의 원칙

사정변경의 원칙은 당자자의 책임으로 돌릴 수 없는 사유로 계약 당시 당사자가 예상할 수 없었던 현저한 사정의 변경이 생긴 경우 형평에 맞도록 계약내용을 변경해 주거나 그것이 불가능한 경우 계약의 해제를 인정해야 한다는 원칙이다. 우리나라의 다수설은 사정변경의 원칙의 적용을 주장하지만 대법원은 이를 부정하고 있다. 따라서 사례의 경우 밀가루 가격의 폭등이 사정변경의 원칙을 인정할 정도인가가 문제될 것이다.

6) 결론

첫 번째 사례에서, B가 구두의 제공을 했다고 볼 수는 없고 아직 특정 전이므로 B는 다시 밀가루를 구하여 A에게 제공하여야 하며, 기일을 지키지 못할 경우 채무불이행책임을 져야 한다. 두 번째 사례에서, 사정변경의 원칙을 적용하여 가격을 인상하여 줄 것인지의 여부는 폭등의 정도에 따라 정할 것이지만 대법원의 입장에 따른다면 B의 주장은 용인되기 어려울 것이다.

3. 채권의 효력

사례 9 (채권의 효력)

甲은 乙에게 자신의 토지를 5억원에 팔기로 하여 계약금 5천만원을 받고 매매계약을 체결하였고, 3주 후에 중도금으로 2억5천만원을 받으면서 다시 3주 후에 잔금을 받고 소유권을 이전하기로 하였다. 그런데 이 사실을 전해 들은 丙이 甲에게 찾아와 당장 6억원을 줄 테니 자신에게 토지를 넘기라고 하여 甲은 그 자리에서 丙과 매매계약을 체결하였고, 丙에게 이전등기를 해주었다. 甲과 乙의 법률관계는?

(1) 채무불이행

'급부장애'란 채무의 내용 실현이 불가능하거나, 지체되거나 또는 불완전하게 되어 마땅히 행해져야 할 상태대로 이행되지 않은 것을 말한다. 급부장애 중에서 그 책임을 채무자에게 물을 수 있는 일정한 요건, 즉 급부장애에 대한 채무자의 귀책사유가 있는 경우를 '채무불이행'이라 한다. 채무불이행에는 이행지체, 이행불능, 불완전이행이 있다.

가. 이행지체

'이행지체'란 채무의 이행이 가능함에도 불구하고 채무자가 그에게 책임 있는 사유로 인하여 이행을 하지 않거나 이행을 못하여 이행기가 도과하게 되는 채무불이행의 유형이다. 부동산매매계약의 경우 매도인은, 최소한 소유권이전등기에 필요한 서류 등을 준비하여 놓고, 그러한 뜻을 매수인에게 통지하여 잔금지급과 아울러 이를 수령해 갈 것을 최고하여야만 매수인을 이행지체에 빠뜨릴 수 있다.

나. 이행불능

'이행불능'이란 채권관계의 성립 이후 채무자의 책임으로 돌릴 수 있는 사유로 인하여 급부가 불능으로 되는 채무불이행 유형이다. 채무의 이행이 단순히 절대적·물리적으로 불능인 경우가 아니고, 사회생활에 있어서의 경험법칙 또는 거래상의 관념에 비추어 볼 때 채권자가 채무자의 이행의 실현을 기대할 수 없는 경우를 말한다.

다. 불완전이행

'불완전이행'이란 이행행위로서 일정한 행위가 행해졌으나 급부목적물이나 급부행위에 하자가 있거나, 또는 이행과 관련하여 주의를 제대로 하지 않음으로써 급부목적물이나 급부결과 또는 그 이외의 채권자의 법익에 손해를 발생시킨 채무불이행의 한 유형이다.

(2) 채권자지체

'채권자지체'란 채무자가 채무의 내용에 좇은 이행을 제공하였는데도 채권자가 이행을 받을 수 없거나 받지 아니하여 이행이 완료되지 못한 상태에 놓이는 것으로서(민법 400조), '수령지체'라고도 한다.

(3) 채무불이행에 대한 구제

가. 강제이행

'강제이행'이란 채무자가 임의로 채무를 이행하지 않는 경우에 채권자가 국가기관의 강제력을 빌려 채무의 내용을 강제적으로 실현하는 것을 말한다. 강제이행에는 직접강제, 대체집행, 간접강제가 있다. '직접강제'는 채무자의 의사에 불구하고 집행기관의 행위에 의해 채권의 내용을 강제적으로 실현하는 것이고, '대체집행'은 급부내용을 채권자 또는 제3자가 채무자를 대신하여 실현하고 그 비용을 채무자에게 부담시키는 것이며, '간접강제'는 직접강제나 대체집행이 적합하지 않은 채무의 경우 채무자에게 심리적 강제를 가하여 급부행위를 시키는 것이다.

나. 손해배상

'손해배상'이란 채무불이행 또는 불법행위로 인하여 발생한 손해를 전보하여 될 수 있는 한 손해가 발생하지 않았던 상태로 돌리는 것을 말한다. 이때 채무자가 채무의 내용에 좇은 이행을 하지 않음으로써 발생된 상태와 채무이행이 있었더라면 존재하였을 상태 사이에서 생긴 불이익을 손해라고 하는데, 채무자가 그 사정을 알았거나 알았는가의 여부를 불문하고 인정되는 손해를 '통상손해'라고 하며, 채무자가 알았거나 알 수 있었을 때 인정되는 예외적인 손해를 '특별손해'라고 한다.

(4) 책임재산의 보전

가. 채권자대위권

'채권자대위권'이란 채권자가 자기채권의 보전을 위하여 그의 채무자가 제3채무자에 대하여 가지고 있는 채권을 채무자에 갈음하여 행사할 수 있는 권리를 말한다. 채권자대위권을 행사할 수 있는 요건은 다음과 같다. ① 채권보전의 필요가 있어야 한다. 채무자가 무자력이면 이 요건은 충족되며, 특정채권의 보전을 위하여 필요한 경우에도 인정된다(통설, 판례). ② 채권자의 채권이 이행기에 있어야 한다. 그러나 예외적으로 재판상의 대위나 보전행위는 이행기 전이라도 가능하다. ③ 채무자가 스스로 그 권리를 행사하지 않는 경우이어야 한다. ④ 그 권리가 채무자의 일신전속권이 아니어야 한다. 압류가 금지되는 채권도 제외된다.

나. 채권자취소권

'채권자 취소권'이란 채권의 공동담보인 채무자의 일반재산이 채무자의 법률행위에 의하여 부당하게 감소됨으로써 채무자의 변제능력이 부족하게 되는 경우에 일정한 요건 하에서 채권자가 재판상 그 법률행위를 취소하고 채무자로부터 일탈된 재산을 회복할 수 있는 권리를 말한다. 채권자취소권은, 총채권자의 공동담보인 채무자의 재산의 감소를 방지하기 위하여 부여된 것이고 특정 채권의 보전을 목적으로 하는 것이 아니므로(이러한 점에서 채권자대위권과 구별된다), 특정물의 소유권이전등기청구권을 가진 채권자는 채권자취소권을 행사하지 못한다.

사례 9 <해설> (채권의 효력)

1) 문제의 소재

　이 사례는 전형적인 부동산이중매매에 해당하는 것으로 甲과 丙 사이의 매매계약의 유효성, 甲과 乙 사이의 매매계약의 효력과 함께 乙이 위 토지의 소유권을 취득할 수 있는 방법은 없는지 등을 고찰하여야 한다.

2) 甲과 丙의 매매계약의 유효성

　원칙적으로 채권은 배타성이 없으므로 이중매매가 있었다는 사실만으로 그 계약이 무효가 되지는 않는다. 그러나 판례는 丙이 甲의 배임행위에 적극적으로 가담하여 이중매매가 이루어진 경우에는 반사회적 법률행위로서 무효라고 한다(민법 제103조). 따라서 사례의 경우 민법 제103조에 위반하여 무효이다.

3) 乙의 채권자대위권 취득 여부

　가) 채권자대위권의 요건

　채권자대위권을 행사하기 위해서는 첫째 피보전채권, 즉 보존할 필요가 있는 채권이 존재하여야 하고, 둘째 피보전채권이 변제기에 있어야 하며, 셋째 채무자가 무자력일 것(채권보전의 필요가 있을 것), 넷째 채무자가 스스로 권리를 행사하지 않을 것 등의 요건을 충족하여야 한다. 다만 사례와 같이 등기청구권의 경우에는 채무자의 무자력이 요구되지 않는다고 보는 것이 통설과 판례의 태도이다. 시례의 경우 乙은 甲에 대하여 채권자로서 소유권이전등기를 청구할 권리가 있으므로 피보전채권이 존재한다. 또한 甲과 丙의 계약은 민법 제103조에 위반하여 무효이므로 이에 기초한 이전등기는 원인무효의 등기가 된다. 그리고 甲은 丙에 대해 말소등기를 구할 권리가 있음에도 불구하고 그 청구를 하지 않고 있다. 따라서 사례의 경우는 채권자대위권의 요건을 모두 충족하고 있다.

　나) 乙의 채권자취소권 취득 여부

　채권자취소권을 행사하려면 첫째 채무자가 채권자를 해하는 재산상 법률행위를 할 것, 둘째 채권자를 해하는 것임을 채무자가 알고 한 행위일 것, 셋째 수익자와 잔득자가 악의일 것 등의 요건을 충족하여야 한다. 사례의 경우, 판례에 의하면 특정물에 대한 소유권이전등기청구권을 보전하기 위하여 채권자취소권을 행사하는 것은 허용하지 않는다고 하고 있으므로, 乙에게 채권자취소권을 인정하기는 어려울 것이다.

> 4) 결론
> 甲과 丙의 매매계약은 이중매매로서 반사회적 법률행위에 해당하여 무효이다.
> 乙은 잔금을 제공하면서 채권자대위권을 행사하여 丙에게 등기의 말소를 청구하
> 고, 甲에게 이전등기를 청구하여 위 토지의 소유권을 취득할 수 있다.

4. 다수당사자의 채권관계

> **사례 10** (다수당사자의 채권관계)
>
> 甲의 부친은 甲의 사촌이 회사의 영업부에 취직할 때 신원보증을 해 주었는데 그
> 기간은 정하지 않았다. 그 후 甲의 부친이 사망하였는데, 회사에서 甲의 사촌형이 공
> 금을 횡령하여 행방불명이 되었으니 이를 배상하라는 통지를 보내왔다. 확인해 보니
> 甲의 사촌형은 경리부로 자리를 옮긴 후 사고를 낸 것이었고 회사에서는 부서이동에
> 대해 아무런 통지도 없었다. 甲은 배상을 해 주어야 하는가?

'다수당사자의 채권관계'란 하나의 급부를 중심으로 채권자 또는 채무자의 일방 또는 쌍방이 2인 이상인 채권관계를 말한다. 즉 동일한 내용의 급부를 목적으로 하는 채권관계가 채권자 또는 채무자의 수만큼 복수로 존재하는 채권관계이다. 우리 민법은 다수당사자의 채권관계의 유형을 분할채권·채무, 불가분채권·채무, 연대채무, 보증채무로 나누어 규정한다.

(1) 분할채권·채무

'분할채권·채무관계'는 하나의 가분급부에 대하여 채권자 또는 채무자가 다수 존재하는 경우에, 특별한 의사표시가 없는 한 채권 또는 채무가 수인의 채권자 또는 채무자 사이에 분할되는 채권관계이다. 민법은 다수당사자의 채권관계에 있어서 분할채권관계를 원칙으로 하고 있다(민법 제408조).

(2) 불가분채권·채무

'불가분채권·채무관계'는 하나의 불가분급부에 대하여 수인의 채권자 또는 채무자가 각각 채권을 가지거나 채무를 부담하는 다수당사자의 채권관

계를 말한다(민법 제409조). 불가분급부는 언제나 일체로서 다루어지기 때문에, 일부이행이나 일부불능 등의 문제는 발생하지 않는다.

(3) 연대채무

'연대채무'란 채권자가 수인의 채무자 중 어느 한 채무자에 대하여, 또는 동시나 순차로 모든 채무자에 대하여 채무의 전부나 일부의 이행을 청구할 수 있는 채무이다(민법 제414조). 이 경우에 수인의 채무자는 동일한 내용의 급부를 각자 이행할 의무를 부담하고, 그 중 1인의 채무자가 채무의 전부를 이행함으로써 모든 채무자의 채무가 소멸하게 된다(민법 제413조).

(4) 보증채무

채무자가 채무의 내용을 이행하지 않을 경우를 대비하여 채권의 확보방안으로 채무자 이외의 제3자의 재산으로 채권자의 채권을 담보하는 인적담보제도가 '보증'이다. 보증계약은 낙성·무상·편무·불요식계약이다. 채권자는 주채무자가 채무의 이행을 하지 않는 때에는 보증인에게 보증채무의 이행을 청구할 수 있다. 채권자가 보증인에게 청구할 때 주채무자에게 우선 청구하거나 그 재산에 집행을 하여야 하는 것은 아니다.

채권자가 주채무자에게 청구를 하지 않고 보증인에게 청구하여 온 때에는, 보증인은 주채무자가 변제능력이 있다는 사실과 그 집행이 용이하다는 사실을 증명하여 먼저 주채무자에게 청구할 것을 요구할 수 있다. 이를 '최고 및 검색의 항변권'이라 한다. 연대보증인은 이러한 항변권이 없다.

(5) 보증제도의 종류

가. 연대보증

'연대보증'이라 함은 보증인이 주채무자와 연대하여 채무를 부담하는 경우를 말한다. 이러한 연대보증은 특약에 의해 생기는 외에 주채무나 보증계약이 상행위인 경우에도 성립한다. 연대보증도 보증의 일종이므로 부종성이 있어 주채무의 존재를 전제로 하나 보충성이 없어 보증인에게 최고·검색의 항변권은 없다. 그러나 주채무자나 연대보증인에 대하여 생긴 사유의 효력은 보통의 보증채무에 있어서와 같다.

나. 공동보증

'공동보증'이란 하나의 주채무에 관하여 수인의 보증인이 있는 경우를 말한다. 즉 수인이 하나 또는 수개의 계약으로 동시에 또는 순차적으로 공동보증인이 될 수 있다. 어떠한 경우든 각 보증인은 채무액에 대하여 균분하여 각자 그 일부를 부담하는데, 이를 '분별의 이익'이라고 한다. 다만 주채무자와 보증인이 연대의 약정을 한 '연대보증'의 경우, 공동보증인 사이에 연대의 특약이 있는 '보증연대'의 경우, 주채무의 목적이 불가분인 경우 등에는 분별의 이익이 없다. 분별의 이익이 없는 경우에는 채권자에 대하여 전액의 변제의무를 부담하지만, 각 보증인 사이에서는 각각의 부담 부분에 대한 의무만을 이행하면 된다. 분별의 이익이 있는 경우에 어느 보증인이 자기의 부담 부분을 넘어서 변제하였을 때에는 다른 보증인에 대하여 구상권을 행사할 수 있다.

다. 신원보증

'신원보증'이란 고용계약에 부수하여 체결되는 신원에 대한 보증계약을 말한다. 신원보증의 계약내용은 일반적으로 광범위하고 장기간의 것이 많아서 신원보증인에게 가혹한 경우가 많이 발생하므로, 이를 규율하기 위하여 신원보증법이 제정되어 시행되고 있다.

신원보증법에 위반하여 신원보증인에게 불리한 계약을 체결하는 것은 무효이다. 기간을 정하지 않은 신원보증계약의 보증기간은 그 보증계약일로부터 2년간 효력이 있다. 계약기간은 2년을 초과하지 못하고 이를 초과한 기간은 2년으로 단축된다. 또한 기간갱신을 할 수 있으나 2년을 초과할 수 없다. 피용자를 고용한 사용자는 피용자가 업무상 부적임하거나 불성실하여 이로 말미암아 신원보증인의 책임을 야기할 염려가 있음을 안 때, 피용자의 임무 또는 임지를 변경함으로써 신원보증인의 책임을 가중하거나 또는 그 감독이 곤란하게 될 때, 신원보증인에게 지체 없이 통지하여 신원보증인에게 계약해지의 기회를 주어야 한다.

신원보증인의 보증책임이 발생한 경우 법원은 신원보증인의 손해
배상의 책임과 그 금액을 정함에 있어 피용자의 감독에 관한 사용자의 과
실의 유무, 신원보증인이 신원보증을 하게 된 사유 및 그에 대한 주의 정
도, 피용자의 임무, 신원의 변화 기타 일체의 사정을 참작하도록 하고 있
다. 신원보증계약은 신원보증인의 사망으로 그 효력은 상실하고 상속되지
않지만 그 계약의 효력으로 이미 발생한 채무는 상속된다.

사례 10 〈해설〉 (다수당사자의 채권관계)

1) 문제의 소재
이 사례는 신원보증에 대한 것으로 신원보증의 기간, 사용자의 통지의무, 보증
인의 계약해지권, 신원보증채무의 상속 여부 등에 대하여 검토하여야 한다.

2) 신원보증기간
신원보증법에 의하면 기간을 정하지 않은 신원보증계약의 보증기간은 그 보증
계약일로부터 2년간 효력이 있고, 신원보증의 계약기간은 2년을 초과하지 못하고
이를 초과한 기간은 2년으로 단축된다. 또한 계약기간의 갱신을 할 수 있으나 2년
을 초과할 수 없도록 하고 있다. 사례의 경우 보증계약 후 2년이 경과했다면 이미
그 효력을 상실했다고 할 수 있다.

3) 보증책임의 한도
신원보증법에 의하면 신원보증인은 피용자의 고의 또는 중과실로 인한 행위로
발생한 손해에 대하여 배상할 책임이 있다.

4) 사용자의 통지의무
사용자는 피용자가 업무상 부적임하거나 불성실하여 이로 말미암아 신원보증인
의 책임을 야기할 염려가 있음을 안 때, 피용자의 임무 또는 임지를 변경함으로써
신원보증인의 책임을 가중하거나 또는 그 감독이 곤란하게 될 때에는 신원보증인
에게 지체없이 이러한 사실을 통지해 주어야 한다.

5) 보증인의 계약해지권
신원보증인은 사용자로부터 위 통지를 받거나, 피용자의 고의 또는 과실로 발생
한 손해를 신원보증인이 배상한 경우, 기타 계약의 기초가 되는 사정에 중대한 변
경이 있는 경우에 신원보증계약을 해지할 수 있다. 사례에서 甲의 사촌형이 영업부
에서 경리부로 옮길 경우 사용자는 보증인인 甲의 부친에게 통지해 주어야 하며,
이는 계약의 중대한 기초사항이다.

6) 신원보증채무의 상속성 여부
신원보증계약은 신원보증인의 사망으로 그 효력을 상실하고 상속되지 않지만,
그 계약의 효력으로 이미 발생한 채무는 상속된다. 사례에서 甲의 사촌형의 횡령행

위는 甲의 부친이 사망 후에 있었으므로, 신원보증계약의 효력이 상실된 이후이어서 그 채무는 발생하지 않고, 따라서 甲에게 상속되지 않는다.

7) 결론

사용인의 통지의무위반 및 신원보증계약의 효력상실로 甲은 배상할 의무가 없다.

5. 채권관계 당사자의 교체

사례 11 (채권관계 당사자의 교체)

甲은 乙에게 금전 100만원을 빌려 주었다. 그 후 甲은 갑자기 돈이 필요해지자 돈을 융통하기 위하여 이 채권을 丙에게 넘기고 이 사실을 乙에게 확정일자 있는 내용증명우편으로 통지해 주었다. 이에 대해 乙이 아무런 답변을 하지 않고 있던 중 甲의 채권자인 丁이 甲의 재산에 대해 압류하려고 하자, 甲은 이를 피하기 위해 위 채권을 丁에게 양도해 주었는데 이를 알게 된 乙은 아무런 이의를 제기하지 않았다. 乙은 누구에게 변제해야 하는가?

(1) 채권양도

'채권의 양도'라 함은 채권의 동일성을 유지하면서 채권을 법률행위에 의하여 이전하는 것을 말한다. 채권은 원칙적으로 재산권으로서 양도성이 있으며, 채권의 종류에 따른 양도성의 정도는 다음과 같다.

i) '지명채권'이란 증권적 채권이 아닌 일반채권으로 채권자가 특정인으로 지명되어 있는 채권을 말한다. 지명채권은 원칙적으로 양도성을 가진다. 그러나 지명채권의 양도는 양도인이 채무자에게 통지하거나 채무자가 승낙하지 아니하면 채무자 기타 제3자에게 대항하지 못한다. ii) '지시채권'이란 증서에 기재된 채권자 또는 그가 지시한 자에게 변제하여야 하는 채권을 말한다. 지시채권은 증서에 배서하여 양수인에게 교부하여야 한다. 배서는 증서 또는 보충지에 양도의 뜻을 기재하고 배서인이 서명 또는 기명날인하여야 한다. iii) '무기명채권'이란 특정의 채권자를 지정함이 없이 증권의 소지인에게 변제하여야 하는 증권적 채권을 말한다. 무기명채권의 경우에는 그

증권을 교부함으로써 무기명채권을 양도하게 된다. iv) '지명소지인출급채권'이란 증서에 표시된 특정인 또는 증서의 정당한 소지인에게 변제해야 하는 증권적 채권을 말한다. 그 양도방법은 무기명채권과 동일하다.

(2) 채무인수

'채무의 인수'라 함은 채무의 동일성을 유지하면서 채무를 인수인에게 이전시키는 계약으로, 채무의 동일성이 변경되지 않는다는 점에서 채무자변경에 의한 경개와는 다르다. 또한 채무인수에 의하여 주채무자는 채무를 면하고 인수인이 새로운 채무자가 된다는 점에서 병존적 채무인수와 구별하여 면책적 채무인수라고 한다. 채무인수는 동일성을 유지하면서 채무를 인수인에게 이전하는 것을 목적으로 하는 계약이다.

사례 11 <해설> (채권관계 당사자의 교체)

1) 문제의 소재

사례는 채권의 이중양도 된 경우로 두 양도의 효력의 우열이 문제된다. 이를 검토하기 위해 甲의 채권의 종류와 그에 따른 양도방법, 통지와 이의없는 승낙의 효력 등에 대하여 검토하여야 한다.

2) 甲의 채권의 성질

甲이 乙에 대하여 갖고 있는 채권은 금전채권으로서 지명채권에 해당한다. 지명채권은 원칙적으로 양도성을 가지며, 특별한 형식없이 양도가 가능하다.

3) 지명채권 양도의 대항력

지명채권의 양도를 가지고 채무자와 제3자에 대항하기 위해서는 채무자에게 통지하거나 채무자가 승낙하여야 한다. 그리고 채무자가 이의를 보류하지 아니하고 승낙을 한 때에는 양도인에게 대항할 수 있는 사유로써 양수인에게 대항하지 못한다. 이때 양수인이 채무자 이외의 제3자에게 채권양도를 주장하기 위해서는 확정일자 있는 증서로 토지나 승낙이 있었음을 입증하여야 한다. 사례의 경우 甲의 丙에 대한 채권의 양도는 지명채권의 양도로 확정일자 있는 내용증명우편으로 통지가 이루어졌기 때문에 丙은 乙 및 丁에 대해 채권양도의 효력을 주장할 수 있다.

4) 이의없는 승낙의 효력

이의없는 승낙이란 채무자가 채권양도를 승낙함에 있어서 채권의 무효나 상계 등과 같은 양도인에 대하여 주장할 수 있는 항변을 보류하지 않고 하는 단순한 승인을 말한다. 사례의 경우 乙은 이의를 보류하지 않은 승낙을 한 것으로 볼 수 있다. 문제는 이러한 이의없는 승낙이 제3자에게도 효력이 있느냐 하는 것이다. 이에 대해 통설과 판례는 이의없는 승낙의 효력은 채무자와 양수인 간에만 미치고 제3

자의 권리에는 영향을 미치니 않는다고 한다. 따라서 丁에 대한 채권양도에 대해
乙이 이의없는 승낙을 하였다고 하더라도 이는 甲과 乙 및 丁 사이에서만 효력이
있을 뿐 丙에게 주장할 수는 없다.
5) 결론
　사례의 경우, 甲의 이중양도는 제3자에 대한 대항력을 갖춘 丙에게 우선적으로
효력이 있다고 보여지므로, 乙은 丙에게 채무를 변제하여야 한다.

6. 채권의 소멸

(1) 변　제

'변제'란 채무자 또는 제3자의 급부행위에 의하여 채권이 만족을 얻어
채권의 소멸이라는 법률효과를 발생시키는 법률요건이다.

채무자가 동일한 채권자에 대해 동종의 내용을 가진 수개의 채무를 부
담하는 경우, 또는 1개의 채무의 변제로서 수개의 급부를 해야 할 경우에 변
제로서 제공한 급부가 그 채무의 전부를 소멸시키는 데 충분하지 않을 때에
그 급부를 가지고 어느 채무 또는 어느 급부의 변제에 충당할 것인가 하는
것을 정할 필요가 있는데, 이를 '변제충당'이라고 한다. 이 경우 당사자의 합
의에 의하여 변제충당의 순서를 정할 수 있으나(합의충당), 당사자 사이의 계
약이 없는 경우에는 당사자 일방의 지정에 의하여(지정충당), 그리고 당사자
일방의 지정도 없는 경우에는 법정충당에 의하여 결정된다.

'대위변제' 또는 '변제자대위'란 제3자가 채무자를 대신하여 변제한 경
우(대위변제)에 변제자는 채무자에게 구상권을 취득하며, 구상권의 실효성을
확보하기 위하여 변제자의 구상권 범위 내에서 채권자가 채무자에 대하여
가지고 있던 권리가 당연히 변제자에게 이전되는 것을 말한다. 채권자를 대
위한 자는 자기의 권리에 의하여 구상할 수 있는 범위에서 채권 및 그 담보
에 관한 권리를 행사할 수 있다.

(2) 대물변제

'대물변제'란 채무자가 본래의 급부 대신 다른 급부를 그에 갈음하는 것으로서, 채권자의 승낙과 그 다른 급부를 수령하는 경우에 변제와 같은 효과가 발생하는 것을 말한다. 대물변제는 요물계약에 해당한다. 부동산을 차용한 금전에 대신하여 대물변제를 하기 위하여는(부동산의 소유권을 이전하는 경우) 물권적 의사표시 외에 등기도 완료해야 한다. 그리고 대물변제는 변제이기는 하나 계약이기 때문에 행위능력이 있음을 요한다.

(3) 공탁(변제공탁)

'공탁'이란 채권자가 변제를 받지 아니하거나 받을 수 없는 경우에 변제자가 채권자를 위하여 변제의 목적물을 공탁소에 임치하고 채무를 면하는 제도를 말한다. 공탁에 의하여 제3자에 대한 관계에서는 공탁물의 변제를 받을 기회를 확보하게 되어 변제대용의 효과를 발생하게 하며, 제3자에게 공탁물을 담보로 확보하게 하는 효과가 발생한다.

(4) 상 계

'상계'란 채권자와 채무자가 서로 동종의 채권·채무를 가지는 경우에 그 채권과 채무를 대등액에서 소멸시키는 일방적 의사표시이다. 상계의 주체를 기준으로 하여 상계자가 상대방에 대하여 갖고 있는 채권을 자동채권이라 하고, 반대의 채권을 수동채권이라 한다. '상계적상'(상계의 요건이 충족된 상태)에서 말하는 채무의 이행기가 도래한 때라 함은, 채권자가 채무자에게 이행을 청구할 수 있는 시기가 도래하였음을 의미하며, 이러한 경우는 두 채권이 모두 그 변제기가 도래한 경우와 수동채권의 변제기가 도래하지 아니하였다 하더라도, 그 기한의 이익을 포기할 수 있는 경우를 포함한다.

(5) 경 개

'경개'란 채무의 중요한 부분을 변경함으로써 신채무를 성립시키는 동시에 구채무를 소멸시키는 계약을 말한다. 경개는 구채무에 대한 소멸원인이 된다. 구채무의 소멸과 신채무의 성립이 하나의 경개계약의 내용으로 되어 있기 때문에, 양자 사이에는 인과관계가 존재하여야 한다.

(6) 면 제

'면제'란 채무자에 대한 채권자의 일방적 의사표시로 채무를 소멸시키는 채권의 소멸행위를 말한다. 면제에 의해 채권이 소멸된다는 점에서, 면제는 채권자의 처분행위로서의 법적 성질을 갖지만, 근대입법(독일, 프랑스, 스위스 등)에서는 면제를 계약으로 규정하고 있다. 그리고 면제의 이사표시는 명시적으로는 물론이고 묵시적으로도 가능하다.

(7) 혼 동

'혼동'이란 채권과 채무가 동일인에게 귀속하게 되어 채권을 소멸케 하는 원인을 말한다. 다른 소멸원인과 달리 그 법적 성질은 사건이다.

II. 채권각론

1. 계 약

'계약'이란 양 당사자의 반대방향의 의사표시가 합치되어 성립하는 법률행위를 말한다. 계약이 성립하면 양 당사자에게 법적 구속력 있는 권리·의무가 발생한다. 이에 대하여 법적으로 구속될 의사로서 행하는 것이 아닌 표시행위, 예컨대 산책이나 식사초대 같은 약속은 계약이 아니다. 따라서 이에 위반하더라도 이를 이유로 손해배상 등을 청구할 수 없다.

이러한 계약은 양 당사자의 의사가 합치하기만 하면 성립한다. 여기에서 의사가 합치된다고 하는 것은, 가량 매수인이 1억원에 주택과 그 대지를 사겠다는 의사를 표시하고 매도인이 1억원에 팔겠다는 의사를 표시한 것과 같이, 그 서로의 의사가 합쳐서 하나의 공통된 약속을 이루는 경우를 말한다. 그러나 중요한 거래를 하는 경우에는 통상 계약서를 작성하고 있는데, 이는 거래를 신중하게 하고, 또 당사자들 사이에 합의의 내용을 분명히 하여 장래에 분쟁이 생길 소지를 없앤다는 취지를 가지고 있을 뿐이고 계약의 성립요건은 아니다. 물론 계약서는 재판에서 증거로서 중요시되고 있다. 가령 돈을 꾸어간 사람이 그 사실을 소송에서 부정하는 경우에, 돈을 꾸어준 사람(원고)은 상대방(피고)이 돈을 꾸어 간 사실을 입증하여야 한다. 즉 원고는 증거를 대서 법관으로 하여금 피고가 돈을 꾸어 갔음을 일정한 정도로까지 믿도록 하여야만 승소할 수 있다. 바로 이러한 경우에 계약서는 계약의 중요한 증거가 될 수 있는 것이다.

그리고 부동산거래의 실태를 보면, 계약을 체결하면서 계약금으로 대금의 약 1할 가량을 지급하고, 나머지 대금은 중도금 또는 잔금이라고 하여 몇 번에 나누어 지급하는 것이 통상이다. 이와 같이 애초에 지급하는 계약금은, 계약이 성립되었다는 증거가 되고, 또 대금의 일부를 지급한다는 의미가 있다. 또한 매수인은 이를 포기하고 그 계약을 해제할 수 있고, 또 매도인은 그 2배의 돈을 반환하고 그 계약을 해제할 수 있다(민법 제565조). 그러나 계약을 해제할 수 있는 것은 '당사자의 일방이 이행에 착수할 때까지'에 한정된다. '당사자간에 다른 약정'이 있으면 그 약정이 우선하게 된다. 즉 당사자 사이에 계약금을 주고받았어도 그들이 계약을 해제하지 못하는 것으로 특별히 약정하였으면 계약을 해제하지 못한다.

한편 계약이 성립하면 그 계약은 원칙적으로 그 계약의 내용대로의 효과를 가지게 된다. 예컨대, 돈을 주고 물건을 사는 매매계약을 체결하게 되면, 매도인은 재산권을 매수인에게 이전하여야 할 의무가 발생하고 매수인은 매도인에게 대금을 지급할 의무가 발생한다. 여기서 매수인이 대금지급채무를 부담하는 것은 소유권이전채권을 취득하기 위한 것이고, 매도인의 소유권이전채무도 대금채권을 얻기 위한 것이다. 이와 같이 '다른 것을 받기 위하여 이것을 준다'는 관계에 있는 채권채무를 발생시키는 계약을 쌍무계약이라고 한다. 이에 반하여 대가를 받지 않고 재산을 넘겨주기로 하는 증여계약에서는 증여자만이 일방적으로 채무를 부담하는데, 이러한 계약을 편무계약이라 한다. 특히 쌍무계약에 있어서는 양 당사자는 서로 동시이행의 항변권을 가진다. 즉 쌍무계약의 당사자 일방은 상대방이 그 채무이행을 제공할 때까지 자기 의무의 이행을 거절할 수 있는 것이다.

그리고 당사자들이 매매계약을 체결할 때에는 목적물이나 대금액, 대금지급날짜 등의 중요한 사항을 정할 뿐이고, 대금은 어디서 지급하는지에 대하여는 아무런 합의도 하지 않는 경우가 있다. 민법은 '매매의 목적물의 인도와 동시에 대금을 지급할 경우에는 그 인도장소에서 이를 지급하여야 한다'고 규정하고 있다. 따라서 목적물의 인도와 동시이행의 관계에 있는 매매대금에 관하여는 그 인도장소에서 지급하여야 한다. 이 경우 인도장소는 '채권성립 당시에 그 물건이 있던 장소'이다. 그러나 목적물의 인도와 동시이행의 관계에 없는 대금은 '채권자의 현주소'에서 지급하여야 한다. 즉 민법은 이러한 경우 지참채무의 원칙을 취하고 있다.

(1) 계약의 성립

사례 12 (계약의 성립)

길을 가던 A는 옷가게 쇼윈도마네킹에 걸려 있는 옷이 눈에 들어와 자세히 살펴보았다. 가격표에 20만원이라고 붙어 있었고 이 정도면 약간의 흥정으로 살 수 있겠다고 생각하여 가게 안으로 들어가 점원 B의 허락을 받아 옷을 입어보았다. 마음에 든다고 하자 점원은 그 옷을 포장하여 주었다. 이때 A가 가격을 묻자 점원은 20만원이라고 대답하였고 A는 이에 대해 18만원에 팔라고 하였다. 이를 점원이 거절하자 A는 그럼 살 수 없다고 하여 그냥 나가려고 하였다. 이에 B는 이미 산다고 하여 포장을 했기 때문에 계산을 해주어야 한다고 주장한다. 이 계약은 성립되었는가?

가. 청약과 승낙

계약은 청약과 승낙에 의해 성립한다. '청약'이란 승낙과 결합하여 일정한 내용의 계약을 성립시키는 것을 목적으로 하는 의사표시이고, '승낙'이란 계약을 성립시킬 목적으로 청약에 대해 하는 의사표시이다. 청약은 효력을 발휘한 때에는 이를 철회하지 못하고, 승낙의 내용은 청약의 내용과 같아야 하며 승낙기간 내에 행해져야 한다.

청약과 승낙에 의해 계약이 성립하는 외에도 다른 과정에 의해 계약이 성립하는 경우도 있다. 예컨대, 甲이 乙에게 책 1권을 1만원에 사라고 하고 乙이 이에 대해 승낙을 하는 경우도 있지만, 甲의 乙에 대한 청약과 동시에 乙도 甲에게 책 1권을 1만원에 팔라고 하는 경우도 있을 수 있다. 이때에는 청약에 대한 승낙의 의사표시는 아니지만 그 내용이 일치하고 있으므로 계약의 성립을 부정할 이유가 없다. 이 경우 우리 민법은 甲과 乙의 두 개의 청약이 상대방에게 도달했을 때 계약이 성립한다고 규정하고 있다. 이를 '교차청약'이라 한다.

나. 계약서

'계약서'란 당사자가 계약을 체결하면서 작성하는 서류이다. 특별한 규정이 있는 경우(요식계약)를 제외하고는 계약자유의 원칙에 의하여 계약서가 계약성립의 요건이 되는 것은 아니다. 다만 계약서는 사후에 당사자 사이에 분쟁이 발생했을 때 증거로서의 기능은 할 수 있다.

다. 계약금

'계약금'이란 계약을 체결할 때 당사자 일방이 상대방에 대하여 교부하는 금전 기타의 유가물을 말한다. 계약금도 계약의 성립요건은 아니지만 계약을 체결할 당시에 상대방에게 계약의 이행을 구속하고 위반시 위약금의 기능도 가능하므로 계약금을 교부하는 것이 일반적이다.

사례 12 <해설> (계약의 성립)

1) 문제의 소재
 이 사례는 계약의 성립시기에 관한 것으로 청약과 승낙의 의사표시, 그리고 청약의 유인 등에 대해 검토하여야 한다.

2) 청약과 승낙
 청약이란 승낙과 결합하여 일정한 내용의 계약을 성립시키는 것을 목적으로 하는 의사표시이고, 승낙은 계약을 성립시킬 목적으로 청약에 대해 하는 의사표시이다. 따라서 청약과 승낙의 의사표시는 상대방에게 도달하여야 그 효력이 생기며, 청약의 의사표시와 승낙의 의사표시의 합치가 있을 때 계약이 성립한다.

3) 청약의 유인

청약의 유인이란 청약과 달리 합의를 구성하는 확정하는 의사표시가 아니라 단순히 계약의 체결을 수용할 의사가 있음을 표시하여 타인으로 하여금 청약을 해올 것을 촉구하는 행위를 말한다. 따라서 피유인자가 그에 대응하여 의사표시를 하더라도 계약은 성립하지 않고 다시 유인한 자가 승낙의 의사표시를 하여야 비로소 계약이 성립하게 된다.

4) 사례의 경우

사례에서 어떠한 의사표시를 청약과 승낙의 의사표시로 볼 것인가가 계약성립 여부의 관건이 된다. 이를 판단하기 위해서는 정찰가격이 붙은 상품의 진열행위를 청약으로 볼 것인가 아니면 청약의 유인으로 볼 것인가가 문제된다. 다수설은 정찰가격이 붙은 상품의 진열행위는 청약으로 보는데, 이에 따른다고 하여도 사례의 경우 A는 그 청약에 대해 승낙을 하였다고 보기 어려울 것이다. 흥정을 통해 가격을 깎으려는 의사를 가지고 있었고 20만원에 사겠다고 승낙한 것으로 보이는 행동을 한 것은 아니기 때문이다.

5) 결론

A의 행위는 점원의 청약에 대한 승낙으로 볼 수 없으므로 위 계약은 성립하지 않았다. 따라서 A는 그 어떤 계약상의 의무도 부담하지 않는다.

(2) 계약의 효력

계약이 성립함으로써 양 당사자는 서로 대가적인 채무를 부담(쌍무계약의 경우)하거나 대가적인 출연(유상계약의 경우)을 하게 된다. '쌍무계약'이란 상대방에 대해 서로 급부를 받을 권리와 함께 급부를 이행할 의무를 부담하는 계약을 말한다. 이 경우 양 당사자는 상대방의 이행이 있을 때까지 자신의 채무의 이행을 거절할 수 있다(동시이행의 항변권). '유상계약'이란 양 당사자가 서로 대가적으로 재산상 출연을 하는 계약으로 유상계약의 목적물이 하자가 있는 경우에는 이에 대한 책임을 진다(하자담보책임).

한편 쌍무·유상계약에서 계약 당사자들의 책임없는 사유로 채무의 내용이 불능이 되는 경우 그 채무는 소멸하지만, 이와 견련관계에 있는 상대방의 반대급부의무까지 당연히 소멸하는 것은 아니다. 이때 채무자가 반대급부를 청구할 수 없는 불이익 또는 채권자가 반대급부를 이행하여야 할 불이익을 위험이라고 하는데, 쌍무계약에 있어서 이 위험을 누가 부담하여야 하는가

하는 것이 '위험부담'의 문제이다. 민법상 위험부담은 채무자에게 있다(민법 제537조). 즉 쌍무계약의 당사자 일방의 채무가 쌍방의 책임없는 사유로 이행할 수 없게 된 때에는 채무자는 상대방의 이행을 청구하지 못한다.

(3) 계약의 해제와 해지

가. 계약의 해제

'계약의 해제'란 계약은 유효하게 성립하였는데 계약 당사자의 일방이 그 계약상의 채무를 이행하지 않는 경우에, 상대방이 일정한 요건 하에 그 계약을 처음부터 없었던 것으로 하는 것을 말한다.

해제권자의 일방적 의사표시에 의해 계약이 해제된 경우 그 법률관계가 어떻게 되는지에 관하여, 직접효과설과 청산관계설이 대립한다. '직접효과설'에 의하면, 해제에 의하여 계약은 소급적으로 폐기되고 마치 처음부터 계약이 존재하지 않았던 것과 같은 상태로 된다고 하는 이론이다. 한편 '청산관계설'에 의하면, 해제에 의한 계약의 소급적 소멸을 부정하고 해제 시점까지 이행되지 않은 채무는 장래에 대하여 소멸되지만, 그때까지 존속하였던 채권관계는 원상회복을 위한 청산관계로 변형되어 청산에 준하는 절차가 개시된다고 하는 이론이다.

나. 계약의 해지

'해지'란 당사자의 일방적 의사표시에 의해 계속적 채권관계를 장래를 향해 소멸시키는 것이다. 소급효가 없는 점에서 해제와 구별된다.

(4) 계약의 소멸

계약은 당사자가 계약의 내용대로 이행을 함으로써 소멸한다. 당사자가 계약의 내용대로 이행하는 것을 변제라고 한다. 변제 이외에도 민법상 계약의 소멸원인으로는 대물변제·공탁·상계·경개·혼동 등이 있다. 한편 계약의 효력을 부인하는 것으로 해제와 해지를 들 수 있는데, 해제란 유효하게 성립하고 있는 계약의 효력을 당사자의 일방적인 의사표시에 의하여 처음부터 없었던 상태로 복귀시키는 것을 말하고, 해지란 계속적 채권관계에 있어서 계약의 효력을 장래에 향하여 소멸시키는 일방적 행위를 말한다.

2. 전형계약

민법상 규정되어 있는 전형계약으로는 증여, 매매, 교환, 소비대차, 사용대차. 임대차, 위임, 임치, 고용, 도급, 조합, 화해, 현상광고, 종신정기금 등 14가지의 계약이 있다. 이 중 중요한 것에 대해서만 살펴본다.

(1) 증 여

'증여계약'은 당사자 일방이 무상으로 재산을 상대방에게 수여하는 의사를 표시하고 상대방이 이를 승낙함으로써 성립하는 계약이다. 증여는 무상·낙성·편무·불요식의 계약이다. 증여자는 증여의 목적인 물건 또는 권리의 하자나 흠결에 대하여 원칙적으로 담보책임을 지지 않는다.

(2) 매 매

가. 매매의 성립

'매매계약'은 매도인이 상대방(매수인)에게 재산권을 이전할 것을 약정하고, 매수인은 이에 대하여 대금을 지급할 것을 약정함으로써 성립하는 계약이다. 매도인이 재산권을 이전할 것과 매수인이 그 대가로 대금을 지급할 것에 대하여 의사의 합치가 있으면 성립한다. 목적물과 대금은 반드시 계약체결 당시에 특정될 필요는 없고, 나중에라도 이를 특정할 수 있는 방법과 기준이 정해져 있으면 된다.

나. 매도인의 담보책임

매도인의 담보책임은 매도인의 매매목적물인 물건에 하자가 있거나 또는 권리에 흠결이 있는 경우에, 매도인의 과실을 묻지 않고 매도인이 일정한 책임을 부담하는 제도이다. 타인의 권리를 매매의 목적으로 한 경우, 매도인이 그 타인의 권리를 취득하여 매수인에게 이전할 수 없을 때 매수인은 매도인의 선의와 악의를 불문하고 계약을 해제할 수 있다. 또한 매수인이 선의인 경우 손해배상도 청구할 수 있다. 매매의 목적이 된 권리의 일부가 타인에게 속함으로 인하여 매도인이 이를 취득하여 이전할 수 없는 때에는 매수인은 그 대금의 감액을 청구할 수 있으며, 또한 이로 인하여 잔존 부분만으로는 매수하지 않았을 때에는 선의의 매수인은 계약을 해제하고 손해배상을 청구할 수 있다.

한편 매매의 목적물에 하자가 있는 경우에 선의의 매수인은, 이로 인하여 계약의 목적을 달성할 수 없으면 계약을 해제할 수 있고, 계약의 목적을 달성할 수 있으면 손해배상을 청구할 수 있다. 또한 매매의 목적물을 종류로 지정하더라도 이후 특정된 목적물에 하자가 있는 경우, 선의의 매수인은 위와 동일한 권리를 행사할 수 있으며, 계약의 해제나 손해배상의 청구를 하지 않고 하자 없는 물건의 인도를 청구할 수도 있다.

(3) 환 매

'환매'란 매도인이 매매계약과 동시에 환매할 권리를 유보하는 경우, 일정한 기간 내에 환매권을 행사함으로써 매수인이 수령한 매매대금 및 매수인이 부담한 매매비용을 모두 반환하고 매매목적물을 다시 사는 약정을 말한다. 매도인이 환매기간 내에 환매대금을 제공하고 환매의 의사표시를 함으로써 환매가 성립한다. 하지만 매도인이 환매권을 행사하지 않고 환매기간이 경과하면 환매권은 소멸한다. 환매권은 양도성이 있으므로, 매도인의 채권자는 매수인에 대하여 환매권을 대위행사할 수 있다.

(4) 교 환

'교환'이란 당사자 쌍방이 금전 이외의 재산권을 서로 이전할 것을 약정함으로써 성립하는 계약으로, 쌍무·유상·낙성·불요식의 계약이다. 교환은 당사자 쌍방이 모두 금전 이외의 재산권을 급부로 하는 경우에 성립하며, 당사자 일방이 보충금을 지급하는 경우에도 교환으로 인정하지만, 보충금 부분에 대해서는 매매대금에 관한 규정이 준용된다. 또한 교환의 효력에 관하여도 교환은 유상계약이므로 매매에 관한 규정이 준용된다.

(5) 소비대차

'소비대차'란 당사자의 일방(대주)이 금전 기타의 대체물의 소유권을 상대방(차주)에게 이전할 것을 약정하고 상대방은 동종·동질·동량의 물건을 반환할 것을 약정함으로써 성립하는 낙성·불요식계약이다. 민법상 소비대차는 무상·편무계약이 원칙이나 유상·쌍무계약이 되는 경우도 있다. '소비대차'는 낙성계약이므로 당사자 사이의 의사의 합치가 있어야 하고 특히 이자부 소비대차계약을 체결할 때에는 이자에 관한 특약이 있어야 한다. 소비대차의 목적물은 그 성질상 대체물이어야 한다.

대주는 차주에게 목적물의 소유권을 이전하여야 하고, 이에 대해 담보책임을 진다. 이자부소비대차인 경우에는 유상계약이므로 목적물에 하자가 있는 때에는 매도인의 하자담보책임을 지게 되므로, 계약의 목적을 달성할 수 없으면 차주는 계약을 해제하고 손해배상을 청구할 수 있으며, 이것 대신에 하자없는 완전한 물건의 인도를 청구할 수도 있다. 그리고 무이자소비대차인 경우에는 대주가 목적물에 하자가 있음을 알면서도 이를 차주에게 고지하지 않은 경우에만 담보책임을 진다.

차주는 대주에 대하여 다음과 같은 의무를 부담한다. 첫째, 반환의무를 진다. 즉 차주는 원칙적으로 대주로부터 받은 것과 동종·동질·동량의 물건을 반환하여야 한다. 둘째, 이자부소비대차인 경우 차주는 이자를 지급할 의무를 진다. 이 경우 이율은 당사자 사이의 특약으로 정해지지만 특약이 없는 때에는 이자제한법에 따른다. 셋째, 원본과 이자의 반환을 위하여 담보제공에 관한 특약을 맺는 경우 차주는 담보를 제공하여야 한다.

(6) 사용대차

'사용대차'란 당사자 일방이 상대방에게 사용·수익하게 하기 위하여 목적물을 상대방에게 인도할 것을 약정하고, 상대방은 이를 사용·수익한 후 그 물건을 반환할 것을 약정함으로써 성립하는 계약으로, 무상·편무·낙성·불요식계약이다(민법 제609조). 사용대차는 임대차와 달리 무상이다. 따라서 대주의 담보책임에 관해서는 증여자의 담보책임에 관한 규정이 준용되므로 목적물의 하자에 의해 차주가 손해를 입어도 대주가 그 하자를 알고 고지하지 않은 경우를 제외하고 대주는 손해배상책임을 지지 않는다.

차주는 목적물에 대한 통상의 필요비를 부담하며, 특별필요비와 유익비에 대하여는 그 가액의 증가가 현존하는 경우에 한하여 대주의 선택에 좇아 그 지출금액이나 증가액의 상환을 청구할 수 있다. 사용대차계약이 종료하면 차주는 목적물을 반환하여야 하며, 이 경우 목적물의 성질에 따라 사용·수익한 결과 목적물이 손상되었더라도 그대로 반환하면 된다.

(7) 임대차

'임대차'란 당사자 일방이 상대방에게 목적물을 사용·수익하게 할 것을 약정하고, 상대방이 이에 대한 대가로서 차임을 지급할 것을 약정함으로써 그 효력이 생기는 계약으로, 쌍무·유상·낙성·불요식의 계약이다(민법 제618조). 임대차는 채권계약이므로, 임대인이 그 목적물에 대한 소유권 기타 이를 임대할 권한이 있을 것을 성립요건으로 하지 않는다.

가. 임대차의 존속기간

당사자가 임대차기간을 약정한 경우 그 존속기간은 원칙적으로 20년을 넘지 못하며, 이를 초과하는 기간을 약정한 경우에는 20년으로 단축된다. 임대차를 당사자의 합의로 갱신하는 경우에는 10년을 넘지 않는 범위에서 임대차기간을 갱신할 수 있다. 임대차기간이 만료된 이후에도 임차인이 사용·수익을 계속하는 경우, 임대인이 상당한 기간 내에 이의를 제기하지 않은 때에는 전의 임대차와 동일한 조건으로 다시 임대차한 것으로 본다. 이 경우 당사자는 기간의 정함이 없는 임대차의 경우와 마찬가지로 언제든지 해지의 통고를 할 수 있다.

나. 임대차의 효력

임대인은 차임청구권을 가지며, 목적물인도의무, 방해제거의무, 수선의무 등을 부담한다. 또한 임대차는 유상계약이므로 매매에 관한 규정이 준용되어 임대인은 매도인과 같은 담보책임을 부담한다. 이에 대하여 임차인은 목적물에 대한 사용수익권, 비용상환청구권, 부속물매수청구권, 지상물매수청구권 등을 가지며, 그 밖에 차임지급의무, 임차물보관의무, 임차물반환의무 등을 부담한다. 한편 임차인은 임대인의 동의없이 그 권리를 양도하거나 임차물을 전대하지 못하고, 임차인이 이에 위반한 때에는 임대인은 계약을 해지할 수 있다.

(8) 주택임대차

'주택임대차'란 일반 임대차와 달리 당사자 일방이 상대방에게 특히 주거용건물을 사용·수익케 할 것을 약정함으로써 성립하는 계약을 말한다. 무주택자가 집주인으로부터 집을 세 얻어 사는 경우 그에 대한 법률관계는 민법상의 전세권이나 임대차 규정에 의하여 규율함이 원칙이다. 그런데 민법상의 전세권이나 임대차는 당사자 사이의 자유의사에 의한 계약을 중시하고 그 법률관계를 형식적으로 평등하게 규율하고 있다.

그러나 현실은 경제적 강자인 집주인의 횡포와 자의에 의하여 경제적 약자인 임차인이 부당한 요구를 강제당하고 피해를 입는 경우가 빈번하게 발생하여 심각한 사회문제를 야기시키게 되었다. 이에 따라 무주택자인 임차인의 권리와 지위를 보호하여 주거생활의 안정을 보호하기 위하여 민법에 대한 특례로서 제정된 것이 주택임대차보호법이다.

가. 주택임대차보호법의 적용범위

> **사례 13** (주택임대차보호법의 적용범위)
>
> 乙은 甲의 주택에 세들어 살고 있었는데, 어느 날 甲은 위 주택을 丙에게 팔려 버렸다. 이후 丙이 乙에 대하여 빨리 집을 비워 줄 것을 요구하는 경우, 乙은 어떠한 방법으로 丙에게 대항할 수 있는가?

주택임대차보호법은 주거용건물의 전부 또는 일부의 임대차에 한하여 적용된다. 이 경우 주택은 실제로 주거용으로 사용되고 있으면 족하고, 가옥대장이나 건물대장란에 주거용으로 기재되어 있지 않더라도 본법의 적용을 받게 된다. 따라서 공부상 공장용 건물이나 창고용 건물이라도 건물의 내부구조를 주거용으로 사실상 변경한 경우에는 주택이다. 무허가 건물이라든가 미등기건물이라도 본법의 적용을 받는다. 나아가 임차주택의 일부가 비주거용으로 사용되고 있는 경우에도 본법의 적용을 받는다. 다만 비주거용건물의 일부를 개조하여 주거용으로 사용하는 경우에는 본법의 적용을 받을 수 없다. 동법은 미등기 전세에도 적용된다.

사례 13 <해설> (주택임대차보호법의 적용범위)

1) 문제의 소재

　　甲의 주택에 세들어 살고 있는 乙이 정당한 임차인으로서 주택임대차보호법의 적용을 받아 보호받을 수 있는지의 여부가 문제된다.

2) 주택임차권의 대항력

　　주택임대차는 그 등기가 없는 경우에도 주택의 인도와 주민등록(전입신고)을 마친 때에는 그 익일부터 제3자에 대하여 효력이 생긴다.

3) 주택임대차기간 보장

　　주택임대차의 기간은 당사자간에 자유로이 정할 수 있으며, 기간의 정함이 없거나 기간을 2년 미만으로 정한 임대차는 그 기간을 2년으로 본다.

4) 임차주택 양수인의 임대인 지위의 승계

　　임차주택의 양수인은 임대인의 지위를 승계하므로 종전 임대차계약서에서 정하여진 권리와 의무를 모두 이어받는다. 따라서 보증금이나 전세금의 반환채무는 임차주택의 반환채무와 동시이행의 관계에 있으므로, 당연히 주택의 새로운 양수인 丙이 보증금이나 전세금의 반환의무를 부담한다.

5) 결론

　　사례에서 분명히 나타나 있지는 않지만, 乙이 주민등록을 마친 상태에서 위 주택에 거주하고 있다면 대항력을 갖추었다고 볼 수 있으므로, 乙은 丙에 대하여 남은 임대차기간 동안 계속해서 거주할 것을 주장할 수 있다. 만일 乙의 임대차기간이 만료하였다면 乙은 丙에 대하여 보증금의 반환을 청구할 수 있고, 그때까지는 그 주택을 반환하지 않아도 된다.

나. 주택임대차보호법의 보호내용

(가) 주택임차권의 대항력

　　주택임대차는 그 등기가 없는 경우에도 주택의 인도와 주민등록(전입신고)을 마친 때에는 그 익일부터 제3자에 대하여 효력이 생긴다. 주택의 인도란 주택에 대한 사실상의 점유의 이전을 말한다. 주민등록이란 전입신고로서, 대항요건으로서의 주민등록은 임차인뿐만 아니라 그 배우자나 자녀 등 가족의 주민등록을 포함한다. 그러나 가족과 함께 점유를 계속하면서 가족의 주민등록은 그대로 둔 채 임차인만 일시적으로 주민등록을 옮긴 경우에는 대항력을 상실하지 않는다. 다만 주민등록에 의한 대항력은 물권에 유사한 것이므로 대항력을 갖추기 위한 요건은 취득시뿐만 아니라 계속적으로 유지되어야 한다.

　　제3자에 대하여 효력이 생긴다고 함은 임대인 이외의 자에 대하여도 임차인은 그 주택의 임대차관계를 주장할 수 있다는 것이며, 임대차기간중에 임대주택의 소유자가 변경되더라도 임대인의 지위가 신소유자에게 승계되어 임차인은 계약기간 동안 보증금을 준 경우에는 보증금을 반환받을 때까지 그 집에서 계속하여 생활할 수 있다. 그러나 이미 그 집에 저당권등기나 가압류, 압류등기, 가등기 등이 행하여졌고 그 결과로 경매나 가등기에 의한 본등기에 의하여 소유권자가 변경된 경우에는, 임차권은 소멸되어 임차인은 신소유자에게 대항할 수 없다.

(나) 임차주택양수인의 임대인 지위의 승계

　　임차주택의 양수인이라 함은, 매매나 교환 등의 법률행위에 의하여 임차주택의 소유권을 취득한 자는 물론이고, 상속·공용징수·판결·경매 등 법률의 규정에 의하여 임차주택의 소유권을 취득한 자를 말한다. 이 경우 임차주택의 양수인이 임대인의 지위를 승계한다는 것은, 종전 임대차계약서에서 정하여진 권리와 의무를 모두 이어받는 것으로서, 임차주택의 소유권변동 후에 발생할 차임청구권이 양수인에게 이전하게 된다는 것을 의미한다. 이와 함께 보증금이나 전세금의 반환채무는 임차주택의 반환채무와 동시이행의 관계에 있으므로, 당연히 새로운 양수인이 부담하게 된다는 것을 말한다. 그러나 임차주택의 소유권변동 전에 이미 구체적으로 발생한 차임청구권은 양수인에게 당연히 승계되는 것은 아니고 원칙적으로 양도인에게 유보된다.

(다) 임차인의 우선변제권

주택의 임차인은 주택의 인도와 주민등록을 마치고 임대차계약증서상의 확정일자를 갖추게 되면, 경매 또는 공매시 임차주택의 환가대금에서 후순위 권리자 기타 채권자보다 우선하여 보증금을 변제받을 권리가 있다. 후순위권리자 기타 채권자보다 우선하여 보증금을 변제받을 권리가 있을 뿐이므로 임차인이 인도, 주민등록 및 계약서상의 확정일자를 갖추기 전에 설정된 담보물권보다는 우선하지 못한다.

임대차계약증서상의 확정일자란 공증인이나 법원서기가 그 날짜 현재에 임대차계약서가 존재하고 있다는 것을 증명하기 위하여 확정일자부의 번호를 써넣거나 일자인을 찍는 것을 말하며, 확정일자인을 받는 데에는 임대인의 동의가 필요없다. 우선변제권이 인정되는 보증금의 범위는 제한이 없으므로 다액의 보증금의 경우에도 적용된다. 다만, 임차인이 당해 주택의 양수인에게 대항할 수 있는 경우에는 임대차가 종료된 후가 아니면 보증금의 우선변제를 청구하지 못하며, 우선변제가 인정되더라도 임차인은 임차주택을 양수인에게 인도하지 않으면 보증금을 수령할 수 없다.

(라) 주택임대차기간 보장

주택임대차의 기간은 당사자간에 자유로이 정할 수 있으며, 기간의 정함이 없거나 기간을 2년 미만으로 정한 임대차는 그 기간을 2년으로 본다. 다만, 임차인은 2년 미만으로 정한 기간이 유효함을 주장할 수 있으므로 2년 미만의 약정임대차기간을 주장하고 임대계약을 해지할 수 있다. 임대인이 임대차기간 만료 전 6월부터 1월까지에 임차인에 대하여 갱신거절의 통지 또는 조건을 변경하지 아니하면 갱신하지 아니한다는 뜻의 통지를 하지 아니한 경우에는 그 기간이 만료된 때에 전 임대차와 동일한 조건으로 다시 임대한 것으로 본다. 다만 임차인이 2기의 차임을 연체하거나 기타 의무를 현저히 위반한 때에는 보호받지 못한다.

(마) 임대인의 차임증액청구권의 제한

임대차계약의 당사자는 임대목적물에 대하여 공과부담의 증감 기타 경제사정의 변동으로 인하여 약정한 차임이 상당하지 아니할 때에는 증액이나 감액을 상대방에게 청구할 수 있다. 다만 임대인의 차임증액청구권에 대하여는 일정한 제한이 있다. 즉 증액청구는 약정한 차임 등의 20분의 1의 금액을 초과하지 못하며, 임대차계약 또는 약정한 차임 등의 약정이 있은 후 1년 이내에는 이를 하지 못하게 하고 있다.

(바) 소액보증금 우선특권

주택임대차보호법 시행령에서 규정하는 일정 범위의 임차인은 소액보증금에 관하여 다른 담보물권자보다 우선하여 변제받을 수 있다. 이 경우에는 임대차계약서상의 확정일자를 받을 것을 요하지는 않는다.

(사) 임차권등기명령제도

임대차가 종료된 후 보증금을 반환받지 못한 임차인은 임차주택의 소재지를 관할하는 지방법원·지방법원지원 또는 시·군 법원에 임차권등기명령을 신청할 수 있다. 임차권등기가 경료되면 임차인은 대항력과 우선변제권을 취득하며, 임차인이 임차권등기 이전에 이미 대항력 또는 우선변제권을 취득한 경우에는 그 대항력 또는 우선변제권은 그대로 유지된다. 또한 임차인의 임차권등기 이후에는 임차권의 대항력을 상실하더라도 이미 취득한 대항력 또는 우선변제권을 상실하지 아니한다.

(아) 보증금의 회수

임차인이 임차주택에 대하여 보증금반환청구소송의 확정판결 기타 이에 준하는 채무명의에 기한 경매를 신청하는 경우에는 반대의무의 이행 또는 이행의 제공을 집행개시의 요건으로 하지 아니하도록 하였다. 종전에는 임차인이 채무명의에 기하여 임차주택에 대하여 경매를 신청하기 위해서는 집을 비워주어야 하기 때문에, 만약 경매를 신청하기 위하여 집을 비워주게 되면 대항력과 우선변제권이 소멸하여 임차인은 일반채권자의 지위로 전락하게 되어버리는 결과가 되어 이를 개정한 것이다.

(자) 임차권의 승계

임차인과 사실상의 혼인관계에 있는 자는 민법상 재산상속권이 없으므로, 임차인이 상속권자 없이 사망한 경우에 당해 주택임차권 및 보증금 등 반환청구권은 국가에 귀속되고(물론 특별연고자에 대한 분여제도에 의하여 사실상 혼인관계에 있는 자가 임차권을 승계할 수는 있다), 상속권자가 있는 경우에는 그 상속권자가 주택임차권 및 보증금 등의 반환청구권을 상속하게 된다. 그리하여 사실상의 혼인관계에 있는 자는 임차인의 사망으로 그 임차주택에서 쫓겨나는 신세가 되고 만다.

이러한 불합리를 제거하고 임차인과 사실상의 혼인관계에 있었던 배우자의 주거생활의 안정을 보장하기 위하여, 임차인이 상속권자 없이 사망한 경우에는 당해 임차권이 그 주택에서 임차인과 함께 살고 있던 사실상의 혼인관계에 있는 자에게 승계되도록 하였다. 또한 임차인에게 상속권자가 있는 경우에도 그 상속권자가 임차인과 함께 살고 있지 않았을 경우에는, 임차권은 사실상의 혼인관계에 있는 자와 비동거자인 상속권자 중 2촌 이내의 친족이 공동으로 승계하도록 하였다.

3. 사무관리

'사무관리'란 법적 의무 없이 타인을 위하여 그의 사무를 처리하는 행위를 말한다. 사무관리가 인정되는 이유에 관하여, 통설은 일정한 경우 사회연대나 상호부조의 이상에서 타인의 사무를 관리하는 행위를 적법한 것으로 인정하고, 이에 대한 타당한 법적 규율을 하기 위하여 사무관리제도가 생성된 것이라고 한다. 한편 사무관리자가 일단 사무관리에 착수하게 되면 위임과 유사한 법정채권관계가 발생하므로 사무관리자는 수임자와 동일한 의무를 부담한다. 따라서 관리자는 선량한 관리자의 주의의무를 부담하며, 그 밖에도 관리계속의무, 관리개시통지의무, 계산의무 등을 진다. 이에 대해 본인은 비용상환의무 및 손해배상의무 등을 부담한다.

4. 부당이득

'부당이득'이란 법률상 원인 없이 타인의 재화나 노무로부터 이익을 얻은 자에 대해 그 이득을 부당이득으로서 원래의 권리자에게 반환하도록 하는 것을 말한다. 부당이득이 성립하면 손실자는 수익자에 대하여 이득에 대한 반환청구권을 가진다. 이때 반환하여야 하는 것은 이득한 원물이며, 원물반환이 불능인 때에는 가격에 의해 상환한다. 부당이득반환청구권의 소멸시효기간은 10년이다. 반환의무의 범위는 수익자가 선의인 경우에는 현존이익을 반환하면 되지만, 악의인 경우에는 받은 이익에 이자를 붙여 반환하고 손해가 있으면 이를 배상하여야 한다.

5. 불법행위

'불법행위'란 고의 또는 과실로 인한 위법행위로 타인에게 손해를 가하는 행위로서 피해자에 대해 손해배상이라는 채무를 발생시키는 행위를 말한다. 일반적으로 채권·채무 등 법률효과는 당사자의 의사표시에 의해 발생하지만 불법행위에 의한 손해배상의 의무는 당사자의 의사와는 관계없이 위법행위에 의해 발생하는 것이 특징이다.

불법행위는 일반불법행위와 특별불법행위로 나누어진다. '일반불법행위'는 그 성립요건으로서 고의 또는 과실이 요구되고 그 입증책임은 원고인 피해자에게 있는 불법행위이고, '특별불법행위'는 성립요건으로 고의 또는 과실이 요구되지 않거나 혹은 그 입증책임이 피고인 가해자에게 전환되는 불법행위 및 연대책임이 발생하는 공동불법행위를 말한다.

(1) 일반불법행위의 성립요건

가. 고의·과실

'고의'란 일정한 결과가 발생하리라는 것을 알면서도 감히 이를 행하는 것을 말하고, '과실'이란 일정한 결과가 발생한다는 것을 알고 있었어야 함에도 불구하고 부주의로 그것을 알지 못한 채 행위를 하는 것을 말한다. 그리고 일정한 결과가 발생할지도 모른다는 것을 인식하면서 이를 용인하고 감행하는 경우를 '미필적 고의'라 하고, 그러한 결과의 발생을 인식하기는 했지만 스스로 그 결과를 피할 수 있다고 믿었는데 결과가 발생한 경우를 '인식있는 과실'이라고 한다.

불법행위에 의한 손해배상의 경우 손해의 전보에 목적이 있으므로 고의와 과실에 차이를 두지 않는다. 따라서 불법행위에서는 과실을 중심으로 논의가 이루어진다. 불법행위에서 요구되는 과실은 원칙적으로 추상적 경과실이다. '추상적 과실'이란 주의의 기준을 일반인에게 두는 것이고, '구체적 과실'이란 그 기준을 행위자 개인의 능력에 두는 것이다. 경과실과 중과실은 부주의의 정도에 따라 구분된다. 일반적으로 과실이란 경과실을 의미하고 중과실인 경우에는 법에 특별히 규정되어 있다

원칙적으로 고의·과실에 대한 입증책임은 그 성립을 주장하는 피해자에게 있다. 다만 특수불법행위인 경우에는 그 입증책임이 가해자에게 있다. 이를 '입증책임의 전환'이라고 한다. 이러한 경우에는 가해자가 자신에게 고의 또는 과실이 없었음을 입증하여야 면책된다.

나. 책임능력

사례 14 (책임능력)

고등학생인 甲의 딸이 학교에서 불량서클에 가입하고 있는 상급생 乙과 그 친구들로부터 집단폭행을 당하여 전치 4주의 상해를 입었다. 甲의 딸이 乙에 대하여 치료비 등의 손해를 배상받을 방법은?

(가) 책임능력의 의의

'책임능력'이란 자기행위의 책임을 변별할 수 있는 능력을 말한다. 즉 자기행위의 결과가 위법한 것이어서 법률상 비난받을 행위라는 사실을 인식할 수 있는 정신능력을 의미한다. 책임능력은 일반인에게는 갖추어져 있는 것이 보통이므로 피해자가 이를 입증할 필요는 없고 가해자가 책임을 면하려면 스스로 책임무능력자라는 것을 입증해야 한다.

(나) 책임무능력자

　　민법상 '책임무능력자'란 미성년자로서 행위의 책임을 변식할 지능이 없는 자와 심신상실자를 말한다. 따라서 이들 이외의 자는 책임능력이 있는 것으로 인정된다. 미성년자라고 해서 모두 책임능력이 없는 것이 아니라 그 중 책임변식지능을 갖추지 못한 자만이 책임무능력자가 된다. 판례는 대체로 15세부터 책임변식능력을 갖추는 것으로 본다.

　　'심신상실자'는 책임능력이 없다. 심신상실의 상태는 행위 당시에 있으면 되고 지속적일 필요는 없으며, 민법상 제한능력자와는 다르다. 따라서 민법상 제한능력자인지의 여부와 관계없이 행위 당시에 심신상실의 상태에 있지 않았으면 책임능력이 있고, 행위 당시에 심신을 상실하고 있었으면 책임능력이 인정되지 않는다. 다만 스스로 고의 또는 과실로 심신상실을 초래한 때, 예컨대 폭음을 하여 심신상실의 상태에서 타인에게 손해를 입힌 때에는 손해배상의 책임이 있다.

사례 14 <해설> (책임능력)

1) 문제의 소재

　　乙의 행위는 불법행위이므로 乙에게 손해배상책임을 묻기 위해서는 乙의 책임능력이 문제된다. 또한 乙에게 책임능력이 인정되어도 미성년자로서 무자력일 경우 그 친권자에게 손해배상을 청구할 수 있는지도 문제된다.

2) 미성년자의 책임능력

　　민법상 책임무능력자로서는 미성년자로서 행위의 책임을 변식할 지능이 없는 자와 심신상실자가 있다. 따라서 이외의 자는 책임능력이 있는 것으로 인정된다. 미성년자라고 해서 모두 책임능력이 없는 것이 아니라 그 중 책임변식지능을 갖추지 못한 자만이 책임무능력자가 된다. 판례는 대체로 15세부터 책임변식능력을 갖추는 것으로 본다. 따라서 판례에 따를 때 乙은 미성년자이지만 책임변식능력이 있다고 보여지므로 책임능력이 인정된다. 그러나 甲의 딸이 乙에게 불법행위책임을 물어도 현실적으로 고등학생인 乙로서는 무자력으로 배상할 능력이 없기 때문에 그의 친권자인 乙의 부모에게 책임을 물을 수 있는지가 문제된다.

3) 미성년자의 불법행위에 대한 감독자의 책임

　　판례에 의하면, 민법 제750조에 근거하여 책임능력 있는 미성년자의 불법행위로 인한 손해가 감독의무자의 의무위반과 상당인과관계가 있는 경우에는 미성년자의 불법행위책임과는 별도로 감독의무자는 일반불법행위자로서 손해

배상책임을 부담한다(민법 제750조). 다만 이러한 경우 그 상당인과관계의 존재
는 피해자가 증명하여야 한다.

4) 결론

　甲의 딸은 乙에 대해 불법행위책임을 묻는 것과 별도로 그의 부모에 대해
감독자책임을 물어 손해배상을 청구할 수 있다. 다만 그 부모의 감독의무위반
과 자신이 입은 손해와의 사이에 상당인과관계가 있음을 입증해야 한다.

다. 위법성

(가) 위법성의 의의

'위법성'이란 그 행위로 인해 권리의 침해가 발생하고 그것이 법질
서를 위반하는 것을 말한다. 위법성의 판단대상에 대하여 결과의 불법이냐
아니면 행위의 불법이냐에 대한 논의가 있지만 이를 구별하여 어느 하나만
으로 위법성을 판단하기는 곤란할 것이다. 일반적으로는 위법성이 있더라
도 특별한 사유에 의해 위법성이 없는 것으로 되는 경우가 있는데, 이러한
사유를 위법성조각사유라고 한다.

(나) 민법상 위법성조각사유

민법이 규정하고 있는 위법성조각사유는 형법의 경우에서와 달리
정당방위와 긴급피난의 두 가지이지만, 그 밖에 자력구제, 피해자의 승낙,
정당행위 등의 경우에도 위법성이 조각된다.

라. 손해의 발생

불법행위가 성립하려면 가해행위에 의하여 현실적으로 손해가 발
생하여야 한다. '손해'란 가해행위가 없는 경우의 피해자의 재산적·정신적
상태와 가해행위에 의해 야기된 현실상태와의 차이를 말한다. 손해는 재산
적 손해와 정신적 손해로 나누어지며, '재산적 손해'는 다시 기존의 재산이
감소한 적극적 손해(입원비, 치료비 등)와 증가해야 될 재산이 증가하지 않은
소극적 손해(입원기간 동안에 일을 하지 못하여 상실하게 된 소득)로 나누어진다. '정
신적 손해'에 대한 배상을 위자료라고 한다.

마. 인과관계

불법행위가 성립하려면 그 손해가 가해자의 행위로 인하여 발생하였어야 한다. 즉 가해자의 행위와 손해 사이에 '상당인과관계'가 있어야 한다. 따라서 가해행위가 없었더라도 손해가 발생할 수 있는 경우라면 인과관계는 없는 것이 된다. 이러한 인과관계의 입증책임은 특수한 경우가 아닌 한 원고인 피해자에게 있다고 보는 것이 일반적이다.

(2) 특수불법행위

가. 특수불법행위의 의의

'특수불법행위'란 일반불법행위와는 달리 민법이나 특별법에 특수한 성립요건이 정해져 있는 불법행위이다. 특수불법행위에는 책임무능력자의 감독자의 책임, 사용자책임, 공작물의 점유자 및 소유자의 책임, 동물점유자의 책임, 공동불법행위책임, 자동차운행자의 책임, 공해책임, 제조물책임, 의료과오책임 등이 있다.

나. 특수불법행위의 유형

(가) 책임무능력자의 감독자의 책임

책임무능력자는 손해배상의 책임을 지지 않지만 그 감독자는 책임을 진다. 다만 이때의 책임은 불법행위 자체의 과실책임이 아니라 책임무능력자에 대한 감독을 게을리한 데 대한 과실책임이다. 따라서 감독자는 무조건 책임을 지는 것이 아니고, 감독의무를 게을리한 경우에만 책임을 지는 것이다. 이러한 점에서 '상대적 무과실책임'이라고 한다. 입증책임은 감독자에게 전환되어 있어 감독자는 자신에게 감독의무를 게을리한 과실이 없음을 입증하지 못하는 한 면책되지 않는다(중간책임).

'책임무능력자의 감독자'란 법정감독의무자로서 친권자나 후견인 등을 말한다. 그리고 탁아소의 보모, 유치원과 초등학교의 교원 등과 같은 대리감독자도 여기에 포함된다. 법정감독의무자와 대리감독자의 책임은 서로 배척되는 것이 아니고, 각각의 감독의무위반에 따라 양자가 책임진다.

이때 양자의 책임은 '부진정연대채무'이다. 따라서 피해자는 전부의 배상을 받을 때까지 어느 쪽에 대해서도 책임을 물을 수 있다.

(나) 사용자의 책임

'사용자책임'이란 타인을 사용하여 어느 사무에 종사하게 한 경우 피용자가 그 사무집행에 관하여 제3자에게 손해를 가한 때에 그 사용자가 책임을 지게 되는 것을 말한다. 즉 사용자는 피용자에 대한 선임 및 감독상의 과실이 있는 경우에 사용자가 배상책임을 지게 되고 이때의 입증책임 또한 사용자에게 있으므로, 사용자가 상당한 주의를 했다는 사실을 입증하지 못하는 한 면책되지 못한다.

따라서 피용자가 불법행위를 한 경우에는 피용자는 일반불법행위 책임을 지게 되고, 사용자는 사용자배상책임을 지게 된다. 이때 이들의 책임 역시 '부진정연대채무'이다. 또한 사용자를 대신하여 사무를 감독하는 감독자도 사용자와 동일한 책임을 진다. 한편 사용자나 감독자가 배상을 한 때에는 피용자에 대하여 '구상권'을 행사할 수 있다.

(다) 공작물의 점유자 및 소유자의 책임

공작물의 설치 또는 보존의 하자로 인하여 타인에게 손해를 준 경우, 1차적으로 공작물의 점유자가 책임을 지지만, 그가 손해의 방지에 필요한 주의를 다하여 면책되는 때에는 2차적으로 공작물의 소유자가 그 책임을 진다. 이때 소유자는 면책되지 않는다. 이를 공작물의 '점유자 및 소유자의 책임'이라고 한다. 따라서 공작물의 점유자 및 소유자의 책임은 2단계로 나뉘어 있으며, 1차적인 점유자의 책임은 중간책임이고, 2차적인 소유자의 책임은 무과실책임이다.

'공작물'이란 인공적 작업에 의하여 만들어진 물건으로 건물·탑·교량·저수지·담 등이 이에 해당한다. 이러한 공작물을 국가나 지방자치단체가 설치하여 관리하는 경우에는 국가배상법에 의하여 국가나 지방자치단체가 책임을 진다. 점유자나 소유자가 배상을 한 때에는 그 손해의 원인에 대하여 책임있는 자에 대하여 구상권을 행사할 수 있다.

(라) 동물 점유자의 책임

'동물의 점유자'는 그 동물이 타인에게 손해를 가한 경우 그 보관에 상당한 주의를 게을리하지 않은 때를 제외하고 배상할 책임이 있다. 이 경우의 입증책임도 점유자에게 있다. 점유자를 대신하여 동물을 보관하고 있는 자도 점유자와 마찬가지로 배상책임을 진다.

(마) 공동불법행위책임

'공동불법행위'란 수인이 공동으로 불법행위를 하여 타인에게 손해를 입히는 행위를 말한다. 민법상 규정하고 있는 공동불법행위의 유형은, 수인이 공동으로 불법행위를 하여 손해를 입히는 경우, 공동이 아닌 수인의 행위 중 누구의 행위로 손해가 발생한 것인지 알 수 없는 경우, 그밖에 교사자 및 방조자에 해당하는 경우 등이다. 공동불법행위를 한 자는 연대하여 배상책임을 진다. 이는 부진정연대채무라고 할 수 있는데, 일반적인 부진정연대채무에서와는 달리 공동불법행위의 경우에는 각 불법행위자 간의 과실의 비율에 따른 구상권을 인정한다.

(바) 자동차 운행자의 책임

'자동차 운행자의 책임'은 자기를 위하여 자동차를 운행하는 자가 운행으로 인하여 사람이 사망하거나 부상한 경우 또는 재물이 멸실이나 훼손된 경우에 이에 대한 배상책임을 지는 것으로 이는 자동차손해배상보장법에 의해 규율된다. 여기에서 말하는 사람에는 자동차의 운전자, 운행자, 운전보조자 등은 포함되지 않지만, 호의동승자는 포함된다. 다만 호의동승자의 경우에는 그 배상액을 경감할 수 있다.

자동차의 운행자에 해당하지 않는 자로서 승객이 사상한 경우에는 그 승객의 고의나 자살행위로 인한 사고가 아닌 한 자동차의 운행자가 책임을 진다. 한편 승객 이외의 자가 사상한 경우에는 자동차의 운행에 주의를 게을리하지 않았다는 사실, 피해자나 제3자에게 고의 또는 과실이 있었다는 사실, 자동차의 구조상 결함이나 기능의 장해가 없었다는 사실 등을 입증하지 못하는 한 자동차 운행자에게 배상책임이 있다.

(사) 공해책임

'환경오염'으로 인하여 타인에게 손해를 입힌 때에는 그 손해를 배상하여야 한다. 공해사건인 경우에는 그 입증이 매우 곤란하다. 그리하여 판례는 입증책임을 완화하여 가해행위와 손해 사이에 인과관계가 존재한다는 상당한 정도의 가능성만 피해자가 입증하면 가해자가 반증을 대지 못하는 한 인과관계가 있는 것으로 보는 소위 '개연성이론'에 의해 인과관계를 사실상 추정하고 있다.

(아) 제조물책임

'제조물책임'이란 결함 있는 제품으로 인해 소비자나 이용자 또는 기타의 자가 인적·재산적 손해를 입은 경우에 그 제조자가 발생한 손해에 대하여 책임을 지는 것을 말한다. 제조물책임은 제조물책임법에 의해 규율되는데, 이 법에 의하면 제조물책임은 제조 또는 가공된 물건의 결함으로 타인의 생명·신체·재산에 손해를 입힌 경우에 인정되는 것으로 제조업자는 '개발위험의 항변'을 통해 면책될 수 있다. '개발위험의 항변'이란 제조업자가 제조물을 인도할 당시의 과학기술상 객관적으로 결함을 인식할 수 없었다는 주장을 말한다. 제조물책임에 따른 손해배상청구권은 피해자 등이 손해 및 배상의무자를 안 날로부터 3년 내에, 제조업자가 당해 제조물을 인도한 때로부터 10년 내에 행사하여야 한다.

(자) 의료과오책임

의사는 의료계약에 의해 환자에 대해 의료를 하여야 할 채무를 지게 되는데, 의사가 이러한 채무를 위반하여 환자에게 손해를 준 때에는 채무불이행에 따른 손해배상책임과 불법행위에 의한 손해배상책임을 진다. 일반적으로 불법행위에 의한 손해배상을 청구하는 경우가 많은데, 그것은 양자간에 입증책임에 별 차이가 없고, 불법행위에 있어서는 위자료의 배상에 관한 명문규정이 있기 때문이다(민법 제751조, 제752조).

의료과오에 대해 불법행위에 기한 손해배상을 청구하려면 의사에게 과실이 있다는 점과 그로 인해 손해가 발생하였다는 사실을 입증하여야 한다. 이러한 입증은 의료행위의 전문성·밀실성 등으로 매우 어려운 일이 므로 그 입증책임을 완화할 필요가 있을 것이다. 의사의 의료행위에 있어서 의사는 환자에 대해 설명의무를 지는데, 이 의무를 위반한 경우 환자가 설명이 없었음을 입증하기만 하면 위자료를 청구할 수 있다.

(3) 불법행위의 효과

가. 손해배상의 방법

불법행위가 성립하면 가해자는 피해자에 대하여 손해의 배상을 하여야 한다. 즉 불법행위가 있으면 피해자는 가해자에 대해 손해배상청구권을 가지게 되는 것이다. 손해배상의 방법으로는 원상회복주의와 금전배상주의가 있는데, 우리 민법은 금전배상주의를 원칙으로 한다. 다만 명예훼손에 대한 손해배상의 방법으로는 손해배상에 대신하거나 또는 손해배상과 함께 명예회복에 관한 적당한 처분을 명할 수 있다고 하여 원상회복적 구제를 인정한다. 적당한 처분으로는 패소한 민사소송배상판결문의 신문·잡지에의 게재, 명예훼손기사의 취소광고, 형사명예훼손죄의 유죄판결문의 신문·잡지에의 게재 등이 있으며, 사죄광고는 양심의 자유에 저촉된다 하여 헌법재판소에 의해 위헌결정을 받았다.

나. 손해배상의 범위와 금액

불법행위로 인한 손해배상은 '통상손해'의 배상을 원칙으로 하고, 특별한 사정으로 인한 소위 '특별손해'는 가해자의 예견 가능성을 전제로, 즉 특별사정을 알았거나 알 수 있었을 경우에 한하여 배상책임을 지운다. 그리고 손해배상액산정은 불법행위시를 기준으로 한다.

손해배상액은 재산적 손해와 정신적 손해를 포함하며, 재산적 손해는 다시 적극적 손해와 소극적 손해로 나누어진다. 다만 불법행위로 피해자가 손해를 입는 동시에 이익을 얻은 경우에는 그 이익을 공제해야 하는데, 이를 '손익상계'라고 하며, 불법행위에 피해자의 과실도 있는 경우에는 그 과실을 참작해야 하는데, 이를 '과실상계'라고 한다.

그리고 손해가 고의 또는 중대한 과실에 의한 것이 아니고 또 그 배상으로 인하여 배상자의 생계에 중대한 영향을 미치게 될 경우에는 배상의무자는 법원에 대해 배상액의 경감을 청구할 수 있다. 물론 당사자간에 배상액에 대하여 합의를 할 수 있다. 이러한 합의는 약정한 금액을 받고 배상청구권을 포기하는 일종의 화해계약이지만, 합의 당시에 예상하지 못한 후발손해(후유증)에 대한 배상청구권까지 포기한 것은 아니므로, 이에 대해서는 따로 손해배상을 청구할 수 있다.

다. 청구권자 및 소멸시효

직접적인 피해자가 손해배상청구권을 가지는 것은 물론이지만, 생명이 침해된 경우에는 피해자의 직계비속과 직계존속 및 배우자는 정신적 고통에 대한 손해배상청구권을 가진다. 이를 '위자료 청구권'이라고 한다. 또한 법인이나 태아도 불법행위에 대하여 손해배상을 청구할 수 있다. 이러한 손해배상청구권은 양도성과 상속성이 있다.

한편 불법행위로 인한 손해배상청구권은 피해자나 그 법정대리인이 그 손해 및 가해자를 안 날로부터 3년간, 불법행위가 있은 날로부터 10년간 행사하지 아니하면 시효로 인하여 소멸한다.

제4. 친족법

I. 친족법 총설

1. 친 족

'친족'이란 자신과 혈연 또는 혼인으로 맺어진 사람들을 말한다. 친족은 혈연으로 맺어진 혈족(血族)과 혼인으로 맺어진 배우자 및 인척(姻戚)으로 나눌 수 있다(민법 제767조).

혈족의 기준이 되는 '혈연'이란 자연혈연뿐만 아니라 법정혈연도 포함되므로, 양부모와 양자 사이도 혈연관계에 있다고 한다. 혈족에는 상하의 계통이 있기 마련인데, 그 계통이 직접적인 경우를 직계(直系)혈족, 간접적인 경우(내가 직접 연결되는 것이 아니라 조상으로 올라갔다가 내려와야 하는 경우로서, 나와 숙부 사이 또는 나와 조카 사이)를 방계(傍系)혈족이라고 한다(민법 제768조). 직계혈족은 부모·조부모·증조부모 등과 같이 조상에서 자기에 이르기까지 이어 내려온 존속(尊屬)과, 자녀·손자·증손자 등과 같이 자기로부터 아래로 이어 내려가는 비속(卑屬)으로 다시 나눈다. 직계혈족은 자기로부터 그 사람에 이르는 세수(世數)가 촌수가 되고(나와 부모는 1촌, 손자는 2촌), 방계혈족은 자기와 그 사람 사이의 공동조상으로 올라갔다가 다시 내려온 세수로 촌수를 삼는다(나와 부모의 형제자매는 3촌, 증조부모의 자녀와는 4촌).

배우자 및 인척의 기준이 되는 '혼인'이란 혼인신고를 마친 법률상 혼인만을 가리킨다. 인척에는 혈족의 배우자(가령 새엄마), 배우자의 혈족(가령 시동생), 배우자의 혈족의 배우자(가령 동서)가 있다(민법 제769조. 반면에 가령 사돈지간과 같은 혈족의 배우자의 혈족은 친족이 아니다). 배우자의 촌수는 무촌 내지 0촌이고('남'자에 점 하나만 지우면 '님'), 인척의 촌수는 자신의 배우자와 그 사람 사이의 촌수가 그대로 내 촌수가 된다(배우자의 6촌이면 나에게도 6촌).

　친족관계가 영원한 것은 아니고 일정한 경우에 소멸한다. 자연혈족관계는 출생에 의하여 발생하고 사망에 의하여 소멸한다. 반면에 입양으로 인한 법정혈족관계는 입양의 취소 또는 파양(罷養)으로 종료한다(민법 제776조). 혼인으로 발생하는 인척관계는 혼인이 취소되거나 부부가 이혼한 때 또는 부부 일방이 사망한 후 생존배우자가 재혼한 때에 종료한다(민법 제775조).

2. 친족의 법률상 의미

　1) 원래 친족이란 조선시대의 유복친(有服親) 제도, 즉 어떤 사람이 사망했을 때에 상복을 입어야 하는 사람의 범위에서 비롯하였다. 그러나 오늘날 법률에서 말하는 '친족'이란 원칙적으로 배우자, 8촌 이내의 혈족, 4촌 이내의 인척을 의미한다(민법 제777조).

<법률상 친족의 범위>

배우자 (법률혼 배우자)			
8촌 이내 혈족	직계혈족	직계존속	(예) 부모, 조부모
		직계비속	(예) 자녀, 손자
	방계혈족	방계존속	(예) 숙부, 이모
		방계비속	(예) 조카, 조카손자
4촌 이내 인척	배우자의 혈족		(예) 시동생, 처제
	혈족의 배우자		(예) 새엄마, 형부
	배우자의 혈족의 배우자		(예) 동서
제외	혈족의 배우자의 혈족 (×)		(예) 사돈

　2) 법률상 친족이냐 아니냐에 따라서 다음과 같은 차이가 있다(법률상 친족 전부에게 적용되는 경우와 그 중 일부에게만 적용되는 경우가 있음).

　　가) 민법은 친족을 기준으로 하여 실체법적인 권리 또는 의무를 직접 부여한다. 예컨대, 甲이 乙에게 재산을 증여하였으나 乙이 甲의 배우자나 그

직계혈족에 대하여 범죄행위를 하였다면, 甲은 증여를 해제할 수 있고(민법 제556조 제1항 제1호), 乙이 불법행위로 甲의 생명을 해쳤다면 甲의 배우자와 그 직계혈족은 자신들에게 재산상 손해가 없더라도 乙에게 위자료(정신적 손해배상)를 청구할 수 있다(민법 제752조). 또한 甲이 유언 없이 사망하면 그의 재산은 배우자, 직계혈족, 4촌 이내의 방계혈족에게 상속된다(민법 제1000조 및 제1003조). 그리고 직계혈족 및 그 배우자, 생계를 같이 하는 친족(8촌 이내 혈족 또는 4촌 이내 인척) 사이에는 자력 또는 근로에 의하여 생활을 유지할 수 없는 경우에 서로 부양할 의무가 있다(민법 제974조).

나) 민법은 일정한 경우에 어떤 법률행위나 법적 자격을 친족에게만 허용하거나 허용하지 않기도 한다. 예컨대, 가까운 친족 사이의 혼인, 즉 근친혼은 무효가 되거나 또는 그 혼인이 취소될 수 있다. 즉 8촌 이내의 혈족과의 혼인은 근친혼에 해당하여 무효이고 직계인척(배우자의 직계혈족과 그 배우자, 예컨대 장모, 시아버지, 계모, 계부 등)이거나 이었던 사람과의 혼인도 무효이다. 또한 6촌 이내의 혈족의 배우자, 배우자의 6촌 이내의 혈족, 배우자의 4촌 이내의 혈족의 배우자 관계에 있거나 있었던 사람 등과의 혼인은 민법 제817조 후단에 의하여, 직계존속 또는 4촌 이내의 방계혈족의 청구로 취소될 수 있다. 한편 피후견인을 상대로 소송을 하였거나 하고 있는 사람의 배우자와 그 직계혈족은 후견인이(민법 제937조 8호), 유언에 의하여 이익을 받은 사람의 배우자와 그 직계혈족은 유언에 참여하는 증인(민법 제1072조 제1항 3호)이 각각 될 수 없다.

다) 민법은 일정한 경우에 가정법원에 각종 청구를 할 수 있는 절차법적 권리를 친족에게 부여한다. 예컨대, '배우자와 4촌 이내의 친족'(혈족 또는 인척)은 질병, 장애, 노령, 그 밖의 사유로 인한 정신적 제약으로 자기 사무를 처리할 능력이 지속적으로 결여된 사람이 있으면 성년후견개시의 심판에 관한 청구를 가정법원에 할 수 있다(민법 제9조). 또한 '친족'(배우자, 8촌 이내 혈족, 4촌 이내 인척)은 부 또는 모가 친권을 남용하거 현저한 비행 기타 친권을 행사시킬 수 없는 중대한 사유가 있으면 친권의 상실에 관한 청구를(민법 제924조), 미성년자의 재산을 친권자가 부적당하게 관리하여 위태롭

게 하면 대리권 및 재산관리권의 상실에 관한 청구를(민법 제925조), 이상의
원인이 소멸하면 실권의 회복에 관한 청구를(민법 제926조), 미성년자의 친권
자가 후견인을 지정하지 않고 사망하면 후견인 선임에 관한 청구를(민법 제
932조 제1항) 각각 가정법원에 제기할 수 있다.

　　라) 민법 외에 형법에서는 친족관계가 있으면 형벌이 감면되기도
하고 반대로 가중되기도 한다. '감면'되는 예로는 범인은닉죄(형법 제151조 제
2항), 증거인멸죄(형법 제155조 제4항) 등 다수가 있고, '가중'되는 예로는 자기
또는 배우자의 직계존속에 대해서만 인정되는 각종 존속죄(형법 제250조 제2
항, 제257조 제2항, 제258조 제3항 등)가 있다.

　　마) 민사소송법이나 형사소송법을 보면 친족관계는 재판의 담당이
나 증언 및 감정 등에 있어서 장애사유가 된다(민사소송법 및 형사소송법의 각 해
당규정 참조). 그 밖에도 상속세 및 증여세법, 국민연금법, 국민기초생활 보장
법, 소년법, 보호시설에 있는 미성년자의 후견직무에 관한 법률, 형사보상
법, 가족관계의 등록에 관한 법률 등 많은 법률에서 친족관계로 인하여 발
생하는 특별한 효과를 각각 규정하고 있다.

3. 친족과 가족의 차이

　일상생활에서는 친족이라는 말보다는 가족이라는 말이 더 자주 사용된
다. 하지만 가족의 개념은 심리적·사회적·문화적으로 다양하게 파악될 수가
있기 때문에 법률에서 획일적으로 정의하기가 곤란하다. 그럼에도 불구하고
민법은 2005년 3월 31일 개정에서 가족의 범위를 '배우자, 직계혈족 및 형
제자매' 그리고 '직계혈족의 배우자, 배우자의 직계혈족 및 배우자의 형제자
매'라고 규정하고 있다(민법 제779조). 민법상 가족의 내용을 보면 친족보다는
좁은 개념임을 알 수가 있는데, 법률에 따라서는 친족 대신 가족 개념을 사
용하는 경우가 있기도 하다. 예컨대 형법 제151조 제2항이나 제155조 제4
항에 의하면, '친족 또는 동거의 가족이 본인을 위하여 죄를 범한 때에는 처
벌하지 아니한다'고 규정하고 있는 것이 이에 해당한다.

4. 성과 본

'성'(姓)은 출생의 계통을, '본'(本)은 시조의 발생지명을 각각 표시한다. 민법에는 특별한 규정이 없지만 예부터 혼인을 하더라도 기존의 성과 본은 변하지 않는, 이른바 부부별성(夫婦別姓)이 우리의 원칙이다.

자(子)는 부(父)의 성과 본을 따르되, 부모가 혼인신고시 모(母)의 성과 본을 따르기로 협의하였거나 부가 외국인인 경우, 부를 알 수 없는 경우는 모의 성과 본을 따를 수 있다(민법 제781조 제1항 내지 제3항). 부모를 알 수 없는 자는 법원의 허가를 받아 성과 본을 창설하되, 나중에 부 또는 모를 알게 되면 부 또는 모의 성과 본을 따를 수 있다(민법 제781조 제4항). 자(子)의 복리를 위하여 성과 본을 변경할 필요가 있으면 부, 모 또는 자(子가 미성년이고 법정대리인이 청구할 수 없으면 친족 또는 검사)의 청구에 의하여 가정법원의 허가를 받아 이를 변경할 수 있다(민법 제781조 제6항).

II. 혼   인

사례 15 (혼인)

甲남과 乙녀는 혼인한 부부 사이이며, 이하의 사례는 각각 독립적이다.

(1) 甲과 乙의 혼인 당시 甲의 어머니는 乙에게 다이아몬드 반지를 예물로 주었다. 그런데 그 후 甲의 어머니는 乙을 심하게 구박하였다면 乙은 이를 이유로 가정법원에 이혼을 청구할 수 있는가? 만약 乙이 甲과 이혼하였다면 甲의 어머니는 乙에게 주었던 다이아몬드 반지의 반환을 청구할 수 있는가?

(2) 乙은 중국교포로 한국국적을 취득하기 위하여 불법에이전트를 통하여 甲과 혼인신고만 하였을 뿐, 甲과는 일면식도 없다. 甲과 乙의 혼인은 유효한가?

(3) 乙은 친정오빠의 사업자금을 마련하기 위하여 甲 모르게 甲 소유 토지를 은행에 담보로 제공하고 돈을 빌렸다. 나중에 은행으로부터 대여금의 반환을 청구받은 甲이 그 반환을 거부하면 은행은 乙이 甲을 대리하여 금전소비대차계약을 체결한 것이라고 주장할 수 있는가?

(4) 甲의 사업실패로 경제적으로 어려워지자 甲과 乙은 채권자의 재산압류를 피하기 위하여 이혼하고 재산분할을 하기로 하였다. 이혼 후에 甲이 다른 여자를 만나는 듯하면 乙은 이 이혼이 무효라고 주장할 수 있는가?

1. 약 혼

만 18세가 된 사람은 부모나 미성년후견인의 동의를 받아, 성년(19세)에 달한 자는 자유롭게 약혼할 수 있다(민법 제800조, 제801조). '약혼'은 장래에 혼인할 것을 법률상 약속하는 것이지만, 다른 법률상 약속(계약)과 달리 강제이행을 청구하지 못하고(민법 제803조), 혼인이 아니므로 인척관계가 발생하는 것도 아니다. 정당한 이유 없이 혼인을 거절하거나 그 시기를 지연하면 약혼자는 약혼을 해제하고 재산상, 비재산상 손해배상을 청구할 수 있을 뿐이다(민법 제804조 제7호, 제806조 제1항 및 제2항).

약혼은 그 밖에도 약혼 후 당사자가 자격정지 이상의 형을 선고받거나 성년후견개시 또는 한정후견개시의 심판을 받거나 다른 사람과 약혼·혼인·간음하거나 1년 이상 생사가 불명한 경우, 성병·불치정신병 기타 불치병질이 있는 경우에 상대방에 대한 의사표시로 해제할 수 있다(민법 제804조, 제805조). 상대방에 대한 의사표시를 할 수 없는 때에는 그 해제의 원인 있음을 안 때에 해제된 것으로 본다(민법 제805조 단서).

현실에서는 약혼을 하면서 예물을 교환하는 경우가 많은데, 판례에 따르면 약혼예물의 수수는 혼인의 불성립을 해제조건으로 하는 증여라고 한다(대법원 76므41·42). 따라서 일단 혼인이 성립하면 해제조건은 더 이상 성취될 수 없게 되기 때문에 증여는 확정적으로 유효하게 된다.

2. 혼인의 성립

'혼인'이란 자유의사에 기하여 법률이 정해놓은 절차에 따라 부부관계를 영구히 무조건적으로 성립시키고자 하는 의사의 합치에 대하여 법질서가 일정한 신분상, 재상상 효과를 부여하는 제도이므로, 실질적 요건과 형식적 요건을 모두 갖추어야 성립한다.

(1) 실질적 요건

당사자 사이에 혼인 의사의 합치가 있어야 한다. 여기서 말하는 혼인의 의사란 부부로서 정신적·육체적으로 결합하여 생활공동체를 형성하고자 하는 의사라고 일반적으로 정의된다(대법원 96도2049). 따라서 일시적인 것이 아니라 계속해서 동거하지 않으려는 의사(육체적인 결합을 하지 않으려는 의사), 정신적 결합을 하지 않거나 또는 서로 돌보고 협조하지 않으려는 의사, 부부로서의 생활공동체의 형성 이외의 다른 목적을 추구하려는 의사 등은 여기에서 말하는 혼인 의사가 아니다. 또한 혼인이란 법률이 정하는 절차에 따라 부부관계를 성립시키는 것이기 때문에, 혼인신고를 하지 않으려는 의사도 혼인의 의사라고 할 수 없다. 의사무능력자의 경우는 아예 이러한 법률상 유효한 의사를 가질 수 없고, 제한능력자 중에서 미성년자와 피성년후견인은 부모나 후견인의 동의가 필요하다(민법 제808조).

혼인적령(만 18세)에 도달하여야 한다(민법 제807조). 따라서 18세 미만의 미성년자는 부모나 후견인의 동의가 있더라도 유효한 혼인을 할 수 없다. 이 경우 혼인무효는 아니고 혼인취소사유가 될 뿐이다(민법 제816조 제1호). 가까운 친족, 즉 근친이 아니어야 한다(민법 제809조). 여기서 말하는 '근친'의 의미에 대해서는 Ⅰ. 2. 2) 나)를 참조하면 된다.

배우자 있는 사람의 혼인, 즉 중혼이 아니어야 한다(민법 제810조). 법률상 혼인(법률혼)이 이중으로 성립하는 것은 선량한 풍속 기타 사회질서(민법 제103조)에 반하기 때문에 인정되지 않는다. 여기서 말하는 '배우자'란 법률상 배우자를 말하므로, 다른 사람과 사실혼관계에 있는 사람과 혼인하는 것은 중혼이 아니다. 한편 '사실혼관계'라 함은 법률상 배우자가 아닌 사람과 동거하면서 부부와 같은 생활공동체를 형성한 경우를 말한다. 사실혼관계도 혼인신고와 관련한 부분만 제외하고 혼인의 의사(정신적·육체적 결합에 의한 생활공동체를 형성하겠다는 의사)를 갖추어야 인정된다.

(2) 형식적 요건

다른 나라의 경우는 일정한 의식(가령 종교의식이나 결혼식)을 형식적 요건으로 하기도 하지만, 우리나라는 법률혼주의를 취하고 있으므로 가족관계의 등록 등에 관한 법률에서 정한 바에 따라 신고함으로써 혼인은 효력을 발생한다(민법 제812조 제1항). 이때 신고는 당사자 쌍방과 성년자인 증인 2인이 연서한 서면으로 하여야 하지만(민법 제812조 제2항), 설령 이를 결여하였더라도 일단 신고가 수리된 경우에는 당사자 사이에 혼인의사가 있는 한 그 혼인은 유효하게 효력을 발생한다(대법원 290민상233. 가족관계등록예규 제144호).

3. 혼인의 무효와 취소

혼인의 성립요건에 흠결이 있는 경우는 무효가 되거나 취소할 수 있다. 무효 또는 취소에 책임 없는 당사자는 책임 있는 당사자에 대하여 재산상·비재산상 손해배상을 청구할 수 있다(민법 제825조).

(1) 혼인의 무효

당사자 사이에 혼인의 합의가 없었던 경우, 8촌 이내의 혈족(친양자의 입양 전 혈족을 포함), 배우자의 직계혈족 및 그 배우자이거나 이었던 사람 또는 양부모계의 직계혈족이었던 사람과의 혼인은 무효이다(민법 제815조). 따라서 배우자의 계부모였던 사람이나 자신의 양부모였던 사람과의 혼인은 무효이다. 무효인 혼인은 소급효에 의해 처음부터 성립하지 않은 것으로 본다. 무효인 혼인의 당사자 사이에 태어난 자녀는 혼인 외의 자가 된다.

(2) 혼인의 취소

혼인적령에 미달하거나 필요한 동의를 얻지 못한 혼인, 근친혼 중 무효에 해당하는 경우, 혼인 당시 당사자 일방에게 부부생활을 계속할 수 없는 악질 기타 중대한 사유가 있음을 알지 못한 경우, 사기나 강박에 의하여 혼인의 의사표시를 한 경우에는 일정한 범위의 사람이 취소의 청구를 가정법원에 할 수 있다(민법 제816조, 각 경우의 취소청구에 대해서는 제817조 내지 제823조). 혼인취소의 효력은 기왕에 소급하지 않는다(민법 제824조). 그러므로 혼인의 취소판결이 있기 전까지는 유효한 혼인이 된다. 그러므로 혼인의 취소는 이혼과 효과가 비슷하다(민법 제824조의2 참조).

4. 혼인의 효과

혼인이 유효하게 성립하면 법질서가 일정한 효력을 부여하는데, 크게 나누면 신분상 효과와 재산상 효과로 나눌 수 있다.

(1) 신분상 효과

가. 친족관계의 발생

당사자 사이에는 배우자관계, 배우자의 4촌 이내 혈족 및 그 배우자 사이에는 인척관계가 각각 발생한다(민법 제769조, 제777조 제2호 및 제3호). 따라서 부부 상호간에는 상속권을 가지게 됨은 물론이고, 친족관계에 따른 여러 가지 법률상 효과가 발생한다.

나. 동거·협조·부양의무

부부는 서로 부양하고 협조하여야 하고, 다만 정당한 이유로 일시적으로 동거하지 아니하는 경우는 서로 인용하여야 한다(민법 제826조 제1항). 부부 일방이 부양의무를 이행하지 않으면 상대방은 그 이행(과거의 부양료의 지급)을 청구할 수 있다(대법원 92스21). 부부의 동거장소는 부부의 협의로 정하되, 협의가 이루어지지 아니하는 경우는 당사자의 청구로 가정법원이 이를 정한다(민법 제826조 제2항). 고의로 동거의무를 위반하는 경우, 즉 악의의 유기는 재판상 이혼사유가 된다(민법 제840조 2호).

다. 정조의무

민법은 정조의무를 직접 규정하지 않고, 이를 위반하면 가정법원에 이혼을 청구할 수 있도록 하였다(민법 제840조 1호).

라. 중혼금지 및 성년의제

법률혼은 이중으로 성립할 수 없다(민법 제810조). 또 미성년자가 혼인을 하면 성년자로 본다(민법 제826조의2). 성년으로 의제된 이후에 다시 이혼을 하더라도 성년의제의 효과는 계속 유지된다.

마. 일상가사대리권

부부는 일상의 가사에 관하여 서로 대리권이 있다(민법 제827조 제1항). 여기서 말하는 '일상의 가사'란 가족의 생활을 위하여 필요한 통상적인 사무를 말하며, 그 내용과 정도·범위는 그 부부의 사회적 지위·직업·재산·수입능력 등 현실 생활상태와 지역사회적 관습 내지 일반사회관념에 따라서 정해지고, 구체적으로는 가사처리자의 주관적 의사와 함께 법률행위의 객관적 종류나 성질 등을 충분히 고려하여 판단하여야 한다(대법원 2000다8267). 그러므로 집세, 가재도구 구입비, 생활에 필요한 공과금, 자녀의 양육 및 교육비 등은 일상가사에 해당하지만, 개인취미를 위한 물품의 구입비, 가족의 생활수준을 훨씬 벗어나는 사치품의 구입비 등은 일상가사의 범위를 벗어나는 것이다.

일상가사에 해당하면 현명주의가 완화되기 때문에, 설령 부인이 남편 이름으로(또는 그 반대로) 계약을 하였더라도 그 계약의 효력은 남편(반대의 경우는 부인)에게 귀속된다. 일상가사에 속하는 경우에도 부부 사이에 대리권을 부여하지 않기로 할 수는 있지만, 그러한 제한은 이 사실을 알지 못하는 제3자에게 주장하지 못한다(민법 제827조 제2항).

(2) 재산상 효과

부부가 혼인성립 전에 재산에 관하여 따로 약정(부부재산계약)을 한 경우에는 혼인 중 원칙적으로 이를 변경하지 못하고, 다만 정당한 사유가 있는 때에 가정법원의 허가가 있어야 한다(민법 제829조 제2항). 그 약정에 따라서 부부의 일방이 다른 일방의 재산을 관리하는 경우에 부적당한 관리로 재산을 위태롭게 한 때에는 다른 일방은 자기가 관리할 것(재산이 부부 공유인 때에는 그 분할)을 가정법원에 청구할 수 있다(민법 제829조 제3항).

부부가 혼인성립 전에 부부재산계약을 하지 않은 경우에는 혼인 전부터 가지고 있었던 고유재산과 혼인 중 자기 명의로 취득한 재산은 각자의 특유 재산으로 각자가 관리·사용·수익하고, 부부 누구에게 속한 것인지 분명하지 않은 재산은 부부의 공유로 추정한다(민법 제830조, 제831조). 이를 위 1)의 약정재산제와 구별하기 위하여 법정재산제라고 부른다.

생활비용, 즉 부부의 공동생활에 필요한 비용은 당사자 사이에 특별한 약정(부부재산계약)이 없는 한 원칙적으로 부부가 공동으로 부담한다(민법 제833조). 또한 부부 일방이 일상의 가사에 관하여 제3자와 법률행위를 하면 다른 일방도 이로 인한 채무를 이행할 연대책임이 있다(민법 제832조 본문). 여기서 말하는 '일상의 가사' 또한 앞서 (1) 5)에서 본 바와 같다.

5. 사실혼

'사실혼'이란 혼인의 의사(혼인의 실체를 갖추려는 의사) 및 혼인의 실체(정신적·육체적 결합에 의한 생활공동체의 형성)는 있지만 그 법률의 방식, 즉 혼인신고가 없어서 법률혼으로 인정받지 못하는 경우를 말한다.

우리나라는 법률혼주의를 취하므로, 원칙적으로 사실혼에는 혼인의 효과가 인정되지 않아야 하겠지만, 가령 주택임대차보호법 제9조가 임차인인 사실혼 배우자 일방이 사망한 경우에 다른 배우자에게 주택임차권의 승계를 인정하는 등 각종 연금 관련 법률 등에서 사실혼에 일정한 법률적 효과를 인정하고 있다. 나아가 판례는 혼인의 실체가 있음을 들어서 동거·협조·부양의무, 정조의무, 법정재산제, 일상가사에 대한 대리권 및 연대책임, 생활비용 공동분담 등 혼인의 효과 중 대부분을 사실혼관계에도 인정하여 보호하고 있다(대법원 4293민상531; 대법원 80다2077; 대법원 93다52068; 대법원 97다34273). 반면에 혼인신고에 따른 가족관계등록부의 기재를 전제로 하는 친족관계의 발생(상속권 등)과 중혼, 성년의제의 효과는 인정될 여지가 없다.

6. 이 혼

혼인은 영속적·무조건적 계약이지만, 그렇다고 해소될 수 없는 것은 아니다. 배우자 일방의 사망이나 실종선고, 혼인의 취소 및 이혼이 혼인의 해소사유라 할 수 있다. 이 가운데 이혼은 혼인의 당사자 쌍방 또는 일방의 의사에 기한 혼인해소방식을 말한다.

(1) 이혼의 방식

이혼에는 당사자 쌍방의 협의에 의한 협의이혼과 당사자 일방에 의한 재판상 이혼이 있는데, 후자의 경우는 일방에 의한 혼인의 해소라는 점에서 일정한 사유가 있는 경우에 한하여 인정된다.

가. 협의상 이혼

'협의상 이혼'이 성립하려면 먼저 실질적 요건으로서 당사자 사이에 자유로운 이혼의사의 합치가 있어야 한다(민법 제838조 참조). 판례는 혼인의사의 경우와 달리 여기에서의 '이혼의사'는 생활공동체를 실제로 해소할 의사가 없더라도 단지 이혼신고(신고서의 작성·접수·수리)를 하고자 하는 의사만 있으면 인정한다(대법원 93므171; 대법원 96도2049). 이혼의사도 의사표시인 이상 의사무능력자는 할 수 없고, 제한능력자 중 피성년후견인은 후견인의 동의가 필요하다(민법 제835조, 제808조 제2항). 이혼은 두 사람이 그동안 유지하였던 공동생활을 청산하는 것이므로, 여러 가지 효과를 가져오기 때문에 민법은 협의상 이혼을 신청한 부부에게 가정법원으로부터 이혼절차, 이혼의 결과, 이혼이 자녀에 미치는 영향 등 전반적인 안내를 받을 의무를 부과하였다(민법 제836조의2 제1항 전단). 이러한 안내를 받으면 그 날로부터 이혼숙려기간(양육하여야 할 자녀가 있으면 3개월, 그렇지 않으면 1개월)을 거쳐야 비로소 가정법원에 의한 이혼의사의 확인을 받을 수 있다.

양육하여야 할 자녀가 있는 부부는 추가적으로 자녀의 양육사항(양육자, 양육비용, 면접교섭권의 행사 여부 및 그 방법) 및 친권자결정에 관한 협의서를 가정법원에 제출하여야 하고, 부부가 이러한 사항에 대하여 스스로 협의하지 못한 경우는 가정법원의 결정을 청구하여 그 심판정본을 대신 제출하여야 한다(민법 제836조의2 제4항, 제837조 제2항).

당사자가 신청한 이혼의사의 확인절차를 마치고 또 가정법원이 미성년인 자(子)의 양육 및 친권자 결정에 관한 협의내용을 확인한 후 양육비부담에 관하여 조서작성을 마치면 비로소 협의상 이혼의 실질적 요건은 모두 갖추게 된다. 양육비부담조서는 법원의 이행판결문과 동일한 효력을 가지므로(가사소송법 제41조에 의한 집행력의 부여), 그 조서에 기재된 양육비지급의무를 이행하지 않는 부모에 대해서는 별도의 재판절차를 거칠 필요 없이 곧바로 그 재산에 대한 강제집행을 신청할 수 있다.

이와 같은 실질적 요건을 모두 갖추더라도 이혼의 효과가 발생하려면 다시 형식적 요건, 즉 당사자 쌍방과 성년자인 증인 2인이 연서한 서면에 의한 이혼신고를 하여야 한다(민법 제836조).

나. 재판상 이혼

협의이혼은 이혼의사의 합치만 있으면 그 원인을 묻지 않지만, 당사자 일방에 의한 '재판상 이혼'은 일정한 사유가 있는 경우에 한하여 가정법원이 이를 명할 수 있다. 그 사유란 배우자의 부정행위, 악의의 유기, 3년 이상 생사불명, 배우자나 그 직계존속에 의한 심히 부당한 대우, 자기의 직계존속이 배우자로부터 받은 심히 부당한 대우, 기타 혼인을 계속하기 어려운 중대한 사유를 말한다(민법 제840조). 그러나 재판상 이혼사유가 있더라도 상대방이 그 사유 있음을 안 날로부터 6개월 또는 그 사유가 있은 날로부터 2년이 경과하면 더 이상 이혼을 청구하지 못한다(민법 제841조, 제842조). 부정행위의 경우에는 이 외에도 상대방의 사전 동의나 사후 용서가 있는 때에는 이혼청구권이 소멸한다(민법 제841조).

판례에 의하면 '혼인을 계속하기 어려운 중대한 사유'란 부부공동생활관계가 회복할 수 없을 정도로 파탄되고 그 혼인생활의 계속을 강제하는 것이 일방 배우자에게 참을 수 없는 고통이 되는 경우를 말하고(대법원 2002므74), 구체적으로 '이를 판단함에 있어서는 혼인계속의사의 유무, 파탄의 원인에 관한 당사자의 책임유무, 혼인생활의 기간, 자녀의 유무, 당사자의 연령, 이혼 후의 생활보장, 기타 혼인관계의 제반사정을 두루 고려하여야 한다'고 판시하고 있다(대법원 90므1067). 예컨대, 합리적 이유 없는 성관계의 계속적 거부나 부당한 피임, 성병의 감염 등의 육체적 파탄원인뿐만 아니라 장기간 지속되고 회복 불가능한 조울증, 신앙의 차이, 과도한 신앙생활, 알코올 중복, 도박벽, 남편의 지나치게 가부장적인 태도 등의 윤리적·정신적 파탄원인이 여기에 해당한다. 반면에 일시적·부분적 성기능장애, 불임, 종교적 교리에 따라 일요일 오후 교회에 나가고 제사에 참여하지 않는 경우 등은 여기에 해당하지 않는다.

　　　　혼인파탄에 주된 책임이 있는 유책배우자가 '혼인을 계속하기 어려운 중대한 사유'를 근거로 재판상 이혼을 청구할 수 있는가에 대하여 판례는 원칙적으로 이를 부정하는 '유책주의'의 입장이다. 그러나 상대방도 내심으로는 이혼의사가 있음이 객관적으로 명백하지만 오로지 오기나 반감 등으로 표면상 이혼을 거부하는 경우 또는 쌍방 모두에게 혼인파탄의 책임이 있는 경우는 예외적으로 이혼청구를 허용하고 있다(대법원 86므28; 대법원 85므85). 또한 이미 다른 원인으로 혼인이 파탄된 후에 이혼청구자에게 유책행위가 있었던 경우(가령 부부가 이혼에 합의한 후 별거하다가 남편이 다른 여자와 동거하게 된 경우)는 이혼청구자를 유책배우자라고 볼 수 없으므로, 그러한 재판상 이혼청구를 배척하는 것은 타당하지 않다(대법원 86므90).

(2) 이혼의 효과

　부부 사이 및 상대방 친족 사이의 친족(배우자, 인척)관계가 소멸한다. 혼인 중에 출생하였거나 포태했다가 이혼 후 출생한 자는 모두 혼인 중의 자로 인정된다. 친권과 양육을 누가 맡는가는 부모가 협의로 정하거나 가정법원이 당사자의 청구 또는 직원으로 정한다(민법 제837조 제1항 및 제4항, 제909조 제4항).

양육권을 가지지 아니한 부모의 일방과 자녀는 상호 면접교섭할 수 있는 권리(면접교섭권)를 갖지만, 자녀의 복리를 위하여 필요한 때에는 당사자의 청구 또는 직권으로 가정법원은 면접교섭권을 제한하거나 배제할 수 있다(민법 제837조의2). 혼인파탄의 원인에 책임 있는 일방은 상대방에게 재산상·정신상 손해를 배상할 의무가 있다(민법 제843조, 제806조).

이혼한 날로부터 2년 이내에 이혼한 일방은 다른 일방에 대하여 재산의 분할을 청구할 수 있다(민법 제839조의2 제1항 및 제3항). 여기서 분할을 청구할 수 있는 '재산'이란 '부부 쌍방의 협력으로 이룩한 재산'을 말하며(민법 제839조의2 제2항 참조), 가령 남편의 단독명의로 등기된 부동산이라도 그 형성에 아내가 기여한 바가 입증되면 분할의 대상이 될 수 있다. 재산분할 후 나중에 발견된 재산이 있는 경우에는 추가적으로 그 부분의 분할을 청구할 수 있지만, 아직 수령하지 않은 장래의 퇴직금 같은 경우는 분할의 대상이 될 수 없다. 재산분할에 관하여 협의가 되지 아니하거나 협의할 수 없는 때에는 가정법원은 당사자의 청구에 의하여 여러 사정을 참작하여 분할의 액수와 방법을 정한다(민법 제839조의2 제2항).

사례 15 <해설> (혼인)

(1) 乙은 재판상 이혼을 청구하고 있는데, 민법 제840조 제3호에 의하면 '배우자 또는 그 직계존속으로부터 심히 부당한 대우를 받았을 때' 재판상 이혼을 청구할 수 있으므로, 乙의 청구는 인용된다. 판례에 따르면, 약혼예물은 혼인의 불성립을 해제조건으로 한 증여이므로, 약혼의 목적인 혼인이 일단 이미 성취된 이상, 해제조건의 성취는 더 이상 가능하지 않게 되었으므로, 甲의 모친의 반환청구는 허용되지 않는다.
(2) 국적의 취득이라는 다른 목적을 위한 혼인의 의사는 인정할 수 없으므로, 甲과 乙 사이의 혼인은 이른바 가장혼인으로서 법률상 효력이 없다.
(3) 친정오빠의 사업자금을 마련하기 위한 금전소비대차 및 담보제공은 일상의 가사를 위한 것이라 할 수 없으므로, 乙의 대리행위는 무권대리로서 甲(본인)의 추인을 얻지 못하는 한 甲에 대하여 효력이 없다(민법 제130조). 따라서 甲에 대한 은행의 청구는 받아들여질 수 없고, 은행은 乙에 대하여 무권대리의 책임을 물어야 한다(민법 제135조).
(4) 판례에 따르면, 이혼의 의사는 이혼신고서의 작성, 접수, 수리의 의사만을 이야기하므로, 甲과 乙의 이혼합의는 설령 채권자의 재산압류를 피하기 위한 것이

> 었다 하더라도 일단 이혼신고 자체에 대한 합의는 인정되므로, 이혼은 유효하다. 따라서 乙의 이혼무효 주장은 받아들여질 수 없다.

Ⅲ. 부모와 자녀

사례 16 부모와 자녀

甲남과 乙녀는 혼인한 부부 사이이며, 각 사례는 독립적이다.

(1) 乙은 甲과 불화 중에 丙남을 만나 丁을 낳았다. 그 후 甲과 이혼한 乙은 丙과 혼인하여 丁을 양육하고 있다. 그러나 甲은 丁이 자기 자식이 아님을 알면서도 아무런 조치를 취하지 않고 있다. 丁은 乙과 丙의 친생자 신분을 가질 수 있는가?

(2) 甲과 이혼한 乙은 丙남과 만나 丁을 낳았으나, 결국 불화로 丙과도 헤어졌다. 그 후 丙은 乙을 만나 100만원을 주면서 丁이 丙의 자녀가 아님을 분명히 하고 인지 청구도 하지 않기로 약속하였다. 그 후 丁이 자라 성년이 된 다음에 丙을 상대로 인지 청구를 할 수 있는가?

(3) 乙은 甲과 불화 중에 丙남을 만나 丁을 낳았으나 甲은 乙을 용서하고 丁을 입양하여 자기 자식처럼 키우라고 하였다. 丙도 丁의 입양을 허락하였다. 甲은 어떠한 방법으로 丁에게 자신의 성과 본을 물려주고 자기 자식처럼 키울 수 있는가?

(4) 甲과의 사이에서 乙이 낳은 丁이 16세 되는 해에 甲이 사망하였고, 甲 소유의 X토지는 丁이 상속받았다. 乙은 丁의 재산을 관리하던 중, 친정오빠가 사업자금 마련을 위하여 은행에서 돈을 빌릴 때 乙이 丁을 대리하여 X토지를 은행에 담보로 제공하는 저당권을 설정하였고, 이러한 사정은 은행도 잘 알고 있었다. 그 후 丁은 성년이 된 후 은행을 상대로 저당권등기말소를 청구할 수 있는가?

민법은 부모와 자녀의 관계, 즉 친자관계를 그 성립과 효과로 나누어 규정한다. 친자관계의 성립은 자연혈연에 기초한 친생친자관계와 법정혈연, 즉 당사자의 의사에 기초한 양친자(법정친자)관계가 있다. 참고로 1990년의 민법 개정 전에는 계모자 또는 적모서자도 법정친자관계로 보았으나, 오늘날 관련 규정이 삭제되어 이들의 관계는 인척관계로 변경되었다. 따라서 현재는 당사자의 의사에 기초하지 않은 법정친자관계는 존재하지 않는다.

1. 친생자

친생자(親生子)란 부모에게서 태어난 자를 말한다. 친생자는 부모가 혼인 상태에 있는지에 따라 '혼인 중의 자'와 '혼인 외의 자'로 나뉜다.

(1) 혼인 중의 자

법률혼관계에 있는 부부 사이에 출생한 자녀를 혼인 중의 자라 한다. 자녀의 출생 후에 부모가 혼인한 경우, 그 혼인 외의 자는 부모가 혼인한 때부터 혼인 중의 출생자로 본다(민법 제855조 제2항). 이를 혼인에 의한 준정(準正)이라 한다. 혼인 중의 자는 다시 친생추정을 받는 경우와 받지 않는 경우로 나누어진다. 여기서 '친생'의 추정이란, 그 자녀가 모(母)와 부(夫)의 친생자로 추정된다는 의미이다. 자녀는 대부분 출생에 의하여 모(母)의 친생자임이 입증되기 때문에, 주로 부(父)와의 관계에서 문제된다.

가. 친생의 추정

아내가 혼인 중에 임신한 자녀는 남편의 자녀로 추정한다(민법 제844조 제1항). 이 경우 친생의 추정은 반증이 허용되지 않는 강한 추정이므로, 그 추정을 번복하려면 부 또는 모가 '친생부인의 소'를 제기해야 하고(민법 제847조), 친생자관계 부존재확인의 소에 의할 수 없다(대법원 91므566). 한편 혼인이 성립한 날부터 '200일 이후'에 출생한 자녀는 혼인 중에 임신한 것으로 추정한다(민법 제844조 제2항). 여기서 혼인이 성립한 날은 혼인신고를 한 날은 물론이고, 사실혼이 성립된 날도 포함한다. 또한 혼인관계가 종료된 날부터 '300일 이내'에 출생한 자녀는 혼인 중에 임신한 것으로 추정한다(민법 제844조 제3항). 이 경우의 추정은 친생부인의 소(민법 제846조)뿐만 아니라, 가정법원에 의한 '친생부인의 허가'(민법 제854조의2) 또는 '인지의 허가'(민법 제855조의2)에 의하여만 번복될 수 있다.

한편 재혼한 여자가 전혼(前婚) 종료일부터 300일 이내이면서 후혼(後婚) 성립일부터 200일 이후에 낳은 자녀는, 전남편의 자녀로 추정됨과 동시에 현재 남편의 자녀로도 추정된다. 이러한 경우 자녀, 모, 모의 남편,

모의 전남편의 청구에 의하여(가사소송법 제27조 제1항) 가정법원이 자녀의 부(父)를 정할 수 있는데, 이를 '부를 정하는 소'라 한다(민법 제845조).

나. 친생부인의 소

친생부인의 소는 부 또는 모가 다른 일방 또는 자를 상대로 하여 그 사유가 있음을 안 날부터 2년 내에 제기하여야 한다(민법 제847조 제1항). 다만 상대방이 될 자가 모두 사망한 때에는 그 사망을 안 날부터 2년 내에 검사를 상대로 소를 제기할 수 있다(민법 제847조 제2항). 자가 사망한 후에도 그 직계비속이 있는 때에는 그 모를 상대로, 모가 없으면 검사를 상대로 소를 제기할 수 있다(민법 제849조). 한편 자녀 출생 후 친생자임을 승인한 사람은 다시 친생부인의 소를 제기하지 못하지만(민법 제852조), 사기 또는 강박으로 인한 승인은 취소할 수 있다(민법 제854조). 친생부인의 판결이 확정되면 자는 모의 혼인 외의 출생자가 되고, 모의 부(夫)와는 아무런 관계도 없게 된다. 이때부터 생부(生父)가 자를 인지할 수 있다.

혼인 중의 자라도 친생추정을 받지 않는 경우(혼인이 성립한 날부터 200일이 되기 전에 출생한 자녀)는 '친생자관계 부존재확인의 소'에 의하여 법률상 부자관계를 소멸시킬 수 있다(민법 제865조 제1항). 이 소는 이해관계인이면 누구나 제기할 수 있고, 소를 제기할 수 있는 기간도 제한되어 있지 않은 점에서, 친생부인의 소보다 요건이 완화되어 있다.

다. 친생부인 및 인지의 허가

자녀가 혼인관계 종료일부터 300일 내에 출생하여 혼인 중의 임신으로 추정되는 경우(민법 제844조 제3항), 모 또는 모의 전(前) 남편은 가정법원에 친생부인의 허가를 청구할 수 있다. 다만 혼인 중의 자녀로 출생신고가 된 경우에는 그러하지 아니하다(민법 제854조의2 제1항). 친생부인의 허가를 받은 경우에는 혼인 중의 임신 및 남편의 자녀로의 추정이 미치지 않는다(민법 제854조의2 제3항). 한편 자녀가 혼인관계 종료일부터 300일 내에 출생하여 혼인 중의 임신으로 추정되는 경우(민법 제844조 제3항), 생부는 가정법원에 인지의 허가를 청구할 수 있다. 다만 혼인 중의 자녀로 출생신고가 된 경우에는 그러하지 아니하다(민법 제855조의2 제1항). 인지의 허가를 받은 생부가 '가족관계등록법'에 따른 신고를 한 경우에는, 혼인 중의 임신 및 남편의 자녀로의 추정이 미치지 않는다(민법 제855조의2 제3항).

(2) 혼인 외의 자

법률혼관계에 있지 않은 부모 사이에서 출생한 자녀는 생모와의 사이에서는 출산과 동시에 친자관계가 생기지만, 생부와의 사이에서는 친자관계가 당연히 발생하지 않는다. 생모의 경우에도 친자관계가 입증되지 않으면 마찬가지이다. 그리하여 생부 또는 생모는 혼인 외의 출생자를 자기의 자로 인정하여 법률상 친자관계를 발생시킬 수 있는데, 이를 '인지'(認知)라 한다. 인지는 청구의 주체에 따라 임의인지와 강제인지가 있다.

첫째, '임의인지'란 생부 또는 생모가 혼인 외의 출생자에 대하여 그 동의와 상관없이 언제든지 임의로 인지하는 것을 말한다(민법 제855조 제1항). 자녀가 사망한 후에도 그 직계비속이 있으면 이를 인지할 수 있고(민법 제857조), 유언으로도 인지할 수 있으며(민법 제859조), 생부는 포태 중에 있는 자에 대하여도 인지할 수 있다(민법 제858조). 인지는 가족관계등록법에 따라 신고함으로써 효력이 생긴다.

둘째, '강제인지'란 생부나 생모가 자발적으로 인지를 하지 않는 경우에, 자녀와 그 직계비속 또는 그 법정대리인이 생부 또는 생모를 상대로 인지청구의 소를 제기하는 것을 말한다(민법 제863조). 인지청구권은 자녀의 일신전속권으로서 포기할 수 없으며, 설령 포기하더라도 그 포기의 효력은 법률상 인정되지 아니한다. 또한 인지는 혈연의 존부에 관한 문제여서 소멸시효나 실효의 법리도 적용되지 않으므로, 혼인 외의 자가 성년이 되는 등 상당한 시간이 경과한 후에도 인지청구의 소를 제기할 수 있다.

인지를 통하여 혼인 외의 출생자와 생부 또는 생모 사이의 친자관계는 출생한 때로 소급하여 발생하지만, 이러한 인지의 소급효는 제3자의 권리를 해하지 못한다(민법 제863조). 한편 생부가 아닌 사람이 혼인 외의 출생자를 자신의 자녀라고 인지한 경우에는, 인지무효의 소나 인지에 대한 이의의 소 등의 절차를 통하여 혈연과 일치하지 않는 친자관계를 제거할 수 있다. 이러한 경우 자녀 기타 이해관계인은 인지의 신고 있음을 안 날로부터 1년 내에 인지에 대한 이의의 소를 제기할 수 있다(민법 제862조).

2. 양 자

'양자제도'란 자연혈연적 친자관계가 없는 사람들 사이에서 인위적으로 법률상 친자관계를 창설하는 제도이다. 양자는 친자관계의 창설 방식에서는 친생자와 다르지만, 일단 친자관계가 창설된 이후의 효과(친권)는 친생자와 다르지 않다. 민법상 양자에는 당사자 사이의 합의에 기초한 '일반양자'와, 가정법원의 선고를 받아야 하는 '친양자'의 두 가지가 있다.

(1) 입 양

가. 입양의 요건

'실질적 요건'은 다음과 같다. 당사자 사이에 입양의 합의가 있을 것(민법 제883조 제1호 참조), 양친이 성년자일 것(민법 제866조), 미성년자를 입양하려면 가정법원의 허가를 받을 것(민법 제867조 제1항), 양자로 되는 자가 13세 이상인 경우는 법정대리인의 동의를 받아 승낙할 것(민법 제869조 제1항), 양자로 되는 자가 13세 미만인 경우는 법정대리인의 대락(代諾)이 있을 것(민법 제869조 제2항), 양자가 될 자는 부모의 동의를 얻을 것(민법 제870조, 제871조), 피성년후견인은 성년후견인의 동의를 받을 것(민법 제873조 제1항), 배우자가 있는 자는 배우자와 공동으로 입양하여야 하고, 양자가 될 때에는 배우자의 동의를 얻을 것(민법 제874조), 양자가 양친의 존속 또는 연장자가 아닐 것(민법 제877조) 등의 요건을 갖추어야 한다.

'형식적 요건'으로서, 혼인의 경우와 마찬가지로 가족관계등록법에 따라 당사자 쌍방과 성년자인 증인 2인이 연서한 서면으로 입양신고를 하여야 한다(민법 제878조). 그런데 우리 사회의 현실을 보면 입양을 하면서 입양신고를 하지 않고, 자신의 친생자인 것처럼 출생신고를 하는 경우가 적지 않다. 판례는 이러한 경우에 당사자 사이에 입양의사의 합의가 있는 등 입양의 실질적 요건을 모두 갖추고 양친자 사이에 사실상의 친자관계가 형성된 경우에는, 입양의 방편으로 허위의 친생자출생신고를 한 때에도 이를 입양신고로 보고 입양의 효력을 인정한다(대법원 77다492).

나. 입양의 효과

양자는 입양된 시점, 즉 입양신고일부터 양부모의 친생자와 동일한 지위를 가지며(민법 제882조의2 제1항), 양부모의 혈족 및 인척과의 사이에도 친족관계가 발생한다(민법 제772조). 이 경우 양자의 입양 전 종래의 친족관계는 그대로 존속하므로(민법 제882조의2 제2항), 양자는 생친과 양친 모두에 대하여 부양청구권, 상속권 등의 권리를 갖는다. 다만 양자가 미성년자인 경우에는 친생부모의 친권에서 벗어나 양부모의 친권에 복종하므로(민법 제909조 제1항), 친생부모의 친권은 소멸한다. 한편 양자의 성은 입양에도 불구하고 변경되지 않는다. 다만 자의 복리를 위하여 자의 성과 본을 변경할 필요가 있을 때에는, 양부와 양모 또는 자의 청구에 의하여 법원의 허가를 받아 자의 성과 본을 변경할 수 있다(민법 제781조 제6항). 하지만 입양특례법에 따라 입양된 아동은 친양자와 동일한 지위를 가지므로(동법 제14조), 양친의 성과 본을 따르게 된다(민법 제781조 제1항).

다. 파 양

'파양'(罷養)이란 유효하게 성립한 양친자관계를 인위적으로 해소하는 것이다. 입양은 파양에 의해서만 해소된다. 그러므로 양부모가 이혼하여 양모가 양부의 집을 떠난 경우에도 양모자관계는 소멸하지 않는다(대법원 2000므1493). 파양에는 협의상 파양과 재판상 파양이 있다.

'협의상 파양'은 양부모와 양자가 협의하여 파양하는 것으로서(민법 제898조), 가족관계등록법에 따라 신고함으로써 효력이 발생한다(민법 제904조). 이와는 달리 '재판상 파양'은 일정한 원인이 있는 경우에 파양청구의 소를 제기하여 양친자관계를 해소하는 것이다. 즉 양부모가 양자를 학대·유기하는 등 양자의 복리를 현저히 해친 경우, 양부모가 양자로부터 심히 부당한 대우를 받은 경우, 양부모나 양자의 생사가 3년 이상 불분명한 경우, 양친자관계를 계속하기 어려운 중대한 사유가 있는 경우, 양부모 또는 양자는 가정법원에 파양을 청구할 수 있다(민법 제905조).

(2) 친양자

종래의 양자제도에 의하면, 양자는 양부의 성과 본을 따를 수 없고, 양자라는 사실이 가족관계등록부에 기재되며, 양자와 친생자 사이에 다양한 차별이 존재하기 때문에, 입양을 기피하거나 친생자로 출생신고를 하는 등의 문제가 있었다. 그리하여 양자에게 친생자와 같은 양육환경을 제공하여 그 복리를 증진하기 위하여 2005년에 '친양자 제도'를 도입하였다.

가. 친양자의 요건

친양자 입양이 성립하려면 친양자를 입양하려는 자가 일정한 요건을 갖추어 가정법원에 친양자 입양을 청구하여야 한다(민법 제908조의2 제1항). 즉 친양자 입양을 위하여는, i) 3년 이상 혼인 중인 부부로서 공동으로 입양할 것(1년 이상 혼인 중인 부부의 일방이 그 배우자의 친생자를 친양자로 하는 경우는 예외), ii) 친양자로 될 자가 미성년자일 것, iii) 친양자로 될 자의 친생부모가 친양자 입양에 동의할 것(부모의 친권 상실이나 소재 불명, 기타 동의할 수 없는 사유가 있는 경우는 예외), iv) 친양자가 될 사람이 13세 이상이면 법정대리인의 동의를 받아 승낙하고, 13세 미만이면 법정대리인이 그를 갈음하여 승낙할 것 등의 요건을 갖추어야 한다.

나. 친양자의 효력

친양자는 부부의 혼인 중의 출생자로 본다(민법 제908조의3 제1항). 그리하여 친양자는 양친의 성과 본을 따르게 된다(민법 제781조 제1항). 친양자와 양부모의 친족 사이에도 친족관계가 생기므로, 부양 및 상속관계도 발생한다. 또한 친양자는 가족관계등록부에도 양친의 친생자로 기록되므로, 입양사실이 드러나지 않는다.

한편 친양자로 입양되면, 친양자의 입양 전의 친족관계는 친양자 입양이 확정된 때에 모두 종료한다(민법 제908조의3 제2항 본문). 그러나 부부의 일방이 그 배우자의 친생자를 단독으로 입양한 경우, 배우자 및 그 친족과 친생자 사이의 친족관계는 종료하지 않는다(민법 제908조의2 제2항 단서). 그리고 친양자 입양 전의 혈족과의 근친혼 금지규정도 그대로 유지된다(민법 제809조 제1항). 친양자 입양의 효력발생시기는 친양자 입양이 확정된 때이고, 친양자의 출생시로 소급하지 않는다.

다. 친양자의 소멸

친양자 입양의 경우에는 일반입양의 무효 및 취소에 관한 민법규정이 적용되지 않는다(민법 제908조의4 제2항). 다만 친양자로 될 사람의 친부 또는 친모는 자신에게 책임이 없는 사유로 인하여 친양자 입양에 동의할 수 없었던 경우에, 친양자 입양의 사실을 안 날부터 6개월 내에 가정법원에 친양자 입양의 취소를 청구할 수 있다(민법 제908조의4 제1항).

친양자 입양의 경우에는 일반입양에서의 협의상 파양 및 재판상 파양에 관한 민법규정이 적용되지 않는다(민법 제908조의5 제2항). 다만 친양자의 파양을 위하여는 양친이 친양자를 학대·유기하는 등 친양자의 복리를 현저히 해치는 경우, 친양자의 양친에 대한 패륜행위로 인하여 친양자관계를 유지시킬 수 없게 된 경우, 양친이나 친양자 또는 친생부모나 검사가 가정법원에 친양자의 파양을 청구할 수 있다(민법 제908조의5 제1항).

3. 친 권

(1) 친권의 귀속 및 행사

미성년의 자녀에 대하여는 부모가 1차적으로 친권자가 된다(민법 제909조 제1항 1문). 부모가 혼인 중인 때에는 공동으로 친권을 행사하여야 하고, 부모의 의견이 일치하지 않으면 당사자의 청구에 따라 가정법원이 이를 정하며(민법 제909조 제2항), 부모의 일방이 친권을 행사할 수 없을 때에는 다른 일방이 이를 행사한다(민법 제909조 제3항).

양자의 경우는 양부모가 친권자가 되고(민법 제909조 제1항 2문), 혼인 외의 자가 인지된 경우나 부모가 이혼한 경우는 1차적으로 부모의 협의로, 협의가 없거나 협의 내용이 자의 복리에 반하거나 혼인의 취소, 재판상 이혼, 강제인지의 경우는 가정법원이 친권자를 정한다(민법 제909조 제4항·제5항). 그 밖에 가정법원은 자의 복리에 필요하다고 인정되는 경우에는 친권자를 변경할 수 있다(민법 제909조 제6항). 가정법원에 의한 친권자의 지정과 친권자에 의한 친권의 행사에 있어 자의 복리를 우선적으로 고려해야 한다(민법 제912조).

(2) 친권의 내용

미성년의 자녀는 그 양육과 재산이라는 두 가지 측면에서 친권자의 보호를 받는다. 미성년의 자녀에 대한 친권자의 친권은 권리이자 동시에 의무라는 양 측면을 갖는다. 친권자는 양육과 관련하여 자를 보호·교양하며 필요하다면 징계하고 법원에 허가를 얻어 감화 또는 교정기관에 위탁할 수 있고, 자가 거주할 장소를 지정할 수 있다(민법 제913조 내지 제915조). 미성년 자녀의 재산과 관련하여 자기 재산에 관한 행위와 동일한 주의로써 관리·대리할 권한을 갖는다(민법 제916조, 제918조, 제920조, 제920조의2, 제922조).

(3) 친권의 제한

친권자와 그 자 사이에 또는 친권자가 그 친권에 따르는 수인의 자 사이에 이해 상반되는 행위를 함에는 친권자는 법원에 그 자의 특별대리인의 선임을 청구하여야 한다(민법 제921조). 이해 상반됨에도 불구하고 특별대리인을 선임하지 않고 친권자가 스스로 대리인이 되어 한 법률행위는 무권대리행위로서 본인(미성년인 자)에게 효력이 없다(민법 제130조. 대법원 63다547).

(4) 친권의 소멸

친권은 미성년인 자가 사망(실종선고 포함)하거나 성년자가 된 때(민법 제826조의2에 의한 성년의제 포함)처럼 절대적으로 소멸하기도 하고, 다른 사람이 친권자가 되거나 후견이 개시되는 경우처럼 상대적으로 소멸하기도 한다. 또한 친권의 남용, 현저한 비행, 기타 친권 행사를 허용할 수 없는 경우에는 가정법원에 의하여 친권상실의 선고를 받을 수도 있고(민법 제924조), 친권자의 부적당한 관리로 자녀의 재산이 위태롭게 된 때에는 대리권과 재산관리권만의 상실선고를 받을 수도 있다(민법 제925조).

사례 16 <해설> (부모와 자녀)

(1) 구민법에서는 친생부인의 소를 부(夫)만이 제기할 수 있었으나, 2005년 개정 민법에 의하면 모(母)에게도 친생부인권을 인정하였으므로(민법 제846조), 乙이 친생부인의 소를 제기하여 甲과 丁의 친생자관계를 부정하고 乙과 丙의 혼인으로 인한 준정을 주장하면 된다(민법 제855조 제2항).

(2) 인지청구권은 자녀의 고유한 권리로서 포기의 대상도, 실효(失效)의 대상도 되지 않는다. 따라서 丁이 丙에 대하여 제기한 인지청구는 적법하다.

(3) 첫 번째 방식은 丁을 甲과 乙 사이의 친생자로 출생신고를 하는 것이다. 이러한 출생신고는 乙과의 관계에서는 사실에 부합하지만 甲과의 관계에서는 허위이다. 판례에 의하면, 입양의 실질적 요건과 양친자 사이의 사실상의 친자관계를 갖추었다면 허위의 친생자출생신고를 한 때에도 입양의 효력을 인정한다. 다만 이 경우에는 이러한 사실이 밝혀지면 원칙적으로 일반양자의 효력만이 인정되므로, 나중에라도 생부인 丙의 성과 본을 회복하려고 하는 시도를 완전히 막기가 어렵다. 그러므로 두 번째 방식으로서 가정법원의 선고(허가)를 받아서 丁을 친양자로 하는 것이 보다 확실하다. 그리하여 甲과 乙이 1년 이상 혼인 중인 부부라면 그 일방이 배우자의 친생자를 친양자로 할 수 있다(민법 제908조의2 제1항 제1호 단서). 이 경우 丁의 생모인 乙과의 관계는 출생시부터 생모자관계가 성립하고, 친양자 입양이 확정되면 丙과의 친자관계는 종료하는 대신에 甲과의 친자관계(혼인 중 출생자)가 성립한다(민법 제908조의3).

(4) 乙은 친권자로서 미성년인 丁의 재산을 관리하고 법률행위를 대리할 권한이 있다. 乙이 丁을 대리하여 X토지 위에 저당권을 설정하는 행위를 보면 乙(친권자)과 丁(자) 사이에 이해가 상반되는 부분이 없다(乙의 친정오빠와 丁 사이에 이해상반이 있을 뿐이다). 따라서 민법 제921조에 따른 특별대리인의 선임은 불필요하며, 乙의 대리행위는 丁에게 효력이 미친다. 그렇다면 친권남용이 되는가를 살펴보면, 본인인 丁에게는 아무런 이익도 되지 않고 오로지 다른 사람(乙의 친정오빠)의 이익을 위한 행위이기 때문에 친권(이 경우는 대리권)의 남용이라 할 수 있다. 대리권의 남용에 대하여 민법 제107조 제1항 단서를 유추적용하는 판례의 입장(대법원 81다649)에 따르면, 상대방인 은행이 그 사실을 알거나 알 수 있었다면 본인에게 효력이 미치지 않으므로, X토지에 대한 저당권 자체가 무효이므로, 丁의 등기말소청구는 이미 무효인 등기의 정리를 요구하는 것이므로 받아들여질 것이다. 그밖에 丁의 친족 또는 검사는 乙의 대리권 내지 친권의 상실선고를 가정법원에 청구할 수 있다(민법 제924조, 제925조).

제5. 상속법

I. 상속제도 총설

　'상속'(相續)이란 자연인의 사망에 의하여 그 사람(피상속인)에게 속하였던 모든 재산상의 지위 내지 권리·의무가 일정한 친족관계에 있는 사람(상속인)에게 포괄적으로 승계되는 것을 말한다. 상속법은 재산승계법으로서의 본질을 지니며, 사적 소유제도의 일익을 담당하고 있다. 상속권의 근거로는 피상속인과 상속인은 혈연관계에 있기 때문이라는 '혈연대가설', 피상속인의 의사를 추측하여 그에 합치되는 주체를 상속인으로 한 것이라는 '의사추정설', 공동생활의 종료에 수반하는 잠재적 공유관계의 청산 및 생존가족의 생활보장을 위한 것이라는 '청산 및 부양설' 등이 있다.

II. 상속인의 순위 및 상속분

기초사실

　甲과 乙(妻)은 혼인하여 딸 A, 아들 B를 두었고, A는 C와 혼인하여 자녀 D, E를 두었으며, B는 F와 혼인하여 자녀 G를 두었다. 다음 물음에 답하라.

사례 17 (상속인의 순위 및 상속분)

　C를 제외한 전원(甲, 乙, A, B, D, E, F, G)이 함께 여행중 사고로 모두 사망하였고, 사망 당시 甲에게 형 丙과 여동생 丁이 있었다면, 甲의 재산은 누가 상속하는가?

사례 18 (대습상속)

D, E, G를 제외한 甲, 乙, A, B, C, F가 함께 여행중 사고로 사망하였고, 甲에게 상속재산으로 1억원의 예금이 있었다면, D, E, G가 상속에 의해 취득하는 재산액(구체적 상속분)은 얼마인가?

1. 상속인의 순위

(1) 제1순위자

제1순위의 상속인은 피상속인의 직계비속과 배우자이다(민법 제1000조 제1항 제1호, 제1003조 제1항). 피상속인의 직계비속은 자연혈족인지 법정혈족인지, 혼인 중의 출생자인지 여부, 남성인지 여성인지, 기혼인지 미혼인지를 불문한다. 태아도 상속순위에 관하여는 이미 출생한 것으로 본다(민법 제1000조 제3항). 피상속인의 직계비속이 여러 명인 때에는 촌수가 가장 가까운 혈족이 선순위자로 되고, 동일한 촌수의 상속인이 여러 명인 때에는 공동상속인이 된다(민법 제1000조 제2항). 따라서 직계비속으로서 자녀와 손자녀가 있을 때에는 자녀가 손자녀보다 가까운 혈족이므로, 선순위의 상속인으로 된다.

양친자 사이에도 자연혈족과 다름없이 상속권이 인정되므로 일반입양의 경우 양자녀는 양부모와 친생부모에 대하여 각각 양면으로 제1순위의 상속인으로 되나, 친양자입양의 경우에는 친생부모와의 친자관계가 단절되므로 친양자녀는 친생부모의 상속인으로 되지 않는다. 종래 법정친자관계였던 계모자 및 적모서자관계는 현행법상 단순한 1촌의 인척관계에 불과하므로 상속이 인정되지 않는다.

(2) 제2순위자

제2순위의 상속인은 피상속인의 직계존속과 배우자(민법 제1000조 제1항 제2호, 제1003조 제1항)이다. 피상속인의 직계존속은 부계인지 모계인지, 자연혈족인지 법정혈족(양친)인지를 불문한다. 직계존속이 여러 명인 때에는 촌수가 가장 가까운 혈족이 선순위자로 되고, 동일한 촌수의 상속인이 여러 명인 때에는 공동상속인이 된다(민법 제1000조 제2항).

(3) 제3순위자

피상속인의 배우자, 직계비속 및 직계존속도 없는 경우에는 피상속인의 형제자매가 제3순위의 상속인으로 된다(민법 제1000조 제1항 제3호). 피상속인의 형제자매는 동복(同腹)인지 이복(異腹)인지를 불문한다. 형제자매가 여러 명인 때에는 공동상속인이 된다(민법 제1000조 제2항).

(4) 제4순위자

피상속인의 형제자매와 그 대습상속인도 없는 경우에는 피상속인의 4촌 이내의 방계혈족이 제4순위의 상속인으로 된다(민법 제1000조 제1항 제4호). 4촌 이내의 방계혈족 사이에서는 촌수가 가까운 혈족이 먼 혈족보다 선순위 상속인으로 되고, 동일한 촌수의 상속인이 여러 명인 때에는 공동상속인이 된다(민법 제1000조 제2항).

(5) 배우자의 상속순위

배우자는 그 직계비속과 동순위로 공동상속인이 되고, 직계비속이 없는 때에는 피상속인의 직계존속과 동순위로 공동상속인이 되며, 피상속인의 직계존속도 없는 때에는 단독상속인이 된다(민법 제1003조 제1항). 상속인으로서의 배우자는 법률상의 배우자만을 말하므로, 사실상의 배우자에게는 상속권이 인정되지 않는다.

2. 상속분

현행법은 혼인 중의 출생자인지 혼인 외의 출생자인지, 남성인지 여성인지, 기혼인지 미혼인지를 불문하고, 같은 순위의 상속인이 여러 명인 때에는 그 상속분은 균분으로 한다(민법 제1009조 제1항). 다만, 배우자의 상속분은 다른 상속인의 상속분의 5할을 가산한다(민법 제1009조 제2항). 또 대습상속인의 상속분은 피대습자의 상속분에 의하고, 대습상속인이 여러 명인 경우에는 그 범위 내에서 위 방법에 의하여 결정한다(민법 제1010조).

Ⅲ. 대습상속

'대습상속'이라 함은, 추정상속인으로 될 직계비속 또는 형제자매(피대습자)가 상속개시 전에 사망하거나 결격자로 되어 상속권을 상실하게 된 경우, 그 직계비속 또는 그 배우자(대습자)가 사망하거나 결격자로 된 사람의 순위에 갈음하여 상속인으로 되는 것을 말한다(민법 제1001조, 제1003조 제2항). 대습상속은 피대습자가 상속하였더라면, 후에 상속에 의하여 재산을 승계할 수 있게 될 대습자의 기대를 보호하는 것이 공평하다는 데 근거를 두고 있다. 혈족상속에서의 근친자 우선주의의 예외에 해당한다.

1. 요 건

피대습자는 피상속인의 직계비속 또는 형제자매이다. 피대습자가 상속개시 전에 사망 또는 결격으로 그 상속권을 상실하여야 한다. 제1001조와 제1003조 제2항은 '상속개시 전에 사망'한 경우여야 한다고 규정하고 있지만, 피상속인과 상속인이 동시사망한 것으로 추정될 때에도 대습상속이 인정된다(대법원 99다13157). 상속인이 되기 위해서는 피상속인 사망 당시 생존해 있어야 한다는 동시존재의 원칙에 따라 동시사망한 사람 사이에는 상속이 개시되지 않기 때문이다.

대습상속인은 실권한 피대습자의 직계비속 또는 배우자이어야 한다. 직계비속인 자녀 중 1인이 상속개시 전에 사망하거나 상속결격이 되고 그에게 자녀가 있을 때에는 그 자녀가 대습상속을 한다. 그런데 자녀 전원이 상속개시 전에 사망하거나 상속결격이 되고 그들에게 자녀가 있는 경우, 이들이 피상속인의 직계비속인 손자녀로서 제1순위의 상속인으로 되는지, 아니면 대습상속을 하게 되는지가 문제된다. 민법은 피대습자의 배우자에게도 대습상속권을 인정하고 있으므로 '대습상속설'을 취할 수밖에 없다. 다만 상속포기의 경우는 대습의 원인이 아니므로 본위상속하게 된다.

2. 효 과

대습상속의 효과는 대습자가 피대습자의 순위에서 피대습자의 상속분을 직접 상속하게 되는 것이다(민법 제1010조 제1항). 대습상속인이 여러 명인 경우에는, 피대습자의 상속분의 한도 내에서 제1009조의 규정에 따라 상속분이 정해진다. 대습상속인이 배우자인 경우에도 마찬가지이다(민법 제1010조 제2항). 따라서 배우자인 대습상속인은 다른 대습상속인의 상속분에 5할을 가산받게 된다.

사례 17 <해설> ((상속인의 순위 및 상속분))

1) 문제의 제기

사례에서 甲과 A는 동시에 사망한 것으로 추정되는바, 동시사망의 경우에도 대습상속이 인정되는지가 문제된다. 이를 긍정한다면, 대습상속인 C는 A의 배우자로서 제1순위 상속인인 A를 대습하여 상속인이 되므로, 제3순위 상속인인 甲의 형제자매 丙과 丁보다 선순위 상속인이 된다. 그러나 이를 부정한다면 甲의 형제자매 丙과 丁이 본위상속을 하게 된다.

2) 동시사망 추정의 경우 대습상속의 가능 여부

대습상속제도는 대습자의 상속에 대한 기대를 보호함으로써 공평을 꾀하고 생존 배우자의 생계를 보장하여 주려는 것이다. 동시사망 추정규정은 사망의 선후를 입증할 수 없는 경우 동시에 사망한 것으로 다루는 것이 결과에 있어 가장 공평하고 합리적이라는 데에 그 입법 취지가 있다. 상속인이 될 직계비속이나 형제자매(피대습자)의 직계비속 또는 배우자(대습자)는 피대습자가 상속개시 전에 사망한 경우에는 대습상속을 하고, 피대습자가 상속개시 후에 사망한 경우에는 피대습자를 거쳐 피상속인의 재산을 본위상속을 하므로 두 경우 모두 상속을 하는데, 만일 피대습자가 피상속인의 사망, 즉 상속개시와 동시에 사망한 것으로 추정되는 경우에만 그 직계비속 또는 배우자가 본위상속과 대습상속의 어느 쪽도 하지 못하게 된다면 동시사망 추정 이외의 경우에 비하여 현저히 불공평하고 불합리하고, 이는 대습상속제도 및 동시사망 추정규정의 입법 취지에도 반한다. 따라서 민법 제1001조의 '상속인이 될 직계비속이 상속개시 전에 사망한 경우'에는 '상속인이 될 직계비속이 상속개시와 동시에 사망한 것으로 추정되는 경우'도 포함하는 것으로 합목적적으로 해석해야 한다(대법원 99다13157).

3) 사례의 해결

민법 제1001조, 제1003조 제2항에 의해 C가 A의 배우자로서 A를 대습하여 甲의 재산을 단독으로 상속한다.

사례 18 <해설> (대습상속)

1) 문제의 제기

사례에서 피대습자인 甲의 직계비속 A와 B가 모두 甲과 동시에 사망한 것으로 추정되는바, A의 자녀인 D, E와 B의 자녀 G가 A, B를 각각 대습상속하는지, 아니면 D, E, G가 甲의 손자녀로서 본위상속을 하는지가 문제된다. 대습상속설에 의하면 D, E, G의 상속분은 1:1:2가 되는 반면, 본위상속설에 의하면 D, E, G의 상속분은 1:1:1이 된다.

2) 피상속인의 손자녀에게 승계되는 상속의 성격

사례에서 피상속인의 자녀가 전부 상속개시 전에 사망하거나 동시사망한 것으로 추정되는 경우, 피상속인의 손자녀의 상속의 성격이 문제된다. 피대습자의 배우자에게도 대습상속권을 인정하는 현행법상으로는, 피상속인의 자녀가 전부 상속개시 전에 사망하거나 동시사망한 것으로 추정되는 경우 피상속인의 손자녀는 본위상속이 아니라 대습상속을 한다고 보아야 한다(대법원 99다13157).

3) 사례의 해결

민법 제1001조, 제1010조 제1항에 따라 D, E, G의 상속분은 1:1:2가 되어, D, E, G의 구체적 상속분은 각각 2,500만원, 2,500만원, 5,000만원이 된다.

Ⅳ. 상속결격

기초사실

A는 운전중 중앙선을 침범한 X가 운전하는 자동차와 충돌하는 사고를 당하여 현장에서 사망하였다. A에게는 사고 당시 처(妻) B, 부(父) C, 모(母) D가 있었고, B는 A의 자(子)인 Y를 포태하고 있었다. 다음의 물음에 답하라.

사례 19 (상속결격)

B는 A의 사망에 따른 충격으로 정신이 쇠약한 상태에서 Y를 낙태하였다. A에게는 사망 당시 상속재산으로 1억원의 예금이 있었다면, A의 재산은 누구에게 각각 얼마만큼 귀속되는가?

사례 20 (상속의 효과)

상속인들은 가해 운전자인 X에 대하여 어떠한 권리를 행사할 수 있는가?

'상속결격'이라 함은, 법정된 결격사유가 있는 상속인의 상속권을 법률상 당연히 박탈하는 것을 말한다. 즉 피상속인과 일정한 친족관계가 있기 때문에 상속할 수 있는 지위에 있는 사람이지만, 그 사람에게 상속시키는 것이 일반인의 법감정으로 보아 타당하지 않는 중대한 반도덕적 내지 부정한 행위가 있을 때에 그 사람의 상속권을 박탈하는 제도이다.

1. 결격사유

피상속인에 대한 '부도덕행위'로서, 고의로 직계존속, 피상속인, 그 배우자, 상속의 선순위자 또는 동순위자를 살해하거나 살해하려고 한 경우(민법 제1004조 제1호), 고의로 직계존속, 피상속인 또는 그 배우자에게 상해를 가하여 사망에 이르게 한 경우(민법 제1004조 제2호) 등이 있다.

피상속인의 '유언에 대한 부정행위'로서, 사기 또는 강박으로 피상속인의 상속에 관한 유언 또는 그 철회를 방해한 경우(민법 제1004조 제3호), 사기 또는 강박으로 피상속인의 상속에 관한 유언을 하게 한 경우(민법 제1004조 제4호), 피상속인의 상속에 관한 유언서를 위조, 변조, 파기 또는 은닉한 경우(민법 제1004조 제5호) 등이 있다.

2. 결격의 효과

결격사유가 발생하면 당해 상속인은 상속권을 당연히 상실하며, 재판상의 선고가 있어야 하는 것은 아니다. 상속개시 전에 결격사유가 발생하였을 때에는, 그때부터 추정상속인으로서의 지위 곧 상속권을 취득한다는 지위를 잃게 되며, 그 결과 선순위의 추정상속인이 없게 될 경우에는 그 다음 순위자가 추정상속인으로 된다. 상속개시 후에 결격사유가 발생하였을 때에는, 상속개시 당시까지 소급하여 결격의 효과가 발생한다.

결격자는 특정의 피상속인과의 관계에서만 상속인으로 될 수 없을 뿐이며, 그 이외의 사람의 상속에는 영향을 주지 아니한다. 또한 그 직계비속과 배우자는 대습상속인으로 된다(민법 제1001조, 제1003조 제2항). 다만 자녀가 부(父)를 살해한 경우에는 부(父)의 상속에서뿐만 아니라 모(母)의 상속에 대하여도 결격자로 된다. 모(母)의 상속에서 부(父)는 배우자로서 자녀와 동순위의 상속인이기 때문이다. 조부모의 상속에서도 부(父)는 자녀의 선순위자이므로 부(父)를 살해한 자녀는 조부모의 대습상속인으로 될 수 없다.

V. 상속의 효과

상속인은 상속개시된 때로부터 피상속인의 재산에 관한 포괄적 권리·의무를 승계한다(민법 제1005조 본문). 이를 포괄승계의 원칙이라 한다. 흔히 상속재산이라 할 때에는 적극재산만을 가리키는 것으로 생각하나, 여기에는 채무, 즉 소극재산도 포함된다. 적극재산보다 소극재산이 많을 경우에도 상속인은 이를 승계한다. 상속재산을 구성하는 모든 재산은 그 종류를 불문하고 전부 상속되는 것이다.

포괄승계에 의하여 피상속인의 재산상의 권리·의무는 모두 상속재산으로 되어 상속개시의 시점부터 당연히 상속인에게 이전된다. 상속인이 상속개시의 사실을 알든 모르든 그리고 상속등기나 그 밖의 일정한 행위가 행해져야 하는 것과 상관없이, 법률상 상속의 효과는 당연히 발생한다. 이를 '당연승계의 원칙'이라고 한다.

피상속인이 불법행위에 기한 손해배상청구권을 취득한 경우에는 그 내용이 재산적 손해에 관한 것이든 정신적 손해에 관한 것이든 상속의 대상으로 된다. 그러한 청구권은 이미 금전채권으로 구체화되었기 때문이다. 다만 생명침해의 경우에는 법리상의 문제가 있다. 왜냐하면 피해자가 사망하여 손해배상을 청구할 수 있는 권리주체성이 소멸하였으므로, 생명침해에 의한 손해배상청구권은 그것이 재산상의 것이든 정신상의 것이든 성립될 수 없다고 볼 여지가 있기 때문이다.

판례는 '생명 침해로 인한 재산상의 손해배상청구권(일실이익)은 물론(대법원 65다2523), 위자료청구권도 특별한 사정이 없는 한 생전에 청구의 의사를 표시할 필요 없이 상속인이 이를 승계한다'고 해석한다(대법원 66다1335). 즉 피해자가 즉사한 경우라 하여도 피해자가 치명상을 받은 때와 사망한 사이에도 이론상 시간적 간격이 인정될 수 있고(대법원 69다268), 순간적이라 할지라도 피해자로서의 정신적 고통을 느끼는 순간이 있었다는 것이다(대법원 73다1100. 시간적 간격설). 따라서 상속인은 유족 고유의 위자료청구권과 상속받은 위자료청구권을 함께 행사할 수 있다(대법원 69다268).

사례 19 〈해설〉 (상속결격)

1) 문제의 제기

태아도 상속에 관하여는 출생한 것으로 본다(민법 제1000조 제3항). B는 A의 상속에 관하여 자신(B)과 동순위자인 Y를 낙태하였는바, 이를 고의로 상속의 동순위자를 살해한 경우(민법 제1004조 제1호)로 해석하여 B를 상속결격자로 보아야 하는지가 문제된다. 또한 사례에서 B에게는 낙태로 인해 상속에서 유리하게 된다는 인식은 없었는바, 상속결격사유로서 '살해의 고의' 이외에 '상속에 유리하다는 인식'도 필요한지가 문제된다.

2) 낙태가 상속결격에 해당하는지 여부

재산상속의 동순위에 있는 태아를 낙태한 것이 제1004조 제1호 소정의 상속결격사유에 해당하는지가 문제된다. 상속결격에 있어서 낙태는 생명을 박탈했다는 점에서 살해와 동일하게 평가될 수 있으므로, 태아가 재산상속의 동순위에 있는 경우에 그를 낙태하면 제1004조 제1호 소정의 상속결격사유에 해당한다고 보아야 한다(대법원 92다2127).

3) 상속결격사유인 살인의 고의의 범위

상속결격사유로서 '살해의 고의' 이외에 '상속에 유리하다는 인식'을 필요로 하는지가 문제된다. 상속결격사유로서 '살해의 고의' 이외에 '상속에 유리하다는 인식'은 필요하지 않다. 그 이유는 다음과 같다. 첫째, 제1004조 제1호는 그 규정에 정한 자를 고의로 살해하면 상속결격자에 해당한다고만 규정하고 있을 뿐, 더 나아가 '상속에 유리하다는 인식'이 있어야 한다고까지는 규정하고 있지 않다. 둘째, 민

법은 '피상속인 또는 재산상속의 선순위나 동순위에 있는 자'(민법 제1004조 제1호)
이외에 '직계존속'도 피해자에 포함하고 있고, 위 '직계존속'은 가해자보다도 상속
순위가 후순위일 경우가 있는바, 민법이 굳이 직계존속을 살해한 경우에도 그 가해
자를 상속결격자에 해당한다고 규정한 이유는, 상속결격요건으로서 '살해의 고의'
이외에 '상속에 유리하다는 인식'이 필요하지 않기 때문이다. 셋째, 제1004조 제2
호는 '고의로 직계존속, 피상속인과 그 배우자에게 상해를 가하여 사망에 이르게
한 자'도 상속결격자로 규정하고 있는데, 이 경우에는 '상해의 고의'만 있으면 되
고, 이 '고의'에 '상속에 유리하다는 인식'이 필요 없음은 당연하므로, 이 규정들의
취지에 비추어 보아도 '살해의 고의' 이외에 '상속에 유리하다는 인식'은 필요하지
않다(대법원 92다2127).

4) 사례의 해결

제1004조 제1호에 따라 Y를 낙태한 B는 상속결격으로 인정되고, 상속개시 후
상속결격 사유가 발생한 경우 그 효과는 상속개시시로 소급한다. 따라서 A의 상속
재산 1억원은 제2순위 상속인인 A의 부모 C와 D가 1:1의 비율로 각각 5,000만원
씩 취득하게 된다.

사례 20 <해설> (상속의 효과)

1) 문제의 제기

사례에서 A는 X의 불법행위로 인해 즉사하였는바, A의 상속인들이 X에 대한
A의 손해배상청구권을 상속할 수 있는지가 문제된다. 이를 긍정한다면, A의 상속
인들은 X를 상대로 유족 고유의 권리(위자료청구권) 외에, A로부터 상속받은 A의 X
에 대한 손해배상청구권(재산상 손해로서 일실이익에 배상청구권, 정신적 손해로서 위자료청구
권)도 함께 행사할 수 있다.

2) 즉사의 경우 손해배상청구권의 상속 여부

즉사의 경우 피해자의 권리주체성이 소멸하였다고 보아 손해배상청구권의 상속
을 부정하면 피해자가 중상을 입었다가 사망한 경우와 비교하였을 때 불균형이 발
생하게 된다. 즉 피해자가 중상을 입고 사망 전에 손해배상청구권을 취득하였을 때
는 상속인이 이를 상속할 수 있는 반면, 피해자가 즉사한 경우에는 피해자의 손해
배상청구권을 상속할 수 없게 되는 것은 불합리하다. 또한 즉사라 하더라도 사망의
결과를 야기한 상해와 사망 사이에는 이론상 내지 관념상 시간적 간격이 있고 그
사이에 피해자가 손해배상청구권을 취득한다고 볼 수 있다(시간적 간격설).

3) 사례의 해결

상속인들은 X를 상대로 유족 고유의 위자료청구권(민법 제752조), A로부터 상속받
은 A의 X에 대한 손해배상청구권(민법 제750조, 재산상 손해로서 일실이익에 대한 배상청구
권을 포함), 정신적 손해로서 위자료청구권(민법 제751조)을 행사할 수 있다.

VI. 상속의 승인과 포기

> **사례 21** (상속의 승인·포기)
>
> 甲과 乙(妻)은 혼인하여 딸 A, 아들 B를 두었고, A는 C와 혼인하여 자녀 D, E를 두었으며, B는 F와 혼인하여 자녀 G를 두었다. 甲은 9천만원의 채무만 남기고 사망하였고, 乙과 A, B는 甲이 사망한 후 일주일 만에 가정법원에 상속포기신고를 하여 그 신고가 수리되었다. 甲의 채무는 최종적으로 누구에게 얼마만큼 상속되는가?

1. 승인 및 포기제도

상속에 의한 권리·의무의 승계는 당연히 발생한다. 하지만 상속의 내용 여하에 따라 상속인에게 미치는 이해관계는 매우 중대하므로, 상속인의 의사에 따라 일단 발생한 상속의 효과를 확정적으로 받아들일 것인가 또는 거부할 것인가를 선택할 수 있어야 한다.

'상속의 승인'이라 함은 상속의 효과를 거부하지 않을 것을 상속인 스스로 선언하는 것을 말한다. 승인에는 단순승인과 한정승인이 있다. '단순승인'이란 피상속인에 속하였던 재산상의 권리·의무의 귀속을 전면적으로 승인하는 것을 말한다. 단순승인을 한 상속인은 그 상속재산을 포괄적으로 승계하므로, 상속채무가 다액이어서 상속재산을 청산하였는데도 부족한 부분이 있는 때에는, 상속재산(적극재산)뿐만 아니라 자기의 고유재산으로도 이를 변제할 책임이 있다. 이에 비하여 '한정승인'이란 피상속인의 채무를 상속재산(적극재산)의 범위 내에서 청산한 이후에는 부족한 부분이 있더라도 상속인은 이를 승계하나 변제할 책임을 지지 않는 것을 말한다. 한편 '상속의 포기'는 상속 그 자체를 상속인이 거부하는 것을 말한다. 한정승인이나 포기를 하기 위하여는 일정 기간 내에 가정법원에 신고를 하여야 한다.

2. 승인 및 포기의 기간

상속의 승인과 포기는 상속인이 상속개시가 있음을 안 날로부터 3개월 내에 하여야 한다(민법 제1019조 제1항 본문). 이를 고려기간이라 한다. 즉 상속재산을 조사해 본 뒤 승인 또는 포기를 결정하기 위해 상속인에게 부여된 기간을 말한다. 이 기간 내에 아무런 의사표시가 없으면 단순승인으로 된다(민법 제1026조 제2호). 다만 이 기간 내에 상속인이 상속채무가 상속재산을 초과하는 사실을 중대한 과실 없이 알지 못한 때에는 그 사실을 안 날로부터 3개월 내에 한정승인을 할 수 있다(민법 제1019조 제3항). 이러한 기간의 기산점은 '상속인이 상속개시 있음을 안 날'이다. '상속개시 있음을 안 날'이라 함은, 상속재산이 있음을 안 날이나 상속포기제도를 안 날이 아니라, 상속개시 사실과 자기가 상속인이 되었다는 사실을 안 날을 말한다.

3. 상속의 포기

'상속의 포기'는 자기를 위하여 개시된 상속의 효력을 확정적으로 소멸시키는 의사표시이다. 상속포기는 채권자취소권의 대상이 되지 않는다. 상속포기는 소극적으로 총재산의 증가를 방해한 것에 불과하고, 상속포기나 승인은 그 성질상 일신전속적 권리로서 타인의 의사에 의하여 강요될 수 없다. 그 이유는 상속포기가 채권자취소권의 대상이 된다면 상속인에게 상속승인을 강요하는 결과가 되기 때문이다. 한편 상속의 포기는 상속개시의 시점에 소급하여 효력이 발생한다(민법 제1042조). 여러 명의 상속인이 있는 경우 어느 상속인이 포기하면 그 상속분은 다른 상속인의 상속분의 비율로 이들에 귀속한다(민법 제1043조).

선순위 상속인 전원이 상속을 포기하면 차순위 상속인이 상속인으로 된다. 예컨대, 선순위 상속인인 피상속인의 처와 자녀들이 모두 적법하게 상속을 포기한 경우에는, 피상속인의 손자녀 등 그 다음의 상속순위에 있는 사람이 상속인으로 된다. 그러나 이는 상속의 순위와 상속포기의 효과에 관한 민법 규정의 해석에 의하여 도출되는 것이지 이에 관한 명시적 규정이 존재하는 것은 아니다. 따라서 이와 같이 피상속인의 손자녀가 상속인이 된 경우에는 상속인이 상속개시의 원인사실을 아는 것만으로 자신이 상속인이 된 사실을 알기 어려운 특별한 사정이 있다고 보아야 하므로, 이러한 때에는 법원으로서는 '상속개시 있음을 안 날'을 확정함에 있어 상속개시의 원인사실뿐 아니라 나아가 그로써 자신이 상속인이 된 사실을 안 날이 언제인지까지도 규명하여야 한다(대법원 2003다43681).

사례 21 〈해설〉 (상속의 승인·포기)

1) 문제의 제기

사례에서 甲의 배우자 乙과, 甲의 자녀 A와 B가 고려기간 내에 상속을 포기하였는바, 甲의 채무가 손자녀인 D, E, G에게 상속되는지, 그리고 상속된다면 그 구체적 상속분은 얼마가 되는지가 문제된다.

2) 상속포기 이후 상속재산의 귀속

제1순위 상속권자인 처(妻)와 자녀가 모두 상속을 포기한 경우, 상속재산이 누구에게 귀속되는가를 살펴보아야 한다. 상속개시 전 사망과 상속결격만을 대습상속 사유로 인정하는 현행법상 상속포기는 대습상속 사유가 아니다. 그리고 민법은 제1순위 상속인을 피상속인의 '자녀'라고 규정하지 않고 피상속인의 '직계비속'이라고 규정하고 있다. 따라서 제1순위 상속권자인 피상속인의 처(妻)와 자녀들이 모두 상속을 포기한 경우에는 피상속인의 손자녀가 직계비속으로서 본위상속을 하게 된다(대법원 94다11835). 이때 손자녀는 동순위자들이므로 상속분은 동일하다.

3) 사례의 해결

乙과 A, B가 모두 상속을 포기하였으므로, 甲의 채무는 손자녀 D, E, G가 1:1:1의 비율로 본위상속하게 된다. 그리하여 D, E, G는 각각 3천만원씩의 채무를 상속하게 된다. 다만 D, E, G로서는 甲이 사망한 사실 및 乙과 A, B의 상속포기로 인하여 자신들이 상속인이 되었음을 안 날로부터 3개월 내에 상속을 포기하면, 채무를 상속하게 되는 부담에서 벗어날 수 있다.

3. 헌 법

* 집필: 장용근. 홍익대학교 법과대학 교수
* 별명이 없는 법조문명은 '헌법'임

제1. 개 관

I. 헌법의 개념

1. 헌법개념의 양면성

헌법(Constitutional Law, Verfassungsrecht, Droit constitutionnel)은 국민의 기본권을 보장하고 국가의 통치체제를 규정하는 국가의 근본법 내지 기본법으로서 최고법규이다. 헌법은 국가의 통치질서를 정하는 법이기 때문에 국민 상호간의 생활관계를 규율하는 사법과는 달리 '공법'의 영역에 속한다. 특히 헌법은 행정질서에 관한 국내공법인 '행정법'과 매우 밀접한 관계에 있다. 그러나 행정법은 현실적이고 구체적인 행정사례를 처리하기 위한 기술적 성격을 가지는 데 반해서 헌법은 유동하는 현재와 미래의 정치현상을 다스리기 위한 추상적이고 이념적인 성격을 띠는 점이 서로 다르다.

그런데 헌법은 정치적 사실이라는 측면과 법규범이라는 측면을 동시에 가지고 있기 때문에 어느 측면을 중시하느냐에 따라 그 개념에 대한 정의가 달라질 수 있다.

(1) 사회학적 헌법개념— 정치적 사실로서의 헌법

페르디난트 라살레(F. Lassalle)는 헌법의 본질을 사실적인 측면에서 구하여 한 나라의 사실적 권력관계가 헌법이라 하였고, 루돌프 스멘트(R. Smend)는 그의 통합이론에 입각하여 여러 집단이나 세력이 정치적 통합을 이룩하는 과정의 원리로서 헌법을 이해하였다. 한편, 칼 슈미트(C. Schmitt)는 결단주의에 입각하여 정치적 통일체의 종류와 형태에 관하여 헌법제정권자가 내린 근본적 결단을 헌법이라 하였다.

(2) 법학적 헌법개념— 법규범으로서의 헌법

법학적 관점에서 본 헌법은 정치적 현실과 대립하는 관계에 있으면서 정치적 현실을 규율할 뿐 아니라 국가생활 또는 정치생활의 있어야 할 형태에 관하여 기준을 제시하는 역할을 한다. 캐기(W. Kägi)는 국가 최고법규범의 체계가 곧 헌법이라고 하였으며, 슈테른(K. Stern)은 국가의 통치질서와 가치질서의 기본원칙에 관한 최고의 규범이 헌법이라고 하였다.

2. 헌법개념의 역사적 전개

(1) 고유한 의미의 헌법(본래적 의미의 헌법)

국가의 법체계·법질서 등과 최고기관 조직 및 작용에 관하여 가장 기본적인 사항만을 규정하고 있는 국가의 기본법을 말하며, 이러한 의미의 헌법은 어느 시대나 국가 및 법형식을 막론하고 적어도 국가가 존재하는 한 반드시 존재한다.

(2) 근대적(입헌주의적) 의미의 헌법

근대적 의미의 헌법은 주로 근대시민혁명의 영향으로 제정된 헌법으로서 고유한 의미의 헌법의 내용 이외에 국민의 기본권보장과 권력분립의 원리를 추가한 헌법을 말하며, 1789년 프랑스인권선언 제16조의 '권리의 보장이 확립되지 아니하고 권력분립이 규정되어 있지 아니한 사회는 헌법을 가진 것이라고 할 수 없다'는 규정은 근대입헌주의적 의미의 헌법을 가장 단적으로 표현하고 있다.

근대적 의미의 헌법은 국민의 자유와 권리의 보장을 위하여 종래의 절대군주의 권력에 제한을 가하고 ① 국민주권주의, ② 기본권보장, ③ 권력분립주의, ④ 의회주의, ⑤ 형식적법치주의, ⑥ 성문헌법주의 등을 그 기본원리로 하고 있다.

(3) 현대적(복지주의적) 의미의 헌법

근대적(입헌주의적) 의미의 헌법이 자유와 형식적 평등을 강조하였다면, 현대적(복지주의적) 의미의 헌법은 실질적 평등, 경제활동에의 국가관여, 재산권의 상대화 등을 강조하고 있는 헌법을 말하며, 1919년 독일의 바이마르(Weimar)헌법이 그 시초가 된다.

현대 복지주의적 의미의 헌법은 ① 국민주권의 실질화, ② 사회적 기본권의 보장, ③ 실질적 법치주의, ④ 실질적 평등보장, ⑤ 권력분립주의의 수정, ⑥ 사회적 시장경제질서, ⑦ 헌법재판제도의 강화, ⑧ 행정국가화 경향, ⑨ 국제평화주의 등을 그 기본원리로 하고 있다.

Ⅱ. 헌법의 분류

1. 헌법의 전통적 분류방법

(1) 존재형식에 의한 분류

헌법의 존재형식이 성문이냐 불문이냐에 의하여 헌법을 성문헌법과 불문헌법으로 구별할 수 있다. 성문헌법은 일정한 헌법제정절차에 따라 문서의 형식으로 성문화된 형식적 헌법전을 말하며, 1776년의 미국 버지니아주(Virginia)헌법이 세계최초의 근대적 성문헌법이다. 불문헌법은 단일 성문헌법전을 가지지 않고 오랜 시일에 걸쳐 확립된 헌법적 관행으로 이루어진 헌법을 말한다.

이러한 분류기준에 따를 때 영국, 뉴질랜드, 캐나다, 이스라엘 등은 불문헌법주의를 취하고 있으며, 그 밖의 국가들은 성문헌법주의를 취하고 있다고 한다. 성문헌법주의는 일반적으로 자연법사상, 국가계약설 등의 영향을 받았을 뿐 아니라 일단 정치적·사회적 변혁이 발생하였을 경우에 구체제를 폐기하고 새로이 형성된 신제도·신질서의 내용을 명확하게 하기 위하여 필요하기 때문이다. 1776년의 버지니아주 헌법에 이어 각국의 성문헌법전이 나타난 것도 그 때문이다.

(2) 개정방법에 의한 분류

헌법은 그 개정절차의 난이 또는 개정방법의 특수성 여하를 기준으로 하여 경성헌법과 연성헌법으로 나누어진다. 연성헌법은 일반법률을 개정하는 경우와 동일한 절차와 방법으로 개정할 수 있는 헌법을 말한다. 이에 대하여 일반법률의 그것과는 다르거나 그보다 까다로운 절차와 방법으로 개정할 수 있는 헌법을 경성헌법이라 한다. 이러한 분류방법에 의할 때 연성헌법의 예로는 영국을 비롯하여 이탈리아의 사르디니아왕국헌법, 1947년 이후의 뉴질랜드헌법 등을 든다. 이와 같이 몇몇 헌법을 제외한 절대다수의 헌법은 경성헌법에 해당하는데, 헌법은 이념적으로 경성이어야 하기 때문이다.

(3) 제정주체에 의한 분류

헌법은 제정주체나 제정절차를 기준으로 하여 분류할 수도 있다. 흠정헌법, 민정헌법, 협약헌법, 국약헌법의 구별이 바로 그것이다.

'흠정(군주)헌법'이라 함은 제정주체가 군주이고 군주주권의 사상을 바탕으로 하는 헌법을 말한다. 반동기에 나타난 루이 18세의 프랑스헌법(1814), 19세기 전반의 독일 諸邦의 헌법, 일본의 명치헌법(1889) 등이 이에 해당한다.

'민정(민약)헌법'이라 함은 국민이 국민투표 등의 방법으로 직접 제정하거나 국민의 대표로 구성된 제헌의회가 제정한 헌법을 말한다. 미국 제 주의 헌법을 비롯하여 오늘날 거의 모든 공화국헌법이 이에 해당한다.

'협약헌법'이라 함은 군주와 국민(국민의 대표)의 합의에 따라 제정되는 헌법을 말한다. 1830년의 프랑스헌법이 그 대표적인 예이다.

'국약헌법'이라 함은 둘 이상의 국가가 연합국가를 구성하는 경우에 합의에 의하여 제정하는 헌법을 말한다. 1867년의 오스트리아·헝가리협약헌법, 1871년의 독일제국헌법(Bismark헌법), 1992년의 독립국가연합(CIS)헌법 등이 이에 해당한다.

2. 뢰벤슈타인의 분류

칼 뢰벤슈타인(K. Löwenstein)은 헌법의 실효성이라는 존재론적 관점에서 헌법을 규범적 헌법, 명목적 헌법, 장식적 헌법으로 분류하였다.

1) 규범적 헌법은 개인의 자유와 권리의 보장을 그 최고의 이념으로 할 뿐 아니라 현실적으로 규범으로서의 실효성을 발휘하고 있는 헌법(헌법규범과 헌법현실이 일치하는 헌법)을 말하며, 미국 독일과 같은 선진국가의 헌법이 이에 해당한다.

2) 명목적 헌법은 헌법은 이상적으로 만들었으나 사회 여건이 헌법의 이상을 따를 수 없는 헌법을 말하며, 대개 후진국가의 헌법이 이에 해당한다.

3) 장식적 헌법은 헌법이 현실을 규율하려는 목적에서가 아니고 헌법을 가졌다는 것을 외국에 과시하기 위하여 또는 권력자의 자기정당화 수단으로 삼기 위하여 만들어진 헌법으로 공산주의국가나 독재주의국가의 헌법이 이에 해당한다.

Ⅲ. 헌법의 제정과 개정

1. 헌법의 제정

헌법의 제정이라 함은 실질적으로는 '정치적 통일체의 종류와 형태에 관하여 헌법제정권력이 내린 근본적인 결단을 규범화하는 것'을 말하고, 형식적으로는 '성문헌법으로서의 헌법의 법전화'를 말한다. 이러한 헌법제정행위는 오늘날 민주적 원칙에 따라 선출된 국민대표자회의가 행하는 것이 보통이다. 오늘날과 같이 국민주권이 확립된 민주국가에서는 국민만이 헌법을 제정할 수 있다.

2. 헌법의 개정

(1) 헌법개정의 의의 및 절차

헌법개정이라 함은, 헌법에 규정된 개정절차에 따라 헌법이 기본적 동일성을 유지하면서 헌법전 중의 개개의 조항을 의식적으로 수정 또는 삭제하거나 새로운 조항을 추가(증보)함으로써 헌법의 내용에 변경을 가하는 행위를 말한다.

헌법개정은 ① 헌법의 실효성과 적응성을 유지하게 하여 헌법이 살아 있는 규범으로 기능하기 위한 수단으로서 필요하며, ② 헌법개정을 극단적으로 곤란하게 하면 그 헌법에 불만을 가진 정치세력들이 헌법을 파괴하는 사태가 발생할 수도 있기 때문에 헌법파괴의 방지를 위하여 필요하고, ③ 헌법의 제정과정에 직접 참여하지 못한 정치집단에 헌법형성에 참여할 기회를 부여하기 위한 헌법정책상의 이유에서 불가피하게 필요한 것이다.

헌법개정의 형식에는 미국과 같이 기존의 조항은 그대로 둔 채 개정조항만을 추가해 나가는 증보의 형식을 취하는 유형(amendment)과 기존의 조항을 수정 또는 삭제하거나 새로운 조항을 삽입하는 형식을 취하는 유형(revision)이 있다.

헌법개정의 방법과 절차는 헌법에 따라 상이하지만, 대체로 다음과 같은 다섯 가지 유형으로 분류할 수 있다. ① 의회의 의결만으로 개정이 가능하지만 일반법률의 개정절차보다 곤란한 절차에 따르게 하는 유형(독일, 스웨덴, 한국의 건국헌법), ② 국민투표에 의하여 승인을 얻은 후에 헌법의 개정이 확정되는 유형, ③ 연방헌법에 특유한 유형으로서 일정 수에 달하는 연방구성주의 동의를 헌법개정의 요건으로 하는 유형, ④ 헌법개정을 발의하기 위하여 특별한 헌법회의를 소집하는 유형, ⑤ 의회의 의결 외에 특별한 기관의 동의 또는 국민투표에 의한 승인을 요건으로 하는 유형(한국의 현행헌법)이 바로 그것이다.

(2) 헌법개정의 한계

헌법에 따라서는 명문으로 특정조항이나 특정내용의 개정을 금지하고 있는 경우가 있지만, 그와 같은 개정금지규정이 있든 없든 이론상으로 '헌법의 개정조항에 따를지라도 개정할 수 없는 규정이나 내용이 있는가' 하는 문제가 논란의 대상이 되고 있다. 이것이 바로 헌법개정의 한계에 관한 문제이다. 헌법개정의 한계에 대해서는 학설이 나누어져 있다.

개정한계설(유한계설)은 헌법의 개정행위에는 일정한 한계가 있는 것으로, 헌법개정조항에 규정된 절차에 따를지라도 일정한 조항이나 사항(내용)은 자구수정은 별도로 하고는 개정할 수 없다고 한다.

개정무한계설(무한계설)은 '헌법에 규정된 개정절차를 밟기만 하면 어떠한 조항도 어떠한 사항도 개정할 수 있으며, 심지어 개정의 금지를 명문으로 규정하고 있는 경우에도 금지규정 그 자체를 개정한 후에 그 조항도 개정할 수 있다'고 함으로써 헌법개정에는 이론상 아무런 한계가 없다고 한다.

생각건대, 무한계설은 법실증주의적 입장에서 법규정의 중요성의 차이를 법학적으로 인식하지 못하고 다만 법의 존재형식만을 중시하여 형식적 논의에 일관하고 있다고 하지 않을 수 없다. 무한계론자들은 헌법개정에 있어서 형식적 합법성만을 절대시할 뿐 실질적 합리성이나 정당성을 외면하고 있을 뿐 아니라, 자연법의 존재까지도 부인하고 헌법개정작용의 본질을 실질적으로 파악하지 못하고 있다는 비판을 면할 수 없다. 그러므로 헌법에 개정금지규정이 있든 없든 헌법 개정에는 법 이론상 일정한 한계가 있다고 보아야 한다. 우리나라의 통설도 개정 한계설을 취하고 있다.

Ⅳ. 헌법의 보장

헌법의 보장(Schutz der Verfassung)이라 함은 한 나라의 실정법질서에 있어서 최고규범 헌법의 규범력과 기능이 헌법의 침해나 파괴로 말미암아 변질 또는 상실되지 않도록 사전에 방지하거나 사후에 교정함으로써 헌법의 최고법규성과 실효성을 확보하려는 제도를 말한다. 헌법이 제정되면 그것은 실천되어야 한다. 헌법에 대한 침해가 있거나 헌법의 존속을 위협하는 사태가 발생하면 그로부터 헌법을 방위하지 않으면 안 된다. 콘드라 헤세에 의하면 '헌법보장제도는 내·외의 공격과 위·아래로부터의 헌법 적대적 시도로부터 헌법의 기능이 상실되지 않도록 헌법을 방위하는 제도'라고 하였다

1. 헌법보장제도의 유형

헌법보장제도는 그 기준에 따라 헌법의 정치적 보장과 사법적 보장, 제도화된 헌법보장과 제도화되지 않은 헌법보장, 국가권력에 의한 보장과 국민에 의한 보장, 헌법의 실체적 보장과 절차적 보장, 평상시의 보통 헌법보장과 비상시의 특별 헌법보장 등으로 나눌 수 있다. 헌법의 수호자가 누구인가의 문제에 대해서는 대통령이 헌법수호자라는 견해(C. Schmitt)와 대통령·의회·헌법재판소라는 견해(H.Kelsen)가 있으나, 헌법의 제1차적인 수호자는 국민으로서 헌법보장기관에 해당한다.

2. 우리나라의 헌법보장제도

(1) 사전적·예방적 보장

사전적·예방적 보장에는 합리적 정당정치의 실현, 국제정치적인 영향, 선거민에 의한 통제, 국민의 헌법의식 등의 정치적 보장과 헌법의 최고규범성 선언, 국가권력의 분립, 헌법개정의 억제, 공무원의 정치적 중립보장, 정

당해산조항 등의 법적 보장수단이 있다.

(2) 사후적·교정적 보장

헌법이 현실적으로 침해된 경우에 헌법침해행위를 배제하나 그 효력을 부정함으로써 헌법의 지위를 회복시키기 위한 사후적·교정적 보장수단으로는 위헌법률심사제, 탄핵제도, 위헌정당의 해산, 공무원의 책임제도 등이 있다.

(3) 국가긴급권

국가긴급권이라 함은 전쟁·내란·경제공황 등의 국가의 존립이나 헌법질서를 위태롭게 하는 비상사태가 발생한 경우에, 정부가 국가의 안전과 헌법질서를 유지하기 위하여 비상적 조치를 강구할 수 있는 권한을 말하는바, 이것도 헌법보장을 위한 비상수단의 하나이다.

우리나라 헌법상의 국가긴급권제도를 보면, 제헌헌법은 긴급명령권·긴급재정처분권과 계엄을 규정하였다. 제2공화국헌법은 제헌헌법하의 긴급권 남용을 거울삼아 긴급명령제도를 없애고 긴급재정처분과 긴급재정명령 및 계엄만을 규정하고 이에 대한 견제장치를 두고 있었다. 제3공화국헌법은 제1공화국헌법의 긴급명령제도를 부활하였으며, 초헌법적인 긴급권의 행사를 규정한 '국가보위에 관한 특별조치법'이 제정되었다. 제4공화국헌법은 국가 긴급권을 보다 강화하여 대통령에게 방대한 긴급조치권과 계엄선포권을 부여하였다. 제5공화국헌법은 제4공화국헌법의 긴급조치권에 대한 반성으로 비상조치권을 약화하고 그에 대한 통제를 강화하였다. 제6공화국헌법은 제3공화국과 마찬가지로 제1공화국시대의 긴급명령권과 긴급재정경제명령권 등을 인정하고 있으며 계엄제도를 인정하고 있다.

(4) 저항권

헌법상 저항권이란 입헌주의적 헌법질서를 침해하거나 배제하려는 개인이나 기관에 대하여 실정법상의 구제수단이 없을 경우에, 초실정법적 권리를 근거로 하여 주권자로서의 국민이 헌법적 질서, 특히 법치국가적 질서를 유지하기 위한 최후의 수단으로 그 개인이나 기관에 저항할 수 있는 권리를 말한다.

　우리 헌법재판소도 '저항권은 국가권력에 의하여 헌법의 기본원리에 대한 중대한 침해가 행하여지고 그 침해가 헌법의 존재 자체를 부인하는 것으로서 다른 합법적인 구제수단으로는 목적을 달성할 수 없을 때에 국민이 자기의 권리·자유를 지키기 위하여 실력으로 저항하는 권리(헌재 97헌가4)'라고 밝히고 있다. 국민은 일반적으로 국가권력에 복종할 의무가 있다. 가령, 국가권력이 위헌·위법하게 행사된 경우거나 국가권력의 위헌·위법한 행사로 말미암아 자신의 자유와 권리가 침해된 경우에도 국민은 실정법에 규정된 방법, 예컨대 이의신청·소원·소송·위헌법령심사·탄핵 등 합헌적·합법적인 방법에 따라 구제를 구하거나 아니면 선거나 언론을 통하여 정책의 과오를 시정하게 하는 것이 통상적으로 택하는 방법이다.

　그러나 국가권력을 담당하는 개인이나 기관이 헌법의 기본원리를 전면적으로 부인하고 명백히 정의에 반하여 권력을 행사하는 경우에도 국민은 그에 복종해야 하는가? 아니면 헌법을 보장하기 위하여 또는 기본권을 수호하기 위하여 실력을 행사하여 저항하는 것이 인정되는가? 여기에서 저항권의 근본적인 문제가 제기된다. 저항권에 관해서는 각국에서의 입법례와 판례의 경향이 동일하지 아니하고, 또 저항권의 본질에 관한 이해와 저항권의 성립요건·행사요건에 관한 규정방식도 다양하다. 우리 헌법에는 저항권에 관한 명문의 규정은 없으나 학계에 있어서 지배적인 견해는 이를 자연법상의 권리로 보고 있다.

V. 국민의 헌법상의 지위

1. 국민의 요건

국민이란 국가에 소속하여 통치권에 복종할 의무를 가진 개개의 자연인을 말한다. 이러한 국민이 되는 자격을 '국적'이라고 하며, 헌법 제2조 제1항은 '대한민국의 국민이 되는 요건은 법률로 정한다'고 규정하여 이에 따라 제정된 국적법이 대한민국 국민의 요건인 국적의 취득과 상실에 관하여 규정하고 있다.

국적의 취득요건에 있어서 출생에 의한 선천적 취득에는 부모의 국적을 취득하는 혈통주의(속인주의. 독일, 호주, 스위스, 일본, 한국)와 출생지 소속국가의 국적을 취득하는 출생지주의(속지주의. 미국, 영국, 중남미국가)의 두 원칙이 있는데, 우리나라는 속인주의(혈통주의)를 원칙으로 하고 있다.

국적의 후천적 취득방법에는 혼인, 귀화, 인지, 국적회복, 수반취득 등이 있으며, 외국인의 양자, 이중국적자로서 법무부장관에게 신고하여 국적을 이탈한 자, 자진해서 외국국적을 취득한 자 등은 국적을 상실한다. 국적을 상실한 자는 대한민국 국민이 아니면 누릴 수 없는 권리를 3년 이내에 양도하여야 하며, 그 기간이 지났을 때에는 권리를 상실한다. 또한 헌법 제2조 제2항의 규정에 의하여 국가는 재외국민의 보호 의무를 진다.

2. 국민의 헌법상의 지위

국민의 국가에 대한 지위에 관하여 국가주권설에 입각하고 있는 옐리네크는 수동적 지위, 능동적 지위, 적극적 지위, 소극적 지위로 나누고 있으나 국민주권의 원리에 입각한 민주국가에 있어서 국민의 헌법상의 지위는 기본적으로 ① 주권자로서의 국민, ② 최고국가기관으로서의 국민, ③ 기본권의 주체로서의 국민, ④ 피치자로서의 국민으로 구분할 수 있다. ①과 ②는 국가권력의 주체가 되는 경우이고, ③과 ④는 국가권력의 대상이 되는 경우이다.

(1) 주권자로서의 국민

헌법 제1조 제2항은 국민주권주의를 선언하고 있는바, 여기에서 말하는 국민이란 주권보유자로서 우리나라에 있어서 정치적 통일체의 형태와 내용을 최종으로 결정하는 전체로서의 국민을 의미하며, 모든 국가권력의 원천이 되는 기능을 보유한다.

(2) 최고국가기관으로서의 국민

주권자로서의 국민은 국민 전체라고 하는 추상적·이념적 통일체이기 때문에 선거인단·투표인단의 형태로 직접·구체적으로 정치에 참여하는 '최고국가기관으로서의 국민'과는 구별된다. 주권자로서의 전체국민 중에서 일정한 연령에 달하고, 특별한 결격사유가 없는 국민집단(유권자)만이 '최고국가기관으로서의 국민'이다. 우리 헌법에 있어서 헌법개정안의 확정(제130조 제2항), 중요정책에 관한 국민표결(제72조), 국회의원의 선출(제41조 제1항) 등에 있어서와 같이 국민의 헌법의 규정에 따라 투표와 선거를 하는 경우와 공무담당 등에 있어서 유권자의 전체를 말한다.

(3) 기본권의 주체로서의 국민

모든 국민은 인간으로서의 존엄과 가치를 가지며 행복을 추구할 권리를 가진다. 또한, 국가는 개인이 가지는 불가침의 기본적 인권을 확인하고 보장할 의무를 진다. 이 경우 개인으로서의 국민은 기본권 향유자로 파악된다. 즉, 헌법 제10조에서 제37조까지의 국민이 이에 해당한다.

(4) 피치자로서의 국민

개개인으로서의 국민은 또한 국가적 지배권의 대상이 되는 지위, 즉 피치자로서의 지위에 있기도 하다. 공의무의 주체로서 나타나는 경우가 여기에 해당한다.

Ⅵ. 대한민국의 기본질서

1. 민주적 기본질서(자유민주적 기본질서)

(1) 헌법규정

헌법은 전문에서 '자유민주적 기본질서를 더욱 확고히 하여…'라고 하고, 제4조에서 '자유민주적 기본질서에 입각한 평화적 통일정책을 수립하고…'라고 규정하는 한편, 제8조 제4항에서 '정당의 목적이나 활동이 민주적 기본질서에 위배될 때에는…'라고 규정하여 민주적 기본질서를 대한민국의 정치적 기본질서로 선언하고 있다.

(2) 민주적 기본질서의 개념과 법적 성격

헌법상의 민주적 기본질서는 1949년 독일기본법 제18조(기본권상실조항)와 제21조 제2항(위헌정당해산조항)에서 처음으로 규정하였으며, 그 개념은 '모든 폭력적 지배나 자의적 지배를 배제하고, 그때그때의 다수의 의사와 자유·평등에 의거한 국민의 자기결정을 토대로 하는 법치국가의 통치질서'(독일연방헌법재판소 판례)를 의미한다.

우리 헌법재판소도 독일의 판례를 원용하여 민주적 기본질서의 개념을 규정하고 있으며, 그 개념적 요소로 ① 인간의 존엄과 인격존중을 기본으로 하는 인권보장, ② 국민주권의 원리, ③ 권력분립의 원리, ④ 책임정치의 원리, ⑤ 행정의 합법성의 원리, ⑥ 사법권의 독립, ⑦ 복수정당제와 정당활동의 자유보장 등을 들고 있다(헌재 89헌가113)

이러한 헌법의 민주적 기본질서는 ① 우리 헌법의 최고규범으로서 최고의 효력을 가지며, ② 헌법개정금지의 대상이며, ③ 모든 법해석의 기준이 되며, 모든 국가작용의 타당성의 근거가 되고, ④ 헌법상 기본권의 제한근거가 되며 동시에 제한의 한계로서의 역할을 한다.

(3) 민주적 기본질서의 내용

헌법 제1조 제1항은 대한민국의 국가형태를 '민주'공화국이라 하여 공화국의 내용을 민주적인 것으로 규정하고 있다. 이때의 민주주의는 자유민주주의는 물론 사회민주주의 등을 포괄하는 상위개념이므로 대한민국은 자유민주주의뿐만 아니라 사회민주주의도 동시에 그 내용으로 할 수 있다. 자유주의와 민주주의 결합형태인 자유민주주의와, 사회주의와 민주주의의 결합형태인 사회민주주의는 본질적으로 상이한 개념이기는 하지만, 대한민국의 국가형태를 헌법이 '민주적'인 것으로 규정하고 있는 이상 자유민주주의와 더불어(또는 나란히) 사회국가적 원리, 복지국가적 원리를 추구할 수 있음은 물론이다. 그러나 이때에도 우리 헌법이 자유시장 경제질서를 기본으로 하고 있고, 또 헌법전문이 '자유민주적 기본질서를 더욱 확고히 하여'라고 하고 있는 점에 비추어 자유민주주의에 보다 중점을 두어야 함은 물론이다. 이에 대하여 헌법 제8조 제4항의 민주적 기본질서라 할 때의 민주주의는 오로지 자유민주주의만을 의미한다. 정당조항의 민주적 기본질서만은 자유민주적 기본질서, 곧 '민주적 기본질서=자유민주적 기본질서'로 이해해야 한다. 우리 헌법은 전문에서 대한민국의 국가적 이념은 자유민주적 기본질서를 더욱 공고히 하는 것임을 명문으로 규정하고 있지만, 이것이야말로 대한민국의 헌법질서의 핵인 것이며, 어떠한 경우에도 수호하지 않으면 안 될 최후의 방어선인 것이다. 이러한 의미에서 자유민주적 기본질서는 적극적으로 보장되어야 하고 그 침해행위는 부정되어야 한다.

(4) 민주적 기본질서의 보장방법

헌법상 민주적 기본질서를 보장하기 위한 방법에는 적극적 방법과 소극적 방법이 있다.

1) 적극적 방법   적극적 방법으로는 자유민주적 질서형성을 위하여 자유로운 의사발표의 보장과 정치과정의 공개가 보장되어야 한다. 즉 양심의 자유, 언론·출판·집회·결사의 자유, 의회주의 등이 보장되어야 한다.

2) 소극적 방법   소극적 방법으로는 위헌정당해산제, 탄핵제도, 해임
건의, 징계, 위헌법률심사제, 저항권, 형법·국가보안법 및 행정법규에 의한
보장 등을 들 수 있다.

2. 사회적 시장경제질서

국가의 성격에 따라 그 경제질서의 성격도 달라진다. 즉 18·19세기의
자본주의의 헌법은 개인주의와 자유방임주의를 그 지도원리로 하므로 국민
의 자유, 특히 경제적 자유를 최대한 보장하는 야경국가 내지 질서국가의 사
상이 지배하였다. 그러나 자본주의가 발달하면서 19세기 말 20세기 초에 이
르러 경제적 부의 일방적 편재, 유산자와 무산자와의 계급적 갈등과 대립,
주기적인 경제공황, 실업자의 양산 등의 자본주의의 모순과 결함이 노출되자
이를 극복하기 위하여 국가는 종래의 자유주의적 시장경제를 포기하고 적극
적으로 경제에 통제와 간섭을 하게 되었다. 이러한 경향을 성문헌법에 가장
먼저 적극적으로 규정한 것이 1919년의 바이마르(Weimar)헌법이었고, 이것
이 각국 헌법의 모범이 되었다.

(1) 우리 헌법상의 경제질서

우리 헌법에는 사유재산제의 보장과 자유경쟁을 기본원리로 하는 자본
주의적 자유시장 경제질서를 원칙으로 하면서 사회복지·사회정의·경제민주
화 등을 실현하기 위하여 사회주의적 계획경제를 가미한 사회적 시장경제질
서를 채용하고 있다.

이를 위하여 우리 헌법은 경제질서의 기본성격으로서 사유재산제도를
바탕으로 하고 경제활동의 자유와 자유경쟁을 존중하는 자본주의적 자유시
장 경제를 골간으로 하면서, 사회정의와 경제민주화를 실현하기 위하여 국가
적 규제와 조정을 광범위하게 인정하고 있다.

(2) 사회적 시장경제질서의 내용

자유민주적 기본질서가 정치적 공동체로서의 대한민국의 기본질서를 의미하는 것이라면, 사회적 시장경제질서는 경제적 공동체로서의 대한민국의 기본질서를 의미한다. 경제질서는 대체로 자본주의적 자유시장 경제질서에서 수정자본주의적 경제질서를 의미하는 사회적 시장경제질서로가 아니면 사회주의적 계획경제질서로 발전하여 왔다. 오늘날 고도로 발달한 산업화사회인 자유주의적 국가가 그 불가피한 과제로서 실질적 정의를 구현하기 위하여 사회개혁을 실현하려는 국가라 할 수 있는 사회적 법치국가는 사회적 시장경제질서를 바탕으로 하고 있다. 사회적 시장경제질서(혼합경제)는 사유재산제의 보장과 자유경쟁을 기본원리로 하는 자본주의적 자유시장경제질서를 원칙으로 하되, 여기에 사회복지와 사회정의를 실현하기 위하여 사회주의적 계획경제를 가미한 경제질서를 말한다.

(3) 사회적 시장경제질서의 한계

민주주의국가에 있어서 그 경제질서는 인격의 존엄과 개인의 자유와 양립되지 않는 경제질서, 즉 사유재산제를 전면적으로 부정하는 전체주의적·사회주의적 계획경제 질서와는 양립되지 아니한다. 그러한 의미에서 민주주의국가에 있어서 사회주의적 계획경제원리의 도입에는 일정한 한계가 있다.

3. 평화주의적 국제질서

(1) 헌법원칙

양차대전의 체험을 계기로 제2차 대전 이후에는 각국이 전쟁을 방지하고 평화를 유지하기 위한 각별한 노력을 기울여 왔으며, 여러 국제조약과 각국의 헌법에서도 국제평화주의를 선언하고 침략전쟁을 금지하는 평화조항을 두게 되었다. 우리 헌법도 이를 위하여 평화적 통일의 지향(전문, 제4조, 제66조 제3항, 제69조), 침략적 전쟁의 부인(제5조 제1항), 국제법질서의 존중과 외국인의 법적 지위의 보장(제6조) 등을 규정하고 있다.

(2) 국제평화주의

우리 헌법은 세계적인 평화주의의 실정법화 경향에 따라 제5조 제1항에서 침략적 전쟁을 부인하고 있으며, 전문에서 '밖으로는 항구적인 세계평화와 인류공영에 이바지함으로써'라고 하여 평화주의의 기본원칙을 선언하고 있다.

따라서 헌법은 정복을 위한 전쟁·국제분쟁해결을 위한 수단으로서의 전쟁은 부인하나, 자위전쟁 내지 제재전쟁은 허용하고 있다. 자위전쟁은 외국으로부터의 급박하고 불법적인 공격을 받은 경우 이를 격퇴하여 국민과 국토를 방위하기 위한 전쟁으로서 이는 UN헌장에서도 용인하고 있다(UN헌장 제51조). 한편 제재전쟁은 국제경찰군으로서 UN군이 무력공격을 감행한 침략군을 제재하고 국제평화와 안전의 유지를 위하여 필요한 병력을 동원하는 적법전쟁을 말한다.

(3) 국제법 존중주의

국제질서는 기본적으로 국제법규와 조약으로 형성되기 때문에 국제법규와 조약의 준수 그리고 그 성실한 이행은 바로 국제질서를 존중하는 것이 된다. 헌법은 제6조 제1항에서 '헌법에 의하여 체결·공포된 조약과 일반적으로 승인된 국제법규는 국내법과 같은 효력을 가진다'고 하여 국제질서 존중의 의사를 명백히 하고 있다.

여기에서 '조약'이란 국가간에 문서로 체결된 합의 또는 계약을 말하나, 국가 이외에도 예컨대 국제연합(UN) 등과 같은 국제기구도 조약의 당사자가 될 수 있으므로 결국 조약은 국가간, 국가와 국제기구간, 그리고 국제기구 상호간의 합의라고 볼 수 있다. 조약과 관련하여 헌법 제73조에서는 대통령의 조약체결·비준권을 규정하고 있고, 제60조 제1항에서는 국회의 조약체결·비준에 대한 동의권을 규정하고 있다.

그리고 '일반적으로 승인된 국제법규'란 성문의 국제법규(UN헌장의 일부,

포로에 관한 제네바협정, 집단학살금지협정, 부전조약 등) 및 **국제관습법**(포로의 학살금지와 인도적 처우, 대사·공사의 국제법상의 법적 지위에 관한 원칙, 민족자결의 원칙, 조약준수의 원칙 등)을 말한다.

(4) 외국인의 법적 지위의 보장

헌법은 제6조 제2항에서 '외국인은 국제법과 조약이 정하는 바에 의하여 그 지위가 보장된다'고 하여 상호주의에 입각한 외국인의 법적 지위를 보장하고 있다.

(5) 평화통일의 지향

우리헌법은 민족의 지상과제인 조국통일을 평화적 방법으로 달성코자 여러 곳에서 규정을 두고 있다. 즉 헌법 전문('···조국의 평화적 통일의 사명'), 제4조('평화통일정책을 수립하고···'), 제66조 제3항('조국의 평화적 통일을 위한 성실한 의무···'), 제69조의 대통령의 취임선서('조국의 평화통일과··· 노력하여···')와 제92조의 민주평화통일자문회의 등이 그것이다.

VII. 한국헌법의 기본제도

1. 정당제도

정당제도가 발달하여 정당이 헌법상 중요한 기능을 담당하는 정당제 민주주의에서는 정당이 국가의사를 적극적으로 형성하고 의회의 운영을 주도하는 등 국정의 실제적 담당자로서 역할을 한다. 현대국가에서 이와 같은 정당의 정치적 기능과 헌법상의 지위를 유지하게 하기 위해서는 정당의 설립과 활동의 자유가 철저히 보장되고 완전한 의미의 복수정당제가 확립되지 않으면 안 된다.

정당법 제2조에 의하면 '이 법에서 정당이라 함은 국민의 이익을 위하여 책임 있는 정치적 주장이나 정책을 추진하고, 공직선거의 후보자를 추천 또는 지지함으로써 국민의 정치적 의사형성에 참여함을 목적으로 하는 국민의 자발적 조직을 말한다'고 정의하고 있다.

헌법상의 정당이기 위해서는 첫째, 국가와 자유민주주의를 긍정하여야 한다. 둘째, 공익의 실현에 노력하여야 한다. 셋째, 선거에 참여하여야 한다. 넷째, 정강이나 정책을 가져야 한다. 다섯째, 국민의 정치적 의사형성에 참여하여야 한다. 여섯째, 계속적이고 공고한 조직을 구비하여야 한다. 일곱째, 그 구성원이 당원이 될 수 있는 자격을 구비하여야 한다.

1) 정당설립의 자유와 복수정당제 보장   오늘날과 같은 대중적 민주주의에 있어서 정치적 의견발표와 정치적 활동은 정당정치의 방식에 따르는 것이 일반적이기 때문에 복수정당제의 보장과 정당의 존립 및 활동의 자유의 보장이야말로 자유민주적 기본질서의 중요한 내용적 특징이라 하지 않을 수 없다. 우리 헌법도 '정당의 설립은 자유이며 복수정당제는 보장된다'(제8조 제1항)고 하고 있다.

2) 정당의 권능과 의무   정당은 국민의 이익을 위하여 책임 있는 정치적 주장이나 정책을 추진하고, 공직선거에 후보자를 추천·지지함으로써 국민의 정치적 의사형성에 참여하는 권능을 가지며, 각급 선거에 참관인 지명권이 있다. 또한, 정당은 그 목적·조직과 활동이 민주적이어야 하며 국민의 정치적 의사형성에 참여하는 데 필요한 조직을 가져야 한다(제8조 제2항). 또한, 정당의 목적이나 활동이 민주적 기본질서에 위배하거나 국가의 존립에 위해가 되어서는 안 된다(제8조 제4항).

3) 정당의 보호   정당은 법률이 정하는 바에 의하여 국가의 보호를 받으며, 국가는 법률이 정하는 바에 의하여 정당운영에 필요한 자금을 보조할 수 있다(제8조 제3항). 이에 따라 정치자금의 적정한 제공을 보장하고, 그 수지상황의 양성화와 공개화를 통해 금권정치 내지 부패정치의 소지를 미연에 방지할 목적으로 제정된 법률이 정치자금에 관한 법률이다.

2. 선거제도

(1) 선거의 의의

민주정치는 선거의 정치이고, 의회주의의 역사도 어떤 의미에서는 선거제도의 역사라 할 수 있다. 국민주권국가에 있어서 선거의 의미와 가치는 '합의에 의한 정치'를 실현하기 위해 국민의 의사를 대표할 기관을 구성하는데 있다. 그러나 현대 정당국가에 있어서는 선거의 의의가 크게 변질되었다. 정당제 민주주의에 있어서는 선거가 인물의 선정이라는 성격을 거의 탈피하고, 둘 또는 세 개의 가능한 정부 중 그 하나를 선택한다고 하는 플레비시트의 성격을 띠게 되었기 때문이다.

(2) 선거에 관한 원칙

선거의 기본원칙에는 다음과 같은 것이 있다.

1) 보통선거   보통선거는 제한선거에 대응하는 원칙으로서, 재력이나 납세액 또 그 밖의 사회적 신분·인종·신앙·성별·교육 등을 요건으로 하지 아니하고 일정한 연령에 달한 모든 사람에게 선거권을 인정하는 제도를 말한다. 민주정치는 모든 국민이 참가할 것을 요한다.

2) 평등선거   평등선거는 차별선거에 대응하는 제도로서, 모든 선거인에게 1인 1표의 투표가치를 부여하는 원칙이다. 특히 평등선거의 원칙은 투표의 수적 평등뿐만 아니라 투표가치의 질적 평등이 문제로 되는바, 선거구 인구를 평등하게 함으로써 그것을 해결할 수 있다.

3) 직접선거   직접선거는 간접선거에 대응하는 원칙으로서, 일반선거인이 직접 대표자를 선출하는 제도이다.

4) 비밀선거   공개선거에 대응하는 개념으로서, 선거인이 누구에게 투표하였는가를 제3자가 모르게 하는 제도이다. 비밀선거의 전형은 무기명투표에 의한 '용지비밀투표제'이다.

5) 자유선거   강제선거에 대응하는 개념으로서, 외부의 직접적·간접적 간섭 없이 하는 선거를 말한다.

(3) 선거구 제도

선거란 선거인단을 나누는 지역을 말하는바, 이에는 소선거구제·중선거구제·대선거구제가 있다. 소선거구제란 1선거구에서 1인의 대표자를 선출하는 제도이며, 중선구제도란 1선거구에서 2~5인의 대표자를 선출하는 제도이고, 대선거구제는 그 이상을 선출하는 제도를 말한다.

3. 공무원제도

(1) 공무원의 의의와 범위

공무원이라 함은 직접·간접으로 국민에 의하여 선출되어 국가나 공공단체의 공무를 담당하는 자를 총칭한다. 선거에 의한 공무원을 제외하고는 공무원의 실질적 임명권은 대통령이 가진다(제78조). 공무원은 ① 국가공무원과 지방공무원, ② 경력직 공무원과 특수경력직 공무원 등으로 분류할 수 있다. 그러나 공무원의 개념은 제도적 소산이므로 가변적이며 법률의 정하는 바에 따라 그 범위가 다를 수 있다. 뿐만 아니라, 헌법상의 공무원의 개념과 범위도 그것을 규정하고 있는 조항에 따라 반드시 같지 아니하다.

(2) 공무원의 헌법상의 지위

헌법 제7조 제1항에서는 '공무원은 국민 전체에 대한 봉사자이며 국민에 대하여 책임을 진다'고 하여 공무원의 헌법상의 지위를 규정하고 있다. 공무원이 국민 전체에 대한 봉사자라는 것과 국민에 대하여 책임을 져야 한다는 것은 대한민국이 국민주권주의를 바탕으로 하는 민주공화국(제1조)이라는 점에 비추어 당연한 것이지만, 헌법은 제7조 제1항에서 이것을 명문화하고 있다.

1) 국민 전체에 대한 봉사자   국민주권국가에 있어서 국민은 주권의 주체이므로 공무원은 어느 특정인이나 특정한 당파·계급·종교·지역 등 부분이익을 대표해서는 아니 되고 국민 전체의 이익을 위하여 봉사하지 않으면

안 된다. 특히, 오늘날과 같은 정당제국가에 있어서 공무원은 집권당 또는 집권세력의 사병으로서 일당일파의 정치적 이익에만 봉사할 것이 아니라 국민전체의 이익을 위하여 봉사하지 않으면 안 된다는 점이다. 국민은 국가권력의 행사를 공무원에게 신탁한 주권자이기 때문이다.

2) 공무원의 책임　　헌법 제7조 제1항 후단에서 말하는 공무원의 책임이란 국민 전체에 대한 봉사자로서의 책임, 국가이념을 대표해야 할 책임, 그 직무를 합법률성에 따라 수행해야 할 책임을 말한다. 국민의 공무원파면권 등이 인정되고 있지 아니한 우리 헌법의 경우에는 그 책임은 원칙적으로 이념적·정치적 책임이지만, 헌법에 명문의 규정이 있는 때(예컨대, 제29조와 같이)에는 법적 책임을 묻는 경우가 있다. 우리 헌법상 공무원에 대하여 책임을 묻는 방법으로는 선거에 의한 방법, 탄핵에 의한 방법, 해임건의에 의한 방법, 청원에 의한 방법 및 손해배상청구권을 통한 방법 등이 있다.

(3) 직업공무원제

우리 헌법은 제7조 제2항에서 '공무원의 신분과 정치적 중립성은 법률이 정하는 바에 의하여 보장된다'고 하여 직업공무원제를 규정하고 있는바, 이는 근대 공무원제도의 발전과정에서 발생한 부패관료제를 극복함으로써 확립되었다.

민주국가에 있어서 직업공무원제는 집권당의 지배로부터 독립하여 국정의 능률적인 운영을 기하도록 하기 위한 민주적이고 과학적인 것이라야 한다. 그러기 위해서는 ① 직무의 종류와 책임의 정도에 상응한 과학적 직계제의 확립, ② 공무원의 임면·승진·전임제 등의 민주적 운영, ③ 공무원의 독립성의 보장과 능력본위의 실적주의의 확립, ④ 공정한 인사행정을 실시하기 위한 독립된 인사행정기구의 설치 등을 그 기본원칙으로 해야 한다.

4. 지방자치제도

지방자치는 그 자체로서 지역민주주의를 실현할 뿐 아니라 국민의 의사를 지역적으로 형성·조직화하여 국정에 반영시킴으로써 국정에서의 다원적 민주주의의 실현에 이바지한다. 또한 지방자치단체는 한편으로는 중앙집권적·관료주의적 경향에서 오는 국가행정의 폐단을 방지하고 국가권력의 남용을 견제함으로써 수직적 권력분립의 기능에 따른 국민의 자유보장에 이바지하고 다른 한편으로는 국가와 협력하여 사회국가적·복지국가적 임무를 분업적으로 수행함으로써 국민의 복지증진에 기여한다.

　　우리 헌법은 제8장에서 지방자치를 두고 2개조의 규정을 두어 지방자치를 헌법상 보장함과 아울러 지방자치의 방향성을 제시하고 있다.

　　첫째, 제117조 제1항에서 '지방자치단체는 주민의 복리에 관한 사무를 처리하고 재산을 관리하며, 법령의 범위 안에서 자치에 관한 규정을 제정할 수 있다'고 하여 지방자치단체가 그에 속하는 사무에 관하여 광범위한 자치권을 가져야 할 것임을 명시하는 한편 동조 제2항에서는 '지방자치단체의 종류는 법률로 정한다'고 하여 지방자치의 존중과 그 기본원칙을 선언하고 있다.

　　둘째, 제118조 제1항에서 '지방자치단체에 의회를 둔다'고 하고 또한 동조 제2항에서 '지방의회의 조직·권한·의원선거와 지방자치단체의 장의 선임방법 기타 지방자치단체의 조직과 운영에 관한 사항은 법률로 정한다'고 하여 의사기관 및 집행기관의 선임방법을 규정하여 지방자치단체의 기관의 민주화를 도모하고 있다.

제2. 기본권

I. 기본권 총론

1. 각국의 인권선언

(1) 영 국

대헌장은 특정신분 즉 귀족을 위하여 자유와 특권을 문서로 확인한 것에 지나지 않으나, 근대적 인권선언의 조상이며, 왕과의 타협과 투쟁 속에서 왕권행사에 일정한 제약을 하려는 데 그쳤기 때문에(신분적 자유보장), 미·불 등이 혁명을 통하여 기본권을 천부적 인권으로 선언한 것과 구별된다.

(2) 미 국

1776년 6월이 버지니아 권리장전에서 천부적인 불가침적 자연권으로서 생명과 자유를 누릴 권리, 소유권, 저항권 등이 규정되었다(국민주권의 원리와 기본권의 천부성을 규정하였다는 점에서 다른 헌법의 모델이 되었다). 1787년의 미국의 지방헌법·연방헌법에는 권리장전(=인권규정)이 없었으나, 1791년에 인권규정 10개조가 연방헌법에 추가되었다.

(3) 불란서

1789년 인간 및 시민의 권리선언(일명 구시대의 사망증서요 근대 시민사회의 출생증서라 칭하여진다)이 그 효시이다.

1789년 인권선언의 기원이 어디에서 유래하였는가에 관한 부뜨미(Boutmy)와 옐리네크(Jellinek)의 논쟁이 유명한데, 부뜨미는 18세기 계몽철학(루소의 사상)으로 보는 반면, 옐리네크는 1776년 버지니아 권리장전으로 보고 있으나, 옐리네크의 주장은 설득력이 부족하다고 본다. 불란서 인권권언에는 생존권(사회권) 조항이 없다.

(4) 독 일

1850년의 프로이센헌법은 외견상 인권선언을 두었을 뿐이며, 1871년의 비스마르크헌법은 독일 통일에 필요한 실용적 조항만 두고 방해소지가 있는 기본권규정은 두지 않았다.

<현대 헌법의 기본권의 특색>
(1) 기본권의 사회화 경향
　·자유권에서 생존권으로 옮기고 있다.
　·1919년의 바이마르헌법에서 그 효시를 이룬 생존권이 제2차세계대전 이후 세계적으로 확산되었다.
　·자유권의 의미와 기능도 단순한 방어적으로 보기보다는 자유권의 생활권화 현상이 강조된다.
(2) 기본권의 자연권성 강조
　·기본권이 전국적 불가침·불가양의 자연권성이 다시 강조
(3) 기본권보장의 국제화 경향
　·인권보장의 보편화 현상이다.
　·1950년이 유럽 인권규약, 1966년의 국제인권규약
　·국제연합이 제정한 세계인권선언과 국제인권규약의 차이점은 전자는 실시규정이 없는 데 대하여 후자는 실시규정을 두어 비준국의 의무를 규정하고 있다.
(4) 제3세대 인권론
　1. 유네스코는 시민적·정치적 권리를 제1세대 인권으로, 경제적·사회적·문화적 인권을 제2세대 인권으로, 연대권을 제3세대 인권으로 하면서, 연대권에는 개발권, 평화권, 환경권, 인류공동의 유산에 대한 소유권, 인간적 도움을 받을 권리가 포함되어 있다.
　2. 제1세대 인권의 이념은 자유, 제2세대 인권의 이념은 평등, 제3세대 인권의 이념은 연대성(불란서 대혁명 3대 구호인 형제애의 현대적 표현)이다.

2. 기본권의 본질

인권 또는 인간의 권리란 인간이기 때문에 당연히 갖는 권리, 버지니아 권리장전과 불란서 인권선언에서 인권 또는 인간의 권리로 표현된 것이 독일에서는 기본권(Grundrechte)이란 말로 사용되고 있다. 기본권 중에는 생래적인 권리도 있으나 국가내적인 권리인 실정권(참정권, 청구권, 사회권)도 있어 인권과는 내용상 완전히 일치하지 않는다.

기본권은 개인적 권리구제를 위한 주관적 권리이다. 기본권은 헌법에 규정된 실정권이나 자연권성질을 가지기에 그 해석에 있어서 국민의 권리를 최대한 보장해 줄 수 있도록 해석하여야 한다. 기본권은 주관적으로는 개인을 위한 주관적 공권을 의미하지만, 객관적으로는 국가의 가치질서(법질서, 법원리)로서의 성격을 띠고 있다고 본다. 헌법재판소도 기본권은 국가권력에 의하여 침해되어서는 아니 된다는 의미에서 적극적 방어적으로서의 의미를 가지고 있을 뿐만 아니라, 국가는 적극적으로 국민의 기본권을 보호할 의무를 부담하고 있다는 의미에서(제10조) 기본권은 국가권력에 대한 객관적 규범 내지 가치질서로서의 의미를 함께 가지며, 객관적 가치질서로서의 기본권은 입법·사법·행정의 모든 국가기능의 방향을 제시하는 지침으로서 작용하므로, 국가기관에 기본권의 객관적 내용을 실현할 의무를 부여한다고 하면서 이중성 성격을 긍정하고 있다.

3. 기본권의 주체

헌법상은 기본권의 주체가 되는 자는 오직 국민으로 규정되는데 여기서 국민의 범위가 문제된다.

(1) 일반국민

헌법에 규정된 기본권은 모든 국민에게 보장됨이 원칙이다. 그러나 기본권 보유능력은 민법상 권리능력과는 반드시 일치하지는 않는다(태아, 사자,

외국인, 민법상 법인격없는 사단, 법인격있는 사단).

기본권 행사능력과 민법상 행위능력도 일치하지 않는다(미성년자의 권리, 피선거권, 공무담임권). 기본권 보유능력을 가졌다고 모두 행사능력을 가진 것이 아니고 헌법이 직접 행사능력을 정하기도 하고(대통령의 피선거권) 법률에 위임하기도 한다(국회의원선거권, 피선거권).

(2) 외국인

외국인은 국민개념 속에 넣을 수 없으므로 법률상의 문제에 불과하게 되므로 헌법적으로 그 보장 여부를 논할 성질이 아니라고 부정하는 견해도 있으나 헌법의 규정보다는 권리의 성질에 따라 인정 여부를 결정하려는 입장이다. 기본권의 성질이 인간의 권리로 볼 수 있는 경우에는 외국인에게도 인정된다는 입장으로 통설이다. 외국인도 자국민보호라는 상호주의 입장에서와 우리 헌법전문의 정신에 비추어서도 외국인의 기본권 주체성을 긍정하는 것이 바람직하다는 견해도 있다.

외국인에게 인정되는 기본권이라 하면 다음과 같다.

1) 인간으로서의 존엄과 가치·행복추구권(제10조) 인간으로서 인정되어야 한다.

2) 평등권 정치적 평등이나 재산권 보장에서는 합리적 차별이 인정된다.

3) 자유권 외국인에게 입국의 자유는 인정되지 않으나, 입국이 허용된 외국인에게 출국의 자유는 허락된다고 본다. 외국인에게 정치적 망명(망명권)을 인정할 것인가에 관하여 이를 긍정하는 견해와 부정하는 견해로 나뉘고 우리 법원은 아직 인정하지 않는다.

4) 생존권 국민의 권리이므로 외국인에게는 원칙적으로 인정되지 않는다. 다만, 환경권이나 보건권 등은 제한된 범위 내에서 인정된다고 본다.

5) 청구권 외국인에게 보장된 기본권(제10조, 제12조, 제27조 등)과 관련된 청구권적 기본권은 외국인에게도 인정된다(재판청구권, 형사보상청구권).

6) 참정권 원칙적으로 부정되나 정주 외국인의 경우는 지방자치단체

선거권이 인정된다.

(3) 법 인

공법인(중앙정부와 지자체 등의 경우는 기본권을 보장해 줄 의무만 있기에)의 경우에는 그 주체성을 설명할 수 없으며, 기타의 사법인의 경우는 인정된다. 그 이유로는 법인 자체적 측면에서 인정하는 견해도 있으나 그 구성원의 기본권을 보장하여 주기 위하여 인정된다고 보는 견해가 타당하다.

권리능력 없는 사단의 경우 헌법적 차원의 법인의 요건을 충족하면 되는 것이지 사법상 권리능력 유무는 주체성 향유에 영향을 줄 수 없고, 재단법인의 경우에도 긍정된다고 한다.

헌법재판소는 성질상 법인이 누릴 수 있는 기본권은 당연히 법인에게도 적용되어야 한다고 하여 법인의 기본권 향유능력을 긍정하였다. 동시에 한국영화인협회(비영리사단법인)에 기본권 주체성을 긍정하였고, 권리능력 없는 사단인 한국신문편집인협회와 정당에도 기본권 주체성을 긍정하였다.

4. 기본권의 효력

(1) 기본권의 대국가적 효력

기본권은 모든 국가권력을 구속한다. Bonn 기본법 제1조 제3항(기본권은 직접 적용되는 권리로서 입법, 집행 및 사법을 구속한다). 기본권은 당연히 입법, 사법, 행정과 같은 국가권력을 구속하며 헌법개정권력도 구속한다.

이와 같이 기본권이 직접적으로 국가권력을 구속하는 것으로 볼 수 있는 헌법적 근거가 무엇인가에 관하여, 생각건대 Bonn 기본법 제1조 제3항과 같은 명시적 규정이 없더라도 기본권의 직접적 효력의 근거규정은 헌법 제10조에서 찾는 것이 옳다고 본다.

기본권은 원칙적으로 모든 국가권력을 구속하나 개별적 기본권 중에서 성질상 대국가적 효력의 인정 여부가 다투어지는 것이 있다. 생존권(사회적 기본권)은 구체적인 입법이 행하여지지 않은 경우에 행정이나 사법을 구속할 수 없다고 본다는 견해도 있으나 입법 부작위에 대한 헌법소원이 인정되기에 지금은 입법의 제정을 청구할 수 있다.

비권력행위는 사법의 형식으로 이루어지는 것이기 때문에 기본권 효력이 미치지 않는다는 견해(부정설)가 있으나, 기본권의 대국가적 효력은 모든 국가권력에 미치는 것이므로, 권력·관리·국고작용과 같은 국가작용의 형태에 따라 달리 취급될 필요가 없으며, 국가권력 내에서의 특수한 신분관계 때문에 그 효력이 약화될 수 없다고 본다

(2) 기본권의 대사인적 효력

국가권력 이외의 사회 제 세력들에 의하여도 침해되는 현상이 나타나게 되었고, 따라서 기본권의 효력이 국민의 대국가적 관계(즉 공법관계)에 국한할 것인지 아니면 국민의 대사인적 관계(즉, 사법관계)에도 타당할 것인가가 문제되었다.

헌법적 상황의 변화(기본권 침해가 사회 제세력에 의하여도 발생함)에 따른 현실적 필요에 의하여 기본권의 효력을 대국가적인 것에 국한시키지 않고, 대사인적인 것에까지 확대시키고 있다. 기본권의 대사인적 효력의 이념적 기초를 기본권의 양면성에서 구하는 견해가 있다. 이 견해에 따르면 기본권은 주권적 공권성 이외에도 객관적 가치질서의 성격을 지니고 있기 때문에 기본권의 효력이 사인 상호간에도 미칠 수 있다고 한다.

1) 직접 적용되는 경우로는 인간의 존엄과 가치, 행복추구권, 언론출판의 자유(제21조 제4항), 근로삼권, 참정권 등인데, 헌법 제21조 제4항의 경우 기본권의 직접 적용을 인정한 규정이고 언론·출판의 중요성, 과제, 기능을 고려한 언론의 책임을 규정한 것이라고 보아야 한다.

2) 직접 적용되는 기본권 이외에 성질상 사법관계에도 적용될 수 있는 기본권, 예를 들면 평등권, 사행활의 비밀, 양심·신앙 및 표현의 자유 등은 사법상 일반조항(민법 제2조, 제103조)을 통하여 간접적으로 적용된다.

3) 기본권의 성질상 대사인효가 인정될 수 없는 것으로는 청구권(청원권, 국가배상청구권), 사법절차적 기본권(변호인의 도움을 받을 권리, 신속하고 공개적인 재판

을 받을 권리), 생명·신체에 관한 헌법상 지도원리(죄형법정주의)를 들 수 있다.

(3) 기본권의 경합과 충돌

기본권의 경합이란 하나의 기본권주체의 특정한 행위가 여러 기본권의 구성요건에 해당되는 경우(국가에 대하여 여러 기본권을 주장할 경우)에 있어 이들 기본권 상호간의 관계를 의미한다. 예컨대 집회에 참석하고자 하는 사람을 체포·구속한 경우에 신체의 자유와 집회의 자유, 또는 집회에 참석하는 사람의 집회의 자유와 의사표시의 자유와의 관계 등이 예이다. 기본권의 경합은 대국가적 효력의 문제로 기본권의 확장문제인 데 반하여 기본권의 충돌은 기본권의 대사인간 효력의 문제로 기본권의 제한의 문제이다.

그러나 기본권의 충돌은 서로 다른 기본권 주체가 상충하는 여러 이해관계를 관철하기 위하여 서로 다른 기본권을 주장하는 경우 발생한다.

기본권의 경합에서 일반적 기본권과 특별 기본권이 경합하는 경우에는 특별법 우선의 원칙에 따라 해결하면 된다. 제한의 정도가 다른 기본권이 경합하는 경우에는, 헌법적 효력이 보다 강한 기본권을 우선시켜야 할 것이다. 동등한 제한 정도를 가진 기본권이 경합되는 경우에는, 당해사안과 직접적으로 관련되는 기본권을 우선 적용하고, 직접적으로 관련되는 기본권이 무엇인가를 판단함에 있어서는 기본권을 주장하는 기본권 주체의 의도와 기본권을 제한하는 공권력의 동기를 감안하여 개별적으로 판단하되, 기본권효력이 강화되는 방향으로 해결한다. 이러한 입장에서 본다면, 사안에 조금이라도 관련되는 것으로 인정되는 기본권이라면 무조건 헌법재판의 근거로 보는 헌법재판소의 태도에 대하여 기본권적 보호 범위의 확정이라는 관점과 헌법판단의 경제성이라는 측면에서 문제가 크다는 지적도 있다.

기본권이 충돌하는 경우 그 법익을 비교하여 우열을 결정하여야 한다거나 헌법의 통일성을 유지하기 위해 충돌하는 기본권 모두가 최대한으로 그 기능과 효력을 나타낼 수 있는 조화의 방법을 취하여야 한다.

5. 기본권의 제한

기본권의 제한이란 기본권보호영역에 속하는 행위나 상태를 불가능하게 하거나 현저히 어렵게 하는 공권력행사를 두고 하는 말이지만, 기본권 침해란 기본권 제한의 한계 내에서 이루어지는 정당한 제한이 아니라 위헌적으로 보호영역을 축소하는 것을 의미한다는 점에서 구별된다.

보호영역은 객관적으로 확정되어야 한다. 즉, 보호영역은 가치평가와 무관하게 이루어져야 한다. 가치판단은 보호영역의 확정단계가 아니라 제한단계에서 행해지는 것이 타당하기 때문이다.

기본권 제한은 헌법 제37조 제2항에 근거하는데 이 조문은 일반적 법률유보라는 것이 일반적 의견이다. 기본권 제한의 유형으로는 일반적 법률유보와 개별적 법률유보가 있다. 개별적 법률유보는 '모든 국민은 신체의 자유를 가진다. 누구든지 법률에 의하지 아니하고는 체포·구속·압수·수색 또는 심문을 받지 아니하며, 법률과 적법한 절차에 의하지 아니하고는 처벌·보안처분 또는 강제노역을 받지 아니한다'(제12조 제1항)처럼 구체적으로 법률에 그 제한을 유보하는 경우이다.

(1) 기본권 제한의 대상

헌법 제37조 제2항의 자유와 권리는 자유권에 국한된다는 견해가 있으나, 헌법 제37조 제2항의 기본권 제한은 모든 기본권을 대상으로 한다고 할 것이다. 다만 양심의 자유, 종교의 자유 중 신앙의 자유, 예술의 자유 중 예술창작의 자유 등 내심의 자유이기에 외부의 법률로써는 제한할 수 없다.

(2) 기본권 제한의 목적

국가안전보장과 질서유지를 위하여 제한된다. 질서유지란 광의의 질서유지에서 국가안전보장을 제외한 질서, 즉 사회의 안녕질서를 의미한다고 본다. 국가질서와 민주적 기본질서는 국가안전보장에 속하고 질서유지는 사회질서를 의미한다고 하는 견해가 옳다고 본다. 이 외에 기본권은 공공복리를 위하여 제한될 수 있다. 공공복리란 소극적인 질서유지를 넘어서 적극적인 의미에서의 국가구성원의 공공의 행복과 이익이라 할 것이다.

(3) 기본권 제한의 정도— 과잉금지의 원리

1) 목적의 정당성   헌법재판소도 '공공용지의 취득 및 손실보상에 관한 특례법'은 협의취득에 관한 것인데 협의대상자를 파악하기 어렵다는 이유만으로 사실상의 강제취득을 허용하고 있는 것은 기본권제한을 정당화시켜줄 입법목적상의 정당성을 가지고 있지 않다고 하였다.

2) 방법의 적정성   효과적이고 적절하여야 한다. 선택된 수단이 목적달성에 부분적으로 유효하다면 적합한 수단으로 보아야 한다. 헌법재판소도 입법 목적을 달성하기 위하여 선택된 방법이 목적달성에 유효 적절한 수단 중의 하나임이 분명한 경우 방법의 적절성을 긍정한 바 있고, 입법목적을 달성함에 있어 여러 조치가 병과될 수도 있으므로 그 여러 조치가 목적에 적합하고 필요한 정도 내의 것이라면 방법의 적정성은 필요한 유일한 수단선택을 요건으로 하라는 의미는 아니라고 하였다.

3) 피해의 최소성   적절성의 원칙이 목적과 수단의 관계를 말한다면 최소성은 수단과 수단과의 관계를 평가하는 것이다. 기본권 제한의 조치가 적절하다 할지라도 보다 완화된 형태나 방법을 모색함으로써 기본권의 제한은 필요한 최소한도에 그쳐야 한다(헌결). 따라서 보다 가벼운 기본권 제한으로도 충분히 공익을 달성할 수 있는 경우에는 그 방법에 따라야 할 것이다. 헌법재판소도 '기본권제한에 있어 형벌보다 덜 무거운 방법으로도 가능한 경우' 또는 '입법자가 의도하는 바를 달성함에 있어서 보다 덜 제한적인 다른 선택을 할 수 있는 수단이 법률에 충분히 설정되어 있음에도 불구하고 이를 채택하지 아니한' 것은 최소침해의 원칙에 반한다고 하였다. 그러나 입법목적을 달성하기 위하여 가능한 여러 수단들 가운데 구체적으로 어느 것을 선택할 것인가의 문제는 입법재량에 속하는 것이므로, 입법목적을 달성하기 위한 수단으로서 반드시 가장 합리적이며 효율적인 수단을 선택하여야 하는 것은 아니라고 할지라도 적어도 현저하게 불합리하고 불공정한 수단의 선택

은 피하여야 할 것이다. 다수의 헌재 결정은 선택된 방법이 목적달성에 최선의 수단이 아니라 하더라도 그것이 현저하게 불공정하지 않은 한 과잉금지위반이 아니라고 한다. 다만 객관적으로 덜 기본권을 제한하는 수단이 명백히 존재하는 경우에는 위헌으로 보아야 한다.

4) 법익의 균형성　기본권 제한에 의하여 보호하려는 공익과 침해되는 사익을 비교형량할 때 보호되는 공익이 더 커야 한다(헌결). 헌법재판소도 구속영장의 효력상실을 검사의 구형에 의존하도록 한 것은 하급심의 오판의 가능성을 방지하려는 것(공익)이라 할지라도 이로 인한 인신구속에 대한 피해(사익)를 비교형량하여 볼 때, 사익침해가 현저하게 커서 비례의 원칙에 반하는 위헌적인 것이라 아니할 수 없다고 하였다.

(4) 기본권 제한의 한계

1) 본질적 내용의 침해금지　기본권의 본질적 내용은 기본권의 내용과는 구별되는 것으로, 기본권의 핵이 되는 실질적 요소 내지 근본적 요소를 의미한다고 보며, 기본권의 본질적 내용의 침해란 그 침해로 인하여 기본권이 유명무실해지거나 형해화되어 헌법이 기본권을 보장하는 궁극적인 목적을 달성할 수 없게 되는 지경에 이르는 경우라 할 것이다. 본질적 내용을 판단하는 기준으로는 기본권을 제한함에 있어 절대적으로 침해해서는 안 될 핵심영역이 있어 이 근본요소 또는 핵심영역을 본질적 내용으로 본다는 입장(절대설)과, 개별사례마다 기본권제한에 의해 달성하려는 법익과 침해되는 사익을 형량하여 결정된다고 보는 입장(상대설)이 있다. 상대설에 따르면 기본권 제한이 필요한 범위를 넘어서 이루어졌다면 본질적 내용은 침해된 것이라 한다. 헌법재판소는 사형제도의 위헌성판단에 있어서 상대설을 취하였다.

2) 한계를 벗어난 법률에 관하여는 위헌법률심사나 법률에 대한 헌법소원의 형식 등으로 위헌 여부를 다툴 수 있다.

6. 기본권의 침해와 구제

(1) 법기관에 의한 침해와 구제

가. 침 해

입법기관으로부터의 침해 유형으로는 ① 적극적 입법에 의한 침해, ② 입법자가 헌법상 수권 위임을 무시한 채 입법적 규율을 하지 않거나, 불완전·불충분한 경우, ③ 개선치 않는 경우(입법 부작위에 의한 침해) 등을 들 수 있다.

나. 구 제

법률의 위헌심사를 구하거나, 법률에 대한 헌법소원을 제기할 수 있고(제111조), 위헌적 입법을 폐지 또는 개정해 달라고 청원할 수 있다. 입법 부작위에 의한 침해에 대하여 법원에 입법 부작위 위헌확인소송을 제기할 수 없다고 보나, 입법부작위에 의하여 기본권이 침해된 경우 헌법재판소에 헌법소원을 제기할 수 있다. 헌법재판소도 헌법이 명시적인 입법의무를 법령에 위임하였음에도 불구하고 입법부작위가 발생한 경우에는 부작위 헌법소원을 제기할 수 있다고 하였으나, 법령이 제정되었으나 그것이 불완전·불충분하여 그 보충을 요하는 경우에는 부작위 헌법소원을 제기할 수 없다는 입장을 보이고 있다. 다만 부진정부작위 입법에 대하여는 제정된 법률에 대하여 작위헌법소원(법률소원)을 청구하는 것은 허용된다.

(2) 행정기관에 의한 침해와 구제

행정쟁송을 제기하거나 국가배상이나 손실보상·형사보상(피의자보상)을 청구할 수 있다. 행정절차와 같은 사전적 구제방법도 있다.

(3) 사법기관에 의한 침해와 구제

오판에 의하거나 재판의 연속한 침해 등을 들 수 있고(침해), 항소나 상고와 같은 상소에 의하여 그리고 재심, 비상상고에 의하여 구제를 받을 수 있으며 형사보상청구(피고인보상)에 의한 구제방법이 있다(구제).

II. 기본권 각론

1. 포괄적 기본권

(1) 인간의 존엄과 가치

우리 헌법은 인간의 존엄과 가치, 행복추구권을 규정하고 있는바, 우리 헌법은 제5차 헌법개정 때 Bonn 기본법의 영향을 받아 인간의 존엄성규정을 처음으로 규정하였고, 행복추구권은 제8차 헌법개정 때 신설되었는바 미국 헌법의 영향을 받은 것이다. 헌법재판소는 인간의 존엄과 가치, 행복추구권을 모든 기본권 보장의 종국적 목적(기본이념)이라고 하면서, 동시에 개별적 기본권의 성격을 지닌다는 입장을 보이고 있다. 존엄과 가치에서는 일반적 인격권을, 행복추구권으로부터는 일반적 행동자유권과 개성의 자유로운 발현권을 도출하고 있다. 그리고 간통죄에 대한 헌법소원에서는 성적 자기 결정권을 인간의 존엄과 가치와 행복추구권의 종합적 근거를 가진다고 한다. 생명권, 일반적 인격권, 자기결정권 등을 인정하고 있다.

(2) 행복추구권

행복추구권을 헌법에 둔 나라는 일본 헌법을 제외하고는 거의 없다. 헌법재판소는 일반적 행동자유권, 개성의 자유로운 발현권, 평화적 생존권, 휴식권, 수면권, 일조권, 스포츠권 등을 들 수 있다. 행복추구권의 개별적 기본권성을 긍정하면서, 그 내용으로 일반적 행동자유권과 개성의 자유로운 발현권, 자기결정권을 들고 있다.

(3) 평등권

근대적 평등은 자유의 평등과 형식적 평등에 중점을 둔 것이나, 현대적 평등은 생존의 평등과 실질적 평등에 중점을 두고 있으며, 근대적 평등은 정치적 평등에 중점을 두었으나, 현대적 평등은 경제적·사회적 평등에 더 중점을 두고 있다. 평등 판단의 기준으로는 합리적 이유 있는 차별은 허용되는 상대적 평등이다. 헌법재판소는 헌법에서 특별히 평등을 요구하고 있는 경우나, 차별적 취급으로 기본권에 대한 중대한 제한을 초래하게 되는 경우에는 엄격한 심사척도가 적용되어야 한다고 한다. 엄격한 심사란 자의금지원칙에 따른 심사에 그치지 아니하고 비례성원칙에 따른 심사(차별취급의 목적과 수단간에 엄격한 비례관계가 성립하는 가를 기준으로 하는 심사)를 의미한다.

남녀간의 임금차별이나 결혼퇴직제, 동성동본금혼제는 평등권 위반이다. 그러나 남녀의 사실상의 차이에 의한 차별이나 합리적 차별까지 금지하는 것은 아니다. 예를 들어, 강간죄의 객체를 여성에게만 인정하는 것이나, 남자에게만 병역의 의무를 지우는 것, 그리고 여성에게만 생리휴가를 주거나 특별한 근로보호를 하는 것 등은 합리적인 것으로 헌법상 허용된다고 본다. 헌법재판소는 동성동본금혼 규정(민법 제809조 제1항)이 금혼의 범위를 남계혈족에 한하고 있는 것은 성별에 의한 차별이라고 하여 헌법불합치결정을 한 바 있다.

또한 제한적인 영역에서 한시적으로 여성에 대한 우대는 그것이 우리 사회의 전체적인 공익에 도움이 된다면 우선적 처우의 이론에 따라 합헌이 될 것이다.

2. 자유권적 기본권

(1) 신체에 관한 자유와 권리

신체의 자유란 신체의 안전성과 신체활동을 임의적이고 자율적으로 할 수 있는 자유(신체활동의 임의성)를 의미한다.

신체의 자유의 실체적 보장으로는 '법률 없으면 범죄 없고, 형벌 없다'는 근대형법의 기본원리를 의미하는 죄형법정주의와, 판결(유죄, 무죄, 면소, 집행유예를 불문한다)이 확정되면 그 기판력에 의하여 동일한 사건을 거듭 심판할 수 없다는 일사부재리원칙이 있다. 신체의 자유의 절차적 보장은 적법절차의 보장

수사, 공소 및 형사절차에서 준수되어야 할 헌법상 기본원리이다. 무죄추정의
불구속수사·불구속재판을 원칙으로 하며 고문을 받지 아니할 권리 등이 있다.

(2) 사회·경제의 자유

가. 거주·이전의 자유

주소나 거소를 설정하거나, 이전하거나, 옮기지 않을 자유를 의미
한다. 국내 거주·이전의 자유, 국외 거주·이전의 자유(국적 변경(이탈)의 자유,
무국적이 되는 자유까지 보장하는 것은 아님)를 내용으로 한다.

나. 직업선택의 자유

직업선택의 자유란 자기가 선택한 직업에 종사하여 이를 영위하고
언제든지 임의로 전환할 수 있는 자유를 의미한다. 직업이란 ①생활의 기본
적 수요를 충족시키기 위한 ② 계속적인 소득활동을 의미한다. 따라서 헌법
상 보호되는 직업의 개념적 요소로는 ③ 생활수단성 ④ 계속성 ⑤ 공공무해
성이다. 직업결정의 자유, 직업수행의 자유. 직업종료의 자유를 포함한다.

다. 주거의 자유

주거의 자유란 자기의 주거를 공권력이나 제3자로부터 침해당하지
않는 것을 의미한다.

복합시설물(학교, 공장) 등의 주체는 원칙적으로 생활공간의 장(교장,
공장장)이 되며, 주택이나 호텔·여관의 객실의 경우에는 현실적인 거주자(입
주자, 투숙객)가 추체가 된다.

대법원 판례에 의하면 타인의 처와 간통할 목적으로 그 처의 동의
하에 주거에 들어간 경우에 본부인에 대한 주거침입죄를 인정하였으며, 대
리시험자의 시험장 입장에 대하여 주거침입죄를 인정하고, 대학강의실은
누구나 자유롭게 출입할 수 있는 곳이 아니므로 일반인이 대학강의실에 출
입하는 것도 주거침입에 해당한다고 하였다.

라. 사생활의 비밀과 자유

사생활이란 사회생활과 구별되는 개인생활을 의미한다.

마. 통신의 자유

의사나 정보를 자유롭게 전달 교환하는 경우에 그 내용이 본인의 의사에 반하여 공개되지 않을 자유를 의미한다. 통신은 격지자간의 의사의 전달을 의미하며, 물품의 수수도 포함한다.

바. 재산권의 보장

기본권으로 보장한다는 의미와 사유재산제도를 보장한다는 이중적 의미를 지닌다. 재산권이란 공·사법상 경제적 가치가 있는 모든 권리를 의미한다. 상속권에 관하여는 명문규정이 없으나 재산권에 당연히 포함된다고 본다. 그러나 단순한 기대이익, 반사적 이익, 단순한 경제적 이익, 우연히 발생한 법적 지위 등은 재산권에 속하지 않는다.

(3) 정신적 자유

가. 양심의 자유

양심은 선악과 정의에 관한 생각 내지는 믿음을 의미하는바, 양심은 인간의 논리적·도덕적 영역에 속하는 문제인 점에서, 인간의 본질을 고차원적 차원에서 이해하고자 하는 형이상학적인 사고체계인 신앙과 구별된다. 사상(의견, 확신, 사유)은 논리적 측면의 사고인 점에서, 윤리적 측면의 양심과 구별된다.

헌법 제46조 제2항과 제103조는 국회의원의 양심에 따른 직무수행과 법관의 양심에 따른 재판을 규정하고 있는바, 이는 직업적 양심을 나타내는 것으로서 본조의 양심과는 구별된다. 법관이나 국회의원이 직무를 수행할 때에는 헌법 제19조의 양심이 아닌 직업적이고 객관적인 양심에 따라 직무를 수행할 것이 요구된다.

현행 헌법이 사상의 자유를 별도로 규정하고 있지 않음을 감안해 볼 때, 양심이란, 윤리적·도덕적 판단뿐이고 일련의 가치관(세계관, 인생관, 주의, 신조 등)까지 포함하는 것은 아니라는 것이 헌법재판소의 입장이다.

민법 제764조에 대한 헌법소원사건에서 사죄광고강제는 위헌이라는 입장이다. 양심실현의 자유를 빼버린 양심의 자유는 그다지 큰 의미가 없다고 하면서, 양심의 자유에는 양심을 실현할 자유도 포함된다는 입장이 헌법재판소의 입장이다.

나. 종교의 자유

종교란 신과 피안의 세계에 대한 내적 확신을 의미한다. 국·공립학교에서의 특정한 종교의 교육은 금지되나, 사립학교(종교학교)에서는 허용된다고 본다. 국교부인과 정교분리의 원칙이 규정되어 있으나 국교가 있는 국가도 종교의 자유는 있다(영국, 스페인). 크리스마스나 석가탄신일을 휴일로 하는 것은 종교적 의미가 아닌 세속적인 의미이기에 허용된다.

다. 언론·출판의 자유

언론이란 구두(토론, 연설, 방송 등)에 의한 표현을 말하고, 출판이란 문자나 상형에 의한 표현을 말한다. 언론·출판의 자유보장은 개인의 자유로운 인격발전을 이룩하고, 인간의 존엄을 유지시켜 주며, 국민주권을 실현시켜 주는 역할을 한다. 언론·출판의 자유는 근대 초기국가에서는 국가권력을 제한하는 기초이론으로 작용하였으나, 자유민주국가에서는 국민의 사를 구성하는 민주주의의 성격을 지닌다고 본다.

허가제와 검열제는 금지되는데 검열은 행정권이 주체가 되어 사상이나 의견 등이 발표되기 이전에 예방적 조치로서 그 내용을 심사, 선별하여 발표를 사전에 억제하는 제도를 의미한다. 검열금지의 원칙은 작품의 발표 이후에 비로소 취해지는 사후적인 사법적 규제를 금지하는 것이 아니므로 사법절차에 의한 가처분 등은 허용된다. '공연윤리위원회'나 '한국공연예술진흥협의회'의 사전심의는 사전검열에 해당된다고 하였다.

라. 집회·결사의 자유

집회는 공동의 목적을 가지고 다수인이 집합하고 결합하는 자유를 의미한다. 집회·결사의 자유는 집단적 표현의 자유를 보장한다는 점에서 개별적 표현인 언론·출판과 구별된다. 결사란 다수인이 공동의 목적을 위하여 자발적으로 단체를 형성하는 것을 의미한다. 따라서 자발적 단체라 볼 수 없는 공법상 결사는 본조의 결사개념에 포함되지 않는다.

마. 학문과 예술의 자유

학문의 자유란 진리와 진실을 진지하게 계획적으로 탐구하는 자유로서, 학문적 활동에 대한 어떠한 간섭이나 방해를 받지 아니할 자유를 의미한다. 학문연구의 자유는 제한을 가할 수 없는 절대적 자유권에 속한다. 1994년도 신입생선발입시안에 대한 헌법소원사건에서 일본어가 제외된 것은 서울대학교가 자율권이라는 기본권주체로서 적법한 자율권을 행사한 결과 초래된 반사적 불이익이어서 기본권 침해는 이유 없다고 하였다(헌재 92헌마68) 예술의 자유는 미를 추구할 자유이고 그 주안점이 표현에 있지 전달에 있지 않다는 점에서 전달에 주안점이 있는 '표현의 자유'와 구별된다.

3. 생존권적 기본권

(1) 자유권적 기본권과의 관계

가. 자유권과 생존권의 대립관계

1) 이념상 차이　자유권은 시민적 법치국가를 전제로 생존권은 사회국가나 복지국가를 전제로 하고 있다.

2) 법적 성격상 차이　자유권은 소극적 권리인 데 반하여, 생존권은 적극적 권리이다. 자유권은 전국가적·천부적인 자연권인 데 반하여 생존권은 국가내적인 실정권이다. 생존권의 법적 성격에 관하여 과거에는 추상적 권리설이 다수설이었으나, 현재에는 구체적 권리로 보는 것이 지배적이 견해이다. 헌법재판소의 입장은 개별 기본권마다 다양하게 설명하고 있어, 일반화시켜 정의하기가 어려우나, 생존권을 '헌법규정만으로는 이를 실현할 수 없고 법률에 의한 형성을 필요로 한다'고 보며, 개별 기본권에서는 '상황에 따라서는 물질적 최저한도 내에서는 구체적 권리가 도출될 수 있다'고 함으로써 구체적 권리로서의 성격과 추상적 권리로서의 성격을 모두 인정하고 있다.

3) 주체상 차이　　자유권은 인간의 권리에 속한다. 생존권은 실정권으로서 국민의 권리에 속한다.

4) 효력상 차이　　자유권은 입법권·사법권·행정권을 직접 구속하며 재판규범으로서 타당하나, 생존권은 입법권만을 구속하며 재판규범으로서의 성격도 약하다.

5) 제한상 차이　　자유권은 '자유권에 대한 법률유보'라는 권리제한적 성질을 띠고 있으나, 생존권에 대한 법률유보는 권리의 내용을 구체화하는 권리구체화적 성질을 지닌다.

나. 자유권과 생존권의 조화관계

진정한 자유란 생존으로부터의 공포가 제거되어야 이룩할 수 있는 것이므로 서로 조화관계에 있다.

(2) 인간다운 생활을 할 권리

각종 보험 연금 등의 사회보장권리와 복지시설 등을 이용할 권리인 사회복지를 받을 권리가 있다. 신체장애자, 질병 노령 기타의 사유로 생활능력이 없는 국민은 생활보호를 받을 권리가 있다. 재해로부터 피해를 받지 않을 권리가 있다.

(3) 교육을 받을 권리

가. 능력에 따라 균등하게 교육을 받을 권리(제31조 제1항)

일신전속적 능력을 의미하고 헌법재판소는 의무교육의 취학연령을 획일적으로 만 6세 이상으로 정한 것이 능력에 따라 교육을 받을 권리를 침해한 것은 아니라고 하였다.

헌법재판소는 거주지를 기준으로 중·고등학교 입학을 제한하거나(학군제), 특수목적고등학교에 내신성적산출방법을 달리할 수 있도록 한 것이 균등하게 교육을 받을 권리를 침해한 것은 아니라고 하였다.

나. 교육의 의무(제31조 제2항·제3항)

헌법상의 교육기본권에 부수되는 제도보장이다. 교육의 의무의 주체는 학력아동의 친권자 또는 후견인이다. 초등교육에 관하여는 헌법상의 권리라고 볼 수 있으나, 중학교육의 경우에는 '법률이 정하는 교육'이라고 규정하였을 뿐이므로, 무상의 중등교육을 받을 권리는 법률에서 중등교육을 의무교육으로서 시행하도록 규정하기 전에는 헌법상 권리로서 보장되는 것은 아니다. 국가는 재정이 허용하는 한 학용품을 비롯한 급식의 무상까지도 실시하여야 된다고 보는 취학필요비 무상설이 타당하다고 본다.

다. 교육제도의 보장

교육의 자주성, 전문성, 정치적 중립성을 보장(제31조 제4항 전단)하고, 대학의 자율성을 보장(동조 동항 후단)하며, 평생교육을 진흥(동조 제5항)하고, 교육제도는 법률주의(동조 제6항)에 입각하여야 한다.

(4) 근로의 권리

바이마르 헌법은 근로의 기회가 부여되지 아니하는 자에게는 필요한 '생계비를 지급'한다고 규정하였지만, 근로의 권리의 성질은 근로기회의 제공을 청구할 수 있는 것으로 보는 것이 타당하며, 이에 갈음한 생활비의 지급을 청구할 수 있는 권리로 보기는 어렵다(근거는 제35조의 인간다운 생활을 할 권리).

근로의 권리의 향유 주체는 자연인인 국민에 한한다(특히 실업상태에 있는 '미취업근로자'로 본다),

(5) 근로3권

건국헌법은 노동3권 외에 근로자의 이익분배 균점권까지 보장하였으나, 제5차 개정헌법은 이익분배 균점권을 삭제하였고, 제5공화국헌법은 단체행동권에 대하여 법률유보조항을 두었으나, 현행 헌법은 단체행동권에 대한 법률유보조항을 삭제하였다.

근로3권은 단결권·단체교섭권·단체행동권을 의미한다.

주체는 근로자로서 노동력의 대가로 생활하는 자이다. 자영농민(어민) 등은 근로3권을 가질 수 없다. 개인택시사업자는 근로자가 아니라는 대법원 판례가 있다.

실업중인 자도 근로3권을 가진다고 본다. 대법원도 해고의 효력을 다투고 있는 자는 노동조합원으로서의 지위를 지닌다고 하여 근로자로 보고 있다.

사용자에게 직장폐쇄권을 인정할 경우에 헌법적 근거는 헌법의 재산권 보장과 기업의 경제적 자유(제119조 제1항)라고 본다. '노동조합 및 노동관계조정법'은 직장폐쇄를 인정하고 있다.

(6) 환경권

환경을 어떻게 이해할 것인가에 관해, 자연환경만을 의미한다는 견해, 자연환경과 생활환경을 포함한다는 견해, 사회환경(교육권, 의료권, 도로·공원이용권)도 포함한다는 견해가 있는바, 사회환경을 포함한다고 보는 견해가 다수설이다. 미래세대의 기본권적 성격을 지니고 있다는 특색을 지니고 있다.

(7) 혼인·가족·모성·보건에 관한 권리

혼인과 보건에 관한 권리는 건국헌법에서부터 규정되었고, 제5공화국헌법은 이에 가족제도를 추가하였고, 제6공화국헌법은 자녀를 둔 여성인 모성보호를 추가하고 있다.

간통죄에 대한 헌법소원사건에서 성적 자기결정권의 본질적 내용을 침해하는 것은 아니라고 하였다(헌재 89헌마82).

동성동본인 혈족 사이의 혼인은 그 촌수의 원근에 관계없이 일률적으로 이를 모두 금지하고 있는 민법 제809조 제1항에 대한 위험심판사건에서 혼인에 있어 상대방을 결정할 수 있는 자유를 제한하고 있고, 제한의 범위를 동성동본인 혈족, 즉 남계혈족에만 한정함으로써 성별에 의한 차별을 하고 있으므로, '개인의 존엄과 양성의 평등'에 기초한 혼인과 가족생활의 성립·유지라는 헌법규정에 정면으로 배치되므로 위헌이라고 하면서 1998. 12. 31.까지 개정하지 아니하면 효력을 상실한다는 헌법불합치결정을 하였다(헌재 95헌가6).

4. 청구권적 기본권

(1) 청 원 권

청원권이란 국가기관에 대하여 의견이나 희망을 문서로서 진술할 권리를 의미한다.

헌법재판소는 지방의회에 청원할 때 의원의 소개를 얻도록 한 지방자치법 제65조 제1항에 대한 헌법소원사건에서, 청원의 남발을 방지하고 불필요한 청원을 억제하여 청원이 효율적인 심사·처리를 제고하는 데 있고, 소개인원은 1인으로 족한 점에 비추어 청원권의 본질적 내용을 침해하는 것이 아니라고 하였다(헌재 97헌마54).

(2) 재판청구권

재판청구권이란 독립된 법원에 의하여 정당한 재판을 받을 권리를 의미한다. 재판청구권은 국민이 가지는 주관적 공권으로서 소송적 기본권이라 할 수 있으며, 다른 기본권을 보장해 주기 위한 보조적·형식적 기본권의 성격을 가진다.

헌법은 제110조에서 군사법원에 대한 헌법적 근거를 명시하고 있고, 군사법원법은 군판사의 독립을 규정하고 있으므로 헌법 제27조의 재판청구권을 침해한 것은 아니라고 볼 것이다. 군사법원이 '심판관'을 일반장교 중에서 임명할 수 있도록 한 것은 재판청구권 침해가 아니다.

대법원을 구성하는 법관에 의한 재판을 받을 권리가 포함되는지가 문제된다.

헌법재판소는 국민에게 상고심에서 재판을 받을 권리를 보장하는 명문규정이 없고, 상고문제가 입법정책의 문제이므로, 헌법 제27조에서 규정한 재판을 받을 권리에 '모든 사건에 대해 상고법원의 구성법관에 의한 상고심절차에 의한 재판을 받을 권리'까지를 포함한다고 단정할 수 없다고 하였고, '상소권을 전면적으로 인정하지 않는다면' 상소권을 본질적으로 침해하는 것으로 위헌이라고 하였다.

구 특허법 제186조 제1항은 특허청의 항고심판절차에 대하여 불복이 있는 경우에도 법관에 의한 실사확정의 기회를 주지 아니하고 있는데, 이를 법관에 의한 재판이라고 볼 수 없다. 현 특허법은 특허쟁송을 고등법원관할로 하고 있어 위헌소지를 없앴다.

(3) 형사보상청구권

형사보상청구권이란 형사피의자 또는 형사피고인으로 구금되었던 자가 불기소처분이나 무죄판결을 받은 경우에는 그가 입은 정신적·물질적 손실에 대한 보상을 청구할 수 있는 권리를 의미한다.

(4) 국가배상청구권

국가배상청구권이란 국민이 공무원의 직무상 불법행위로 손해를 입은 경우에 그 배상을 국가나 공공단체에 청구할 수 있는 권리를 의미한다. 헌법재판소는 국가배상법 제2조 제1항 단서의 위헌 여부에 관하여, 동 조항은 헌법에서 직접 근거하고, 헌법규정과 그 내용을 같이하는 것으로 합헌이라고 한 바 있고, '군인과 민간인이 공동불법행위'를 하여 다른 군인에게 손해를 입혀 민간인이 손해를 모두 배상한 다음 공동불법행위자인 군인의 부담 부분에 관하여 국가에 구상권을 행사하는 것을 허용하지 않는다고 해석하는 한 위헌(한정위헌)이라는 결정을 한 바 있다. 또한 국가배상법이 '향토예비군대원'을 이중배상금지대상으로 한 것을 합헌이라고 하였다.

(5) 범인피해자의 구조청구권

국가에 대한 구조청구권이란 타인의 범죄행위로 생명·신체에 대한 피해를 입은 경우에 국가에 대하여 구조를 청구할 수 있는 권리를 의미한다.

5. 참정권적 기본권

(1) 선거권

선거권이란 선거인단의 구성원으로서 국민이 각종 공무원을 선출하는 권리를 의미한다

선거를 위한 공무의 성격과 주관적 공권의 서역을 동시에 가지는 것으로 보는 이원설이 다수설이다. 선거권은 일정한 연령(19세)에 달한 국민에 한한다. 선거권에는 대통령선거권(제67조 제1항), 국회의원선거권(제41조 제1항), 지방의회의원선거권(제118조 제2항)이 있다.

(2) 공무담임권

공무담임권이란 행정부·사법부·입법부는 물론 지방자치단체와 기타 공공단체의 직무(일체의 공무)를 담당할 수 있는 권리를 의미한다(제25조). 공무담임권은 피선거권과 공직취임의 균등한 기회만을 보장할 뿐, 당선 또는 임명된 공직에서 그 '활동이나 수해의 자유'를 보장하는 것은 아니다.

(3) 국민표결권

국민표결권이란 국민이 국가의사의 형성에 직접 참가할 수 있는 권리를 의미한다. 즉 중요한 법안이나 정책을 국민투표로써 결정하는 것으로, 레퍼렌덤과 플레비시트가 있다.

헌법 제72조의 국가안위에 관한 중요 정책에 대한 국민투표권과 헌법개정안에 대한 국민투표권이 있다.

6. 국민의 기본의무

국민의 기본의무란 국민이 통치권의 대상으로서의 지위에서 부담하는 기본적 의무를 의미한다. 고전적 의무로는 납세의 의무와 국방의 의무가 있다. 새로운 의무로는 교육을 받게 할 의무, 근로의 의무, 환경보전의 의무, 재산권 행사의 공공복리적합의 의무, 기본권을 남용하지 않을 의무 등이 속한다.

제3. 통치구조

Ⅰ. 대 의 제

1. 대의제의 의의

대의제도란 주권자인 국민이 국가의사나 국가정책을 직접 결정하지 않고 대표자를 선출하여 대표자로 하여금 국민을 대신하여 국가 의사나 국가정책을 결정하도록 하는 통치구조의 구성원리를 말한다.

사실 우리가 채택하고 있는 대표적인 헌법상의 기본원리는 민주주의 원리이므로 이를 실질적으로 구현하기 위한 가장 이상적인 방법은 직접민주주의라고 할 수 있다. 하지만 장소적·물리적 한계와 인구의 과다, 나아가 국가영역의 확장에 따라 당해 민주주의를 실시하는 것에는 상당한 부담이 있을 수밖에 없다. 뿐만 아니라 국민 개개인은 국가 전체의 이익보다는 자신들의 이해관계에 보다 민감하게 반응하기 때문에 국가의 의사를 국민이 직접 결정하도록 하는 것 역시 적지 않은 부담으로 작용한다. 따라서 국민 전체의 이익을 위하여 의사결정을 하고 나아가 국가정책을 합리적으로 결정할 수 있는 대표자로 하여금 국가의사를 결정하게 할 필요성의 제기에 따라 대의제를 본격적으로 채택·운영하게 된 것이다.

2. 대의제 원리의 특징

(1) 통치자와 피치자의 구별

직접민주주의는 국민의 자기 통치, 즉 피치자와 치자의 일치를 그 주요한 특징으로 한다. 하지만 간접민주주의인 대의제도는 직접 민주주의와는 달리 치자, 즉 통치자와 피치자를 구별하는 것을 주요한 특징으로 삼고 있다.

(2) 선거를 통한 대표자의 선출, 정책결정권과 기관결정권의 분리

대의제에서는 통치자를 선출하는 것을 필수적인 절차로 삼게 됨에 따라 국민들은 선거행위를 통하여 대표자를 선출하도록 요구받는다. 이에 따라 기관 구성권은 여전히 국민이 보유하게 된다. 하지만 정책결정권은 이제 국민이 아닌 대표자에게 위임을 하게 됨에 따라 더 이상 국민은 당해 정책결정권에 개입을 할 수 없게 된다. 이에 따라 대의제에서는 위임행위가 필수적으로 요구받게 되는 것이다. 결국 대의제에서는 기관구성권과 정책결정권을 분리하여 전자는 국민에게 후자는 대표자에게 귀속시키게 되는 것이고 명령적 위임이 아닌 자유위임이 필수적이고 주요한 특징으로 된다.

(3) 전체 국민의 대표자

피의자에 의하여 선출된 통치자는 전체 국민의 대표자로서 그들이 선출된 지역의 대표자는 아니다. 이로 인하여 대표자인 국회의원은 부분이익을 대변하거나 경험적 의사를 단순히 전달하는 존재가 아니며 국가의사를 대변하고 이를 위하여 일하여야 하는 국민 전체의 대표자로서의 위상을 가지게 된다.

(4) 명령적 위임의 배제와 법적 책임의 추궁 금지

대표자는 국민으로부터 부여받은 민주적 정당성에 입각하여 공공복리와 공공선을 실현하는 방향으로 독자적인 의사결정을 해야 하는 존재이다. 다시 말해 대표자는 선거구민의 대리인이 아닌 국민 전체의 대표자이기 때문에 선거구민의 의사나 선거구의 이익에 집착할 필요가 없는 것이며 집착해서도 안 된다. 결국 대표자는 그의 판단에 구속력이 미치는 어떠한 힘으로부터도 독립될 필요가 있으며, 이로 인하여 대의제는 명령적 위임의 배제를 핵심적 특징으로 한다. 사실 이는 앞서 본 기관구성권과 정책결정권의 분리라는 대의제의 특징에서도 어렵지 않게 알 수 있는 특징이다. 정책결정권을 대표자에게 모두 주었는데 나중에 이를 다시 달라고 할 수는 없다. 즉 정책결정권이 100% 대표자에게 부여되어 있는 상황에서 특정 정책결정을 그들에게 강요할 수는 없는 것이다.

그렇다면 만일 국회의원이 선거구민의 의사나 선거구의 이익에 합치하지 않는 결정을 한다면 그들에게 법적 책임을 물을 수 있을까? 앞서 본 바와 같이 명령적 위임이 배제된 대의원리의 특징에 따라 대표자에게 그와 같은 법적 책임을 추궁할 수는 없다. 만일 대표자에게 법적 책임을 물을 수 있게 되면 대표자는 정책결정권을 행사할 때마다 국민의 경험적 의사에 종속되어야 하는 것이고 급기야 대표자는 특정의 개인·세력·집단·계층의 단순한 대리인에 지나지 않게 되어 거시적인 수준에서의 국가이익을 반영하는 일반이익을 창출할 수 없기 때문이다.

3. 판례의 입장

판례 역시 우리나라의 헌법상의 기본원리로서의 대의제를 명시적으로 인정하고 있다(헌재 96헌마186 참고).

Ⅱ. 정부형태

1. 정부형태의 의의

정부형태란 권력분립주의의 조직적·구조적 실현형태를 말하는데 구체적으로 당해 정부형태는 국가권력과 국가기능이 입법부와 사법부 그리고 집행부간에 어떠한 방식으로 배분되고 배분된 기능이 어떻게 행사되는지 나아가 기능을 보유한 기관들간의 상호관계는 어떠한지에 대한 사항을 말한다. 그런데 오늘날 정부형태라는 용어는 관련 국가의 헌정체제를 의미하기도 하고 보다 일반적인 의미에서의 대통령제·의원내각제·반대통령제 등 집행권과 입법권과의 관계에 관한 사항을 다루는 문제로서 다루어지는 것이 보통이다. 이에 따라 정부형태에 대한 논의를 전개함에 있어서는 무엇보다 구체적인 대통령제·의원내각제·반대통령제 등 집행권과 입법권간의 관계에 대한 문제를 다룰 수밖에 없다.

2. 정부형태의 유형

앞서 본 바와 같이 정부형태의 구별은 입법부와 집행부간의 관계에 주안점을 두고 있다. 따라서 이후 구체적인 정부형태에 대한 논의를 전개하는 데에 있어서도 그와 같은 사항에 유의하여 살펴볼 필요가 있다.

(1) 대통령제

가. 대통령제의 의의

대통령제는 국민으로 직선되는 대통령이 정부를 구성하기 때문에 의회로부터 독립하고 의회에 대하여 정치적 책임을 지지 않는 대통령 중심으로 국정이 운영되는 정부형태를 말한다. 이에 따라 대통령제는 엄격한 권력분립원리에 기초하게 되는데 이를 기반으로 당해 대통령제는 의원내각

제 혹은 권력의 융합체제와 확연히 구별된다. 결국 견제와 균형의 원리를 충실히 반영하는 정부형태라고 볼 수 있다.

나. 대통령제의 본질적 특징

(가) 민주적 정당성의 이원화, 집행부의 일원적 구조

대통령제에서 정부를 구성하는 데에 있어 가장 중요한 사항은 국민들의 선거에 의한 대표자의 선출이 이중으로 이루어진다는 점이다. 즉 의회의 구성을 위한 선거와 대통령에 대한 선거가 그것이다. 이에 따라 대통령제에서는 민주적 정당성이 이원화되며 나아가 국민에 의하여 선출된 대통령을 중심으로 정부가 구성되므로 집행부의 일원적 구조라는 특징을 제시할 수 있는 것이다. 나아가 대통령은 국가원수로서의 지위와 행정부 수반으로서의 지위를 갖는다.

(나) 대통령 직선제

따라서 대통령제에서 대통령은 직접 국민의 선거에 의하여 선출된다.

(다) 집행부와 입법부의 상호 독립성

이는 대통령제의 가장 본질적인 특징이다. 즉 대통령제에서는 입법부와 집행부의 조직과 활동이 독립적으로 이루어지는데 이는 어찌 보면 민주적 정당성의 이원화에 따른 당연한 현상이라고 볼 수 있다. 따라서 대통령제에서의 권력분립은 통상적으로 '경성형의 권력분립'일 것이라는 것은 어렵지 않게 알 수 있으며 엄격한 견제와 균형의 메커니즘에 따라 운영된다는 점 역시 어렵지 않게 알 수 있다. 특히 이로 인하여 의회와 정부는 독립적으로 존재하므로 상호 연계적인 특징을 보이지 않는다. 따라서 대통령제에서는 의원내각제와는 달리 내각의 의회해산권이나 의회의 내각불신임권 그리고 의회의원과 집행부 구성원의 겸직, 정부의 법률안 제출권이나 집행부 구성원의 의회출석·발언권도 인정되지 않는다.

(2) 의원내각제

가. 의원내각제의 의의

의원내각제는 국민이 아닌 의회에서 선출되고 의회의 내각불신임권 등과 같이 의회에 대하여 책임을 지는 내각 중심으로 국정이 운영되는 정부형태이다. 의원내각제는 역사적으로 절대군주제로부터 제한군주제 그리고 이원적 의원내각제를 거친 후 오늘날의 일원적 의원내각제의 모습을 갖추게 되었다.

나. 의원내각제의 기본원리

(가) 민주적 정당성의 일원화, 연성형의 권력분립

대통령제에서와는 달리 의원내각제의 국민에 의한 대표자 선출행위는 1회에 그친다(민주적 정당성의 일원화). 즉 의원내각제에서 국민의 선거는 의회를 구성하는 데에 이루어지게 되는 것이지 따로 정부와 관련한 대표자를 선출하는 데에는 이루어지지 않는다. 이에 따라 정부는 국민이 선출한 의회의 다수당이 내각을 구성하게 되고 당해 다수당의 대표자는 내각의 수상이라는 지위를 가지게 된다. 결국 의원내각제에서의 내각, 즉 정부는 의회에 의하여 구성이 될 뿐이다. 결국 어렵지 않게 알 수 있듯이 내각은 의회로부터 유래하는 것이다. 결국 의원내각제에서는 권력기관 상호간 기관적·가능적 공화의 특징을 발견할 수 있게 되며, 권력분립원리는 연성형의 특징을 보이게 된다. 내각은 의회의 다수당으로 구성됨에 따라 의회와 정부는 그 성립과 존속에 있어서 상호 연계되어 있기 때문이다. 이와 같은 구성상 특징으로 말미암아 의원내각제에서는 대통령제에서는 인정될 수 없었던 내각의 의회해산권이나 의회의 내각불신임권 그리고 의회의원과 집행부 구성원의 겸직, 정부의 법률안 제출권이나 집행부 구성원의 의회출석·발언권 등이 인정되는 것이다.

(나) 집행부의 이원적 구조

의원내각제에서의 집행부는 대통령 혹은 군주라는 실체를 통하여 조직이 이루어지기 때문에 2원적 구조를 그 주요한 특징으로 하고 있다. 하지만 국정의 운영은 의회의 다수당으로 이루어지는 내각의 대표자, 즉 수상 중심으로 이루어지기 때문에 집행에 관한 실질적 권한은 수상을 중심으로 하는 내각에 귀속하게 된다. 따라서 대통령이나 군주는 국가의 통일성 혹은 항구성에 대한 상징적·명목적 존재로 인정받고 있을 뿐이다.

(3) 이원정부제

가. 이원정부제의 의의

이원정부제란 대통령도 국민으로부터 직선됨으로써 집행부가 대통령과 내각의 두 기구로 구성되고 국정의 실질적 권한 역시 대통령과 내각에 부여되어 있는 정부형태를 말한다. 즉 당해 정부형태는 대통령제와 의원내각제가 혼합되어 있는 혼합형 혹은 절충형 정부형태라고 할 수 있다. 실제로 당해 정부형태 논의의 출발점은 의원내각제 정부형태 운영의 어려움에 대한 고민에서 출발하였다고 볼 수 있다. 영국과 같이 양당정치가 확고히 자리잡고 있는 이원내각제 정부의 경우에는 별 고민이 없는 것이 사실이지만 이탈리아나 프랑스와 같이 군소정당의 난립으로 인한 정국의 불안정을 안고 있는 국가에서는 당해 문제를 극복하기 위한 묘안으로 당해 정부형태에 대한 논의가 본격화된 것이다. 즉 당해 정부형태는 기존의 의원내각제의 한계를 대통령제적 요소를 도입함으로 극복하려고 한다. 따라서 당해 정부형태를 살펴봄에 있어서는 의원내각제적 요소와 대통령제적 요소를 주의하여 살펴보는 것이 무엇보다 필요하다.

나. 이원정부제의 본질적 요소

(가) 대통령제적 요소로서의 국민에 의한 대통령 직선 선거

당해 정부형태의 가장 중요한 특징으로는 의원내각제에서는 상징적·명목적 존재에 그쳤던 대통령의 권한이 실질적으로 확보되고 있다는 점을 들 수 있다. 군소정당의 난립으로 인한 빈번한 내각 불신임권 행사는 급기야 정국의 불안정을 야기하였던 것인데 당해 난국 타개의 돌파구를 대통령의 권한 강화에서 찾았기 때문이다. 따라서 의원정부제에서는 대통령의 실질적 권한을 확보하기 위하여 미국 대통령제와 같이 직접 국민적 정당성을 확보할 수 있도록 당해 대통령을 국민의 직접 선거에 의하여 선출을 하게 한다. 즉 이원정부제에서는 대통령이 국민의 보통선거에 의하여 사실상 직선되도록 하는 것이 주요한 특징인 것이다. 이에 따라 이원정부제에서는 대통령제와 같이 두 개의 국민적 정당성의 축이 병존하게 된다.

(나) 의원내각제적 요소로서 의회의 대정부 불신임권

이원정부제는 그 출발점을 의원내각제에 두고 있다. 즉 의원내각제에서 국민의 선거에 의한 의회 구성, 그리고 의회의 다수당의 내각 구성과 당해 내각의 대표자를 수상으로 임명하도록 하는 것은 이원정부제에서도 동일하다. 다만 정국의 안정을 달성하기 위하여 의원내각제에서는 상징적·명목적 존재였던 군주 혹은 대통령의 권한을 강화하여 함부로 의회가 내각불신임권을 행사하지 못하도록 한 것이다. 하지만 그 뿌리를 의원내각제에 두고 있으므로 의원내각제의 핵심적인 요소인 의회의 정부불신임권을 부인할 수는 없다.

Ⅲ. 입법의 특성

1. 입법의 의미

근대 시민혁명을 통하여 시민들이 확보하였던 것은 법치주의이다. 군주에 의한 임의적인 통치에 신물을 느낀 시민들이 급기야 혁명을 통하여 인치주의를 불식시키고 확보한 것이 바로 법치주의인 것이다. 이는 영어로 'Rule of Law'라는 데서 알 수 있듯이 법에 의한 통치를 말한다. 이를 통하여 법적 안정성 나아가 예측 가능성이라는 우리의 생활에 있어 핵심적인 가치를 확보할 수 있게 되는 것임은 물론이다. 그런데 당해 법치주의는 곧 우리의 대표자가 만드는 법률을 통하여 구체화된다. 즉 입법이란 국가통치권에 의거하여 주로 의회가 국민 상호간의 관계를 공권적으로 규율하기 위하여 성문의 법규범을 정립하는 작용을 말한다.

2. 입법의 일반성·추상성의 원칙

입법은 원칙적으로 일반성과 추상성의 특징을 띠고 있다. 따라서 전자에 따라 입법은 불특정 다수인을 대상으로 하여야 하고 후자에 따라 불특정한 사항을 규정하여야 한다. 이는 물론 우리 헌법상 '모든 국민은 법 앞에 평등하다. 누구든지 성별·종교 또는 사회적 신분에 의하여 정치적·경제적·사회적·문화적 생활의 모든 영역에 있어서 차별을 받지 아니한다'는 평등원칙이 선언되고 있기 때문이다. 즉 만일 국회가 특정 사안과 특정인을 대상으로 하는 법률을 제정한다면 이는 우리 헌법상의 원리에 배치되는 위헌적인 행위라고 할 수 있는 것이다. 나아가 의회에서 제정한 법률은 확실성·공평성·통일성 등을 확보하여야 한다는 측면에서도 입법은 일반성과 추상성의 특징을 가져야 한다.

3. 처분적 법률의 개념·유형

(1) 처분적 법률의 개념

처분적 법률이란 일반적·추상적 사항을 규율하는 일반적 법률과는 상이하게 구체적인 집행행위를 매개로 하지 아니하고 구체적인 사건을 규율하거나 국민의 권리·의무 관계를 직접적으로 형성하는 법률을 말한다. 즉 일반적이고 추상적인 특징을 지닌 법률은 국민의 권리·의무 관계를 직접 규율할 수는 없다. 그러기 위해서는 그를 집행하는 행정행위, 소위 처분이라는 것이 요구되는 것이다.

(2) 처분적 법률의 유형

처분적 법률에는 일정 범위의 국민만을 대상으로 하는 법률인 개별인 법률과 개별적·구체적인 상황 혹은 사건을 대상으로 하는 법률인 개별사건 법률, 그리고 시행기간이 한정적인 한시적 법률 등이 있다.

4. 처분적 법률의 인정 여부

일반성과 추상성이라는 입법의 일반적인 특징을 감안한다면 처분적 법률을 인정할 수는 없다. 더욱이 권력분립의 원리에 따른다면 행정작용은 개별적인 처분성을 띠어야 하고 사법작용은 실질적 재판성을 보유하여야 한다는 점에서 입법작용은 처분적 법률을 제정하여서는 안 된다. 뿐만 아니라 위에서 언급한 바와 같이 국회의 처분적 법률의 제정은 헌법상의 평등원칙에 직접적으로 반한다고 볼 수도 있다.

하지만 사회적 법치국가의 도래로 말미암아 국가의 기능이 증폭되고 국민의 복지를 보다 효과적이고 적정하게 보장하여야 하는 상황에서는 일반성과 추상성을 지닌 법률만을 고집할 수는 없다. 나아가 헌법상 평등원칙 역시 형식적 평등이 아니라 상대적·실질적 평등이라는 점을 감안한다면 일반적 법률을 통하여 최우선적으로 국가의 재정적 지원을 요하는 국민에 대한 지원이 효과적으로 이루어지는 것을 기대할 수는 없다. 따라서 예외적인 처분적 법률을 통한 특정 사건이나 특정인에 대한 규율이 금지된다고 볼 수만은 없다.

Ⅳ. 행정입법

행정입법은 대통령·국무총리·행정각부의 장 등 중앙행정기관이 제정하는 입법으로 이에는 입법권을 부여받아 제정하는 법규명령과 행정명령이 있다.

1. 행정입법의 근거

원칙적으로 입법권은 국회가 보유한다. 하지만 사회적 법치국가와 복지국가의 등장으로 보다 적극적인 국가의 기능이 요구받게 되고 국가에 의한 규율대상의 전문화·다양화에 따라 보다 탄력적인 입법기능이 요구받게 되었다. 그런데 국회는 민주적 정당성을 충만히 누리고 있기는 하지만 그로 말미암아 전문성을 보다 확보하기는 힘들다는 점에서 전문적이고 탄력적인 정부에 의한 행정입법이 요구받게 되는 것이다. 나아가 대통령 역시 국회와 같이 국민의 직접선거에 의하여 선출이 되고 그를 중심으로 행정부가 구성된다는 점에서 민주적 정당성 측면에서도 행정입법을 제정하도록 하는 데에 큰 문제가 있다고 할 수는 없다.

2. 행정입법의 종류

행정입법의 종류 혹은 유형을 파악하는 데에 있어서는 헌법 제75조의 규정에 유의하여야 한다.

헌법 규정에 따르면 일단 ① 법률에서 구체적으로 범위를 정하여 위임받은 사항과 ② 법률을 집행하기 위하여 필요한 사항에 관한 행정입법을 제정할 수 있다. 그러므로 대통령은 ① 위임명령과 ② 집행명령을 발할 수 있게 된다. 그런데 당해 명령에 대해서 군이 헌법에 규정을 둔 이유는 무엇일까? 당해 법규범은 국민의 권리·의무 관계에 영향을 미치는 중요한 행정입법이기 때문에 그러하다. 그런데 특히 국민의 권리·의무에 관한 사항을 '법규'라고 한다는 점에서 당해 행정입법은 '법규명령'이라고 흔히 불린다. 즉 대통령에 의한 행정입법에는 국민의 권리·의무 관계에 직접적인 영향을 미치는 법규명령이 있는데 이에는 특히 위임명령과 헌법에 근거하여 법률을 집행하는 데에 필요한 세부 시행사항을 발하는 집행명령이 있는 것이다.

그런데 대통령 혹은 행정기관은 자체적으로 행정조직 내부에 대한 관리와 통제권한을 가지고 있다고 할 수 있다. 당해 권한이 인정되지 않는다면 효과적이고 효율적인 행정의 실시는 요원한 일이 되고 말 것이기 때문이다. 예를 들어 행정기관 내부적으로 복장규율이나 에너지절약 시책 등의 사항은 굳이 헌법상 근거가 없더라도 규율이 가능하도록 하는 것이 필요하다. 이에 따라 행정입법에 당해 사항에 대하여 규율을 할 수 있도록 하는 행정명령 혹은 행정규칙을 두도록 하고 있는 것이다. 하지만 행정규칙은 특별권력관계의 근거라 하여 행정기관이 헌법상의 근거를 요하지 않고 고유의 권한으로서 발하는 명령이라는 점에서, 나아가 헌법상의 근거를 요하지 않는다는 점에서 국민의 자유와 권리에 대한 사항을 정할 수는 없다(비법규성, 예외적 법규성).

요컨대 행정입법에는 법규명령과 행정명령이 있으며 특히 법규명령에는 위임명령과 집행명령을 들 수 있다.

3. 행정입법의 한계

대통령 역시 국민으로부터 민주적 정당성을 확보하고 있다는 점에서 행정입법을 발할 수 있음은 앞서 본 바와 같다. 하지만 그렇다고 그와 같은 행정입법권이 무한정 인정되는 것은 아니다. 법치주의의 원칙에 따라 한계가 있기 때문이다. 즉, 법치주의는 행정과 관련된 원칙으로, 특히 '행정의 법률적합성의 원칙'으로 바꿔 쓸 수 있다. 특히 당해 행정의 법률적합성의 원칙은 법률우위의 원칙과 법률유보원칙으로 구체화된다.

(1) 법률우위의 원칙

법률우위의 원칙이란 말 그대로 법률이 행정입법 등 법률 하위 규범보다 우위(優位)에 있다는 원칙이다. 결국 법률우위의 원칙은 법률보다 하위에 있는 규범이 법률을 위배해서는 안 된다는 원칙을 말한다. 그러므로 행정입법 역시 법률과 상충하는 내용을 규정할 수는 없게 된다.

(2) 법률유보의 원칙

'유보'라는 표현부터 파악을 해 보도록 하자. '유보'란 사전적 의미로 보류(保留), 즉 일시적 유보, 임금 인상 유보와 같은, 어떤 일을 당장 처리하지 아니하고 나중으로 미루어 둔다는 것을 의미한다. 그러나 법학에서는 조금 다른 의미로 쓰인다. 즉 법학에서 유보, 특히 법률유보란 국민의 권리·의무에 관한 사항은 반드시 법률로써 규정하여야 한다는 것을 말한다. 그렇다면 사실 행정입법에서는 국민의 권리·의무에 관한 사항은 규정할 수 없게 되는데 앞서 우리는 법규명령은 국민의 권리·의무에 관한 사항을 정할 수 있다고 했으므로 일견 상충되는 말인 듯하다. 그러나 법규명령 중 위임명령에 대하여 상기하면 양자는 충돌하지 않는다는 것을 어렵지 않게 알 수 있다. 즉 법률에서 위임을 하는 것을 전제로 하여 위임입법, 즉 행정입법은 국민의 권리·의무에 대한 사항을 정할 수는 없지만 기본적인 사항에 대한 법률의 위임이 있는 것을 전제로 하기 때문이다.

(3) 의회유보원칙과 포괄적 위임입법 금지의 원칙

법률유보원칙과 관련하여 먼저 고찰하여야 하는 것이 의회유보원칙이다. 의회유보원칙이란 국민의 기본권실현과 관련된 본질적 사항은 입법자가 스스로 정하여야 한다는 원칙을 말한다. 이는 헌법재판소 설시를 통하여서도 파악할 수 있는 사항이다(헌재 98헌바70 참고).

그렇다면 의회의 법률에 의한 포괄적 위임입법이 가능할까? 그렇지 않다. 법률유보원칙에 따라 법률이 행정입법에 위임을 하지만 만일 포괄적 위임이 허용된다면 법률유보원칙 나아가 의회유보원칙은 무의미해지고 말 것이기 때문이다. 따라서 우리의 법체제에서는 국민의 권리·의무에 관한 근본적인 사항은 법률이 정하고 그 밖의 사항을 행정입법, 즉 법규명령에 위임할 수 있도록 하고 있는 것이다. 이는 헌법에서 '대통령은 법률에서 구체적으로 범위를 정하여 위임받은 사항에 관하여 대통령령을 발할 수 있다'는 규정을 통하여서도 도출되고 있는 사항이기도 하다.

결론적으로 행정입법을 발하는 데에 있어서는 당해 사항에 대하여 유의를 하여야 한다.

V. 국무총리

1. 헌법상 행정각부의 설치

행정각부는 대통령을 수반으로 하는 행정부의 구성단위로서 대통령과 국무총리의 지휘·통할을 받는 중앙행정기관이다. 당해 행정각부는 단순한 대통령과 국무총리에 대한 보좌기관에 머무르는 기관이 아니라 독자적인 업무수행 능력을 보유하는 중앙행정관청이라는 점에서 행정권의 행사에 있어 주요한 기관으로 인정받고 있는 기관이기도 하다. 그래서 당해 행정각부의 기관의 설치는 특히 중요하다고 할 수 있을 것인데 헌법도 '국무총리는 대통령을 보좌하며, 행정에 관하여 대통령의 명을 받아 행정각부를 통할한다'고 하였다(제86조 제2항 참조).

당해 헌법 규정을 고려한다면 원칙적으로 행정각부의 기관은 국무총리의 소속하에 두어야 한다. 하지만 문제는 모든 기관이 국무총리 소속하에 있지는 않으며 대통령 소속하에 있는 기관도 존재하는 것이다. 대통령의 소속하에 있는 기관으로 국가안전기획부가 대표적이었는데 그렇다면 당해 조치는 헌법 규정에 위반되는 것은 아닌지에 대한 의문이 든다.

2. 국무총리의 헌법상 지위

부통령제를 두고 있지 않은 우리 헌법에서는 국무총리제도를 두어 대통령 유고시에 1순위 권한대행자로 국무총리를 설정하고 있으며 대통령제의 운영에 있어서의 능률을 극대화하기 위하여 대통령을 보좌하도록 하는 기관으로 국무총리제도를 두고 있다. 이러한 점에서 나아가 대통령이 국무총리를 임명하도록 하는 데에 있어 국회의 동의를 얻도록 하여 대통령과 정부에 대한 견제를 도모하도록 하고 있다는 점에서 당해 국무총리제도의 의의를 무시할 수만은 없다. 하지만 헌법재판소는 국무총리의 헌법상 위상을 그리 높게 평가하고 있지 않는 것으로 보인다(헌재 89헌마221 참고).

3. 행정각부 기관의 설치

이와 같은 헌법재판소의 견해에 천착한다면 과연 행정각부의 모든 기관이 국무총리의 소속하에 두어야만 한다는 해석이 도출되지는 않는다. 헌법재판소 역시 '이와 같은 헌법상의 대통령과 국무총리의 지위에 비추어 보면 국무총리의 통할을 받는 행정각부에 모든 행정기관이 포함된다고 볼 수 없다 할 것'이라고 선언하며 자신의 견해를 피력한 바 있다.

Ⅵ. 위헌법률심사제도

1. 위헌법률심사제도

의회가 제정한 법률은 국민이 선출한 대표가 국민을 대신하여 동의한 것이기에 합헌적이라고 추정되나 전체 국민의 의사에 반하여 자신들이나 특정집단의 이익만을 추구하여 헌법에 위반되는 법률의 무효 선언의 필요성이 나타나게 된다. 이로 말미암아 등장하게 된 것이 헌법재판 특히 위헌법률심사제도였던 것이다.

2. 위헌법률심사제도의 유형

헌법재판은 헌법규범의 실효성을 담보하도록 하는 헌법보장제도로서 이를 통하여 궁극적으로 헌법의 규범력은 실질화되고 입헌주의 역시 효과적으로 실현될 수 있게 된다. 특히 헌법재판의 본질적 부분은 위헌법률심판이라는 점에서 위헌법률심판제도의 중요성은 아무리 강조해도 지나치지 않다. 이에 따라 우리 헌법 역시 위헌법률심판제도를 직접적으로 도입하여 헌법의 실효성을 확보하는 데에 진력을 다하고 있다(제111조 제1항 제1호 참조).

그런데 우리 헌법상으로는 위헌법률심판제도가 이원화되어 있어 이를 고찰하는 데에 있어 주의를 요한다.

(1) 헌법재판소법 제41조 제1항상의 위헌법률신판제도

원칙적으로 위헌법률심판제도는 헌법재판소법 제41조에서 정하고 있다.

위헌법률심판제도는 재판의 전제성을 요구하고 있기 때문에 우리는 구체적 규범통제제도를 채택하고 있다. 즉 모든 사람이 위헌법률심판제도를 이용할 수 있는 것은 아니고 재판의 전제성이 인정되고 있는 당사자만이 당해 제도를 이용할 수 있는 것이다. 재판의 전제성을 충족하기 위해서는 '구체적 사건이 법원에 계속중일 것, 위헌 여부가 문제되는 법률이 당해 소송사건의 재판과 관련하여 적용되어야 할 것, 그리고 당해 법률이 헌법에 위반되는지의 여부에 따라 당해 사건을 담당한 법원이 다른 내용의 재판을 하게 되는 경우' 등의 사항이 인정되어야 한다. 즉 관련 법률의 위헌 여부에 따라 관련 사건에서의 재판 주문의 내용이 달라지는 경우이어야 하는 것이다.

(2) 헌법재판소법 제68조 제2항상의 위헌법률심판제도(위헌심사형 헌법소원제도)

헌법재판소법 제41조 제1항상의 위헌법률심판제도에 따르면 당사자가 위헌법률심판제청신청권을 갖지만 종국적으로 제청을 하는 주체는 법원이다. 따라서 아무리 당사자가 관련 법률이 위헌이라는 확신이 들어 신청을 한다고 하더라도 법원이 이에 제청을 하지 않는다면 위헌법률심판제도를 당사자는 이용할 수 없다. 이에 우리 헌법제판소법은 이에 대비하여 법원이 당사자의 위헌법률심판제청신청을 거부하는 경우 독자적으로 이를 청구할 수 있는 절차를 마련하고 있다(헌법재판소법 제68조 제2항 참조).

이에 따라 당해 제도는 비록 헌법소원 관련 법률 조항에 규정되어 있다고 하더라도 통상적으로 위헌심사형 헌법소원제도라고 하여 실질적으로 위헌법률심사제도의 일종으로 보고 있다.

Ⅶ. 헌법재판소결정의 유형과 효력

1. 헌법재판에 있어서의 종국결정 유형

헌법재판소는 자신에게 맡겨진 사건에서 종국결정을 내리게 되는데 이에는 소송법적 결정으로의 각하결정과 본안에 관한 결정 등이 있다. 예를 들어 실체법적 결정을 받기 위하여 형식적 요건을 충족하지 못한 경우에는 각하결정을 내리게 되고 실체법적 결정을 받기 위한 형식적 요건을 충족한 경우에는 본안판단 후 결정을 내리게 되는 것이다. 보다 쉽게 설명을 한다면 문전박대를 하는 것이 각하결정이고 방으로 들어오게 한 후 본안에 대한 심리를 한 후 결정을 내리는 것이 실체법적 결정인 것이다. 특히 위헌법률심판 결정에서 실체법적 결정으로는 합헌결정과 위헌결정 그리고 변형결정 등을 들 수 있다.

2. 위헌법률심판결정의 유형

(1) 각하결정

각하결정은 위헌법률심판청구가 적법요건을 갖추지 못하여 부적법한 경우 내리는 결정을 말한다. 다시 말해 심판의 대상성이나 재판의 전제성(재판의 전제성이란 앞서 공부한 바를 참조할 것) 등 위헌법률심판의 본안심사를 받기 위하여 요구되는 요건을 충족하지 못하는 경우 내려지는 결정을 말한다.

(2) 합헌 결정

헌법재판소가 특정 법률의 위헌 여부를 심리한 후 위헌 의견이 6인을 넘지 못하는 경우에 내리는 결정유형을 말한다.

(3) 위헌 결정

헌법재판소가 특정 법률의 위헌 여부를 심리한 후 6인 이상의 재판관이 위헌이라고 판단하는 경우에 내리는 결정을 말한다.

(4) 변형결정

헌법재판소는 원칙적으로 위의 결정을 내리고 있지만 예외적으로 변형 결정을 내리고 있기도 하다. 변형(變形)결정이란 말 그대로 본안에 관한 결정 중에서 헌법재판소법이 명시적으로 인정하고 있는 결정 외에 헌법재판소가 변형하여 내리는 결정을 말한다. 이에는 헌법불합치결정, 한정위헌·합헌 결정, 그리고 입법촉구결정 등이 있다.

VIII. 탄핵제도

1. 우리 헌법상 탄핵제도의 특징

우리 헌법은 탄핵소추절차와 탄핵심판절차를 구분하여 탄핵소추권한은 국회에, 탄핵심판권한은 헌법재판소에 맡김으로써 탄핵심판제도를 책임추궁 제도로서의 기능과 헌법적 책임추궁으로서의 기능을 중심으로 운영하고 있다.

나아가 우리 헌법상 탄핵제도는 고위공무원의 직무상의 위헌·위법 행위 에 대한 책임추궁의 기능을 한다는 점에서, 다시 말해 탄핵소추의 대상자가 직무집행에 있어서 헌법이나 법률을 위반한 경우에 한정하여 탄핵제도의 운 영을 예정하고 있기 때문에 단순히 직무수행의 무능이나 정치적 과오, 정치 적 이유를 들어 책임을 물을 수는 없다.

2. 탄핵심판의 요건 — 실체적 요건

탄핵심판의 요건과 관련하여 헌법은 '대통령·국무총리·국무위원·행정각부의 장·헌법재판소 재판관·법관·중앙선거관리위원회 위원·감사원장·감사위원 기타 법률이 정한 공무원이 그 직무집행에 있어서 헌법이나 법률을 위배한 때에는 국회는 탄핵의 소추를 의결할 수 있다'고 규정한다(제65조 제1항 참조).

이 헌법 규정은 탄핵소추와 직접적으로 관련된 조항이기는 하지만 이에 따라 헌법재판소가 탄핵심판 결정사항도 주요한 영향을 받게 된다. 이를 감안하여 헌법재판소가 탄핵심판을 결정하기 위해서는 피청구인 행위의 직무관련성을 인정할 수 있어야 하고 당해 직무수행행위가 헌법 또는 법률을 위반한 것이어야 하며 피청구인으로 하여금 그 직을 계속 수행하게 하는 것이 부적절하다고 인정할 수 있는 사유가 존재하여야 한다.

그런데 '직무관련성'이라는 요건은 그 충족 여부를 어렵지 않게 파악할 수 있다는 점에서 탄핵심판을 결정하는 데에 있어 가장 중요한 사항은 '위법행위의 존재'와 '직무수행의 불가성'이라고 할 수 있다. 특히 '직무집행에 있어서 헌법이나 법률을 위배한 때'를 엄격하게 문리해석한다면 대통령에 대한 탄핵소추와 결정의 가능성은 높아질 수밖에 없을 것이다.

3. 탄핵심판의 절차

우선 국회의 의결에 의하여 탄핵소추가 발의되어야 한다. 대통령에 대한 탄핵소추와 그 이외의 공직자에 대한 의결정족수는 상이하다. 즉 대통령의 경우에는 국회재적의원 과반수의 발의와 국회재적의원 3분의 2 이상의 찬성이 있어야 하지만 그 이외의 공직자에 대해서는 국회재적의원 3분의 1 이상의 발의와 의결은 국회재적의원 과반수의 찬성이 있어야 한다. 탄핵소추의 의결을 받은 당사자는 자신의 권한행사가 정지되게 되고 본회의가 법제사법위원회에 조사를 의뢰하는 회부의 의결을 하지 않기로 하는 경우에는 본회의가 보고된 때로부터 24시간 이후 72시간 이내에 탄핵소추의 여부를 무기명투표로 표결하게 된다. 당해 기간 내에 표결하지 아니 한 때에는 그 탄핵소추안은 부결된 것으로 본다. 탄핵소추가 이루어지면 헌법재판소는 심판의 대상에 대하여 구두변론에 의한 심리를 하고 심리를 종결한 후에는 결정을 한다.

4. 판례의 입장

헌법재판소는 두 명이 대통령에 대해서 기각과 인용하는 결정을 하고 있다. 우선 고 노무현 전대통령이 언론인과의 기자회견에서 특정 정당을 지지하는 발언을 하였고 중앙선거관리위원회의 선거법 위반 결정에 대하여 이를 폄하하는 발언을 한 행위에 대해서는 즉 헌법재판소는 일단 대통령의 위법행위 여부에 대하여 헌법과 법률 규정을 문리해석하여 위법행위이나 중대한 위법행위가 안기에 탄핵을 기각하였다(헌재 2004헌나1).

반면에 박근혜 전 대통령 탄핵사건에 있어서는 대통령을 탄핵하기 위해서는 대통령의 법 위배 행위가 헌법질서에 미치는 부정적 영향과 해악이 중대하여 대통령을 파면함으로써 얻는 헌법 수호의 이익이 대통령 파면에 따르는 국가적 손실을 압도할 정도로 커야 한다, 즉, '탄핵심판청구가 이유 있는 경우'란 대통령의 파면을 정당화할 수 있을 정도로 중대한 헌법이나 법률 위배가 있는 때를 말하고 최순실 국정농단 등의 사유로 탄핵을 인용하였다(헌재 2016헌나1).

4. 형 법

*집필: 강동욱. 동국대학교 법과대학 학장
        남선모. 세명대학교 법학과 교수
        김봉수. 김천대학교 경찰행정학과 학과장
*별명이 없는 법조문명은 '형법'임

제1. 총 론

I. 형법의 기본이론

1. 형법의 의의

(1) 형법의 기본개념

형법은 법률과 보안처분을 규정한 법규범을 모두 모아놓은 것이 형법인 것이다. 우리 형법은 총칙과 각칙의 두 부분으로 제1조~제86조가 총칙, 제87조부터 제372조가 각칙이다.

형법은 다양한 법률로 폭력행위 등 처벌에 관한 법률, 국가보안법, 특정 범죄 가중 처벌 등에 관한 법률, 도로교통법, 교통사고 처리특례법 등 모두 형법에 포함된다. 형법총칙은 해당 법률에 예외규정이 있는 경우를 제외하고는 모든 종류의 형법에 적용된다. 형법각칙은 범죄로 될 행위유형과 그에 대한 형벌을 정하고 있다.

따라서 형법은 범죄로 될 행위유형이 무엇이고 이에 대해서는 어떤 형사제재가 가해지는지 규정해 놓고 있다. 우리 형법은 형사제재로서 형법의 법효과는 형벌과 보안처분을 취하고 있는 이원주의를 택하고 있다.

위에서 말하는 범죄란 구성요건에 해당하고 위법하며 책임성 있는 행위로서 가벌성을 위해서는 행위자가 구성요건에 해당하는 것만으로는 부족하고 나아가 위법하고 책임성 있게 행위를 했어야 한다.

(2) 형법의 성격

형법은 공(公)형벌권만이 허용되므로 사(私)형벌권은 결코 있을 수 없으며, 재판에 적용될 법이므로 사법법에 속하고, 실체관계를 규율하는 법이므로 실체법에 속한다.

형법은 가언규범으로 특정한 범죄에 해당하는지 판단하려면 최소한 인간의 행위가 존재해야하며 일정한 행위를 조건으로 이 조건이 갖추어진 경우에 법률효과로서 형벌이 부과된다는 규범을 갖는다. 또한 일정한 행위를 명령 또는 금지함으로 행위규범임과 동시에 법관의 재판규범으로서 성격을 갖는다.

마지막으로 행위에 대한 1차적인 규범적 성격은 평가규범으로, 형법이 일반 국민들을 대상으로 위법한 행위에 대한 반가치판단을 내린 행위를 결의하지 않도록 하는 의사결정규범이다.

2. 죄형법정주의

죄형법정주의란 범죄와 형벌은 법률로써 정하여야 한다는 원칙을 말한다. 죄형법정주의와 관련하여 근대 형법의 기본원리인 '법률이 없으면 범죄 없고, 법률이 없으면 형벌 없다'는 내용을 우리 헌법 제12조 1항에서도 규정하여 '누구든지 법률과 적법한 절차에 의하지 아니하고는 처벌, 보안처분 또는 강제노역을 받지 아니한다'고 규정하고 있고, 제13조 제1항은 '모든 국민은 행위시의 법률에 의하여 범죄를 구성하지 아니하는 행위로 소추되지 아니한다'고 규정하고 있다.

형법 제1조 제1항에서도 '범죄의 성립과 처벌은 행위시의 법률에 의한다'고 규정하고 있으며, 이 역시 죄형법정주의를 규정한 것으로 볼 수 있다. 형법의 죄형법정주의의 내용은 관습형법금지의 원칙, 소급효금지의 원칙, 명확성의 원칙, 유추해석금지의 원칙, 적정성의 원칙이 있다.

3. 형법의 적용범위

(1) 시간적 적용범위

형법 제1조 제1항은 '범죄의 성립과 처벌은 행위시의 법률에 의한다'고

하여 행위시법주의를 취하고 있다. 행위시법주의란 형법에서의 범죄 행위시에만 적용되고 실시 이전의 행위에 소급하여 적용하지 않는다는 원칙으로 시간적 적용범위 뿐만 아니라 소급하여 적용하지 않는다는 원칙을 말한다.

단 예외적으로 제1조 제2항에서는 범죄 후 법률의 변경에 의하여 그 행위가 범죄를 구성하지 아니하거나, 형이 구법보다 경한 때에는 신법에 의한다고 규정하여 행위자에게 유리한 법을 적용하고 있으며, 제1조 제3항에서는 재판 확정 후 법률의 변경에 의하여 그 행위가 범죄를 구성하지 아니한 때에는 형의 집행을 면제하고 있다.

(2) 장소적 적용범위

형법이 적용되는 장소는 대한민국의 영역 내에서 발생한 모든 범죄에 대하여 국적에 상관없이 대한민국의 형법을 적용한다는 속지주의(제2조, 제4조)를 원칙으로, 대한민국 국민이 범한 범죄에 대하여는 범죄지의 여하를 불문하고 자국의 형법을 적용한다는 속인주의(제3조)와 대한민국 또는 대한민국의 법익을 해하는 범죄행위에 대하여는 범죄자와 범죄인의 국적에 관계없이 대한민국의 형법을 적용한다는 보호주의(제5조, 제6조)를 보충적으로 채택하고 있다.

(3) 인적 적용범위

형법이 적용되는 인적범위는 형법의 시간적, 장소적 범위와 일치한다. 다만 예외적으로 대통령, 국회의원, 치외법권을 가진 자와 외국의 군대는 형법의 적용이 배제되는 경우가 있다.

인적 적용범위의 행위주체에 대해서는 범죄행위자만을 의미한다. 이와 관련하여서는 자연인 이외에 법인의 범죄능력도 문제가 될 수 있기에 긍정설과 부정설이 대립하고 있는데, 통설과 판례는 부정하고 있다. 법인 처벌에 대해서는 양벌규정을 통하여 법인과 행위자를 모두 처벌하고 있다.

또한 신분범이라고 하여 행위주체를 특정한 신분자로 제한하는 범죄로 허위진단서작성죄에서의 의사, 수뢰죄에서의 공무원 등이 이에 포함된다.

Ⅱ. 범 죄 론

1. 범죄의 의의

범죄론이란 법조문과 범죄행위를 연결해 주는 고리로서 범죄란 구성요건에 해당하고 위법하며 책임성 있는 행위로서 이것은 모든 개별적 범죄의 일반적 요소라고 정의할 수 있다.

즉 국가적 법익에 관한 죄, 사회적 법익에 관한 죄, 개인적 법익에 관한 죄를 실질적 범죄개념으로 규정하고 있으며, 이를 위반하는 경우에는 형벌을 부과하여 형식적 범죄개념을 정의하고 있다.

(1) 구성요건론

구성요건이란 형사처벌의 대상이 되는 행위의 요건으로 예를 들어 살인죄의 구성요건은 '사람을 살해한 것(제250조 제1항)'이고, 절도죄의 구성요건은 '타인의 재물을 절취하는 것(제329조)'으로 범죄의 구체적 사실이 추상적 개념으로 표현된 형법상 처벌되는 행위 유형을 말한다.

구성요건해당성에서는 범죄 행위가 특정한 범죄의 구성요건에 해당하는지를 판단한다. 구성요건해당성이 없는 행위에 대해서는 범죄성립이 부정된다.

(2) 위법성

위법성이란 구성요건에 해당하는 행위가 이러한 법질서에도 반하는 것을 의미한다 위법성은 금지 또는 요구를 내용으로 하는 법규범의 충돌을 의미하므로 어느 행위가 구성요건에 해당하면 동시에 위법한 것으로 추정한다.

다만 구성요건에 해당하는 행위가 예외적으로 위법하지 않으려면 개별적인 사건에서 구성요건이 규정하고 있는 행위를 정당화시켜주는 사유가 존재해야 하는데, 주요한 위법성 조각사유에는 정당행위(제20조), 정당방위(제21조), 긴급피난(제22조), 자구행위(제23조), 피해자의 승낙(제24조) 등이 있다.

가. 정당행위

정당행위는 법령에 의한 행위, 업무로 인한 행위 기타 사회상규에 위배되지 아니하는 행위를 말하며, 법령에 의한 체포나 구속, 임신 중절행위, 징계 행위등 법질서의 통일성이란 원칙에서 비롯되는 행위, 업무란 사회생활관계에서 계속적, 반복적 의사로 행하는 사무처리 행위, 사회상규란 국가질서의 존엄성을 기초로 한 국민 일반의 건전한 도의감을 의미한다고 보는 행위를 뜻한다.

나. 정당방위

정당방위는 자기 또는 타인의 법익에 대한 현재의 부당한 침해를 방위하기 위한 행위로서 상당한 이유가 인정되면 벌하지 않는다(제21조) 즉, 자기 또는 타인의 법익에 대한 현재의 위법한 침해를 방어하기 위한 상당한 이유가 있는 행위에 대해서는 처벌 받지 않는다. 정당방위의 요건을 충족시키는 행위는 적법한 행위로서 범죄가 되지 아니한다. 정당방위행위가 그 상당성을 초과한 때에는 과잉방위로서 위법함을 면할 수 없지만, 그 정황에 따라 형벌을 감경 또는 면제할 수 있거나(형법 제21조 제2항), 야간과 같은 불안스러운 상태하에서 공포·경악·흥분·당황으로 인한 때에는 벌하지 않는다(형법 제21조 제3항)

다만, 정당방위에서 논란이 될 수 있는 여지는 상당성의 강도를 초과한 과잉방위와 정당방위의 객관적 요건이 존재하지 않음에도 주관적으로 이것이 존재한다고 오신하고 행한 오상방위를 문제삼을 수 있다.

다. 긴급피난

긴급피난이란 자기 또는 타인의 법익에 대한 현재의 위난을 피하기 위한 행위로서 상당한 이유가 있으면 벌하지 않는다(제22조). 여기서 말하는 상당한 이유란 긴급상태에 빠진 법익을 보호하기 위해서 다른 법익을 침해하지 않고는 달리 피할 방법이 없을 때 인정되는 정당화 사유이다. 이는 정당방위가 원칙적으로 이익형량을 필요로 하지 않는 점과 다르며, 긴급피난은 침해행위가 반드시 부당할 필요가 없다는 점에서 정당방위와 다르다.

라. 자구행위

자구행위는 법정절차에 의하여 청구권을 보전하기 불능한 경우에 그 청구권의 실행불능 또는 현저한 실행곤란을 피하기 위한 행위는 상당한 이유가 있는 때는 벌하지 아니하며 그 정도를 초과한 때에는 정황에 의하여 형을 감경 또는 면제할 수 있다(제23조). 자구행위는 권리의 침해를 받은 자가 그 침해로부터 발생한 청구권을 보전하기 위하여 공권력에 의한 구제를 받을 여유가 없는 긴급한 사정하에 스스로 실력을 행사하여 구제수단을 하는 행위를 말하며, 자구행위는 보전이 가능한 권리를 대상으로 하므로 원상회복이 불가능한 생명, 신체, 자유, 정조, 명예 등의 권리는 자구행위의 대상에 포함되지 않는다.

마. 피해자의 승낙에 의한 행위

피해자의 승낙은 처분할 수 있는 자의 승낙에 의하여 그 법익을 훼손한 행위는 법률에 특별한 규정이 없는 한 벌하지 아니한다(제24조). 즉 인간의 생명을 제외한 명예, 신용, 성적 가결권, 신체의 완전성 등과 같은 개인적 법익에 한해서 법익의 주체가 상대방에게 자기의 법익에 대한 침해를 허용하는 것으로 승낙을 받은 법익침해행위는 원칙적으로 위법성이 조각된다. 대표적인 피해자의 승낙행위로서 의사의 치료행위를 들 수 있다.

(3) 책 임

범죄의 성립 및 구성을 위해서는 구성요건해당성과 위법성만으로는 부족하며 행위자에게 그러한 행위를 책임지울 수 있는지까지 확인 되어야 한다. 책임에서는 먼저 개인에게 형벌을 과하기 위해서 행위자가 자신의 행위에 대한 법적금지 사실을 알고 있거나 알 수 있었음을 전제로 하는 책임주의 원칙이 전제되어야 한다. 즉 행위자를 비난할 수 없거나 비난의 정도가 약한 경우에는 책임성이 없거나 약화되는데 이런 사유를 책임배제사유와 책임조각사유로 구분한다. 이러한 인식은 정신적, 신체적 제약과 법적 착오로 인하여 제약을 받을 수 있는데 전자가 형사책임능력의 문제이며, 후자는 법률의 착오에 대한 문제이다.

책임배제사유란 형사미성년자(제9조), 심신장애자(제10조), 농아자(제11조), 원인이 자유로운 행위(제10조 제3항) 등으로 입법자가 일정한 기준에 따라 행위자의 행위를 책임비난의 대상에서 완전히 제외하거나 부분적으로 책임비난을 인정한 경우를 말한다.

책임조각사유란 과잉방위(제21조 제2항, 제3항), 과잉피난(제22조 제3항), 과잉자구행위(제23조 제2항), 강요된 행위(제12조) 등으로서 원칙적으로 책임비난이 가능하지만 비정상적인 행위상황으로 책임비난이 감소되는 경우로 그 정도가 형벌을 요구하지 않는 정도로 감소된 경우는 처벌하지 아니하고, 형벌을 요하기는 하지만 완전한 형벌은 합당하지 않은 정도로 감소된 경우에는 형을 감경한다.

2. 범죄의 종류

(1) 과실범

정상의 주의를 태만함으로 인하여 죄의 성립요소인 사실을 인식하지 못한 행위는 법률에 특별한 규정이 있는 경우에 한하여 처벌한다(제14조). 과실범이란 고의범에 대응하는 유형으로 행위자가 정상적인 주의태만으로 자기행위가 구성요건을 인식하지 못하고 법익침해를 한 범죄를 말한다. 여기서 말하는 과실의 본질은 '객관적 주의위반'이다.

과실범의 구성요건적 성립요건으로는 구성요건에 해당하는 결과의 발생과 야기가 있어야 하는데, 양자 간의 관계를 맺어주는 것이 주의의무위반이다.

(2) 부작위범

형법상의 행위에는 적극적인 행위인 작위 뿐만 아니라 소극적인 행위, 즉 부작위도 포함된다. 작위란 금지된 무엇을 행하는 것이고, 부작위란 요구된 무엇을 하지 않는 것이다. 즉 작위란 구성요건의 내용을 규정한 범죄를 말하며, 부작위란 규범적으로 기대되는 특정한 행위를 하지 않는 것을 말한다. 부작위범은 다시 진정부작위범과 부진정부작위범으로 구분하는데, 진정부작위범이란 구성요건이 부작위에 의해서만 실현될 수 있는 범죄를 뜻하고, 부진정부작위범이란 부작위에 의해 작위범의 구성요건을 실현하는 범죄를 뜻한다.

부진정부작위범이 성립하기 위해서는 구성요건에 해당하는 결과가 발생하여야 하며, 일종의 신분범이므로 작위범과 같이 처벌할 수 있는 법적 근거가 보증인적 지위가 인정되는 부작위이어야 한다. 그러한 예로 결박 및 감금행위 부작위행위로 요구된 의무를 다하지 않고 현관앞에서 사망에 이르게 하게 하는 행위에 대해서는 살인죄의 기수범이 된다.

(3) 미수범

범죄는 범죄의 결의에 이어 범죄의 예비,음모를 거쳐, 실행의 착수(미수단계)를 거쳐 기수를 이르러야 한다. 미수범이란 행위자가 범죄의 실행에 착수하여 행위를 종료하지 못했거나 종료했더라도 결과가 발생하지 아니한 경우를 말한다(제25조). 미수범은 원칙적으로 처벌하지 않으나 법률에 규정이 있는 경우에는 처벌되며, 미수범의 형은 기수범보다 감경할 수 있다.

형법상 미수범에는 장애미수와 불능미수, 중지미수의 세 종류가 있다. 일반적으로 미수라 함은 장애미수(제25조 제1항)를 뜻하며 기수의 형보다 감경할 수 있다(제25조 제2항)

불능미수란 실행의 수단 또는 대상의 착오로 인하여 결과의 발생이 불가능하더라도 위험성이 있는 때에는 처벌한다(제27조). 불능미수란 고의에 의한 실행의 착수가 있더라도 행위의 성질상 결과발생이 불가능하여 구성요건이 실현될 가능성이 없는 경우를 말한다. 단, 불능미수에 대해서는 형을 임의적으로 감경 또는 면제할 수 있다.

중지미수란 범인이 자의로 실행에 착수한 행위를 중지하거나 그 행위로 인한 결과의 발생을 방지한 때에 성립하는데 형을 필요적으로 감경 또는 면제한다.

(4) 공 범

범죄구성요건은 한 사람이 실현하지만 여러 사람이 함께 범죄를 실현하는 경우도 있기 때문에 형법에서는 공범규정을 두고 있다. 즉 범죄의 중심인물이 정범이고, 주변인물이 공범이 된다.

다른 사람의 범죄를 교사 또는 방조하는 자를 공범이라고 하며 공범에는 교사범과 종범이 있고, 자기의 범죄를 스스로 행하는 자를 정범이라고 하며, 정범에는 단독정범, 공동정범, 간접정범, 동시범, 합동범이 있다. 정범과 공범은 행위내용에 따라 구별하는 것이 일반적이다.

공범은 2인 이상이 구성요건의 실현에 관여한 모든 경우를 지칭한다. 이에 따라 공범은 다시 임의적 공범과 필요적 공범으로 구분하고, 임의적 공범에는 공동정범(제20조), 교사범(제31조), 방조범(제32조), 필요적 공범에는 집단범, 대향범, 합동범으로 구분한다.

가. 공동정범

2인 이상이 공동하여 죄를 범한 때에는 각자를 그 죄의 정범으로 처벌한다(제30조). 공동정범이 성립하기 위해서는 주관적으로 공동의 범행의사와 객관적으로 공동의 범행실행이 있어야 한다. 그렇다면 과연 과실범에서도 공동정범이 인정될 수 있는가가 문제될 수 있다. 한 예로 건물 붕괴의 원인이 건축계획의 수립, 건축설계, 건축공사공정, 건물 완공 후의 유지관리 등에 있어서의 과실이 복합적으로 작용한 데에 있다고 보아 각 단계별 관련자들을 업무상과실치사상죄의 공동정범으로 처단한 판례로 과실범의 공동정범을 인정하고 있다(대법원 96도1231).

공모공동정범은 범행모의에만 참가하고 범행에는 가담하지 않은 자를 공동정범으로 인정하는 경우이다. 공모공동정범의 경우에 공모는 법률상 어떤 정형을 요구하는 것은 아니고 2인 이상이 공모하여 범죄에 공동가공하여 범죄를 실현하려는 의사의 결합만 있으면 되는 것으로서, 비록 전체의 모의과정이 없었다고 하더라도 수인 사이에 순차적으로 또는 암묵적으로 상통하여 그 의사의 결합이 이루어지면 공모 관계가 성립한다 할 것이고, 이러한 공모가 이루어진 이상 실행행위에 직접 관여하지 아니한 자라도 다른 공범자의 행위에 대하여 공동정범으로서 형사책임을 지는 것이다(대법원 97도1720).

　　　3인 이상이 가담한 합동범에서는 3인 이상의 범인이 합동절도의 범행을 공모한 후 적어도 2인 이상의 범인이 범행 현장에서 시간적, 장소적으로 협동관계를 이루어 절도의 실행행위를 분담하여 절도 범행을 한 경우에는 공동정범의 일반 이론에 비추어 그 공모에는 참여하였으나 현장에서 절도의 실행행위를 직접 분담하지 아니한 다른 범인에 대하여도 그가 현장에서 절도 범행을 실행한 위 2인 이상의 범인의 행위를 자기 의사의 수단으로 하여 합동절도의 범행을 하였다고 평가할 수 있는 정범성의 표지를 갖추고 있다고 보여지는 한 그 다른 범인에 대하여 합동절도의 공동정범의 성립을 부정할 이유가 없다고 할 것이다(대법원 98도321). 즉 2인 이상이 현장설에 입각하여 합동범의 요건을 충족하면 나머지 한 명에 대해서도 공동정범 관계가 인정되면 합동범을 인정하는 견해이다.

　　　공동정범과 구별해야 할 개념으로 동시범이 있다. 동시범이란 2인 이상의 행위자가 상호의사의 연락이 없이 개별적으로 구성요건을 실현시키는 범행형태를 말한다. 동시범은 수인이 범행을 하지만 단순한 단독범의 결합형태에 불과하다. 동시범은 각 행위의 미수범으로 처벌한다고 하여 원칙적으로 미수로 처벌하지만, 상해죄의 경우에는 독립행위가 경합하여 상해의 결과를 발생하게 한 경우에 있어서 원인된 행위가 판명되지 아니한 때에는 공동정범의 예에 의한다(제263조)고 규정하여 예외를 인정한다.

나. 간접정범

　　　간접정범은 자기가 직접 실행행위를 하지 아니하고 타인을 도구로 이용하여 간접적으로 범죄를 실현하는 경우를 말하며, 어느 행위로 인하여 처벌되지 아니하는 자 또는 과실범으로 처벌되는 자를 교사 또는 방조하여 범죄행위의 결과를 발생하게 한 자는 교사 또는 방조의 예에 의하여 처벌한다(제34조). 자기에게 유리한 판결을 얻기 위하여 소송상의 주장이 사실과 다름이 객관적으로 명백하거나 증거가 조작되어 있다는 점은 인식하지 못하는 제3자를 이용하여 그로 하여금 소송의 당사자가 되게 하고 법원을 기망하여 소송 상대방의 재물 또는 재산상 이익을 취득하려 하였다면 간접정범의 형태에 의한 소송사기죄가 성립하게 된다(대법원 2006도3591).

다. 교사범

교사범은 타인으로 하여금 범죄실행의 결의를 일으키게 하고, 이 결의에 의하여 범죄를 실행하게 함으로써 성립하는 범죄를 말하며, 타인을 교사하여 죄를 범하게 한 자는 죄를 실행한자와 동일한 형으로 처벌한다(제31조 제1항). 특히 자기의 지휘감독을 받는 자를 교사한 때에는 정범에 정한 형의 장기 또는 다액의 2분의 1까지 가중한다. 교사범은 간정정범과 방조범을 구별하는 기준이 된다. 교사범이 성립하기 위해서는 범행의 일시, 장소, 방법 등의 세부적인 사항까지를 특정하여 교수할 필요는 없으나 피교사자가 이미 범행을 결심하고 있는 경우에는 교사범이 성립할 여지가 없다.

특수교사행위에는 교사를 받은 자가 범죄의 실행을 승낙하고 실행의 착수에 이르지 아니한 때에는 교사자와 피교사자를 음모 또는 예비에 준하여 처벌한다(제34조 제2항). 반면 교사를 하였으나 피교사자가 범행을 거절하거나 혹은 이미 범행을 결심하고 있는 경우에는 교사자를 예비, 음모에 준하여 처벌하다(제31조 제3항).

라. 방조범

방조범이란 타인의 범죄실행을 방조함으로써 성립하는 범죄이다. 방조범은 종범이며, 정범의 형보다 감경한다. 여기서 발하는 방조란 정범의 범죄실행결의를 강화해 주거나 범죄실행을 가능 또는 용이하게 하는 방조자의 모든 행위를 말한다.

방조범은 정범의 범행에 대한 행위지배가 없다는 점 및 상호간의 의사합치를 전제로 하지 않는 행위가 가능하다는 점에서 공동정범과 구별된다. 또는 이미 범행을 결의한 자에 대해서도 성립되는 점에서 교사범과 다르며 방조범을 교사한 자에 대하여는 정범에 대한 방조자로 본다.

(5) 공범과 신분

형법은 일정한 신분이 있어야 범죄가 성립하는 진정신분범과 신분으로 인하여 형벌이 가중 혹은 감경되는 부진정신분범을 규정하고 있다. 공범과 신분이란 행위자의 신분이 범죄의 성립이나 형의 경중에 영향을 미칠 경우, 신분 있는 자와 신분 없는 자가 공범관계에 있을 때에 신분 없는 자를 종속적으로 볼 것인가의 문제를 말한다. 이에 관하여는 신분관계로 인하여 성립될 범죄에 가공한 행위는 신분관계가 없는 자에게도 전3조의 규정을 적용하며, 단 신분관계로 인하여 형의 경중이 있는 경우에는 중한 형으로 벌하지 아니한다고 하고 있다(제33조). 즉 본문은 신분 없는 자는 단독으로는 신분범의 정범이 될 수 없지만, 공동정범, 교사범, 방조범은 될 수 있다는 의미이다.

진정신분범의 예로 수뢰죄(제129조), 위증죄(제152조), 허위진단서작성죄(제233조), 업무상 비밀누설죄(제317조), 횡령죄(제355조 제1항), 배임죄(제355조 제2항)등이 있고, 부진정신분범의 예로 존속살해죄(제250조 제2항), 업무상 횡령죄(제356조 제1항)등이 있다.

Ⅲ. 죄 수 론

1. 의 의

죄수론은 범죄의 수가 한 개인가 혹은 수 개인가 하는 문제와 이를 어떻게 처벌할 것인가의 법적으로 취급하는 문제이다. 즉 1개의 행위에 의하여 동시에 실현되는 경우도 있고, 여러 행위에 의해 시간상 순차적으로 행하여지는 경우도 있다. 전자의 예로는 한 개의 폭탄으로 여러명의 사상자를 내는 경우가 있고, 후자의 예로는 타인의 주거에 침입하여 재물을 절취한 경우처럼 서로 다른 행위로 수개의 죄를 범하는 경우를 말한다.

수죄의 처벌기준은 각 죄에 대하여 독자적인 형을 확정한 후, 이를 합한 형을 부과하는 병과주의가 있고, 수죄 가운데 가장 중한 죄에 정한 형을 적용하고, 다른 경한 죄에 정한 형은 여기에 흡수시키는 흡수주의가 있으며, 각 죄의 형벌 중에 가장 중한 죄에 정한 형을 가중하는 방법으로 전체 형을 선고하는 가중주의가 있다.

2. 실체적경합

한 개의 의사와 행위에 의하여 하나의 법익을 침해하는 행위를 일죄라 하며, 과형상 일죄가 아니라 단순일죄를 의미한다. 그 중 여러 행위가 존재하더라도 이 여러 행위가 포괄적으로 한 개의 구성요건을 실현하여 일죄가 성립하는 경우를 포괄일죄라고 하며, 포괄일죄에는 각각 독립된 구성요건에 해당하는 수 개의 행위가 결합하여 한 개의 범죄를 구성하는 경우로 예를 들어 강도죄, 강도강간죄, 강도살인죄 등 결합범이 있을 수 있고, 위법상태를 야기하는 행위와 야기된 위법상태를 유지하는 행위가 포괄하여 한 개의 구성요건을 실현하는 경우로 감금죄, 주거침입죄, 퇴거불응죄 등과 같은 계속범이 있을 수 있으며, 단독으로 범죄가 될 수 있는 수개의 행위가 동일한 기회에 동일한 법익에 대하여 불가분적으로 접속하여 행해질 수 있는 경우로 예를 들어 동일한 기회에 절도범이 문 앞에 자동차를 대기해 놓고 재물을 수회에 반출하여 자동차에 싣는 방법으로 절취한 경우로 접속범이 이에 해당한다. 또한 동종의 법익을 침해하는 수 개의 행위가 연속하여 행해진 경우로 예를 들어 절도범이 여러 날에 걸쳐 금괴를 조금씩 훔치는 경우로 연속범이 이에 해당한다. 마지막으로 구성요건의 성질상 동종행위의 반복이 예정된 경우로 필요적 공범의 일종으로 범죄의 성립상 다수자가 동일한 방향으로 공동할 것을 필요로 하는 범죄인 경우 예를 들어 내란죄, 소요죄 등과 같은 집합범이 이에 해당한다.

3. 법조경합

법조경합이란 한 개 또는 여러 개의 행위가 외관상으로 수 개의 구성요건에 해당하지만, 이중평가금지의 원칙에 의해 실제로는 단일의 구성요건에 해당되는 단순 일죄가 되는 것을 말한다. 이러한 유형으로는 특별관계와 보충관계, 흡수관계가 있다.

예를 들어 아들이 아버지를 살해한 경우, 살인죄와 존속살해죄가 성립되지만 이를 동시에 적용하는 것은 이중평가가 되기 때문에 존속살해죄만 적용하고, 야간에 타인의 주거에 침입하여 물건을 훔치는 경우 주거침입죄와 절도죄가 되지만 야간주거침입절도를 적용한다.

4. 상상적경합

한 개의 행위가 수개의 죄에 해당하는 경우에는 가장 중한 죄에 정한 형으로 처벌한다(제40조)고 하여 상상적 경합범을 규정하고 있다. 범죄행위가 단일행위로 인정되며 또한 법조경합의 관계에 있지 않으면 이는 상상적 경합이 된다. 범죄행위가 단일행위로 인정되는 경우란 본래 단일 행위일 뿐만 아니라 법률적 의미에서 단일행위로 보는 경우도 있다. 이를 소위 포괄일죄라 부르기도 하며, 계속범, 결합범, 연속범이 이에 해당한다.

예를 들어 공무집행할 의사로 공무집행중인 공무원을 상해함으로써 상해죄와 공무집행방해죄의 상상적 경합이 발생하는 경우로 이러한 경우에는 수 개의 죄중 가장 중한 한 개의 죄로 처벌한다.

Ⅳ. 형 벌 론

형법의 법효과로 형벌과 보안처분이 있으며 우리는 이원주의를 채택하고 있다. 형벌은 과거의 범죄행위에 대한 국가형벌권의 반작용으로 원칙적으로는 과거지향적인 방향성을 갖는다. 형벌은 과거의 범죄행위에 대한 응보라고 보는 응보형론과 범죄예방적 목적을 위한 것이라는 목적형론이 대립되어 있지만 오늘날에는 응보형론과 목적형론이 절충되는 절충설의 일반화되어 있다.

형벌은 잠재적 범죄자로 사회일반인으로 하여금 범죄행위를 하지 못하도록 하는 일반예방적 기능, 범죄행위자에 대해서는 그 범죄행위에 상응하는 불이익을 부과하는 응보적 기능, 범죄를 이미 저지른 자에 대해서는 형벌집행을 통해서 다시는 범죄를 저지르지 않도록 교화·개선하여 재사회화하는 특별예방적 기능이 있다.

형법이 규정하고 있는 형벌의 종류에는 사형, 징역, 금고, 자격상실, 자격정지, 벌금, 구류, 과료, 몰수 9종이 있다(제41조) 사형은 생명형으로 수형자의 생명을 박탈하는 형벌이다. 징역, 금고, 구류는 자유형으로 수형자의 신체의 자유를 박탈하는 것을 내용으로 하는 형벌이고, 벌금, 과료, 몰수는 재산형으로 수형자의 재산적 이익을 박탈하는 형벌이고 명예형으로 자격상실, 자격정지는 일정한 형의 선고가 있으면 자격을 상실·정지하는 형벌이다.

1. 사형 (생명형)

사형은 가장 오랜 역사를 지닌 형벌로 생명형, 극형이라고 하며 고대와 중세는 주된 형벌이었지만 18세기 서구 계몽주의사상의 인간의 존엄성을 일깨워 주면서 점차 줄어들기 시작하였고 오늘날에는 사형제도에 관하여는 폐지론과 존치론이 대립되고 있다. 우리 형법에 법정형이 사형인 범죄는 내란죄(제87조), 외환유치죄(제92조), 여적죄(제93조), 살인죄(제250조), 강도살인·치사죄(제338조)등이 있으며 특별형법인 국가보안법, 특정범죄가중처벌법, 군형법의 사형이 규정되어 있다. 사형은 교도소내에서 교수하여 집행하며(제66조), 군형법은 소속 군 참모총장 또는 군사법원의 관할관이 지정한 장소에서 총살로써 집행한다(군형법 제3조).

　사형집행은 판결이 확정된 날로부터 6월 이내에 하고(형사소송법 제465조), 법무부장관이 집행을 명한 때에는 5일 이내에 하도록 하며(형사소송법 제466조), 사형의 집행에는 검사와 검찰청서기관과 교도소장 또는 구치소장이나 그 대리자가 참여하여야 한다(제467조).

2. 징역·금고·구류 (자유형)

　자유형이란 사람의 신체적 자유를 박탈하는 형벌로 자유를 박탈을 수단으로 교화, 개선 프로그램을 통해 수형자를 교도소에 구치하여 자유를 박탈하는 것을 내용(제67조)으로 하며 오늘날 형벌의 기능인 특별예방적 효과에 가장 적합한 형벌수단이다. 자유형의 종류에는 징역, 금고, 구류의 세 가지가 있다.

　징역은 무기와 유기로 구별되며 무기징역은 원칙적으로 종신형이며, 무기징역을 감경할 때에는 10년 이상 50년 이하의 유기징역으로 할 수 있다.(제55조 제1항 제2호). 유기징역을 1개월 이상 30년 이하지만, 형을 가중하는 때에는 50년까지로 한다(제42조). 반대로 강경할 때에는 그 형의 1/2까지 내릴 수 있다(제55조 제1항 제3호).

　금고는 수형자를 교도소 내에 구치하여 자유를 박탈하는 것을 내용으로 하는 형벌이다(제68조). 다만 의무적인 노역을 부과하지 않는다는 점에서 징역과 다르지만 수형자의 신청이 있으면 작업을 하도록 할 수 있다(형의 집행 및 수용자처우에 관한 법률 제67조). 금고는 신체적 자유는 박탈하되 수형자의 명예를 존중하려는 취지에서 마련된 제도로서 정치범이나 과실범처럼 그 명예를 존중해 줄 필요가 있는 사람에게 과해지며, 금고는 무기와 유기로 구별되고, 유기는 1월 이상 30년 이하이다. 다만 유기금고에 대하여 형을 가중할 때에는 50년까지로 한다(제42조). 무기금고를 감형할 때에는 7년 이상, 유기금고를 감형할 때에는 그 형기의 2분의 1까지로 할 수 있다(제55조 1항 2·3호)

　구류는 역시 수형자를 교도소 내에 가두어 두는 것으로 다만 1일 이상 30일 미만 사이에서 정해진다는 점이 징역 및 금고와 다르다. 구류는 의무적으로 일정한 노역에 복무케 하지 않는다. 물론 수형자가 원하는 경우에는 노역을 가할 수 있다. 구류는 극히 경미한 형벌이기 때문에 형법상 구류를 과하는 범죄는 공연음란죄(제245조), 폭행죄·존속폭행죄(제260조), 과실치상죄(제266조), 협박죄·존속협박죄(제283조), 자동차등 불법사용(제331조의 2), 편의시설부정이용(제348조의2)로 극히 적으며 주로 경범죄처벌법이나 기타 단행법규에 규정되어 있다. 흔히 구금을 미결구류하고 하는 경우가 있으나 형사소송법상 강제처분인 구금(제69조)와는 구별된다. 구금은 비교적 장기에 걸치는 강제처분인데 반해 구류는 가벼운 범죄에 대하여 형법상 다른 형과 함께 선택형으로 규정되어 있다.

3. 벌금·과료·몰수 (재산형)

재산형은 범죄자로부터 일정한 재산적 이익을 박탈하는 형벌로써 벌금, 과료, 몰수의 세 종류를 규정하고 있다. 그 금액이 많다는 점에서 과료와 구별되고 재산권을 일방적으로 국가에 이전시키는 물권적 효과를 수반한 부가형의 성질을 가진 몰수와 구별된다. 벌금 또는 과료를 선고할 때에는 납입하지 아니한 경우의 유치기간을 정하여 동시에 선고하여야 한다(제70조).

벌금은 5만원 이상으로 하며 상한선은 없다(제45조). 벌금은 판결확정일로부터 30일 이내에 납입하여야 하며, 벌금을 선고할 때에는 동시에 그 금액을 완납할때까지 노역장에 유치할 것을 명할 수 있다(제69조 제1항). 벌금을 납입하지 아니한 자는 1일 이상 3년 이하의 기간 노역장에 유치하여 작업에 복무하게 한다(제69조 제2항). 벌금형은 국가입장에서는 징역, 금고형보다 교정처우에 드는 비용을 절약할 수 있고, 오판의 경우에 그 회복이 용이하다는 점에서 다른 형사처벌보다는 우수한 수단이라고 볼 수 있지만, 교육의 기회를 제공하지 못하고 돈 많은 사람의 경우에 그 형벌효과가 별로 없으며 빈부격차에 따른 고통이 달라진다는 문제점 등이 지적되고 있어서 일수벌금제를 주장하자는 견해도 있다.

과료는 2천원 이상 5만원 미만으로 한다(제47조). 벌금보다는 그 금액이 적고 경비한 범죄에 대해서 과해진다는 점에서 벌금과 다르며, 형벌이 아닌 과태료와는 엄연히 구분된다. 과료도 벌금과 마찬가지로 판결확정일로부터 30일 내에 납입하여야 한다(제69조 제1항). 과료를 납입하지 아니한 자는 1일 이상 30일 미만의 기간 노역장에 유치하여 작업에 복무하게 한다(제69조 제2항).

몰수는 범죄행위와 관련이 있는 재산을 강제적으로 국가에 귀속시키는 것으로, 원칙적으로 타형에 부가하여 과하는 부가형이지만 행위자에게 유죄의 재판을 아니할 때에도 몰수의 요건이 있는 때에는 몰수만을 선고할 수 있다(제49조). 몰수는 범인이외의 자의 소유에 속하지 아니하거나 범죄후 범인이외의 자가 알면서 취득한 범죄행위에 제공하였거나 제공하려고 한 물건, 범죄행위로 인하여 생하였거나 이로 인하여 취득한 물건, 그 대가로 취득한 물건은 전부 또는 일부를 몰 수 할 수 있다(제48조 제1항). 이러한 물건을 몰수하기 불가능한 때에는 그 가액을 추징한다(제48조 제2항). 또한 문서, 도화, 전자기록 등 특수매체기록 또는 유가증권의 일부가 몰수에 해당하는 때에는 그 부분을 폐기한다(제48조 제3항)

4. 자격상실·자격정지 (명예형)

명예형이란 사회생활상의 일정한 권리 또는 자격을 박탈하거나 제한하는 형벌로 자격상실과 자격정지가 있다.

자격상실은 사형, 무기징역 또는 무기금고의 판결을 받은 자는 공무원이 되는 자격, 공법상의 선거권과 피선거권, 법률로 여건을 정한 공법상의 업무에 관한 자격, 법인의 이사, 감사 또는 지배인 기타 법인의 업무에 관한 검사역이나 재산관리인이 되는 자격을 당연히 상실한다.

자격정지는 일정기간 동안 일정한 자격의 전부 또는 일부를 정지시키는 것이다. 자격정지는 선택형과 병과형으로 되어 있으며 일정한 형의 판결을 받은 자에게 당연히 정지되는 당연정지와 판결의 선고에 의하여 자격이 정지되는 선고정지의 경우가 있다. 당연정지란 유기징역 또는 유기금고의 판결을 받은 사람이 그 형의 집행을 마치거나 면제될 때까지 위 자격이 정지되는 것을 말한다. 선고에 의한 자격정지는 1년 이상 15년 이하에서 정해진다(제44조).

5. 보안처분

(1) 선고유예·집행유예·가석방

보안처분이란 형법상 불법행위를 한 사람에게 형벌이 불가능하거나 행위자의 특별한 위험성 때문에 형벌만으로 특별예방의 목적을 달성할 수 없는 경우에 형벌을 대체하거나 형벌을 보완하는 형사제재 방법이다. 형법상의 보안처분으로 선고유예(제59조), 집행유예(제62조), 가석방(제72조)을 규정하고 있다.

선고유예는 1년 이하의 징역이나 금고, 자격정지 또는 벌금의 형을 선고할 경우에는 양형의 조건을 참작하여 개전의 정상이 현저한 때에는 그 선고를 유예할 수 있다. 단 자격정지 이상의 형을 받은 전과가 있는 자에 대하여는 예외로 한다(제59조 제1항). 또한 형의 선고를 유예하는 경우에 재범방지를 위하여 지도 및 원호가 필요한 때에는 보호관찰을 받을 것을 명할 수 있다(제59조의 2 제1항). 이 규정에 의한 보호관찰의 기간은 1년으로 한다(제59조의 2 제2항) 선고유예는 받은 날로부터 2년을 경과한 때에는 면소된 것으로 간주하며(제60조), 형의 선고를 받은 자가 유예기간 중 자격정지 이상의 형에 처한 판결이 확정되거나 자격정지 이상의 형에 처한 전과가 발견된 때에는 유예한 형을 선고한다(제61조 제1항).

집행유예는 3년 이하의 징역이나 금고 또는 500만원 이하의 벌금의 형을 선고할 경우에는 양형의 조건을 참작하여 그 정상에 참작할 만한 사유가 있는 때에는 1년 이상 5년 이하의 기간 형의 집행을 유예할 수 있다. 다만 금고 이상의 형을 선고한 판결이 확정된 때부터 그 집행을 종료하거나 면제된 후 3년까지의 기간에 범한 죄에 대하여 형을 선고하는 경우에는 그러하지 아니하다(제62조). 형의 집행을 유예하는 경우에는 보호관찰을 받을 것을 명하거나 사회봉사 또는 수강을 명할 수 있다(제62조의2). 집행유예의 선고를 받은 자가 유예기간 중 고의로 범한 죄로 금고 이상의 실형을 선고받아 그 판결이 확정된 때에는 집행유예의 선고는 효력을 잃는다(제63조).

가석방은 징역 또는 금고의 집행 중에 있는 자가 그 행상이 양호하여 개전의 정이 현저한 때에는 무기에 있어서는 20년, 유기에 있어서는 형기의 3분의 1을 경과한 후 행정처분으로 가석방을 할 수 있다(제72조). 가석방의 처분을 받은 자가 처분의 실효 또는 취소됨이 없이 가석방 기간을 경과한 때에는 형의 집행을 종료한 곳으로 본다(제76조 제1항)

(2) 소년법상 보호처분

19세 미만인 반사회성(反社會性)이 있는 소년의 환경 조정과 품행 교정(矯正)을 위한 보호처분 등의 필요한 조치를 하고, 형사처분에 관한 특별조치를 함으로써 소년이 건전하게 성장하도록 돕는 것을 목적으로 하는 보호처분이 있다. 소년부 판사는 심리결과 보호처분이 필요가 있다고 인정하면 결정으로 보호자 또는 보호자를 대신하여 소년을 보호할 수 있는 자에게 감호위탁, 수강명령, 사회봉사명령, 보호관찰관의 단기·장기 보호관찰, 아동복지시설이나 그 밖의 소년보호시설에 감호위탁, 병원, 요양소 또는 보호소년 등의 처우에 관한 법률에 따른 소년의료보호시설에 위탁, 1개월 이내의 소년원 송치, 단기 소년원 송치, 장기 소년원 송치 처분 등을 하여야 한다(소년법 제32조).

(3) 보안관찰법상의 보안관찰처분

보안관찰법상 보안관찰처분은 특정범죄를 범한 자에 대하여 재범의 위험성을 예방하고 건전한 사회복귀를 촉직하기 위하여 보안관찰처분을 함으로써 국가의 안전과 사회의 안녕을 유지함을 목적으로 한다. 보안관찰처분은 내란목적의 살인죄(제88조), 예비, 음모 ,선동, 선전(제90조), 외환유치죄(제92조), 간첩죄(제98조), 군형법상 반란죄(군형법 제5조), 반란불보고죄(군형법 제9조), 군대 및 군용시설 제공죄(군형법 제11조), 국가보안법상 목적수행죄(국가보안법 제4조), 자진지원·금품수수(국가보안법 제5조), 잠입·탈출(국가보안법 제6조), 편의제공(국가보안법 제9조) 등의 범죄가 규정되어 있다. 보안관찰처분의 기간은 2

년으로 하며(보안관찰법 제5조), 검사가 청구한다(보안관찰법 제7조)

(4) 보호관찰 등에 관한 법률에 의한 보호관찰처분, 사회봉사명령 및 수강명령

보호관찰 등에 관한 법률에서는 보호관찰은 죄를 지은 사람으로서 재범방지를 위하여 보호관찰, 사회봉사, 수강(受講) 및 갱생보호(更生保護)등 체계적인 사회 내 처우가 필요하다고 인정되는 사람을 지도하고 보살피며 도움으로써 건전한 사회복귀를 촉진하고, 효율적인 범죄예방 활동을 전개함으로써 개인 및 공공의 복지를 증진함과 아울러 사회를 보호함을 목적으로 보호관찰, 사회봉사명령, 수강명령 제도를 두고 있다.

보호관찰처분이란 우범자와 교제하거나 어울리지 말 것 등과 같은 준수사항을 지키고, 보호관찰관으로부터 지도·감독, 원호, 응급구호 등을 받게 하는 것이다. 보호관찰처분 대상자는 보호관찰을 조건으로 형의 선고유예를 받은 자, 보호관찰을 조건으로 형의 집행유예의 선고를 받은 자, 보호관찰을 조건으로 가석방 되거나 임시퇴원된 자, '소년법' 장기·단기 보호관찰 처분을 받은 자, 다른 법률에서 보호관찰을 받도록 규정된 자 등이다. 보호관찰, 사회봉사, 수강 또는 갱생보호는 해당 대상자의 교화, 개선 및 범죄예방을 위하여 필요하고도 적절한 한도 내에서 이루어져야 하며, 대상자의 나이, 경력, 심신상태, 가정환경, 교우관계, 그 밖의 모든 사정을 충분히 고려하여 가장 적합한 방법으로 실시되어야 한다(보호관찰 등에 관한 법률 제4조)

사회봉사명령이란 500시간의 범위 내에서 그 기간을 정하여 일정한 사회기관에서 봉사하도록 명하는 것이고 수강명령이란 200시간의 범위 내에서 그 기간을 정하여 일정한 강좌를 수강하도록 명하는 것이다.

(5) 치료감호법에 의한 치료감호처분

치료감호처분이란 범죄를 저지른 정신이상자, 마약중독자 또는 알콜중독자 등을 치료감호시설에 가두어 치료를 위한 조치를 수행하는 것으로 심신장애 상태, 마약류·알코올이나 그 밖의 약물중독 상태, 정신성적(精神性的) 장애가 있는 상태 등에서 범죄행위를 한 자로서 재범(再犯)의 위험성이 있고 특수한 교육·개선 및 치료가 필요하다고 인정되는 자에 대하여 적절한 보호와 치료를 함으로써 재범을 방지하고 사회복귀를 촉진하는 것을 목적으로 한다

제2. 각 론

I. 개인적 법익에 대한 죄

개인적 법익을 보호하는 범죄로는 생명과 신체에 대한 죄, 자유에 대한 죄, 명예와 신용에 대한 죄, 사생활의 평온에 대한 죄, 재산에 대한 죄 등 5개로 나누어 볼 수 있다.

1. 생명과 신체에 대한 죄

(1) 살인죄

생명과 신체에 대한 죄로는 살인의 죄, 상해와 폭행의 죄, 과실치사상의 죄, 낙태죄, 유기와 학대의 죄 등이 있다. 살인죄(殺人罪)는 사람을 살해함으로써 성립하는 범죄로 사람이란 피해자 이외의 살아 있는 자연인을 가리키며 판례의 경우 사람의 시기(始期)는 진통설(분만개시설)에 따르며 종기(終期)는 심장사설(맥박종지설)에 따른다. 시기를 판단하는 실익은 살인죄와 낙태죄의 행위객체를 구별하는 기준으로서의 의미가 있다. 진통설(분만개시설)은 분만개시의 규칙적인 진통이 있기 시작하면 사람으로 인정하자는 견해이다. 이 외에도 일부노출설, 전부노출설(민법의 견해), 독립호흡설(태아가 모체로부터 분리되어 태반(胎盤)에 의한 호흡 대신에 폐(肺)에 의한 호흡을 독자적으로 할 수 있게 되었을 때 사람으로 인정된다는 견해) 등의 학설이 있다. 한편 자살관여죄(自殺關與罪)는 타인을 교사(敎唆) 또는 방조(幇助)하여 자살하게 한 범죄이다(제252조 2항).

(2) 상해와 폭행의 죄

상해란 육체적 건강을 침해하는 것뿐만 아니라 정신적 건강을 침해하는 경우도 포함한다. 폭행은 사람의 신체에 대한 유형력의 행사를 말하며(협의의 폭행) 단체 또는 다중이 위력을 보이거나 위험한 물건을 휴대하여 폭행죄를 범한 경우는 특수폭행죄에 해당한다. 양자의 구별은 상해의 경우 생리적 기능훼손과 신체의 외관에 대한 중대한 변경을 가하는 것이며 폭행은 신체외관에 경미한 변경을 가하는 것이다. 폭행의 경우 형식범으로 미수나 과실에 대한 처벌규정이 없다. 폭행사건의 처리과정에서는 범죄행위 당시의 정황, 피해자의 피해 정도와 가해자의 전과유무 등에 따라 감경된다. 또한 폭행죄는 피해자의 명시한 의사에 반하여서는 처벌할 수 없는 범죄로 반의사불벌죄(反意思不罰罪)에 해당한다. 가해행위가 폭행죄에 해당한다면, 고소취하로 이미 저지른 고소 대상 행위에 대해서는 더 이상 형사책임을 물을 수 없는 고소취하의 효력이 발생한다. 폭행죄는 반의사불벌죄로 기소불가 상태에 놓이기 때문이다.

(3) 과실치시상의 죄

형법은 원칙적으로 고의범만을 처벌하고(제13조), 과실범은 예외적으로 처벌하고 있다(제14조). 사람의 생명과 신체는 중요한 법익에 해당하기 때문에 형법은 과실로 인해 사람의 생명과 신체를 침해하는 경우에 과실치시상의 죄로 처벌하고 있다. 과실치상죄는 반의사불벌죄이며 가중적 구성요건으로 업무상과실·중과실치사상죄(제268조)가 있다.

(4) 낙태의 죄

낙태죄(落胎罪, abortion)는 자연분만기에 앞서서 자궁 내의 태아를 인위적으로 모체 밖으로 배출시키거나 모체 내에서 살해하는 행위를 말한다. 흔히 낙태는 인공임신중절(induced abortion , 人工姙娠中絶)로 분류되는데 종류로는 유도분만, 소파술(搔爬術, curettage) 등이 있다. 체계로는 자기낙태죄(제269조 제

1항), 동의낙태죄(제269조 제2항), 업무상동의낙태죄(제270조 제1항), 부동의낙태죄((제270조 제2항)), 낙태치사상죄(제270조 제3항)로 구분된다. 쟁점으로 모자보건법 제14조에서 인공임신중절수술의 허용한계의 규정 때문에 형법상 규정은 사실상 사문화(死文化)되어 있다. 의사가 임산부의 부탁을 받고 낙태시술한 경우, 의사는 업무상동의낙태죄가 임산부는 자기낙태죄가 각각 성립한다.

(5) 유기와 학대의 죄

유기죄(遺棄罪, abandon)는 특별한 사정으로 도움이 필요한 사람을 보호할 의무있는 자가 유기함으로써 성립하는 범죄이다(대법원 76도3419). 학대죄(虐待罪, Abuse)는 자기의 보호 또는 감독을 받는 사람을 학대함으로써 성립하는 범죄로 유기죄와는 달리 보호나 감독의 근거에 제한이 없다. 따라서 관습이나 사무관리·조리에 의한 경우도 포함된다. 최근 착한 사마리안법의 제정(案)과 관련, 외국의 입법례를 비교해 보면 프랑스 형법 제63조 제2항, 독일 형법 제330조 c항, 중국 형법 제15조, 일본 형법 등에서는 보호의무 없는 자의 유기를 처벌하고 있다. 아동혹사죄(兒童酷使罪)는 필요적 공범 중 대향범(對向犯)으로 자기의 보호 또는 감독을 받는 16세 미만의 아동을 그 생명이나 신체에 위험한 업무에 사용할 영업자나 그 종업자에게 인도하거나 인도받음으로써 성립하는 범죄이다. 인도 계약만으로는 부족하고 현실적 인도를 요한다고 보아야 한다. 후술하는 인신매매죄(제289조)의 경우 미수를 처벌하는데 비해 아동혹사죄(제274조)는 미수처벌 규정이 없다.

2. 자유에 대한 죄

자유에 대한 죄로는 협박의 죄, 체포와 감금의 죄, 약취와 유인의 죄, 강요의 죄, 강간과 강제추행의 죄 등이 있다. 오늘날 자유는 생명이나 신체 다음으로 중요한 법익에 속하며 헌법(제12조)에서도 인간의 자유를 기본권의 하나로 규정하여 보호하고 있다.

(1) 협박죄

협박죄((脅迫罪, threats, duress)는 개인의 의사결정의 자유를 보호법익으로 하며 행동의 자유까지도 침해하는 범죄인 강요죄와 구별된다. 재산상의 이득을 목적으로 하는 공갈죄와도 구별된다. 침해범으로 미수범 처벌규정이 있으며 협박이 상대방에게 도달하지 아니하거나 도달해도 사실상 공포심이 생기지 아니하면 미수로 처벌된다. 강도죄, 공무집행방해죄의 경우에도 협박이 수단으로 사용되지만, 이 경우에는 당해범죄 외에 별도로 협박죄가 성립되지 않는다. 책임가중구성요건으로는 존속협박죄(제283조 제2항), 상습협박죄(제285조)가 있고 불법가중구성요건으로는 특수협박죄(제284조)가 있으며 독립적구성요건으로 하는 외국원수·외교사절에 관한 협박죄(제107조, 제108조)가 별도 성립한다.

> 〈참고〉 협박의 개념에서는 구체적 내용과 관련해 **廣義, 俠義, 最俠義**의 세 가지로 구분된다. 광의의 개념에는 제115조(소요죄), 제116조(다중불해산죄), 제136조(공무집행방해죄), 제146조(특수도주죄) 등이, 협의의 개념에는 제324조(강요죄), 제350조(공갈죄) 등이, 최협의의 개념에는 제297조(강간죄), 제298조(강제추행죄), 제333조(강도죄), 제335조(준강도죄) 등이 각각 속한다.

(2) 체포와 감금의 죄

사람을 체포·감금함으로써 사람의 신체활동의 자유, 즉 그곳에서 떠나 돌아다니는 자유를 침해하는 범죄이다. 장소선택의 자유라고도 한다. 강의실이나 회의실 및 작업장 등으로 들어가지 못하게 막는 것은 강요죄는 될 수 있어도 체포·감금죄는 성립하지 않는다. 여기서 장소이전의 자유가 현실적인 것을 의미하는지 잠재적인 것을 의미하는지에 대해서는 견해의 대립이 있다. 또한 체포·감금죄는 일정한 시간계속을 요하는 계속범으로 미수범은 처벌된다. 따라서 체포·감금 후에 일정 시간이 경과하여야 기수로 된다. 어느 정도의 시간이 요구되는가는 구체적인 상황에서 판단해야할 것이다. 체포 후 감금하면 감금죄 하나만 성립한다. 강도나 강간의 수단으로 체포·감금하면 체포·감금죄와 강도죄, 강간죄의 상상적 경합이 된다.

(3) 약취·유인 및 인신매매의 죄

약취는 폭행·협박을, 유인은 기망·유혹을 각각의 수단으로 현재의 보호 상태로부터 이탈시켜 자기 또는 제3자의 실력적 지배에 두는 것을 말한다. 예로서, 간음목적의 피고인이 11세에 불과한 어린 나이의 피해자를 유혹하여 모텔 앞길에서부터 모텔 301호실까지 데리고 간 이상 그로써 피고인은 피해자를 자유로운 생활관계로부터 이탈시켜 피고인의 사실적 지배 아래로 옮겼다고 할 것이고 이로써 간음목적유인죄의 기수에 이른 것이다(대법원 2007도2318). 보호법익은 개인의 자유이다. 제287조(미성년자의 약취, 유인)의 경우는 미성년자의 자유권과 함께 보호자의 감독권도 부차적 보호법익으로 인정하고 있다. 최근 국제결혼에 이어 다문화가정이 늘고 있는 가운데 새로운 범죄가 발생하고 있어 대처방안이 강구되어야 한다. 대법원은 미성년자를 보호감독하는 자라 하더라도 다른 보호감독자의 감호권을 침해하거나 자신의 감호권을 남용하여 미성년자녀의 이익을 침해하는 경우에는 미성년자 약취 유인죄의 주체가 될 수 있다고 판시하였다(대법원 2010도14328). 이 사건의 쟁점은 '어린 자녀를 공동으로 양육하는 부모 중 한 사람이 다른 부모와 협의하거나 법원의 결정을 거치지 않고 일방적으로 자녀를 데리고 외국으로 출국한 행위를 미성년자약취죄 또는 국외이송약취죄로 처벌할 수 있다'는 근거가 마련된 셈이다.

(4) 강요의 죄

강요죄(强要罪)는 폭행 또는 협박으로 사람의 권리행사를 방해하거나 의무 없는 일을 하게 함으로써 성립하는 범죄이다(제324조). 개인의 의사의 자유, 즉 의사결정과 의사활동의 자유를 보호한다는 점에서는 협박죄와 그 본질이 같다고 할 수 있으나, 협박죄는 개인의 의사의 자유 그 자체를 보호하는 범죄인 반면에, 강요죄는 그 활동의 자유도 보호법익으로 하는 범죄라는 점에서 차이가 있다. 단순히 협박이라는 수단을 통해 법률상 의무 있는 일을 하도록 한 경우는 강요죄는 성립하지 아니하고 협박죄가 성립할 뿐이다. 실무상 살펴보면 의무 없는 일을 피해자 의사에 반해 시켰다는 점에서 단순협박죄 사안에 비해 죄질이 좋지 않다고 판단하고 있다. 최근 민생치안과 직결되는 범죄로 인질강요죄(人質强要罪, hostage compel)가 있다.

(5) 강간과 강제추행의 죄

강간죄의 행위는 폭행·협박으로 사람을 강간하는 것이다. 주거에 침입하여 강간한 경우에는 주거침입죄와 강간죄의 경합범이 된다. 불법감금중 강간의 고의가 생겨 간음하였다면 감금죄와 강간죄의 경합범이 되며 강도 후 강간은 강도강간죄(제339조)로 처벌받는다. 반대로 강간범이 강간 후 강도하였다면 강간죄와 강도죄의 경합범이 성립한다. 보호법익은 성적 자기결정권의 자유이며 주체에는 제한이 없다. 개정형법에서는 객체를 사람으로 확대하여 기혼·미혼·성년·미성년을 구분하지 않는다. 이렇게 본다면 법률상의 배우자인 처도 강간죄의 객체가 된다. 그 동안 부부 사이를 포함하여 남자에 대하여만 강간죄가 성립하고, 여자에 대하여는 처벌규정이 마련되어 있지 않았는데, 법률이 개정되어 2013년 6월 19일부터 반항을 불가능하게 하거나 현저히 곤란하게 할 정도의 폭행이나 협박을 가하여 사람을 간음한 경우 강간죄가 성립하고 따라서 여자의 남자에 대한 강간행위도 처벌대상에 포함되게 되었다(대법원 2008도8601). 한편 혼인관계가 파탄된 경우뿐만 아니라 혼인관계가 실질적으로 유지되고 있는 경우에도, 남편이 반항을 불가능하게 하거나 현저히 곤란하게 할 정도의 폭행이나 협박을 가하여 아내를 간음한 경우에는 강간죄가 성립한다는 것이다(대법원 2012도14788).

3. 명예와 신용에 대한 죄

(1) 명예훼손죄

사람의 사회적 인격성을 침해하는 범죄로 보호법익은 명예이다. 이러한 명예훼손 행위는 공연성(公然性, Performance)을 주요내용으로 하는데 이는 불특정 또는 다수인이 인식할 수 있는 상태를 말한다. 판례는 전파가능성(傳播

可能性)을 따져 공연성의 여부를 판단하고 있다(대법원 2010도2877). 형법 제307조 제1항, 제2항, 제310조의 체계와 문언 및 내용에 의하면, 제307조 제1항의 '사실'은 제2항의 '허위의 사실'과 반대되는 '진실한 사실'을 말하는 것이 아니라 가치판단이나 평가를 내용으로 하는 '의견'에 대치되는 개념이다. 따라서 제307조 제1항의 명예훼손죄는 적시된 사실이 진실한 사실인 경우이든 허위의 사실인 경우이든 모두 성립될 수 있고, 특히 적시된 사실이 허위의 사실이라고 하더라도 행위자에게 허위성에 대한 인식이 없는 경우에는 제307조 제2항의 명예훼손죄가 아니라 제307조 제1항의 명예훼손죄가 성립될 수 있다.

(2) 신용훼손죄

사람의 경제적 활동에 대한 사회적 평가로 보호법익은 사람의 신용이다. 구체적으로 지불능력이나 지불의사에 대한 사회적 평가를 말한다. 이는 명예훼손죄가 인격적 측면에서 평가되는 것과 대비된다. 관련 판례를 살펴보면 고급 이미지의 의류로서 명성과 신용을 얻고 있는 타인의 의류와 유사한 디자인의 의류를 제조하여 저가로 유통시킨 행위가 타인의 신용을 훼손하는 행위에 해당한다는 사례(대법원 2006다53146)로 민법 제751조 제1항은 불법행위로 인한 재산 이외의 손해에 대한 배상책임을 규정하고 있고, 재산 이외의 손해는 정신상 고통만을 의미하는 것이 아니라 그 외에 수량적으로 산정할 수 없으나 사회통념상 금전평가가 가능한 무형의 손해도 포함하므로, 법인의 명예나 신용을 훼손한 자는 그 법인에게 재산 이외의 손해에 대하여도 배상할 책임이 있다.

(3) 업무방해죄

사람의 업무를 보호법익으로 하며 여기에서의 업무란 사람이 사회생활상의 지위에 기인하여 반복적 혹은 계속적으로 종사하는 사무 또는 사업을 말한다(대법원 2004도1256). 이 죄는 주로 대학의 입시부정과 위장취업과 관련하여 알려진 범죄유형이다(대법원 94도1520).대학원 입학전형도 업무방해죄의 객체인 업무에 속한다. 입시부정의 구체적 형태는 대리시험이나 성적조작을 통한 부정입학 등이 있다.

(4) 경매·입찰방해죄

경매·입찰방해죄(obstruction of the auction bidding)는 경매(競賣) 또는 입찰(入札)의 공정(公正, fairness)을 보호법익으로 하며 구체적 행위는 판례를 통해 잘 발달되어 있다. 우선 입찰참가자들을 중심으로 한 담합행위(談合行爲)가 입찰방해죄로 되기 위해서는 반드시 입찰참가자 전원이 담합에 가담해야 되는 것은 아니고 입찰참가자들 중 일부 사이에만 담합이 이루어진 경우라도 그것이 입찰의 공정을 해하는 것으로 평가되는 이상 입찰방해죄는 성립한다(대법원 2004도2581).

4. 사생활의 평온에 대한 죄

(1) 비밀침해죄

비밀침해죄는 사생활의 비밀(privacy)을 침해하는 범죄이다. 개인의 비밀을 보호법익으로 하며 추상적 위험범이다. 타인의 대화내용을 비밀리에 녹음한다거나 불법 검열·감청 등의 행위는 형법상 비밀침해죄가 아니라 통신비밀보호법상의 처벌을 받게 된다. 현대의 복잡한 생활환경에서 사생활의 평온은 행복추구의 전제가 되는 중요한 법익이 된다. 비밀침해죄가 사생활에서 주로 개인의 비밀을 보호하기 위한 것이라면 주거침입죄는 사생활의 장소적 평온을 보호하기 위한 것으로 해석하여야 한다.

(2) 주거침입죄

주거침입죄의 보호법익과 관련하여서는 신주거권설, 사실상 평온설(판례), 실질설 등으로 견해의 대립이 있다. 절도목적으로 강의실에 침입하였다면 주거침입죄가 성립될 것이다. 최근 주택환경의 다양화에 따른 판례의 입장을 살펴보면 주거침입죄의 실행의 착수는 주거자, 관리자, 점유자 등의 의사에 반하여 주거나 관리하는 건조물 등에 들어가는 행위, 즉 구성요건의 일부를 실현하는 행위까지 요구하는 것은 아니고 범죄구성요건의 실현에 이르는 현실적 위험성을 포함하는 행위를 개시하는 것으로 족하므로, 출입문이 열려 있으면 안으로 들어가겠다는 의사 아래 출입문을 당겨보는 행위는 바로 주거의 사실상의 평온을 침해할 객관적인 위험성을 포함하는 행위를 한 것으로 볼 수 있어 그것으로 주거침입의 실행에 착수한 것으로 보아야 한다 (대법원 2006도2824). 이에 비해 침입 대상인 아파트에 사람이 있는지를 확인하기 위해 그 집의 초인종을 누른 행위만으로는 침입의 현실적 위험성을 포함하는 행위를 시작하였다거나, 주거의 사실상의 평온을 침해할 객관적인 위험성을 포함하는 행위를 한 것으로 볼 수 없다 할 것이다(대법원 2008도1464).

5. 재산에 대한 죄

(1) 서 설

재산죄는 개인의 재산을 보호법익으로 하며 크게 9개 종류로 구분하고 있다. 이를 객체에 따라 분류해보면 재물죄(財物罪)와 이득죄(利得罪)로 구별할 수 있는데 재물죄로는 절도죄, 횡령죄, 장물죄, 손괴죄 등이 있고 이득죄로는 배임죄가 있다. 강도죄, 사기죄, 공갈죄는 재물죄인 동시에 이득죄에 해당한다. 그리고 강도죄(제333조)와 재물손괴죄(제366조)는 친족상도례(제344조) 규정의 적용을 받지 않는다.

(2) 절도죄

절도죄란 재물에 대한 타인의 점유를 침해함으로써 성립하는 것이다. 여기서의 '점유'라고 함은 현실적으로 어떠한 재물을 지배하는 순수한 사실상의 관계를 말하는 것으로서, 민법상의 점유와 반드시 일치하는 것이 아니다. 물론 이러한 현실적 지배라고 하여도 점유자가 반드시 직접 소지하거나 항상 감수(監守)하여야 하는 것은 아니고, 재물을 위와 같은 의미에서 사실상으로 지배하는지 여부는 재물의 크기·형상, 그 개성의 유무, 점유자와 재물과의 시간적·장소적 관계 등을 종합하여 사회통념에 비추어 결정되어야 한다. 그렇게 보면 종전 점유자의 점유가 그의 사망으로 인한 상속에 의하여 당연히 그 상속인에게 이전된다는 민법 제193조는 절도죄의 요건으로서의 '타인의 점유'와 관련하여서는 적용의 여지가 없고, 재물을 점유하는 소유자로부터 이를 상속받아 그 소유권을 취득하였다고 하더라도 상속인이 그 재물에 관하여 위에서 본 의미에서의 사실상의 지배를 가지게 되어야만 이를 점유하는 것으로서 그때부터 비로소 상속인에 대한 절도죄가 성립할 수 있다. 실행착수와 관련하여, 반드시 절취할 재물에 손을 대어야 할 필요는 없으나 타인의 주거에 침입한 정도로는 부족하고 절취할 물건에 접근하거나 물색하는 행위가 있어야 실행의 착수를 인정할 수 있다.

(3) 강도죄

강도죄는 폭행 또는 협박으로 타인의 재물을 강취하거나 기타 재산상의 이익을 취득하거나 제3자로 하여금 이를 취득하게 함으로써 성립하는 범죄이다. 절도죄와 달리 친족상도례(親族相盜例)의 적용이 없다.

(4) 사기죄

사기죄는 사람을 기망하여 재물의 교부를 받거나 재산상의 이익을 취득하거나 제3자로 하여금 취득하게 함으로써 성립하는 범죄이다. 최근 차용금 변제와 관련하여 제기되고 있는 사기죄 성립여부에 관해 분석해 보면 甲은 사업자금 명목으로 乙에게 여러 차례에 걸쳐 돈을 빌려주었다. 乙은 처음 얼마간은 이자를 지급하다가 그 다음부터는 제대로 지급하지 않았고, 이전에 빌린 돈까지 높은 이자를 포함하여 한꺼번에 갚겠다고 하여 추가로 빌려주다보니 큰 금액이 되었다. 乙은 아내 명의로 된 상가에 담보를 설정해주겠다고 약속하고서도 차일피일 미루다 처분해버리고는 경기가 좋지 않아 원금마저 돌려줄 수 없는 형편이라고 한다. 이 경우 사기죄 적용 여부에 대해 살펴보면 '차용금 편취에 의한 사기죄의 성립여부는 차용당시를 기준으로 판단하여야 하므로, 피고인이 차용 당시에는 변제할 의사와 능력이 있었다면 그 후에 차용사실을 전면 부인하면서 변제를 거부한다고 하더라도 이는 단순한 민사상의 채무불이행에 불과할 뿐 형사상 사기죄가 성립한다고 할 수 없다.

(5) 공갈죄

공갈죄(恐喝罪)의 주된 보호법익은 재산권이고 부차적 보호법익으로 공갈을 수단으로 의사결정이나 의사활동의 자유를 침해한다는 점에서 자유권도 포함된다. 행위과정에 폭행·협박을 수단으로 한다는 점에서 강도죄와 공통점이 있다. 관련판례를 살펴보면, 행위 시의 해악의 고지 정도인데, 이는 판례를 통해 발달되어 있다. 아무리 자신에게 정당한 권리가 있다고 하더라도 그 권리의 행사를 빙자하여 사회통념상 허용되는 정도나 범위를 넘어서는 협박을 수단으로 상대방을 겁주어 재물을 교부받거나 재산상의 이익을 받으려고 하였다면, 이는 공갈죄의 실행에 착수한 것이라고 보아야 하고, 이 경우 구체적으로 어떠한 행위가 사회통념상 허용되는 정도나 범위를 넘는 것인지 여부는 그 행위의 주관적인 측면과 객관적인 측면, 즉 추구된 목적과 선택된 수단을 전체적으로 종합하여 판단하여야 한다(대법원 2005도9595).

(6) 횡령과 배임의 죄

횡령죄는 재물죄로 자기가 점유하는 타인의 재물을 영득하는 점에서 절도죄와 구별된다. 배임죄의 객체는 재산상 이익으로 순수한 이득죄(利得罪)이다. 특히 부동산 명의신탁과 관련한 유형을 보면 명의신탁 약정에 따라 수탁자가 그 약정이 있다는 사실을 알지 못하는 소유자와 부동산매매계약을 체결한 후 자신의 명의로 소유권이전등기를 마친 경우, 그 수탁자가 제355조 제1항의 '타인의 재물을 보관하는 자'에 해당하지 않는다(대법원 2009도4501).

(7) 장물죄

장물죄(臟物罪, receiving stolen property)란 장물을 취득·양도·운반·보관하거나 또는 이를 알선함을 내용으로 하는 범죄이다. 관련판례를 보면, 형법 제362조 제2항에 정한 장물알선죄에서 '알선'이란 장물을 취득·양도·운반·

보관하려는 당사자 사이에 서서 이를 중개하거나 편의를 도모하는 것을 의미한다. 따라서 장물인 정을 알면서, 장물을 취득·양도·운반·보관하려는 당사자 사이에 서서 서로를 연결하여 장물의 취득·양도·운반·보관행위를 중개하거나 편의를 도모하였다면, 그 알선에 의하여 당사자 사이에 실제로 장물의 취득·양도·운반·보관에 관한 계약이 성립하지 아니하였거나 장물의 점유가 현실적으로 이전되지 아니한 경우라도 장물알선죄가 성립한다. 나아가 장물인 귀금속의 매도를 부탁받은 피고인이 그 귀금속이 장물임을 알면서도 매매를 중개하고 매수인에게 이를 전달하려다가 매수인을 만나기도 전에 체포되었다 하더라도, 위 귀금속의 매매를 중개함으로써 장물알선죄가 성립한다(대법원 2009도1203).

(8) 손괴죄

손괴의 죄는 타인의 재물, 문서 또는 전자기록등 특수매체기록을 손괴 또는 은닉 기타 방법으로 그 효용을 해함으로써 성립하는 범죄이다. 재물만을 객체로 하는 재물죄이며 재물 그 자체의 효용가치를 해하는 범죄로 불법영득의사를 필요로 하지 않는다. 특히, 건조물의 벽면에 낙서를 하거나 게시물을 부착하는 행위 또는 오물을 투척하는 행위 등이 그 건조물의 효용을 해하는 것에 해당하는지 여부는, 당해 건조물의 용도와 기능, 그 행위가 건조물의 채광·통풍·조망 등에 미치는 영향과 건조물의 미관을 해치는 정도, 건조물 이용자들이 느끼는 불쾌감이나 저항감, 원상회복의 난이도와 거기에 드는 비용, 그 행위의 목적과 시간적 계속성, 행위 당시의 상황 등 제반 사정을 종합하여 사회통념에 따라 판단하여야 한다(대법원 2007도2590). 손괴죄는 친고죄나 반의사불벌죄에 해당하지 않으며 미수범도 처벌하나 과실손괴는 처벌규정이 없다.

(9) 권리행사방해죄

권리행사방해죄(제323조)는 타인의 점유 또는 권리의 목적이 된 자기의 물건 또는 전자기록 등 특수매체기록을 취거(取去)·은닉 또는 손괴하여 타인의 권리행사를 방해하는 범죄이다. 관련판례를 살펴보면 형법 제323조의 권리행사방해죄에서 말하는 '자기의 물건'이라 함은 범인이 소유하는 물건을 의미하고, 여기서 소유권의 귀속은 민법 기타 법령에 의하여 정하여진다 할 것인바, 부동산실권리자명의등기에관한법률 제4조 제1항, 제2항 및 제8조에 의하면 종중 및 배우자에 대한 특례가 인정되는 경우나 부동산에 관한 물권을 취득하기 위한 계약에서 명의수탁자가 그 일방당사자가 되고 그 타방당사자가 명의신탁약정이 있다는 사실을 알지 못하는 경우 이외에는 명의수탁자는 명의신탁 받은 부동산의 소유자가 될 수 없고, 이는 제3자에 대한 관계에 있어서도 마찬가지이므로, 명의수탁자로서는 명의신탁 받은 부동산이 '자기의 물건'이라고 할 수 없다(대법원 2006도4215).

II. 사회적 법익에 대한 죄

1. 공공의 안전과 평온에 대한 죄

(1) 공안을 해하는 죄

공안(公安)을 해하는 죄는 공공의 안전과 평온을 침해하는 범죄이다. 형법은 공안을 해하는 죄로 범죄단체 조직죄(제114조), 소요죄(제115조), 다중불해산죄(제116조), 전시공수계약불이행죄(제117조) 및 공무원자격사칭죄(제118조)의 5개 범죄를 규정하고 있다. 나아가 공안을 해하는 죄를 국가적 법익에 대한 죄의 하나로 배열하고 있기 때문에 그 본질에 관하여 국가적 법익설과 사회적 법익설이 대립되고 있다. 국가적 법익설은 형법이 국가의 법질서를 보호하는 데 중점을 둔 것으로 해석하는 한편, 공안을 해하는 죄는 헌법에서 위임받은 법질서 자체를 보호하는 데 있다고 보고 있다. 이에 비하여 다수설인 사회적 법익설은 공안을 해하는 죄는 국가권력에 대항하는 내용의 범죄로 보기 어렵고 공공의 질서, 공공의 안전, 또는 공공의 평온을 보호하기 위한 범죄로 보고 있다.

가. 범죄단체조직죄

범죄단체조직죄(犯罪團體組織罪)의 경우 판례가 인정하고 있는 단체란 공동목적을 가진 특정다수인의 계속적인 결합체를 말하는 것으로 이는 지휘통솔체제를 갖춘 조직성과 어느 정도의 시간적 계속성을 지니고 있어야 한다. 최근 범죄단체조직죄를 개선하였는데, UN의 '국제조직범죄방지협약'에서는 법정형 장기 4년 이상의 범죄를 목적으로 하는 단체를 조직하는 행위 등을 범죄화하도록 규정하고 있다. 우리도 이에 조화시켜 '사형, 무기 또는 장기 4년 이상의 징역'에 해당하는 범죄를 목적으로 하는 단체의 조직 행위를 처벌하도록 개정하였다. 또한 종래 판례에 따르면 범죄단체에 가입하는 순간 범죄단체가입죄가 기수에 이르기 때문에 가입한 시점부터 계산해 공소시효가 지나면 실제로 범죄단체의 구성원으로 활동을 하더라도 처벌할 수 없었으나 이를 개선하였다.

나. 소요죄

소요죄(제115조)는 다중이 집합하여 폭행, 협박 또는 손괴의 행위를 함으로써 성립한다. 다중이란 다수인의 집합을 말하며, 집합이란 다수인이 일정한 장소에 모여 집단을 형성하는 것인데 후술하는 국가적 법익 중 내란죄의 경우처럼 조직적일 필요는 없다. 이 죄는 집합범으로 필요적 공범의 형태이다.

다. 다중불해산죄

다중불해산죄(제116조)는 집합한 다중이 단속 공무원으로부터 3회 이상의 해산명령을 받고도 해산하지 않음으로써 성립하는 범죄이다. 집합은 하였으나 아직 폭행, 협박 또는 손괴의 실행행위가 없다는 점에서 소요죄의 예비단계로 볼 수 있다. 관련판례(대법원 2010도15797)를 보면 집회 및 시위에 관한 법률상 해산명령불응죄의 성립 요건 관련하여 '집회 및 시위에 관한 법률'(이하 '집시법'이라고 한다)은 적법한 집회 및 시위를 최대한 보장하고 위법한 시위로부터 국민을 보호함으로써 집회 및 시위의 권리의 보장과 공공의 안녕질서가 적절히 조화를 이루도록 함을 그 목적으로 하고 있다(제1조).

라. 공무원자격사칭죄

공무원자격사칭죄(公務員資格詐稱罪)는 사칭한 공무원의 직무에 관한 권한행사(職權行使)가 있어야 성립한다. 경찰이 아니면서 경찰관이라고 사칭하여 세금을 받은 경우는 직권행사가 없어 공무원자격사칭죄가 성립하지 않는다. 사인(私人)이 보건소 직원을 사칭하여 음식점의 위생검사를 한 경우는 직권행사로 공무원자격사칭죄가 성립한다. 순경을 사칭하여 운전자로부터 범칙금을 받은 경우엔 공무원자격사칭죄와 사기죄의 상상적경합으로 처리된다.

(2) 폭발물에 대한 죄

폭발물은 점화 등 일정한 자극을 가하면 급격한 팽창에 의하여 폭발작용을 하는 고체·액체·가스 등의 물체를 말한다. 다이너마이트, 니트로글리세린, 아세틸렌가스 등 주로 폭발물로 사용되는 화약을 가리킨다. 오락용 폭약이나 화염병은 폭발물이 아니다. 폭발성 있는 물건은 주로 보일러나 고압가스 등 화력에 의한 파괴력을 지닌 물건을 말한다.

(3) 방화와 실화의 죄

방화(放火)란 불을 놓는 것을 말하며 그 방법에는 제한이 없다. 목적물에 직접 불을 놓을 수도 있고 매개물을 이용할 수도 있다. 현주건조물 등 방화죄의 행위객체로 사람이 현존하는 건조물이란 범인 이외의 사람이 들어 있는 것을 가리키며 범인이 자기 혼자 살고 있는 집에 방화한 경우에는 일반건조물 등 방화죄가 성립한다. 자기소유의 건조물 등이라도 압류 기타 강제처분을 받거나 타인의 권리 또는 보험의 목적물이 된 때(화재보험 가입 등)에는 타인의 건조물 등으로 간주한다. 또한 방화죄에 있어 자기의 소유에 속하는 물건이라도 압류 기타 강제처분을 받거나 타인의 권리 또는 보험의 목적물이 된 때에는 타인의 물건으로 간주(제176조)한다.

(4) 일수와 수리에 대한 죄

일수죄(溢水罪)는 수력(水力)으로 수해를 일으켜 공공의 안전을 침해하는 범죄이다. 수리방해죄는 수리권의 침해를 내용으로 수리(水利)를 방해함으로써 성립하는 범죄이다.

(5) 교통방해의 죄

형법 제185조의 일반교통방해죄는 일반 공중의 교통안전을 보호하는 범죄로서 육로 등을 손괴하거나 장애물로 막는 등의 방법으로 교통을 방해하여 통행을 불가능하게 하거나 현저하게 곤란하게 하는 일체의 행위를 처벌하는 것을 목적으로 한다. 여기에서 '육로'란 일반 공중의 왕래에 제공된 장소, 즉 특정인에 한하지 않고 불특정 다수인 또는 차마가 자유롭게 통행할 수 있는 공공성을 지닌 장소를 말한다. 육로에는 터널도 포함되지만 철도는 제외된다.

2. 공공의 신용에 대한 죄

공공(公共)의 신용에 대한 죄는 크게 통화에 관한 죄와 유가증권·인지와 복표 등에 관한 죄, 문서에 관한 죄, 인장에 관한 죄 등으로 분류한다. 통화위조죄의 행위객체는 통용하는 대한민국통화이다. 통용은 법률에 의해 강제통용력이 인정되는 것을 말하며 대한민국의 통화는 한국은행권과 주화이다. 문서에 관한 죄는 허위성이 있는 문서는 위조행위를 처벌함으로써 문서의 진정에 대한 공공의 신용을 보호하는 것이다. 유형위조(형식주의)는 문서작성의 권한 없는 자가 타인명의 문서를 작성하는 것으로 명의인(名義人) 위조를 말한다. 무형위조(실질주의)는 문서작성의 권한 있는 자가 진실에 반하는 내용의 문서를 작성하는 것으로 내용 위조를 말하며 허위작성이라고 한다. 허위진단서작성죄는 사문서의 무형위조를 예외적으로 처벌하는 범죄이며 허위공문서작성죄는 공문서의 무형위조를 벌하는 규정이다. 공무원인 의사가 공무소의 명의로 허위진단서를 작성하면 허위공문서작성죄만 성립한다.

3. 공중의 건강에 대한 죄

공중의 건강에 대한 죄는 음용수에 관한 죄와 아편(阿片)에 관한 죄로 분류한다. 음용수에 관한 죄는 공중의 건강 또는 보건을 보호법익으로 하는 공공위험범이다. 음용수는 현대의 인간생활의 필수요소이며, 각 국가에서는 양질의 물을 보존하여 사람의 생존·건강을 유지하고자 온갖 노력을 다하고 있다. 음용수사용방해죄의 행위객체는 일상음용에 공하는 정수(淨水)로 불특정 또는 다수인이 반복·계속하여 사용하는 정수를 말한다. 계곡에 흐르는 물과 같이 일시적으로 이용되는 정수는 계속성이 없어 행위객체에서 제외된다. 아편에 관한 죄의 보호법익은 공중의 건강이다. 아편은 마약의 일종으로 생아편, 의약용 아편, 흡연용 아편으로 나눈다. 의학상 치료약으로 쓰이기도 하지만 상습성·중독성으로 인해 그 폐해가 매우 심각하다. 아편 등 소지죄(제205조)를 제외하고 모든 미수범 처벌 규정을 두고 있으며 특별형법으로 마약류관리에 관한 법률이 있다.

4. 사회의 도덕에 대한 죄

사회의 도덕에 대한 죄로는 성 풍속에 관한 죄와 도박과 복표에 관한 죄, 신앙에 관한 죄로 분류한다. 형법상 성범죄는 성 풍속에 관한 죄와 강간과 추행의 죄로 나뉘어 있다. 전자는 사회적 법익에 관한 죄로, 후자는 개인적 법익에 관한 죄로 분류되어 있다.

(1) 성풍속에 관한 죄

성풍속에 관한 죄는 성도덕 또는 건전한 성적 풍속을 보호법익으로 규정하는 것으로 성생활과 관련된 범죄이다. 향후 불법행위의 책임에 대해 살펴보면, 불륜을 저지른 배우자는 불법행위의 책임이 성립하는데 이는 민법

제750조에 근거하고 있다. 판례를 살펴보면, 이혼위자료청구권은 상대방 배우자의 유책불법한 행위에 의하여 그 혼인관계가 파탄상태에 이르러 부득이 이혼을 하게 된 경우에 그로 인하여 입게 된 정신적 고통을 위자하기 위한 손해배상청구권을 말한다(민법 제843조, 제806조). 제3자와는 공동불법행위 책임의 성립을 인정하고 있다.

(2) 도박과 복표에 관한 죄

도박죄는 재물이나 재산상의 이익을 걸고 승자에게 줄 것을 약속하는 것을 의미하며 주로 우연한 승부에 의하여 그 득실을 결정하는 것을 말한다. 도박의 주체에는 제한이 없으며 방법 또한 묻지 않는다. 도박은 2인 이상의 자 사이에서 행해지는 것으로, 이들 상호간은 필요적 공범관계에 있다. 이와 같이 도박죄의 성립은 재물(재산상 이익 포함)을 걸고 우연성 및 쌍방을 요한다. 여기의 재물은 현금이든 귀금속이든 가치가 있는 물건이어야 하며 형태가 없는 '재산상 이익'도 포함된다. 사기도박은 우연성이 당사자 일방에게만 있고 상대방은 기망행위에 의해 우연성을 자유로이 지배할 수 없는 상태로 편면적(片面的) 도박이라고 한다. 이처럼 사기도박의 경우는 도박에 있어서 필요한 우연성의 결여로 도박죄 성립을 부정하여 사기도박자에게는 사기죄가 성립하며 그 상대방에게는 도박죄가 성립되지 않는다는 것이 판례의 태도이다.

(3) 신앙에 관한 죄

신앙에 관한 죄는 국민의 종교의 자유를 보호하는 범죄이다. 헌법 제20조에서도 이를 보호하고 있다. 보호법익은 종교감정과 종교생활의 평온이다. 한편 변사자와 관련하여, 변사자라 함은 부자연한 사망으로서 그 사인이 분명하지 않은 자를 의미하는 것으로 그 사인이 명백한 경우는 변사자라 할 수 없으므로 범죄로 인하여 사망한 것이 명백한 자의 사체는 소정의 변사체검시방해죄의 객체가 될 수 없다. 집주인이 임차인의 방 안에서 칼에 찔려 사망한 상태로 발견되자 경찰에 신고하기 전에 임차인의 사체의 상태를 임의로 변경하였다고 하더라도 변사체검시방해죄에 해당하지 않는다(대법원 2003도1331).

Ⅲ. 국가적 법익에 대한 죄

1. 국가의 존립과 권위에 대한 죄

국가의 존립에 대한 죄는 내란의 죄와 외환의 죄로 분류하며 대부분 예비·음모·선동·선전까지 처벌하는 규정을 두고 있다. 내란죄는 자수의 특례를 규정하여 필요적 감면사유로 하고 있으며(제90조 제1항 후단) 조직범인 동시에 목적범의 성격을 나타내고 있다. 외국국기·국장모독죄(제109조)는 외국을 모욕할 목적으로 공용으로 쓰는 외국의 국기·국장을 손상·제거·오욕함으로써 성립한다. 행위객체로 공용에 쓴다는 것은 그 나라의 공적 기관이나 공무소에서 사용하는 것을 말한다. 따라서 장식용 만국기나 사인(私人)이 휴대하거나 소지하는 외국기는 이 죄의 객체에서 제외된다.

(1) 내란의 죄

가. 내란죄

내란죄의 보호법익은 국가의 존립과 안전이다. 내란죄는 필요적 공범 중에서도 공범들의 의사방향이 일치하는 집합범에 속한다. 내란 행위의 주체에는 제한이 없으나 조직화된 다수인의 인원을 필요로 한다.

나. 내란목적 살인죄

본죄는 국토참절과 국헌문란, 즉 내란을 목적으로 사람을 살해함으로써 성립한다. 내란의 목적이 있어야 본죄가 성립하지만 목적의 달성여부는 본죄의 성립에 영향을 미치지 않는다.

다. 내란예비·음모·선동·선전죄

내란죄 또는 내란목적 살인죄를 범할 목적으로 예비·음모·선동·선전함으로써 성립한다. 내란을 실행하기 전 내란을 준비하거나 내란을 적극적으로 선동했을 경우이다. 형법상 내란죄의 구성요건인 폭동의 내용으로서의 폭행 또는 협박은 일체의 유형력의 행사나 외포심을 생기게 하는 해

악의 고지를 의미하는 최광의의 폭행·협박을 말하는 것으로서, 이를 준비하거나 보조하는 행위를 전체적으로 파악한 개념이며, 그 정도가 한 지방의 평온을 해할 정도의 위력이 있음을 요한다.

(2) 외환의 죄

가. 외환유치죄

외환유치죄(外患誘致罪)는 외국과 통모(通謀)하여 대한민국에 대하여 전단(戰端)을 열게 하거나 외국인과 통모하여 대한민국에 항적(抗敵)하는 죄를 말한다(제92조). 법정형은 '사형 또는 무기징역'이며 국가의 외적 안전을 보호법익으로 한다. '외국과의 통모'란 외국의 정부기관과 의사를 연락하는 것을 말하고, '전단을 연다.'는 것은 전투행위를 개시하는 것을 의미한다. 국제법상의 전쟁개시 뿐만 아니라 사실상 전쟁의 형태라고 인정될 만한 일체의 무력행사를 포함한다. '항적'이란 전투원, 비전투원 여부를 불문하고 외국의 군사업무에 종사하여 대한민국에 적대하는 행위를 말한다.

나. 여적죄

여적죄(與敵罪)는 적국과 합세하여 대한민국에 항적함으로써 성립한다. 적국이란 국제법상 선전포고를 하고 전쟁을 수행하는 국가에 국한되어야 한다는 견해도 있으나, 사실상 전쟁을 수행하고 있는 나라도 포함된다고 해야 한다. 이러한 의미에서 본죄는 교전상태를 전제로 하는 범죄라고 할 수 있다. 적국과 합세하여 항적할 것을 요하므로, 항거할 수 없는 압력에 의하여 부득이 적대행위를 한 때에는 본죄를 구성하지 않는다. 여적죄는 형법에서 사형만을 규정한 유일한 범죄이다.

다. 모병이적죄

적국을 위하여 모병(募兵)한 자는 사형 또는 무기징역에 처한다. 모병에 응한 자는 무기 또는 5년 이상의 징역에 처한다(제94조). 모병이란 전투에 종사할 인원을 모집하는 것이며, 모병에 응한다는 것은 자발적으로 지원하는 것을 의미한다.

라. 시설제공이적죄

군대, 요새, 진영 또는 군용에 공하는 선박이나 항공기 기타 장소, 설비 또는 건조물을 적국에 제공한 자는 사형 또는 무기징역에 처한다. 병기 또는 탄약 기타 군용에 공하는 물건을 적국에 제공한 자도 사형 또는 무기징역에 처한다(제95조). 본죄는 군사용시설 또는 군용물을 객체로 하는 범죄로 물건제공이적죄와 구별된다.

마. 시설파괴이적죄

적국을 위하여 제95조에 기재한 군용시설 기타 물건을 파괴하거나 사용할 수 없게 한 자는 사형 또는 무기징역에 처한다(제96조). 본죄의 성립에는 이적의사(利敵意思)를 필요로 한다.

바. 물건제공이적죄

군용에 공하지 아니하는 병기, 탄약 또는 전투용에 공할 수 있는 물건을 적국에 제공한 자는 무기 또는 5년 이상의 징역에 처한다(제97조). 군용에 공하지 아니하는 점에서 시설제공이적죄와 구별된다. 병기, 탄약 등을 군용에는 공하지 아니하더라도 전투용에는 공할 수 있다. 따라서 군용에 공하지 아니하는 병기, 탄약 등은 전투용에 공할 수 있는 물건의 한 예시이다.

사. 간첩죄

간첩죄(間諜罪)는 외환죄 중 하나로, 구성요건은 적국을 위하여 간첩행위를 하거나 적국의 간첩을 방조하는 행위 및 군사상의 기밀을 적국에 누설하는 행위 등 세 가지이다(제98조). '간첩'이란 군사상의 기밀을 탐지, 수집하는 행위를 말한다. 제98조 제2항은 직무상 지득한 군사상의 기밀을 적국에 누설한 자에게만 적용하고, 직무와 관계없이 지득한 군사상의 기밀을 누설한 경우에는 형법 제99조의 일반이적죄가 적용된다.

아. 일반이적죄

전 7조(제92조~제98조)에 기재한 이외에 대한민국의 군사상 이익을 해하거나 적국에 군사상 이익을 공여한 자는 무기 또는 3년 이상의 징역에 처한다(제99조). 본죄는 위에 설시한 전 7조의 죄가 성립하면 본죄의 성립은 부정된다.

자. 외환예비·음모·선동·선전죄

제92조 내지 제99조의 죄를 범할 목적으로 예비·음모·선동·선전한 자는 2년 이상의 유기징역에 처한다. 단 그 목적한 죄의 실행에 이르기 전에 자수한 때에는 그 형을 감경 또는 면제한다.

차. 전시 군수계약 불이행죄

전쟁 또는 사변에 있어서 정당한 이유없이 정부에 대한 군수품 또는 군용공작물에 관한 계약을 이행하지 아니하거나 계약이행을 방해한 자는 10년 이하의 징역에 처한다. 계약을 이행하지 아니하는 죄는 구성요건행위가 부작위로 규정되어 있는 경우로 진정부작위범의 유형이다.

(3) 국기에 관한 죄

가. 국기·국장모독죄

대한민국을 모욕(侮辱)할 목적으로 국기 또는 국장을 손상, 제거 또는 오욕한 자는 5년 이하의 징역이나 금고, 10년 이하의 자격정지 또는 700만원 이하의 벌금에 처한다(제105조). 우리나라의 국기(國旗)는 태극기이며 대한민국을 모욕한다는 것은 대한민국의 체면과 권위를 손상시키는 것을 말한다. 국장(國章)이란 국가를 상징하는 국기 이외의 휘장(徽章)을 말한다.

나. 국기·국장비방죄

대한민국을 모욕할 목적으로 국기 또는 국장을 비방(誹謗)함으로써 성립한다(제106조). 국기·국장모독죄의 행위는 물질적·물리적 수단을 사용하는 것임에 비하여 본죄의 비방은 언어나 동작, 문장 또는 회화에 의하여 모욕의 의사를 표현하는 점에서 차이가 있다. 여기의 비방은 객체 자체를 훼손하지 않고 단순히 의사를 표현하는 것으로 비방이라고 하기 위해서는 공연성이 요구된다고 보아야 한다.

(4) 국교에 관한 죄

국교에 관한 죄는 외국과의 평화로운 관계에 위해를 가하는 것을 주요 내용으로 하는 범죄를 말한다. 보호의 정도는 추상적 위험범이다. 앞에서 거론한 국기에 관한 죄에서의 국기와 국장은 국가의 권위와 체면을 상징하는 표지로서 보호의 정도는 구체적 위험범이다.

가. 외국원수에 대한 폭행등죄

대한민국에 체재하는 외국의 원수에 대하여 폭행 또는 협박을 가한 자는 7년 이하의 징역이나 금고에 처한다. 모욕을 가하거나 명예를 훼손한 자는 5년 이하의 징역이나 금고에 처한다(제107조). 모욕죄(제312조 제1항)는 친고죄임에 비해 본죄는 반의사불벌죄이다(제110조).

나. 외국사절에 대한 폭행등죄

대한민국에 파견된 외국사절에 대하여 폭행 또는 협박을 가한 자는 5년 이하의 징역이나 금고에 처한다. 모욕을 가하거나 명예를 훼손한 자는 3년 이하의 징역이나 금고에 처한다(제108조). 외국사절이란 대사나 공사 등을 가리키며, 그 가족이나 수행원 등은 여기에 포함되지 않는다. 본죄도 그 외국정부의 명시한 의사에 반하여 공소를 제기할 수 없는 반의사불벌죄이다.

다. 외국 국기·국장모독죄

외국을 모욕할 목적으로 그 나라의 공용에 공하는 국기 또는 국장을 손상, 제거 또는 오욕한 자는 2년 이하의 징역이나 금고 또는 300만원 이하의 벌금에 처한다(제109조). 공용에 공한다는 것은 그 나라의 공적 기관이나 공무소에서 사용하는 것을 말한다. 따라서 개인이 사용하는 경우나 장식용의 만국기 등은 본죄의 객체가 될 수 없다. 외국의 국기·국장임을 요하므로 국제연합기와 그 휘장도 본죄의 객체에서 제외된다. 본죄도 그 외국정부의 명시한 의사에 반하여 공소를 제기할 수 없는 반의사불벌죄이다.

라. 외국에 대한 사전죄(私戰罪)

외국에 대하여 사전한 자는 1년 이상의 유기금고에 처하며 미수범은 처벌한다. 본죄를 범할 목적으로 예비 또는 음모한 자는 3년 이하의 금고 또는 500만원 이하의 벌금에 처한다. 단 그 목적한 죄의 실행에 이르기 전에 자수한 때에는 감경 또는 면제한다(제111조). 사전의 상대방은 외국 그 자체에 한정하므로 외국의 일부집단이나 외국정부의 반군에 대해 전투행위 등 사전은 여기에 해당될 수 없다.

마. 중립명령위반죄

외국간의 교전에 있어서 중립에 관한 명령에 위반한 자는 3년 이하의 금고 또는 500만원 이하의 벌금에 처한다(제112조). 중립명령의 위반은 국가간의 외교관계를 위태롭게 할 수 있기 때문에 규정된 것이다. 중립명령의 내용은 형법에 정해져 있지 않고 그 구체적 내용은 행정부에 의해 결정되는 것으로 전형적인 백지형법에 속한다.

바. 외교상 기밀누설죄

외교상의 기밀을 누설한 자는 5년 이하의 징역 또는 1천만원 이하의 벌금에 처하며 누설할 목적으로 외교상의 기밀을 탐지 또는 수집한 자도 같은 형에 처한다(제113조). 외교상의 기밀을 적국에 누설하면 간첩죄에 해당하며 여기에서의 누설의 대상은 적국을 제외한 외국이다.

2. 국가의 기능에 대한 죄

국가의 기능에 대한 죄는 공무원의 직무에 관한 죄와 공무방해에 관한 죄, 도주와 범인은닉의 죄, 위증과 증거인멸의 죄, 무고의 죄로 분류한다.

(1) 공무원의 직무에 관한 죄

공무원의 직무에 관한 죄는 공무원이 직무를 위배하거나 직권을 남용하여 국가기능의 공정성을 해하는 행위 및 뇌물을 수수함으로써 국가의 기능이 부패되는 것을 방지하기 위한 범죄이다. 이는 공무원이 범죄의 주체로 되는 신분범(身分犯)이며 직무범죄(職務犯罪)라고도 한다.

(2) 공무방해에 관한 죄

일반공무집행방해죄(제136조 제1항)의 경우 판례(대법원 2000도3485, 대법원 96도2673)는 직무집행의 적법성을 요구한다. 최근 경찰관의 뺨을 때린 경우나 걷어차도 구속영장이 기각되는 사례 및 공무집행 중인 여자 경찰관을 차로 들이받아 전치 3주의 상해를 입히고 도주한 피의자에 대한 영장기각 사례는 너무 관대한 처벌로 법원 내에서 일어나는 공무방해 행위에 대해서 엄격하게 대처하는 경향과 같이 이러한 사례도 직무집행에 포함시켜 공권력을 무시하는 범죄에 대해서는 좀 더 엄격히 대처하는 것이 타당하다. 또한 인권옹호직무방해죄의 규정은 수사기관 간의 내부적 문제로 개정이 요망된다.

(3) 도주와 범인은닉의 죄

도주죄는 법률에 의하여 체포 또는 구금된 자가 자기 스스로 도주하거나 타인의 도주에 관여함으로써 성립하는 범죄이다. 관련판례를 검토해 보면 사법경찰관이 피고인을 수사관서까지 동행한 것이 사실상의 강제연행, 즉 불법 체포에 해당하고, 불법 체포로부터 6시간 상당이 경과한 후에 이루어진 긴급체포 또한 위법하므로 피고인이 불법체포된 자로서 형법 제145조 제1항에 정한 '법률에 의하여 체포 또는 구금된 자'가 아니어서 도주죄의 주체가 될 수 없다.

(4) 위증과 증거인멸의 죄

위증죄의 주체를 보면 법률에 의하여 선서한 증인으로 진정신분범이며 증거인멸죄의 경우 주체에 제한이 없다. 또한 위증죄 및 무고죄의 경우 친족간의 특례규정이 없으며 자백·자수의 특례가 인정된다. 증거인멸죄 및 범인은닉죄의 경우 친족간의 특례규정은 있으나 자백·자수의 특례가 인정되지 않는다.

(5) 무고의 죄

무고죄(誣告罪)는 부수적으로 개인이 부당하게 처벌받거나 징계를 받지 않을 이익도 보호하나, 국가의 형사사법권 또는 징계권의 적정한 행사를 주된 보호법익으로 한다. 타인에게 형사처분을 받게 할 목적으로 '허위의 사실'을 신고한 행위가 무고죄를 구성하기 위해서는 신고된 사실 자체가 형사처분의 대상이 될 수 있어야 하므로, 가령 허위의 사실을 신고하였더라도 신고 당시 그 사실 자체가 형사범죄를 구성하지 않으면 무고죄는 성립하지 않는다. 그러나 허위로 신고한 사실이 무고행위 당시 형사처분의 대상이 될 수 있었던 경우에는 국가의 형사사법권의 적정한 행사를 그르치게 할 위험과 부당하게 처벌받지 않을 개인의 법적 안정성이 침해될 위험이 이미 발생하였으므로 무고죄는 기수에 이르고, 이후 그러한 사실이 형사범죄가 되지 않는 것으로 판례가 변경되었더라도 특별한 사정이 없는 한 이미 성립한 무고죄에는 영향을 미치지 않는다(대법원 2015도15398).

5. 상 법

*집필: 이성우. 동아대학교 법학전문대학원 교수
　　　김동민. 상명대학교 지적재산권학과 교수
*별명이 없는 법조문명은 '상법'임

상 법

I. 상 인 (기업의 주체)

1. 기업의 주체

기업은 거래로 인하여 발생하는 법률관계의 처리를 위하여 권리·의무의 주체를 필요로 하는데, 이러한 법적인 주체가 상인이다. 상인이란 형식적으로 기업과 관련된 권리·의무의 귀속자를 말한다. 개인 기업에 있어서는 개인인 영업주가 상인이며, 회사의 경우에는 회사 자체가 상인이다.

2. 상인의 유형

(1) 당연상인

'당연상인'이란 자기명의로 상행위를 하는 자를 말한다(제4조). 상행위란 상법 제46조에서 열거하고 있는 행위와 특별법에서 상행위로 인정한 것인데, 이를 기본적 상행위라 한다. 당연상인은 기본적 상행위를 자기명의로 영업으로 하여야 한다. '자기명의'로 한다는 것은 명의자가 상행위로 인하여 생기는 권리·의무의 주체가 된다는 것을 의미한다. '영업으로' 한다는 것은 영리의 목적으로, 동종의 행위를 계속적으로 하려는 의도로, 대외적으로 인식될 수 있게 하는 것을 의미한다.

(2) 의제상인

점포 기타 유사한 설비에 의하여 상인적 방법으로 영업을 하는 자는 상행위를 하지 아니하더라도 상인으로 인정된다(제5조 제1항). 상행위에 속하지 않는 행위를 당연상인과 같은 방법에 따라 영업으로 하는 자를 상인으로 의제하는 것이다. 예컨대 상행위가 아닌 농업이나 어업 등의 원시산업에 의하여 원시취득한 농산물이나 수산물 등을 점포 기타 설비에 의하여 판매하는 자는 상인이 된다. 이 경우 상인적 방법이란 당연상인이 기업을 경영함에 있어 보통 필요로 하는 설비를 갖추고 영업을 하는 것으로서, 상인적 방법인가의 여부는 상업장부의 이용, 보조자의 고용, 상호의 사용, 신용거래, 판매실적 등 기업 전체의 형태를 기준으로 하여 판단한다. 다만 회사는 상행위를 하지 아니하더라도 상인으로 본다(제5조 제2항). 한편 '의제상인'의 행위는 기본적 상행위는 아니지만 상행위에 관한 통칙을 준용한다. 그리하여 의제상인이 영업으로 하는 행위를 본래의 기본적 상행위에 대하여 '준상행위'라고 한다.

(3) 소상인

상인은 또한 영업규모를 기준으로 완전상인과 소상인으로 구분된다. '소상인'이란 당연상인이나 의제상인의 요건을 구비하였더라도 영업의 규모가 근소하여 기업성이 희박한 상인을 말한다. 자본금액 1천만원 미만의 상인으로서 회사가 아닌 자를 소상인으로 본다(상법시행령 제2조). 이러한 소상인에 대하여는 지배인·상호·상업장부·상업등기에 관한 규정을 적용하지 않는데 (제9조), 그 이유는 소기업에 대하여 복잡한 부담을 덜게 하여 소상인을 보호·육성하고 대기업과의 불필요한 분쟁을 회피하려는 데 있다.

3. 상인자격의 취득과 상실

(1) 자연인의 상인자격

사례 1 (상인자격)

A와 B는 각각 사업을 영위하려는 계획을 갖고 있다. A는 부동산임대업을 개시할 목적으로 그 준비행위의 일환으로 당시 부동산임대업을 하고 있던 상인으로부터 건물을 매수하였고, B는 앞으로 사업을 벌이기 위해 단순히 영업자금의 차입행위를 하였다. A와 B는 각각 상인 자격을 취득하는가?

자연인의 상인자격은 상법 제4조와 제5조의 요건을 구비하고 영업을 개시함으로써 취득하게 된다. 이 경우 '영업의 개시'란 반드시 영업의 목적인 행위의 개시만을 뜻하는 것이 아니라, 영업을 위한 준비행위를 개시한 때도 이에 포함된다. 왜냐하면 개업준비행위는 영업의사의 실현행위로 볼 수 있기 때문이다. 이들의 상인자격은 사실상 영업을 폐지함으로써 상실하게 된다. 그러므로 폐업광고나 관청에 대한 폐업의 계출을 하였더라도 실제로 영업을 계속하고 있거나, 또는 기본적인 영업은 종결되었더라도 잔무처리행위가 종료되기 전에는 상인자격을 상실하지 않는다.

사례 1 〈해설〉 (상인자격)

판례는 '부동산임대업을 개시할 목적으로 그 준비행위의 일환으로 당시 부동산임대업을 하고 있던 상인으로부터 건물을 매수한 행위는 보조적 상행위로서의 개업준비행위에 해당하므로 위 개업준비행위에 착수하였을 때 상인자격을 취득한다'고 하였다(대법원 98다1584). 그러나 단순히 영업자금의 차입행위만으로는 그 행위로부터 상대방이 영업의사의 존재를 알 수 없으므로 상인자격을 취득하지 못한다고 할 것이다. 사안의 경우 A는 부동산임대업을 위한 개업준비행위로서 건물을 매수하였기 때문에, 당해 건물을 매수하는 시점부터 상인자격을 취득하고 이후의 거래행위에 대하여는 상법이 적용된다. 하지만 B는 앞으로 영위할 사업을 구체적으로 특정하지 아니한 채 단순히 영업자금을 차입하였기 때문에, 이러한 행위만으로는 개업준비행위에 착수하였다고 볼 수 없고, 따라서 B는 아직까지는 상인자격을 취득한 것이 아니어서 민법의 적용을 받게 된다.

---

(2) 법인의 상인자격

회사는 설립등기를 함으로써 법인격과 상인자격을 동시에 취득하게 된다. 회사는 해산 후에도 법인격이 소멸됨이 없이 청산의 목적범위 내에서 존속하므로(제245조), 회사는 청산이 사실상 종료함으로써 상인자격을 상실한다. 그러나 청산절차가 필요하지 않은 합병의 경우에는 소멸회사의 해산과 동시에 상인자격을 상실하게 된다. 한편 학술·종교·자선·기예·사교 등을 목적으로 하는 비영리법인(민법 제32조)이 상인자격을 취득할 수 있는지가 문제된다. 공익법인이 그 본래의 목적인 공익을 촉진하기 위한 수단으로 영업을 하는 것은 반드시 그 목적에 어긋난다고 할 수 없기 때문에, 이러한 비영리 법인도 상인자격을 취득할 수 있는 상인능력이 있다는 것이 통설이다.

Ⅱ. 상행위 통칙

기업은 다른 기업 및 일반 공중과 거래를 해서 영업이익을 창출해야 하는데, 기업이 영업으로서 또는 영업을 위하여 하는 경영활동 내지 영업활동을 상행위라 한다. 즉 상행위란 실질적으로는 영리를 위한 기업활동을 말하고, 형식적으로는 상법과 특별법에서 상행위로 정한 것을 말한다. 상법은 법규의 적용을 명확하게 하기 위하여 구체적으로 상행위의 범위와 기준을 설정하고 있다. 한편 상행위는 상인의 개념을 정하는 데 기초가 되며, 상행위를 영업으로 함으로써 상인이 된 자가 하는 영업을 위한 모든 행위는 상행위가 된다.

상행위에는 당사자 모두에 대하여 상행위가 되는 쌍방적 상행위와 당사자 중 어느 한쪽에 대하여만 상행위가 되는 일방적 상행위가 있다. 상행위법은 쌍방적 상행위인 경우뿐만 아니라 일방적 상행위인 경우에도 당사자 전원에 대하여 적용되며, 공법인의 상행위에 대하여도 법령에 다른 규정이 없는 한 상행위법이 적용된다. 즉 상행위법은 당사자 중 일방에게만 상행위가 되는 경우에도 당사자 전원에게 적용된다. 예컨대, 상인 甲이 비상인 乙로부터 영업자금을 차용한 경우에 그 소비대차는 甲에게만 상행위가 되지만 乙에게도 연 6푼의 상사법정이율 및 5년의 상사시효기간에 관한 상법의 규정이 적용된다. 또한 당사자의 일방이 수인인 경우에 그 중 1인에게만 상행위가 되는 경우에도 양 당사자 모두에 대하여 상법이 적용된다. 그러나 상사매매, 상사유치권 등에 관한 규정은 상거래의 특수성에 의해 예외적으로 쌍방적 상행위인 경우에만 적용되며, 상관습법도 쌍방적 상행위인 경우에만 적용된다.

1. 기본적 상행위와 준상행위

'기본적 상행위'란 상법에서 제한적으로 열거하고 있는 상행위를 말하고(제46조 본문), 이러한 기본적 상행위를 영업으로 하는 자를 '당연상인'이라 한다(제4조). 한편 상법에서 열거하고 있는 기본적 상행위 이외의 행위를 상인적 방법으로 수행할 때 그러한 행위를 '준상행위'라 하고, 이러한 준상행위를 영업으로 하는 자를 '의제상인'이라 한다(제5조).

한편 자기명의로 상행위를 영업으로 하더라도 오로지 임금을 받을 목적으로 물건을 제조하거나 노무에 종사하는 자의 행위는 상행위가 아니다(제46조 단서). 그리고 변호사, 의사, 회계사 등 전문직업인은 그 사업활동이 대체로 의제상인의 요건을 충족하지만, 영리성을 그 사업의 기본적인 특성으로 인정하기 어렵다는 연혁적인 이유로 상인이 아니다. 한편 회사의 경우는 회사의 명의로 한 행위는 모두 영업을 위한 행위가 되지만, 개인상인의 경우에는 어떠한 행위가 영업을 위한 것인지 그 구별이 명확하지 않으므로 상법은 상인의 행위는 영업을 위한 행위로 추정한다고 규정하고 있다. 따라서 상행위가 아니라고 주장하는 쪽에서 그 입증책임을 진다.

2. 영업적 상행위와 보조적 상행위

'영업적 상행위'란 상인이 영리목적을 달성하기 위해 영업으로 하는 행위를 말하는데, 기본적 상행위와 준상행위가 이에 해당한다. 한편 '보조적 상행위'란 영업적 상행위의 수행을 위해 직접적 또는 간접적 필요에 의해 도움을 주는 행위를 말하는데, 이는 '부속적 상행위'라고도 한다. 예컨대 컴퓨터의 매매를 영업으로 하는 상인이 컴퓨터 자체를 매매하는 행위는 영업적 상행위이고, 사업자금을 마련하기 위해 은행에서 돈을 빌리는 행위는 보조적 상행위이다. 또한 영업적 상행위의 개시 전에 하는 영업의 준비행위나, 영업을 종료한 후에 행하는 청산행위도 보조적 상행위라고 할 수 있다.

	영업적 상행위		보조적 상행위	
	기본적 상행위 (제46조)	준상행위	개업준비행위	청산사무행위
당연상인(제4조)	○	×	○	○
의제상인(제5조)	×	○	○	○

3. 상법 제46조의 기본적 상행위

(1) 동산·부동산·유가증권 기타 재산의 매매

가. 매 매

> **사례 2** (매매)
>
> 어업에 종사하는 A는 그가 잡은 어패류를 판매하기 위하여 자기 주택의 일부를 점포로 개조하기로 하였다. 그리하여 A는 B로부터 주택의 개조를 위한 자금을 차용하였다. B는 이후 5년 2개월이 경과한 다음에 A에게 주택개조자금의 반환을 청구하였다. A는 B의 청구에 대하여 자신은 상인이므로 주택개조자금의 채무는 보조적 상행위에 의한 채무로서 5년의 시효에 의하여 소멸하였다고 주장하고 있다. 이러한 A의 주장은 정당한가?

매매는 물건 등을 유상으로 취득하여 이윤을 붙여 양도하는 것을 목적으로 하는 채권행위이다. 그러므로 증여 또는 유증에 의한 취득 또는 양도는 여기에 포함되지 않는다. 그러나 교환·소비대차·소비임치·대물변제는 유상행위이므로 매매에 포함된다고 할 것이다. 또한 매매는 동산 등의 소유권의 취득 또는 양도를 목적으로 하는 행위이므로 담보권설정, 임대차 또는 임치를 위한 취득이나 양도하는 행위는 제외된다. 매수한 물건을 제조 또는 가공하여 매도하는 행위는 여기에 속하지 않는다. '기타의 재산'이란 특허권·저작권·상표권 등을 말한다.

나. 매매의 범위

(가) 학 설

매매의 의의에 대하여는 ① '매수 또는 매도'를 가리킨다는 견해, ② '매수와 매도'를 가리킨다는 견해, ③ '매수와 매도' 또는 '매도'를 가리킨다는 견해가 있다. ①의 견해에 의하면 매수와 매도는 이익을 얻고자 하는 의사에 의하여 내면적 연관성만 있으면 되는 것이지 매수행위와 매도행위를 합쳐서 하나의 상행위로 보고자 하는 것이 아니라고 한다. ②의 견해는 매수와 매도는 서로 내면적인 관련을 가지고 물건 등을 사서 파는 영업을 구성해야 상행위성을 갖는다고 한다. ③의 견해는 매수 또는 매도가 영업으로 행해짐으로써 상행위가 되지만 오로지 매수만을 하는 영업은 상상하기 어렵기 때문에, 본조의 매매는 '매수와 매도' 또는 '매도'를 가리킨다고 한다.

(나) 학설의 검토

물건 등에 대한 무상의 취득·이전은 어느 견해를 취하더라도 매매에 해당하지 않는다. 매도 없이 매수만을 영업으로 하는 경우에는 ①의 견해에 의하면 매매에 해당하지만, ②와 ③에 의하면 매매에 해당하지 않는다. 그리고 매수 없이 매도만을 영업으로 하는 경우에는 ①과 ③의 견해에 의하면 매매에 해당하지만, ②의 견해에 의하면 매매에 해당하지 않는다. 예컨대 원시산업으로 채취한 물건을 매도하는 것은 ①과 ③의 견해에 의하면 기본적 상행위가 된다.

판례는 '자기가 재배한 농산물을 매도하는 행위도 이를 영업으로 할 경우에는 상행위에 해당할 수 있지만, 약 5천평의 사과나무 과수원을 경영하면서 그 중 약 2천평 부분의 사과나무에서 사과를 수확하여 대부분 대도시의 사과판매상에 위탁판매하는 것은 영업으로 사과를 판매하는 것으로는 볼 수 없어 상인이 아니다'라고 하였다. 이는 기본적 상행위 이외의 행위를 영업으로 하지 않았기 때문에 의제상인에 해당하지 않는다고 본 것이다.

> **사례 2 <해설>** (매매)
>
> 1) A의 상인성 여부: A가 상인이 되기 위하여는 상법 제46조 각호의 기본적
>   상행위를 영업으로 하는 당연상인(제4조)이 되거나, 상법 제46조 각호 이외
>   의 준상행위를 영업으로 하는 의제상인(제5조)이어야 한다. 이는 상법 제46
>   조 제1호의 '매매'에 관한 해석에 따라 결론을 달리한다.
>   첫째, 매매를 '매수와 매도'라고 해석하는 견해에 의하면, A는 바다에서 채
>   취한 어패류를 팔기만 하였으므로 당연상인은 아니지만, A가 어패류를 상
>   인적 방법으로 판매하였기 때문에 그 행위는 준상행위에 해당하여 상법 제
>   5조의 의제상인이 된다.
>   둘째, 매매를 '매수와 매도' 또는 '매도'를 가리킨다는 견해에 의하면, A는
>   사는 행위 없이 바다에서 채취한 어패류를 팔기만하여도 상법 제4조의 당
>   연상인이 된다.
>   결국 어느 견해에 의하더라도 A는 상인이고 상법의 적용을 받는다.
> 2) 상인 자격의 취득시기: 자연인의 경우에는 영업 자체를 개시하는 시점은
>   물론이고 그 이전에 개업을 위한 준비행위인 보조적 상행위를 하는 시점부
>   터 상인 자격을 취득한다. 따라서 A가 어패류의 판매를 위하여 점포를 개
>   조하는 과정에서 B로부터 자금을 차용한 행위는 개업준비행위로서 보조적
>   상행위에 해당하고, A는 그 시점부터 상인 자격을 취득한다.
> 3) 결론: 사례에서 A는 당연상인이건 의제상인이건 상인에 해당하고, 보조적
>   상행위인 개업준비행위를 통하여 상인자격을 취득한 것이다. 따라서 A의
>   점포 개조를 위하여 자금을 차용함으로써 발생한 채무는 상사채무에 해당
>   하므로, 상사채의 소멸시효에 관한 상법 제64조가 적용된다. 따라서 A의
>   채무에 대한 시효소멸의 항변은 정당하다.

(2) 그 밖의 상행위

상법에서는 동산·부동산·유가증권 기타 재산의 매매 이외에도, 동산·부
동산·유가증권 기타의 재산의 임대차, 제조·가공 또는 수선에 관한 행위, 전
기·전파·가스 또는 물의 공급에 관한 행위, 작업 또는 노무의 도급의 인수,
출판·인쇄 또는 촬영에 관한 행위, 광고·통신 또는 정보에 관한 행위, 수신·
여신·환 기타의 금융거래, 공중이 이용하는 시설에 의한 거래, 상행위의 대
리의 인수, 중개에 관한 행위, 위탁매매 기타의 주선에 관한 행위, 운송의 인
수, 임치의 인수, 신탁의 인수, 상호부금 기타 이와 유사한 행위, 보험, 광물
또는 토석의 채취에 관한 행위, 기계·시설 기타 재산의 금융리스에 관한 행

위, 상호·상표 등의 사용허락에 의한 영업에 관한 행위, 영업상 채권의 매입·회수 등에 관한 행위, 신용카드·전자화폐 등을 이용한 지급결제 업무의 인수 등 22가지를 기본적 상행위로 규정하고 있다.

(3) 신종 상행위

1) 기계·시설 기타 재산의 금융리스에 관한 행위란 리스(Lease)를 말한다. 리스는 새로운 설비조달수단으로 '시설대여이용자가 선정한 특정물건을 시설대여회사가 새로이 취득하거나 대여받아 그 물건에 대한 직접적인 유지·관리책임을 지지 않으면서 시설대여이용자에게 일정기간 동안 사용하게 하고 그 기간에 걸쳐 일정한 대가를 정기적으로 분할하여 지급받으며 그 기간 종료 후의 물건의 처분에 관하여 당사자간의 약정으로 정하는 물적금융'이다. 리스는 법률적 형식에서는 임대차 형식을 취하면서도, 경제적 실질에서는 기계설비조달을 위한 금융이기 때문에 물적 금융(物融)이라고 한다.

2) 상호·상표 등의 사용허락에 의한 영업이란 프랜차이즈(Franchise)를 말한다. '프랜차이즈'란 수수료 등의 대가를 지급하고, 타인의 상호·상표·서비스표 등의 상업적 징표 및 경영노하우를 자기사업 운영에 이용할 수 있는 허가와 더불어, 그 제공자의 통제하에서 영업을 할 것을 내용으로 하는 독립된 상인간의 유상·쌍무계약으로서 전기업체제의 사용허가행위이다.

3) 영업상 채권의 매입·회수 등에 관한 행위란 팩터링(Factoring)을 말한다. '팩터링'이란 기업이 영업활동에 의하여 취득한 채권을 그 변제기 전에 양도함으로써 조기에 채권추심의 실효를 거두어 자금을 조달하는 제도이다. 구체적으로 거래기업이 그 매출채권을 팩터링회사에 양도하고, 팩터링회사는 기업거래에 갈음하여 채무자로부터 매출채권을 추심하는 동시에 부기 기타 채권추심과 결부되는 업무를 인수하는 행위이다.

Ⅲ. 상행위에 관한 특칙

1. 민법 총칙편에 대한 특칙

(1) 상행위의 대리

가. 대리의 방식과 효과

(가) 비현명주의

상법은 기업활동의 특수성을 고려하여 개별적이며 구체적인 민법의 대리제도를 수정한 특칙을 두고 있다. 법률행위의 대리에 관한 민법의 규정에 의하면 대리인의 의사표시가 직접 본인에 대하여 효과를 발생하려면 대리인이 그의 대리권범위 내에서 본인을 위하여 한다는 것을 표시하고 의사표시를 하여야 한다. 즉 민법은 본인의 이익을 보호하기 위하여 현명주의를 채용하고 있다. 그러나 이러한 원칙을 상행위의 대리에도 적용한다면 거래의 원활과 안전을 기대할 수 없게 된다는 점을 고려하여 상법은 특칙을 두어, 상행위의 대리인이 본인을 위한 것임을 표시하지 아니하여도 그 행위는 본인에 대하여 효력이 있도록 하여 비현명주의를 채택하고 있다.

판례에는 '인쇄소의 외무사원이 동 인쇄소를 대표하여 한 인쇄청부계약은 본인을 위하여 계약한다는 표시가 없어도 본인에 대하여 효력이 발생한다'고 한 것과, '지입차주(持入車主)가 차량에 대하여 수리를 하였다 하더라도 이는 자동차관리의 통상업무에 속하는 행위로서 회사를 대리한 행위라고 보아야 할 것이므로 피고회사는 그 수리비의 부담책임을 면할 수 없다'고 한 것이 있다.

(나) 선의의 제3자보호

상대방이 상행위의 대리인을 본인으로 믿고 거래한 경우에는 상대방은 선택에 따라 본인 또는 대리인에 대하여도 이행을 청구할 수 있다. 이것은 대리인을 본인으로 믿은 거래상대방인 제3자를 보호하는 데 목적이 있으므로 상대방의 부지에 대한 과실의 유무를 불문한다. 다만 엄격한 요식행위인 어음·수표행위의 대리에 있어서는 상법의 특칙이 적용되지 않고 반드시 본인을 위한 것임을 표시하여야 한다.

나. 본인의 사망과 대리권

민법에 의하면 본인이 사망하면 대리권도 소멸한다. 그러나 상사 대리에 있어서도 본인의 사망에 의하여 당연히 대리권이 소멸한다면 거래 의 안전을 도모할 수 없으며, 또한 기업유지의 이념에도 어긋난다. 그리하여 상법은 상행위의 위임에 의한 대리권은 본인의 사망으로 인하여 소멸하지 않는다는 특칙을 두고 있다. 여기서 '상행위의 위임에 의한 대리권'이란 본인을 위하여 상행위가 되는 수권행위에 의하여 주어진 대리권으로서, 대리권을 수여하는 행위가 본인에게 상행위가 되는 경우라고 할 수 있다. 상인이 영업을 위하여 부속적 상행위로서 지배인을 선임하는 행위가 그 한 예이다.

(2) 소멸시효

사례 3 (소멸시효)

A와 B는 7년 전에 비상인 C로부터 각각 2천만원의 금전을 차입하였는데, C가 그 반환을 청구하였지만, 이들은 모두 자신들은 상인이므로 C의 채권은 5년의 상사 채권 소멸시효에 의해 소멸되었다는 이유로 면책을 주장하고 있다. 다음과 같은 사업을 하고 있는 A와 B의 주장은 타당한가?

(1) 결혼중개인 A는 중개업을 위하여 5명의 종업원을 고용하고 있으며, 3개의 상담소를 두고 컴퓨터 시스템을 설치하여 매년 5천만원의 수입을 올리고 있다.

(2) 제과기술자인 B는 9백만원의 자금으로 제과점을 개업하여 빵과 과자류를 판매하는 영업을 하고 있으며, 그의 부인이 판매를 도와주고 있다

민법은 채권의 소멸시효기간을 10년으로 하고 있다. 그러나 상법에 의하면 상행위로 인한 채권의 소멸시효기간은 상법에 다른 규정이 있는 경우나, 다른 법령에서 이보다 짧은 시효기간을 정하고 있는 경우를 제외하고 모든 상사채권의 소멸시효기간은 5년이다. 이러한 시효기간의 단축은 기업거

래의 신속한 완료를 위한 것이다. 이 경우에 채권은 당사자의 일방에 대하여 상행위가 되는 행위로 인하여 발생한 것이거나 이와 동일성이 있는 것으로서 상행위로 인하여 발생한 채무의 불이행으로 인한 손해배상채무 및 상행위인 계약의 해제권도 5년의 시효로 소멸한다.

판례는 '민법 제164조 제3호 소정의 단기소멸시효의 적용을 받는 노임채권이라 하더라도 당사자들 사이에 이 노임채권에 대하여 준소비대차의 약정을 한 것으로 보는 이상 그 준소비대차계약은 상인인 피고회사가 영업을 위하여 한 상행위로 추정함이 상당하고 이에 의하여 새로이 발생한 채권은 상사채권으로서 5년의 시효의 적용을 받게 되는 것'이라고 한 바 있다.

사례 3 〈해설〉 (소멸시효)

(1) A의 행위는 상법 제46조 제11호의 '중개에 관한 행위'에 해당하고, 중개행위를 위한 규모와 설비를 갖추고 영업을 수행하고 있기 때문에, A는 중개행위를 영업으로 하는 당연상인이다. 따라서 C의 A에 대한 채권은 상법 제64조에 의하여 상사채권의 소멸시효기간인 5년을 경과하였기 때문에 당연히 소멸된 것이고, 또한 상법 제64조는 쌍방적 상행위 뿐만 아니라 일방적 상행위에도 적용되므로, C의 채권이 소멸되었다는 A의 주장은 정당하다.

(2) B의 행위는 상법 제46조 제3호의 '제조에 관한 행위'에 해당하고, B가 이를 영업으로 하고 있기 때문에 B는 당연상인이다. 다만 부인이 빵과 제과류의 판매를 돕고 있으며, 그 자본총액이 1천만원에 미달하기 때문에, B는 소상인이다. 따라서 C의 B에 대한 채권은 상법 제64조에 의하여 상사채권의 소멸시효기간인 5년을 경과하였기 때문에 당연히 소멸된 것이고, 또한 상법 제64조는 일방적 상행위는 물론이고 소상인의 상행위에도 적용되므로(제9조), C의 채권이 소멸되었다는 B의 주장은 정당하다.

---

2. 민법 물권편에 대한 특칙

(1) 유질계약의 허용

민법은 질권설정시 또는 채무변제기 전의 계약으로 질권자에게 변제에 갈음하여 질물의 소유권을 취득하게 하거나, 법률이 정한 방법에 의하지 아니하고 질물을 처분할 수 있게 하는 유질계약을 금지하고 있다.

　　그러나 상법에서는 상행위로 인하여 발생한 채권을 담보하기 위하여 설정한 질권에 대해서는 유질계약을 허용하고 있다. 그 이유는 영리를 목적으로 항상 이해타산에 밝은 상인간의 상거래에 있어서 채무자의 보호는 무의미하고, 또 기업금융의 원활화와 신속한 상거래를 도모하기 위한 것이다.

(2) 상인간의 유치권

사례 4 (상인간의 유치권)

　　중고자동차의 매매수리업자 A는 운송업자 B에게 중고트럭을 매도하고 소유권을 이전한 다음 일주일 후 잔금을 지급받기로 하였다. 10일이 지난 후 잔금을 지급하지 않은 상황에서 B는 자기 소유의 승용차가 고장이 나자 A에게 그 수리를 맡겼다. 수리가 끝난 후 B가 수리비를 지급하고 승용차를 가져가려고 하자, A는 트럭에 대한 잔금의 미지급을 이유로 그 승용차에 대해 유치권을 행사하려 한다. A의 주장은 정당한가?

　　상인간의 상행위로 인한 채권이 변제기에 있는 때에는 다른 약정이 없으면 채권자는 변제를 받을 때까지 그 채권자에 대한 상행위로 인하여 자기가 점유하고 있는 채무자소유의 물건 또는 유가증권을 유치할 수 있다.

가. 피담보채권

　　① 채권은 상인간의 쌍방적 상행위로 인하여 발생한 것이어야 한다. 이 점이 민사유치권과 위탁매매인·운송주선인 등의 유치권 등과 다르고 대리상의 유치권과 같다. 그러므로 채권자는 제3자로부터 양수한 채권에 대하여 유치권을 행사할 수 없다. ② 채권은 변제기가 도래한 것이어야 한다.

나. 목적물

　　① 채무자 소유의 물건 또는 유가증권이어야 한다. 이 점이 민사유치권 및 특별상사유치권과 다르다. ② 목적물은 상행위로 인하여 채권자가 점유를 취득한 것이어야 한다.

다. 피담보채권과 목적물과의 관련성

피담보채권과 유치물 사이에는 일반적 관련성만 있으면 된다. 그러므로 상인은 채권이 직접 점유물에 관하여 생긴 것이 아니라도 채무자와의 사이에 상행위로 인하여 점유하게 된 물건이면 무엇이든지 유치할 수 있다.

라. 배척의 특약

유치권은 당사자간의 특약에 의하여 배척될 수 있다. 이 배척의 특약은 묵시적으로도 성립할 수 있다고 본다.

마. 유치권의 효력

상인간의 유치권의 효력에 관하여는 상법에서 특칙을 규정하고 있지 않으므로 민법의 유치권에 관한 규정을 준용한다. 그 결과 유치권자는 채권 전부의 변제를 받을 때까지 유치물 전부에 대하여 권리를 행사할 수 있다. 또한 우리 상법은 민사유치권의 경우와 마찬가지로 상사유치권자의 우선변제권을 인정하지 않고 있으나, 다른 채권자가 목적물을 경매한 경우에 유치권자는 채권의 변제가 없는 한 목적물의 인도를 거부할 수 있으므로 실제로는 우선변제권과 같은 효과를 기대할 수 있다.

사례 4 <해설> (상인간의 유치권)

A는 상법 제58조의 요건을 구비하면 유치권을 행사할 수 있다. 즉 쌍방적 상행위에 의해서 발생한 채권이 변제기에 도래해야 하고, 채권자가 점유하는 물건이 채무자의 소유이어야 하며, 채권과 물건 사이에는 견련관계가 필요하지 않고 일반적 관련성만 있으면 된다. 사례에서 A와 B는 모두 상인이어서 B의 트럭 매매대금채권은 쌍방적 상행위에 의해 발생한 것이며, 그 채권은 변제기에 도달하였고 유치하려는 승용차는 B의 소유에 속하는 동산이다. 또한 승용차는 B의 의사에 의하여 A가 점유를 취득하였으며, A와 B 사이에는 유치권의 배제에 관한 특약이 존재하지 않는다.
상사유치권의 경우 채권자의 채권과 그가 점유하는 물건과의 사이에는 견연관계가 필요하지 않기 때문에, A의 트럭 매매대금채권이 현재 점유하고 있는 승용차와 아무런 관계가 없어도 유치권의 성립이 가능하다. 따라서 A의 유치권 행사는 신의성실의 원칙에 반하지 않고 정당하다.

3. 민법 채권편에 대한 특칙

(1) 상사계약의 성립

가. 계약청약의 효력

대화자간에 있어서 계약의 청약을 받은 자가 즉시 승낙하지 아니한 때에는 그 청약은 당연히 실효한다. 또한 격지자간에 있어서 승낙기간을 정하지 않은 계약의 청약을 받은 자가 상당한 기간 내에 승낙의 통지를 발송하지 않은 때에도 그 청약은 실효한다. 그러므로 상당한 기간이 경과한 후에 승낙의 통지를 하여도 계약이 성립하지는 않는다. 그러나 지연된 승낙은 청약자측에서 상대방의 새로운 청약으로 볼 수 있다.

나. 계약의 청약을 받은 상인의 의무

(가) 낙부통지의무

상인이 상시 거래관계에 있는 자로부터 그 영업부류에 속하는 계약의 청약을 받은 때에는 지체없이 낙부(諾否)의 통지를 발송하여야 하며, 이를 해태한 때에는 청약을 승낙한 것으로 본다. 이 특칙은 격지자간에 승낙기간을 정하지 않은 경우에 적용되며, 청약을 받은 자는 상인이어야 하나 청약자는 상인임을 요하지 않는다. '상시 거래관계에 있는 자'란 청약이 있기 전부터 거래관계가 지속되고 있어서 반복적인 거래가 기대될 수 있는 자를 말한다. 청약은 상인이 영업으로 하는 기본적 상행위에 속하는 거래에 관한 것이어야 하며 계약해제 및 대물변제의 청약의 경우에는 적용되지 않는다.

(나) 물건보관의무

상인이 그의 영업부류에 속하는 계약의 청약을 받은 경우에 청약과 함께 견품 기타의 물건을 받은 때에는 그 청약을 거절한 때에도 청약자의 비용으로 그 물건을 보관하여야 한다. 그러나 물건의 가액이 보관비용을 상환하기에 부족하거나 보관으로 인하여 손해를 받을 염려가 있는 때에는 보관의무를 부담하지 않는다. 이러한 의무는 특히 격지거래의 경우에 발생하며 청약을 받은 자는 반드시 상인이어야 하나 청약자는 상인임을 요하지 않는다. 이 의무를 불이행한 경우에는 손해배상책임을 진다.

(2) 상항위의 유상성(영리성)

가. 보수청구권

민법의 무상원칙에 대한 예외로서, 상법에 의하면 상인이 그 영업범위 내에서 타인을 위하여 행위를 한 때에는 상당한 보수를 청구할 수 있다.

나. 체당금의 이자청구권

상인이 그의 영업범위 내에서 타인을 위하여 금전을 체당한 때에는 체당한 날 이후의 법정이자를 청구할 수 있다. '금전의 체당'이란 타인을 위하여 채무의 변제로서 금전을 지급하는 것을 말하며 위임·도급·고용·사무관리 등의 경우에 하게 된다. 체당금의 경우는 소비대차와 달리 상대방이 상인이 아니라도 이자를 청구할 수 있다.

다. 소비대차의 이자

민법의 규정에 의하면 소비대차에 관하여 특약이 없는 한 이자를 붙일 수 없다. 그러나 상법에 의하면 상인간에 금전의 소비대차를 한 경우에는 특약이 없어도 대주(貸主)는 법정이자를 청구할 수 있다.

라. 법정이율

민법의 법정이율은 연 5푼이지만, 상행위로 인한 채무의 법정이율은 연 6푼이다. 여기서 상행위란 쌍방적 상행위에 한하지 않고 일방적 상행위도 포함한다. 상사법정이율은 상행위가 아닌 불법행위로 인한 손해배상청구권에는 적용되지 않으며, 어음·수표에 의한 채무는 상행위와 관계없이 법정이율이 연 6푼이다.

마. 수치인의 의무

민법에 의하면 보수없이 임치를 받은 자는 임치물을 자기재산과 동일한 주의로 보관하면 된다. 즉 무상임치의 경우에는 주의의무가 경감되고 있다. 그러나 상법에 의하면 상인이 그 영업범위 내에서 물건의 임치를 받은 경우에는 무보수인 때에도 선량한 관리자의 주의를 하여야 한다.

(3) 상사채권의 인적담보

가. 다수채무자간의 연대책임

상법은 상사채권의 인적담보를 강화하여 거래의 안전과 보호를 기하기 위하여 다음과 같은 특칙을 두고 있다. 채무자가 수인인 경우에 민법에서는 분할책임주의를 채택하고 있으나, 상법에 따르면 수인이 그 1인 또는 전원에 대하여 상행위가 되는 행위로 인하여 채무를 부담한 때에는 연대하여 변제할 책임이 있다. 이 특칙은 채무의 이행을 확보하고 거래의 안전을 도모하기 위한 것이다.

나. 보증인의 연대책임

보증인이 있는 경우에 상법에 의하면 보증이 상행위이거나 주채무가 상행위로 인하여 생긴 때에는 주채무자와 보증인은 연대하여 변제할 책임이 있다. 이 규정은 민법상의 보증인은 특약에 의하여 배제되지 않는 한 최고 및 검색의 항변권을 갖고, 보증인이 수인인 경우에 분별의 이익이 있는 데 대한 특칙이다.

4. 상사매매

(1) 매도인의 공탁 및 경매권

사례 5 (매도인의 공탁 및 경매권)

청과물 수입상인 갑은 매매계약에 따라 100만원 상당의 바나나를 소매상인 乙에게 보냈으나 乙은 바나나가 너무 익었다는 이유로 그 수령을 거절하였다. 그리하여 갑은 바나나의 경매를 신청하였고, 이에 대하여 자신이 40만원의 가격으로 경락인이 되었다. 甲은 乙에 대하여 매매대금의 잔액(40만원을 공제한 금액)을 청구할 수 있는가?

상인간의 매매에 있어서 매수인이 목적물의 수령을 거부하거나 이를 수

령할 수 없는 때에는 매도인은 그 물건을 공탁하거나 상당한 기간을 정하여 최고한 후 경매할 수 있다. 민법에서는 공탁을 원칙으로 하고 경매는 특수한 경우에 법원의 허가를 얻어야만 할 수 있다. 이러한 원칙을 상사매매에도 적용하게 되면 매도인의 이익을 충분히 보호할 수 없기 때문에 상법에서는 민법에 대한 특칙을 두고 있다. 즉 상법에 의하면 매도인은 공탁권과 경매권 중 어느 것이든지 자유로이 선택하여 행사할 수 있다. 이러한 경우에 인정되는 경매권을 매도인의 자조매각권이라 한다.

공탁이나 경매를 한 때에는 지체없이 매수인에게 그 통지를 발송해야 한다. 이 의무는 경매의 요건은 아니지만 이를 해태한 때에는 손해배상책임을 진다. 경매대금에서 경매비용을 공제한 잔액은 공탁해야 되지만, 매도인에게는 그 전부 또는 일부를 매매대금에 충당할 수 있는 변제충당권이 있다.

사례 5 〈해설〉 (매도인의 공탁 및 경매권)

양 당사자는 모두 상인이고 상사매매계약이 성립되었으며, 을은 적법한 매도인의 이행에 대하여 수령을 거절함으로써 甲에게는 경매권이 생기게 된다(제67조 제1항). 그리고 甲은 바나나가 멸실의 위험이 있으므로 최고를 하지 않고 경매할 수 있다(제67조 제2항). 이 경우에 甲은 경매 후 지체없이 乙에게 경매의 통지를 하여야 하며(제67조 제1항 제2문), 민법과는 달리 甲에게 변제충당권이 안정되므로 경배대금 40만원을 매매대금으로 충당할 수 있다(제67조 제3항). 따라서 을은 매매대금에서 경락대금을 공제한 잔액인 60만원을 지급하여야 한다.

(2) 매수인의 검사 및 통지의무

사례 6 (매수인의 검사 및 통지의무)

건재상 甲은 수도관제조업자 乙로부터 매매계약에 따라 2020년 3월초에 1천만원 상당의 수도관을 공급받아 창고에 쌓아 놓았다. 며칠 후 창고관리인이 많은 수도관에 녹(단청)이 슬어 있음을 발견하고 이를 甲에게 알렸다. 이후 甲은 乙에게 수도관에 하자가 있다는 것을 통지하였는데 甲의 행위는 정당한가?

민법에 의하면 매매의 목적물에 하자 또는 수량부족이 있는 때에 매수인은 대금감액청구권·계약해제 및 손해배상청구권을 매수인이 악의인 때에는 계약을 체결한 때로부터 1년 내에, 선의인 때에는 사실을 안 때로부터 1년 또는 6월 이내에 행사할 수 있다.

그러나 상인간의 매매에 있어서는 매수인이 목적물을 수령한 때에는 지체없이 이를 검사하여 즉시 매도인에게 하자 또는 수량부족을 통지하지 아니하면 대금감액·계약해제 또는 손해배상청구권을 잃는다. 그러나 하자를 즉시 발견할 수 없는 때에는 6월 내에 발견하여 통지하면 된다. 통지의무는 그 의무위반의 경우에 일정한 권리를 상실하는 데 불과한 불완전의무 또는 간접의무이다.

매수인의 검사 및 통지의무는 ① 상인간의 매매이어야 하고, ② 매수인이 검사할 수 있도록 목적물을 실제로 수령하였어야 하고(이 경우에 화물상환증이나 선하증권의 인도와 같은 간접점유의 경우는 제외된다), ③ 목적물에 하자가 있거나 수량부족이 있어야 하고(이때의 하자는 물건의 성질·형상·효용에 관한 것에 한하며, 권리의 하자를 포함하지 않는다), ④ 매도인에게 악의가 없어야 한다(즉 매도인이 목적물의 인도시기에 목적물에 하자 또는 수량부족이 있다는 것을 몰랐어야 한다).

> **사례 6 <해설>** (매수인의 검사 및 통지의무)
>
> 민법에 의하면 甲은 乙에 대하여 하자담보책임을 추궁할 수 있으나(민법 제574조, 제580조, 제582조), 사례에서 甲과 乙은 상인이므로 상법 제69조가 적용된다. 甲과 乙 사이에는 통지에 관하여 이를 배제하는 특약이 존재하지 않으며 매도인에게는 악의가 없으므로 甲은 수도관을 지체없이 검사하고 하자를 발견하였을 때는 乙에게 즉시 통지하여야 할 의무가 있다. 이 경우는 쉽게 찾아낼 수 있는 뚜렷한 하자가 존재하므로 며칠이 지난 후에 한 통지는 하자의 발견 이후 즉시 하더라도 지체없이 검사하여 즉시 통지한 것이라고 할 수 없다. 따라서 甲은 乙에 대하여 하자담보책임을 추궁할 수 없으며, 이러한 경우 대금의 선급이 없는 때에는 甲은 매매대금의 지급의무를 지게 될 뿐이다.

(3) 매수인의 보관·공탁 및 경매의무

민법에 의하면 매매의 목적물의 하자 또는 수량의 부족에 의하여 매수인이 계약을 해제한 때에는 매수인은 목적물을 반환할 의무를 부담할 뿐이다. 그러나 상법은 위의 경우에 매수인에게 특수한 의무를 지워 매도인의 보호와 거래의 안전을 도모하고 있다.

상법에 의하면 매수인이 계약을 해제한 때에도 매도인의 비용으로 매매의 목적물을 보관 또는 공탁하여야 하고, 만일 목적물이 멸실 또는 훼손될 염려가 있는 때에는 법원의 허가를 얻어 경매하여 그 대가를 보관 또는 공탁하고, 지체없이 매도인에게 경매의 통지를 발송하여야 한다(제70조 제1항). 이러한 경매를 긴급매각이라 한다. 이러한 의무는 매수인이 매도인으로부터 주문한 물건과 다른 물건 또는 주문수량을 초과한 물건의 인도를 받은 경우에도 진다.

(4) 확정기매매

'확정기매매'에 관한 민법의 규정에 의하면, 당사자의 일방이 그 시기가 도래하여도 이행하지 않는 때에 계약을 해제하려면 이행의 최고는 필요가 없으나 해제의 의사표시가 있어야 한다. 그러나 상법에서는 상인간의 확정기매매의 경우에 당사자의 일방이 이행시기를 경과한 때에는 상대방이 즉시 이행의 청구를 하지 아니하면 계약은 해제된 것으로 본다. 즉 시기가 경과하면 상대방의 의사표시가 없어도 해제의 효과가 발생한다.

Ⅳ. 상법에 특유한 제도

1. 상호계산

사례 7 (상호계산)

乙은 甲 소유의 건물에서 백화점을 경영하고, 甲은 양복 부문의 판매를 담당하기로 하면서, 乙은 甲에게 양복을 원가로 공급하고 그 매상고를 분배하기로 함과 동시에 15일마다 양자간의 채권·채무를 상계하고 잔액을 지급하기로 하였다. 그런데 甲의 채권자 丙은 甲과 乙 사이의 거래로 인한 甲의 乙에 대한 채권을 압류하고 전부명령을 받아 乙에 대하여 그 지급을 청구하고 있는데, 이러한 丙의 청구는 타당한가?

(1) 상호계산의 개념 및 요건

기업이 거래가 있을 때마다 결제를 하게 되면 번잡하고, 더욱이 격지자 사이에는 송금의 비용과 위험 등의 불이익이 따른다. 그러므로 일정한 기간 내에 발생한 거래를 일괄하여 상계하면 대차관계가 일목요연하고, 그 결제가 간단하게 될 뿐만 아니라 자금의 고정화를 피할 수 있는 실익이 있다. '상호계산'이란 상인간 또는 상인과 비상인간에 있어서 상시 거래관계가 있는 경우에 일정기간 내의 거래로 인한 채권·채무의 총액에 대하여 상계하고 그 잔액을 지급할 것을 약정하는 계약을 말한다.

1) 상호계산계약의 당사자 중 적어도 일방은 상인이어야 한다. 그러므로 비상인간에 상호계산과 동일한 내용의 계약을 체결하더라도 상법상의 상호계산은 아니다.

2) 당사자간에는 채권·채무를 생기게 하는 계속적인 거래관계가 있어야 한다. 그러므로 당사자의 일방은 채권자만 되고, 타방은 채무자만 되는 소매상과 일반소비자 사이에는 상호계산이 성립할 수 없다.

3) 상호계산의 목적이 되는 것은 일정기간 내에 거래로부터 생긴 채권·채무이다. 기간은 당사자간에 임의로 정할 수 있으나 특약이 없으면 6월로 한다. 상호계산의 대상이 되는 채권·채무는 금전채권에 한한다. 그러나 금전채권이라도 특약이나 그 성질상 즉시 또는 현실로 이행되어야 할 채권이나, 증권에 의하여 권리행사를 하여야 하는 어음채권 등 유가증권상의 채권은 제외된다.

(2) 상호계산의 효력

가. 상호계산기간 만료 전의 효력

(가) 상호계산불가분의 원칙

상호계산기간중에 당사자간의 거래에서 생긴 채권·채무는 모두 계산에 계입되어 그 독립성을 잃는다. 따라서 각 당사자는 각개의 채권을 행사하거나 양도·입질·압류할 수 없으며 상호계산 외의 타 채무와 상계하지 못한다. 또한 이 시기중에는 시효의 진행이나 이행의 지체가 문제되지도 않는다. 이러한 효력을 '상호계산불가분의 원칙'이라 한다.

(나) 상업증권이 수수된 경우

이러한 원칙에 의하여 일단 계입된 채권·채무는 당사자가 상대방의 동의 없이 임의로 제거할 수 없다. 그러나 예외로 어음 기타의 상업증권을 수수한 대가로서의 채권·채무를 상호계산에 계입한 때에 증권상의 채무자가 변제를 하지 않는 때에는 당사자는 일방적으로 그 항목을 제거할 수 있다.

나. 상호계산기간 만료 후의 효력

(가) 잔액의 확정

상호계산기간이 만료하면 당사자는 채권·채무의 총액에 대하여 일괄상계하여 지급할 잔액을 확정한다. 잔액은 당사자의 일방이 채권·채무의 각 항목과 상계잔액을 기재한 계산서를 제출하여 상대방이 승인함으로써 확정된다. 계산서의 제출은 승인을 구하는 청약이고 승인은 그에 대한 승낙으로서 잔액의 확정계약이 성립한다. 잔액은 구채무로부터 독립된 새로운 채권으로 취급되며, 잔액 채권에는 다음과 같은 효력이 생긴다.

(나) 잔액채권의 효력

승인한 후에 각 당사자는 채권·채무의 각 항목에 대하여 이의를 제기하지 못한다. 그 결과 각 항목채권의 원인이 되는 거래의 무효, 취소 또는 해제를 이유로 잔액채권 자체를 다툴 수 없다. 물론 계산서의 각 항목에 관하여 착오 또는 탈루가 있는 때에는 예외이지만, 이 경우에도 상호계산의 안전성을 보호하는 관점에서 보면 잔액채권을 다툴 수 있다는 의미가 아니라 상호계산관계 밖에서 부당이득의 반환을 청구할 수 있는 것이다.

잔액채권은 독립된 채권이기 때문에, 계산에 계입된 종전의 개별 채권에 부수되었던 보증채무와 기타 담보는 특약이 없는 한 소멸하므로 잔액채권을 담보하지 않는다. 당사자는 특약에 의하여 계산에 계입된 날로부터 각 항목채권에 이자를 붙이기로 한 경우에도 잔액채권에 대하여 계산폐쇄일 이후의 법정이자를 청구할 수 있다. 이때에는 예외적으로 중리(重利)가 인정된다.

사례 7 <해설> (상호계산)

1) 상호계산이란 상인간 또는 상인과 비상인간에 상시 거래관계가 있는 경우에 일정한 기간의 거래로 인한 채권채무의 총액에 관하여 상계하고 그 잔액을 지급할 것을 약정하는 계약을 말한다(제72조). 상호계산에 계입된 채무는 불가분의 성질을 가지며 제3자가 개별적인 채권을 압류할 수 있는지가 문제되므로, 압류의 대상인 채권에 대한 약정이 상호계산인지를 먼저 검토하여야 한다. 백화점을 경영하는 乙과 양복을 판매하는 甲은 상인이므로 상인간의 거래이고, 양복의 공급과 매상고의 분배에 관한 계약은 상시의 거래관계라고 할 수 있으며, 일정한 기간인 15일마다 상계하고 남은 잔액을 지급하기로 하는 것은 상호계산 계약에 해당된다. 따라서 이에 계입된 채권채무에는 소위 '상호계산불가분의 원칙'이 적용되어 개별적으로 이행청구를 할 수 없으며 개별적으로 시효가 진행되지도 않는다.

2) 다만 상호계산불가분의 효력이 제3자에 대해서도 미치는지에 대해서는 논의가 있다. 즉 제3자는 상호계산에 계입된 채권채무를 개별적으로 양도·입질·압류할 수 있는지에 관한 것이다. 상호계산에 관한 규정은 강행규정이라는 이유로 제3자의 선의 및 악의를 불문하고 모두 무효가 된다는 '절대적 효력설'과, 채무 면탈을 위해 상호계산에 채권을 계입할 수도 있어 부당하다는 이유로 당사자간의 효력만을 인정하는 '상대적 효력설'이 있다. 또한 양도와 입질의 경우에는 상대적 효력설을 취하고 압류의 경우에는 절대적 효력설을 취하는 '절충설'도 있다. 사례와 같이 丙이 甲의 乙에 대한 채권을 압류한 경우, 절대적 효력설 및 절충설에 의하면 압류는 무효이고, 상대적 효력설에 의하면 압류는 유효하다.

2. 익명조합

사례 8 (익명조합)

甲은 평소 알고 지내던 乙에게 사업수완이 있음을 알고, 술집동업을 하자고 제의하여, 다음과 같은 계약을 맺고 영업을 시작하였다.

① 甲은 현금 3억원을 출자하여 2억원은 점포구입에, 1억원은 운영자금에 충당하고, 乙은 경영을 담당하되 다른 사업에 종사하지 않는다.
② 乙은 甲에게 매월 수익 유무와 상관없이 출자금의 3%에 해당하는 배당금을 지급하고, 이익이 발생하면 이익금의 1할을 추가로 분배한다.
③ 영업손실은 전적으로 乙이 부담한다.
④ 乙은 매월 10일까지 전월의 영업수지계산서를 甲에게 제출한다.

개업 6개월 후부터 乙의 무리한 경영으로 사업이 부실해지자, 乙이 자신을 속인다고 생각한 甲은 점포로 찾아가 강제로 가게문을 닫는 등 방해를 하면서 그 시정을 요구하였고, 乙은 이를 이유로 그 기간 동안의 배당금 및 이익금을 지급하지 않았다. 그러는 동안 위 업무의 채권자 丙은 채권확보를 위하여 乙 명의의 점포를 압류하고 경매를 신청하였다. 甲과 乙, 甲과 丙의 법률관계를 논하라.

(1) 익명조합의 의의 및 요건

익명조합은 자본가와 유능한 경영자가 함께 형성한 기업형태로서, 출자자인 자본가는 배후에 숨어 있기 때문에 외부에서 보면 영업자인 경영자의 개인기업으로 보이는 내적조합이다. 상법상 '익명조합'이란 당사자의 일방(익명조합원)이 상대방(영업자)의 영업을 위하여 출자하고 상대방은 영업으로 인한 이익을 분배할 것을 약정하는 계약을 말한다.

1) 익명조합의 당사자는 출자자인 익명조합원과 상인인 영업자이다. 익명조합원은 누구나 될 수 있으며, 수인이 공동으로 익명조합원이 될 수 있지만, 영업자는 반드시 상인이어야 한다. 상인자격은 계약 이전에 존재하지 않아도 되므로 계약과 동시에 영업을 개시하여도 무방하다. 영업자는 다수의 출자자와 익명조합계약을 맺을 수 있으며, 이 경우에는 영업자와 각 출자자 사이에 개별적으로 수개의 독립된 익명조합계약이 병존하게 된다. 그러나 출자자 상호간에는 아무런 법률관계도 존재하지 않는다.

2) 익명조합원은 영업자의 영업을 위하여 출자하여야 한다. 영업은 반드시 영업자의 영업 전부일 필요는 없고 독립된 단위로 볼 수 있으면 영업의 일부라도 상관없다. 출자의 목적은 금전 기타 재산에 한하며, 출자는 법률상 영업자의 재산에 귀속된다. 영업으로부터 생긴 불확실한 이익을 분배하는 것이 익명조합에 있어서 중요한 요소가 된다. 그러므로 당사자간에 분배이익의 최고한도를 정하는 것은 무방하지만 최저한도를 보장하는 것은 확정이자의 지급과 같으므로 익명조합의 본질에 어긋난다.

3) 판례는 '대외관계에 있어서는 어느 주식회사의 지방출장소장으로 되어 있으나 대내적으로 그 회사의 영업을 위하여 출자를 하고 그 영업에서 생기는 이익의 분배를 받을 것을 약정한 사실이 인정되는 경우에는 특별한 사

정이 없는 한 출자를 한 자와 회사와의 관계는 상법상의 익명조합관계에 있다'고 한 것이 있다. 이와는 반대로 '동업계약관계에 있어서 당사자의 일방만이 영업을 담당하고 대외적으로도 권리의 주체가 되며 상대방에게는 매상액 중 일정금액의 지급을 약정한 것은 상법상의 익명조합도 아니고 민법상의 조합도 아니'라는 판례도 있다. 그러나 후자의 경우도 이익 중에 일정한 비율을 분배하는 약정과 유사한 것으로서 익명조합이라고 봄이 타당하다.

(2) 익명조합의 효력

가. 익명조합원의 의무

(가) 출자의무

익명조합원은 계약에서 정한 출자의무를 진다. 출자의 목적은 금전 기타의 재산에 한하며 신용 또는 노무는 인정되지 않는다. 출자는 영업자의 재산에 귀속되므로 재산권이전에 필요한 모든 행위를 하여야 한다.

(나) 손실분담의무

이익분배와 달라서 손실분담은 익명조합에 있어서 그 요소가 된다고 할 수 없지만 익명조합도 경제적으로는 공동기업이므로 손실도 분담하는 것으로 본다. 그리하여 계약에서 이를 배제하고 있지 않는 한 손실분담의 약정이 있는 것으로 추정되어야 할 것이다. 그러므로 손실분담의 비율은 약정이 없더라도 이익분배의 비율과 같은 것으로 추정된다.

(다) 지위 불양도의무

익명조합도 내적조합으로서 인적인 신용이 중시되므로 익명조합원의 지위는 출자의무의 이행이 완료된 후라도 영업자의 동의가 없이는 이를 타인에게 양도할 수 없다.

나. 영업자의 의무

(가) 업무집행의무

영업자는 익명조합원의 출자를 계약의 목적에 따라 사용할 의무가 있으며 동시에 선량한 관리자의 주의로써 기업을 경영할 의무를 진다. 그러므로 익명조합원은 영업자가 계약에서 정한 바에 따라 영업을 개시하지 않거나 영업활동을 실행하지 않는 때에는 그 개시와 실행을 청구할 수 있으며, 이에 응하지 않을 경우에는 익명조합계약을 해지할 수 있다.

(나) 영업상태개시의무

익명조합원은 영업에 관하여 밀접한 이해관계를 가지므로 영업자는 익명조합원에 대하여 영업상태의 개시의무를 진다. 그리하여 익명조합원은 영업연도말에 영업시간 내에 한하여 회계장부, 대차대조표, 기타의 서류를 열람할 수 있으며, 더욱이 중요한 사유가 있는 때에는 언제나 법원의 허가를 얻어 위의 서류 등의 열람과 검사를 할 수 있다.

(다) 이익분배의무

이익분배는 익명조합의 요소이므로 영업자는 영업으로 인한 이익을 분배할 의무를 지며 익명조합원은 이익에 대하여 분배청구권을 갖는다. 이익분배는 특약이 없는 한 출자한 비율에 따른다. 즉 익명조합원의 출자액을 영업자가 영업을 위하여 사용한 재산액과 노무의 평가액 등과 비교하여 분배의 비율을 정한다. 영업연도는 특약이 없는 한 1년으로 볼 것이다.

(라) 경업금지의무

익명조합에 있어서 영업자는 합자회사의 무한책임사원과 같으므로 경업금지의무를 진다고 할 수 있으나 익명조합에 대하여는 개입권에 관한 규정이 없으므로 익명조합원은 업무집행의무의 위반행위에 대한 정지나 손해배상청구를 할 수 있을 뿐이다.

다. 익명조합의 대외적 관계

익명조합은 대외적으로는 영업자의 개인기업과 같기 때문에 익명조합원은 제3자에 대하여 권리나 의무가 없다. 그러나 익명조합원이 영업자의 상호 중에 자기의 성명을 사용하게 하거나 자기의 상호를 영업자의 상호로 사용할 것을 허락한 때에는 그 사용 이후의 채무에 대하여 영업자와 연대하여 변제할 책임이 있다.

사례 8 <해설> (익명조합)

1) 甲과 乙 사이의 법률관계

甲과 乙의 계약은 익명조합계약으로 볼 수 있다. 따라서 甲은 乙에 대하여 감시권을 행사할 수 있으나, 영업에 대한 직접적인 개입은 불가능하다. 사례에서는 분명하지 않으나, 만약 甲이 감시권의 범위를 초월하여 부당하게 영업을 방해한 사실이 인정되고 그 결과 乙에게 손해가 발생하였음이 증명되면, 甲은 乙에게 손해를 배상하여야 한다. 한편 乙은 선량한 관리자의 주의로써 영업을 수행할 의무가 있는데 이를 다하지 못하여 손해가 발생하였다면, 乙은 甲에게 그 손해를 배상해야 하며, 乙에게는 이익분배의무가 있는 만큼 甲에 대하여 계약에 따른 의무로서 이익분배를 하여야 한다.

2) 甲과 丙 사이의 법률관계

甲과 乙의 계약은 익명조합계약이므로 甲이 출자한 모든 재산은 乙에게 귀속되고(제79항), 대외적으로 乙은 영업의 주체로서 자신의 자본으로 영업을 수행하고 그 책임을 부담한다. 따라서 甲과 丙은 상호간에 아무런 법률관계도 발생하지 않으며, 丙은 甲의 방해를 받지 아니하고 乙에 대한 채권을 자유롭게 행사할 수 있다.

V. 상행위 각론

1. 대리상

사례 9 (대리상)

A가 甲 보험회사와 대리점계약을 체결함에 있어서 A의 보증인 乙은 '보증인은 대리점이 대리점계약에 기하여 부담하는 채무에 대하여 대리점과 연대하여 책임을 진다'고 약정하였다. 그러나 A는 보험계약의 청약을 받은 때에는 이를 甲 보험회사에 통지하여야 하는 대리상의 의무를 위반하여 B와 화재보험계약을 체결하였고, B가 화재를 당하여 甲 보험회사는 B에게 보험금을 지급하였다. 그리하여 甲 보험회사는 A의 통지의무위반으로 위 화재보험계약을 재보험에 부보(附保)할 기회를 상실하여 손해를 보았다는 이유로 乙에 대하여 손해배상을 청구하였다. 이러한 경우 乙은 甲 보험회사에 대하여 해배상책임을 지는가?

'대리상'이란 일정한 상인을 위하여 상업사용인이 아니면서 상시 그 영업부류에 속하는 거래의 대리 또는 중개를 영업으로 하는 자이다.

(1) 대리상의 요건

대리상은 '일정한 상인'(대리상 포함)의 영업활동을 상시 보조하는 자이다. 여기서 일정한 상인은 1인이거나 수인이라도 상관없지만 반드시 특정되어야 한다. 즉 일정한 상인을 보조한다는 점이 불특정다수의 상인 또는 비상인을 상대로 하는 중개인이나 위탁매매인과 다르다. 한편 대리상은 일정한 상인을 '계속적(상시)으로 보조'하는 자이다. 그러므로 1회 또는 일시적으로 대리행위를 하는 상행위의 대리인과는 구별된다.

대리상은 일정한 상인의 '영업부류에 속하는 거래의 체결'을 그 상인의 명의와 계산으로 대리하거나 중개하는 자이다. 그러므로 매매업을 하는 상인을 위하여 금융의 대리 또는 중개를 하는 자는 대리상이 아니다. 또한 일정한 상표의 제품을 자기의 명의와 계산으로 판매할 의무를 지는 특약점이나 대리점도 대리상이 아니다.

대리상은 '독립된 상인'이다. 즉 거래의 대리의 인수 또는 중개라고 하는 상행위를 영업으로 하는 상인이다. 독립된 상인이란 상업사용인과는 달리 자기활동에 대하여 제약을 받지 않으며 활동시간도 자유로이 정할 수 있는 자를 말한다. 판례는 '대리점은 독립된 상인이므로 특별한 사정이 존재하지 않는 한 본인은 대리점의 불법행위에 대하여 사용자책임을 부담하지 않는다'고 판시하고 있다.

(2) 대리상과 상업사용인의 차이

① 대리상은 자기의 독립된 영업소를 갖고 보조하는 데 비하여, 상업사용인은 영업주의 영업소에서 보조한다. ② 대리상은 수수료를 받는 데 비하여, 상업사용인은 급료를 받는다. ③ 대리상은 자기기업의 위험을 부담하는 데 비하여, 상업사용인은 기업의 위험을 부담하지 않는다. ④ 대리상은 특정되는 한 복수의 상인을 보조할 수 있는 데 비하여, 상업사용인은 1인의 상인만을 보조한다. ⑤ 대리상은 독립된 상인으로서 자연인뿐만 아니라 법인도

될 수 있지만, 상업사용인은 자연인만이 될 수 있다. ⑥ 대리상은 본인의 영업부류에 속한 거래나 동종영업을 목적으로 하는 회사의 무한책임사원 또는 이사가 되지 못하지만, 상업사용인은 영업의 목적을 달리하는 회사의 무한책임사원이나 이사 또는 다른 상인의 사용인도 되지 못한다.

사례 9 <해설> (대리상)

1) 보험대리점은 전형적인 대리상이라고 할 수 있다. 체약대리상과 본인인 상인의 내부적인 법률관계는 대리상계약에 의하여 정해지지만, 상법에서는 특히 대리상의 통지의무(제88조), 경업피지의무(제89조), 유치권(제91조) 등에 관하여 규정하고 있다. 이러한 규정에 의하여 대리상계약으로부터 발생하는 법률효과는 일정한 범위로 정형화되고 있는 것이다.
2) 사례의 경우, 대리상 A와 甲 보험회사 사이에는 대리점계약의 통지의무에 관한 규정이 있을 뿐만 아니라 상법 제88조에서도 대리상의 통지의무를 법정하고 있으므로, A가 甲 보험회사에 대하여 손해배상책임을 지는 것은 당연하다. 그러나 보증인 乙도 A와 동일한 의무를 부담하는 것은 통상적으로 당사자의 의사에 반하는 것이다. 그러므로 특별한 사정이 있었음을 甲 보험회사가 입증하지 못하는 한, 乙은 그 특별한 사정에 기한 A의 채무에 대하여 책임을 지지 않는다.

---

2. 중개업

사례 10 (중개업)

　　건축업자 甲은 중개인 乙에게 전화로 일정한 규격의 철근 100톤의 구매를 중개하여 줄 것을 위탁하였다. 그러나 乙은 중개를 위하여 아무런 노력도 기울이지 않다가 상당한 기간이 경과한 후에 철근판매업자 丙을 甲에게 알려 주었을 때는 철근가격이 톤당 2배 이상 상승한 후였다. 甲은 상승된 가격으로 계약을 체결하여야 되는가? 甲은 상승한 가격에 대하여 乙에게 손해배상을 청구할 수 있는가?

　　중개인은 위탁자를 위하여 거래상대방을 구하며 계약체결을 용이하고 신속하게 하는 상인의 보조기관이다. 중개인이란 타인간의 상행위의 중개를 영업으로 하는 자를 말하는데, 그 개념요소는 다음과 같다.

　　1) '상행위의 중개'를 하는 자이다. 상행위는 쌍방적 상행위뿐만 아니라

일방적 상행위라도 무방하지만 부속적 상행위는 포함되지 않는다. 중개란 타인간의 법률행위의 체결에 진력하는 사실행위를 말한다.

2) '타인간의 상행위'의 중개를 영업으로 한다. 널리 타인간의 상행위의 중개를 하는 점에서 일정한 상인을 위하여 계속적으로 상행위의 중개를 하는 중개대리상과 다르다. 타인 중의 일방은 상인이어야 한다.

3) 중개인은 '중개라는 사실행위'를 할 수 있을 뿐이며 계약의 체결을 위한 대리권이 없다. 이러한 점에서 중개인은 일정한 상인의 대리인으로서 활동하는 체약대리상과 다르고, 자기명의로 법률행위를 하는 위탁매매인이나 운송주선인과도 구별된다.

4) 중개인은 중개의 인수를 영업으로 하는 '독립된 상인'이다.

사례 10 <해설> (중개업)

중개계약을 위하여는 특별한 방법을 요하지 않으므로, 건축업자 甲이 전화로 한 중개위탁으로 甲과 乙 사이에는 중개계약이 성립되었다고 할 수 있다. 그러나 이러한 계약에 의해 중개인 乙은 甲에 대하여 그가 위탁받은 중개를 위하여 진력하여야 할 의무는 없고, 다만 중개를 하는 경우에 선량한 관리자의 주의의무를 부담할 뿐이다. 또한 건축업자 甲도 乙이 알려 준 丙과 계약을 체결하여야 할 의무가 있는 것은 아니다. 그 결과 건축업자 甲은 인상된 가격으로 계약을 체결할 의무도 없고, 또한 계약을 체결한 경우에 乙이 중개를 위하여 진력하지 않았기 때문에 가격이 인상되었다는 이유로 손해배상을 청구할 수도 없다.

---

3. 위탁매매업

사례 11 (위탁매매업)

상인 甲은 채무의 변제를 위하여 자기가 소유한 명화의 매도를 위탁매매인인 골동품상 乙에게 위탁하였고, 이후 乙은 丙에게 100만원에 매도하였다.
(1) 甲은 丙에 대하여 그 대금의 지급을 청구할 수 있는가?
(2) 甲은 乙에게 명화를 최소한 150만원 이상으로 매도할 것을 지시하였는데도 100만원에 매도한 경우, 그 법률관계는?
(3) 명화는 도품이었기 때문에 丙은 그 소유자인 丁에게 반환하였다(민법 제250

조). 이후 丙은 위탁매매인 乙에 대하여 그 명화의 가치에 상당하는 200만원의 손해배상을 청구하여 乙은 법원의 판결에 따라 丙에게 배상하였다. 이후 乙은 위탁자인 甲에게 200만원의 지급을 청구하였는데, 甲은 자기가 명화대금으로 받은 100만원 중에서 乙에게 지급한 보수를 공제하고 80만원을 乙에게 송금하였다. 乙은 120만원의 손해를 감수해야 하는가?

(1) 위탁매매인의 의의 및 요건

'위탁매매인'이란 자기의 명의로써 타인의 계산으로 물건 또는 유가증권의 매매를 영업으로 하는 자이다. 상인이 기업활동의 범위를 확대하는 수단으로서 위탁매매인을 이용하면 지점설치의 경우보다 경비가 절약되고, 대리상을 이용하는 경우보다 권한이 남용될 위험이 적게 된다. 또 상인은 위탁매매인의 신용과 영업수완을 이용할 수 있고 금융의 편의도 기대할 수 있다. 위탁매매인의 상대방은 위탁자의 자력 및 신용 등을 조사할 필요가 없다는 이점도 있다.

1) '자기의 명의로' 한다는 것은 위탁매매인이 법률적으로 매매의 당사자로서 제3자에 대한 관계에 있어서 권리·의무의 주체가 된다는 뜻이다.

2) '타인의 계산으로' 한다는 것은 경제적인 효과가 모두 타인에게 귀속된다는 것이다. 타인이라 함은 위탁자를 말하며, 위탁자는 상인이나 비상인도 될 수 있고 특정인이든 불특정다수인이든 불문한다.

3) '물건 또는 유가증권의 매매'를 주선하는 것을 영업으로 하는 자이다. 물건 또는 유가증권의 매매가 아닌 다른 행위의 주선을 영업으로 하는 자는 위탁매매인이 아니다.

4) '주선행위'를 기본적 상행위로 하는 자이다. 위탁매매인의 기본적 상행위는 매매 자체가 아니라 매매의 주선을 인수하는 행위이고, 또 이것을 영업으로 하는 자이기 때문에 매매는 이러한 기본적 상행위(주선행위)를 실행하기 위한 부속적 상행위에 지나지 않는다.

(2) 위탁매매의 법률관계

가. 위탁매매인과 제3자와의 관계

위탁매매인은 자기의 명의로써 위탁자의 계산으로 매매를 하기 때문에 상대방인 제3자에 대하여 직접 권리를 취득하고 의무를 부담한다. 즉 제3자에 대하여 매매에 있어서 매도인이나 매수인의 지위에 서는 것이다. 그리하여 매매계약의 성립과 효력에 영향을 미치는 사항은 위탁매매인과 제3자간의 매매행위 자체를 기준으로 하여 결정된다.

나. 위탁자와 제3자와의 관계

위탁자와 제3자 사이에는 직접 아무런 법률관계가 존재하지 않는다. 그러므로 위탁자는 위탁매매인으로부터 채권을 양도받지 않는 한 제3자가 계약을 이행하지 않는 때에도 직접 제3자에 대하여 채무불이행으로 인한 손해배상을 청구할 수 없다.

다. 위탁매매인과 위탁자와의 관계

위탁매매인과 위탁자 사이에는 위임에 관한 규정이 적용된다. 그러므로 위탁매매인은 자기의 명의로 취득한 권리나 물건을 위탁자에게 이전시켜야 할 의무가 있다. 그러나 위탁자에게 이전되기 전에 위탁매매인이 파산한 때는 위탁자에게 귀속되어야 할 권리나 물건이 파산재단에 귀속되어 환취권을 행사할 수 없고, 또 위탁매매인의 채권자가 강제집행을 할 경우에도 이의를 제기할 수 없게 된다. 이렇게 되면 실질적인 권리자인 위탁자를 보호할 수 없게 될 것이므로 상법은 위탁매매인이 위탁자로부터 받은 물건 또는 유가증권이나 위탁매매로 인하여 취득한 물건·유가증권 또는 채권은 위탁자와 위탁매매인 또는 위탁매매인의 채권자간의 관계에서는 위탁자의 소유 또는 채권으로 본다.

사례 11 <해설> (위탁매매업)

(1) 甲과 丙 사이에는 아무런 법률관계가 없으므로 甲은 丙에게 명화대금 100만원

에 대하여 계약이나 법률에 의한 청구권이 없다. 왜냐하면 병의 계약상대방은 위탁매매인 乙로서, 乙은 자기의 명의로 甲의 계산으로 그 명화를 매도하였기 때문이다. 그러므로 위탁자인 甲은 乙에 대하여 丙으로부터 받은 매매대금의 인도를 청구하거나(제112조; 민법 제684조) 甲이 丙에게 매매대금의 지급을 직접 청구하려면 위탁매매인인 乙로부터 乙의 丙에 대한 청구권을 양도받았어야 한다.

(2) 위탁매매인 乙은 위탁자인 甲이 지시한 지정가액을 준수할 의무가 있다(제112조; 민법 제681조). 그럼에도 불구하고 100만원에 매도하였으므로 乙은 甲에 대하여 그 차액에 대한 손해의 배상책임을 져야 한다(민법 제750조). 이 경우에 丙이 甲의 지시내용에 대하여 악의이기 때문에 선의취득을 하지 못하면, 丙은 乙에게 명화를 반환해야 한다(민법 제249조). 한편 乙은 위임계약의 불이행(민법 제390조) 또는 불법행위(민법 제750조)로 인하여 그 차액에 대하여 손해배상책임을 져야 한다.

(3) 명화의 매매는 위탁자 甲의 계산으로 한 것이다(제101조). 그러므로 위탁매매의 실행의 결과로 생긴 경제적 효과는 특약이 없는 한 이득과 손실이 모두 甲에게 귀속한다. 그러므로 甲은 乙이 丙에게 손해배상으로 지급한 200만원 전액을 乙에게 지급하여야 한다. 다만 丙의 손해배상청구권이 乙의 과실로 인하여 발생한 때에는 예외가 될 것이다.

4. 운송업(물건운송)

(1) 운송인의 의의 및 요건

운송인이란 육상 또는 호천·항만에서 물건 또는 여객의 운송을 영업으로 하는 자인데, 그 개념요소를 살펴보면 다음과 같다.

1) 운송인은 '육상 또는 호천이나 항만에서' 운송하는 자이다. 육상이란 지상뿐만 아니라 지하도 포함한다. 호천이나 항만에 의한 운송을 육상운송에 포함시키는 이유는 그 규모가 작고 빈번한 점이 육상운송과 유사하기 때문이다. 여기서 운송인이라고 할 때에는 육상운송업자를 말하며, 해상운송인과 항공운송인은 제외된다.

2) 운송인은 '물건 또는 여객을' 운송한다. 물건은 운송이 가능한 모든 동산으로 상품 등의 거래의 목적물이 아니어도 무방하며, 여객이란 자연인을 말하며 여객운송계약의 상대방은 반드시 여객 자신이 아니어도 상관없다.

3) 운송인은 '운송을 하는' 자이다. 운송이란 물건이나 여객을 장소적으로 이동시키는 것이고 특별한 운송수단을 요하지 않는데, 이는 해상운송에서 운송용구가 반드시 선박이어야 하는 점과 구별된다.

4) 운송인은 타인과 운송계약을 체결하고 운송의 실행을 인수하는 것을 영업으로 하는 '독립된 상인'이다. 운송의 실행행위는 타인에게 맡겨도 되며 반드시 자기의 운송용구를 사용하지 않아도 된다.

(2) 운송인의 손해배상책임

운송인은 운송물의 멸실·훼손 또는 연착에 대하여 일반원칙에 따라 채무불이행의 책임을 지는 것은 물론이다. 상법은 운송물의 멸실·훼손·연착에 대한 책임에 관하여 운송업의 특수성을 고려하여 특별한 규정을 두고 있다.

가. 책임원인

운송인은 자기 또는 운송주선인이나 그의 사용인 기타 운송을 위하여 사용한 자가 운송물의 수령·인도·보관과 운송에 관하여 주의를 해태하지 아니하였음을 증명하지 아니하면 운송물의 멸실·훼손·연착으로 인한 손해를 배상할 책임을 면하지 못한다. 즉 운송인은 손해가 자기 또는 이행보조자의 과실에 의하여 발생하지 않았다는 것을 증명하여야 하며, 단순히 이행보조자의 선임·감독에 있어서 주의를 해태하지 않았음을 증명하는 것으로는 책임을 면하지 못한다.

나. 손해배상액

상법은 운송기업의 성질을 고려하여 일반적인 손해를 기준으로 하여 그 배상액을 정형화하고 있다. 그러므로 상실된 기대이익이나 특별한 가치는 배상액에 가산되지 않는다. 그 결과 운송물이 전부 멸실한 경우나 연착한 때에는 그 운송물을 인도할 날의 도착지의 가격에 의하여, 또한 일부 멸실 또는 훼손된 경우에는 그 운송물을 인도한 날의 도착지의 가격에 의하여 그 배상액이 결정된다. 그러나 운송물의 멸실 또는 훼손으로 인하여 지급할 필요가 없게 된 운임 기타의 비용은 이상의 운임액에서 공제하여야 한다. 도착지의 가격 중에는 이미 운임 기타의 비용이 가산되어 있기 때문에 이중이득을 방지하기 위한 것이다.

다. 고가물에 대한 특칙

사례 12 (고가물)

　뿌은 A 운송회사에 대해 고가의 고서화의 운송을 의뢰하면서, 운임의 절감을 위해 운송장에는 모조품이라고 기재하였다. 그러나 운송 도중 A운송회사의 사용인의 과실로 고서화가 훼손되었다. 뿌은 A 운송회사에 대해 고가물에 상응하는 손해배상을 청구하고 있는데, 뿌의 청구는 정당한가?

운송물이 화폐·유가증권 기타의 고가물인 경우에 송하인이 운송을 위탁한 때에 그 종류와 가격을 명시하지 않으면 운송인은 손해를 배상할 책임이 없다. 여기서 '고가물'이란 중량이나 부피에 비하여 고가인 물건을 말한다. 즉 송하인이 고가물임을 명시하지 않으면 운송인은 보통물로서의 배상책임도 부담하지 않는다.

　상법이 위와 같은 규정을 두고 있는 이유는 고가물임을 명시한 때에는 운송인이 고율의 운임을 받고 특별한 주의를 할 수 있기 때문이다. 고가물의 명시는 계약성립 전이나 늦어도 성립과 동시에 하여야 한다. 그러나 명시가격은 손해발생의 경우에 배상액으로서 운송인을 구속하지 않는다. 그러므로 실제가격이 명시가격보다 낮을 때에는 운송인은 이를 증명하고 실제가격의 범위 내에서 배상하면 되지만, 반대로 실제가격이 명시가격보다 높을 때에는 송하인은 그것을 증명하고 초과액의 배상을 청구할 수 없다. 왜냐하면 명시가격은 원칙적으로 배상액의 최고한도를 의미하기 때문이다.

사례 12 <해설> (고가물)

1) 고가물의 종류와 가액을 명시하지 않으면 고가물이 멸실·훼손되더라도 운송인은 손해배상책임을 지지 않는다(제136조). 이 경우 운송인의 책임은 고가물로서의 책임뿐만 아니라 보통물로서의 책임도 지지 않는다. 다만 ①

운송인의 고가물임을 우연히 안 경우, ② 운송인이 고가물임을 알지 못했지만 보통물로서의 주의를 해태한 경우, ③ 운송인의 고의 또는 과실로 운송물을 멸실·훼손한 경우에는 운송인의 책임이 문제된다. 우선 진술한 것처럼 운송인이 고가물임을 우연히 안 경우에는 무책임설, 절충설, 고가물책임부담설이 대립한다.

2) 다수설인 절충설에 의하면 A는 보통물로서의 주의를 기울이지 않는 경우에 한해 고가물로서의 책임을 부담한다. 그리고 운송인이 고가물임을 알지 못했지만 보통물로서의 주의를 해태한 경우는 고가물책임부담설, 보통물책임부담설도 있지만, 고가물에 대한 명시를 촉진하고 보통물로서의 가액을 정하기 어렵다는 점을 감안하면 보통물로서의 책임도 부담하지 않는다고 본다. 또한 운송인이 고의 또는 과실로 운송물을 멸실·훼손한 경우에 판례에 의하면 불법행위에 기한 손해배상책임을 인정하고 있다(대법원 91다15409). 그러나 운송인의 경과실의 경우에는 불고지에 대한 송하인의 비난가능성과의 균형을 고려할 때 불법행위책임도 면한다고 보는 것이 타당하다.

라. 불법행위책임과의 관계

사례 13 (운송인의 불법행위책임)

해상운송인 A는 송하인 B와의 사이에 운송물의 수하인을 C로 하는 운송계약을 체결하였다. 그리하여 A는 대리점 D를 통하여 운송인 乙회사에 운송물을 P선박으로부터 하역하여 Q선박의 선측까지 운송을 위탁하였다. 그러나 乙회사는 이 일을 자기회사의 하청업자 丙에게 맡겼는데, 丙의 과실로 인하여 운송물의 일부가 바다로 굴러 떨어졌다. 이후 운송물을 건져내어 습기를 제거하고 닦은 후, A로부터 운송물의 운송을 의뢰받은 丁회사가 Q선박으로 운송하여 적재하였다. A는 운송물의 손상에 대하여 C에게 손해배상을 하였는데, A와 합병한 甲이 乙회사에 대하여는 채무불이행에 기하여, 丙과 丁에 대하여는 불법행위에 기한 손해배상을 청구하였다. 그러나 Q선박에의 운송이 종료된 후 A의 대리점 D는 아무런 유보 없이 운임 등을 지급하였고, A는 Q선박에의 운송 종료 후 1년간 乙과 丙 및 丁에 대하여 손해배상을 청구하지 않았다. 甲의 청구는 타당한가?

운송인은 자기 또는 이행보조자의 과실로 인하여 운송물이 멸실·훼손된 경우에 운송계약상의 채무불이행으로 인한 손해배상책임을 지는 것은 당연하지만, 운송물의 멸실·훼손이 운송물에 대한 소유권의 침해로 인정되는 때에는 이와는 별도로 민법상의 불법행위책임도 지는가 하는 점이 문제이다.

첫째, '법조경합설'에 의하면 채무불이행책임과 불법행위책임에 관한 규정은 일반법과 특별법의 관계에 있기 때문에, 특별법에 해당하는 채무불이행책임이 성립하는 범위에서 일반법에 의한 불법행위로 인한 손해배상청구권은 배제된다고 한다. 둘째, '청구권경합설'에 의하면 양 청구권은 그 요건과 효과가 다르기 때문에 반드시 청구권의 경합을 부정할 필요는 없으며 송하인은 그 중에서 하나의 청구권을 임의로 선택하여 행사할 수 있다고 한다. 청구권경합설이 다수설이다. 판례도 청구권경합설의 입장을 지지하면서 '운송인의 이행보조자의 고의 또는 과실로 인하여 송하인에게 손해가 발생한 경우에 운송인은 민법 제756조에 의한 사용자책임을 진다'고 판시하고 있다.

고가물에 대한 상법상의 특칙이 채무불이행책임 이외에 불법행위로 인하여 발생한 운송물의 손해에도 적용되는가 하는 문제가 있다. 이에 관하여 '법조경합설'에 의하면 송하인은 운송인의 계약책임만을 추궁할 수 있고 운송인의 불법행위책임은 인정되지 않으므로, 운송인이 계약책임을 지지 않는 경우에는 운송인은 아무런 책임도 지지 않게 된다. 그러나 '청구권경합설'에 의하면 고가물에 관한 특칙은 운송인의 채무불이행책임만을 면하게 할 뿐이고 운송인의 불법행위책임에는 적용되지 않으므로, 송하인은 운송인에게 불법행위로 인한 손해배상책임을 청구할 수 있다.

사례 13 <해설> (운송인의 불법행위책임)

1) 사례의 경우 乙회사에 대한 채무불이행의 책임을 묻기 위해서는 운송인의 운송계약상의 손해배상책임에 대하여 상법이 정하고 있는 특별소멸사유(제146조)와 단기소멸시효(제147조)에 해당되지 않아야 한다. 운송이 종료된 후 아무런 유보 없이 운임 등을 지급한 것은 단기소멸시효기간이 경과한 것으로 보인다. 다만 乙회사에게 악의가 있었음이 인정되면 특별소멸도 인정되지 않고 시효도 5년의 일반상사시효가 적용된다.
2) 악의의 개념에 관한 다수설에 의하면, 단순히 운송인이 손해를 안 것만으로는 악의라고 할 수 없고 운송인이 고의로 멸실·훼손되게 하였거나 적극적으로 멸실·훼손을 은폐하는 경우이어야 한다. 그러나 판례의 입장은 운

송인이 운송물의 일부 멸실을 알고 운송물을 인도한 경우에 악의를 인정하고 있으며(대법원 86다카2107), 또한 상법 제146조 제2항의 악의는 단순히 운송물의 하자를 알고 인도한 때에 악의가 된다는 견해에 의하면 乙회사의 악의가 인정되어 그 책임을 면하지 못한다.

3) 丙과 丁에게는 각각 과실에 의한 불법행위의 책임이 인정되는 한, 불법행위에 의한 손해배상책임에는 운송인의 단기시효에 관한 규정이나 특별소멸사유에 관한 규정은 적용되지 않는다는 것이 다수설과 판례의 입장이다 (대법원 91다8102). 이에 의하면 丙과 丁도 그 책임을 면하지 못한다.

마. 면책약관의 효력

운송인의 책임에 관한 규정은 강행법규가 아니라 임의법규이므로, 신의성실의 원칙에 관한 일반원칙에 반하지 않는 범위 내에서 당사자간의 특약으로 운송인의 계약상의 책임을 경감 또는 면제할 수 있는 약관을 둘 수 있다.

'법조경합설'에 의하면 면책약관에 의하여 운송인의 계약책임이 면제되면 송하인은 별도로 불법행위책임을 묻지 못하게 된다. 그러나 청구권경합설에 의하면 면책약관에 의하여 운송인의 계약책임은 면책되는데, 이러한 면책약관의 효력이 불법행위책임에도 영향을 미치는가 하는 점이 문제된다. '청구권경합설'을 형식논리적으로 해석한다면 계약책임에 관한 면책약관과는 별도로 불법행위책임은 성립한다고 할 것이지만, 판례는 이 경우에 예외적으로 불법행위책임에도 면책약관의 효력이 영향을 미친다고 판시하고 있다.

종래 대법원은 해상운송에서 발생한 불법행위에 있어서 면책약관의 효력에 관하여 부정적인 입장이었다. 그러나 1983년의 전원합의체판결에서 '선하증권에 기재된 면책약관에 한하여 별도의 합의가 없더라도 고의 또는 중대한 과실이 없는 한 면책약관의 효력은 당연히 불법행위책임에도 영향을 미친다'고 하였다.

5. 공중접객업

사례 14 (공중접객업)

　甲은 목욕을 하기 위해 B목욕탕에 갔다. 탈의실에 '고가물은 임치하지 않으면 손해배상책임을 지지 않는다'는 게시판이 있었음에도 불구하고, 甲은 현금·고급손목시계 등을 옷장에 보관한 채 욕실로 들어갔다. 그런데 옷장의 잠금장치가 불완전하고 목욕탕 종업원이 부재하여 丙은 甲의 소유물을 쉽게 절취할 수 있었다. 이 경우 공중접객업자인 B목욕탕의 주인 丁은 어떠한 책임을 지는가?

　'공중접객업'이란 공중이 이용하는 시설에 의한 거래를 말하며, 이러한 행위를 영업으로 하는 자를 공중접객업자라 한다. '공중이 이용하는 시설'이란 공중이 집래하여 이용하기에 적합한 물적·인적 시설을 말하며, 여기에는 극장·여관·다방·음식점 등이 있다. 공중접객업자의 책임을 살펴보자.

(1) 임치를 받은 물건에 대한 책임

　공중접객업자는 객으로부터 임치를 받은 물건의 멸실 및 훼손에 대하여 불가항력으로 인한 것임을 증명하지 아니하면 그 손해를 배상할 책임을 면하지 못한다. 이는 엄격한 결과책임을 규정한 것이다.

　'불가항력'이란 특정사업의 외부에서 발생한 사건으로 보통 필요하다고 생각되는 모든 예방수단을 다하더라도 이를 방지할 수 없었을 위해라고 할 것이다. 공중접객업자는 불가항력의 입증책임이 있다. '객'이란 공중접객업자의 시설을 이용하는 자로서 반드시 공중접객업자와 이용계약을 맺고 있는 자만을 말하는 것이 아니고 실질적으로 객으로 대우를 받는 자도 포함된다. 임치를 받은 물건에 대한 책임은 당사자간의 특약에 의하여 감면될 수 있다.

　판례는 '여관 부설 주차장에 시정장치가 된 출입문이 설치되어 있거나, 출입을 통제하는 관리인이 배치되어 있거나, 기타 여관측에서 그 주차장의 출입과 주차사실을 통제하거나 확인할 수 있는 조치가 되어 있다면, 그러한 주차장에 여관투숙객이 주차한 차량에 관하여는 명시적인 위탁의 의사표시가 없어도 여관업자와 투숙객 사이에 임치의 합의가 있는 것으로 볼 수 있으나 그러한 시설이나 조치가 되어 있지 않은 채, 단지 주차의 장소만을 제공하는 데에 불과하여 그 주차장 출입과 주차 사실을 여관측에서 통제하거나 확인하지 않고 있는 상황이라면 부설 주차관리자로서의 주의의무 위반 여부는 별론으로 하고 그러한 주차장에 주차한 것만으로 여관업자와 투숙객 사이에 임치의 합의가 있는 것으로 볼 수 없고 투숙객이 여관측에 주차사실을 고지하거나 차량열쇠를 맡겨 차량의 보관을 위탁한 경우에만 임치의 성립을 인정할 수 있을 것'이라고 하였다.

(2) 임치를 받지 않은 물건에 대한 책임

공중접객업자는 객이 시설 내에 휴대한 물건이 공중접객업자 또는 그 사용인의 과실에 의하여 멸실 또는 훼손된 때에는 그 손해를 배상할 책임이 있다. 이 규정은 여객운송에 있어서 여객이 인도하지 않은 수하물에 대한 운송인의 책임과 마찬가지로 임치를 받지 아니한 물건에 대한 공중접객업자의 책임을 경감하고 있는 것이다. 여기서 '과실'이란 부주의를 뜻하며, 부주의는 선량한 관리자의 주의를 다하지 못한 것을 말한다. 이때에 주의의무에 대한 입증책임은 객에게 있는데, 이 점이 임치를 받은 경우와 다르다. 여기서 '사용인'이란 반드시 고용관계의 유무와는 관계가 없고 사실상 사용된 자를 말한다. 이러한 책임도 특약으로 감면될 수 있다. 그러나 단순히 휴대물에 대하여는 책임을 지지 않는다는 게시를 한 것만으로는 그 책임을 면하지 못한다.

(3) 고가물에 대한 책임

화폐·유가증권 기타의 고가물에 대하여는 객이 그 종류와 가격을 명시하여 임치하지 않으면 공중접객업자는 그 물건의 멸실 또는 훼손으로 인한 손해를 배상할 책임이 없다. 이것은 고가물에 대한 운송인의 책임과 같은 것이다.

사례 14 <해설> (공중접객업)

1) 공중접객업자가 임치를 받지 않은 물건의 멸실·훼손에 대하여는 공중접객업자 또는 그 사용인의 과실이 없는 한 손해배상책임을 부담하지 않는다(제152조 제2항). 사례의 경우 甲은 옷장의 잠금장치가 불완전하였고 탈의실에 대한 종업원의 관리가 없었다는 사실에 기초하여 丁의 과실을 입증할 수 있을 것이므로, 丁은 손해배상책임을 져야 한다. 다만 당사자간의 특약으로 공중접객업자의 책임을 감면할 수 있으나, 단순히 휴대물에 대해 책임을 지지 않는다는 게시만으로는 면책되지 않으므로(제152조 제3항), B는 면책되지 않는다.

2) 사례의 경우 甲은 고가물을 명시하지 않고 옷장에 두었기 때문에 丁은 손해배상책임을 지지 않는다(제153조). 더욱이 제3자인 丙이 절취하였으므로 丁이 우연히 고가물임을 알았다고 보기도 어렵다. 다만 고가물에 관한 특칙이 불법행위에 기한 손해배상청구에도 적용되는지가 문제되는데, 공중접객업자나 그 사용인에게 고의 또는 과실이 있으면 상법상 공중접객업자로서의 손해배상책임을 면하지만, 민법상의 불법행위책임은 부담한다는 것이 통설·판례의 입장이다.

6. 민사소송법

*집필: 이동률. 건국대학교 법학전문대학원 교수
황태윤. 전북대학교 법학전문대학원 교수

민사소송법

　　민사소송이란 사법적 법률관계에서 발생한 분쟁을 국가에 의해 강제적으로 해결하게 하는 것을 말한다. 즉 법원의 판결절차 및 집행절차를 통해 권리가 확정 및 실현되게 하는 것을 말한다. 자세히 설명하면 다음과 같다. 첫째, 민사소송은 사법적 법률관계만을 대상으로 한다. 주로 재산관계와 가족관계에 관한 소송을 대상으로 한다. 공법적 법률관계는 헌법소송, 행정소송 및 형사소송의 대상이다. 둘째, 민사소송은 원고에 의해서 시작되며, 원칙적으로 그 분쟁의 상대방(피고)이 있다. 셋째, 법원은 공평한 심리절차를 거쳐 원고와 피고의 주장 가운데 누구의 주장이 타당한지를 판결을 한다. 마지막으로, 패소한 당사자가 판결주문을 이행하지 않으면 원고는 강제이행을 법원에 신청하여 권리를 실현받는다.

I. 사법적 법률관계의 분쟁

1. 사법적 법률관계의 성립

> **사례 1** (사법적 법률관계의 성립)
>
> 　　갑은 산악용 자전거를 친구인 을에게 시가보다 훨씬 싼 가격인 300만원에 팔기로 계약을 맺었다. 갑·을간의 법률관계는?

　　위 사례에서 갑과 을은 자전거라는 동산 매매계약을 체결하였다. 이 매매계약에 의해 갑은 을에게 300만원 매매대금청구권과 자전거 소유권이전의무가 있으며, 이에 반해 을은 갑에게 300만원 대금지급의무와 자전거 소유권이전청구권이 있다. 위 계약의 내용에 따라 갑과 을은 서로 각자의 채무를 이행하면 된다. 이에 따라 갑은 매매대금을 지급받고, 을은 자전거를 인도받으면 채무가 원만히 이행되어 법률관계는 소멸한다.

2. 분쟁의 발생

> **사례 2** (분쟁의 성립)
>
> 위 사례에서 을은 산악용 자전거를 먼저 가져간 후 약속한 날짜에 돈을 주지 않고 있다. 이 경우 갑이 할 수 있는 법적 방안은?

가끔 채무자가 채무를 이행하지 않는 경우 어떻게 할 것인가? 채권자는 채무자에게 계약의 내용대로 이행할 것을 요구한다. 이를 법적으로 표현한다면 실체법상 청구권을 행사한다는 것이다.

위 사례에서 을이 먼저 자전거를 가져간 후 약속한 날짜에 돈을 주지 않은 경우, 채권자인 갑은 을에게 매매대금지급청구권을 행사하거나 또는 채무불이행으로 인한 자전거 매매계약을 해제하고 그에 따른 손해배상을 청구할 수 있다.

이에 대응하여 을은 300만원을 갑에게 지급하거나 또는 자전거를 돌려주고 어느 정도의 손해배상금을 지급한다면, 이로써 분쟁은 원만히 해결되어 법률관계가 종료된다. 하지만 을이 전혀 채무를 이행하지 않을 때에는 갑은 별도의 법적인 조치가 필요하다. 앞서 언급한 바와 같이 국가에 의한 분쟁해결, 즉 민사소송을 통해 채권을 확보할 수밖에 없다.

3. 사법관계의 분쟁해결방안

사법적 법률관계의 분쟁을 해결하는 방안은 '자력구제'와 '국가에 의한 권리구제'로 구분된다. 자력구제는 원칙적으로 금지되며, '국가에 의한 권리

구제'가 원칙이다. 후자의 대표적인 것이 바로 민사소송제도이며, 자력구제
와 비교해 보면 강제적인 분쟁해결방식이다.

(1) 자력구제

사례 3 (자력구제)

　갑은 을에게 자신의 소유인 바이올린을 500만원에 팔기로 하고, 을이 먼저 바이
올린을 가져간 후 매매대금 500만원을 주지 않고 있다. 이에 화가 난 갑은 을의 집에
서 위의 바이올린을 몰래 가지고 오려고 한다. 이는 법률상 허용되는가?

　자력구제(selbsthilfe)라 함은 자신 또는 친구·가족 등 주위의 물리적 힘
에 의해 사법상 권리를 행사하는 경우를 말하며, 사력구제 또는 사적 구제라
고 한다. 자력구제의 장점은 신속하고 간단한 권리의 실현방법이지만, 단점
은 채무자가 저항한다면 새로운 분쟁이 발생하기 때문에 사회질서가 불안해
진다. 또한 자력구제는 현실적으로 경제적·정치적 강자에게만 유리하고, 뿐
만 아니라 정당한 권리자가 반드시 승리한다는 보장이 없다.

　이러한 단점으로 인하여 근대국가 이후 원칙적으로 자력구제가 금지되
고 있으며, 위 사례와 같은 경우는 허용될 수 없다. 오히려 갑은 형법상 절도
죄에 해당한다. 다만 극히 예외적으로 권리구제가 급박한 경우에는 자력구제
가 인정된다(민법 제209조 참조). 예컨대 소매치기로부터 빼앗긴 물건을 강제로
다시 찾아오는 경우이다.

(2) 국가에 의한 구제

사례 4 (국가에 의한 구제)

　갑은 을에게 바이올린을 500만원에 팔기로 계약을 맺고, 을은 바이올린을 가져
갔으나 매매대금 500만원을 주지 않고 있다. 갑에게는 어떠한 법적 방법이 있는가?

　사법적 법률관계에 관한 분쟁해결방법은 원칙적으로 국가에 의해 이루어
져야 하며, 그 대표적인 것이 민사소송제도이다. 그러나 민사소송은 시간과 비용

이 많은 드는 단점이 있어 이를 보완하기 위한 제도가 바로 '재판외 분쟁해결절차'이며, '소송에 갈음하는 분쟁해결방식' 또는 '대체적 분쟁해결방식'(Altertive Dispute Resolution, ADR)이라고도 한다. 민사소송제도와는 달리 분쟁 당사자간의 자주적 분쟁해결방식이며, 화해·조정 및 중재 등이 여기에 속한다.

가. 민사소송제도

민사소송이라 함은 사법상 법률관계에 대한 분쟁을 판결절차를 통해 '강제적'으로 해결하는 방식을 말한다. 여기서 '강제적'이라는 뜻은 법원이 내린 판결의 내용에 대하여 당사자들은 반드시 '구속'받는 것을 의미한다. 이러한 민사소송제도는 상당한 비용과 시간이 소요되며, 설령 판결을 통해 분쟁이 해결되더라도 당사자 사이의 감정대립이 여전히 남는다는 단점이 있다.

나. 재판외 분쟁해결절차

(가) 재판상 화해

화해라 함은 당사자간의 직접적인 교섭을 통해 서로 양보하여 분쟁을 해결하는 방식이다. 여기에는 '제소전 화해'와 '소송상 화해'가 있다.

'화해'를 크게 나누면 '재판상 화해'와 '재판외 화해'로 나누어진다. 후자는 '민법상의 화해계약'을 말하며(민법 제731조), 예컨대 교통사고의 경우 손해배상금액에 대한 '합의'가 그 대표적인 예이다.

'재판외 화해'(화해계약)는 국가가 전혀 간섭하지 않은 분쟁해결방식이며, '아무리 나쁜 화해라도 가장 좋은 판결보다 낫다'는 법격언처럼 가장 바람직한 분쟁해결방법이다. 물론 화해계약에 따른 채무를 이행하지 않는 경우에는 민사소송으로 해결할 수밖에 없다. 민사소송까지 가는 것을 방지하기 위한 방법으로서는 채무자에게 즉시 채무를 변제받거나, 화해의 채무액만큼 채무자에게 공탁을 해 두도록 하면 채권의 확보가 확실히 보장된다. 주의할 점은 합의, 즉 화해계약을 맺으면서 '민·형사상 일체의 청구를 포기한다'는 조항을 포함시키는데, 이 조항의 의미 속에는 부제소 특약이 포함되어 있다. 따라서 합의금 이외에 더 많은 손해배상금액을 청구하기 위해 민사소송을 제기하면, 이러한 부제소 특약 조항을 이유로 법원은 소의 이익이 없다고 부적법 각하판결을 내린다. '합의'를 할 때 주의할 점이다.

ㄱ. 제소전 화해

제소전 화해라 함은 민사분쟁이 소송으로 발전하는 것을 방지하기 위하여 소 제기 전에 미리 지방법원(또는 시군법원) 판사에게 화해신청을 하여 화해가 이루어지면 확정판결과 동일한 효력이 있는 것을 말한다. 신청서 제출은 피신청인(상대방)의 주소지를 관할하는 법원에 한다. 다만 당사자 사이에 관할의 합의가 있으면 합의된 관할법원에 제출할 수 있다.

ㄴ. 소송상 화해

소송상 화해라 함은 소송계속중 다툼의 대상이 된 법률관계에 관하여 서로 양보한 결과를 법원에 진술하여 그 내용 자체가 조서로 작성되면, 판결에 의하지 않고 소송이 종료되는 것을 말한다. 이러한 화해조서는 확정판결과 동일한 효력이 있으며, 조서의 내용대로 이행하면 된다.

(나) 조 정

사례 5 (조정)

갑은 친구 을을 상대로 교통사고로 인한 손해배상 5,000만원을 청구하는 소를 제기하였다. 그러나 법원에서는 이 사건을 직권으로 조정에 회부하여 갑과 을이 합의하도록 유도하고 그로써 3,000만원에 합의하였다. 이 경우 예상될 수 있는 법적인 문제점은?

ㄱ. 의 의

조정이란 친족이나 친구 등 인간관계가 중요시되는 사이에서 발생한 민사분쟁에 대해 법관 또는 조정위원회가 분쟁 당사자들의 주장을 들어 서로 양보하거나 타협하도록 주선 또는 권고하여 종국적으로는 화해에 이르게 하는 법적 절차이다. 화해와의 차이점은 다음과 같다. 첫째로 '조정'은 제3자의 개입이 필수적이지만, '화해'는 반드시 제 3 자(즉 법관)의 개입이 필요하지 않다. 둘째로 '화해'는 법관만이 개입하지만, '조정'은 경우에 따라 민간인도 참여할 수 있는 조정위원회가 있다는 점에서 양자는 차이가 있다.

　　ㄴ. 유 형

　　　　조정의 유형에는 가사사건에 관련된 '가사조정'(가사소송법 참조)과 가사사건을 제외한 모든 민사사건에 적용되는 '민사조정'이 있다. 민사조정은 소송목적의 값(소송물가액)과 관계없이, 또한 집단적 분쟁까지 모든 사건에 적용된다. 이에 관한 특별법으로서 민사조정법이 있다. 조정사건의 담당은 조정담당판사가 스스로 처리하거나 조정위원회가 처리하며, 조정위원회는 판사인 조정장과 민간인인 조정위원 2인 이상으로 구성된다. 조정의 신청은 당사자가 서면 또는 구술로 직접 신청하거나, 수소법원이 필요하다고 인정되는 경우 '항소심판결선고시'까지 직권으로 조정에 회부할 수 있다. 조정사건에 관하여 당사자 사이에 합의가 이루어지면 조정이 성립되며, 조정조서가 작성된다. 이러한 조정조서는 재판상 화해와 동일한 효력이 있다.

　　　　　한편 합의가 성립되지 아니한 경우에는, 조정담당판사(또는 조정위원회)는 직권으로 '조정에 갈음하는 결정'을 할 수 있으며, 이를 '강제조정'이라 한다. 당사자는 이 결정에 대해 2주일 내에 이의신청을 할 수 있으며, 당사자 쌍방이 이 기간 동안 이의신청을 하지 아니하면 조정이 성립된 것과 동일한 효력이 생긴다. 조정신청을 하였으나 조정이 성립되지 아니한 경우 또는 '조정에 갈음하는 결정'에 대하여 당사자가 이의신청을 한 경우에는, 자동적으로 소송으로 이행되어 소송절차에 의하여 심판한다.

　　(다) 중 재

　　　　중재란 당사자의 합의에 의하여 선출된 중재인의 중재판정에 의하여 당사자간의 분쟁을 해결하는 방식을 말하며, 이른바 '사적 재판'이라고 한다. 중재인의 판정에 의해 강제적으로 분쟁이 해결되는 점에서, 당사자 사이의 양보에 의한 자주적 해결방식인 '재판상 화해'나 '조정'과는 다르다. 그러나 중재는 당사자 사이의 중재계약이 필요하다는 점에서 자주적 해결방식이다. 중재는 전문지식과 경험을 필요로 하는 분야에서 많이 활용되며, 주로 국제상사거래의 분쟁에 많이 이용된다. 이에 관한 법으로 '중재법'이다.

중재제도는 단심제이며, 중재판정은 확정판결과 동일한 효력이 있다. 그리고 중재계약이 체결된 후, 중재판정을 받지 않고 소를 제기하면 부제소 특약과 마찬가지로 소의 이익이 없는 것으로 되어 부적법 각하판결을 받는다.

<사법적 법률관계의 분쟁해결방안>

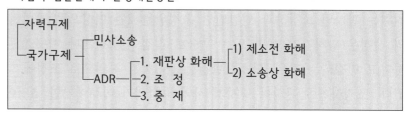

1. 자력구제와 국가구제의 비교

	자력구제	국가구제(민사소송제도)
장점	신속하고 경제적인 권리구제	사회질서 유지
단점	1. 실현조건은 권리자가 의무자보다 강자 2. 사회질서 혼란(만인에 대한 만인의 투쟁) → 로마법 이래로 금지(예외:민법 제209조)	시간과 비용이 많이 듦

2. 민사소송과 ADR의 비교

	민사소송	ADR
특징	강제적 분쟁해결방식(판결로 일도양단식)	자주적 해결방식(비형식 조리 또는 상식, 시민 참여)
장점	법규정에 의한 권리 실현	원만한 분쟁해결
단점	분쟁당사자간의 앙금이 남음 시간과 비용이 많이 듦	감정에 의한 분쟁해결 법치주의 훼손 우려(사법제도 형해화)

3. 재판상 화해, 조정 및 중재의 비교

재판상 화해	조 정	중 재
분쟁당사자간의 해결	제3자(법관·상임조정위원·조정위원회)의 개입	중재인에 의한 私的 裁判
화해조서=확정판결	조정조서=확정판결	중재판정(중재법 §35=확정판결)

Ⅱ. 민사소송의 의의와 민사소송을 지배하는 법원리

1. 민사소송의 의의

민사소송은 사법상의 법률관계에서 발생한 분쟁을 국가에 의해 강제적으로 해결하는 제도를 말한다(현행 소송제도는 크게, 헌법소송·형사소송·행정소송 및 민사소송으로 나눌 수 있다). 사법상 법률관계라 하더라도 구체적인 법률관계만을 대상으로 한다(법률상의 쟁송. 법원조직법 제2조 제1항 참조). 예컨대 '통일교가 기독교종교단체인가'라는 것과 같이 단순히 사실관계의 진위 여부는 민사소송의 대상이 아니며, 설혹 소를 제기하더라도 법원에서는 소의 이익이 없다고 부적법 각하판결을 내린다. 그리고 민사소송의 절차는 사법상 법률관계의 확정(Feststellung, 판결절차), 보전(Versicherung, 가압류·가처분) 및 실현(Durchsetzung, 집행절차)으로 구분된다. 이러한 민사상의 재판절차는 법규에 의하여 획일적으로 정해져 있으며, 당사자가 사건마다 이를 임의로 변경하는 것은 법으로 인정한 것 이외에는 허용하지 않는다. 이를 '임의소송(任意訴訟)의 금지'(konventionaler prozess)라고 한다.

우리나라 민사소송법은 1960년 4월 4일 법률 제547호로 제정되어 같은 해 7월 1일부터 시행되었다. 그 전 시기에는 1912년 조선민사령과 1945년 미군정법령 제21호에 의하여 일본민사소송법이 시행되었다. 조선시대에는 1395년 편찬된 경제6전, 1865전 대전회통 등 법전이 있었고, 소송에 관한 법규들은 육전 체제로 이루어져 있는 법전 중에 산재하여 있었다. 소송은 형사소송인 獄訟과 민사소송인 詞訟으로 구분되어 있었고, 詞訟類聚, 大典詞訟類聚 등 실무지침서가 널리 활용되었다. 민사소송인 詞訟은 원고(元告)와 원척(元隻)으로 나눈 양당사자가 평등하게 변론에 참여하여 진행되었다. 오늘날 소장과 같은 소지(所持)을 원고가 접수하면 '피고를 데려오라'는 관청의 처분(題音, 題辭)을 내리고, 원고가 직접 피고를 데려와 재판장에 출두시켜야 했다. 전체적으로 변론과 증거조사를 포함한 전체 소송절차의 체계나 민사소송의 건수는 오늘날과 비교하여 별 차이가 없다. 소송의 대상은 주로 노비와 토지에 관한 것이었다. 조선 초기에 고려시대 소송의 지나친 범람이 지적된 것으로 보아 고려의 소송제도도 조선과 큰 차이는 없는 것으로 보여진다.

2. 민사소송을 지배하는 법원리

(1) 신의성실의 원칙

민사소송법 제1조는 민사소송의 이상과 신의성실의 원칙이란 표제 아래 제1항 '법원은 소송절차가 공정하고 신속하며 경제적으로 진행되도록 노력하여야 한다.' 제2항 '당사자와 소송관계인은 신의에 따라 성실하게 소송을 수행하여야 한다.'고 규정하고 있다. 신의칙에 위반한 소의 제기는 권리보호이익이 없으므로 부적법 각하하고, 신의칙에 위반하는 소송행위는 무효이다. 신의칙위반의 소송행위를 간과하고 내려진 판결은 당연무효라고 할 수 없다. 판결의 확정 전에는 상소를 다툴 수 있고, 확정 후에는 재심으로 다툴 수 있다할 것이다. 확정판결에 집행문이 부여되어 집행까지 나아간 경우에는 확정판결에 의한 권리라고 하더라도 신의에 좇아 성실히 행사되어야 하고 그 판결에 기한 집행이 권리남용이 되는 경우에는 허용되지 않는 것이므로 집행채무자는 청구이의의 소에 의하여 그 집행의 배제를 구할 수 있다(대법원 2004다17436). 집행이 종료된 후에는 손해배상이나 부당이득반환으로 다투어야 할 것이다.

(2) 당사자대등주의

소송과정에서 당사자에게 대등한 공격·방어의 기회를 주어야 한다는 원칙을 뜻한다. 쌍방심리주의, 무기대등의 원칙이라고도 표현한다. 변론기일을 당사자 모두에게 알리고, 기일 당일 양 당사자가 출석하여 공평한 변론의 기회를 부여받아야 정상적인 민사소송이라 할 수 있다.

(3) 공개주의

변론, 증거조사, 판결 등 민사소송의 과정은 원칙적으로 공개되어야 한다는 것을 공개주의라 한다. 민사소송법 제153조는 변론조서의 형식적 기재사항을 규정하고 있는데, 동조 5호는 '변론의 공개 여부와 공개하지 아니한 경우에는 그 이유'라고 규정하고 있다. 즉 변론의 공개 여부는 변론조서의 필수적 기재사항인 것이다. 법원조직법 제57조 제1항 단서는 선량한 풍속을 해칠 염려가 있는 경우에는 결정으로 공개를 정지할 수 있도록 하고 있다.

(4) 직접주의

민사소송법 제204조는 '판결은 기본이 되는 변론에 관여한 법관이 하여야 한다. 법관이 바뀐 경우에 당사자는 종전의 변론결과를 진술하여야 한다. 단독사건의 판사가 바뀐 경우에 종전에 신문한 증인에 대하여 당사자가 다시 신문신청을 한 때에는 법원은 그 신문을 하여야 한다. 합의부 법관의 반수 이상이 바뀐 경우에도 또한 같다'고 하여 직접주의를 명문으로 규정하고 있다.

(5) 처분권주의와 변론주의

민사소송법 제203조는 '법원은 당사자가 신청하지 아니한 사항에 대하여는 판결하지 못한다'고 하여 처분권주의를 명문으로 규정하고 있다. 그러나 변론주의는 민사소송법에 근거조문이 없다. 변론주의(辯論主義)란 재판의 기초가 되는 사실의 주장과 그에 대한 증거의 수집·제출을 당사자에게 맡긴다는 것을 의미한다. 사실과 증거의 수집 및 제출에 대한 책임이 당사자에게 있으므로, 당사자가 수집하여 변론에서 제출한 소송자료만이 재판의 기초가 되어야 한다. 그러나 소송자료의 가치에 대한 평가나 재판에 적용되는 법률 및 경험법칙의 적용 및 해석은 법원의 업무이고, 이에 대한 당사자의 주장은 법원을 구속하지 않는다. 변론주의에 전적으로 의존할 경우 당사자 사이의 능력 차이에서 발생하는 문제점이 있을 수밖에 없는데, 변론주의를 핑계로 재판의 적정을 도모하지 않는 것은 국가가 비용을 들여 민사소송제도를 둔 취지에 정면으로 반하는 것이므로 민사소송법은 법원의 석명권(제136조), 변호사 선임명령(제144조), 보충적인 직권증거조사(제292조) 등 방법을 동원하여 재판의 적정을 도모한다. 변론주의 하에서 당사자가 분쟁의 중요한 사실관계를 주장하지 않으면 자기에게 이익되는 법률판단을 받지 못하는 당사자의 위험 내지 불이익을 주장책임이라고 한다. 변론주의 하에서 법원은 당사자가 변론에서 제출한 것에 한하여 판결의 기초로 할 수 있으므로 당사자가 변론에서 주장하지 아니하면 법원은 알고 있는 사실도 존재하지 않는 것으로 다루어야 한다. 따라서 이러한 주장책임은 변론주의에만 특유한 제도이다. 한편, 행정소송법 제26조는 보충적으로 직권탐지주의를 규정하고 있기 때문에 그 한도 내에서는 주장책임이 완화될 수 있다. 변론주의가 인정되는 범위 내에서는 중요 사실관계의 주장이 있어야 비로소 소송자료가 마련되고 입증의 문제도 생긴다. 따라서 주장책임은 논리적, 시간적으로 입증책임에 선행하는 관계에 있다. 또한 양자는 그 분배원칙에 있어서도 일치하고 있다. 즉, 주장책임의 대상 및 범위는 원칙적으로 입증책임의 그것과 일치한다. 주장책임은 원칙적으로 독자적인 규정을 갖지 않고 입증책임에 관한 규정에 의해 보충되며 입증책임의 규정에 따라 결정된다. 따라서 주장책임에 관하여도 입증책임에 상응하는 학설의 대립이 있으나 통설인 법률요건분류설에 따르면 권리주장자가 권리근거규정의 요건사실에 대해 주장책임을 지며, 권리주장의 상대방은 권리장애, 권리멸각, 권리저지 규정의 요건사실에 대해 주장책임을 진다. 행정소송에 있어서는 특단의 사정이 있는 경우를 제외하면 당해 행정처분의 적법성에 관하여는 당해 처분청이 이를 주장·입증하여야 할 것이나,

행정소송에 있어서 직권주의가 가미되어 있다고 하여도 여전히 당사자주의, 변론주의를 그 기본 구조로 하는 이상 행정처분의 위법을 들어 그 취소를 청구함에 있어서는 직권조사사항을 제외하고는 그 위법된 구체적인 사실을 먼저 주장하여야 한다(대법원 98두20162).

(6) 입증책임(증명책임)의 분배와 자유심증주의

입증책임(증명책임)에 관한 민사소송법 규정은 없다. 민사소송은 소송당사자가 주장하는 법률효과를 발생시키는 법률이 정하는 요건에 대한 법원의 판단을 의미한다. 입증책임이란 소송상 어느 사실관계의 존부가 확정되지 않을 때 당해 사실이 존재하지 않는 것으로 취급되어 법률판단을 받게 되는 당사자 일방이 위험 또는 불이익을 받는 것을 말한다. 이러한 입증책임은 변론주의뿐만 아니라 직권탐지주의에서도 의미를 갖는다. 민사소송에서의 입증책임은 바로 법률이 정하는 요건의 근거가 되는 사실을 증명할 소송당사자의 책임을 뜻하는 것이다. A가 B를 상대로 대여금의 반환을 구하는 소송을 제기한 경우 A에게 B가 돈을 빌려갔다는 사실에 대한 입증책임이 있다. A가 입증을 하지 못하면, A는 소송에서 패소한다. 그런데 B가 돈을 빌렸는데 갚았다고 주장하는 경우 돈을 갚았다는 사실에 대한 입증책임은 B에게 있고, B가 이를 입증하지 못하면 B는 패소하고, A가 승소한다. 입증책임은 법원이 심리를 끝낸 다음에 문제되는 것이다. 즉 재판 과정에서 소송당사자는 자신에게 유리한 증거를 제출하여야 하고, 법원이 심리에 부족하다고 판단하지 않으면 입증책임의 부담 문제는 등장할 필요가 없는 것이다. 민사소송에서 입증책임이 있는 자가 입증을 하지 못하면 그로 인한 불이익은 그가 져야 하므로, 민사소송에서 누가 입증책임을 지느냐는 매우 중요한 것이다. 이를 '입증책임의 분배'의 문제라 한다. 통설과 판례는 법률요건분류설에 따라 입증책임을 분배한다.

〈참고〉 행정소송에서도 법률요건분류설에 의한다. '민사소송법의 규정이 준용되는 행정소송에 있어서 입증책임은 원칙적으로 민사소송의 일반원칙에 따라 당사자간에 분배되고 항고소송의 경우에는 그 특성에 따라 당해 처분의 적법을

주장하는 피고에게 그 적법사유에 대한 입증책임이 있다 할 것인바 피고가 주
장하는 당해 처분의 적법성이 합리적으로 수긍할 수 있는 일응의 입증이 있는
경우에는 그 처분은 정당하다 할 것이며 이와 상반되는 주장과 입증은 그 상대
방인 원고에게 그 책임이 돌아간다고 할 것이다.' (대법원 1984. 7. 24. 선고
84누124 판결)

법률의 규정을 권리근거규정(계약의 성립), 권리장애규정(계약의 무효사유),
권리멸각규정(변제, 공탁, 소멸시효완성), 권리저지규정(기한, 정지조건, 동시이행항변
권)으로 나누고 그에 따라 입증책임을 분배하는 것이 법률요건분류설이다.
법률요건은 일정한 법률효과 발생을 목적으로 하는데, 법률효과는 권리 측면
에서 보면 권리의 발생, 행사, 저지, 소멸로 작동하고, 동시에 의무 측면에서
는 의무의 발생, 이행, 저지, 소멸로 작동한다. 법률요건분류설에 따르면 권
리관계의 발생, 행사, 저지, 소멸의 법률효과를 주장하는 사람은 이것을 직
접 규정하는 법률의 요건사실에 대한 입증책임을 진다. 법률요건분류설은
당사자가 자기에게 유리한 법규의 요건사실의 존부에 대해 입증책임을 지는
것으로, 소송요건의 존부는 원고에게 유리하므로 원고가 입증책임이 있고,
다음으로 본안문제에서는 권리의 존재를 주장하는 자가 권리근거규정의 요
건사실을, 권리의 존재를 다투는 상대방이 권리장애, 권리멸각, 권리행사저
지사실을 입증해야 하는 것을 말한다.

〈참고〉 소송요건은 원칙적으로 법원의 직권조사사항이지만 법원의 직권조사를
통해서도 그 존부가 불분명할 경우 그 존재는 원고에게 유리한 것이므로 최종
적으로 원고에게 입증책임이 있다.

법률 규정의 但書조항이나 법류규정에 이어진 別項에서 정한 법률효과를
다투는 자가 입증책임을 진다. 추정(推定) 규정이 있는 때에는 그 추정을 깨려
는 자가 추정되는 사실의 반대사실에 대한 입증책임이 있다. 점유계속의 추정
(민법 제198조), 점유의 적법추정(민법 제200조), 구분소유물의 공유추정(민법 제215
조 제1항), 경계표의 공유추정(민법 제239조), 조합 업무집행자의 대리권추정(민법
제709조), 부부 공유재산의 추정(민법 제830조 제2항), 부의 친생자추정(민법 제844
조) 등이 그 예이다. 자동자손해배상보상법 제3조는 가해자가 과실없음을 입증

하도록 하고 있는데, 이를 민법 제750조 일반불법행위책임의 경우 피해자가 가해자의 고의·과실을 입증하여야 하는 것과 대조하여 입증책임의 전환이라 한다. 민사소송법 제202조는 '법원은 변론 전체의 취지와 증거조사의 결과를 참작하여 자유로운 심증으로 사회정의와 형평의 이념에 입각하여 논리와 경험의 법칙에 따라 사실주장이 진실한지 아닌지를 판단한다'고 하여 자유심증주의를 명문으로 규정하고 있다. 자유심증주의는 증거조사로 얻은 증거자료를 어느 정도까지 주요사실의 인정에 반영할 것인가 하는 증거력 평가를 법관의 자유에 맡기는 것이다. 그러나 자유심증주의가 증거조사 결과를 벗어난 법관의 자의적인 판단까지 허용하는 것은 아니고, 법관은 어디까지나 주어진 증거조사의 결과에 기초한 논리와 경험법칙에 따라야 한다. 증거조사의 결과에 대한 법관의 확신은 일체의 의심조차 생기지 않는 자연과적적 확신이 아니라 경험법칙상 고도의 개연성이 있다고 인정되는 수준의 확신이면 족하다.

Ⅲ. 민사소송절차의 종류

1. 소송과 비송

(1) 소송절차

소송절차는 대립되는 당사자가 존재하며, 공개주의와 쌍방심리주의 등 엄격한 심리방식을 통해 판결이 내려지는 절차이다. 민사소송의 기본적인 모습은 소송절차이다.

(2) 비송절차

사례 6 (비송절차)

'강아지'라는 이름 때문에 친구들로부터 놀림을 받아 이름을 고치고 싶은데, 어떠한 절차를 밟아야 하는가?

비송사건이라 함은 글자의 의미 그대로, 민사사건 가운데 복잡한 소송절차로 처리하지 않는 사건을 말한다. 위 사례처럼 성명정정 등 가족관계부나 등기관련 사건이 여기에 속한다.

사회가 복잡해지면서 소송절차의 엄격한 심리방식보다 간편한 심리방식에 의해서도 분쟁을 처리해야 할 사건이 증가하는 추세에 있는데, 이를 '소송의 비송화'라고 한다.

2. 민사소송절차의 종류

민사소송은 크게 통상소송절차와 특별소송절차로 구분할 수 있다. 전자는 판결절차와 집행절차로 나누어진다. 후자는 심리방식, 판결 및 집행에서 일반 민사사건보다 간편하게 해결할 수 있도록 법률에 의해 인정된 절차를 말하며, 소액사건절차와 독촉절차와 같은 간이소송절차, 가사소송절차 및 도산절차가 이에 속한다.

(1) 통상소송절차

가. 판결절차

판결절차는 재판에 의하여 사법적 법률관계를 확정하는 절차이며, 소에 의해 개시되며 법원의 종국판결에 의해 종료된다. 좁은 의미에서의 민사소송이라고 함은 판결절차만을 의미한다. 판결절차는 다음과 같이 분류할 수 있다.

첫째, 심급(審級)에 따른 분류이다. 즉 제1심절차, 제2심인 항소심절차, 제3심인 상고심절차로 구분할 수 있다.

둘째, 심리의 난이도에 따른 분류이다. 제1심절차 가운데 심리의 난이도에 따라 지방법원 합의부의 절차와 지방법원 단독판사의 절차로 구분할 수 있다. 또한 2억원 이하의 사건은 단독판사의 관할이다. 또한 3,000만원 이하의 소액사건은 소액사건심판법에 의한다.

나. 강제집행절차

강제집행이라 함은 채권자의 신청에 의하여 국가의 집행기관이 채권자를 위하여 집행권원(執行權原)에 표시된 사법상 이행청구권을 국가권력에 기하여 강제적으로 실현하는 법적 절차를 말한다. 그리고 '집행권원'이라 함은 확정된 판결, 화해조서, 조정조서 등 강제집행을 할 수 있는 법적인 근거를 말한다. 2002년 7월 1일부터 민사소송법에서 집행편을 분리하여 단행법인 민사집행법을 제정하여 시행하고 있다.

판결절차는 권리 또는 법률관계의 존부확정, 즉 청구권의 존부에 관한 관념적 형성을 목적으로 하는 절차이다. 이에 반해 강제집행절차는 권리의 강제적 실현, 즉 청구권의 사실적 형성을 목적으로 하는 절차이다. 양자는 밀접한 관계는 있지만, 전자는 심리의 공평 및 신중이 요청됨에 반하여, 후자는 신속하게 확실한 권리실현과 채무자의 이익보호가 요청된다. 따라서 양자는 별개의 독립된 기관이 관장하는 독립된 절차이며, 후자는 전자의 속행도 아닐뿐더러 그 일부도 아니다. 그렇다고 모든 민사집행에 판결절차가 반드시 선행하는 것은 아니다. 예컨대 공정증서, 조정조서, 과태료의 재판에 관한 검사의 집행명령 등에 의하여도 강제집행을 할 수 있다.

다. 판결절차의 부수절차

(가) 증거보전절차

사례 7 (증거보전절차)

갑은 을에게 5,000만원을 빌려주었으나, 을은 약속한 날짜에 돈을 갚지 않고 있다. 소를 제기하려고 준비하다가 보니 차용증서를 받지 않았다. 다행히 돈을 빌려 준 현장에 유일한 목격자로 병이 있었지만, 교통사고를 당하여 생명이 위독한 지경에 있다. 병이 죽으면 갑은 소를 제기해 보아야 패소할지도 모르는 상황이다. 갑은 어떻게 하면 좋은가?

증거보전절차라고 함은 본소송에서 정상적인 증거조사를 할 때까지 기다리고 있다가는 조사가 불가능하게 되거나 곤란하게 될 염려가 있는 경우, 소송계속(소장 부본이 피고에게 송달된 시점을 의미한다) 전 또는 소송계속중에 특정의 증거를 미리 조사하여 본소송에서 사실인정에 이용하기 위한 증거조사방법이다. 예컨대 타인의 저서나 음반을 불법으로 복사 또는 복제하는 가게에 대해 판매하는 상황을 소 제기 전에 미리 현장검증신청을 하는 경우이다.

증거보전절차는 입증하기 곤란한 사건인 경우 승소하기 위해 미리 조치해야 할 절차이며, 특히 의료과오소송·특허소송에 관련된 분야에 많이 이용될 수 있다. 증인신문 등 모든 증거조사에 이용된다.

위 사례의 경우 갑은 병을 증인으로 하여 법원에 증거보전신청을 하면 되고, 병으로부터 갑이 을에게 돈을 빌려준 현장을 목격하였다는 사실을 증인신문조서를 작성하면 본소송에서 증인신문조서와 동일한 효력이 인정된다.

<소송비용액 확정절차>

실무상 소송비용 부담의 재판은 이를 부담할 당사자 및 그 부담비율만을 정할 뿐, 구체적인 액수까지 확정하는 예는 거의 없다. 소송비용액 확정절차는 이와 같이 소송비용 부담을 재판에 의해 소송비용액 상환청구권의 존재와 그 액수를 정하는 것을 말한다. 소송비용에는 인지대와 송달료 등 재판비용과 변호사비용 등 소송수행을 위해 자신이 지출한 비용인 당사자비용이 있다. 이러한 소송비용액은 제1심 수소법원에서 재판이 확정된 후, 당사자의 신청에 의하여 결정으로 정한다.

(나) 민사집행의 보전절차

확정판결이 있기까지 많은 시간이 걸리므로 그 전에 채무자가 자신의 재산을 처분해 버리면 소송은 헛수고가 되고 만다. 채무자의 재산을 미리 확보하는 것(이를 책임재산의 보전이라고 함)이 승소하는 것보다도 더 중요하다고 할 수 있다. 따라서 소송을 하기 전이나 소송계속중이더라도 미리 채무자의 책임재산을 확보하는 것이 중요하다. 채무자의 재산보전에 관한 절차를 '보전소송'이라고 하며, 여기에는 '가압류' 및 '가처분절차'가 있다.

ㄱ. 가압류절차

사례 8 (가압류절차)

　　갑은 을에게 5,000만원을 빌려주었으나, 을은 약속한 날짜에 돈을 갚지도 않았다. 갑은 어쩔 수 없이 소를 제기하려고 한다. 현재 을에게는 재산이라고는 주택 한 채뿐인데, 을이 이 집을 소송 전에 팔지도 모른다는 생각이 들었다. 갑은 어떻게 하면 좋은가?

　　가압류라 함은 채무자가 재산을 은닉 또는 처분할 염려가 있는 경우, 금전채권 또는 금전으로 환산할 수 있는 채권에 관하여 장래에 그 강제집행을 보전할 목적으로 미리 채무자의 재산을 압류하여 그 처분을 하지 못하도록 막는 제도이다. 가압류할 수 있는 채무자의 재산은 동산·부동산 및 채권(예: 임금청구채권 등) 등 어느 것이든 상관이 없다.

　　위 사례의 경우 갑은 소 제기 전이나 소송중에 동산·부동산이나 채권에 대해서 가압류신청을 하면 된다. 그리고 신청법원은 부동산의 경우는 부동산 소재지 법원이나 본안소송의 법원(을의 주소지법원이나 갑의 주소지법원)에 신청하면 된다.

ㄴ. 가처분절차

　　가처분이라 함은 금전채권 이외의 다툼이 있는 물건, 즉 '계쟁물'의 인도나 권리(또는 법률관계)에 관하여 확정판결에 따른 강제집행을 보전하기 위한 집행보전제도이다. 여기에는 다툼의 대상(계쟁물)에 관한 가처분과 임시의 지위를 정하는 가처분이 있다. 전자는 비금전채권의 보전을 목적으로 함에 반해, 후자는 본안판결이 날 때까지의 법률관계의 불안정을 배제하고 급박한 위험을 방지하기 위하여 잠정적으로 법적 지위를 정하는 절차이다.

　　여기서 주의할 점은 신청법원이다. 앞서 언급한 가압류의 경우에는 가압류할 물건의 소재지 법원이나 본안의 관할법원이지만, 가처분의 경우에는 원칙적으로 본안사건을 관할하는 법원이다. 이러한 차이를 둔 이유는 가압류가 가처분에 비해 심리가 비교적 간단하기 때문이다.

a) 다툼의 대상에 관한 가처분

사례 9 (다툼 대상의 가처분))

갑은 을의 주택을 2억원을 주고 구입하기로 하고 계약금, 중도금 및 잔금까지 모두 주었다. 그러나 을은 등기를 이전해 주지 않고 등기이전에 필요한 절차를 차일피일 미루기만 하고 있다. 갑은 을이 다른 사람에게 팔지도 모른다는 불안한 생각이 들었다. 이 경우 갑이 할 수 있는 법적 조치는?

채권자가 금전 이외의 물건이나 권리를 대상으로 한 청구권을 가지고 있는 경우, 민사집행을 할 때까지 계쟁물을 채무자가 처분하거나 멸실되는 등 법률적·사실적 변경이 생기는 것을 방지하고자 그 계쟁물의 현상을 동결시키는 집행보전제도를 말한다. 장래의 집행을 보전하기 위해서 특정물의 현상을 현재대로 유지시키고, 채무자에게 처분을 금지시키고 보관시킬 필요가 있는 경우에 계쟁물에 대한 가처분이 인정된다.

일반적으로 처분금지가처분과 점유이전가처분을 많이 이용하고 있다. 다만, 금전채권에 대해서는 가처분이 허용되지 않는다.

가압류와 다툼이 대상에 관한 가처분은 장래 물건에 대한 집행에 대한 집행을 보전하기 위한 점에서는 공통점이 있다. 그러나 다툼의 대상에 관한 가처분은 특정물이지만, 가압류는 금전채권만을 보전하기 위해 채무자의 재산 가운데 동산·부동산 및 채권 등 어느 것이라도 상관이 없다는 점에서 차이가 있다.

위 사례의 경우 갑은 소를 제기하기 전에 법원에 '부동산처분금지가처분'을 신청하여 부동산처분금지가처분결정을 받아 해당부동산의 등기부에 처분금지기입등기를 하면 된다. 만일 이후에 을이 제3자에게 위 부동산을 팔아 등기까지 해 주었다 하더라도 갑은 소유권이전등기 청구소송을 통하여 등기말소할 권리가 생긴다. 또한 을이 다른 사람에게 집을 임대해 줄 염려가 있을지도 모르니 점유이전가처분까지 함께 받아 두면 더욱 좋다. 이때의 신청법원은 부동산소재지 법원이나 을의 주소지 법원 및 갑의 주소지법원이 된다.

b) 임시지위를 정하는 가처분

사례 10 (임시지위를 정하는 가처분)

갑은 어느 날 아무런 이유없이 회사로부터 해고를 당하였다. 후에 그 이유를 알아보니 자신의 부인 을이 갑이 다녔던 회사는 매판자본의 회사 내지 친일파 후손이 세운 회사라고 비방한 글이 문제가 되었음을 알게 되었다. 갑은 부인이 한 자유기고와 그동안 성실히 회사에 근무한 것과 아무 상관이 없다고 주장하였지만, 회사의 답변은 냉담할 뿐이었다. 갑은 어떻게 하면 좋은가?

당사자간에 현재 다툼이 있는 권리 또는 법률관계가 존재하고 그에 대한 확정판결이 있기까지 현상의 진행을 그대로 방치한다면 권리자가 현저한 손해를 입거나 또는 소송의 목적을 달성하기 어려운 경우에 그로 인한 위험을 방지하기 위해 잠정적으로 법률관계에 관하여 임시의 조치를 취하는 보전제도를 말한다. 예를 들면 해고무효를 주장하는 근로자에게 임시로 그 회사사원의 지위를 인정하여 임금을 계속적으로 지급하라는 가처분결정이나 건물인도청구권을 본안의 권리를 가지고 있는 사람에게 임시로 그 건물점유자의 지위를 인정하는 경우 등이다. 청구권 보전을 위한 가압류나 다툼의 대상에 관한 가처분과는 달리 이 경우에는 보전하고자 하는 권리 또는 법률관계를 묻지 아니한다. 최근에 부인에게 폭행을 자주하는 남편에 대해 안방출입금지 가처분, 개 사육금지 가처분 등 희귀한 가처분 사건도 있었다.

위 사례의 경우 갑은 임시지위를 정하는 가처분을 신청하여 가처분결정을 받아두면 월급을 계속 받을 수 있다.

(2) 특별소송절차

가. 간편한 소송절차

(가) 소액사건심판절차

사례 11 (소액사건심판절차)

갑은 을에게 3,000만원을 빌려주었으나, 을은 약속한 날짜에 돈을 갚지도 않고 있다. 소송를 통해 돈을 받으려고 하는데 민사소송 가운데 간편한 절차는?

소송목적의 값(2002년 개정 전의 용어로는 소가(訴價)라고 하였다)이 3,000만원 이하의 금전 또는 그 밖의 대체물 또는 유가증권의 일정한 수량의 지급을 구하는 사건은 '소액심판법'이라는 법에 의해 적용을 받는다. 민사소송절차보다 매우 간편한 절차에 의해 해결되며, 그 차이점은 다음과 같다.

첫째, 민사소송은 원칙적으로 소장을 작성하여 제출하도록 되어 있으나, 소액사건은 구술 제소나 양 당사자가 법원에 임의 출석하여 간편하게 제소할 수 있는 '임의출석제'를 채택하고 있다(구술제소나 임의출석은 실제로 거의 행해지지 않고 있다). 물론 직접 소장을 작성해도 무방하다.

둘째, 절차의 신속화를 위해 소액사건은 제소 후 지체없이 변론기일을 정하고, 원칙적으로 1회의 변론기일로 심리를 종결하도록 하였다.

셋째, 판결의 선고도 일반 민사소송에서는 변론종결일 2주일 이내에 하도록 되어 있지만, 소액사건은 변론종결 후 즉시 할 수 있다.

넷째, 당사자가 직접 소송을 할 수 있지만, 당사자가 바쁘면 당사자 이외 당사자의 배우자·직계혈족·형제자매가 법원의 허가 없이도 소액사건의 경우에 한하여 대신 소송을 할 수 있다. 그리고 당사자가 소를 제기한 후 외국출장을 간 경우, 위의 사람이 당사자 대신 법정에 출석하여 소송대리를 할 수 있다.

다만, 이러한 소액사건은 제1심에 한한다는 것을 주의하여야 하며, 위 사례의 경우 소액사건으로 신청하면 빨리 판결을 받을 수 있다.

(나) 독촉절차

사례 12 (독촉절차)

갑은 을에게 3,000만원을 빌려주었으나, 약속한 날짜에 돈을 갚지도 않고 언제 주겠다는 말도 하지 않고 있다. 소송을 통해 돈을 받으려고 하는데, 다행히 차용증서를 받아 두었다. 민사소송보다 간편한 절차는?

독촉절차라 함은 금전 기타 대체물이나 유가증권의 일정한 수량의 지급을 채권자가 법원에 신청하는 절차를 말하며, 법원은 채무자를 심문하지 않고 채권자가 제출한 서류만으로 심사하여 채무자에게 지급하라는 명령을 내리는데, 이를 '지급명령'이라고 한다. 지급명령이 있으면 바로 민사집행을 할 수 있으므로 매우 간편한 약식의 분쟁해결절차이므로, 주로 대여금·매매대금 및 임대료청구에 많이 활용할 수 있다.

지급명령의 신청은 채무자의 주소지나 채무자의 근무지, 채무자의 영업소 소재지의 법원(시군법원 포함)에 신청서를 제출하면 된다. 3,000만원 이하의 소액사건을 지급명령으로 신청하는 것도 가능하며, 금액에는 상관이 없다.

지급명령에 관해 채무자가 이의가 있으면 지급명령을 송달받은 날로부터 2주일 이내에 이의신청을 할 수 있고, 적법한 이의신청인 경우 지급명령은 그 효력이 상실되고 일반 민사소송절차로 옮겨진다.

위 사례의 경우, 채권자 갑은 차용증서가 있으므로 법원에 지급명령을 신청하여 바로 민사집행을 할 수 있다.

나. 가사소송절차

가사소송은 '가사소송'과 '가사비송'으로 구분된다. 전자는 가사소송법의 적용을 받으며, 후자는 비송사건절차법의 규율을 받는다. 전자의 대표적인 경우는 이혼사건이고, 후자는 실종선고 등의 사건이다.

가사소송사건과 일반 민사사건과의 한계는 사법적 법률관계 가운데 가사소송법 제2조에 속하는 사건은 가사소송사건이고, 그 밖의 사건은 일반 민사소송으로 보아야 한다.

다. 도산절차

사례 13 (도산절차)

　　간호사인 갑은 사업을 하는 친정오빠 을의 빚보증을 섰다. 을이 사업에 실패하자, 갑은 다니던 직장을 그만두고 받은 퇴직금까지 빚으로 갚았지만, 다 갚지 못하고 앞으로도 갚을 수 있는 방법이 전혀 없게 되었다. 이 경우 법적으로 할 수 있는 조치는?

　　채무자가 도산하여 책임재산이 불충분한 경우, 채권자들이 서로 경쟁하여 서둘러 만족을 얻으려 하면 혼란이 발생한다. 이러한 혼란을 막고자 법원이 '파산관재인'을 선임하여 모든 채권자에게 그 채권액에 비례하여 공평하게 배분하는 절차가 있는데 이를 '도산절차'라고 하며, 이에 관한 법으로서 '채무자회생 및 파산에 관한 법률'이 있다. 민사집행은 개별집행을 의미하지만, 도산절차는 일반집행 또는 포괄집행이라고 한다.

<민사소송절차의 종류>

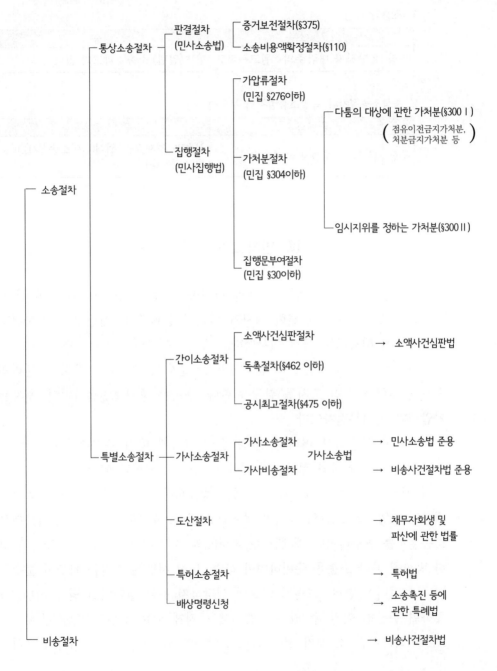

<쟁점>

1. 소송과 비송

	소송	비송
특징	2 당사자 대립주의 : 원고↔피고	편면(일변) 소송 : 피고가 없다

2. 통상소송절차와 특별소송절차의 차이점

	통상소송절차	특별소송절차
특징	판결과 집행절차 및 부수절차	신속과 경제적을 위해(간이소송절차),비공개(가사소송)

IV. 민사소송의 기본요소

권리를 침해당한 사람이 소송을 결심하였다면 다음을 고려하여야 한다.

첫째로 소송보다 간편한 절차가 있는지 살펴본다. 예컨대, 소액사건과 독촉절차에 해당하는 사건 여부이다.

둘째로 소송 전에 반드시 준비해야 할 절차 및 승소를 전제로 한 권리의 확보에 대한 법적인 조치를 취해야 한다. 전자는 증거보전절차이며, 후자는 가압류와 가처분절차이다.

그리고 복잡하고 어려운 민사소송의 절차에 대해 준비해야 한다.

앞서 언급한 바와 절차법인 민사소송법은 실체법과 달리 계약자유의 원칙이 지배되지 않고, 절차의 안정성을 중요시하여 어느 누구에게나 똑같이 적용되는 엄격한 소송의 방식이 적용되고 있다. 따라서 당사자들이 마음대로 소송절차를 변경하거나 배제할 수 없다(임의소송 금지의 원칙). 엄격한 법률에 정한 방식에 따라 소송을 준비하여야 하며, 특히 서면은 기일을 반드시 준수하여 제출하여야 한다. 그렇지 않으면 생각하지 못한 불이익을 받게 되며, 자칫하면 충분히 이길 수 있는 소송인데도 지게 되는 경우가 종종 있다.

이하에서는 소 제기 전에 반드시 알아야 할 사항인 소의 3가지 구성요소, 즉 법원, 당사자 및 소송물에 대해서 간단히 언급하겠다.

쟁점

(1) 법원(대법원,고등법원,지방법원) : 관할의 문제
(2) 당사자(원고와 피고)
(3) 소송물: 원고는 소장에 자신이 청구하는 내용을 어떻게 기재하여야 하는가?

---

1. 당사자

(1) 2당사자 대립주의

민사소송은 권리자가 의무자를 상대로 소를 제기함으로써 시작된다. 원칙적으로 적어도 2명이 있어야 하며, 서로 입장이 반대에 있다. 이를 2당사자 대립주의라고 한다. 이러한 원칙을 채택한 이유는 자신의 권리는 자신이 가장 잘 주장할 것이라는 인간의 이기심을 이용한 것이다. 사법적 법률관계의 분쟁에 대해 국가가 일일이 나서서 해결한다는 것은 불가능한 일이며, 설사 국가가 나서서 해결한다고 하더라도 당사자들보다는 사실관계에 대해 잘 파악하기가 힘들다. 이에 반해 실체적 진실발견을 위한 형사소송은 국가가 적극적으로 나서야 한다.

민사소송은 원칙적으로 2당사자 대립주의이지만, 피고가 없는 소송도 있다. 이를 편면소송(片面訴訟)이라고 하며, 가족관계부 소송(성명정정, 연령정정 등)과 같은 비송사건이 대부분 여기에 속한다. 또한 삼면소송(三面訴訟)의 존재 여부에 대해서는 논란이 있으며, 독립당사자참가소송이 그 대표적인 예이다.

민사소송에서 소를 제기하는 사람을 '원고'(原告)라 하고, 그 상대방을 '피고'(被告)라고 한다. 이러한 원고와 피고를 민사소송에서는 당사자라고 한다. 소를 제기하는 사람(즉 원고)은 누구를 상대로 소송할 것인가를 반드시 정해야 한다. 원고인 경우는 드물지만, 이따금 피고를 잘못 지정하거나 아무런 관련이 없는 사람을 상대로 소송을 하는 경우가 있다. 권리능력 없는 단체 또는 조합의 경우에서 많이 발생할 수 있다.

< '피고'와 '피고인'의 구별 >

피고는 민사소송의 용어이고, 피고인은 형사소송에서만 사용되는 것임을 주의. 또한 '공소' 또는 '공판'이라는 용어도 형사소송에서만 사용되는 용어이며, 여기에 대응하는 민사소송의 용어는 '제소'(소 제기) 또는 '재판'이라고 한다. 아울러 용어에 대해 한 가지 덧붙인다면 '소송제기'라는 말은 틀린 말이고, '소 제기'라고 해야 정확한 표현이다.

(2) 다수인의 소송참여(공동소송)

소를 제기할 때부터 또는 소송중에 타인이 소송에 참가하여 원고·피고 어느 쪽이든 여러 명이 소송을 하는 경우가 있다. 물론 원고와 피고 양쪽 모두 여러 명인 경우도 있다. 이를 공동소송이라고 한다. 실제 민사소송의 경우를 살펴보면 1 대 1 소송은 드물고, 공동소송의 형태가 많다고 할 수 있다. 공동소송의 유형으로는 권리 또는 의무관계가 함께 묶여 있어 반드시 같이 소송을 해야 하는 경우가 있는가 하면, 따로따로 소송을 해도 괜찮은 경우가 있다. 후자를 '통상 공동소송'이라고 하며, 전자를 '필수적 공동소송'이라고 한다. 전자는 소송도 반드시 같이 해야 하며 판결의 결과도 반드시 같아야 한다(이를 '합일확정'이라고 한다). 후자는 소송을 같이하지 않아도 되고, 또한 판결의 결과가 달라도 된다. 그리고 2002년에 선택적·예비적 공동소송이 생겼다.

(3) 소송대리인제도

현행 민사소송제도는 반드시 변호사를 통해서 소송할 필요는 없고, 본인이 직접 소송을 할 수 있다. 이를 '본인소송'이라고 한다. 다만, 타인에게 소송을 위임할 때는 원칙적으로 변호사에게만 할 수 있다. 그러나 예외적으로 소액사건 등에서는 변호사 이외의 자에게도 소송을 위임할 수 있다. 현재 본인소송의 비율이 압도적으로 많은 편이다.

2. 소송물 (소송의 객체)

(1) 소송물의 의의

원고가 피고를 상대로 소송을 할 경우, 무엇에 대해 청구할 것인가를 정해야 한다. 다시 말하자면 어떠한 내용을 청구할 것인가를 정해야 하며, 이를 '소송물'이라고 한다. 다른 말로 '소송의 객체', '소송상 청구'라고도 하며, 법원의 입장에서는 '심판의 대상'이라고 한다. 실체법상 청구는 상대방(의무자)에게 하지만, 소송상 청구는 법원에 하는 것이다.

원고가 소장을 작성할 때에는 어떠한 권리를 요구할 것인가, 또한 이러한 권리의 주장을 뒷받침할 수 있는 사실은 어떠한 것인가를 정해야 한다. 즉 원고는 소송상 청구를 특정해야 할 뿐만 아니라 소송의 자료(사실자료: 사실주장, 증거자료: 사실을 뒷받침하기 위한 증거)도 준비해야 한다. 소송의 목표와 이를 뒷받침할 수 있는 주장과 증거는 어떠한 내용이 있는지를 알아두고, 이를 정리하여 마련해 두어야 한다.

소장에 적은 청구취지가 바로 소송의 목표이며, 청구원인은 청구취지를 뒷받침할 수 있는 사실관계를 간략하게 적으면 된다. 예컨대 갑이 을한테 빌려준 돈 5,000만원을 청구하는 소를 제기할 경우, 청구취지에는 '을은 갑에게 금 5,000만원을 지급하라'를 적으면 된다. 그리고 청구원인에는 언제 빌려주기로 한 약속, 빌려준 사실, 언제 갚기로 한 사실 및 변제기간이 지났는데도 갚지 않았다는 사실을 적으면 된다.

원고에 의해 청구의 내용과 범위가 특정되며, 이를 '처분권주의'라고 한다. 따라서 원고는 소장을 작성할 때 자신이 무엇 때문에 소송을 하는지를 분명히 기재하여야 한다. 즉 공격의 목표를 분명히 정해야 한다. 그 이유는 법원은 자신이 청구하지 아니한 사항에 대해서는 아무런 판단을 해 주지 않는다. 예컨대 실제로 받을 금액은 1억원이지만, 5,000만원만 청구한 경우 설혹 법원에서 심리과정상 이를 알았다 하더라도 1억원의 판결이 아닌 5,000만원의 승소판결을 내려 줄 뿐이다.

원고가 정하는 소송물에 따라 '이행의 소', '확인의 소', '형성의 소' 등 소의 종류가 정해진다. 첫째, 이행의 소란 원고가 사법상 청구권의 존재에 의하여 피고에게 일정한 이행의무를 명하는 판결을 청구하는 소를 말한다. 대부분의 소가 여기에 해당된다. 둘째, 확인의 소란 권리 또는 법률관계의 존부를 확인하는 소를 말한다. 원고가 권리 등의 존재를 주장하는 경우를 적극적 확인의 소라 하고, 그 부존재를 주장하는 경우를 소극적 확인의 소라 한다. 보험회사가 제기하는 보험금부존재확인의 소가 후자에 해당한다. 셋째, 형성의 소란 소송물인 권리의 내용이 법률관계의 발생, 변경 또는 소멸을 가져오는 권리, 즉 형성권의 존재를 확정하고 이에 기인하여 법률관계의 변동을 선고하는 판결을 요구하는 소를 말한다. 이혼소송이 대표적인 사례이며, 이러한 소는 법률에 대부분 규정되어 있다.

(2) 소송물을 정하는 기준

그러면 소송물을 정하는 기준은 무엇인가? 오늘날까지 민사소송이론 가운데 가장 난해한 부분 중의 하나이다.

먼저 소송물이 왜 소송법상 중요한 의미를 가지는 것인가를 먼저 살펴보아야 한다. 예컨대 갑은 택시를 타고 가다가 상해를 입었다. 갑은 택시회사를 상대로 손해배상청구의 소를 제기할 경우, 실체법상 청구권이 2개가 발생한다. '채무불이행으로 인한 손해배상청구권'과 '불법행위로 인한 손해배상청구권'이다. 먼저 갑은 '채무불이행으로 인한 손해배상청구의 소'(승객을 안전하게 목적지에 데려다 줄 보호의무 위반)를 제기하였으나 패소하였다.

그러면 갑이 다시 불법행위로 인한 손해배상청구권을 청구할 수 있느냐가 문제이다.

첫 번째 소송과 두 번째 소송이 '다른 것'이냐 '같은 것'이냐가 쟁점이다. 다르다고 하는 이론에 의하면 다시 법원에서 심리하여 판결을 받을 수 있지만, 같다고 하는 이론에 의한다면 다시 심리할 필요가 없으며 소송법적으로는 '기판력의 존재로 인한 부적법 각하'라는 소송판결이 내려진다. 전자의 입장을 '구실체법이론'이라고 하며, 후자의 입장을 '소송물이론'이라고 한다.

구실체법이론에 의하면 소송물의 기준을 청구원인에 따라 정하자는 것이고, 신소송물이론에 따르면 청구취지에 따라 정하자는 것이다. 다만, 금전청구나 대체물의 소송인 경우에는 청구원인을 참작해야 한다고 하고 있다. 그리고 이러한 소송물은 소의 개시, 소송진행 및 소송종료 등 각 단계마다 중요한 쟁점이 되고 있다.

(3) 청구의 병합

원고가 피고에게 소송상 청구를 1개만 할 때에도 있지만, 청구가 여러 개인 경우도 있다. 이를 '청구의 병합'이라고 하며, 다른 말로 '소의 객관적 병합'이라고도 한다. 이에 대비하여 앞서 언급한 공동소송을 '소의 주관적 병합'이라고 한다. 소 제기시에 원고는 피고에게 한 개의 청구를 할 것인지 여러 개의 청구를 할 것인지를 결정해야 하지만, 그러나 반드시 소의 제기단계에서 여러 개를 청구할 필요는 없으며, 소송진행중에 추가할 수도 있다.

청구의 병합의 유형으로는 다음 세 가지 형태가 있다. 첫째로, 단순병합이며, A+B의 형태이다. 예컨대 금전지급청구와 건물인도청구 등 한꺼번에 여러 개의 청구를 신청하는 것이다. 둘째로, 선택적 병합이며, A or A'의 형태이다. 예컨대 불법행위로 인한 손해배상청구 또는 채무불이행으로 인한 손해배상청구를 하면서 둘 중에 어느 하나가 인정되면 소송의 목적이 달성되는 경우이다. 셋째로, 예비적 병합이며, A otherwise B의 형태이다. 주위적 청구(제1차적 청구)가 인정되지 않으면 예비적 청구(제2차적 청구)가 인정되는 경우이다. 예컨대 계약이 유효라면 매매대금의 지급을 구하는 청구를 하고, 만일 계약이 무효인 경우에는 이미 인도한 매매목적물을 반환청구하는 경우이다.

3. 법 원

원고가 피고와 소송물을 정하면 어느 법원에서 소송을 할 것인가도 고민이다. 전국에 많은 법원 가운데 어느 법원에 소장을 제출하는 것이 자기에게 유리한지를 고려하여야 한다. 이를 '관할의 문제'라고 한다.

소장을 법원에 잘못 접수시키면 핑퐁처럼 여기저기 여러 법원에 오가는 불편이 있다. 먼저 고려해야 할 관할의 문제는 '전속관할'이냐 '임의관할'이냐를 따져 보아야 할 것이다. 만일 사건이 전속관할에 해당한다면 반드시 해당법원에만 소장을 접수시켜야 할 것이다. 예컨대 서울에 거주하는 부부가 이혼소송을 제기하려면 반드시 서울가정법원에 소장을 제출해야만 한다.

그리고 토지관할을 생각하면 된다. 사건과 인적으로나 물적으로 중요한 지점이 있는 법원에 소장을 제출하면 된다. 예컨대 피고의 주소지나 목적물 소재지, 불법행위지의 법원이 관할법원이 되겠지만, 재산상의 소는 원고의 주소지 법원에서도 할 수 있다. 따라서 원고는 거리가 가까운 자기의 주소지 법원에 소장을 제출하는 것이 거의 대부분이다.

쟁점

(1) 소장의 필수적 기재사항이란?

(2) 소장의 기재가 잘못된 경우 재판장의 조치는?

(3) 피고의 주소가 잘못 기재된 경우 어떻게 할 것인가?

(4) 원고가 제소시 법원에 내야 할 인지대는?

(5) 피고가 답변서를 제때에 제출하지 않는 경우에는 어떻게 될 것인가?

---

(1) 소의 제기단계

1) 원고가 소장과 일정한 인지대를 법원에 납부함으로써 소송절차는 시작된다. 이때부터 소송은 개시된다(소송의 성립). 소장에는 당사자·법정대리인·청구취지 및 청구원인을 기재하여야 하며, 이를 '필수적 기재사항'이라고 한다. 이로써 당사자(원·피고)와 소송물이 정해진다.

〈참고〉 소송목적의 값을 소가라 한다. 소가는 사물관할을 정하는 기준이고, 인지액을 정하는 기준이다. 원고가 전부 승소할 경우에 받는 경제적 이익을 소가의 기준으로 한다. 소가산정의 기준에 관하여서는 민사소송 등 인지규칙이 정하고 있다. 소가의 산정은 소제기한 때를 표준으로 한다.

2) 재판장은 소장의 필요적 기재사항과 인지대를 심사한다. 만일 소장

의 필수적 기재사항이 흠결했거나 인지대가 부족한 경우 원고에게 보정명령을 내린다. 재판장의 보정명령에 응하지 않으면 재판장은 소장각하명령을 내린다.

3) 원고가 제출한 소장에 흠결이 없거나 보정명령에 따른 경우, 재판장은 소장 부본을 피고에게 지체없이 송달한다. 만일 피고의 주소가 잘못 기재되어 송달이 되지 않는 경우에는 재판장은 원고에게 주소보정명령을 내린다. 피고에게 소장 부본이 송달되었을 때, 비로소 원고, 법원 및 피고간의 삼면적 소송법률관계가 시작된다. 이를 '소송계속'이라고 한다.

4) 피고가 원고의 청구를 다투는 경우에는 소장 부본의 송달을 받은 날로부터 30일 내에 답변서를 제출하여야 한다. 이 기간 내에 답변서를 제출하지 않으면 원칙적으로 법원은 무변론판결을 할 수 있다.

(2) 소송요건의 조사단계

소가 적법하기 위한 요건을 '소송요건'이라고 한다. 구체적으로 소의 3가지 구성요소, 법원·당사자·소송물은 일정한 요건을 갖추어야 한다.

가. 재판권과 관할권

사례 14 (재판권·관할권)

대구에 거주하는 갑은 청주에 거주하는 을에게 2억원을 빌려주었으나, 변제일이 지나도 갚지 않고 있다. 갑이 제소할 수 있는 법원은?

법원은 재판권이 있어야 하며, 그리고 소장을 접수한 법원은 관할권이 있어야 한다. 재판권에서 주로 문제되는 것은 외국대사 등은 치외법권자이다. 우리나라의 재판권이 미치지 않으므로 이를 상대로 민사소송을 제기할 수 없다.

〈참고〉 재판권은 다음과 같은 2가지 의미가 있다. 첫째, 재판은 반드시 행정부나 입법부가 아닌 사법부인 법원에서 하여야만 한다. 둘째, 법관만이 재판을 하여야 한다. 만약 이를 위배하면 3권분립에 위배된다

관할권은 재판권의 분장관계(분담관계)를 정해 놓은 것을 말한다. 전국의 많은 법원 가운데 어느 법원이 재판권을 행사할 수 있느냐 하는 문제이다. 이에 관한 법이 '각급법원의 설치에 관한 법률'이다.

첫째, 심급관할이다. 지방법원(또는 지원, 시 및 군법원), 고등법원, 대법원의 구분이며, 1심, 2심 및 3심을 말한다.

<주의할 사항>
제1심의 지방법원 사건의 항소심이 고등법원이 아닌 경우도 있다. 예컨대, 2억원 이하의 지방법원 사건을 항소한 경우, 제2심은 고등법원이 아닌 지방법원 본원 합의부(항소부)이다. 예컨대 제1심이 서울동부지방법원의 단독사건인 경우, 제2심은 서울고등법원이 아닌 서울동부지방법원 항소부이다. 항소심 사건이 많아지는 것을 피하기 위함인데, 법규에 의하여 그 범위가 자주 바뀌고 있다.

둘째로, 사물관할이다. 지방법원 합의부(판사가 3명이다)와 단독판사의 관할을 정하는 것이다. 현재 소송목적의 값이 2억원(2015년 사물관할규칙이 개정되어 1억원에서 2억원으로 단독판사의 관할이 확대되었다.) 이하의 사건은 단독판사의 관할이고, 그 이상은 합의부 관할이다.

셋째로, 토지관할이다. 장소를 기준으로 정해 놓은 관할을 말하며, '보통재판적'과 '특별재판적'이 있다. 보통재판적은 사람이나 법인의 그 소재지를 기준으로 정해 놓은 것을 말하며, 모든 민사사건에서의 기준점이라 할 수 있으며, 피고를 기준으로 하고 있다. 특별재판적은 사건과 관련된 사람의 소재지나 물건의 소재지, 불법행위지 등 특수한 경우에 인정한 것을 말한다. 재판의 편의를 위해 인정한 것이다. 예컨대, 재산관계의 소송인 경우에는 원고의 주소지도 인정되므로 대부분 원고의 주소지에 제소하고 있다. 원고는 보통재판적 소재지 법원이나 특별재판적 소재지 법원 아무데서나 제소할 수 있다.

위 사례의 경우 갑은 보통재판적인 피고의 주소지인 청주지방법원이나 재산관계소송이므로 특별재판적인 원고의 주소지인 대구지방법원이고, 갑은 어느 법원이든 제소할 수 있다.

나. 당사자

　　신용카드 갑회사는 대학생인 을(만 18세)을 1,000만원 신용카드 대금청구
의 소를 제기하였다. 이 경우 을은 혼자서 소송을 수행할 수 있는가?

　　민사소송에서는 먼저 당사자가 누구인가를 정하여야 한다. 이를
'당사자확정'이라고 한다. 그 다음 원고와 피고, 즉 당사자는 '당사자능력',
'당사자적격' 및 '소송능력'이 있어야 한다.

　　당사자확정이라 함은 대부분 소장에 적힌 원고와 피고가 당사자이
지만, 소장에 적힌 사람과 실제로 소송을 수행한 사람이 다른 경우 누가 당
사자인가를 정하는 문제이다. 위 사례에서 을 대신에 을의 쌍둥이 형인 병
이 소송을 수행하였다면 피고가 을인가 병인가를 정하는 문제이고, 판례의
입장(표시설)은 을이다.

　　당사자능력은 민법상 권리능력에 대응하는 개념으로, 원고나 피고
가 될 수 있는 자격을 말한다. 다만, 민사소송법에서 권리능력보다 그 외연
이 넓다. 자연인과 법인, 권리능력 없는 사단과 재단이 당사자로 될 수 있
다. 소장에는 자연인인 경우에는 그 사람의 성명을 기재하며, 법인인 경우
에 법인 이름을 기재하면 된다. 또한 권리능력 없는 사단과 재단의 경우에
는 사찰이나 교회 이름 또는 유치원의 이름을 기재하면 된다.

　　당사자적격은 당사자로 되기에 적합한 경우를 말하며, 소송물과
밀접한 관련이 있다. 다른 말로 '소송수행권', '소의 주관적 이익'이라고 한
다. 즉, 분쟁의 대상과 전혀 관계없는 사람이 당사자로 된 경우, 이를 배제
시키기 위해 만든 개념이다. 소송법상의 독자적 개념이다.

　　소송능력은 민법상 행위능력에 대응하는 개념으로, 만 19세 이상
의 정상적인 지능을 가진 사람은 모두 소송능력자이다. 이러한 사람은 독
자적으로 소송을 수행할 수 있다. 이에 해당하지 않는 사람은 소송무능력
자라 하며, 법정대리인의 도움을 받아 소송을 수행해야 한다. 미성년자와

피성년후견인(2013년 7월 1일부터 시행된 개정민법에 따라 '금치산자'가 '피성년후견인'으로 변경되었다)이 이에 해당한다. 위 사례의 경우, 법정대리인의 도움을 받거나 법정대리인이 소송대리인인 변호사를 선임하여야 한다.

원칙적으로 당사자능력, 당사자적격 및 소송능력이 없는 자가 제소한 경우에는 부적법 각하된다.

다. 소의 이익

> **사례 16** (소의 이익)
>
> 종갓집 종손인 갑은 조상에 대한 봉제사는 우상숭배라며 거부하자, A종중은 갑의 행위는 가문의 수치이며, 조상에 대한 모독이라고 하면서 갑을 족보에서 제외하는 소를 제기하였다. 이 경우, 법원은 어떠한 판결을 해야 하는가?

일상생활의 분쟁을 모두 법원에서 판단한다면, 재판업무가 너무나 많아지게 된다. 그리하여 꼭 필요한 분쟁, 즉 소송할 만한 가치가 있는 민사사건만 법원에서 심판을 하는데, 그 기준을 '소의 이익'이라고 한다. 예컨대, '족보에의 등재금지 및 변경청구' 등은 소의 이익이 없어 부적법 각하판결을 내린다.

라. 요소 구비 요건

위의 3가지 요소 요건을 모두 갖추어야만 본안재판에 들어갈 수 있다.

(3) 본안심리단계

> **사례 17** (본안심리단계)
>
> 2019년 3월 1일 갑은 을에게 2억 원을 빌려주었으나, 변제일이 지나도 갚지 않자 갑이 소를 제기하였다. 이 소송에서 을은 갑으로부터 2억 원을 빌린 것은 사실이나, 2019년 7월에 모두 갚았다고 주장하였다. 이 경우 요증사실과 불요증사실은?

가. 변론절차(변론준비절차)

원고는 자신의 청구가 타당하다고 공격을 하고(공격방법), 이에 대해 피고는 방어를 한다(방어방법).

법원은 변론절차를 열어 소장·답변서·준비서면 등을 통해 당사자의 주장과 증거를 정리한다. 이러한 서면에 의한 변론준비절차 외에 필요에 따라 증거조사를 할 수도 있고(단, 증인신문과 당사자신문은 제외), 변론기일을 지정하여 당사자를 출석시킬 수도 있다. 다만, 2002년에 만든 변론준비절차는 2008년 12월부터 필수적인 것에서 임의적인 것으로 변경되어 생략할 수 있다.

법원은 변론절차에 나타난 원고와 피고의 주장을 비교하여 '다툼 있는 사실'(要證事實)과 '다툼 없는 사실'(不要證事實)을 구별한다.

위와 같은 변론절차가 끝나면 재판장은 변론기일을 지정하여 당사자들을 소환한다.

나. 증거조사

다툼 없는 사실에 대해서는 법원은 그대로 사실의 인정을 하여야 하며, 다툼 있는 사실에 대해서는 증거조사를 실시한다(원칙적으로 변론기일에만). 다툼 없는 사실은 재판상 자백, 누구나 다 아는 현저한 사실이며, 이에 대해서는 증거조사를 할 필요가 없다.

증거조사절차는 증인신문·당사자본인신문·감정·검증 및 서증조사 등이 있으며, 당사자의 신청에 의해서 이루어진다. 그리고 증거조사결과에 대한 평가는 법관의 자유심증에 일임되어 있다(자유심증주의).

위 사례에서 다툼 없는 사실은 돈을 빌린 것이고, 다툼 있는 사실은 변제를 했느냐의 여부이다.

다. 심리의 대원칙

당사자의 사실과, 증거자료의 수집과 제출은 공개된 법정에서(공개주의), 당사자 쌍방에게 공평한 기회를 부여하여야 한다(쌍방심리주의). 이러한 소송자료의 제출은 구술에 의해서(구술심리주의), 민사소송은 자신의 권리를 뒷받침할 수 있는 사실의 주장과 증거를 자기 책임하에 제출할 책임이 있다. 이를 '변론주의'라 하며, 이러한 사실의 주장과 증거를 게을리하면 분명히 이길 소송도 패소할 수 있다. 예컨대 위 사례의 경우에서 원고는 빌려

주었다는 진술을 법정에서 반드시 해야 한다.

그리고 소송에 필요한 자료는 소송의 정도에 따라 적절한 시기에 제출하여야 한다(적시제출주의). 그리고 소송절차는 법원이 적정하고 공평하고 신속하고 경제적으로 진행하여야 하며, 직접 심리에 관여한 법관이 판결하여야 한다(직접심리주의). 이러한 소의 개시, 심판의 대상과 범위 및 종결은 원고에게 맡겨져 있다(처분권주의).

(4) 소송종료 단계

1) 변론절차를 거쳐 법관의 심증형성이 어느 정도 이루어졌을 때 법관은 변론을 종결하고 판결을 선고한다. 이를 '종국판결에 의한 소송의 종료'라고 한다.

판결의 종류에는 '종국판결'과 '확정판결'이 있다. 종국판결은 심급이 끝내는 판결이며, 1심판결, 2심판결 및 대법원판결이 이에 속한다. 확정판결은 더 이상 불복절차가 없는 경우이다.

판결의 효력을 시간적 순서로 배열하면, 구속력(기속력)—형식적 확정력—기판력(실질적 확정력)—집행력·형성력 등이다. '구속력'은 판결을 선고한 법원은 스스로 번복을 할 수 없다는 것을 말하고, 형식적 확정력은 종국판결이 형식적으로는 더 이상 불복의 방법이 없는 것을 말한다. 그리고 기판력은 확정된 종국판결에 있어서 소송물에 대한 판결내용은 더 이상 다투어서는 아니 되며(불가쟁. 不可爭), 다른 법원이 이를 다시 재심사하여 이와 다른 모순된 판단을 하여서는 안 된다는(불가반. 不可反) 것을 말한다. 그리고 집행력은 이행의 소에 있어서 강제집행을 실현할 수 있는 효력을 말하며, 형성력은 형성판결이 확정됨으로써 새로운 법률관계가 발생하는 효력이다. 후자의 대표적인 예는 이혼판결이다.

2) 그리고 판결에 의하지 않고 당사자에 의해 소송이 종료되는 경우도 있다. 소의 취하, 청구의 인낙과 포기, 소송상 화해 등이며, 이를 '당사자 행위에 의한 소송종료'라고 한다. '소의 취하'라 함은 소를 제기한 원고가 스스로 소를 그만두는 것을 말한다. 피고의 동의를 얻어 소의 취하가 이루어지면

소 제기가 처음부터 없는 것이 된다.

청구의 '인낙'은 피고가 원고의 청구, 소송물 전체에 대해 인정하는 것을 말하며, 인낙조서가 작성된다. 이에 반대로 '청구의 포기'는 소를 제기한 원고가 스스로 소송물을 포기하는 것을 말하며, 포기조서가 작성된다. '인낙조서'와 '포기조서' 모두 확정판결과 동일한 효력이 있다. '소송상 화해'는 소송진행중 당사자 쌍방이 서로 양보하여 소송을 종료시키는 것을 말하며, '화해조서'가 작성된다. 이러한 조서도 확정판결과 동일한 효력이 있다.

3) 이혼소송 진행중 당사자 일방이 사망한 경우, 소송을 더 이상 진행할 필요가 없는 경우가 있다. 이를 '소송종료선언'이라고 한다.

(5) 불복방법(상소)

사례 18 (상소)

2019년 1월 5일 대구에 거주하는 갑은 청주에 거주하는 을을 상대로 금1억원 반환청구의 소를 대구지방법원에 제소하여 2019년 7월 1일 청구인용판결이 선고되었다. 이에 불복한 을이 항소제기할 수 있는 기간과 관할법원은?

소는 원고가 법원에 판결을 요구하는 소송행위이고, 이에 대한 응답이 재판이다. 재판에는 판결, 결정 및 명령이 있다.

상소란 재판으로 인해 불이익을 받은 당사자가 그 재판을 취소 또는 변경을 요구하는 소송행위이며, 여기에는 항소, 상고 및 항고가 있다. 재심과의 차이점은 재판이 확정되었느냐의 여부에 있다.

가. 항 소

항소란 제1심 패소당사자가 항소법원에 대하여 제1심 법원의 종국판결의 취소 또는 변경을 요구하는 상소이다. 항소 대상인 재판은 제1심 종국판결이므로 결정과 명령에 대해서는 독립하여 항소할 수 없다. 판결이 선고된 후 판결정본이 송달된 날로부터 2주일 내에 상소를 제기할 수 있다. 이로써 항소심 또는 상고심절차가 진행된다.

위 사례의 경우, 7월 2일부터 2주일 후인 7월 15일 24시까지 항소할 수 있고, 그 관할은 대구고등법원이다.

나. 상 고

상고란 항소심 당사자가 상고법원에 대하여 원법원이 한 종국판결이 위법일 때에는 그 파기 또는 변경을 요구하는 상소이다. 상고는 제2심인 고등법원(특허법원도 포함) 또는 지방법원 항소부의 종국판결에 대하여 하는 것이 원칙이다. 다만, 불항소합의가 있는 때에는 제1심판결에 대하여 비약상고를 하게 된다.

다. 항 고

항고란 결정 또는 명령의 형식에 의한 재판이 위법임을 주장하고 그 취소 또는 변경을 요구하는 상소이다. 예컨대 기피신청 각하결정 또는 소장각하명령 등이다.

(6) 재 심

불복하지 않은 판결은 기판력이 인정되며, 이로써 강제집행이 가능하다. 그러나 기판력 있는 판결이라도 부당하다는 것이 밝혀지면, '재심절차'와 '상소의 추후보완'이라는 비상구제수단이 있다.

재심은 확정된 종국판결이 재심사유에 해당하는 중대한 흠이 있는 경우, 그 판결의 취소를 구하기 위한 비상구제수단이다. 상소의 추후보완은 천재지변 등 당사자가 책임을 질 수 없는 사유에 의해 판결이 확정된 경우의 구제방법이다.

V. 다수당사자소송

1. 통상의 공동소송

통상의 공동소송이란 개별적으로 해결되어도 무방한 여러 사건을 하나의 소송으로 해결하는 것을 말한다. 소송목적이 되는 권리나 의무가 여러 사람에게 공통되거나 사실상 또는 법률상 같은 원인으로 말미암아 생긴 경우에는 그 여러 사람이 공동소송인으로서 당사자가 될 수 있다. 소송목적이 되는 권리나 의무가 같은 종류의 것이고, 사실상 또는 법률상 같은 종류의 원인으로 말미암은 것인 경우에도 또한 같다. 이러한 통상의 공동소송에서는 공동소송인은 각자 독립하여 소송물을 처분할 권리가 있기 때문에 개별적으로 소송수행이 가능하다. 따라서 비록 하나의 소송절차에서 동시에 소송이 진행된다 할 지라도 공동소송인 가운데 한 사람의 소송행위 또는 이에 대한 상대방의 소송행위와 공동소송인 가운데 한 사람에 관한 사항은 다른 공동소송인에게 영향을 미치지 않는다(공동소송인 독립의 원칙).

2. 필수적 공동소송

(1) 고유필수적 공동소송

소송목적이 공동소송인 모두에게 합일적으로 확정되어야 할 공동소송의 경우(필수적 공동소송)에 공동소송인 가운데 한 사람의 소송행위는 모두의 이익을 위하여서만 효력을 가진다. 필수적 공동소송에서 공동소송인 가운데 한 사람에 대한 상대방의 소송행위는 공동소송인 모두에게 효력이 미친다. 필수적 공동소송에서 공동소송인 가운데 한 사람에게 소송절차를 중단 또는 중지하여야 할 이유가 있는 경우 그 중단 또는 중지는 모두에게 효력이 미친다. 법원은 필수적 공동소송인 가운데 일부가 누락된 경우에는 제1심의 변론을 종결할 때까지 원고의 신청에 따라 결정으로 원고 또는 피고를 추가하도록 허가할 수 있다. 다만, 원고의 추가는 추가될 사람의 동의를 받은 경우에만 허가할 수 있다.

(2) 유사필수적 공동소송

고유필수적 공동소송과 달리 공동소송소인들이 반드시 소송을 공동으로 수행할 필요가 없으나 일단 공동소송으로 수행하는 경우에는 판결의 효력이

공동소송인 모두에게 합일적으로 확정되어야 하는 경우의 공동소송을 유사
필수적 공동소송이라 한다. 회사합병무효의 소, 회사설립무효·취소의 소, 주
주총회 결의취소의 소, 주주총회결의 무효 및 부존재확인의 소는 그 판결의
효력이 대세적이므로, 이러한 형태의 소는 일단 공동소송으로 진행되면 그
판결의 내용이 같아야 한다.

3. 소송참가

(1) 보조참가

소송결과에 이해관계가 있는 제3자는 한 쪽 당사자를 돕기 위하여 법원
에 계속중인 소송에 참가할 수 있다. 참가신청은 참가의 취지와 이유를 밝혀
참가하고자 하는 소송이 계속된 법원에 제기하여야 한다. 서면으로 참가를
신청한 경우에는 법원은 그 서면을 양쪽 당사자에게 송달하여야 한다. 참가
인은 소송에 관하여 공격·방어·이의·상소, 그 밖의 모든 소송행위를 할 수
있다. 다만, 참가할 때의 소송의 진행정도에 따라 할 수 없는 소송행위는 그
러하지 아니하다. 참가인의 소송행위가 피참가인의 소송행위에 어긋나는 경
우에는 그 참가인의 소송행위는 효력을 가지지 아니한다. 참가인이 참가한
재판이 참가인이 소송행위를 할 수 없거나, 그 소송행위가 효력을 가지지 아
니하는 때, 피참가인이 참가인의 소송행위를 방해한 때, 피참가인이 참가인
이 할 수 없는 소송행위를 고의나 과실로 하지 아니한 때 중 어느 하나에 해
당하지 아니하면 그 재판의 효력은 참가인에게도 미친다.

(2) 독립당사자참가

소송목적의 전부나 일부가 자기의 권리라고 주장하거나, 소송결과에 따
라 권리가 침해된다고 주장하는 제3자는 당사자의 양 쪽 또는 한 쪽을 상대
방으로 하여 당사자로서 소송에 참가할 수 있다(독립당사자참가). 자기의 권리
를 주장하기 위하여 소송에 독립당사자참가를 한 사람이 있는 경우 그가 참
가하기 전의 원고나 피고는 상대방의 승낙을 받아 소송에서 탈퇴할 수 있다.

다만, 판결은 탈퇴한 당사자에 대하여도 그 효력이 미친다. 소송이 법원에 계속되어 있는 동안에 제3자가 소송목적인 권리 또는 의무의 전부나 일부를 승계하였다고 주장하며 소송에 참가한 경우 그 참가는 소송이 법원에 처음 계속된 때에 소급하여 시효의 중단 또는 법률상 기간준수의 효력이 생긴다.

(3) 공동소송참가

소송이 법원에 계속되어 있는 동안에 제3자가 소송목적인 권리 또는 의무의 전부나 일부를 승계한 때에는 법원은 당사자의 신청에 따라 그 제3자로 하여금 소송을 인수하게 할 수 있다.

소송목적이 한 쪽 당사자와 제3자에게 합일적으로 확정되어야 할 경우 그 제3자는 공동소송인으로 소송에 참가할 수 있다(공동소송참가).

4. 소송고지

소송이 법원에 계속된 때에는 당사자는 참가할 수 있는 제3자에게 소송고지(訴訟告知)를 할 수 있다. 소송고지를 받은 사람은 다시 소송고지를 할 수 있다. 소송고지를 위하여서는 그 이유와 소송의 진행정도를 적은 서면을 법원에 제출하여야 하며, 그 서면은 상대방에게 송달되어야 한다. 소송고지를 받은 사람이 참가하지 아니한 경우라도 민사소송법 제77조의 규정을 적용할 때에는 참가할 수 있었을 때에 참가한 것으로 본다. 즉 당사자가 패소한 때에 제3자에게 담보책임을 물을 수 있는 경우 또는 구상청구를 받을 우려가 있는 경우에, 그 제3자에게 소송고지를 하면 제3자가 소송에 참가하지 아니하더라도 후일 전 소송의 판단에 위반되는 주장과 항변을 봉쇄할 수 있는 이익이 있는 것이다. 매수인이 제3자로부터 목적물의 소유권을 주장하는 소를 제기당하였을 때 매도인에게 이를 고지하면, 패소한 후매도인에게 청구한 손해배상에 대하여 매도인은 그 물건이 자기의 소유물이었다고 주장할 수 없게 된다. 이와 같이 고지는 피고지자에게 소송참가의 기회를 주고, 고지자측으로는 패소하여도 뒷날 피고지자와의 사이에 소송수행상의 책임을 논하지 않는 이익이 있다. 피고지자가 참가신청을 한 경우에 상대방은 이의할 수 있으나 고지자는 이의할 수 없다. 소송고지를 하면 실체법상 시효중단의 효력과 재판상 최고의 효과가 있다.

7. 형사소송법

* 집필: 유주성. 창원대학교 법학과 교수
* 별명이 없는 법조문명은 '형사소송법'임

형사소송법

I. 형사소송법 개설

1. 형사소송법의 의의

형사소송법은 형법과 함께 넓은 의미의 형사법을 구성한다. 형법은 국가형벌권의 발생요건과 그 법적 효과를 규율하는 법률이다. 형법이 구체적 사건에 적용·실현되기 위해서는 형법을 적용·실현하기 위한 법적 절차가 필요하다. 범죄를 수사하여 형벌을 과하고, 선고된 형벌을 집행하기 위한 절차가 없으면 형법은 적용될 수 없기 때문이다. 이러한 절차를 형사절차라고 하며, 형사절차를 규정하는 법률체계가 형사소송법이다. 국가형벌권을 실현함에 있어서는 필연적으로 개인의 기본적 인권을 침해하지 않을 수 없다. 따라서 형벌권을 실현하는 절차에서 개인의 인권과 자유, 재산의 침해를 억제하기 위해서는 형사절차를 법률에 의하여 규정할 것이 요구되는데, 이것을 형사절차법정주의(刑事節次法定主義)라고 한다. 헌법은 '누구든지 법률에 의하지 아니하고는 체포, 구속, 압수, 수색 또는 심문을 받지 아니하며, 법률과 적법한 절차에 의하지 아니하고는 처벌, 보안처분 또는 강제노역을 받지 아니 한다(헌법 제12조 제1항)'라고 규정하여, 실체법인 형법의 최고이념인 죄형법정주의를 선언하고 있는 동시에 형사소송법의 기본원칙인 형사절차법정주의를 선언하고 있다.

2. 형사소송법 지도이념

(1) 실체적 진실주의

실체적 진실주의란 소송의 실체에 관하여 객관적 진실을 발견하여 사안의 진상을 명백히 밝히자는 주의를 말한다. 즉 법원이 당사자의 사실상의 주장, 사실의 인부 또는 제출한 증거에 구속되지 않고, 즉 직권에 의한 증거조사, 사실심리 등을 통하여 사안의 진상을 명백하게 규명하여 객관적 진실을 발견하려는 소송법상의 원리가 실체적 진실주의이다.

(2) 적정절차의 원칙

적정절차의 원리란 헌법정신을 구현한 공정한 적법절차에 의하여 형벌권이 실현되어야 한다는 원칙을 말한다. 헌법은 '모든 국민은 … 법률과 적법한 절차에 의하지 아니하고는 처벌·보안처분 또는 강제노역을 받지 아니한다(헌법 제12조 제1항)'고 규정하여, 적정절차의 원칙을 선언하고 있다.

(3) 신속한 재판의 원칙

신속한 재판은 적장절차의 원칙, 그중에서도 특히 피고인의 이익을 보호하기 위하여 헌법에서 인정된 권리(헌법 제27조 제3항)였지만, 점차 독립성이 인정되어 형사소송법의 중요한 원칙으로 자리매김하게 되었다. 또한 신속한 재판은 실체적 진실의 발견, 소송경제, 재판에 대한 국민의 신뢰확보, 형벌목적의 달성과 같은 공공의 이익에도 그 근거를 두고 있다.

(4) 무죄 추정의 원칙

무죄추정의 원리란 형사절차에 있어서 피고인(피의자 포함)은 유죄의 판결이 확정될 때까지는 무죄로 추정된다는 원칙을 말한다. 헌법(제27조 제4항)과 형사소송법(제275조의2)은 피고인의 무죄추정만을 규정하고 있지만, 피의자가 무죄로 추정되는 것은 너무나 당연하다. 무죄추정의 내용을 더욱 구체적으로 실현하기 위해서는 '의심스러운 때에는 피고인의 이익으로(in dubio pro reo)'

라는 원칙하에 판결을 하여야 한다.

3. 형사소송의 기본구조

형사소송은 소송주체의 활동을 전제로 하여 전개된다. 형사소송구조론은 형사절차에 참여하는 주체가 누구이고 어떠한 역할을 담당하며, 이들의 관계가 어떻게 형성되느냐에 관한 논의이다. 소송의 구조는 크게 규문주의와 탄핵주의의 형태로 구별되며, 탄핵주의는 다시 직권주의와 당사자주의로 구별된다.

(1) 규문주의

규문주의란 법원이 스스로 절차를 개시하여 심리·재판하는 주의를 말한다. 규문주의에 있어서는 소추기관이나 피고인도 없이 오직 심리·재판하는 법관과 그 조사·심리의 객체가 있을 뿐이다.

(2) 탄핵주의

탄핵주의란 재판기관과 소추기관을 분리하여, 소추기관의 공소제기에 의하여 법원이 절차를 개시하는 주의를 말한다. 탄핵주의에서는 법원은 공소제기 된 사건에 대하여만 심판할 수 있는 불고불리의 원칙이 적용된다.

가. 직권주의

권주의란 소송에서의 주도적 지위를 법원에게 인정하는 소송구조를 말한다. 따라서 직권주의에서는 법원이 실체적 진실을 발견하기 위하여 검사나 피고인의 주장 또는 청구에 구속받지 않고 직권으로 증거를 수집·조사하여야 하며, 소송물은 법원의 지배 아래 놓이게 되고, 법원이 직권으로 사건을 심리할 것을 요구한다.

나. 당사자주의

당사자주의란 당사자, 즉 검사와 피고인에게 소송의 주도적 지위를 인정하여 당사자 사이의 공격과 방어에 의하여 심리가 진행되고, 법원은 제3자적 입장에서 당사자의 주장과 입증을 판단하는 소송구조를 말한다.

(3) 우리나라의 형사소송 구조

현재 형사소송의 기본구조는 당사자주의를 원칙으로 하고 있으나, 그 배후에는 직권주의가 항상 존재하면서 법원의 직권개입을 통하여 실체적 진실 발견의 형사소송의 목적을 달성하고자 하는 혼합적 소송구조를 취하고 있다.

II. 수 사

1. 수사기관 및 피의자

(1) 수사기관

수사란 범죄의 혐의 유무를 명백히 하여 공소의 제기와 유지 여부를 결정하기 위하여 범인을 발견·확보하고 증거를 수집·보전하는 수사기관의 활동을 말한다. 수사기관이라 함은 법률상 범죄수사의 권한이 인정되어 있는 국가기관을 말한다. 우리 형사소송법은 수사기관으로 검사와 사법경찰관을 인정하고 있고 사법경찰리를 수사보조기관으로 규정한다.

가. 검 사

검사란 검찰권을 행사하는 국가기관이다. 검사는 수사와 기소, 공소수행 및 재판의 집행 등 실로 막강한 권한을 가지고 공익의 대표자로서 형사절차의 모든 과정을 통할한다. 검사는 행정조직상 법무부 산하의 검찰청에 소속되어 있다(정부조직법 제27조 제2항). 검찰청에는 대검찰청, 고등검찰청 및 지방검찰청이 있다(검찰청법 제2조 제1항). 검사는 검찰사무를 처리하는 단독제의 관청이며, 준사법기관의 지위가 보장되지만 법관과는 달리 그 검찰권의 행사에 있어서는 소속 상급자의 지휘·감독에 따른다(검찰청법 제7조 제

1항). 또한, 법무부장관은 검찰사무의 최고 감독자로서 일반적으로 검사를 지휘·감독하고, 구체적 사건에 대하여는 검찰총장만을 지휘·감독한다(검찰청법 제8조).

나. 사법경찰관리

사법경찰관리에는 모든 형사사건에 대해 수사를 할 수 있는 일반사법경찰관리와 특별한 사항에 제한적으로만 수사권이 인정되는 특별사법경찰관리가 있다. 일반사법경찰관리는 경찰공무원으로서 조직상으로 안전행정부 산하의 경찰청 또는 국민안전처 산하의 해양경비안전본부에 소속되어 있다. 경찰공무원법은 경찰공무원의 계급을 치안총감, 치안정감, 치안감, 경무관, 총경, 경정, 경감, 경위, 경사, 경장, 순경으로 구분하고 있다(경찰공무원법 제2조). 경무관, 총경, 경정, 경감, 경위는 사법경찰관으로서 범죄의 혐의가 있다고 사료하는 때에는 수사를 하고(제197조 제1항), 경사, 경장, 순경은 사법경찰리로서 수사의 보조를 하여야 한다(제197조 제2항), 개정 전 형사소송법에서는 사법경찰관에게 수사 개시·진행의무와 권한을 부과하면서 모든 수사에 대한 검사의 수사지휘권을 동시에 명시하고 있었다. 그러나 2020년 '수사권 조정'을 위한 형사소송법 개정을 통해 경찰청 소속 사법경찰관에게 독자적인 수사종결권이 인정되었고, 나아가 검사와 경찰청 소속 사법경찰관의 관계에 있어 수사지휘권을 폐지하고 수사, 공소제기 및 공소유지에 관하여 서로 협력하도록 하였다(제195조). 형사소송법에서 경찰공무원으로서 사법경찰관리로 규정된 자 이외에 법률로써 검찰청 직원으로서 사법경찰관리의 직무를 행하는 자와 그 직무의 범위는 정한다(제245조의9 제1항). 사법경찰관의 직무를 행하는 검찰청 직원은 검사의 지휘를 받아 수사하여야 한다(제245조의9 제2항). 사법경찰리의 직무를 행하는 검찰청 직원은 검사 또는 사법경찰관의 직무를 행하는 검찰청 직원의 수사를 보조하여야 한다(제245조의9 제3항). 특별사법경찰관리는 관세법상의 세관공무원, 조세범처벌절차법에 의한 세무공무원, 마약법에 의한 마약감시원 등으로 특수분야의 수사를 담당하는 사법경찰관리이다. 사법경찰관리의 직무를 행할 특별사법경찰관리와 그 직무의 범위는 법률로 정한다(제245조의10 제1항). 특별사법경찰관은 모든 수사에 관하여 검사의 지휘를 받는다(제245조의10 제2항). 특별사법경찰관은 범죄의 혐의가 있다고 인식하는 때에는 범인, 범죄사실과 증거에 관하여 수사를 개시·진행하여야 한다(제245조의10 제3항). 특별사법경찰관리는 검사의 지휘가 있는 때에는 이에 따라야 한다(제245조의10 제4항). 검사의 지휘에 관한 구체적 사항은 법무부령으로 정한다(제245조의10 제4항). 특별사법경찰관은 범죄를 수사한 때에는 지체 없이 검사에게 사건을 송치하고, 관계 서류와 증거물을 송부하여야 한다(제245조의10 제5항).

(2) 피의자

　피의자란 수사기관이 범죄의 혐의가 있다고 생각하여 수사의 대상으로 삼은 자를 말한다. 피의자는 수사개시 이후의 개념이므로 그 전 단계인 범죄혐의가 인정되기 이전의 조사대상자에 대하여 수사기관이 범죄혐의의 유무를 확인하기 위하여 하는 내사활동의 피내사자 또는 불심검문의 대상이 된 자, 즉 용의자 등과 구별되며 수사종결 후 검사가 법원에 대하여 공소를 제기한 자인 피고인과도 구별된다. 우리헌법과 형사소송법은 피의자의 방어권 보장을 위하여 피의자에게 절차적 권리를 보장해 주고 있다. 특히, 진술거부권과 변호인의 조력을 받을 권리는 수사절차에서 피의자의 방어권을 실질적으로 보장하여 국가기관과 무기평등의 관계가 이루어지도록 하는데 중요한 요소가 된다. 진술거부권이란 피고인 또는 피의자가 공판절차 또는 수사절차에서 법원 또는 수사기관의 신문에 대하여 진술을 거부할 수 있는 권리를 말한다. 이를 묵비권이라고도 한다. 피의자의 방어권 보장을 실질적으로 보장하기 위하여는 법률전문가로부터 충분한 조력을 받는 것이 필요하다. 따라서 헌법은 '누구든지 체포 구속을 당한 때에는 즉시 변호인의 조력을 받을 권리를 가진다(헌법 제12조 제4항)'고 규정하고, 형사피고인이 스스로 변호인을 구할 수 없을 때를 대비하여 국선변호제도를 보장하고 있다(헌법 제12조 제4항 후문).

2. 수사개시

(1) 요 건

수사는 일반적으로 범죄혐의의 발견으로부터 개시하여 임의수사, 강제수사의 방식으로 진행되고, 공소제기 또는 불기소처분 등 수사종결처분에 의하여 종료된다. 수사는 수사기관이 '범죄의 혐의가 있다고 사료하는 때'(제196조, 제197조)에 개시할 수 있다. 따라서 범죄의 혐의 없음이 명백한 사건에 대한 수사는 허용되지 않는다. 나아가 수사는 필요하더라도 상당한 방법으로 이루어져야 한다. 수사는 그 목적 달성을 위해 적합하고, 목적을 달성하기 위한 필요한 최소한도에 그쳐야 하며, 수사를 통하여 침해될 개인이나 공공의 이익과 수사의 결과로 얻게 되는 이익이 형평을 이루어야 한다.

(2) 수사의 단서

수사기관이 범죄의 혐의가 있다고 판단하여 수사를 개시하게 되는 원인을 '수사의 단서'라고 한다. 수사의 단서에는 수사기관 자신의 체험에 의한 경우와 타인의 체험을 근거로 한 경우가 있다. 현행범인의 체포(제212조), 변사자의 검시(제222조), 불심검문(경직법 제3조), 타사건 수사 중의 범죄발견, 기사, 풍설, 세평에 기한 범죄혐의 확인은 전자에 해당된다. 이에 반하여 고소(제223조), 고발(제234조), 자수(제240조), 진정·탄원·투서 등에 의한 범죄확인(검사규 제141조 제2항) 등은 후자에 해당한다.

가. 변사자 검시

변사자의 검시란 사람의 사망이 범죄로 인한 것인가 여부를 판단하기 위하여 수사기관이 오관(五官)으로 변사자의 상황을 조사하는 것을 말한다. 검시의 대상이 되는 것은 변사자와 변사의 의심이 있는 사체, 즉 변사체를 말한다. 변사자 또는 변사의의 의심 있는 사체가 있는 때에는 그 소재지를 관할하는 지방검찰청 검사가 검사하여야 한다(제222조 제1항). 검시는 검사가 직접 행함을 원칙으로 하고, 필요한 경우 사법경찰관에게 검시를 명할 수 있다(제222조 제3항).

나. 불심검문

불심검문이란 경찰관이 수상한 거동 기타 주위의 사정을 합리적으로 판단하여 어떠한 죄를 범하였거나 범하려 하고 있다고 의심할 만한 상당한 이유가 있는 자 또는 이미 행하여진 범죄나 행하여지려고 하는 범죄행위에 관하여 그 사실을 안다고 인정되는 자를 정지시켜 질문하는 것을 말한다(경직법 제3조 제1항). 현장에서 직무질문을 하는 것이 당해인에게 불리하거나 교통의 방해가 된다고 인정되는 때에는 질문하기 위하여 부근의 경찰관서에 동행할 것을 요구할 수 있고(경직법 제3조 제2항), 직무질문시 흉기소지 여부를 조사할 수 있다(경직법 제3조 제3항).

다. 고소, 고발, 자수

고소란 범죄의 피해자 또는 그와 일정한 관계가 있는 고소권자가 수사기관에 대하여 범죄사실을 신고하여 범인의 처벌을 구하는 의사표시를 말한다. 고발이란 범인 또는 고소권자 이외에 제3자가 수사기관에 대하여 범죄사실을 신고하여 범인의 소추를 요구하는 의사표시를 말한다. 자수란 죄를 범한 후 범인이 수사기관에 신고하여 수사와 소추를 구하는 의사표시이다. 고소·고발·자수가 있는 때에는 즉시 수사가 개시되고(제238조), 피고소인 등은 피의자의 지위를 가지게 되나 그 밖의 수사단서는 수사기관의 범죄인지에 의하여 비로소 수사가 개시된다.

3. 임의수사

(1) 의 의

수사의 진행방법에는 임의수사와 강제수사가 있다. 임의수사란 임의적인 조사에 의한 수사, 즉 강제력을 행사하지 않고 상대방의 동의나 승낙을 받아서 행하는 수사를 말한다. 따라서 상대방의 법익침해를 수반하지 않는 수사를 임의수사라고 할 것이다. 수사는 원칙적으로 임의수사에 의하고, 강제수사는 법률에 규정된 경우에 한하여 허용된다. 임의수사는 강제수사와는 달리 비유형적이고 다양한 방법으로 행하여지는 것이므로 세부사항에 이르기까지 법적 규제를 가하는 것은 불가능하다. 따라서 임의수사는 법적 규제로부터 자유로운 영역으로 남아 있지 않을 수 없다. 형사소송법도 임의수사에 대하여 '수사에 관하여는 그 목적을 달성하기 위하여 필요한 조사를 할 수 있다(제199조 제1항)'라고 규정하고 있을 뿐이다. 하지만 임의수사도 형사절차인 이상 형사소송의 모든 절차를 지배하는 적정절차의 원리에 의한 법적 규제를 받아야 하고, 임의수사에 있어서도 수사의 필요성과 상당성이 인정되어야 한다.

(2) 형사소송법에 규정이 있는 임의수사

가. 피의자 신문

피의자신문이란 검사 또는 사법경찰관이 수사에 필요한 때에 피의자에게 출석을 요구하여 피의자로부터 진술을 듣는 것을 말한다. 피의자신문의 성격은 피의자로부터 임의의 진술을 듣는 것으로서 이는 임의수사이다. 하지만 피의자신문에 의하여 피의자의 임의자의 자백을 얻어낼 수 있으므로 수사기관은 이를 자백획득의 기회로 남용될 위험성이 있다. 이를 방지하기 위해 형사소송법에서는 출석요구, 피의자신문 방식, 조서 작성 등 그 절차에 대해 비교적 상세한 규정을 두고 있다(제200조 및 제244조 이하).

나. 참고인 조사

피의자가 아닌 자가 참고인이며, 검사 또는 사법경찰관은 수사에 필요한 때에는 피의자가 아닌 자의 출석을 요구하여 진술을 들을 수 있다(제221조 제1항). 참고인은 목격자나 피해자, 고소인에 한정하지 않고 누구든지 수사에 필요한 때에는 참고인으로 조사할 수 있다.

다. 감정·통역·번역의 위촉

검사 또는 사법경찰관은 수사에 필요한 때에는 감정, 통역 또는 번역을 위촉할 수 있다(제221조 제2항).

라. 사실조회

수사기관이 수사에 관하여 공무소 기타 공사단체에 조회하여 필요한 사항의 보고를 요구할 수 있다(제199조 제2항).

(3) 형사소송법에 규정이 없는 임의수사

가. 임의동행

수사기관이 수사과정에서 당사자의 동의를 받는 형식으로 피의자를 수사관서 등에 동행하는 것은 임의동행이라 한다.

나. 거짓말탐지기 검사

거짓말탐지기(Polygraph) 검사란 피검사자의 신체에 호흡운동기록기, 혈압, 맥박기록기, 피부전기반사기록기 등을 부착하여 피검사자가 일정한 질문에 답변할 때에 호흡, 혈압, 맥박 및 피부반응 등의 생리적 변화를 측정하고, 측정결과를 토대로 그 답변의 진실여부를 판가름하는 검사 방법이다. 수사기관이 피검자의 진술의 진실성을 확인하는 방법으로 피검자의 요구 또는 동의에 의하여 거짓말탐지기를 사용할 수 있다.

다. 범인식별절차

피의자가 특정되지 않는 사건이 발생하면 수사기관은 피해자로부터 피의자의 인상착의 등과 같은 진술을 청취하게 된다. 이때 획득된 진술과 동종 수법 전과자 확인, 주변 탐문 등을 통해 피의자일 가능성이 높은 용의자를 확보하게 되고, 수사기관이 의심하는 용의자가 범인인가의 여부를 목격자의 지목에 의해 확인하는 것이 범인식별절차이다.

4. 강제수사

(1) 의 의

강제수사란 강제처분에 의한 수사를 말한다. 강제처분이란 상대방의 의사에 반하여 실질적으로 그의 법익을 침해하는 처분을 말한다. 강제처분은 필연적으로 헌법에 의하여 보장되고 있는 기본적 인권을 침해하지 않을 수 없다. 즉 구속은 개인의 자유를 제한하며, 신체에 대한 검증과 감정은 신체의 완전성을 침해하고, 압수는 재산권을, 수색은 주거권을 침해하지 않을 수 없다. 이에 따라, 강제수사는 법률에 특별한 규정이 있는 경우에 한하며, 필요한 최소한도의 범위 안에서만 하여야 한다. 그리고 법관의 공정한 판단에 의하여 수사기관에 의한 강제처분권한의 남용을 억제하고, 시민의 자유와 재산의 보장을 실현하기 위하여 영장주의를 채택하고 있다. 강제수사는 강제력이 행사되는 객체에 따라 대인적 강제수사와 대물적 강제수사로 나눌 수 있다. 체포와 구속은 전자에 속하고, 압수·수색·검증 등은 후자에 해당한다.

(2) 체 포

체포는 수사단계에서 죄를 범하였다고 의심할 만한 상당한 이유가 있는 피의자를 수사관서 등 일정한 장소에 단기간(48시간) 인치하는 제도이다. 특정인의 신체의 자유를 억제하는 강제처분이라는 점에서 구속과 같으나, 그 기간이 비교적 단기라는 점과 요건이 상대적으로 완화되어 있다는 점에서 구속(최장 30일)과 구별된다. 체포는 영장실질심사제도의 적용이 없고, 예외적으로 영장에 의하지 아니한 체포가 가능하다는 점에서도 구속과 구별된다. 체포의 종류에는 영장에 의한 체포, 긴급체포, 현행범인 체포가 있다. 영장에 의한 체포란 피의자가 죄를 범하였다고 의심할 만한 상당한 이유가 있고, 정당한 이유 없이 검사 또는 사법경찰관의 출석요구에 응하지 아니하거나, 응하지 아니할 우려가 있는 때에 검사가 지방법원판사에게 청구하여 체포영장을 발부받아 피의자를 체포하는 것을 말한다(제200조의2). 긴급체포란 사형·무기 또는 장기 3년 이상의 징역이나 금고에 해당하는 죄를 범하였다고 의심할 만한 상당한 이유가 있고, 피의자가 증거를 인멸할 염려가 있는 때 또는 피의자가 도망하거나 도망할 우려가 있는 때에 해당하는 사유가 있는 경우에 긴급을 요하여 지방법원판사의 체포영장을 받을 수 없는 때에는 그 사유를 알리고 영장 없이 피의자를 체포할 수 있는 것을 말한다(제200조의3). 현행범인 체포는 범인의 죄증이 명백하여 수사기관에 의한 권한남용의 위험성이 적고, 범죄현장에서 긴급한 필요성이 인정되기 때문에 예외적으로 법관의 영장에 의하지 아니하고 수사기관의 독자적 판단에 의하여 체포를 할 수 있도록 한 것이다(제212조).

(3) 구 속

구속이란 수사기관이 법원의 영장을 발부받아 피의자의 신체의 자유를 체포에 비해 장기간에 걸쳐 제한하는 대인적 강제처분이다. 수사기관은 피의자가 죄를 범하였다고 의심할 만한 상당한 이유가 있고, 제70조 제1항이 규정하는 구속사유 즉 ① 일정한 주거가 없을 때, ② 증거를 인멸할 염려가 있을 때, ③ 도망 또는 도망할 염려가 있을 때와 같이 형사소송법에서 규정한 요건에 해당하는 경우에 한해 구속할 수 있다(제201조 제1항). 형사소송법은 '제200조의2·제200조의3 또는 제212조에 따라 체포된 피의자에 대하여 구속영장을 청구받은 판사는 지체 없이 피의자를 심문하여야 한다. 강학상 이를 구속 전 피의자 심문제도라고 하고 실무에서는 구속영장실질심사라고 한다. 구속영장의 집행은 검사의 지휘로 사법경찰관리가 집행한다. 경찰수사단계에서 사법경찰관이 피의자를 구속한 때에는 10일 이내에 피의자를 검사에게 인치하지 아니 하면 석방하여야 하고, 검찰수사단계에서 검사가 피의자를 구속한 때 또는 사법경찰관으로부터 피의자의 인치를 받은 때에는 10일 이내에 공소를 제기하지 아니하면 석방하여야 한다. 지방법원판사는 검사의 신청에 의하여 수사를 계속함에 상당한 이유가 있다고 인정하는 때에는 10일을 초과하지 아니하는 한도에서 제203조의 구속기간의 연장을 1차에 한하여 허가할 수 있다.

한편, 수사기관에 의하여 체포 또는 구속된 피의자에 대하여 법원이 체포·구속의 적법 여부와 구속계속의 필요성을 심사하여 그 체포 또는 구속이 부적법·부당한 경우에 체포 또는 구속된 피의자를 석방시키는 제도를 두고 있다(제214조의2). 이를 체포구속적부심사제도라고 한다. 이는 영미법상의 인신보호영장(habeas corpus)에서 유래하는 제도로서, 수사단계에 있는 체포 또는 구속된 피의자를 석방시키는 제도이다.

(4) 압수·수색·검증

형사소송법은 강제처분으로 체포·구속 이외에 압수·수색·검증을 규정하고 있다. 압수·수색·검증은 증거물이나 몰수물의 수집과 보전을 목적으로 하는 대물적 강제처분로서, 그 직접적 대상이 물건이라는 점에서 대인적 강제처분과 구별된다. 수사상 압수란 수사기관이 증거물이나 몰수물의 점유를 취득하는 강제처분을 말한다. 수사상 수색이란 수사기관이 압수할 물건 또는 체포할 사람을 발견할 목적으로 주거, 물건, 사람의 신체 또는 기타 장소에 대하여 행하는 강제처분을 말한다. 수사상 수색은 압수를 위하여 행해지는 경우가 많으며, 수색에 관한 규정 또한 압수의 규정과 함께 설정되어 있는 경우가 많기 때문에, 실무상으로는 '압수·수색·영장'이라는 단일영장이 발부되고 있다. 검증이란 사람이나 물건 또는 장소의 성질과 상태를 시각·청각 등 오관의 작용에 의하여 있는 그대로 인식하는 강제처분을 발한다. 수사상 압수·수색·검증은 체포·구속과 함께 형사소송법에서 가장 중요한 강제처분이므로 영장주의 원칙이 적용된다. 따라서 검사는 범죄수사에 필요한 때에는 피의자가 죄를 범하였다고 의심할 만한 정황이 있고 해당사건과 관계가 있다고 인정할 수 있는 것에 지방법원판사에게 영장을 청구하여 발부받은 영장에 의하여 압수, 수색 또는 검증을 할 수 있다(제215조 제1항). 그리고 사법경찰관은 검사에게 신청하여 검사의 청구로 지방법원판사가 발부한 영장에 의하여 압수, 수색, 검증을 할 수 있다(제215조 제2항). 대물적 강제수사에 있어서 강제처분의 긴급성을 고려하여 일정한 경우에 영장에 의하지 않는 압수·수색·검증을 허용하고 있다. 체포·구속 목적의 피의자 수색, 체포·구속 현장에서의 압수·수색·검증, 범죄장소에서의 압수·수색·검증, 긴급체포 후의 압수·수색·검증이 이에 해당한다. 압수물의 처리는 법원의 판결을 받아 처리하는 것이 원칙이다. 따라서 수사절차상 수사기관은 원칙적으로 압수물을 보관하여야 하며, 특별한 요건에 해당되는 경우에 한하여 압수물을 폐기, 환부 또는 가환부할 수 있거나, 환부 또는 가환부하여야 한다.

(5) 기타의 강제수사

가. 감정유치

감정유치란 피고인 또는 피의자의 정신 또는 신체를 감정하기 위하여 일정한 기간 동안 병원 기타 적당한 장소에 피고인 또는 피의자를 유치하는 강제처분을 말한다. 검사는 감정을 위촉하는 경우에 유치처분이 필요할 때에는 판사에게 이를 청구하여야 하고, 판사는 이의 청구가 상당하다고 인정할 때에는 유치처분을 하여야 한다(제221조의3).

나. 통신제한조치

통신제한조치란 타인의 대화를 본인의 부지중에 청취하는 감청이나 우편물에 대하여 당사자 동의 없이 이를 개봉하거나 기타의 방법으로 그 내용을 지득 또는 채록하거나 유치하는 방법을 통해 사생활의 자유를 침해하는 방식의 수사방법이다. 검사는 범죄를 계획 또는 실행하고 있거나 실행하였다고 의심할만한 충분한 이유가 있고 다른 방법으로는 그 범죄의 실행을 저지하거나 범인의 체포 또는 증거의 수집이 어려운 경우에 한하여 법원의 허가를 받아 통신제한조치를 할 수 있다(통비법 제5조 제1항). 이외 검사 또는 사법경찰관은 수사를 위하여 필요한 경우에 한해 전기통신사업자에게 통신사실확인자료의 열람이나 제출을 요청할 수 있고, 이 경우 검사 또는 사법경찰관은 요청사유, 해당 가입자와의 연관성 및 필요한 자료의 범위를 기록한 서면으로 관할 지방법원의 허가를 받아야 한다(통비법 제6조).

다. 금융거래계좌추적

금융거래계좌의 추적은 수사목적을 위해 금융기관이 보유하고 있는 금융거래계좌에 관한 정보를 추적·조사하는 것이다. 수사기관이 행하는 금융거래의 계좌추적은 수사상 수색과 유사하므로 수색영장에 관한 형사소송법의 규정이 준용된다(금융실명제법 제4조 제1항).

(6) 판사에 대한 강제처분청구

가. 수사상 증거보전

형사소송법은 검사, 피고인, 피의자 또는 변호인은 미리 증거를 보전하지 아니하면 그 증거를 사용하기 곤란한 사정이 있는 때에는 제1회 공판기일 전이라도 판사에게 압수·수색·검증, 증인신문 또는 감정을 청구할 수 있는 수사상 증거보전제도를 두고 있다(제184조). 피의자 및 제1회 공판기일 전 피고인에게 증거보전 청구권을 부여한 것은 적법절차에 바탕을 둔 무기평등원칙의 한 표현이다

나. 참고인에 대한 증인신문

참고인에 대한 증인신문이란 참고인이 출석 또는 진술을 거부하는 경우에 제1회 공판기일 전까지 검사의 청구에 의하여 판사가 그를 증인으로 신문하는 진술증거의 수집과 보전을 위한 대인적 강제처분이다(제221조의2). 수사기관인 검사 또는 사법경찰관은 수사에 필요한 때에는 피의자가 아닌 자의 출석을 요구하여 진술을 들을 수 있다. 그러나 피의자 아닌 자, 즉 참고인에 대한 조사는 임의수사이므로 참고인은 출석과 진술의 의무가 없고, 수사기관은 참고인을 강제로 출석시켜 진술을 들을 수 없기 때문에 실체적 진실발견을 위해서 법관의 힘을 빌려 그의 출석과 진술을 강제할 수 있는 제도를 둔 것이다.

5. 수사종결

(1) 의 의

수사절차는 범죄혐의 유무를 밝혀 공소제기를 할 것인가를 판단할 수 있을 정도로 피의사건이 해명되었을 때 종결된다. 그러나 수사를 종결하였다고 하여 그 이후에는 절대로 수사를 할 수 없는 것은 아니다. 공소를 제기한 후에도 검사는 공소유지의 여부를 결정하기 위하여 수사를 할 수 있고, 불기

소처분을 한 때에도 수사를 재개할 수 있다. 개정 전 형사소송법에서는 원칙적으로 수사가 종결되었다는 판단은 검사만이 할 수 있으나 2020년 형사소송법 개정을 통해 경찰청 소속 사법경찰관도 수사종결권을 행사할 수 있게 되었다.

(2) 사법경찰관의 수사종결처분

가. 검찰 송치

사법경찰관이 범죄를 수사한 때, 범죄의 혐의가 인정되는 경우에는 지체없이 검사에게 사건을 송치하고 관계 서류와 증거물을 송부한다(제245조5 제1호).

나. 검찰 불송치

사법경찰관은 범죄혐의가 인정되지 않는 경우 사건을 검사에게 송치하지 않고 종결할 수 있고(제197조 제1항), 이 경우에는 그 이유를 명시한 서면과 함께 관계 서류와 증거물을 지체 없이 검사에게 송부하여야 한다(제245조의5 제2호). 검사는 송부 받은 60일 이내에 사법경찰관에게 반환하여야 한다(제245조의5 제1항). 서면으로 고소인 등에게 사건을 검사에게 송치하지 아니하는 취지와 그 이유를 통지하여야 하고(제245조의6), 통지를 받은 사람은 해당 사법경찰관 소속 관서의 장에게 이의를 신청할 수 있으며(제245조의7 제1항), 사법경찰관은 고소인 등의 이의 신청이 있는 때에는 지체 없이 검사에게 사건을 송치하고 관계 서류와 증거물을 송부하며 처리결과와 그 이유를 신청인에게 통지하여야 한다(제245조의5 제2항). 검사는 사법경찰관이 사건을 송치하지 아니한 것이 위법 또는 부당한 때에는 사법경찰관에게 재수사를 요청할 수 있고(제245조의8 제1항), 사법경찰관은 재수사하여 범죄의 혐의가 인정되는 경우 지체 없이 검사에게 사건을 송치하고 관계서류와 증거물을 송부하여야 한다(제245조의8 제2항).

(3) 검사의 수사종결처분

가. 공소제기

공소는 검사가 제기하여 수행하는데, 검사는 수사한 결과 범죄의 객관적 혐의가 충분하고 소송조건을 구비하여 유죄판결을 받을 수 있다고 인정할 때에는 공소를 제기한다(제246조). 검사는 벌금, 과료 또는 몰수에 처할 사건의 경우에는 약식명령을 청구할 수 있고(제448조 제1항. 검사규 제65조), 약식명령을 할 수 있는 경우에는 공소제기와 동시에 약식명령을 청구할 수 있다(제449조).

나. 불기소처분

불기소처분이란 수사결과 소추요건의 흠결 등의 사유로 인하여 소추불능(공소권 없음, 죄가 안 됨, 혐의 없음)이거나, 소추가 가능하더라도 소추의 필요가 없어(기소유예) 공소를 제기하지 아니 하는 검사의 종국처분이다. 종국처분임에도 불구하고 기소유예처분은 판결의 경우와 같이 기판력이 발생하지 않으며 불기소처분이라고 하더라도 공소권이 소멸하는 것이 아니다. 예컨대 혐의 없음 불기소처분을 한 후 새로운 증거를 발견한다든가 기소유예처분 후 그에 상당하지 않은 사정이 새롭게 발견되는 경우에는 공소시효가 완성되지 않는 한 언제든지 재기할 수 있다. 형사소송법은 기소편의주의, 고소·고발 있는 사건의 불기소처분 등을 규정하고 있고, 광의의 불기소처분에는 혐의없음, 죄가 안됨, 공소권 없음, 기소유예, 기소중지 등도 포함된다.

다. 검사의 처분통지

검사는 고소 또는 고발 있는 사건에 관하여 공소를 제기하거나 제기하지 아니하는 처분, 공소의 취소 또는 타관송치를 한 때에는 그 처분을 한 날로부터 7일 이내에 서면으로 고소인 또는 고발인에게 그 취지를 통지하여야 한다(제258조 제1항). 검사는 불기소 또는 타관송치의 처분을 한 때에는 피의자에게 즉시 그 취지를 통지하여야 한다(제258조 제2항). 이 제도는 검사의 기소독점제도에 대한 견제장치인 검찰항고 내지 재정신청을 가능하게 하는 전제로서의 의미를 가진다.

(4) 불기소처분에 대한 불복

가. 재정신청

재정신청이란 검사가 한 불기소처분에 대하여 불복이 있는 고소권자로서 고소를 한 자(형법 제123조부터 제125조까지의 죄에 대하여는 고발을 한 자를 포함)는 검사로부터 공소를 제기하지 아니 한다는 통지를 받은 때에는 그 검사 소속의 지방검찰청 소재지를 관할하는 고등법원에 그 당부에 관한 재정을 신청하는 것을 말한다(제260조 제1항). 이를 기소강제절차라고 한다.

나. 검찰항고

고소인 또는 고발인이 검사의 불기소처분에 대하여 검찰조직의 상급기관에 대하여 그 시정을 구하는 불복제도를 검찰항고라고 한다. 재정신청이 전면 확대됨에 따라 재정신청 남용의 폐해를 줄이고 재정신청 제도의 효율성을 도모하기 위하여 재정신청에 앞서 반드시 검찰항고를 거치도록 하는 항고전치주의를 채택하고 있다(제260조).

Ⅲ. 기 소

1. 의 의

검사는 수사결과 범죄의 객관적 혐의가 인정되고 유죄의 판결을 받을 수 있다고 판단한 때에는 소송제기, 즉 기소한다. 검사의 기소는 사인소추와 구별되어, 공적소추, 즉 공소이다. 탄핵주의 소송구조 하에서 불고불리의 원칙이 확립에 따라, 공소의 제기는 수사결과에 대한 검사의 판단에 의하여 결정되고, 공소제기가 없는 때에는 법원은 그 사건에 대하여 심판을 할 수 없다. 또한, 법원은 원칙적으로 공소가 제기된 사실에 대해서만 심판하므로 검사의 공소는 심판범위를 한정하는 역할도 하게 된다.

2. 공소제기의 기본원칙

(1) 국가소추주의

누구를 공소제기의 주체로 하는가에 관하여 국가소추주의와 사인소추주의(私人訴追主義)로 구분할 수 있다. 국가소추주의는 국가기관이 공소제기의 주체인 것을 말하고, 특히 국가소추주의 가운데 국가기관인 검사가 공소제기를 담당하는 것을 검사기소주의라고 한다.

(2) 기소독점주의

국가기관 중에서 검사만이 공소를 제기하고 수행할 권한을 갖는 소추제도를 검사의 기소독점주의라고 한다. 형사소송법은 '공소는 검사가 제기하여 수행한다(제246조)'라고 규정하여, 국가소추주의와 함께 검사의 기소독점주의 명시하고 있다. 기소독점주의로 인한 검사의 공소권한남용을 고려하여, 형사소송법은 검사의 불기소처분에 대한 불복제도로 필요적으로 검찰항고를 거치도록 하는 재정신청제도를 두고 있다. 기소독점주의에 대한 예외로서 경찰서장의 즉결심판청구(선고형이 20만원 이하의 벌금, 구류 또는 과료에 처할 사건이 그 대상임)가 인정된다. 한편 2020년 통과된 법률에 따라 고위공직자범죄수사처 검사에 대해 검찰청 소속 검사는 아니지만 기소권이 인정된다.

(3) 기소편의주의

수사기관의 수사결과 공소를 제기함에 충분한 혐의가 인정되고 소송조건을 갖춘 때에는 반드시 공소를 제기해야 한다는 원칙을 기소법정주의라 하고, 기소편의주의는 이러한 경우에 재량에 의한 불기소처분, 기소유예를 인정하는 원칙을 말한다,. 기소편의주의는 형사사법의 탄력적 운용을 통해 구체적 정의를 실현할 수 있고, 불필요한 기소를 억제함으로써 소송경제에도 기여할 수 있는 장점이 있다. 그러나 기소편의주의의 공소제기 결정에 검사의 자의가 개입될 우려가 있고 정치적 영향을 받을 가능성을 배제할 수 없다. 우리 형사소송법은 '검사는 형법 제51조(양형의 조건)의 사항을 참작하여 공소를 제기하지 아니할 수 있다.'라고 규정하여(제247조), 기소편의주의를 채택하고 있다.

(4) 기소변경주의

검사는 제1심판결 선고 전까지 공소를 취소할 수 있다(제255조 제1항). 이와 같이 공소취소를 인정하는 입법론을 '기소변경주의'라고 한다.

3. 공소제기의 방식

(1) 공소장 제출

공소를 제기함에는 공소장을 관할법원에 제출하여야 한다(제254조 제1항). 공소장에는 피고인의 수에 상응한 부본을 첨부하여야 한다(제254조 제2항).

(2) 공소장 기재사항

공소장에는 피고인의 성명 기타 피고인을 특정할 수 있는 사항, 죄명, 공소사실, 적용법조를 기재하여야 한다(제254조 제3항). 공소장에는 이 이외에도 공소장이라는 표제, 검사의 서명날인과 소속 검찰청의 표시 및 관할법원을 기재하고 있다.

(3) 공소장 일본(一本)주의

공소를 제기함에는 공소장을 관할법원에 제출하여야 하며(제254조 제1항), 공소장에는 사건에 관하여 예단이 생기게 할 수 있는 서류 기타 물건을 첨부하여서는 아니 된다(규칙 제118조 제2항). 공소장일본주의는 당사자주의 소송구조와 예단배제의 원칙과 공판중심주의에 이론적 근거를 두고 있으며, 수사서류가 직접 공판절차에 유입되는 것을 방지하는 기능을 한다. 공소장일본주의는 증거재판주의를 실천하기 위한 절차적 담보로서의 기능을 하기 때문에 법원의 위법한 증거에 대한 공판전의 접촉을 차단하여 증거능력 있는 증거에 의하여만 법관의 심증형성을 가능하게 하기 위하여서도 필요하다.

4. 공소제기의 효과

(1) 소송계속

소송계속이란 피고사건이 공소제기에 의하여 수소법원의 심리와 재판의 대상이 되는 상태를 말한다. 공소제기에 의하여 소송계속이 발생하면 피의자는 피고인으로 그 법적 지위가 변하고, 수소법원은 검사의 의견에 구속되지 않고 독자적인 심리와 재판을 하게 된다.

(2) 심판범위의 확정

공소가 제기되면 법원의 심판의 대상이 되는 피고인과 범죄사실이 확정된다. 따라서 수소법원은 공소가 제기된 피고인과 범죄사실에 대하여서만 심판할 수 있는 심판범위가 확정되고, 그 이외의 범죄사실에 대해서는 심판할 수 없다. 범죄사실의 일부에 대한 공소는 그 효력이 전부에 미치기 때문에(제248조 제2항), 수소법원은 공소장에 기재되지 않은 나머지 부분에 대해서도 원칙적으로 심판할 수 있는 권리와 의무가 있다.공소는 검사가 피고인으로 지정한 이외의 다른 사람에게 그 효력이 미치지 아니 한다(제248조 제1항).

(3) 공소시효의 정지

시효는 공소의 제기로 진행이 정지되고 공소기각 또는 관할위반의 재판이 확정된 때로부터 진행한다(제248조 제2항).

5. 공소시효

(1) 의 의

공소시효란 확정판결전에 일정한 시간의 경과에 의하여 형벌권이 소멸되는 것을 말한다. 공소시효(제249조 이하)도 형의 시효와 같이 형사시효의 일종이나, 확정판결전에 발생한 실체법상의 형벌권을 소멸케 한다는 점에서 확정판결 후의 형벌권을 소멸케 하는 형의 시효(형법 제77조 이하)와 구별된다. 공소시효제도의 존재이유는 형의 시효와 같이 일정한 시간의 경과로 인하여 생긴 사실상의 상태를 존중하여 실질적인 처벌이유의 감소라는 실체법상·소송법상의 고려에서 공소시효제도가 인정되고 있다. 그러나 헌정질서파괴범죄인 형법상 내란의 죄와 외환의 죄, 군형법상 반란의 죄와 이적의 죄, 형법상 살인죄로서 '집단살해죄의 방지와 처벌에 관한 협약'에 규정된 집단살해에 해당하는 범죄에 대해서는 공소시효의 적용이 배제된다(헌정질서파괴범죄의 공소시효 등에 관한 특례법 제2조, 제3조). 또한 사람을 살해한 범죄로 사형에 해당하는 범죄에 대하여는 공소시효의 적용을 배제하여(제253조의2), 중대범죄로부터 국민의 생명을 보호하고 피해자의 인권을 보호하고 있다.

(2) 시효기간

공소시효는 개별 구성요건이 규정하고 있는 다음 각 호의 기간이 경과하면 완성한다(제249조 제1항).

① 사형에 해당하는 범죄에는 25년(제1호).

② 무기징역 또는 무기금고에 해당하는 범죄에는 15년(제2호).

③ 장기 10년 이상의 징역 또는 금고에 해당하는 범죄에는 10년(제3호).

④ 장기 10년 미만의 징역 또는 금고에 해당하는 범죄에는 7년(제4호).

⑤ 장기 5년 미만의 징역 또는 금고, 장기 10년 이상의 자격정지 또는 벌금에 해당하는 범죄에는 5년(제5호).

⑥ 장기 5년 이상의 자격정지에 해당하는 범죄에는 3년(제6호).

⑦ 장기 5년 미만의 자격정지, 구류, 과료 또는 몰수에 해당하는 범죄에는 1년(제7호).

공소가 제기된 범죄는 판결의 확정이 없이 공소를 제기한 때로부터 25년을 경과하면 공소시효가 완성된 것으로 간주한다(제249조 제2항).

(3) 공소시효의 정지

공소제기, 범인의 해외도피, 재정신청 등 일정한 사유가 있을 경우에 그 공소시효의 진행이 정지된다.

(4) 공소시효 완성의 효과

공소의 제기 없이 공소시효의 기간이 경과되면 공소의 시효가 완성된다. 공소가 제기된 피고사건에 관하여 공소시효가 완성되면 그 사건은 실체적 소송조건의 결여로서 법원은 면소판결을 하여야 한다(제326조 제3호). 수사 중인 피의사건에 관하여 공소시효가 완성되면 검사는 공소권이 없음을 이유로 불기소처분을 하여야 한다.

IV. 공 판

1. 소송주체와 참여자

검사의 공소제기에 의하여 소송계속(訴訟係屬)이 발생하게 되면, 이때부터 형사절차에 법원, 검사 그리고 피고인 3자가 소송주체로 분명하게 부각된다. 공소제기 전까지 어느 정도 규문적 성질을 가지고 진행되어왔던 수사절차는 공소제기에 의하여 공판절차(公判節次) 즉, 공판중심의 소송절차로 전환하게 된다. 재판기관인 법원은 재판하는 재판권의 주체, 소추기관인 검사는 공소권의 주체로서 수사 및 공소제기·수행, 재판의 집행, 그리고 재판을 받는 주체·방어권의 주체인 피고인은 재판을 받는 주체이다. 여기에서 재판을 받는 주체인 검사와 피고인을 당사자주의 소송구조에서는 당사자라고 부르며, 법원은 양 당사자의 공격과 방어를 제3자적인 입장에서 심판하는 주체로 보

고 있다.소송의 3 주체만이 형사절차를 진행하는 과정에 참여하는 것만도 아
니다. 예컨대 변호인(제30조), 보조인(제29조), 법정대리인(제26조), 대표자(제27
조), 특별대리인(제28조), 고소인, 고발인, 증인, 감정인 등 여러 사람들이 소송
절차에 관여하게 된다.

(1) 법 원

가. 의의 및 종류

　　　　법원이란 사법권(司法權)을 행사하는 국가기관을 말한다. '사법권'이
란 법률상의 쟁송(爭訟)에 관하여 이에 부수하는 권한을 말한다. 헌법은 '사
법권은 법관으로 구성된 법원에 속한다(제101조 제1항)'라고 규정하고 있다.
법원은 두 가지 의미로 사용되고 있는데, '국법상 의미의 법원'과 '소송법
상 의미의 법원'이 그것이다. 법원조직법에서 말하는 대법원, 고등법원, 지
방법원, 시군법원 등은 일반적으로 국법상 의미의 법원을 가리킨다. 소송
법상 의미의 법원은 개개의 소송사건에 관하여 실제로 재판권을 행사하는
재판기관, 즉 법관의 합의체 또는 1인의 법관을 말한다. 소송법적 의미의
법원이 구체적 사건에 관하여 심리·재판할 수 있는 권한을 심판권이라고
한다. 법원을 구성하는 방법에는 1인의 법관으로 구성되는 단독제와 2인
이상의 법관으로 구성되는 합의제가 있다. 소송법적 의미의 법원이 합의체
로 구성되어 있는 경우에 그 구성법관 중 1인이 재판장이 되고, 재판장 이
외의 합의체의 구성법관을 합의부원이라고 말한다. 수명법관이란 합의체
법원이 그 구성원인 법관에게 특정의 소송행위를 명하는 경우가 있는데,
이때에 법원에 의하여 특정의 소송행위를 하도록 명함을 받은 법관을 말한
다. 수탁판사란 하나의 법원이 다른 법원의 법관에게 일정한 소송행위를
하도록 촉탁하는 경우에 그 소송행위의 촉탁을 받은 판사를 말한다. 수임
판사란 피고사건의 심리를 담당하는 수소법원으로부터 독립하여 형사절차
에 있어서 소송법적 권한을 행사할 수 있는 법관을 말한다. 예컨대 증거보
전절차를 행하는 판사(제184조), 수사기관에 대하여 강제처분을 위한 각종의
영장을 발부하는 판사(제200조의2, 제201조, 제215조), 수사상의 증인신문을 행

하는 판사(제221조의2) 등이 그것이다.

나. 관 할

법원의 관할이란 소송법상 의미의 특정법원이 특정사건을 재판할 수 있는 권한을 말한다. 전국의 모든 형사사건을 하나의 법원에서 심판한 다는 것은 불가능하므로 재판권의 행사를 각 법원에 분배하여 심판하여야 한다. 이와 같이 재판권의 행사를 위하여 각 법원에 분배된 직무의 분담을 관할이라고 한다. 법원의 관할은 피고사건 자체의 심판에 관한 사건관할과 피고사건과 관련된 특정절차의 심판에 관한 직무관할로 구분된다. 전자는 토지관할, 사물관할, 심급관할과 같이 피고사건 자체에 관한 관할이며, 후 자는 재심청구사건, 비상상고사건, 재정신청사건, 체포와 구속의 적부심사 청구에 대한 관할이다. 사건관할에는 법률의 규정에 의하여 관할이 정하여 지는 법정관할과 법원의 재판에 의하여 관할이 결정되어지는 재정관할이 있다. 법정관할에는 고유관할과 관련사건의 관할이 있으며, 고유관할에는 사물관할·토지관할·심급관할이 있다. 재정관할에는 관할의 지정과 관할의 이전, 관할의 창설이 있다.

관할의 종류를 도식화하면 다음과 같다.

<관할의 종류>

다. 제척·기피·회피 제도

　　재판은 공정하여야 한다. 공정한 재판은 공평한 법원의 존재를 전제로 한다. 공평한 법원이란 조직과 구성에 있어서 편파적인 재판을 할 우려가 없는 법원을 의미한다. 공평한 법원의 구성을 위하여는 사법권의 독립이 보장되고 자격있는 법관에 의하여 법원이 구성되어야 한다. 사법권의 독립은 공평한 법원의 구성을 위한 일반적 보장이다. 그러나 구체적인 특정사건에 대하여 법관에게 개인적인 특수 관계가 있다면 법관도 인간이기 때문에 공정한 재판을 기대할 수 없다. 여기서 공평한 법원의 구성을 구체적으로 보장하기 위하여 마련된 제도가 제척·기피·회피제도이다. 제척이란 구체적인 사건의 심판에 있어서 법관이 불공평한 재판을 할 우려가 현저한 것으로 법률에 유형적으로 규정되어 있는 사유에 해당하는 때에 그 법관을 당연히 직무집행으로부터 배제시키는 제도를 말한다(제17조). 기피란 법관에게 제척의 사유가 있음에도 불구하고 재판에 관여하거나 그 밖에 법관이 불공평한 재판을 할 염려가 있는 경우에, 당사자의 신청에 의하여 그 법관을 당해 사건의 직무집행으로부터 배제시키는 제도를 말한다(제18조). 회피란 법관이 스스로 기피의 사유에 해당한다고 판단한 때에 그 법관의 신청에 의한 법원의 재판에 의해서 당해 사건의 직무집행에서 탈퇴하는 제도를 말한다(제24조).

(2) 검　사

가. 공판절차에서 공소유지

　　공판절차에서 검사는 공익의 대표자로서 법정에서 공소유지를 책임지며, 이를 위해 각종 소송행위를 수행하게 된다. 검사는 피고인의 유죄를 입증하기 위해 모두진술, 증거조사와 피고인 신문 등에 관여하여 증거조사의 종료 후에 사실과 법률적용에 관하여 의견을 개진한다. 또한, 검사는 제1심판결의 선고 전까지 공소를 취소함으로써 법원으로 하여금 소송절차를 종결하도록 할 수 있다.

나. 당사자 지위

공판절차에서 공소수행의 담당자인 검사는 피고인에 대립하는 당사자의 지위에 있다. 다만 현행법상 검사는 당사자의 지위에만 머물러서는 안되고 공익적 지위에 따라 객관의무를 부담하여야 한다. 검사의 객관의무로는 피고인에게 이익되는 사실도 조사·제출할 의무와 피고인의 이익을 위하여 상소할 의무를 들 수 있다. 법치국가원리의 실현을 위하여는 공익의 대표자로서 검사가 객관성을 유지하지 않으면 안 된다는 점을 고려할 때 검사의 객관의무를 인정하는 것이 필요하며, 이는 당사자주의와 모순되는 것이 아니라 당사자주의를 보완하기 위한 것이다.

(3) 피고인

피고인이란 검사에 의하여 형사책임을 져야 할 자로 공소가 제기된 자 또는 공소가 제기된 자로 취급되어 있는 자를 말한다. 수사절차에서 수사기관의 수사대상이 되는 피의자는 검사의 공소제기에 의하여 피고인으로 그 지위가 전환된다. 피고인은 소송에 있어서 ① 당사자로서의 지위, ② 증거방법으로서의 지위, ③ 절차의 대상으로서의 지위를 가지고 있다. 첫째, 형사소송법상 피고인은 공소권의 주체인 검사와 대립하는 소송의 주체로서 검사의 능동적인 소추공격에 대하여 자신의 정당한 이익을 방어하는 수동적인 방어권의 주체로서 소송당사자로서의 지위를 가지고 있다. 형사소송법은 피고인이 소송당사자로서 검사와 대등한 지위에서 공격과 방어를 할 수 있도록 피고인에게 방어권과 소송절차참여권을 인정하여 피고인의 당사자적 지위를 강화·보장하고 있다. 둘째, 피고인 신문제도, 피고인의 임의성 있는 진술의 증거능력인정 등을 볼 때 피고인은 인적 증거방법이며, 피고인의 신체는 검증 또는 감정의 대상이 된다는 점에서 물적 증거방법도 된다. 셋째, 피고인은 소환·구속·압수·수색 등 강제처분의 객체가 된다. 피고인의 이와 같은 강제처분의 대상으로서의 지위를 절차 또는 대인적 강제처분의 대상으로서의 지위라고 부른다. 따라서 피고인은 적법한 소환이나 구속에 응하여야 하며, 신체

또는 소유·소지하는 물건에 대한 압수·수색을 거부할 수 없다

(4) 변호인

변호인이란 피고인 또는 피의자의 방어력을 보충하는 것을 임무로 하는 보조자이다. 즉 변호인은 법원, 검사, 피고인 등과 같은 소송의 주체가 아니라, 피고인 또는 피의자를 보조하는 소송관계자로 그 지위가 제한된다. 변호인의 선임은 사선변호와 국선변호로 나눌 수 있다. 변호인은 원칙적으로 피고인·피의자·기타의 관계인이 자기의 비용으로써 임의로 선임한다. 검사는 법률전문가로 국가권력이라는 강력한 강제력을 배경으로 하고 있는 데 반하여, 피고인은 법률지식의 박약과 소송기술의 미흡으로 자기에게 이익되는 증거를 수집·제출·평가할 수 없으며, 또한 혐의를 받고 있다는 불안과 공포로 검사와 대등한 방어력을 행사하기가 곤란하다. 따라서 검사와 피고인 사이에 무기평등의 원칙을 실현하여 당사자주의에 의한 실체적 진실의 발견과 공정한 재판을 실현하기 위하여 변호인제도를 두고 있다. 현행 헌법은 변호인의 조력을 받을 권리를 국민의 기본적 인권의 하나로 보장하고 있으며, 이에 따라 형사소송법도 피의자에 대한 변호인선임권(제30조), 피고인에 대한 국선변호인 선임청구권(제33조)의 보장, 접견교통권의 보장(제34조), 피의자에 대한 구속영장의 청구시 국선변호인선정(제201조의2 제9항), 피의자의 신문시 변호인의 참여권(제243조의1 제1항)을 규정하여, 피고인의 방어권 및 변호권의 범위를 확대해 나가고 있다.

(5) 피해자

현행 형사소송법에서는 '사인소추(私人訴追)'는 인정되고 있지 않으며 따라서 피의자는 소송주체가 아닌 소송관계인으로서 그 지위가 제한되어 있다. 수사 기소단계에서는 고소권(제223조), 재정신청권제260조1항) 등이 인정되며, 공판단계에서는 피해자가 증인으로서 공판절차에 참여할 수 있는 지위를 보장하고 있고(제294조의2), 소송계속 중인 사건의 피해자, 본인의 법정대리인 또는 이로부터 위임을 받은 피해자 본인의 배우자, 직계존속, 형제자매, 변호사는 소송기록의 열람·등사를 재판장에게 신청할 수 있다(제294조의4 제4항).

(6) 배심원(국민참여재판)

배심원이란 「국민 형사재판 참여에 관한 법률」에 따라 형사재판에 참여하도록 선정된 사람을 말한다. 배심원은 국민참여재판을 하는 사건에 관하여 사실의 인정, 법령의 적용 및 형의 양정에 관한 의견을 제시할 권한이 있고(국참법 제12조 제1항), 배심원의 평결과 의견은 법원을 기속하지 못한다(국참법 제46조 제5항). 국민참여재판에서는 법관과 배심원이 공동으로 재판부를 구성하여 심리를 진행하게 된다. 따라서 법정형이 사형·무기징역 또는 무기금고에 해당하는 대상사건에 대한 국민참여재판에는 9인의 배심원이 참여하고, 그 외의 대상사건에 대한 국민참여재판에는 7인의 배심원이 참여한다. 다만 법원은 피고인 또는 변호인이 공판준비절차에서 공소사실의 주요내용을 인정한 때에는 5인의 배심원이 참여하게 할 수 있다(국참법 제13조 제1항). 대한민국 국민은 국민참여재판에 참여할 권리와 의무를 가진다(국참법 제3조 제2항). 배심원은 만 20세 이상의 대한민국 국민 중에서 이 법으로 정하는 바에 따라 선정된다(국참법 제16조).

2. 공판절차

(1) 기본원칙

형사소송법은 사건에 대한 법원의 심리는 모두 공판절차에서 행하여지고, 형사소송법은 법원의 심리를 공판절차에 집중함으로써 공판중심주의를 확립하고 있다. 공판중심주의란 피고사건에 대한 증거조사를 통한 심증형성은 공개된 법정에서의 심리, 즉 공판심리에 의하여 이루어져야한다는 원칙이며, 공판중심주의는 공판기일 외에서 수집된 증거를 공판기일의 심리에 집중시키고 피고사건의 실체에 대한 심증형성도 공판심리에 의할 것을 요구한다.

가. 공개주의

공개주의에 따라 일반국민에게 심리의 방청을 허용해야 한다. 다만, 심리는 국가의 안전보장 또는 안녕질서를 방해하거나 선량한 풍속을 해할 염려가 있을 때에는 법원의 결정으로 공개하지 아니할 수 있다(헌법 제109조 단서, 법조법 제57조 제1항 단서). 그러나 이 경우에도 판결선고의 비공개는 허용되지 아니 한다. 누구든지 법정 안에서는 재판장의 허가 없이 녹화, 촬영, 중계방송 등의 행위를 하지 못하고(법조법 제59조), 예외적으로 재판장은 심리와 재판에 대한 녹화, 촬영, 중계방송 등을 허가할 수 있다(법정에서의 방청·촬영 등에 관한 규칙 제4조, 제5조).

나. 구두주의

구두변론주의란 법원이 당사자의 구두에 의한 공격·방어를 근거로 하여 심리·재판하는 주의를 말한다. 공판기일에서의 절차는 구두에 의하여 행하여지고, 특히 판결은 법률에 다른 규정(제390조 제1항)이 없으면 구두변론에 의거하여야 한다(제37조 제1항). 공판정에서의 변론은 구두로 하여야 한다(제275조의3). 피고인의 진술, 증인의 진술 등의 실체형성행위에 관해서는 구두주의의 원칙이 지배하고, 공소제기 등의 절차형성행위에 관해서는 그 형식적 확실성이 요청되므로 서면주의의 원칙이 지배한다.

다. 직접주의

직접주의란 공판정에서 직접조사한 증거만을 재판의 기초로 삼을 수 있다는 주의를 말한다. 직접주의는 구두주의와 함께 법관에게 정확한 심증을 형성할 수 있게 할 뿐만 아니라, 피고인에게 증거에 관하여 직접 변명의 기회를 주기 위하여 요구되는 원칙이다. 직접주의는 단순히 실체적 진실의 발견만을 위하여 요구되는 것이 아니라 동시에 피고인에게 반대신문의 기회를 주어 피고인을 보호하고 공정한 재판을 실현하는 의미도 가지고 있다.

라. 집중심리주의

공판기일의 심리는 집중되어야 하고(제267조의2 제1항), 심리에 2일 이상이 필요한 경우에는 부득이한 사정이 없는 한 매일 계속 개정하여야 한다(제267조의2 제2항). 재판장은 부득이한 사정으로 매일 계속 개정하지 못하는 경우에도 특별한 사정이 없는 한 전회의 공판기일부터 14일 이내로 다음 공판기일을 지정하여야 한다(제267조의2 제4항). 집중심리주의는 미결구금의 장기화와 재판이 각종의 서류에 의하여서만 하게 되는 조서재판주의의 폐단을 방지하고, 법관이 신선하고 확실한 심증에 의하여 재판을 할 수 있을 뿐만 아니라 소송의 촉진과 신속한 재판을 실현하고자 하는 데 그 취지가 있다.

(2) 공판심리의 범위

가. 의 의

　수소법원은 공소가 제기된 범죄사실에 대하여서만 심판할 수 있는 심판범위가 확정되고, 그 이외의 범죄사실에 대해서는 심판할 수 없다. 공소제기의 효력은 심판의 대상이 되는 전부에 미친다(제248조 제2항). 이를 공소불가분의 원칙이라 한다. 공소불가분의 원칙은 법원으로 하여금 심판범위, 피고인에게는 방어권의 범위를 한정하는 기능을 수행한다. 범죄사실의 일부에 대한 공소는 그 효력이 전부에 미치기 때문에, 수소법원은 공소장에 기재되지 않은 나머지 부분에 대해서도 원칙적으로 심판할 수 있는 권리와 의무가 있다.

나. 공소장 변경

　공소장에 기재되어 명시되지 않은 부분에 대하여 심판을 하고자 하는 경우에는 공소장의 변경절차를 통하여 가능하고, 검사는 법원의 허가를 얻어 공소장에 기재한 공소사실 또는 적용법조의 추가·철회 또는 변경을 할 수 있고(제298조 제1항), 법원은 심리의 경과에 비추어 상당하다고 인정하는 때에는 공소사실 또는 적용법조의 추가 또는 변경을 요구할 수 있다(제298조 제2항). 여기서 추가는 공소장에 기재된 공소사실 이외에 새로운 공소사실과 그에 대한 적용법조를 부가하는 것을 말한다. 철회는 공소장에 기재된 수개의 공소사실이나 적용법조 가운데 일부를 제외하는 것이다. 그리고 변경은 기존의 공소사실과 적용법조를 새로운 공소사실과 적용법조로 대체하는 것을 의미한다. 법원의 심판의 대상이 공소장에 기재된 피고인과 공소사실에 제한되어야 함으로써 심리의 능률과 신속성을 보장하기도 하지

만, 피고인의 방어권행사를 보장하여 당사자주의의 실효성을 확보하는 것
이 더욱 본질적인 목적이다.

(3) 공판준비절차

가. 의 의

공판의 준비절차란 제1회 공판기일 전인가 또는 제2회 이후의 공
판기일 전인가를 묻지 않고 공판기일에서의 심리를 준비하기 위하여 수소
법원에 의하여 행하여지는 절차를 말한다. 공판준비는 광의의 공판준비와
협의의 공판준비로 구별할 수 있다. 넓은 의미의 공판준비는 공판준비절차
라는 형식적 절차와 상관없이 공판기일 전에 공판을 준비하기 위해 거쳐야
하는 일반적인 준비절차를 의미한다. 여기에는 공소장부본의 송달(제266조),
의견서제출(제266의2), 공판기일의 지정·변경(제267조, 제270조), 공판기일의 통
지·소환(제267조 제2항·제3항, 제269조) 등 공판기일전 준비절차와 증거개시제도
(제266조의3) 등이 포함된다. 이에 대하여 좁은 의미의 공판준비절차는 공판
기일의 집중심리를 위하여 재판장이 특별히 시행하는 절차를 말한다.

나. 증거개시제도

공소장일본주의에 따라 검사는 공소제기 시에 공소장만 법원에 제
출하고 수사서류 등의 증거물은 증거조사의 과정에서 법원에 제출한다. 개
정 전 형사소송법 제35조에 의하면 열람·등사의 대상은 소송계속 중의 관
계서류 또는 증거물에 한정되어, 공소제기 후 검사가 소지한 서류도 열람·
등사가 가능한 것인지에 대해서 견해의 대립이 있었다. 그러나 이 문제는
2007년 형사소송법 개정을 통해 증거개시에 관한 명문규정을 두어 이를
입법적으로 해결되었다. 이에 따라서 공소제기 후 검사가 보관하고 있는
서류 등의 열람·등사에 관련하여, 변호인은 검사에게 공소제기 된 사건에
관한 서류 또는 물건의 목록과 공소사실의 인정 또는 양형에 영향을 미칠
수 있는 서류 등의 열람·등사 또는 서면의 교부를 신청할 수 있고, 다만 피
고인에게 변호인이 있는 경우에는 피고인은 열람만을 신청할 수 있게 되었

다. 이 제도가 이른바 증거개시제도이다.

다. 공판준비절차

재판장은 효율적이고 집중적인 심리를 위하여 사건을 공판준비절차에 부칠 수 있다. 형사소송법에서 공판준비절차는 임의적 절차로 규정되어 있지만 「국민의 형사재판 참여에 관한 법률」에 따른 배심재판에서는 사건을 반드시 공판준비절차에 거쳐야하는 필수적 절차로 규정되어 있다. 법원은 공판준비절차에서 다음 각 호의 행위를 할 수 있다(제266조의9 제1항).

① 공소사실 또는 적용법조를 명확하게 하는 행위(제1호).

② 공소사실 또는 적용법조의 추가·철회 또는 변경을 허가하는 행위(제2호).

③ 공소사실과 관련하여 주장할 내용을 명확히 하여 사건의 쟁점을 정리하는 행위(제3호).

④ 계산이 어렵거나 그 밖에 복잡한 내용에 관하여 설명하도록 하는 행위(제4호).

⑤ 증거신청을 하도록 하는 행위(제5호).

⑥ 신청된 증거와 관련하여 입증 취지 및 내용 등을 명확하게 하는 행위(제6호).

⑦ 증거신청에 관한 의견을 확인하는 행위(제7호).

⑧ 증거 채부(採否)의 결정을 하는 행위(제8호).

⑨ 증거조사의 순서 및 방법을 정하는 행위(제9호).

⑩ 서류 등의 열람 또는 등사와 관련된 신청의 당부를 결정하는 행위(제10호).

⑪ 공판기일을 지정 또는 변경하는 행위(제11호).

⑫ 그 밖에 공판절차의 진행에 필요한 사항을 정하는 행위(제12호).

(4) 공판기일의 절차

제1심의 공판절차는 모두절차, 사실심리절차, 판결선고 절차로 나눌 수 있다.

가. 모두절차

　　모두절차는 진술거부권의 고지에서 시작해 인정신문, 검사의 모두진술, 피고인의 모두진술, 재판장의 쟁점정리, 검사·변호인의 증거관계 등에 대한 진술의 순서로 진행된다. 인정신문이란 재판장이 피고인의 성명, 연령, 등록기준지, 주거와 직업을 물어서 피고인임에 틀림없음을 확인하는 것을 말한다(제284조). 재판장의 인정신문이 끝나면 검사는 공소장에 의하여 공소사실·죄명, 적용법조를 낭독하여야 한다. 다만, 재판장은 필요하다고 인정하는 때에는 검사에게 공소의 요지를 진술하게 할 수 있다(제285조). 재판장은 검사의 모두진술 절차를 마친 뒤에 피고인에게 공소사실을 인정하는지 여부에 관하여 물어야 하고, 피고인 및 변호인은 공소에 관한 의견 그밖의 이익이 되는 사실 등을 진술할 수 있다(제286조, 규칙 제127조의2). 피고인 및 변호인은 공소에 관한 사실 외에도 이익되는 사실 등을 진술할 수 있다(제286조 제2항). 재판장은 피고인의 모두진술이 끝난 다음에 피고인 또는 변호인에게 쟁점의 정리를 위하여 필요한 질문을 할 수 있고(제287조 제1항), 증거조사를 하기에 앞서 검사 및 변호인으로 하여금 공소사실 등의 증명과 관련된 주장 및 입증계획 등을 진술하게 할 수 있다(제287조 제2항).

나. 사실심리절차

　　사실심리절차는 증거조사, 피고인 신문, 최종변론으로 된다. 모두절차 뒤의 사실심리절차에서는 먼저, 증거조사를 실시한다. 증거조사란 법원이 범죄사실의 존부 및 양형의 사정에 관한 심증을 얻기 위하여 각종의 증거를 조사하여 그 내용을 인지하는 실체형성행위이다. 법원은 검사가 신청한 증거를 조사한 후 피고인 또는 변호인이 신청한 증거를 조사한다(제291조의2 제1항). 법원은 이 조사가 끝난 후 직권으로 결정한 증거를 조사하고(제291조의2 제2항), 직권 또는 검사, 피고인·변호인의 신청에 따라 이 순서를 변경할 수 있다(제291조의2 제3항). 증거조사는 증거로서의 자격을 갖춘 증거에 대해서만 허용되며, 증거조사방법도 증거의 종류에 따라 법에 엄격히 규정되어 있다. 증거조사는 사실심리절차의 중심이다. 형사소송법은 증거조사를 먼저 실시하고, 증거조사에서 불충분한 부분을 피고인신문에서 확인하도록 순서를 정하고 있다. 피고인신문이란 피고인에 대하여 공소사실과 그 정상에 관한 필요한 사항을 신문하는 절차를 말한다. 검사 또는 변호인은 증거조사 종료 후에 순차로 피고인에게 공소사실 및 정상에 관하여 필요한 사항을 신문할 수 있다. 이를 주신문(主訊問)이라 한다. 다만, 재판장은 필요하다고 인정하는 때에는 증거조사가 완료되기 전이라도 이를 허가할 수 있다(제296조의2 제1항). 재판장은 필요하다고 인정하는 때에는 피고인을 신문할 수 있다(제296조의2 제2항). 이를 보충신문이라 한다. 증거조사와 피고인신문을 종료한 때에는 검사는 사실과 법률적용에 관하여 의견을 진술하여야 한다(제302조 전단). 이것을 검사의 '논고(論告)'라고 말하며, 논고에서는 형의 양정에 관한 의견, 즉 '구형(求刑)'을 한다. 법원은 검사의 구형에 구속되지 않고, 법원은 구형을 초과하는 형을 선고할 수 있다. 재판장은 검사의 의견을 들은 후 피고인과 변호인에게 최후의 의견을 진술할 기회를 주어야 한다(제303조).

다. 판결선고절차

공판절차의 최종단계는 판결선고절차이다. 변론종결 후 변론을 재개하지 않는 한 법원은 판결을 선고하여야 한다. 판결의 선고는 변론을 종결한 기일에 선고하여야 한다(제318조의4 제1항 본문)피고사건에 대한 심리가 종결되면, 법원은 판결을 위한 심의에 들어가게 된다. 이때에 단독판사의 경우에는 별다른 절차 없이 판결의 내용을 정할 수 있지만, 합의부인 경우에는 판결의 내용결정을 위한 합의를 하게 된다. 판결의 선고공판기일에는 원칙적으로 피고인이 출석하여야 한다(제276조). 변론을 종결한 기일에 판결을 선고하는 경우에는 판결의 선고 후에 판결서를 작성할 수 있고(제318조의4 제2항), 판결은 공판정에서 재판서에 의하여 선고한다(제42조). 판결의 선고는 재판장이 하며, 주문을 낭독하고 이유의 요지를 설명하여야 한다(제43조). 법원은 피고인에 대하여 판결을 선고한 때에는 선고일로부터 14일 이내에 피고인에게 그 판결서등본을 송달하여야 한다.

이상의 공판절차를 도식화해 보면 다음 그림과 같다.

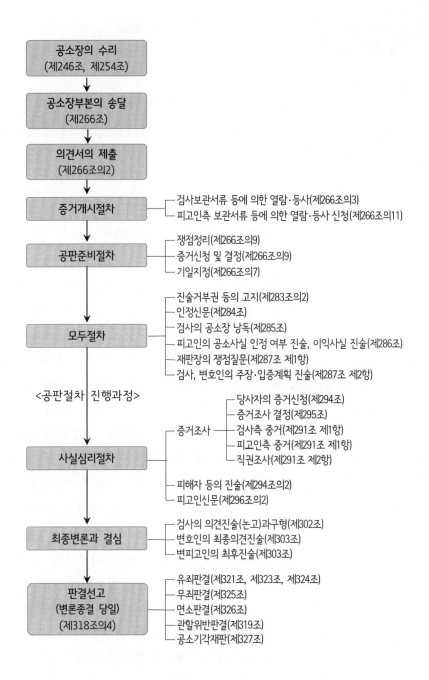

공소장의 수리
(제246조, 제254조)

공소장부본의 송달
(제266조)

의견서의 제출
(제266조의2)

증거개시절차 ── 검사보관서류 등에 의한 열람·등사(제266조의3)
              └ 피고인측 보관서류 등에 의한 열람·등사 신청(제266조의11)

공판준비절차 ── 쟁점정리(제266조의9)
              ├ 증거신청 및 결정(제266조의9)
              └ 기일지정(제266조의7)

모두절차 ── 진술거부권 등의 고지(제283조의2)
           ├ 인정신문(제284조)
           ├ 검사의 공소장 낭독(제285조)
           ├ 피고인의 공소사실 인정 여부 진술, 이익사실 진술(제286조)
           ├ 재판장의 쟁점질문(제287조 제1항)
           └ 검사, 변호인의 주장·입증계획 진술(제287조 제2항)

＜공판절차 진행과정＞

사실심리절차 ── 증거조사 ── 당사자의 증거신청(제294조)
                          ├ 증거조사 결정(제295조)
                          ├ 검사측 증거(제291조 제1항)
                          ├ 피고인측 증거(제291조 제1항)
                          └ 직권조사(제291조 제2항)
              ├ 피해자 등의 진술(제294조의2)
              └ 피고인신문(제296조의2)

최종변론과 결심 ── 검사의 의견진술(논고)과구형(제302조)
                 ├ 변호인의 최종의견진술(제303조)
                 └ 변피고인의 최후진술(제303조)

판결선고
(변론종결 당일)
(제318조의4) ── 유죄판결(제321조, 제323조, 제324조)
              ├ 무죄판결(제325조)
              ├ 면소판결(제326조)
              ├ 관할위반판결(제319조)
              └ 공소기각재판(제327조)

(5) 증거조사

가. 의 의

증거는 그것이 법원에 현출되어 법관의 심증을 형성하게 되는바, 형사소송법은 공판과정에서 증거가 입수되는 증거방법으로서 증인신문·검증·감정·통역·번역 등을 규정하고 있다.

나. 증인신문

증인이란 법원 또는 법관에 대하여 자기가 과거에 체험한 사실을 진술하는 제3자를 말하고, 이러한 증인의 진술을 '증언'이라고 한다. 증인신문이란 증인이 자기가 과거에 체험한 사실을 내용으로 하는 증언을 법관 또는 법원이 듣는 증거조사를 말한다. 형사소송법은 증인신문에 관하여 증인에게 출석·선서·진술의 의무를 과하고, 이 의무를 이행하지 않을 때에는 직접·간접으로 강제를 가하고 있다. 증인신문은 강제처분으로서의 성질을 가지고 있다. 피고인은 소송당사자이고, 피고인을 증인으로 하여 선서를 하고 증언을 할 의무를 부과하게 되면 피고인의 진술거부권(제283조의2)을 보장한 본래의 취지가 없어지므로, 증인적격이 인정되지 않는다. 증인에 대한 신문은 원칙적으로 구두에 의하여야 한다. 증인을 신문함에 있어서는 가능한 한 개별적이고 구체적인 신문에 의하여야 한다. 증인신문을 할 때에는 위협적이거나 모욕적인 신문, 증인이 직접 경험하지 아니한 사항에 해당하는 신문, 전(前)의 신문과 중복되는 신문, 의견을 묻거나 의논에 해당하는 신문을 하여서는 아니 된다(규칙 제74조 제1항). 증인신문은 교호신문의 방식으로 한다. 즉 증인은 신청한 검사, 변호인 또는 피고인이 먼저 이를 신문하고 다음에 다른 검사, 변호인 또는 피고인이 신문한다(제161조의2 제1항), 재판장은 제1항의 신문이 끝난 뒤에 신문할 수 있다(제161조의2 제2항). 그러나 재판장은 필요하다고 인정하면 어느 때나 신문할 수 있으며, 증인신문의 순서를 변경할 수 있다(제161조의2 제3항.) 법원은 피해자 등의 신청이 있는 때에는 그 피해자 등을 증인으로 신문해야 한다. 다만 피해자 등이 이미 당해 사건에 관하여 공판절차에서 충분히 진술하여 다시 진술할 필요가 없다고 인정되는 경우, 피해자 등의 진술로 인하여 공판절차가 현저하게 지연될 우려가 있는 경우에는 증거신청을 기각할 수 있다(제294조의2 제1항).

다. 검 증

검증이란 법관의 오관작용에 의하여 물건, 사람의 신체, 장소의 존재 및 상태를 직접 실험·인식하는 증거조사를 말한다. 공판정에서 개개의 물건에 대한 검증을 증거물의 조사, 범죄의 현장 기타 법원 이외의 일정한 장소에서 행하는 검증을 임검(臨檢) 또는 현장검증이라고 말한다. 검증은 법원 또는 법관에 의하여 직접 실시되기 때문에 영장을 요하지 아니하고, 검증의 상대방은 검증처분의 수인의무를 부담한다.

라. 감 정

감정이란 특별한 지식·경험에 속하는 일정한 법칙 또는 그 법칙의 구체적 적용결과를 법원에 대하여 보고하는 것을 말한다. 법원 또는 법관에 의하여 감정의 명(命)을 받은 제3자를 '감정인'이라고 한다. 감정인은 법원을 보조하는 자로서 그 한도 내에서 감정의 임무를 수행하며, 감정인의 감정자료에 대한 증명력의 판단은 전적으로 법관의 자유판단에 의한다.

(6) 법원의 강제처분

가. 의 의

일반적으로 강제처분이라 함은 강제력의 행사를 요소로 하는 국가기관의 공권적 처분을 말한다. 강제처분은 체포·구속·압수·수색 등과 같이 직접 물리적 강제력의 행사를 내용으로 하는 처분과 소환·동행명령·제출명령 등과 같이 상대방에게 일정한 법적의무를 과하는 것을 내용으로 하는 처분으로 나누어 볼 수 있다. 법원의 강제처분은 형집행의 확보를 위하여 행하여지는 경우도 있으나, 증거수집을 위하여 행하여지는 경우가 많으며, 이 때문에 증거조사와 밀접한 관련을 갖는다. 그러나 체포·구속·압수·수색 등의 강제 처분은 그의 주된 목적이 상대방에게 강제력을 행사하는 것이라는 점에서 증인신문·검증·감정 등과 같이 어느 정도 강제적 요소를 수반하면서 시행되는 증거조사와는 구별된다. 우리 형사소송법은 공판절차에서 수소법원이 행하는 처분을 중심으로 강제처분에 관한 법적 규정들을 정비하고(제68조 이하), 이 규정들을 준용하여 수사절차상의 강제처분을 규율하는 방식을 취하고 있다(제200조의2이하, 2006조의6, 209, 219).

나. 피고인의 소환과 출석·동행명령

공판기일에는 피고인, 대표자 또는 대리인을 소환하여야 한다(제267조). 일반적으로 소환이란 특정인에 대하여 일정한 일시에 일정한 장소로 출석하는 것을 명하는 법원의 재판을 의미한다. 소환당한 사람은 출석의무가 있으며, 정당한 이유 없이 이에 불응할 때에는 구인당하거나(제74조, 제152조) 비용의 배상, 과태료의 제재 또는 감치 등을 당하게 되는 불이익을 당하게 된다. 피고인, 대표자·대리인을 소환함에는 소환장을 발부하여 이를 송달하는 것이 원칙이다. 소환의 주체는 법원(재판부)이 원칙이지만(제68조), 급속을 요하는 경우에는 재판장이 하거나 합의부원으로 하여금 하게 할 수 있다(제80조).

출석명령과 동행명령(제79조)은 법원이 필요한 때에 피고인에 대하여 일정한 장소를 지정하여 출석 또는 동행을 명하는 재판(결정)을 말한다. 영장주의가 적용되지 아니하므로 그 형식이나 고지에 있어 재판의 일반원칙인 재판서의 방식(제38조), 재판의 선고·고지의 방식(제42조) 등의 적용을 받고 유예기간을 두지 않아도 된다는 점에서 소환과 구별된다.

다. 피고인의 구속과 보석

피고인의 구속이란 공소제기 후 피고인의 신체자유를 제한하기 위하여 법원이 영장을 발부하여 피고인을 구인 또는 구금하는 강제처분을 말한다(제69조). 법원이 피고인을 구속하고자 할 때에는 구속영장을 발부하여야 한다(제73조). 구속영장발부의 주체는 법원과 재판장이다(제70조 제1항). 구속의 사유는 수사상 구속사유와 같다(제70조 제1항). 즉 피고인이 죄를 범하였다고 의심할 만한 상당한 이유가 있고, 피고인에게 일정한 주거가 없거나, 피고인이 증거를 인멸할 염려가 있거나, 도망하거나 도망할 염려가 있어야 한다. 다만 다액 50만원 이하의 벌금, 구류 또는 과료에 해당하는 범죄에 관하여는 피의자가 일정한 주거가 없는 경우에 한한다(제70조 제3항). 법원이 구속사유를 심사함에 있어서는 범죄의 중대성, 재범의 위험성, 피해자 및 중요 참고인 등에 대한 위해우려 등을 고려하여야 한다(제70조 제2항). 피고인에 대한 구속기간은 2개월이다(제92조 제1항). 그러나 특히 구속을 계속할 필요가 있는 경우에는 심급마다 2개월 단위로 2차에 한하여 결정으로 갱신할 수 있다.

보석이란 검사가 구속기소한 경우 피고인이 재판을 담당하는 법원에 보증금을 납부할 것을 조건으로 석방하여 줄 것을 청구할 수 있는 제도를 말한다. 보석제도는 피고인의 공판절차에서의 출석과 형집행에의 확보 등을 보증금의 몰수라는 심리적 강제를 통하여 담보하는 제도이다. 또한 피고인이 소송주체로서 당사자주의 정신에 투철한 방어준비의 배려, 장기 미결구금으로 인한 구금교정시설에서 악풍감염의 차단, 구금에 소요되는 국가예산 절감이라는 정책적 고려의 소산이다. 따라서 형사소송법은 보석제도의 활성화를 위하여 법률에 특정한 사유가 없는 한 보석을 허가하고 있다(제95조).

라. 압수·수색

수소법원은 증거수집을 위하여 공판절차에서 압수와 수색을 행할 수 있다. 수소법원이 행하는 압수에는 협의의 압수(제106조 제1항), 제출명령 (제106조 제2항), 임의제출물의 압수(제108조) 등이 있다. 수색은 물건 또는 사람을 발견하기 위한 목적으로 일정한 장소나 사람의 신체에 대하여 행하는 강제처분을 말한다.

(7) 간이공판절차

간이공판절차란 피고인이 공판정에서 공소사실에 대하여 자백하는 때에는 형사소송법이 규정하는 증거조사절차를 간이화하고 증거능력의 제한을 완화하여 심리를 신속하게 하기 위하여 마련된 공판절차를 말한다. 형사소송법은 '피고인이 공판정에서 공소사실에 대하여 자백한 때에는 법원은 그 공소사실에 한하여 간이공판절차에 의하여 심판할 것을 결정할 수 있다(제286조의2)'라고 규정하여, 간이공판절차를 모든 범죄에 적용하고 있다.

V. 증 거 법

1. 증거법 기초개념

(1) 증거의 의의

증거란 사실인정의 근거가 되는 자료를 의미하는데, 넓은 의미에서는 범죄사실의 흔적이라고 할 수도 있다. 증거의 종류에는 인적증거, 물적증거, 증거서류 등이 있다. 인적 증거란 사람의 진술 내용이 증거로 되는 것을 말하는데 인증(人證)이라고도 한다. 예컨대 증인의 증언, 감정인의 감정 등이 그것이다. 물적 증거란 물건의 존재 또는 상태가 증거로 되는 것을 말하는데 물증(物證)이라고도 한다.예컨대 범행에 사용된 흉기, 절도의 장물, 위조문서, 사람의 명예를 훼손한 기사를 실은 잡지 등이 그것이다. 또한 서류도 그 존재가 증거로 되는 경우, 즉 세금포탈사건에 있어서의 이중의 경리장부 등은 물적 증거에 속한다. 사람의 신체도 상해죄에 있어서의 그 상해의 부위가 증거로 되는 경우 일종의 물적 증거라고 할 수 있다. 증거서류란 서면의 의미 내용이 증거로 되는 것을 말한다. 예컨대 공판조서, 증인신문조서, 검증조서, 감정조서 등이 그것이다. 증거서류와 물적 증거인 서류를 포괄하여 서증이라고도 한다. 그러나 증거서류는 서류의 내용의 의의만이 증거로 되는 데 반하여, 물적 증거인 서류는 그 내용의 의의와 그 존재가 증거로 된다는 점에서 구별된다.

(2) 증거재판주의

형사소송법은 '사실의 인정은 증거에 의하여야 하며, 범죄사실의 인정은 합리적인 의심이 없는 정도의 증명에 이르러야 한다(제307조 제1항·제2항)'라고 규정하여, 증거재판주의를 선언하고 있다. 실체적 진실발견을 이념으로 하는 형사소송에 있어서 법관의 자의에 의한 사실인정이 허용될 수 없고 반드시 증거에 의하여야 한다는 것이 증거재판주의이다. 증명이란 법관이 요증사실의 존재에 대하여 확신을 얻은 상태 또는 법관이 확신을 가질 수 있도록 증거를 제출하여 입증하려는 당사자의 행위를 말한다. 증명은 법률상 요구되는 법관의 심증 정도를 기준으로 하여 협의의 증명, 즉 엄격한 증명과 자유로운 증명이 있다. 엄격한 증명이란 어떤 사실을 증명하는 데 있어서 법률상 증거능력이 있고 공판정에서 적법한 증거조사를 거친 증거에 의하여서 하여야 하는 증명을 말한다. 예컨대 공소사실을 증명하기 위하여 범행현장에 있었던 목격자가 검사 앞에서 한 진술을 녹취한 서면을 증거로 하려면 증거조사의 방식의 요건(제312조)을 구비하여 증거능력이 인정되어야 하고, 공판정에서 적법한 증거조사(제292조)를 거쳐야 한다. 자유로운 증명이란 엄격한 증명 이외의 증명을 말한다. 즉 증거능력이 없는 증거 또는 증거조사를 거치지 아니한 증거에 의한 증명을 말한다. 예컨대 정상관계사실과 소송법적 사실, 보조사실 등이 자유로운 증명의 대상이 된다.

(3) 거증책임

형사소송에서 거증 책임은 검사에게 있다. 형사소송은 '의심스러울 때는 피고인의 이익으로'의 원칙이 지배하고 있기 때문에, 증명되어야 할 기소된 범죄사실의 진위가 판명되지 않고 법관이 그에 대하여 의심을 품을 때에는 '피고인의 이익', 즉 무죄를 선고하여야 한다. 따라서 공소제기된 범죄사실에 대하여 검사가 합리적인 의심을 초월할 정도로 법관을 설득시킬 수 없을 때에는 피고인은 무죄로 되고, 그 결과 검사는 불이익으로 되므로 거증책임은 원칙적으로 검사에게 있다.

(4) 자유심증주의

자유심증주의란 증거의 증명력을 적극적 또는 소극적으로 확정하지 아니하고 법관의 자유로운 판단에 맡기는 것을 말한다. 형사소송법은 '증거의 증명력은 법관의 자유판단에 의한다(제308조)'라고 규정하여, 자유심증주의를 선언하고 있다. 자유심증주의에 의하여 법관은 사실을 인정하는데 아무런 법률적 구속을 받지 아니하고, 구체적으로 타당한 증거가치를 판단하여 사안의 진상을 파악하게 된다. 형사재판에 있어서 유죄의 증거는 단지 우월한 증명력을 가진 정도로는 부족하고, 법관으로 하여금 합리적인 의심을 할 여지가 없을 정도로 확신을 생기게 할 수 있는 증명력을 가진 것이어야 한다.

2. 증거능력

(1) 의 의

증거능력이란 증거가 특정한 소송사건에 있어서 엄격한 증명의 자료로서 사용될 수 있는 법률상의 자격을 말한다. 즉 증거가 공소범죄사실 등 형사소송에 있어서 중요한 사실의 증명에 사용될 수 있는 법률적 자격을 말한다. 사실인정을 위해 모든 종류의 증거는 자유롭게 수집·제시될 수 있다고 보는 것이 타당하다(증거방법의 자유). 다만, 현행 형사소송법은 이에 대한 적법절차의 원칙, 대심권 보장 등 헌법적 권리를 보장하기 위한 장치로서 증거능력의 제한에 관한 규정을 두고 있다. 증거능력이 없는 증거는 엄격한 증명을 위한 증거로서 공판정에 현출될 수 없고, 당사자도 증거조사에 대한 이의신청을 할 수 있다(제296조). 증거능력은 증거의 실질적 가치인 '증명력'과 구별하여야 한다. 현행 형사소송법은 증거능력의 제한에 관한 영미법의 원칙을 많이 도입·채용하여 증거능력을 여러 가지 견지에서 제한하여 위법수집증거배제법칙(제308조의2), 자백법칙(제309조), 전문법칙(제310조의2) 등을 도입하고 있다.

(2) 임의성 없는 자백배제

가. 자백의 의의

자백이란 피고인·피의자가 범죄사실의 전부 또는 그 일부를 인정하는 진술을 말한다. 형사소송법상의 자백에는 피고인의 진술뿐만 아니라 피의자·증인·참고인의 진술도 모두 자백에 해당하고, 구두에 의한 진술, 서면에 의한 진술도 자백에 해당한다. 재판상의 자백과 범인이 일기장 등에 범죄사실을 인정하는 기재를 한 경우와 같이 상대방이 없는 경우를 포함하는 재판 외의 자백도 자백이다.

나. 자백의 증거능력 제한

우리나라 헌법은 '피고인의 자백이 고문·폭행·협박·구속의 부당한 장기화 또는 기망 기타의 방법에 의하여 자의로 진술된 것이 아니라고 인정될 때에는 유죄의 증거로 삼을 수 없다(제12조 제7항)'라고 규정하고 있고, 이에 근거하여 형사소송법도 '피고인의 자백이 고문·폭행·협박·신체구속의 부당한 장기화 또는 기망 기타의 방법으로 임의로 진술한 것이 아니라고 의심할 만한 이유가 있는 때에는 이를 유죄의 증거로 하지 못한다(제309조)'라고 규정하여, 임의성이 의심되는 자백의 증거능력을 부정하는 자백배제법칙을 선언하고 있다. 임의성 없는 자백이란 자유의사로서 합리적인 의사결정을 하는 것을 제약당한 상태에서의 자백이다. 예컨대 자백획득의 방법으로 불법적이고 윤리적으로 허용되는 정도를 초월한 강압의 수단을 이용하여 얻은 자백은 임의성이 없는 자백이다.

(3) 위법수집증거배제

위법수집증거의 배제법칙(the Exclusionary Rule of Illegally Obtained Evidence)이란 위법한 절차에 의하여 수집된 증거의 증거능력을 부정하는 법칙을 말한다. 우리나라에서는 2007년 개정 형사소송법을 통해 '적법한 절차에 따르지 아니하고 수집한 증거는 증거로 할 수 없다(제308조의2)'라는 규정을 신설하여, 위법수집증거배제법칙을 전면적으로 도입하게 되었다. 위법한 증거수집방법을 이유로 한 증거배제는 현대 증거법의 역사에 있어서 가장 중요한 발전으로 평가된다. 어느 의미에서는 한 나라의 소송체계의 민주화, 소송절차의 인권보장 등이 어느 정도로 이루어졌는가의 척도는 위법수집증거배제법칙의 적용범위가 어느 정도인가로 평가할 수도 있다. 위법수집증거배제법칙의 이념적·정책적 근거는 적정절차의 보장, 위법수사의 억지, 개인의 사생활 보호 등이다.특히 수사기관은 수사과정에서 범인과 범죄사실을 확인하기 위하여 증거수집에 전력을 기울이게 되며, 이는 주로 기소·불기소와 기소후의 유죄인정의 증거로 사용된다. 이와 같이 수사기관 또는 법원이 증거수집과 증거조사절차에서 하게 되는 각 행위는 법률에 그 절차를 규정하는 경우도 있으나, 명문으로 그 절차를 규정하고 있지 않는 경우도 있고, 과학기술의 발달로 증거수집, 조사의 방법을 예상하지 못하여 법률에 규정을 하지 못한 경우도 있다. 수사기관 또는 법원이 법률에 규정된 절차나 적정절차의 원리를 규정한 헌법에 위반하여 수집된 증거의 증거능력을 인정할 것인가가 문제되는데 이에 대한 논의가 위법수집증거의 증거능력의 문제이다.

(4) 전문증거배제

가. 의 의

전문증거(hearsay evidence)란 사실인정의 기초가 되는 실험적 사실을 실험자 자신이 직접 법원에 구두로 진술하지 않고, 다른 형태로 간접적으로 보고하는 것을 말한다. 예컨대 실험자 자신이 실험사실을 서면에 기재하는 경우, 실험사실을 들은 타인이 서면에 기재하는 경우, 실험사실을 들은 타인이 법원에 직접 보고하는 경우 등이 그것이다. 경험자가 자신이 체험한 사실을 외부에 알리는 행위가 '원진술(原陳述)'이고, 이 원진술을 법원에 간접적으로 전달하는 증거가 '전문증거'이다. 형사소송법은 전문증거와 증거능력의 제한에 대하여, '법원 또는 법관의 조서(제311조), 검사 또는 사법경찰관의 조서 등(제312조), 진술서 등(제313조), 증거능력에 대한 예외(제314조), 당연히 증거능력이 있는 서류(제315조), 전문의 진술(제316조)에 규정한 규정한 것 이외에는 공판준비 또는 공판기일에서의 진술에 대신하여 진술을 기재한 서류나 공판준비 또는 공판기일 외에서의 타인의 진술을 내용으로 하는 진술은 이를 증거로 할 수 없다(제310조의2)'라고 규정하여, 전문증거의 증거능력을 원칙적으로 부정하고 있다.

나. 법원 또는 법관의 면전조서(제311조)

공판절차는 공판준비절차와 공판기일의 절차를 포함하는 개념이다. 공판준비 또는 공판기일에 피고인이나 피고인이 아닌 자의 진술을 기재한 조서와 법원 또는 법관의 검증의 결과를 기재한 조서는 증거로 할 수 있다(제311조). 이러한 조서는 심리의 공개, 증인의 선서제도, 증거조사에의 참여권, 증인에 대한 반대신문권, 탄핵증거제도 등에 의하여 신용성의 정황적 보장이 이루어지고, 그 성립의 진정이 당연히 추정되므로 무조건 증거능력을 인정하는 것이다.

다. 수사기관이 작성한 피의자 신문조서(제312조)

피의자신문조서란 수사기관, 즉 검사 또는 사법경찰관이 피의자를 신문하여 그 진술을 기재한 조서를 말한다. 수사기관이 피의자를 조사하는 과정에서 피의자의 진술을 녹취 또는 그 진술을 기재한 서류·문서는 진술조서, 진술서, 자술서 등 형식을 불문하고 피의자신문조서에 해당한다. 종래에는 검사와 사법경찰관이 작성한 피의자 신문조서에 대해 작성 주체에 따라 증거능력 인정요건에 차등을 두었으나, 2020년 형사소송법 개정을 통해 수사기관이 작성한 '피의자신문조서는 적법한 절차와 방식에 따라 작성된 것으로서 공판준비, 공판기일에 그 피의자였던 피고인 또는 변호인이 그 내용을 인정할 때에 한하여 증거로 할 수 있다.' '적법한 절차와 방식'이란 형식적 성립의 진정(기명날인 또는 서명)과 피의자신문과 참여자(제243조), 피의자신문조서 작성(제244조), 변호인의 참여 등(제243조의2), 수사과정의 기록(제244조의4) 등 조서작성의 절차와 방식에 따라 작성된 것을 의미한다. '내용의 인정'은 피의자였던 피고인, 변호인의 진술에 의하여야 하고, '그 내용을 인정할 때'란 위 피의자신문조서의 기재 내용이 진술내용대로 기재되어 있다는 의미가 아니고, 그와 같이 진술한 내용이 실제사실과 부합한다는 것을 의미한다.

라. 참고인 진술조서(제313조)

법원 또는 법관의 조서(제311조) 및 검사 또는 사법경찰관의 조서(제312조) 이외에 피고인 또는 피고인이 아닌 자가 작성한 진술서나 그 진술을 기재한 서류로서 그 작성자 또는 진술자의 자필이거나 그 서명 또는 날인이 있는 것(피고인 또는 피고인 아닌 자가 작성하였거나 진술한 내용이 포함된 문자·사진·영상 등의 정보로서 컴퓨터용디스크, 그 밖에 이와 비슷한 정보저장매체에 저장된 것을 포함한다. 이하 이 조에서 같다)은 공판준비나 공판기일에서의 그 작성자 또는 진술자의 진술에 의하여 그 성립의 진정함이 증명된 때에는 증거로 할 수 있다. 단, 피고인의 진술을 기재한 서류는 공판준비 또는 공판기일에서의 그 작성자의 진술에 의하여 그 성립의 진정함이 증명되고 그 진술이 특히 신빙할 수 있는 상태하에서 행하여 진 때에 한하여 피고인의 공판준비 또는 공판기일에서의 진술에 불구하고 증거로 할 수 있다.(제313조 제1항). 만약 진술서의 작성자가 공판준비나 공판기일에서 그 성립의 진정을 부인하는 경우에는 과학적 분석결과에 기초한 디지털포렌식 자료, 감정 등 객관적 방법으로 성립의 진정함이 증명되는 때에는 증거로 할 수 있다. 다만, 피고인 아닌 자가 작성한 진술서는 피고인 또는 변호인이 공판준비 또는 공판기일에 그 기재 내용에 관하여 작성자를 신문할 수 있었을 것을 요한다(제313조 제2항). 감정의 경과와 결과를 기재한 서류도 마찬가지이다(제313조 제3항).

마. 서증의 증거능력(제314조에 의한 예외)

형사소송법은 '검사 또는 사법경찰관의 조서(제312조) 또는 진술서 등(제313조)의 경우에 공판준비 또는 공판기일에 진술을 요하는 자가 사망·질병·외국거주·소재불명 그 밖에 이에 준하는 사유로 인하여 진술할 수 없는 때에는 그 조서 및 그 밖의 서류를 증거로 할 수 있다. 다만, 그 진술 또는 작성이 특히 신빙할 수 있는 상태하에서 행하여졌음이 증명된 때에 한한다(제314조)'고 규정하여, 증거능력에 대한 예외를 두고 있다. 이 규정은 피고인 아닌 자의 진술자 또는 진술녹취서의 원진술자의 환문불능 등의 경우에 일반적으로 적용될 전문법칙의 예외에 관한 규정으로서, '필요성'과 '신용성의 정황적 보장'이라는 전문법칙의 예외 인정의 이론적 근거를 제도화한 것이다.

바. 당연히 증거능력이 있는 서류의 증거능력(제315조에 의한 예외)

당연히 증거능력이 있는 서류인 형사소송법 제315조에 규정된 문서도 일종의 진술서이나, 그 성질상 고도의 신용성이 높으므로 전문법칙의 예외로서 무조건 증거능력이 인정된다. 가족관계기록사항에 관한 증명서, 공정증서등본 기타 공무원 또는 외국공무원의 직무상 증명할 수 있는 사항에 관하여 작성한 문서(제1호), 상업장부, 항해일지 기타 업무상 필요로 작성한 통상문서(제2호), 3) 기타 특히 신용할 만한 정황에 의하여 작성된 문서(제3호)를 말한다.

사. 피고인의 진술을 내용으로 하는 제3자의 진술(제316조 제1항)

피고인이 아닌 자(공소제기 전에 피고인을 피의자로 조사하였거나 그 조사에 참여하였던 자를 포함)의 공판준비 또는 공판기일에서의 진술이 피고인의 진술을 그 내용으로 하는 것인 때에는 그 진술이 특히 신빙할 수 있는 상태하에서 행하여졌음이 증명된 때에 한하여 이를 증거로 할 수 있다(제316조 제1항). '피고인 아닌 자'란 피고인의 진술을 전문한 제3자이며, 증인·참고인·공범자·공동피고인,공소제기 전에 피고인을 피의자로 조사하였거나 조사에 참여하였던 자 등을 포함한다. 특히, 공소제기 전에 피고인을 피의자로 조사하였거나 그 조사에 참여하였던 자가 공판정에서 증언하는 것을 조사자증언제도라고 한다.따라서 피고인을 피의자로 조사하였던 검사, 사법경찰관과 조사에 참여하였던 사법경찰리는 공판정에 출석하여 수사과정에서 있었던 피의자의 진술내용을 증언할 수 있다. 이 경우에 조사자 또는 조사참여자는 증인신문과정에서 증인으로서의 지위를 가지며, 피고인측은 반대신문을 통하여 조사자 또는 조사참여자의 진술의 신빙성을 탄핵할 수 있다.

아. 피고인 아닌 자의 진술이 피고인 아닌 타인의 진술을 내용으로 하는 경우(제316조 제2항)

피고인 아닌 자의 공판준비 또는 공판기일에서의 진술이 피고인 아닌 타인의 진술을 그 내용으로 하는 것인 때에는 원진술자가 사망, 질병, 외국거주, 소재불명 그 밖에 이에 준하는 사유로 인하여 진술할 수 없고, 그 진술이 특히 신빙할 수 있는 상태하에서 행하여졌음이 증명된 때에 한하여(대법원 93도1278) 이를 증거로 할 수 있다(제316조 제2항).

(5) 당사자의 동의와 증거능력

형사소송법은 당사자주의의 채용결과 '검사와 피고인이 증거로 할 수 있음을 동의한 서류 또는 물건은 진정한 것으로 인정한 때에는 증거로 할 수 있다(제318조 제1항)', '피고인의 출정 없이 증거조사를 할 수 있는 경우에 피고인이 출정하지 아니 한 때에는 제1항의 동의가 있는 것으로 간주한다. 단 대리인 또는 변호인이 출정한 때에는 예외로 한다(제318조 제2항).' 또한 '간이 공판절차(제286조의2)의 결정이 있는 사건의 증거에 관하여는 제310조의2, 제312조 내지 제314조 및 제316조의 규정에 의한 증거에 대하여 제318조 제1항의 동의가 있는 것으로 간주한다. 단 검사, 피고인 또는 변호인이 증거로 함에 이의가 있는 때에는 그러하지 아니 하다(제318조의3)'라고 규정하여, 간이공판절차에서의 증거능력에 대한 특례를 규정하고 있다.

3. 증명력

(1) 의 의

증거의 증명력이란 어떤 사실을 입증할 수 있는 증거의 실질적 가치를 말한다. 형사소송법 제308조는 '증거의 증명력은 법관의 자유판단에 의한다'고 규정하고 있다. 이것을 자유심증주의라고 한다. 자유심증주의에 의하여 법관이 자유롭게 판단할 수 있는 것은 증거의 증명력이다. 법관이 증명력을 판단해야하는 증거로는 엄격한 증명에 사용되는 것과 자유로운 증명에 사용되는 것이 있다. 엄격한 증명의 경우에는 증거능력이 있고 적법한 증거조사를 거친 증거자료만이 증명력판단의 대상이 된다. 반면에 자유로운 증명의 경우에는 이러한 제한이 없다. 증명력은 사실인정을 위한 증거의 실질적 가치로서, 신용력과 협의의 증명력을 포함하는 개념이다. 신용력은 증거 그 자체가 진실일 가능성을 뜻한다. 그리고 협의의 증명력은 증거의 진정성을 전제로 요증 사실의 조부를 인정하게 하는 힘을 의미한다. 두가지 모두 법관의 자유판단의 대상이 된다. 법관의 자유로운 증명력 판단에 있어서 법률적 제한을 두고 있다. 즉, 법률의 규정을 통해 일정한 증거의 증명력을 규정해 놓기도 하는데, 판사는 증명력 판단에 있어 이를 반영하여야 한다. 이와 같은 증명력의 법률상 제한으로는 공판조서의 증명력(제56조), 자백의 보강법칙(제310조), 증거능력 없는 증거에 의한 심증형성금지 및 그 예외로서 탄핵증거(제318조의2) 등이 있다.

(2) 공판조서의 증명력(제56조)

공판조서란 공판기일의 소송절차가 법정방식에 의하여 적법하게 수행되었는지의 여부를 인증하기 위하여 법원사무관 등의 작성에 의하여 공판기일의 소송절차의 경과를 기재한 조서를 말한다. 형사소송법은 '공판기일의 소송절차로써 공판조서에 기재된 것은 그 조서만으로써 증명한다(제56조)'라고 규정하고 있다. 따라서 '그 조서만으로써 증명한다'의 의미는 공판기일의 소송절차로서 공판조서에 기재된 것은 조서만으로써 증명하고, 그 증명력은 공판조서 이외의 자료에 의한 반증이 허용되지 않는 것은 절대적이고 배타적인 것이다.

(3) 자백의 보강법칙(제310조)

헌법은 '정식재판에 있어서 피고인의 자백이 그에게 불리한 유일한 증거인 때에는 이를 유죄의 증거로 삼거나 이를 이유로 처벌할 수 없다(제12조 제7항)'고 규정하여, 자백의 보강법칙을 헌법상의 원칙으로 선언하고 있다.

형사소송법은 '피고인의 자백이 그 피고인에게 불이익한 유일의 증거인 때에는 이를 유죄의 증거로 하지 못한다(제310조)'라고 자백의 보강법칙을 규정하여, 자백의 증명력을 제한하고 있다. 따라서 법관은 피고인의 임의성 있는 자백만으로써 유죄의 충분한 심증을 얻었다 하더라도 이를 보강할 보강증거가 없는 한 범죄사실을 유죄로 인정할 수가 없기 때문에 자백의 보강법칙은 자유심증주의에 대한 중대한 예외이다.

(4) 탄핵증거 (제318조의2)

탄핵증거(Testimonial evidence)란 전문법칙에 의하여 증거능력이 배제된 증거가 진술증거의 증명력을 다투기 위한 증거로 사용되는 경우를 말한다. 예컨대 증인 또는 피고인의 진술의 증명력을 다투기 위하여 사용되는 증거를 말하며, 보통 진술의 증명력을 다투기 위한 증거라고도 한다. 우리나라 형사소송법은 '제312조부터 제316조까지의 규정에 따라 증거로 할 수 없는 서류나 진술이라도 공판준비 또는 공판기일에서의 피고인 또는 피고인이 아닌 자(공소제기 전에 피고인을 피의자로 조사하였거나 그 조사에 참여하였던 자를 포함)의 진술의 증명력을 다투기 위하여 증거로 할 수 있다(제318조의2 제1항)'라고 규정하고 있다. 이때 증거능력이 없는 전문증거로서 증명력을 다투기 위한 증거가 탄핵증거라고 한다. 탄핵증거를 사용하는 이유는 증인의 진술이 전후가 상반·모순되거나 또는 증인의 능력·성격 등이 결함이 있음으로써 그 진술을 신용할 수 없을 경우에, 그것은 증거로서의 가치가 없고, 따라서 증명력이 없다는 것을 증명하기 위하여, 즉 증인의 진술을 신용할 수 없다는 사실을 입증함으로써 그 증명력을 다투고 이를 동요케 하거나 저하·감쇄시키는 데 그 취지가 있다. 탄핵증거는 범죄사실의 존재를 증명하는 데 사용하는 것이 아니므로, 증거능력 있는 증거만을 사용하도록 하는 엄격한 증명의 법리에 위반되지 않는다.

Ⅵ. 재판 및 상소

1. 개 설

검사의 공소제기로 계속되던 소송은 일반적으로 법원의 종국재판(終局裁判)을 통해 당해 심급에서 종결(終結)된다. 하지만 종국재판은 원칙적으로 상소가 허용되므로, 이를 통해 소송이 계속(繫屬)될 수 있다. 상소는 원판결의 잘못을 시정하여 소송주체의 불이익을 구제하고 법령해석을 통일을 실현시키는 제도이다. 상소를 통해 재판이 확정되면, 재판이 통상의 불복방법으로는 다툴 수 없고, 따라서 그 내용을 변경할 수 없는 상태가 되어 소송이 종결된다.

2. 재 판

(1) 재판의 개념

재판이란 협의로는 피고사건의 실체에 대한 법원의 공권적 판단, 즉 유죄·무죄에 대한 실체적 종국재판을 의미한다. 그러나 소송법적 의미에 있어서 재판이란 널리 법원 또는 법관의 법률행위적 소송행위를 총칭하는 것이다. 재판의 종류를 도식화하면 다음과 같다.

\<재판의 종류\>

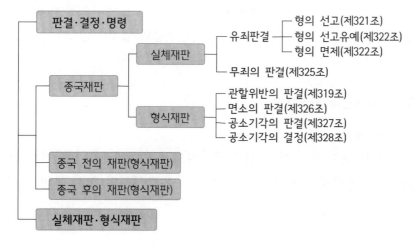

(2) 종국재판·종국전의 재판·종국후의 재판

가. 종국재판

종국재판이란 소송을 심급에서 종결시키는 재판을 말한다. 예컨대 유죄·무죄의 재판, 관할위반·공소기각·면소의 재판 등이 그것이다. 상소심에서의 파기자판(제364조 제6항, 제396조 제1항)·상소기각의 재판(제399조, 제364조 제4항)·파기환송(제366조, 제393조, 제395조)과 파기이송(제367조, 제394조, 제397조)의 판결도 종국재판에 속한다. 종국재판은 판결의 형식을 취하고, 공소기각사건의 이송은 결정의 형식을 취한다. 종국재판에는 원칙적으로 상소가 허용된다.

나. 종국전의 재판

종국재판에 이르기까지의 절차에 관한 재판을 종국전의 재판 또는 중간재판이라고 한다. 예컨대 종국재판 이외의 결정과 명령 등이 그것이다. 종국전의 재판에 대해서는 그 자체만을 대상으로 하는 상소는 원칙적으로 허용되지 않고(제403조 제1항), 종국전의 재판의 경우에는 그 재판을 한 법원이 스스로 취소·변경할 수 있다. 다만 종국전 재판이라도 상소가 허용되는 경우에는 그 이유를 명시하여야 한다(제39조).

다. 종국후의 재판

종국후의 재판이란 종국재판 후에 예외적으로 행하여지는 재판을 말한다. 예컨대 소송비용의 집행면제의 신청(제487조), 의의신청(제488조), 이의신청(제489조), 정정판결(제401조), 소송비용부담의 결정(제191조) 등이 그것이다.

(3) 실체재판과 형식재판

가. 실체재판

실체재판이란 사건의 실체, 즉 실체적 법률관계를 판단하는 재판을 말한다. 본안판결이라고도 한다. 예컨대 유죄·무죄의 판결 등이 그것이다. 실체재판은 모두 종국재판이며, 판결의 형식에 의한다. 유죄판결에는 형선고(제321조), 형의 면제(제322조), 형의 선고유예(제322조)의 판결이 있다. 무죄판결의 주문은 '피고인은 무죄', '피고인에 대한 공소사실 중 ××죄는 무죄'라는 식으로 표시된다. 무죄판결의 이유에 대하여서는 특별한 규정이 없으나 무죄판결도 판결인 이상 이유를 기재하는 것은 당연하다(제39조).

나. 형식재판

형식재판이란 사건의 실체에 관하여 심리하지 않고 절차적·형식적 법률관계를 판단하는 재판을 말한다. 종국전의 재판은 모두 형식재판이며, 종국재판 가운데 관할위반·공소기각 및 면소의 재판은 형식재판에 해당한다. 공소기각의 재판에는 공소기각의 판결(제327조), 공소기각의 결정(제328조)이 있다. 공소기각의 재판의 주문은 '공소를 기각한다'라는 식으로 표시된다.

공소기각의 판결의 이유는 다음과 같다(제327조).
① 피고인에 대하여 재판권이 없는 때(제1호).
② 공소제기의 절차가 법률의 규정에 위반하여 무효인 때(제2호).
③ 공소가 제기된 사건에 대하여 다시 공소가 제기되었을 때(제3호).
④ 제329조의 규정에 위반하여 공소가 제기되었을 때(제4호).
⑤ 고소가 있어야 죄를 논할 사건에 대하여 고소의 취소가 있은 때(제5호).
⑥ 피해자의 명시한 의사에 반하여 죄를 논할 수 없는 사건에 대하여 처벌을 희망하지 아니하는 의사표시가 있거나 처벌을 희망하는 의사표시가 철회되었을 때(제6호).

공소기각의 결정의 사유는 다음과 같다(제328조).
① 공소가 취소되었을 때(제1호).
② 피고인이 사망하거나 피고인인 법인이 존속하지 아니하게 되었을 때(제2호).
③ 제12조 또는 제13조의 규정에 의하여 재판할 수 없는 때(제3호).
④ 공소장에 기재된 사실이 진실하다 하더라도 범죄가 될 만한 사실이 포함되지 아니하는 때(제4호).

면소판결의 주문은 '면소한다'라는 식으로 표시된다. 면소판결의 사유는 다음 각 호와 같이 제한적으로 열거되어 있다(제326조).

① 확정판결이 있은 때(제1호).

② 사면이 있은 때(제2호).

③ 공소시효가 완성되었을 때(제3호).

④ 범죄 후의 법령개폐로 형이 폐지되었을 때(제4호).

(4) 판결·결정·명령

가. 판 결

판결은 종국재판의 원칙적 형식이며, 가장 중요한 재판의 형식이다. 판결에는 다음과 같은 것이 있다.

① 실체재판인 유죄·무죄의 판결.

② 형식재판인 관할위반의 판결(제319조), 공소기각의 판결(제327조), 면소의 판결(제326조).

판결은 원칙적으로 구두변론에 의하여야 하고(제37조 제1항), 이유를 명시하여야 하며(제39조), 판결에 대한 상소방법은 항소 또는 상고이다. 판결의 외부적 표시는 법관이 작성한 판결서에 의해서 공판정에서 원칙적으로 선고한다(제38조, 제42조). 변론을 종결한 기일에 판결을 선고할 경우 판결의 선고 후에 판결서를 작성할 수 있다(제318조의4 제2항). 판결의 선고는 변론을 종결한 기일에 하는 것이 원칙이고(제318조의4 제1항), 특별한 사정이 있는 경우 변론종결 후 14일 이내로 지정되어야 한다(제318조의4 제3항).

나. 결 정

결정은 종국전의 재판이 원칙적 형식이며, 절차에 관한 재판은 원칙적으로 결정에 의한다. 예컨대 보석허가결정(제95조, 제96조), 증거신청에 대한 결정(제295조), 증거조사에 대한 이의신청에 대한 결정(제296조), 공소장변경의 허가(제298조) 등이 그것이다. 결정에 대한 상소는 항고(제402조), 재항고(제415조)에 의한다.

다. 명 령

명령은 수소법원이 아니라 그 구성원인 재판장·수명법관·수소법원의 촉탁을 받은 수탁판사가 하는 재판을 말한다. 명령은 모두 종국전의 재판에 해당한다. 형사소송법에 명령이라고 규정하지 않은 경우에도 재판장 또는 법관 1인이 하는 재판은 모두 명령에 해당한다.명령에 대한 일반적인 상소방법은 없고, 다만 특수한 경우에 이의신청(제304조), 준항고(제416조)가 허용된다.

(5) 재판의 확정과 효력

가. 재판의 확정

재판이 통상의 불복방법에 의하여는 다툴 수 없게 되어 그 내용을 변경할 수 없게 된 상태를 재판의 확정이라 한다. 이러한 상태에 있는 재판을 확정재판이라 한다. 재판은 확정에 의하여 그 본래의 효력이 발생하고, 확정재판의 본래의 효력이 바로 재판의 확정력이다. 불복신청이 허용되지 않는 재판은 선고 또는 고지와 동시에 확정된다. 따라서 법원의 관할 또는 판결전의 소송절차에 관한 결정(제403조), 항고법원 또는 고등법원의 결정(제415조), 대법원의 결정은 고지와 동시에 결정된다. 불복신청이 허용되는 재판은 상소제기기간의 도과(제343조, 제358조, 제374조), 기타 불복신청기간의 도과(제405조, 제416조, 제453조), 상소 기타 불복신청의 포기 또는 취하(제349조, 제454조), 불복신청을 기각하는 재판의 확정(제360조, 제364조, 제390조, 제407) 등에 의하여 그 불복신청의 대상인 재판도 확정된다.

나. 재판의 효력

재판이 통상의 불복방법에 의하여 다툴 수 없는 상태를 '형식적 확정'이라 하며, 특히 종국재판에 있어서는 형식적 확정에 의하여 소송계속이 종결된다. '형식적 확정력'이란 재판의 형식적 확정에 의한 불가쟁적(不可爭的) 효력을 말한다. 재판이 형식적으로 확정되면 이에 따라 그 의사표시적 내용도 확정되고, 이를 재판의 '내용적 확정'이라 한다. 재판의 내용적 확정에 의하여 그 판단내용인 법률관계를 확정하게 하는 효력을 '내용적 확정력'이라 한다. 실체적 재판, 즉 유죄·무죄의 실체판결과 면소판결이 확정된 경우에 당해 사건의 대상인 실체적 법률관계에 관한 의사표시내용을 확정시키는 효력, 즉 '실체적 확정력' 또는 '기판력'이 발생한다. 유죄·무죄의 실체판결과 면소판결에 기판력을 인정하는 이유는 형사재판의 반복 심리와 판결의 방지, 동일 사건에 대한 전후 모순된 판결의 방지, 중복된 형사소추에 의한 국민의 정신적·물질적 고통의 방지에 있다. 기판력이 발생한 사건에 대한 검사의 공소제기는 위법한 것으로 무효이다. 따라서 법원은 실체적 소송조건의 결여를 이유로 하여 면소의 판결(제326조 제1호)을 하여야 한다. 기판력이 발생한 사건에 대하여 실체판결을 한 경우에는 항소이유(제361조의5 제1호), 상고이유(제383조 제1호)가 된다.

(6) 소송비용부담에 관한 재판

형사소송절차에 있어서는 형벌권의 행사에 소요되는 비용은 원칙적으로 국가에서 부담한다. 그러나 일정한 조건하에 피고인 또는 기타의 자에게 부담하게 할 수가 있다. 이러한 이유는 소송절차의 진행에 책임 있는 자에게 소송비용을 부담시킴으로 인하여 고소, 고발, 상소제기, 재심청구 등의 불필요한 소송절차의 진행을 억제하기 위한 제재벌(制裁罰)로서의 성격과 소송비용 부담의 재산적 법익의 박탈이라는 형벌적 성격을 가지고 있다. 재판으로 소송절차가 종료되는 경우에 피고인에게 소송비용을 부담하게 하는 때에는 직권으로 재판하여야 한다(제191조 제1항). 이 재판에 대하여는 종국재판이 판결이면 판결의 형식에 의하여, 결정이면 결정의 형식에 의하여 주문에서 행한다.

3. 상 소

(1) 상소의 개념

상소란 확정되지 않은 재판에 대하여 상급법원에 구제를 청구하는 불복신청제도이다. 상소는 원심재판에서 불이익을 받은 당사자의 구제를 그 목적으로 한다. 따라서 원심판결의 오류가 사실인정에 있으면 그 사실을 정정하여 당사자를 구제하여야 하고, 사실인정에는 과오가 없다 하더라도 그 사실에 대한 법령적용에 오류가 있는 때와 재판을 하는데 이르기까지의 소송절차가 오류가 있는 때에는 그 법령적용이나 소송절차의 과오를 시정하여 당사자를 구제하여야 한다. 상소는 법령해석에 있어서 각 법원 간에 해석의 차이가 있는 경우에 상급법원에 상소를 제기하여 그 심판에 의하여 법령해석을 통일시키는 데 그 목적이 있다. 상고법원에 의하여 법령해석이 통일되면, 다시 상고법원에 의하여 그 해석이 변경되지 않는 한 상급법원의 재판에 있어서의 판단은 당해 사건에 관하여 하급심을 기속한다(법조법 제8조). 이 법령해석에 위반한 하급심의 판결은 상소되어, 상소심에서 파기자판, 파기환송, 파기이송 등을 하게 된다.

(2) 상소의 종류

상소에는 항소, 상고 및 항고가 있다. 항소는 제1심판결에 대한 상소이고, 상고는 제2심판결에 대한 상소이다. 법원의 결정에 대한 상소는 항고라고 한다. 항고에는 일반항고와 특별항고(재항고)가 있으며, 일반항고는 보통항고와 즉시항고로 분류할 수 있다. 상소심은 심리하는 범위에 따라 사실심과 법률심으로 구분된다. 사실심에서는 사실문제와 법률문제를 심리하고, 법률심에서는 법률문제만 심리한다. 상소의 종류를 도식화하면 다음과 같다.

<상소의 종류>

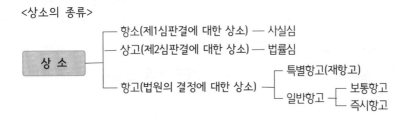

상소권은 재판의 선고 또는 고지에 의하여 발생한다. 그러나 상소가 허용되지 아니하는 재판, 즉 결정은 고지되더라도 상소권이 발생하지 않는다. 상소제기기간은 상소의 종류에 따라 다르다. 즉 항소와 상고는 7일(제258조, 제374조),

즉시항고는 3일이다(제405조). 보통항고에는 기간의 제한이 없고, 항고의 이익이 있는 한 할 수 있다(제404조).

(3) 불이익변경금지의 원칙

불이익변경금지의 원칙이란 피고인이 항소 또는 상고한 사건과 피고인을 위하여 항소 또는 상고한 사건에 관하여 상소심은 원심판결의 형보다 중한 형을 선고하지 못한다는 원칙을 말한다(제368조, 제396조). 불이익변경금지의 원칙은 피고인측이 상소하였다가 피고인에게 불이익한 결과를 가져오게되면, 피고인측의 상소권행사에 지장을 초래할 것을 고려하여 피고인측의 상소권을 보호할 목적으로 채용한 제도이다.

(4) 파기판결의 기속력

파기판결의 기속력이란 상소심이 원판결을 파기하여 사건을 하급심으로 환송 또는 이송하는 경우에 상급심의 판단은 환송 또는 이송받은 하급심에 대하여 구속력을 갖는 것을 말한다. 이를 파기판결의 기속력이라고도 한다. 법원조직법은 상급심재판의 기속력에 대하여 '상급법원에 있어서의 판단은 당해 사건에 관하여 하급심을 기속한다(법조법 제8조)'라고 규정하고 있다. 파기판결의 기속력의 근거는 파기판결의 기속력이 하급심을 기속하지 않으면 법령의 해석적용의 통일이라는 상고법원의 임무가 유명무실하게 되고, 사건이 하급심법원과 상고법원 사이를 여러 차례 왕복할 수밖에 없어 분쟁의 종국적 해결이 지연되거나 불가능하게 되며, 나아가 심급제도 자체가 무의미하게 되는 결과를 초래하므로, 이를 방지함으로써 법령의 해석적용의 통일을 기하고 심급제도를 유지하며 당사자의 법률관계의 안정과 소송경제를 도모하고자 하는 데 있다

(5) 항 소

항소란 제1심판결에 대한 제2심에의 상소를 의미하고, 잘못된 판결로 인한 불이익을 받은 당사자를 구제하는 것을 주된 목적으로 한다. 항소심의

구조와 관련하여 기본적으로 속심[제1심의 변론이 재개된 것처럼 원심의 심리절차를 인계하고 새로운 증거를 보충해 피고사건의 실체를 판단함]적 기능이 강조되고 있고, 다만 형사소송법 조문을 통해 사후심(원판결 자체를 심판대상으로 삼아 원판결의 당부를 사후에 심사하는 제도)적 요소가 포함되어 있다. 따라서 판결주문도 항소가 이유 없으면 항소기각, '이유 있으면 파기 환송'해야 하고 기판력의 시적 범위도 원심판결 선고시이다.

(6) 상고와 비약적 상고

상고란 판결에 대한 대법원으로의 상소를 의미한다. 따라서 대법원에 상고할 수 있는 대상은 지방법원합의부의 제1심판결에 대한 고등법원의 항소심판결, 지방법원단독판사의 판결에 대한 지방법원본원합의부의 항소심판결이다. 상고는 원칙적으로 제2심판결에 대하여 인정되지만(제371조), 제1심판결에 대하여 예외적으로 인정되는 경우가 있는데, 이를 비약적 상고라 한다(제372조). 대법원에 불복할 수 있는 재판은 판결에 한정되고, 결정이나 명령은 재판에 영향을 미친 헌법·법률·명령 또는 규칙의 위반이 있음을 이유로 하는 경우에만 재항고에 의하여 불복할 수 있다(제415조, 제419조). 상고심의 주된 기능은 법령해석을 통일시키고 판결의 구체적 타당성을 확보하여 피고인을 구제하는 데 있다. '판결에 영향을 미친 헌법·법률·명령 또는 규칙의 위반이 있는 때'가 가장 중요한 상고이유이고 상고심인 대법원에게는 최종적임 명령·규칙심사권이 있고 상고심판이 당해 사거나에 관해 하급심을 기속하는 효력을 가진 것도 모두 법령해석의 통일을 위한 것이다. 법령위반 이외의 상고이유는 ① 판결 후 형의 폐지나 변경 또는 사면이 있는 때(제2호), ② 재심청구의 사유가 있는 때(제3호), ③ 사형·무기 또는 10년 이상의 징역이나 금고가 선고된 사건에 있어서 중대한 사실의 오인이 있어 판결에 영향을 미친 때 또는 형의 양정이 심히 부당하다고 인정할 현저한 사유가 있는 때(제4호)의 세 가지 경우가 있다. 항소심이 속심적 구조를 가지고 있는 것에 반하여, 상고심은 원칙적으로 사후심적 구조를 가지고 있다. 따라서 상고법원은 상고이유서에 포함된 사유에 관하여 심판하여야 한다(제384조 본문).

비약적 상고란 법령해석에 관한 중요한 사항을 포함한다고 인정되는 사건에 관하여 제1심판결에 대하여 직접 대법원에 상고하게 하는 것을 말한다. 비약적 상고는 법령해석의 통일을 위하여 제2심을 생략한 제도이나 이로 인하여 상대방은 심급이익을 잃을 수 있어, 제1심판결에 대한 상고는 그 사건에 대한 항소가 제기된 때에는 효력을 잃는다(제373조 본문). 다만 항소의 취하 또는 항소기각의 결정이 있는 때에는 예외로 한다(제373조 단서).

(7) 항 고

법원의 결정에 대하여 불복이 있으면 원칙적으로 항고를 할 수 있다(제402조 본문). '항고'란 법원의 결정에 대한 상소를 의미하고, '법원'은 수소법원을 말한다. 항고에는 일반항고와 재항고(특별항고)가 있다. 재항고는 항고법원·고등법원의 결정에 대한 항고를 말한다(법조법 제14조 제2호). 일반항고는 보통항고와 즉시항고로 구분된다. 법원의 결정에 대하여 불복할 경우에는 보통항고를 할 수 있다. 다만, 판결전 소송절차에 대한 결정(제403조 제1항) 예컨대, 국선변호인 선임의 선정청구의 기각 결정, 공소장변경의 허가 결정, 증거보전청구를 기각하는 결정이나 대법원의 결정과 같이 성질상 항고가 허용되지 않는 결정(제415조)은 항고의 대상이 되지 않는다. 즉시항고는 명문의 규정이 있을 때에만 허용되며, 제기기간은 3일이다(제405조). 즉시항고는 예컨대, 공소기각의 결정(제328조 제2항), 상소기각의 결정(제363조 제2항, 제362조 제2항, 제376조) 등 다양하게 인정되고 있다. 재항고란 항고법원 또는 고등법원의 결정에 대한 항고를 말하며, 이것을 특별항고라고 한다. 원칙적으로는 항고법원 또는 고등법원의 결정에 대하여는 항고할 수 없으나, 다만 재판에 영향을 미친 헌법·법률·명령 또는 규칙의 위반이 있음을 이유로 한 때에 한하여 대법원에 즉시항고를 할 수 있다(제415조).

(8) 준항고

준항고란 재판장 또는 수명법관의 재판과 검사 또는 사법경찰관의 처분에 대하여 그 법관소속의 법원과 검사 또는 사법경찰관의 직무집행지의 관할법원, 검사의 소속검찰청에 대응한 법원에 그 재판과 처분의 취소 또는 변경을 청구하는 것을 말한다. 준항고는 상소에 해당하지 않으나, 재판과 처분의 취소 또는 변경을 청구한다는 점에서 항고와 유사한 성질을 가지고 있다. 따라서 형사소송법은 항고의 장에서 이를 규정하여, 항고에 관한 규정을 준용하고 있다(제419조).

Ⅶ. 비상구제 및 특별절차

1. 비상구제절차

(1) 의 의

확정판결에 대하여는 이를 함부로 변경하지 아니하도록 하는 것이 법적 안정성의 견지에서 요망된다. 그러나 확정판결에 중대한 하자가 있는 경우에도 절대로 그 변경을 허락하지 아니하는 것은 정의에 반한다. 따라서 형사소송법은 확정판결에 대하여 주로 사실인정의 부당을 구제하기 위한 재심과 법령위반을 이유로 하는 비상상고(제441조 내지 제458조)의 절차를 인정하고 있다. 재심과 비상상고는 상소와는 달리 미확정의 재판에 대한 통상구제절차가 아니고, 확정판결에 대한 것이므로 비상구제절차라고 한다.

(2) 재 심

재심이란 확정판결에 대하여 그 판결이 중대한 사실오인이나 그 오인의 의심이 있는 경우에 원심법원에 그 형을 선고받은 자의 이익을 위해서만 청구하는 비상구제절차이다. 재심은 판결을 받은 자의 이익을 위한 것이기 때문에 무죄의 선고를 받은 자가 유죄의 선고를 받기 위한 재심은 허용되지 않는다. 판결이 확정되면 일사부재리의 효력이 발생하게 되나, 확정판결에 현저한 오류가 있는 경우에 구체적 타당성의 견지에서 이미 확정된 판결의 오류를 시정하여 확정판결에 의하여 침해된 피고인의 이익구제가 재심의 목적이다. 재심은 확정판결에 대한 비상구제절차라는 점에서 미확정재판에 대한 불복신청제도인 상소와 구별되고, 주로 확정판결의 사실오인을 시정하기 위한 제도라는 점에서 비상상고와도 구별된다.

(3) 비상상고

비상상고란 확정판결 후 그 사건의 심판이 법규에 위반한 것을 발견한 때에 검찰총장이 대법원에 상고하는 것으로(제441조), 오로지 법령해석의 통일을 목적으로 하고, 피고인의 구제는 제2차적·부수적으로 고려하는 확정판결에 대한 비상구제수단이다. 따라서 비상상고의 판결의 효력은 원칙적으로 피고인에게 미치지 않는다(제447조). 확정판결에 대한 구제절차인 점에서 미확정판결에 대한 시정제도인 상소 특히 상고와 구별된다. 비상상고는 법령위반을 이유로 하는 비상구제절차인 점에서 사실인정의 잘못을 이유로 하는 재심과 구별된다.

2. 특별절차

(1) 약식절차

약식절차란 지방법원의 관할에 속하는 사건에 관하여 검사의 청구가 있을 때 공판절차에 의하지 아니하고 서면심리에 의하여 벌금·과료 또는 몰수를 과하는 절차이다(제448조). 약식절차에 의하여 발한 약식명령이 확정되면 확정판결과 동일한 효력이 발생하고 사건은 최종적으로 해결된다. 검사는 약식명령의 청구와 동시에 약식명령을 하는데 필요한 증거서류 및 증거물을 법원에 제출하여야 한다(규칙 제170조). 즉 약식절차에 있어서는 공소장일본주의의 예외가 인정된다. 약식절차는 서면심사를 원칙으로 한다. 따라서 공판절차의 심판절차나 이를 전제로 한 규정은 적용되지 않는다. 법원은 약식명령의 청구가 있는 경우에 그 사건이 약식명령으로 할 수 없거나 약식명령으로 하는 것이 적당하지 아니 하다고 인정한 때에는 공판절차에 의하여 심판하여야 한다(제450조). 검사 또는 피고인은 약식명령의 고지를 받은 날로부터 7일 이내에 정식재판의 청구를 할 수 있고(제453조 제1항), 정식재판의 청구가 적법한 때에는 법원은 공판절차에 의하여 심판하여야 한다(제455조 제3항). 이 경우에 공판절차는 약식명령에 구속되지 않고, 법원은 사실의 인정, 법령적용, 양형에 관하여 자유롭게 판단할 수 있다.

(2) 즉결심판절차

즉결심판이란 즉결심판절차에 의한 재판을 의미한다. 즉결심판절차란 지방법원 지원 또는 시·군법원의 판사가 20만원 이하의 벌금·구류 또는 과료에 처할 경미한 범죄에 대하여 공판절차에 의하지 아니하고 즉결하는 심판절차를 말한다(법조법 제34조 제1항 제3호·제3항, 즉결법 제2조). 즉결심판의 절차는 범증이 명백하고 죄질이 경미한 범죄사건에 대하여 통상의 형사절차에 의하지 아니하고, 신속하게 심리·처리하기 위한 소송경제의 이념에 그 주된 목적이 있다. 즉결심판은 약식절차와 달리 피고인의 정식재판의 청구에 의하여 공판절차로 이행되고, 판사가 즉결심판에 대하여 기각결정을 내린 경우에 경찰서장이 당해 사건을 검찰로 송치한다는 점 등을 볼 때 통상의 공판절차에서 행하는 절차가 아닌 공판전 절차의 성격을 가진 것으로 해석된다. 즉결심판절차에 있어서 이 법에 특별한 규정이 없는 한 그 성질에 반하지 아니한 것은 형사소송법의 규정을 준용한다(즉결법 제19조). 다만, 원칙적으로 피고인의 법정출석이 개정요건이지만 피고인이 불출석심판을 청구할 수 있고, 벌금, 과료에 대해서는 피고인의 출석 없이 선고할 수 있으며, 즉결심판청구권자인 경찰서장도 출석하지 않는다. 즉결심판이 확정되면 확정판결과 동일한 효력을 가진다. 다만, 피고인이 즉결심판에 대하여 정식재판의 청구를 하면 공판절차로 이행하고, 판사가 즉결심판청구를 기각하면 경찰서장이 검사에게 사건을 송치하여 검사가 기소여부를 결정한다.

(3) 소년법 적용 형사절차

소년(19세 미만인 자)에 대해서는 소년법에 특별한 규정을 두고 있다. 소년법은 반사회성이 있는 소년의 환경 조정과 품행 교정을 위한 보호처분 등의 필요한 조치를 하고, 형사처분에 관한 특별조치를 함으로써 소년이 건전하게 성장하도록 돕는 것을 목적으로 한다(소년법 제1조). 소년법은 형법과 형사소송법에 대하여 특별법의 위치에 있으며, 범죄소년과 우범불량소년을 보호·개선시키기 위하여 형사처분 또는 보호처분과 그 부과처분을 규정한 것으로 다분히 보안처분적인 성격을 가지고 있다. 따라서 비행이 있는 소년에 대하여 형벌이라는 처벌보다는 환경의 조정과 성격교정을 통하여 소년의 비행 내지 범죄성을 제거하려고 하는 데 그 목적이 있다. 소년에 대한 형사사건에 관하여는 소년법에 특별한 규정이 없으면 일반 형사사건의 예에 따른다(소년법 제48조). 소년법상 범죄소년(죄를 범한 소년으로서 14세 이상의 소년)과 촉법소년(죄를 범한 소년으로서 10세 이상 14세미만의 소년)과 우범소년(죄를 범할 우려가 있는 소년으로서 10세 이상인 소년)으로 난뉘다. 범죄소년에 대해서는 보호처분 외에 형벌을 과할 수도 있고, 촉법소년은 형사미성년자이므로 보호처분만 할 수 있으면, 우범소년은 죄를 범한 것이 아니므로 보호처분만이 가능하다. 촉법소년과 우범소년은 경찰서장 직접 소년부 판사에게 송치하고, 범죄소년은 경찰서장이 직접 소년부 판사에게 송치할 수 없고, 먼저 검사에게 송치하여 검사가 소년부 판사에게 송치하거나 일반 형사사건으로 공소를 제기하거나 기소유예 등의 불기소 처분을 하여야 한다. 검사는 소년에 대한 피의사건을 수사한 결과 보호처분에 해당하는 사유가 있다고 인정한 경우에는 사건을 관할 소년부에 송치하여야 한다(소년법 제49조 제1항). 법원은 소년에 대한 피고사건을 심리한 결과 보호처분에 해당할 사유가 있다고 인정하면 결정으로써 사건을 관할 소년부에 송치하여야 한다(소년법 제50조). 소년부는 조사 또는 심리한 결과 금고 이상의 형에 해당하는 범죄 사실이 발견된 경우 그 동기와 죄질이 형사처분을 할 필요가 있다고 인정하면 결정으로써 사건을 관할 지방법원에 대응한 검찰청 검사에게 송치하여야 한다(소년법 제7조 제1항). 소년부는 검사가 송치된 사건을 조사 또는 심리한 결과 그 동기와 죄질이 금고 이상의 형사처분을 할 필요가 있다고 인정할 때에는 결정으로써 해당 검찰청 검사에게 송치할 수 있다(소년법 제49조 제2항).

(4) 범죄피해자 보호 절차

가. 형사조정제도

'범죄피해자 보호법'은 수사중인 형사사건을 공정하고 원만하게 해결하고 범죄피해자의 피해를 실질적으로 회복하는 데 도움이 되도록 하기 위하여 형사조정제도를 마련해 놓고 있다. 검사는 피의자와 범죄피해자(이하 '당사자'라 한다) 사이에 형사분쟁을 공정하고 원만하게 해결하여 범죄피해자가 입은 피해를 실질적으로 회복하는 데 필요하다고 인정하면 당사자의 신청 또는 직권으로 수사 중인 형사사건을 형사조정에 회부할 수 있다(보호법 제41조 제1항).

나. 배상명령제도

배상명령절차란 법원이 직권 또는 피해자의 신청에 의하여 피고인에게 피고사건의 범죄행위로 인하여 발생한 손해의 배상을 명하는 절차를 말한다.배상명령은 피해자에 대한 신속한 구제와 소송경제의 이념에 그 주된 목적이 있다. '소송촉진 등에 관한 특례법'은 '유죄판결을 선고할 경우에 법원은 직권 또는 피해자나 그 상속인의 신청에 의하여 피고사건의 범죄행위로 인하여 발생한 직접적인 물적 피해, 치료비손해 및 위자료의 배상을 명할 수 있다(소송촉진등에관한특례법 제25조 제1항)'고 규정하고 있다.

다. 화해제도

형사소송절차에서의 화해란 형사피고사건의 심리 도중에 피고인과 피해자 사이에 생긴 민사상 다툼에 관하여 합의가 성립한 경우에는 신청에 의하여 이를 공판조서에 기재하면 그 기재가 민사소송상의 화해조서와 같은 집행력을 인정하도록 하는 제도이다. 이는 배상명령제도와 마찬가지로 범죄행위로 인한 피해를 별개의 민사소송절차에 의하지 않고 신속하게 해결하기 위한 것이다.

VIII. 재판집행 및 형사보상

1. 재판집행

법원에 의하여 재판이 선고되고 그것이 확정되면, 그 확정된 재판의 내용인 의사표시는 국가의 강제에 의하여 구체적으로 실현되게 된다. 이것을 재판의 집행이라고 한다. 재판의 집행은 그 판결법원에 대응한 검찰청의 검사가 하며(제460조제1항), 법원은 원칙적으로 관여하지 않는다. 재판의 집행에 있어서 가장 중요한 것이 형의 집행인데, 사형·징역·금고·자격상실·자격정지·벌금·구류·과료·몰수 등의 형의 집행과 이 이외에도 추징·소송비용과 같은 형의 부수처분의 집행, 과태료·보증금의 몰수비용배상 등 형 이외의 재판처분의 집행, 법원이 발부한 각종의 영장의 집행 등도 재판의 집행이다. 2개 이상의 형의 집행은 자격상실, 자격정지, 벌금, 과료와 몰수 외에는 그 중(重)한 형을 먼저 집행한다. 다만 검사는 소속장관의 허가를 얻어 중한 형의 집행을 정지하고 다른 형의 집행을 할 수 있다(제462조).

2. 형사보상

형사보상이란 국가형사사법의 과오에 의하여 죄인의 누명을 쓰고 구속되었거나, 형의 집행을 받은 자에 대하여 국가가 그 손해를 보상하여 주는 제도를 말한다. 헌법은 '형사피의자 또는 형사피고인으로서 구금되었던 자가 법률이 정하는 불기소처분을 받거나 무죄판결을 받은 때에는 법률이 정하는 바에 의하여 국가에 상당한 보상을 청구할 수 있다(헌법 제28조)'고 규정하여, 형사보상을 국민의 기본권으로 보장하고 있다. 헌법이 보장하고 있는 형사보상청구권을 구체적으로 실현하기 위하여 '형사보상법 및 명예회복에 관한 법률'이 제정되었다. 동법은 형사소송 절차에서 무죄재판 등을 받은 자에 대한 형사보상 및 명예회복을 위한 방법과 절차 등을 규정함으로써 무죄재판 등을 받은 자에 대한 정당한 보상과 실질적 명예회복에 이바지함을 목적으로 한다(형사보상법및명예회복에관한법률 제1조)

8. 노 동 법

*집필: 송강직. 동아대학교 법학전문대학원 교수
　　　김홍영. 성균관대학교 법학전문대학원 교수
　　　조용만. 건국대학교 법학전문대학원 교수

제1. 근로계약법

*별명이 없는 법조문명은 '근로기준법'임

I. 근로자와 근로기준법 적용

노동법에서 근로자 개념은 크게 두 가지로 나누어 볼 수 있다. 하나는 '근로기준법'(이하 '근기법'이라 한다)상의 근로자이고, 다른 하나는 후술하는 '노동조합 및 노동관계조정법'(이하 '노조법'이라 한다)상의 근로자이다.

1. 근기법상의 근로자

사례 1 (근로자)

　　대학입시학원에서 종합반 강사가 근로계약이 아닌 강의용역 제공계약이라는 이름의 계약서를 작성하였고 취업규칙 등의 적용을 받지 않았으며 보수에 고정급이 없고 부가가치세법상 사업자등록을 하고 근로소득세가 아닌 사업소득세를 원천징수를 당하면서 지역의료보험에 가입하고 있으나, 학생들의 출석사항을 감독하고 결석시 당해 학생의 부모에게 전화 등을 하면서, 출근시간과 강의시간 및 강의 장소의 지정, 사실상 다른 사업장에 대한 노무제공 가능성의 제한, 강의 외 부수업무 수행 등에 관한 사정과 그들이 시간당 일정액에 정해진 강의시간수를 곱한 금액을 보수로 지급받았을 뿐 수강생 수와 이에 따른 학원의 수입 증감이 보수에 영향을 미치지 아니하였다는 사정 등이 있는 경우 위 강사는 근로자에 해당하는가?

근기법 제2조 제1항 제1호에서, '근로자'란 직업의 종류와 관계없이 임금을 목적으로 사업이나 사업장에 근로를 제공하는 자를 말한다고 정의 내리고 있다. 근기법상 근로자에 해당되어야 근기법상의 보호를 받을 수 있다.

근기법상의 근로자인지는 직업의 종류와 관계없다. 노무를 제공하고 대가를 받지 않는 자원봉사자는 근로자에 해당하지 않는다. 노무를 제공하고 보수를 지급받는 자라면 모두 근기법상의 근로자라고 할 수 있는가? 계약의 명칭과 형식이 근로계약이 아니라, 위임, 위탁, 위촉 등 다양한 다른 명칭과 형식을 갖추었다면 근로자가 아닌가? 현실에서는 사용자가 근기법상의 규율을 회피하려고 근로자임에도 근로자가 아닌 것처럼 계약의 형식을 갖추는 경우도 많다. 근기법은 계약의 실질에 따라 근로자인가 아닌가를 판단한다.

(1) 특수형태 근로 종사자

고용형태가 다양화됨에 따라 전형적인 근로자와는 다소 다른 방식으로 일하는 이른바 '특수형태 근로 종사자'가 증가하고 있다. 이에 따라 근기법상 근로자에 해당하는지 여부가 다투어지는 경우가 많다. 예를 들어 보험설계사가 특정 보험회사에 소속되어 보험계약 체결을 중개하고, 보유고객관리, 보험료 수금 등 계약을 유지하는 업무 및 관련 부수업무를 수행하면서 보험회사로부터 보험설계사 운영지침 등에 따라 보상금 및 수당을 받는 관계라 하더라도, 업무의 수행에 그 보험회사로부터 상당한 지휘·감독을 받는 관계가 아니라면 근기법상의 근로자에 해당하지 않는다(대법원 2011다44276).

특수형태 근로에 종사하는 근로자에는 보험설계사 외에 학습지 교사, 골프장의 경기보조원, 레미콘 지입 차주, 택배기사, 퀵서비스 종사자를 들 수 있다. 이들 노무종사자들에 대하여는 산업재해와 관련하여서는 원칙적으로 산업재해보상보험법상 보험에 가입하도록 되어 있으나 본인이 원하는 경우 가입하지 않을 수 있으며, 가입하는 경우에는 통상의 근로자의 보험료를 사용자가 전액 부담하는 것과는 달리 이들의 경우 본인과 당해 노무에 종사하는 사업 또는 사업장의 사용자가 각각 반액씩 부담하도록 되어 있다(산업재해보상보험법 시행령 제125조).

(2) 근기법상의 근로자 판단 기준

그렇다면 근기법상 근로자는 어떠한 자인가? 대기업을 비롯하여 일반 기업에 종사하는 자, 교사, 공무원 등이 전형적인 근로자라고 할 수 있으며 이들이 근로자라는 것에는 의문이 없다. 근로자와 관련하여 학원강사의 사례가 있는 이 사건에서 대법원은 근로자 판단 기준에 대하여 중요한 판단을 하여 오늘에 이르고 있다.

근기법상의 근로자에 해당하는지의 여부는 계약의 형식이 중요한 것이 아니라 그 실질에 있어 근로자가 사업 또는 사업장에 임금을 목적으로 종속적인 관계에서 사용자에게 근로를 제공하였는지의 여부에 따라 판단하여야 한다. 구체적으로는 업무 수행 과정에서 사용자가 상당한 지휘·감독을 하는지, 사용자가 근무시간과 근무 장소를 지정하고 근로자가 이에 구속을 당하는지, 노무제공자가 독립하여 자신의 계산으로 사업을 영위할 수 있는지 등을 종합적으로 고려한다. 이 경우 근로소득세를 원천징수하였는지, 사회보장제도에 관하여 근로자로 인정받는지 등의 사정은 사용자가 경제적으로 우월한 지위를 이용하여 임의로 정할 여지가 크기 때문에, 그러한 점들이 인정되지 않는다는 것만으로 근로자성을 쉽게 부정하여서는 안 된다(대법원 2004다29736).

일반적으로 학원강사의 경우 특정 학원에서 정해진 시간만 노무를 제공하고 그에 따른 대가를 받는 것으로서 근로자로 보지 않고 일종의 도급계약에 의한 노무의 제공으로 취급되고 있으나, 그 노무제공의 실질에 따라 근기법상의 근로자에 해당하는 경우도 있음을 알 수 있다.

(3) 근로자의 근로계약 당사자인 사용자의 변동

근로자라고 하여도 경우에 따라서 자신의 사용자가 변경되는 경우가 발생할 수 있다. 사용자는 기본적으로 임금을 지급하여야 할 의무를 부담하는 것으로서 누가 자신의 사용자인가 하는 것은 매우 중요하다.

이와 관련하여 도급계약, 영업양도, 전적의 예를 보기로 하자.

가. 도급계약의 경우

도급계약에 의하여 수급인에게 고용된 근로자가 예외적으로 도급인의 근로자로 인정되는 경우가 발생할 수 있다. 도급계약이란 도급인이 일정한 일의 완성을 수급인에게 맡기고 대가를 지급하는 것을 목적으로 체결된 계약을 말한다. 쉬운 예로 아파트 공사를 맡은 회사가 창문에 대하여 외부의 다른 회사에 맡기는 것을 들 수 있다. 이 경우 창문을 제작하여 장착하는 수급인은 당해 창문 일을 완성하고 그 대가를 아파트공사를 맡은 회사인 도급인으로부터 대가를 받는 것이므로, 창문을 제작하여 장착하는 수급인 회사에 소속된 근로자에게 있어 자신의 사용자는 수급인이지 도급인이 될 수 없다.

그런데 계약의 형식은 도급계약이지만 도급인과 수급인의 주식소유관계, 수급인의 임원이 도급인 출신이라는 것, 도급인이 수급인의 근로자에 대하여 직접적으로 업무를 지시하는 등의 경우 수급인에게 고용된 근로자는 도급인의 근로자로 인정되게 된다(대법원 2003두3420).

또한 도급, 파견, 용역, 외주화 등의 이름으로 간접고용이 빠르게 확산되면서 사용자 분쟁이 자주 발생하는데, 사내하도급 관계에서 수급인의 소속 근로자들이 도급인을 자신들의 사용자라고 주장하는 분쟁이다. 사내하도급에서 계약의 명칭 등 형식은 '도급'이나 그 실질은 '묵시적 근로계약관계' 또는 '근로자파견관계'인 경우(이른바 위장도급의 경우) 도급인은 수급인의 근로자와의 관계에서 노동법상의 사용자책임 또는 파견법(파견근로자 보호 등에 관한 법률)상의 사용사업주책임을 부담한다. 묵시적 근로계약관계(즉 외형은 도급이나 실질은 직접적인 고용관계)가 성립한 것으로 볼 수 있으려면 두 가지 요건, 즉 수급인의 사업주로서의 실체성 결여(명목상의 사업주), 수급인의 근로자와 도급인 사이에 실질적인 고용관계(종속적 관계에서의 근로제공과 임금지급)의 성립이라는 요건 모두가 충족되어야 한다(대법원 2008두4367). 묵시적 근로계약관계론은 외형상 근로계약을 체결하지 않은 두 당사자 사이에 직접적인 고용관계의 성립을 인정할 수 있는 유용한 이론이지만, 그 요건의 엄격성 등으로 인해 실제 실무에서 그 성립이 인정될 가능성은 그다지 크지 않다는 한계 역시 존재한다.

또한 사내하도급임에도 불구하고 파견법의 적용을 받는 근로자파견에 해당하는지에 관한 판단은, 계약의 명칭이나 형식에 구애받을 것이 아니라, 도급인의 상당한 지휘·명령 여부, 근로자의 도급인 사업에의 실질적 편입 여부, 작업 투입 근로자의 선발 등 수급인이 고용주로서의 결정 권한의 독자적 행사 여부, 계약 대상 업무의 고유성·전문성·기술성 여부, 수급인의 독립적 기업조직·설비 구비 여부 등 그 근로관계의 실질에 따라 판단한다(대법원 2010다106436). 근로자파견관계에 해당하면 파견법상의 규율을 따르지 않은 불법 파견을 받은 도급인이 수급인의 근로자를 직접 고용할 의무가 있다(파견법 제6조의2).

나. 영업양도의 경우

영업의 양도라 함은 일정한 영업목적에 의하여 조직화된 업체, 즉 인적·물적 조직을 그 동일성은 유지하면서 일체로서 이전하는 것으로서 영업의 일부만의 양도도 가능하고, 이러한 영업양도가 이루어진 경우에는 원칙적으로 해당 근로자들의 근로관계가 양수하는 기업에 포괄적으로 승계된다(대법원 91다15225; 대법원 93다18938). 여기서 영업의 동일성 판단은 일반 사회관념에 의하여 결정되어야 할 사실인정의 문제이기는 하지만, 문제의 행위(양도계약관계)가 영업의 양도로 인정되느냐 안 되느냐는 단지 어떠한 영업재산이 어느 정도로 이전되어 있는가에 의하여 결정되어야 하는 것이 아니고 거기에 종래의 영업조직이 유지되어 그 조직이 전부 또는 중요한 일부로서 기능할 수 있는가에 의하여 결정되어야 한다(대법원 88다카10128).

물론 위와 같은 영업양도의 경우에 근로자 자신이 근로관계의 승계를 거부하는 경우에 그 근로관계가 양수하는 기업에 승계되지 아니하고 여전히 양도하는 기업과 사이에 존속되는 것이며, 이러한 경우 원래의 사용자는 영업 일부의 양도로 인한 경영상의 필요에 따라 감원이 불가피하게 되는 사정이 있어 정리해고로서의 정당한 요건이 갖추어져 있다면 그 절차에 따라 승계를 거부한 근로자를 해고할 수 있다(대법원 98다11437).

다. 전적의 경우

근로자를 그가 고용된 기업으로부터 다른 기업으로 적을 옮겨 다른 기업의 업무에 종사하게 하는 이른바 전적은, 종래에 종사하던 기업과의 사이의 근로계약을 합의해지하고 이적하게 될 기업과의 사이에 새로운 근로계약을 체결하는 것이거나 근로계약상의 사용자의 지위를 양도하는 것이므로, 동일 기업 내의 인사이동인 전근이나 전보와 달라 특별한 사정이 없는 한 근로자의 동의를 얻어야 효력이 생긴다.

　　그런데 기업그룹 등과 같이 그 구성이나 활동 등에 있어서 어느 정도 밀접한 관련성을 갖고 사회적 또는 경제적 활동을 하는 일단의 법인체 사이의 전적에 있어서 그 법인체들 내에서 근로자의 동의를 얻지 아니하고 다른 법인체로 근로자를 전적시키는 관행이 있어서 그 관행이 근로계약의 내용을 이루고 있다고 인정되는 경우에는 근로자의 동의를 구함이 없이 사용자는 전적명령을 할 수 있다. 이러한 사용자의 전적명령은 정당한 인사조치로서 이에 응하지 않는 근로자는 해고될 수도 있다.

　　그렇다고 한다면 이 경우 어느 정도의 관행이 성립되어야 하는가? 그와 같은 관행이 성립되었다고 하기 위해서는 그 법인체들 내에서 일반적으로 근로관계를 규율하는 규범적인 사실로서 명확히 승인되거나, 그 구성원이 일반적으로 아무런 이의도 제기하지 아니한 채 당연한 것으로 받아들여 기업 내에서 사실상의 제도로서 확립되어 있지 않으면 아니 된다(대법원 2005두9873).

사례 1 〈해설〉 (근로자)

위 사례에서 대학입시학원의 종합반 강사는, 출근시간과 강의시간 및 강의 장소의 지정, 사실상 다른 사업장에 대한 노무제공 가능성의 제한, 강의 외 부수업무 수행 등에 관한 사정과 그들이 시간당 일정액에 정해진 강의시간 수를 곱한 금액을 보수로 지급받았을 뿐 수강생 수와 이에 따른 학원의 수입 증감이 보수에 영향을 미치지 아니하였다는 사정 등에 비추어 볼 때, 위 대학종합반 강사의 경우 강의용역제공계약이라는 이름의 계약서를 작성하였고 일반 직원들에게 적용되는 취업규칙 등의 적용을 받지 않았으며 보수에 고정급이 없고 부가가치세법상 사업자등록을 하고 근로소득세가 아닌 사업소득세를 원천징수를 당하였으며 지역의료보험에 가입하였다고 하더라도, 대학입시학원의 근로자에 해당된다.

2. 근기법상의 근로자보호

(1) 근기법 전면적 적용

근기법은 임금을 목적으로 사업이나 사업장에 근로를 제공하는 자를 보호하는 것이므로 원칙적으로 국가, 특별시·광역시·도, 시·군·구, 읍·면·동, 그 밖에 이에 준하는 것에 대하여도 적용되므로 공무원의 경우에도 근기법의 특별법인 관련 공무원법에서 특별히 규정하고 있지 않은 사항에 대하여는 근기법이 적용된다(제12조). 근로기준법상 근로자로 인정되면 근로기준법이 적용되어 임금지급에서의 보호, 1일근로시간의 한도인 8시간, 휴일보장, 연차유급휴가, 시간외근로에 대한 가산임금보장 등 이하에서 보는 근기법상의 보호를 받게 된다.

근로시간의 예를 갖고 보면 다음과 같다.

근로시간은 1주간의 근로시간은 휴게시간을 제외하고 40시간을 초과할 수 없고, 1일의 근로시간은 휴게시간을 제외하고 8시간을 초과할 수 없으나(제50조 제1항 및 제2항), 당사자간에 합의하면 1주간에 12시간을 한도로 근로시간을 연장할 수 있다(제53조 제1항). 휴게시간은 사용자는 근로시간이 4시간인 경우에는 30분 이상, 8시간인 경우에는 1시간 이상의 휴게시간을 근로시간 도중에 주어야 하고, 휴게시간은 근로자가 자유롭게 이용할 수 있다(제54조 제1항 및 제2항). 사용자가 근로자대표와 서면 합의에 의하여 이러한 원칙에 대한 예외를 도입할 수 있는데, 여기서 말하는 근로자대표란 사업 또는 사업장에 근로자의 과반수로 조직된 노동조합이 있는 경우에는 그 노동조합 또는 근로자의 과반수로 조직된 노동조합이 없는 경우에는 근로자의 과반수를 대표하는 자를 말한다(제24조 제3항).

(2) 근기법의 부분적 적용 배제

그러나 이러한 보호규정을 적용하게 되면 사정이 여의치 않은 사용자의 부담이 늘어나게 되는 경우이거나, 근로자의 업무의 특성 등을 고려하여 근기법은 이러한 경우 그 적용범위를 달리하여 규정하고 있다.

먼저 동거하는 친족만을 사용하는 사업 또는 사업장과 가사(家事) 사용인에 대하여는 근기법을 적용하지 아니한다(제11조 제1항).

상시 근로자 수가 4명 이하인 경우에는, 해고, 휴직, 정직, 전직, 감봉, 그 밖의 징벌을 함에 있어서 정당한 이유(제23조 제1항), 경영상의 이유에 의한 해고에 있어서 제한규정의 적용(제24조), 위 해고 등에 대한 구제신청 절차규정(제17조-제33조), 퇴직금지급규정(제34조), 휴업수당(제46조), 근로시간과 연장근로제한(제50조-제53조), 연차휴가(제60조) 등의 규정의 적용을 받을 수 없다(제11조 제2항). 근기법의 확대적용을 위한 지속적인 노력을 기울이는 과정에서, 한편으로 영세사업장의 열악한 현실을 고려하고 다른 한편으로 국가의 근로감독능력의 한계를 아울러 고려하면서 근기법의 법규범성을 실질적으로 관철하기 위한 입법정책적 결정으로서 거기에는 나름대로의 합리적 이유가 있다고 할 것이므로 평등원칙에 위배된다고 할 수 없다(헌재 98헌마310).

또한 부분적으로 근기법의 적용을 받지 못하는 경우로, 근로자가 계속 근로한 기간이 3개월 미만인 경우 해고예고제도의 보호를 받지 못한다(제26조).

다른 한편 그 업무의 특성을 고려하여, 토지의 경작·개간, 식물의 재식(栽植)·재배·채취 사업, 그 밖의 농림 사업, 동물의 사육, 수산 동식물의 채포(採捕)·양식 사업, 그 밖의 축산, 양잠, 수산 사업, 감시(監視) 또는 단속적(斷續的)으로 근로에 종사하는 자로서 사용자가 노동부장관의 승인을 받은 자, 관리·감독 업무 또는 기밀을 취급하는 업무, 대통령령으로 정하는 업무에 종사하는 근로자(시행령 제34조)에게는 근로시간, 휴게와 휴일에 관한 규정적용을 배제하고 있다(제63조).

그리고 사용자가 근로자대표와 서면합의를 한 경우에는 주 12시간을 초과하는 연장근로시간과 휴게시간을 변경할 수 있는 사업으로서, 운송업(노선여객자동차운송사업은 제외) 및 보건업이 있다(제59조).

끝으로 '단시간근로자'란 1주 동안의 소정근로시간이 그 사업장에서 같은 종류의 업무에 종사하는 통상 근로자의 1주 동안의 소정근로시간에 비하여 짧은 근로자를 말하는데(제2조 제1항 제8호), 이들 단시간근로자의 경우 근로조건은 그 사업장의 같은 종류의 업무에 종사하는 통상 근로자의 근로시간을 기준으로 산정한 비율에 따라 결정된다(제18조 제1항). 다만 4주 동안(4주 미만으로 근로하는 경우에는 그 기간)을 평균하여 1주 동안의 소정근로시간이 15시간 미만인 근로자에 대하여는, 주휴일(제55조) 및 연차휴가(제60조)의 규정, 퇴직금 규정(근로자퇴직급여보장법 제4조 제1항)이 적용되지 않는다.

Ⅱ. 근로계약

근로자가 회사에 취업을 하게 되면 연수를 받거나 출근하여 근로를 제공하게 되고 그에 대한 대가로 임금을 지급받는다. 이러한 현상은 근로계약에 따라 발생하는 계약 당사자의 기본적인 권리와 의무인 것이다. 그런데 경우에 따라서는 학생이 졸업을 하게 되면 취업하기로 하고 채용을 내정하는 경우가 있는가 하면, 본채용을 하기 이전에 일정기간(통상 3월) 시용(내지 수습)을 하는 것을 조건으로 하는 경우도 있다. 이러한 종류의 계약을 어떻게 평가할 것인가?

또한 집을 매매하는 매매계약에 있어서 매도인과 매수인 사이에 당사자의 의사에 따라 조건을 부가하거나 그 매매금액을 정하거나 하는 것이 자유이다. 그러나 근로계약을 체결함에 있어서는 근로자와 사용자 사이에 근기법상의 많은 제한을 받게 되는데 이는 근로자를 보호하기 위하여 법이 계약의 자유에 개입하는 것이다. 위약금 예정의 금지와 전차금 상계의 금지를 중심으로 근기법이 근로계약의 체결과정에 개입하고 있는 것을 보기로 하자.

1. 채용내정과 시용계약

사례 2 (채용내정)

(1) 회사가 근로자를 채용하면서 학교에 재학중인 학생을 상대로 졸업을 하면 채용하겠다고 약정하면서 본채용 예정일을 정하였음에도 불구하고 다른 특별한 사정도

없는 상황에서 본채용을 하지 않고 있는 경우에 채용내정자는 회사를 상대로 어떠한 청구가 가능한가?

　(2) 회사가 3개월간의 시용기간을 두고 근로자를 채용하였으나 시용기간중의 업무 수행능력이 떨어진다고 하여 시용기간 이후에 본채용을 거절한 경우 이는 정당한가?

　채용내정과 시용계약은 일반적인 근로계약과 조금 다르다. 채용내정은 예컨대 학생의 경우 졸업이 조건이 되는 경우와 같이 일정한 조건이 충족될 경우 채용을 한다는 것으로서 채용내정의 상태에서는 내정자는 근로를 제공하여야 할 직접적인 의무를 부담하지 않으며 내정을 한 사용자 역시 임금을 지급할 의무도 없는 상태이기 때문이다. 또한 시용계약은 일정한 기간 근무를 하면서 그 능력 등의 판단에 따라 본채용 여부가 결정되는 것을 목적으로 체결된 계약으로서 근로자로서의 지위가 상대적으로 불안정한 것이기 때문에 통상의 근로계약과 다르다고 할 수 있다.

(1) 채용내정

　졸업 후 입사예정일로부터 회사근무를 조건으로 하여 산학장학생을 모집한 회사가 그 최종합격 통지를 하고 입사관계 서류를 교부받은 상태에서 일방적으로 채용내정을 취소한 경우, 회사가 그 채용내정자에 대하여 최종합격통지를 하고 입사관계 서류를 요구하여 교부받음으로써 채용내정자와 그 회사 사이에는 채용내정자가 졸업예정일까지 졸업하지 못할 것 등을 해약사유로 유보하고 취업할 시기를 입사예정일로 하는 내용의 근로계약이 성립되었다고 해석한다. 채용내정은 근로계약이 성립한 것이라는 것이다.

　이와 같이 채용내정은 그 법적 성질이 이른바 해약권유보부근로계약이며, 따라서 채용내정을 취소하는 것은 해고에 해당하는 것으로서 채용내정을 취소하기 위해서는 근기법 제23조 제1항의 정당한 이유가 존재하여야 하며 정당한 이유도 없이 채용내정을 취소하는 것은 무효가 된다(서울지법 남부지원 1999.4.30. 선고 98가합20043 판결).

　나아가 채용내정 계약상의 본채용 예정일이 경과하고 난 이후에 정당한 이유에 의하여 채용내정을 취소한 경우에는 채용내정자는 사용자가 채용내정자가 근로제공을 할 수 있는 것을 수령하지 않았기 때문에 자신의 노무수령을 지체한 책임이 있는 사용자를 상대로 본채용 예정일로부터 채용내정이 취소된 기간 동안의 임금을 청구할 수 있다.

(2) 시용계약

시용계약의 법적 성질에 대하여, 시용기간중의 근로관계는 수습사원으로 발령한 후 일정기간 동안 당해 근로자가 앞으로 담당하게 될 업무를 수행할 수 있는가에 관하여 그 인품 및 능력 등을 평가하여 정식사원으로서의 본채용 여부를 결정하는 것이므로 일종의 해약권유보부 근로계약이라고 한다. 시용기간 경과 후의 채용 거부는 유보해약권의 행사라 할 것인데 위와 같은 해약권의 행사는, 시용이라는 것 자체가 당해 근로자의 자질, 성격, 능력 등 그 일에 대한 적격성 여부를 결정하는 단계이므로 통상의 해고보다는 광범위하게 인정될 수 있다. 여기서 그 적격성 여부의 결정은 시용기간중에 있어서의 근무태도, 능력 등의 관찰에 의한 앞으로 맡게 될 임무에의 적격성 판단에 기초하여 행해져야 하고 그 평가가 객관적으로 공정성을 유지하여야 하며 위 해약권의 행사는 객관적으로 합리적인 이유가 존재하여 사회통념상 상당하다고 인정되어야 한다(대법원 92다15710).

사용계약의 경우 해약권 행사는 일반적인 해고의 경우보다는 광범위하게 인정될 수 있다고 하지만 객관적이고 합리적인 이유가 존재하여야 하며, 법리적으로 볼 때에 시용계약의 경우 객관적이고 합리적인 이유가 존재한다면 이는 근기법 제23조 제1항의 정당한 이유가 있는 것으로 해석한다는 취지로 이해할 수 있다.

사례 2 <해설> (채용내정)

(1) 채용내정자는 본채용을 하고 있지 않은 회사를 상대로 본채용일 이후에 지급하지 않은 임금을 청구할 수 있다. 그러나 현실적으로 회사에 채용내정자를 회사에 출근시켜 업무를 부여하도록 강제하는 것과 같은 구제는 기대하기 곤란하다.

(2) 회사가 시용기간을 두고 채용한 근로자가 업무수행능력이 떨어진다고 하여 본

채용을 거절한 경우에는, 적어도 회사의 업무수행능력에 대한 판단에 합리성이 인정되는 경우라면, 이는 정당한 해고로 판단된다.

2. 위약예정의 금지

사례 3 (위약예정)

근로자가 해외연수를 가면서 회사로부터 임금과 그 외 체류비용 및 자녀학비 등의 보조를 받는 대신에 연수 종료 이후에 일정기간 회사에 의무적으로 근무할 것을 약속하면서, 만약에 일정기간 근무하지 않을 경우 해외연수중 회사로부터 수령한 임금 기타 지원경비 일체를 반환하기로 약정하였다. 이러한 약정은 위약금 예정의 금지의 원칙에 위반하는가?

나아가 근로자가 해외연수 종료 이후에 위 의무복무기간을 지키지 않고 다른 회사로 옮긴 경우에 회사는 근로자에게 해외연수 비용 일체의 반환을 청구할 수 있는가?

사용자는 근로자와 근로계약을 체결함에 있어서, 근로계약 불이행에 대한 위약금 또는 손해배상액을 예정하는 계약을 체결하지 못한다(제20조). 이를 위약예정의 금지라고 한다.

근로자가 고가의 기계를 다루는 업무에 종사하는 경우 근로자가 고의나 과실로 기계를 훼손하게 된 경우 미리 그 손해배상액을 예정하는 계약을 금지하는 것인데, 사용자가 실제로 근로자가 고의나 과실로 기계를 훼손한 경우 사후에 그에 대한 배상책임을 묻는 것은 가능하다. 일반 계약에서는 계약의 불이행에 대한 위약금 등을 약정할 수 있는데 근로계약체결에 있어서 이를 금지하는 것은 손해배상의 위험으로 인하여 근로자에게 강제근로 등의 위험이 발생하는 것을 예방하기 위하여 설정된 것이다.

그런데 실제 사례에서는 근로자의 해외연수 등과 관련하여 많이 발생하고 있다. 예컨대 근로자가 사용자로부터 일정한 금품의 지원을 받고 해외연수를 하고 귀국하여 일정기간 의무적으로 근무하도록 한 규정에 위반하여 귀국 후 곧바로 내지는 일정기간의 의무복무기간 이내에 다른 회사로 이직하는 경우에 연수기간 동안의 임금을 포함한 지원비용에 대하여 반환을 미리 약정하는 규정이 존재하는 경우이다.

그 약정이 미리 정한 근무기간 이전에 퇴직하였다는 이유로 마땅히 근로자에게 지급되어야 할 임금을 반환하기로 하는 취지일 때는 그 효력은 인정되지 않는다. 다만 그 약정이 사용자가 근로자의 교육훈련 또는 연수를 위한 비용을 우선 지출하고 근로자는 실제 지출된 비용의 전부 또는 일부를 상환하는 의무를 부담하기로 하되 장차 일정 기간 동안 근무하는 경우에는 그 상환의무를 면제해 주기로 하는 취지인 경우에는, 근로자가 전적으로 또는 공동으로 부담하여야 할 비용을 사용자가 대신 지출한 것으로 평가되며, 약정 근무기간 및 상환해야 할 비용이 합리적이고 타당한 범위 내에서 정해져 있는 등 위와 같은 약정으로 인하여 근로자의 의사에 반하는 계속 근로를 부당하게 강제하는 것으로 평가되지 않는다(대법원 2006다37274).

그런데 여기서 주의할 것은 임금이 아닌 비용에 대한 것이라고 하여도, 해외파견근무의 주된 실질이 연수나 교육훈련이 아니라 기업체의 업무상 명령에 따른 근로장소의 변경에 불과한 경우, 이러한 해외근무기간 동안 임금 이외에 지급 또는 지출한 금품은 장기간 해외근무라는 특수한 근로에 대한 대가이거나 또는 업무수행에 있어서의 필요불가결하게 지출할 것이 예정되어 있는 경비에 해당하여 해외파견근무자는 위 비용에 대하여 반환할 의무가 없게 된다(대법원 2001다53875).

사례 3 <해설> (위약내정)

해외연수와 관련하여 임금에 대하여 반환의무를 인정하는 약정은 강행규정인 위약예정의 금지에 위반하는 것으로서 그 자체 무효이다. 다만 임금 이외의 금품에 대한 반환 약정은 그 자체 무효가 되지는 않는다.
그런데 근로자가 해외연수 이후에 의무복무기간을 지키지 않고 다른 회사로 옮긴 경우 회사가 그 비용의 반환을 청구할 수 있는가 하는 문제는 그 비용이 필요경비에 해당하는가에 따라 결정되게 된다. 예컨대 회사가 특정 기술의 연마와 같이 회사에 꼭 필요하여 해외파견을 한 경우에는 그 비용의 반환을 청구할 수 없으며 그렇지 않은 경우에는 당해 비용의 청구는 가능하다.

3. 전차금상계의 금지

사례 4 (전차금상계)

　A회사가 자신의 근로자가 아닌 X에게 1,000만원의 채권을 갖고 있는 상황에서, 1,000만원의 채권과 임금을 상계하기 위하여 X를 채용하여 X에게 지급할 임금을 지급하지 않고 1,000만원의 채권과 상계한 경우, X는 A회사를 상대로 임금을 청구할 수 있는가?

　사용자는 전차금(前借金)이나 그 밖에 근로할 것을 조건으로 하는 전대(前貸)채권과 임금을 상계하지 못한다(제21조). 일반적으로는 어떤 사람이 타인에게 채무를 부담하고 있는 경우 그 채무의 변제에 갈음하여 일정한 노무를 제공하기로 하는 계약은 그것이 상회통념에 비추어 현저하게 형평을 잃은 경우이거나 타인의 궁박함을 이용한 경우와 같이 권리의 남용에 해당하는 경우가 아닌 한 무효라고 할 수 없다. 그러나 근로계약체결에 있어서는 근로자의 채무의 변제에 갈음하기 위하여 근로계약을 체결하여 일정한 근로의 제공을 요구하고 임금으로 당해 채무의 변제에 갈음하는 것은 금지된다.

　이는 근로자에 대한 자신의 의사에 반하는 근로를 강제하는 강제근로의 금지에 위반한다는 것, 나아가 임금이 생계를 유지하기 위하여 매우 중요한 재화의 획득의 하나의 모습이라는 점 등에서 임금을 전차금의 상계로 하는 계약의 체결을 금지하고자 하는 것이다.

사례 4 <해설> (전차금상계)

사용자는 전차금이나 그 밖에 근로할 것을 조건으로 하는 전대채권과 임금을 상계하지 못하므로, X는 자신이 제공한 근로에 대한 대가인 임금을 A회사에 청구할 수 있다.

Ⅲ. 임 금

사례 5 (임금)

(1) A회사의 근로자인 X는 자신의 채무자인 Y에게 임금채권을 양도할 것을 내용으로 하는 임금채권양도계약을 Y와 체결하였다. 이에 따라 A회사는 X에게 지급할 임금을 Y에게 지급하였다. 여기서 X는 A회사를 상대로 임금을 청구할 수 있는가?

(2) A회사는 장래 근로자 X에게 지급할 퇴직금을 분할하여 미리 매월 지급하는 임금에 포함하여 지급하여 왔다. 이와 같이 장래 지급할 퇴직금을 월 임금에 분할하여 지급하는 것은 퇴직금 지급으로서 유효한 것인가?

1. 임금채권의 양도

일반적으로 채무자가 제3자와의 관계에서 채무자의 지위에 있는 경우, 계약 당사자에 대하여 갖고 있는 자신의 채권을 제3자에게 양도할 수 있다. 그러나 근기법은 원칙적으로 사용자에게 근로자의 임금을 통화로, 월 1회 이상 정기적으로 직접, 전액을 지급하도록 하고 있다(제43조 제1항 및 제2항). 따라서 사용자가 근로자와 임금채권 양도계약에 따라 근로자에게 지급할 임금을 근로자의 청구에 의하여 근로자의 채권자에게 지급한 경우 그 효력은 직접지급 및 전액지급의 원칙에 위반하는 것이 되어, 사용자의 근로자에 대한 임금지급의 의무는 여전히 남는다.

위 임금지급원칙은 임금이 확실하게 근로자 본인의 수중에 들어가게 하여 그의 자유로운 처분에 맡기고 나아가 근로자의 생활을 보호하고자 하는데 있는 것으로 해석되고 있다. 이와 같은 근로기준법의 규정의 취지에 비추어 보면 근로자가 그 임금채권을 양도한 경우라 할지라도 그 임금의 지급에 관하여는 같은 원칙이 적용되어 사용자는 직접 근로자에게 임금을 지급하지 아니하면 안 되는 것이고 그 결과 비록 양수인이라고 할지라도 스스로 사용자에 대하여 임금의 지급을 청구할 수는 없다(대법원 87다카2803).

2. 임금채권의 보호

임금채권은 근로자 본인 및 가족의 생활을 위하여 그 보호의 필요성이 크다. 이에 근기법 등에서는 임금채권보호에 관한 제도를 설정하고 있다. 임금 및 퇴직금의 소멸시효는 3년이다(제49조 및 퇴직급여보장법 제10조).

(1) 임금채권 최우선변제 또는 우선변제

근기법 제38조 제1항은, '임금, 재해보상금, 그 밖에 근로관계로 인한 채권은 사용자의 총재산에 대하여 질권(質權)·저당권 또는 '동산·채권 등의 담보에 관한 법률'에 따른 담보권에 따라 담보된 채권 외에는 조세·공과금 및 다른 채권에 우선하여 변제되어야 한다. 다만, 질권·저당권 또는 '동산·채권 등의 담보에 관한 법률'에 따른 담보권에 우선하는 조세·공과금에 대하여는 그러하지 아니하다'고 규정하여 임금채권의 우선적 변제권을 보장하고 있고, 사후에 지불되는 임금으로 해석되고 있는 퇴직금에 대하여도 같다(근로자퇴직급여보장법 제12조 제1항). 나아가 근기법 제38조 제2항은, 최종 3개월분의 임금, 근기법상의 재해보상금에 대하여는 다른 어떠한 채권에 대하여도 우선하여 변제된다고 하는 최우선변제제도를 도입하고 있고, 근로자퇴직급여보장법 제12조 제2항은 최종 3년간의 퇴직급여에 대하여 최우선변제제도를 도입하고 있다.

(2) 임금채권 압류 제한

민사집행법 제246조 제1항은 민사집행법 또는 국세징수법 등에 따라 임금이 압류된 경우에는 임금의 직접지급 또는 전액지급의 원칙이 적용되지 않으나, 그 압류는 임금의 2분의 1의 범위 내에서만 할 수 있도록 하여 근로자의 임금채권을 보호하고 있다.

그러나 회사의 도산 등으로 사용자의 재산이 부족한 경우 임금채권최우선변제 제도가 있다고 하더라도 충분한 보호를 받지 못할 수가 있다. 이에 임금채권보장법은 산업재해보장보험법이 적용되는 사업 또는 사업장에 적용되어(동법 제3조), 사업주로부터 부담금을 징수하도록 하고 있다(동법 제9조 제1항). 고용노동부장관은 사업주가 파산선고, 회생절차개시 결정 또는 도산 등 어느 하나에 해당하는 경우에, 퇴직한 근로자의 청구로, 지급받지 못한 최종 3개월분의 임금, 최종 3년간의 퇴직급여, 휴업수당 중 최종 3개월분 등을 당해 근로자에게 지급한다(동법 제7조 제1항 및 제2항). 이러한 체당금을 지급받을 권리는 양도하거나 담보로 제공할 수 없도록 하고 있고(동법 제11조 제1항), 압류의 경우에는 임금채권과 같이 체당금의 2분의 1까지 할 수 있는 것으로 해석된다.

(3) 도급인의 임금지급 연대책임

일반적으로 도급계약에서는 도급인은 수급인 또는 수급인의 근로자와의 관계에서 도급계약 내용 외에 책임문제가 발생하지 않는 것이 원칙이다. 그러나 근기법 제44조 제1항은, 사업이 여러 차례의 도급에 따라 행하여지는 경우에 하수급인(下受給人)이 직상(直上) 수급인의 귀책사유로 근로자에게 임금을 지급하지 못한 경우에는 그 직상 수급인은 그 하수급인과 연대하여 책임을 지도록 하고 있다. 다만, '직상 수급인의 귀책사유가 그 상위 수급인의 귀책사유에 의하여 발생한 경우에는 그 상위 수급인도 연대하여 책임을 진다'고 하여, 수급인 근로자의 임금채권을 보호하고 있다. 여기서 말하는 귀책사유란, 정당한 사유 없이 도급계약에서 정한 도급 금액 지급일에 도급 금액을 지급하지 아니한 경우, 정당한 사유 없이 도급계약에서 정한 원자재 공급을 늦게 하거나 공급을 하지 아니한 경우, 정당한 사유 없이 도급계약의 조건을 이행하지 아니하여 하수급인이 도급사업을 정상적으로 수행하지 못한 경우를 말한다(제44조 제2항 및 시행령 제24조).

(4) 건설업에서의 임금 보호

근기법 제44조의2 제1항은, '건설업에서 사업이 2차례 이상 건설산업기본법 제2조 제11호에 따른 도급(이하 '공사도급'이라 한다)이 이루어진 경우에 같은 법 제2조 제7호에 따른 건설사업자가 아닌 하수급인이 그가 사용한 근로자에게 임금(해당 건설공사에서 발생한 임금으로 한정한다)을 지급하지 못한 경우에는 그 직상 수급인은 하수급인과 연대하여 하수급인이 사용한 근로자의 임금을 지급할 책임을 진다'고 규정하고, 동조 제2항은, '제1항의 직상 수급인이 건설산업기본법 제2조 제7호에 따른 건설업자가 아닌 때에는 그 상위 수급인 중에서 최하위의 같은 호에 따른 건설사업자를 직상 수급인으로 본다'고 하여, 임금지급에서의 연대책임을 규정하고 있다.

(5) 퇴직금분할약정지급의 효력

사용자는 퇴직하는 근로자에게 급여를 지급하기 위하여 퇴직급여제도 중 하나 이상의 제도를 설정하여야 한다(근로자퇴직급여보장법 제4조 제1항). 퇴직금제도를 설정하려는 사용자는 계속근로기간 1년에 대하여 30일분 이상의 평균임금을 퇴직금으로 퇴직 근로자에게 지급할 수 있는 제도를 설정하여야 하나(근로자퇴직급여보장법 제8조 제1항), 다른 한편 사용자는 근로자퇴직급여보장법 시행령 제3조에 따른 주택구입 등의 중간정산 사유가 있는 경우에 한하여 근로자의 요구가 있는 경우 예외적으로 근로자가 퇴직하기 전에 해당 근로자의 계속근로기간에 대한 퇴직금을 미리 정산하여 지급할 수 있도록 하는 퇴직금중간정산제도를 두고 있다(이 경우 미리 정산하여 지급한 후의 퇴직금 산정을 위한 계속근로기간은 정산시점부터 새로 계산함. 동법 제8조 제2항).

그런데 퇴직금을 미리 임금에 포함하여 지급하는 것이 가능할까.

사용자와 근로자가 매월 지급하는 월급이나 매일 지급하는 일당과 함께 퇴직금으로 일정한 금원을 미리 지급하기로 하는 퇴직금 분할 약정은, 퇴직금 중간정산으로 인정되는 경우가 아닌 한, 최종 퇴직시 발생하는 퇴직금청구권을 근로자가 사전에 포기하게 하는 것이기 때문에 무효가 된다. 다만 사용자는 법률상 원인 없이 근로자에게 퇴직금 명목의 금원을 지급함으로써 위 금원 상당의 손해를 입은 반면 근로자는 같은 금액 상당의 이익을 얻은 셈이 되므로, 근로자는 수령한 퇴직금 명목의 금원을 부당이득으로 사용자에게 반환하여야 하지만, 그 상계의 범위는, 사용자가 근로자에게 퇴직금 명목으로 지급한 금원 상당의 부당이득반환채권을 자동채권으로 하여 근로자의 퇴직금채권을 상계하는 것은 퇴직금채권의 2분의 1을 초과하는 부분에 해당하는 금액에 관하여만 허용된다(대법원 2007다90760).

(6) 기타 임금보호

사용자는 영업직 사원의 경우와 같이 임금이 도급이나 그 밖에 이에 준하는 제도로 사용하는 근로자에 대한 근로시간에 따른 일정액의 임금의 보장을 할 것(제47조), 사용자는 근로자가 출산, 질병, 재해, 출산하거나 질병에 걸리거나 재해를 당한 경우, 혼인 또는 사망한 경우, 부득이한 사유로 1주일 이상 귀향하게 되는 경우의 비용에 충당하기 위하여 임금지급을 청구하면 지급기일 전이라도 이미 제공한 근로에 대한 임금의 지급을 할 것(제45조 및 시행령 제25조), 사용자의 귀책사유로 휴업한 기간중에 평균임금의 100분의 70 이상에 해당하는 수당을 지급하도록 하는 휴업수당(제46조) 제도 등도 임금채권의 보장과 관련하여 부언하여 둔다.

또한 최저임금법상 최저임금제는 임금의 최저수준을 보장하여 근로자의 생활안정과 노동력의 질적 향상을 꾀함으로써 국민경제의 건전한 발전에 이바지하는 것을 목적으로 하고 있다(최저임금법 제1조). 동법에 의하여 최저임금위원회(최저임금법 제14조 제1항)가 구성되고, 고용노동부장관은 매년 8월 5일까지 다음 연도 1월 1일부터 적용될 최저임금액을 결정하여 고시하여야 한다(최저임금법 제8조 제1항).

사례 5 <해설> (임금)

(1) 임금채권양도는 계약체결 자체는 금지된다고 할 수는 없지만 그 효력이 발생하지 않는다. 임금은 근로자의 생활을 영위함에 있어서 중요한 재화이기 때문에 통화로, 매월 1회 이상의 일정기간에 직접, 전액을 근로에게 지급하여야 한다. 위 사례에서 임금채권양도계약에 따라 A회사가 X에게 지급할 임금을 Y에게 지급한 것은 X에 대한 임금지급으로서 효력이 발생하지 않으므로, A회사가 X를 상대로 임금채권양도계약에 따라 Y에게 지급한 금액에 대하여 부당이득반환청구권을 행사하는 것은 별론으로 하더라도, X는 A회사에게 임금을 청구할 수 있다.

(2) 퇴직금 분할 약정은 퇴직금 중간정산으로 인정되는 경우가 아닌 한 최종 퇴직

시 발생하는 퇴직금청구권을 근로자가 사전에 포기하는 것이기 때문에 무효이다. 따라서 A회사가 X에게 지급할 퇴직금을 분할하여 미리 매월 지급하는 임금에 포함하여 지급하여 왔다고 하더라도 이는 퇴직금 지급으로서 효력이 발생하지 않는다. 다만 사용자가 근로자에게 퇴직금 명목으로 지급한 금원 상당의 부당이득반환채권을 자동채권으로 하여 근로자의 퇴직금채권을 상계할 수는 있는데 이 경우 상계범위는 이미 퇴직금채권의 2분의 1을 초과하는 부분에 해당하는 금액에 한정된다.

IV. 취업규칙

사례 6 (취업규칙)

회사가 사회통념에 비추어 합리성도 인정되지 않는 상황에서 근로자에 대한 상여금지급 규정을 일방적으로 개정하여 기본급 기준으로 연 800%의 상여금을 지급하여 오던 것을 400%로 삭감하였다. X는 위 규정의 상여금지급 규정의 개정 전에 취업하고 있었고, Y는 개정 이후에 새로이 취업한 경우이다. 개정된 상여금지급 규정은 X, Y에게 적용되는가?

근기법은 회사의 규정의 민주성 등을 담보하기 위하여 상시 10명 이상의 근로자를 사용하는 사용자는 일정한 사항을 의무적으로 규정하는 취업규칙을 작성하여 고용노동부장관에게 신고하도록 한다(제93조). 회사에는 취업규칙이라는 명칭 이외에도 인사규정, 복지규정 등 수많은 규정들이 존재하는데, 이들 규정 모두 취업규칙에 해당된다.

나아가 취업규칙을 불이익하게 변경하는 경우 근로자 집단의 동의를 구하도록 하고 있다. 즉 근기법 제94조 제1항은, '사용자는 취업규칙의 작성 또는 변경에 관하여 해당 사업 또는 사업장에 근로자의 과반수로 조직된 노동조합이 있는 경우에는 그 노동조합, 근로자의 과반수로 조직된 노동조합이 없는 경우에는 근로자의 과반수의 의견을 들어야 한다. 다만, 취업규칙을 근로자에게 불리하게 변경하는 경우에는 그 동의를 받아야 한다'고 규정하고 있다. 예컨대 정년 단축 또는 퇴직금 감소와 같은 명백한 불이익변경의 경우 근로자 집단의 동의를 얻지 못하면 원칙적으로 그 효력이 없다는 것이 된다.

1. 불이익변경

취업규칙 내지 규정들의 불이익변경 여부의 판단에 관하여, 취업규칙의 일부를 이루는 급여규정의 변경이 일부의 근로자에게는 유리하고 일부의 근로자에게는 불리한 경우 그러한 변경에 근로자 집단의 동의를 요하는지를 판단하는 것은 근로자 전체에 대하여 획일적으로 결정되어야 할 것이고, 또 이러한 경우 취업규칙의 변경이 근로자에게 전체적으로 유리한지 불리한지를 객관적으로 평가하기가 어려우며, 같은 개정에 의하여 근로자 상호간의 이·불리에 따른 이익이 충돌되는 경우에는 그러한 개정은 근로자에게 불이익한 것으로 본다(대법원 94다18072).

2. 동의방식

취업규칙에 규정된 근로조건의 내용을 근로자에게 불이익하게 변경하는 경우에, 근로자 과반수로 구성된 노동조합이 없는 때에는 근로자들의 회의방식에 의한 과반수 동의가 필요하다. 그 회의방식은 반드시 한 사업 또는 사업장의 모든 근로자가 일시에 한자리에 집합하여 회의를 개최하는 방식만이 아니라(큰 사업 또는 사업장에 있어서는 이러한 회의방식은 사실상 불가능한 경우가 많을 것이다), 한 사업 또는 사업장의 기구별 또는 단위부서별로 사용자측의 개입이나 간섭이 배제된 상태에서 근로자 상호간에 의견을 교환하여 찬반의견을 집약한 후 이를 전체적으로 취합하는 방식도 허용된다(대법원 91다25055).

3. 사회통념에 비추어 합리성이 인정되는 경우

사용자가 일방적으로 새로운 취업규칙의 작성·변경을 통하여 근로자가 가지고 있는 기득의 권리나 이익을 박탈하여 불이익한 근로조건을 부과하는 것은 원칙적으로 허용되지 아니한다.

그러나 당해 취업규칙의 작성 또는 변경이 그 필요성 및 내용의 양면에서 보아 당해 조항의 법적 규범성을 시인할 수 있을 정도로 사회통념상 합리성이 있다고 인정되는 경우에는 종전 근로조건 또는 취업규칙의 적용을 받고 있던 근로자의 집단적 의사결정방법에 의한 동의가 없다는 이유만으로 그의 적용을 부정할 수는 없다.

여기에서 말하는 사회통념상 합리성의 유무는 취업규칙의 변경에 의하여 근로자가 입게 되는 불이익의 정도, 사용자측의 변경 필요성의 내용과 정도, 변경 후의 취업규칙 내용의 상당성, 대상조치 등을 포함한 다른 근로조건의 개선상황, 노동조합 등과의 교섭 경위 및 노동조합이나 다른 근로자의 대응, 동종 사항에 관한 국내의 일반적인 상황 등을 종합적으로 고려하여 판단하되(대법원 99다70846 참조), 사회통념상의 합리성이 있는지를 판단함에 있어서는 개정 당시의 상황을 근거로 한다(대법원 92다45490 참조)고 한다(대법원 2002다57362).

4. 불이익변경이고 집단동의·합리성도 없는 취업규칙변경의 경우

대법원에 의하면, 사용자가 취업규칙에서 정한 근로조건을 근로자에게 불리하게 변경함에 있어서 근로자의 동의를 얻지 않은 경우에 그 변경으로 기득이익이 침해되는 기존의 근로자에 대한 관계에서는 그 변경의 효력이 미치지 않게 되어 종전 취업규칙의 효력이 그대로 유지된다.

그러나 그 변경 후에 변경된 취업규칙에 따른 근로조건을 수용하고 근로관계를 갖게 된 근로자에 대한 관계에서는 당연히 변경된 취업규칙이 적용된다(대법원 91다45165).

사례 6 <해설> (취업규칙)

회사 내에 존재하는 각종 규정은 취업규칙의 일종이므로 이들 규정들의 불이익 변경의 경우 취업규칙 불이익변경의 법리가 적용된다. 따라서 회사가 근로자집단의 동의도 없고 사회통념에 비추어 합리성도 인정되지 않는데도 불구하고 일방적으로 상여금지급 규정을 불이익하게 변경하였기 때문에 이 규정은 종래의 800% 지급규정의 적용을 받고 있던 X에게는 효력이 미치지 않으며, 이 개정된 규정 이후에 채용된 Y에게는 400% 지급규정이 적용된다.

V. 인사조치

사례 7 (인사조치)

A회사는 근로자 X에게 전직명령을 내렸다. 그런데 X에 대한 전직명령은 가족의 거부형태 등 생활상의 불이익이 막대하다고 하여 부당한 경우이다. 여기서 X는 종전의 근무처로 출근투쟁을 계속하면서 새로운 발령지로는 출근을 하지 않았다. 이에 A회사는 X의 행위가 무단결근이라고 보아 인사규정의 소정의 사유와 절차에 따라 X를 징계해고 하였다. 이러한 징계해고는 정당한가?

1. 인사조치의 정당성 판단 기준

사용자는 근무장소를 특정하여 채용한 경우와 같은 예외적인 경우를 제외하고 본질적으로 자신이 채용한 근로자의 노동력을 적절하게 배치할 수 있다고 할 것이다. 그러나 근로자의 입장에서는 근무장소가 변경되는 경우 생활상의 불이익을 초래하는 경우가 대부분일 것이므로 사용자에게 무한정으로 노동력 배치의 자유를 인정할 수도 없는 면이 존재한다.

이에 근기법 제23조 제1항은 '사용자는 근로자에게 정당한 이유 없이 해고, 휴직, 정직, 전직, 감봉, 그 밖의 징벌(懲罰)(이하 '부당해고등'이라 한다)을 하지 못한다'고 하여 인사조치에 있어서 사용자에게 정당한 이유를 요구하고 있다.

근로자에 대한 전직이나 전보처분은 원칙적으로 인사권자인 사용자의 권한에 속하므로 업무상 필요한 범위 안에서는 상당한 재량을 인정하여야 하고, 그것이 근로자에 대하여 정당한 이유 없이 해고·휴직·정직·감봉 기타 징벌을 하지 못하도록 하는 근로기준법 제23조 제1항에 위반되거나 권리남용에 해당하는 등 특별한 사정이 없는 한 무효라고는 할 수 없다. 그리고 전직처분 등이 정당한 인사권의 범위 내에 속하는지의 여부는 당해 전직처분 등의 업무상의 필요성과 전직에 따른 근로자의 생활상의 불이익을 비교·교량하고, 근로자가 속하는 노동조합(노동조합이 없으면 근로자 본인)과의 협의 등 그 전직처분을 하는 과정에서 신의칙상 요구되는 절차를 거쳤는지의 여부를 종합적으로 고려하여 결정한다(대법원 2007두20157).

2. 인사조치 불응과 해고

사용자가 근로자에게 전근(전보)명령을 내린 경우에 당해 인사조치에 대하여 불만을 품은 근로자가 종래의 근무지로 출근투쟁을 벌이는 경우가 발생할 수 있고, 이 경우 회사의 규정상의 무단결근으로 처리되어 해고되는 사례가 발생하곤 한다.

전직처분에 항의하기 위하여 전직명령을 받은 곳으로 출근하지 아니하고 종전 근무처에 출근을 계속하였고, 이에 회사가 이러한 행위를 무단결근이라고 보아 징계해고를 한 경우에, 근로자의 종전 근무처로의 출근투쟁이 부당한 전직에 대한 항의 내지 시정요구의 수단으로 행하여진 것이고 새로운 근무지로 출근하지 않음으로써 발생한 결근은 통상의 무단결근과는 달리 근로계약관계를 지속케 하는 것이 현저히 부당하다고 인정할 정도의 비위행위라고는 볼 수 없어 징계해고는 무효이다(대법원 93다10279).

사례 7 <해설> (인사조치)

A회사의 X에 대한 징계해고는 전직명령이 부당한 경우에는 X의 종전 근무처로의 출근투쟁은 통상의 무단결근과는 다른 것으로 보기 때문에, 근로계약관계를 지속하게 하는 것이 현저히 부당하다고 볼 수는 없는 경우로서 징계해고는 정당하지 않다.

Ⅵ. 산업재해

근로자인 X는 출퇴근을 위해 늘 이용하는 시내버스를 타려고 버스정류장으로 도보로 이동하는 중에 교통사고를 당한 경우 산업재해보상보험법에 의한 보상을 받을 수 있는가?

산업재해보상보험법(이하 '산재법'이라 한다)은 근로자(산재법 시행령 제125조 참조)가 근무중에 업무상의 재해(산재법 제5조 제1호 참조)를 입은 경우 산업재해보상과 관련한 규정을 규율하고 있다. 근로자 자신이 치료비 등의 부담을 갖지 않는다. 그러나 근로자가 근무와 관계없이 교통사고 등의 사고를 당하였다면 관련 법상의 보상 및 가해자 등과의 사이에서 근로를 하지 못하므로 입은 임금 손실 상당액 등에 대한 배상의 문제가 발생할 것이고 형사상의 책임문제도 발생할 것이다. 나아가 사용자와의 관계에서도 그 부상의 정도 여하에 따라 직장으로 복귀할 수도 있을 것이고 복귀가 곤란한 경우도 발생할 것이며 이 경우 발생한 손해는 가해자와의 사이에서 해결을 볼 수밖에 없을 것이다.

문제는 업무상의 재해에 해당하는가 하는 것이 매우 중요하다. 이하 이에 대한 판단, 산업재해로 인정되는 경우 보상제도 등에 대하여 보기로 하자.

1. 산업재해 판단

업무수행중 또는 업무에 기인한 질병이 산업재해인지의 판단은 일차적으로 고용노동부장관으로부터 업무위탁을 받고 있는 근로복지공단에서 심사를 하게 된다. 근로복지공단의 판단에 대하여 다투고자 한다면 당해 판단 내지 처분의 취소 등을 구하는 행정소송으로 나아가게 된다. 사용자는 산재법에 의하여 상시근로자 수와 관계없이 산재보험에 가입하여야 하고, 보험료 또한 사용자가 전액 부담한다.

　업무수행과 관련하여서는, 회사의 지휘 내지 감독하에서 발생한 사고는 업무상 재해로 인정된다. 사업장 밖이더라도 부서회식 등 사용자의 지배관리 아래에 있는 행사 중의 사고도 업무상 재해로 인정된다.

　업무기인성은 업무에 기인한 질병으로 업무수행과정에서 물리적 인자 등을 취급하거나 그에 노출되어 발생한 질병과 업무상 부상이 원인이 되어 발생한 질병 등을 말하며, 이러한 질병은 업무상 재해로 인정된다.

　또한 출퇴근 재해인 경우라도, 사업주가 제공한 교통수단을 이용하는 등 사업주의 지배관리 아래서 출퇴근하는 중이거나, 그 밖에 통상적인 경로와 방법으로 출퇴근하는 중에 발생한 사고에 따른 부상·사망 등의 재해도 업무상 재해로 인정된다. 다만 출퇴근 경로를 일탈하거나 중단하던 중의 사고는 업무상 재해로 보지 않는다. 일상생활에 필요한 용품을 구입하는 행위, 아이를 보육기관에 맡기거나 데려오는 행위처럼 일상생활에 필요한 행위는 출퇴근 경로의 중단이나 이탈에 해당되지 않고, 통상적인 출퇴근 경로로 본다.

2. 산업재해보상

　산업재해보상의 종류로는, 구급차 호송을 포함한 치료를 위한 요양급여, 휴업급여, 장해급여, 간병급여, 유족급여, 상병(傷病)보상연금, 장의비(葬儀費), 직업재활급여 등이 있다(산재법 제36조 제1항).

　또한 산재법 제88조 제1항은, 근로자의 보험급여를 받을 권리는 퇴직하여도 소멸되지 아니한다고 규정하고, 동조 제2항은 보험급여를 받을 권리는 양도 또는 압류하거나 담보로 제공할 수 없도록 하고 있다.

　일반적으로 산업재해보상은 산재법에 의하여 처리되고 있으나, 근기법상의 재해보상제도(제78조 이하)는 산재법상 요양급여가 3일 이하의 요양을 요하는 재해의 경우에는 그 적용이 없으므로 이 경우에 근기법상의 재해보상제도는 그 의미를 가지고 있다고 볼 수 있으며, 또한 산재법상 보험급여가 미지급으로 확정되는 경우에도 근기법상의 재해보상제도는 그 한도 내에서

의미를 갖는다고 할 수 있다.

다른 한편 산재법상 보험급여나 근기법상 재해보상을 받은 경우 민법상의 손해배상 책임은 그 한도 내에서 상호 면제된다(제87조; 산재법 제80조).

사례 8 <해설> (산업재해)

X는 출퇴근을 위해 늘 이용하는 시내버스를 타려고 버스정류장으로 도보로 이동하는 중이었으므로 통상적인 경로와 방법으로 출퇴근하던 중으로 인정될 수 있다. 출퇴근 경로를 일탈한 경우가 아닌 한, 산업재해보상보험법상의 보상을 받을 수 있다.

Ⅶ. 징계 및 근로계약의 종료

사례 9 (징계 및 근로계약의 종료)

(1) X는 선반가공을 하는 A회사의 경력사원모집에 지원하여 채용되었다. 그런데 A회사는 X를 채용한 이후에 상당한 기간이 경과한 뒤 X가 입사시 제출한 이력서에 다른 선반가공 회사에서 근무한 경력이 없었음에도 불구하고 수년간 경력이 있었던 것으로 허위의 기제를 한 사실을 알고 X를 징계해고하였다. A회사의 취업규칙은 이력서의 허위기재를 징계해고사유로 정하고 있다. A회사의 X에 대한 징계해고 사유는 정당한가?

(2) A회사의 취업규칙에는 근로자를 해고 내지 징계하는 경우에는 징계위원회에서 피해고자 내지 피징계자에게 변명의 기회를 부여하여야 한다는 규정을 두고 있다. 그런데 A회사가 근로자 X를 해고하면서 변명의 기회를 처음부터 부여하지 않고 해고를 한 경우 A회사의 X에 대한 해고는 절차면에서 정당한가?

징계는 직장질서를 위반하였음을 이유로 사용자가 근로자에게 불이익을 주는 처분이다. 징계는 근로계약관계는 존속하는 것이라는 점에서 보면 해고와 구별되는 것으로 이해할 수 있다. 일반적으로 징계처분으로는 정직, 전직, 감봉, 견책 및 경고 등이 존재한다. 다른 한편 해고를 징계의 가장 높은 수준의 것으로도 볼 수 있다. 해고 가운데 징계성을 포함하는 의미로 징계해고를 하는 경우도 있다. 징계의 사유에는 노동조합 내부의 문제라 하더라도 그로 인하여 회사의 손실 등이 초래되는 경우에는 회사 취업규칙 등에서 규

정하는 징계사유에 해당할 수 있으며(대법원 2001두10455), 개인의 사생활과 관련되어 있는 것이라고 하여도 회사의 명예나 신용 등을 훼손하는 경우 징계사유에 해당할 수 있다(대법원 93누23275).

　　징계는 정당하여야 적법하다. 징계처분의 정당성은 ① 징계사유의 정당성 여부(징계사유의 존부, 징계 대상 근로자의 행위가 소정의 징계사유에 해당하는지 여부), ② 징계절차의 정당성 여부(징계사유가 인정되더라도 소정 징계절차를 준수했는지 여부), ③ 징계양정의 상당성 또는 적정성 여부(비행의 정도 등 제반사정에 비추어 볼 때 해당 징계 처분이 과하여 징계권의 남용에 해당하는지 여부) 등에 따라 판단된다. 즉, 징계가 정당하기 위해서는 근로자의 규율 위반 또는 비위 행위가 취업규칙 등에서 정한 징계사유에 해당해야 하고, 나아가 소정의 징계절차에 따라서 징계가 이루어져야 하며, 특히 징계처분의 정도가 근로자의 원인 행위에 비추어 적정하거나 상당해야 한다. 세 가지 요건 중 하나라도 충족하지 못한 경우에는 해당 징계는 무효이다.

1. 해고의 일반적 기준

　　해고는 사회통념상 고용관계를 계속할 수 없을 정도로 근로자에게 책임 있는 사유가 있는 경우에 행하여져야 그 정당성이 인정되는 것이고, 사회통념상 당해 근로자와의 고용관계를 계속할 수 없을 정도인지의 여부는 당해 사용자의 사업의 목적과 성격, 사업장의 여건, 당해 근로자의 지위 및 담당 직무의 내용, 비위행위의 동기와 경위, 이로 인하여 기업의 위계질서가 문란하게 될 위험성 등 기업질서에 미칠 영향, 과거의 근무태도 등 여러 사정을 종합적으로 검토하여 판단한다(대법원 2008두22211).

　　이는 근로자가 입사 당시 제출한 이력서 등에 학력 등을 허위로 기재한 행위를 이유로 징계해고를 하는 경우에도 마찬가지이다. 그 경우 사회통념상 고용관계를 계속할 수 없을 정도인지는 사용자가 사전에 허위 기재 사실을 알았더라면 근로계약을 체결하지 않았거나 적어도 동일 조건으로는 계약을 체결하지 않았으리라는 등 고용 당시의 사정뿐 아니라, 고용 후 해고에 이르기까지 근로자가 종사한 근로 내용과 기간, 허위기재를 한 학력 등이 종사한 근로의 정상적인 제공에 지장을 가져오는지 여부 등 여러 사정을 종합적으로 고려하여 판단하여야 한다. 다만 사용자가 이력서에 근로자의 학력 등의 기재를 요구하는 것은 근로능력 평가 외에 근로자의 진정성과 정직성, 당해 기업의 근로환경에 대한 적응성 등을 판단하기 위한 자료를 확보하고 나아가 노사간 신뢰관계 형성과 안정적인 경영환경 유지 등을 도모하고자 하는 데에도 목적이 있는 것으로, 이는 고용계약 체결뿐 아니라 고용관계 유지에서도 중요한 고려요소가 된다고 볼 수 있다. 따라서 취업규칙에서 근로자가 고용 당시 제출한 이력서 등에 학력 등을 허위로 기재한 행위를 징계해고사유로 특히 명시하고 있는 경우에 이를 이유로 해고하는 것은, 고용 당시 및 그 이후 제반 사정에 비추어 보더라도 사회통념상 현저히 부당하지 않다면 정당성이 인정된다(대법원 2009두16763).

2. 해고 제한

근기법은 해고 제한과 관련하여, 사용자는 근로자가 업무상 부상 또는 질병의 요양을 위하여 휴업한 기간과 그 후 30일 동안 또는 산전(産前)·산후(産後)의 여성이 이 법에 따라 휴업한 기간과 그 후 30일 동안은 해고하지 못한다(제23조 제2항).

그 외 절차상의 제한으로, 사용자는 근로자를 해고(경영상 이유에 의한 해고를 포함한다)하려면 적어도 30일 전에 예고를 하여야 하고(해고예고를 하지 않은 경우 예고의무위반만으로는 해고의 정당성이 부정되지 않는다고 해석함. 대법원 93다7464), 30일 전에 예고를 하지 아니하였을 때에는 30일분 이상의 통상임금을 지급할 것(제26조), 사용자는 근로자를 해고하려면 해고사유와 해고시기를 서면으로 통지할 것(제27조 제1항) 등을 규정하고 있다.

또한 취업규칙이나 단체협약에 해고나 징계를 할 경우에 피해고자 내지 피징계자에게 변명의 기회를 주어야 한다든가, 징계위원회 회의록을 당사자에게 사면으로 주어야 한다는 등의 제한을 두고 있다면 이러한 절차 위반의

해고 내지 징계는 다른 특별한 사정이 없는 한 무효이다(대법원 91다27518; 대법원 93다28553).

3. 경영상 이유에 의한 해고

경영상 이유에 의한 해고(정리해고로도 불림)의 경우 근로자에게 귀책사유가 없는 경우이지만 종래 대법원의 판례법리 및 현행 근기법 제24조는 일정한 요건과 절차에 따라 해고를 가능하게 하고 있다. 근기법 제24조 제1항은 '사용자가 경영상 이유에 의하여 근로자를 해고하려면 긴박한 경영상의 필요가 있어야 한다. 이 경우 경영 악화를 방지하기 위한 사업의 양도·인수·합병은 긴박한 경영상의 필요가 있는 것으로 본다'고 하고, 사용자의 해고회피의무 및 합리적이고 공정한 해고의 기준에 따른 해고 대상자 선정(동조 제2항), 나아가 해고를 피하기 위한 방법과 해고의 기준 등에 관하여 그 사업 또는 사업장에 근로자의 과반수로 조직된 노동조합이 있는 경우에는 그 노동조합(근로자의 과반수로 조직된 노동조합이 없는 경우에는 근로자의 과반수를 대표하는 자를 말한다. 이를 일반적으로 '근로자대표'라고 함)에 해고를 하려는 날의 50일 전까지 통보하고 성실하게 협의할 것, 동조 제5항은, 이상의 요건을 갖추어 근로자를 해고한 경우에는 근기법 제23조 제1항에 따른 정당한 이유가 있는 해고를 한 것으로 본다고 규정하고 있다.

여기서 해고의 규모가, 상시 근로자수가 99명 이하인 사업 또는 사업장(10명 이상), 상시 근로자수가 100명 이상 999명 이하인 사업 또는 사업장(상시근로자수의 10퍼센트 이상), 상시근로자수가 1,000명 이상 사업 또는 사업장(100명 이상)인 경우에는 최초로 해고하려는 날의 30일 전까지 고용노동부장관에게 신고하여야 한다(동조 제4항 및 시행령 제10조 제1항).

4. 해고와 불법행위

해고가 무효로 된 경우 해고로 인하여 정신적 고통을 받은 근로자는 불법행위로 인한 손해배상을 청구할 수 있는가?

사용자가 근로자를 해고할 만한 사유가 전혀 없는데도 오로지 근로자를 사업장에서 몰아내려는 의도하에 고의로 어떤 명목상의 해고사유를 만들거나 내세워 해고한 경우나 해고의 이유로 된 어느 사실이 취업규칙 등 소정의 해고사유에 해당되지 아니하거나 해고사유로 삼을 수 없는 것임이 객관적으로 명백하고 또 조금만 주의를 기울이면 이와 같은 사정을 쉽게 알아볼 수 있는데도 그것을 이유로 해고에 나아간 경우 등 해고권의 남용이 우리의 건전한 사회통념이나 사회상규상 용인될 수 없음이 분명한 경우에 있어서는 그 해고는 상대방에게 정신적 고통을 가하는 것이 되어 근로자에 대한 관계에서 불법행위를 구성한다(대법원 2006다33999).

5. 기간제 근로자 해고와 대기발령 후 면직처리

(1) 기간제 근로자

기간의 정함이 있는 근로계약을 체결한 근로자를 기간제 근로자라고 한다(기간제 및 단시간근로자 보호 등에 관한 법률 제2조 제1호). 2년을 초과하여 기간제 근로자로 사용하는 경우에는 그 기간제 근로자는 기간의 정함이 없는 근로계약을 체결한 근로자로 본다(동법 제4조 제2항).

기간제 근로자의 경우 기간 도중의 해고는 해고의 법리에 따라 그 정당성 여부가 판단되지만, 기간의 만료의 경우에는 해고 등의 제한도 없이 당연히 근로계약은 종료하는 것이 원칙이다.

그러나 근로계약, 취업규칙, 단체협약 등에서 기간만료에도 불구하고 일정한 요건이 충족되면 당해 근로계약이 갱신된다는 취지의 규정을 두고 있거나, 그러한 규정이 없더라도 근로계약의 내용과 근로계약이 이루어지게 된 동기 및 경위, 계약 갱신의 기준 등 갱신에 관한 요건이나 절차의 설정 여부 및 그 실태, 근로자가 수행하는 업무의 내용 등 당해 근로관계를 둘러싼 여러 사정을 종합하여 볼 때 근로계약 당사자 사이에 일정한 요건이 충족되면 근로계약이 갱신된다는 신뢰관계가 형성되어 있어 근로자에게 그에 따라 근로계약이 갱신될 수 있으리라는 정당한 기대권이 인정되는 경우에는 사용자가 이에 위반하여 부당하게 근로계약의 갱신을 거절하는 것은 부당해고와 마찬가지로 아무런 효력이 없고, 이 경우 기간만료 후의 근로관계는 종전의 근로계약이 갱신된 것과 동일하다(대법원 2007두1729), 갱신기대권이 인정되는 경우, 사용자의 부당한 갱신거절을 부당해고와 마찬가지로 보아서 그 효력을 부정함으로써 근로자를 보호하려는 취지이다.

(2) 대기발령 후 면직처리

가. 대기발령의 법적 성질

회사의 인사규정에 직무수행능력이 부족하거나 근무성적이 불량한 자 또는 근무태도가 극히 불량한 자에 해당한다는 이유로 대기발령을 받은 후, 대기발령 상태로 3개월이 경과하면 직권으로 면직처리하도록 규정한 예를 볼 수 있다.

대기발령은 근로자가 현재의 직위 또는 직무를 장래에 있어서 계속 담당하게 되면 업무상의 장애 등이 예상되는 경우에 이를 예방하기 위하여 일시적으로 당해 근로자에게 직위를 부여하지 아니함으로써 직무에 종사하지 못하도록 하는 잠정적인 조치를 의미한다. 이는 근로자의 과거의 비위행위에 대하여 기업질서 유지를 목적으로 행하여지는 징벌적 제재로서의 징계와는 그 성질이 다르다(대법원 2009다86246).

대기발령을 포함한 인사명령은 원칙적으로 인사권자인 사용자의 고유권한에 속한다 할 것이고, 따라서 이러한 인사명령에 대하여는 업무상 필요한 범위 안에서 사용자에게 상당한 재량을 인정하여야 하며, 이것이 근로기준법 등에 위반되거나 권리남용에 해당하는 등의 특별한 사정이 없는 한 위법하다고 할 수 없어(대법원 2007두1460), 대기발령은 어디까지나 인사권의 행사로서 해석되고 있다.

나아가 근로자와의 협의 등 대기발령을 하는 과정에서 신의칙상 요구되는 절차를 거쳤는지의 여부 등도 고려할 사항이나, 근로자 본인과 성실한 협의절차를 거쳤는지의 여부는 정당한 인사권의 행사인지의 여부를 판단하는 하나의 요소라고는 할 수 있으나 그러한 절차를 거치지 아니하였다는 사정만으로 대기발령이 권리남용에 해당되어 당연히 무효가 된다고는 볼 수 없다(대법원 2003다63029).

나. 대기발령에 따른 면직처리

대기발령과 이에 이은 직권면직은 이를 일체로서 관찰할 때 근로자의 의사에 반하여 사용자의 일방적 의사에 따라 근로계약 관계를 종료시키는 것으로서 실질상 해고에 해당한다(대법원 2006다25240). 따라서 대기발령 후의 면직처분은 실질적으로 해고로서 앞에서 본 해고의 정당성 요건을 갖추어야 한다.

사례 9 <해설> (징계 및 근로계약의 종료)

(1) A회사는 X가 선반가공분야의 경력사원모집에 지원하여 채용을 하였으나 X가 선반가공 경력이 전혀 없다는 것을 알고 징계해고하였다. 회사가 이력서에 근로자의 학력 등의 기재를 요구하는 것은 고용계약 체결뿐 아니라 고용관계 유지에서도 중요한 고려요소가 된다. 취업규칙에서 근로자가 고용 당시 제출한 이력서 등에 학력 등을 허위로 기재한 행위를 징계해고사유로 특히 명시하고 있는 경우에 이를 이유로 해고하는 것은 정당하다.

(2) 취업규칙에 근로자를 해고 내지 징계를 하는 경우 변명의 기회를 부여하여야 한다는 규정을 두고 있는 경우에는 피해고자 내지 피징계자가 스스로 변명의 기회를 포기하지 않은 이상 변명의 기회를 부여하여야 한다. 따라서 A회사의 X에 대한 징계해고는 절차면에서 정당하지 않아 징계해고는 무효이다.

VIII. 정당한 이유 없는 해고 등의 구제절차

해고 등에 대하여 사법기관인 법원에 해고 무효 등의 민사소송을 제기할 수 있는 것은 당연하다. 그 외 근기법 제28조 제1항은, 사용자가 근로자에게 부당해고 등을 하면 근로자는 노동위원회에 구제를 신청할 수 있도록 하고 있으며, 그 구제신청은 부당해고 등이 있었던 날부터 3개월 이내에 하여야 한다(동조 제2항).

이 경우 노동위원회가 구제명령(해고에 대한 구제명령만을 말한다)을 할 때에 근로자가 원직복직(原職復職)을 원하지 아니하면 원직복직을 명하는 대신 근로자가 해고기간 동안 근로를 제공하였더라면 받을 수 있었을 임금 상당액 이상의 금품을 근로자에게 지급하도록 명할 수 있도록 하는 이른바 금전보상제도를 도입하고 있다.

나아가 노동위원회는 구제명령(구제명령을 내용으로 하는 재심판정을 포함)을 받은 후 이행기한까지 구제명령을 이행하지 아니한 사용자에게 1년에 2회의 범위에서 1회 2천만원 이하의 이행강제금을 부과한다(제33조 제1항 및 제5항).

다른 한편 기간제 근로자와 단시간 근로자, 파견근로자의 경우 비교대상이 되는 근로자와 근로조건 등에 있어서 차별이 있는 경우 그 시정을 노동위원회에 신청할 수 있는 특별한 제도를 두고 있다. '기간제 및 단시간근로자 보호 등에 관한 법률' 제9조 제1항은 기간제근로자 또는 단시간근로자는 차별적 처우를 받은 경우 차별적 처우가 있은 날(계속되는 차별적 처우는 그 종료일)부터 6개월 이내에 노동위원회법 제1조의 규정에 따른 노동위원회에 그 시정을 신청할 수 있다(파견근로자보호 등에 관한 법률 제21조 제1항 및 제2항도 같은 규정을 두고 있음).

제2. 노동단체법

*별명이 없는 법조문명은 '노동조합 및 노동관계조정법'임

I. 노동조합

> **사례 10** (노동조합)
>
> 노조법은 근로자가 아닌 자가 노동조합에 가입하고 있는 경우 당해 노동조합은 노동조합으로서 소극적 요건을 결여한 것으로 보아 노동조합으로 보지 않는다. 그런데 산업별·직종별·지역별 노동조합의 경우에 구직활동중인 자가 노동조합에 가입하고 있거나 노동조합을 설립할 수 있는가?

1. 노동조합 설립절차

노조법상 근로자는 노동조합을 결성할 수 있다.

노동조합 설립 절차는 노동조합설립신고서에 노동조합규약을 첨부하여 연합단체인 노동조합과 2 이상의 특별시·광역시·도·특별자치도에 걸치는 단위노동조합은 노동부장관에게, 2 이상의 시·군·구에 걸치는 단위노동조합은 특별시장·광역시장·도지사에게, 그 외의 노동조합은 특별자치도지사·시장·군수·구청장에게 제출하여야 한다(제10조 제1항).

이 경우 위 행정관청은 3일 이내에 신고증을 교부하여야 하나(제12조 제1항), 설립신고서 또는 규약이 기재사항의 누락 등으로 보완이 필요한 경우에는 대통령령이 정하는 바에 따라 20일 이내의 기간을 정하여 보완을 요구하여야 하고, 이 경우 보완된 설립신고서 또는 규약을 접수한 때에는 3일 이내에 신고증을 교부하여야 한다(제12조 제2항). 노동조합은 신고증을 교부받은

경우에는 설립신고서가 접수된 때에 설립된 것으로 본다(제12조 제4항).

노동조합이 설립된 경우에도 노동조합의 규약이 노동관계법령에 위반한 경우, 결의 또는 처분이 노동관계법령 또는 규약에 위반하는 경우 행정관청은 노동위원회의 의결을 얻어 시정명령을 내릴 수 있고, 노동조합은 30일 이내에 이를 행하여야 한다(정당한 사유가 있는 경우에는 그 기간을 연장할 수 있음. 제21조 제1항-제3항).

2. 노동조합의 조직형태 및 구직활동중인 자의 노동조합 설립

노조법상 근로자라 함은 직업의 종류를 불문하고 임금·급료 기타 이에 준하는 수입에 의하여 생활하는 자를 말한다(제2조 제1호). 그리고 근로자가 아닌 자의 가입을 허용하는 경우에는 노동조합으로 보지 아니한다(제2조 제4호 라목).

근기법상의 근로자로 인정되는 사람은 노동조합을 조직할 수 있는 노조법상의 근로자로 인정된다. 그렇지만 근기법상의 근로자와 노조법상의 근로자가 동일한 것은 아니다. 노조법은 개별적 근로관계를 규율하기 위해 제정된 근기법과 달리, 헌법에 의한 근로자의 노동3권 보장을 통해 근로조건의 유지·개선과 근로자의 경제적·사회적 지위 향상 등을 목적으로 제정되었다. 이러한 노조법의 입법 목적과 근로자에 대한 정의 규정 등을 고려하면, 노조법상 근로자에 해당하는지는 노무제공관계의 실질에 비추어 노동3권을 보장할 필요성이 있는지의 관점에서 판단하여야 하고, 반드시 근기법상 근로자에 한정된다고 할 것은 아니다.

노조법상 근로자는 타인과의 사용종속관계하에서 노무에 종사하고 대가로 임금 기타 수입을 받아 생활하는 자를 말한다. 구체적으로 노조법상 근로자에 해당하는지는, 노무제공자의 소득이 특정 사업자에게 주로 의존하고 있는지, 노무를 제공 받는 특정 사업자가 보수를 비롯하여 노무제공자와 체결하는 계약 내용을 일방적으로 결정하는지, 노무제공자가 특정 사업자의 사업 수행에 필수적인 노무를 제공함으로써 특정 사업자의 사업을 통해서 시장에 접근하는지, 노무제공자와 특정 사업자의 법률관계가 상당한 정도로 지속적·전속적인지, 사용자와 노무제공자 사이에 어느 정도 지휘·감독관계가 존재하는지, 노무제공자가 특정 사업자로부터 받는 임금·급료 등 수입이 노무제공의 대가인지 등을 종합적으로 고려하여 판단한다(대법원 2014두12598, 12604). 근기법상의 근로자로 인정되지 않은 특수형태 근로에 종사자도 노조법상의 근로자로 인정되는 사례가 많아지고 있다(학습지 교사, 골프장의 경기보조원, 택배기사, 퀵서비스 종사자 등).

노동조합의 조직형태로는 기업·산업별·지역단위 레벨에서 조직되는 기업별노동조합, 산업별단위(현재 전국금속노동조합이 존재함), 지역별단위의 노동조합(직종 등을 초월하여 모든 근로자가 가입할 수 있는 경우가 대부분임) 등의 형태로 조직되어 있고, 이들 노동조합이 상급단체에 가입하여 연합체(실제로는 연맹으로 불림) 형태로 조직되어 그 최상위에 한국노동조합총연맹과 전국민주노동조합총연맹이 존재하고 있다.

종래에는 기업레벨에서 복수노동조합설립이 금지되고 있었지만 현재는 가능하게 되었고, 그에 따라 복수노동조합하에서 단체교섭을 하기 위해서는 단체교섭창구단일화를 하여 사용자에게 교섭을 요구하여야 하고(예외적으로 사용자의 선택에 의하여 개별교섭도 가능함), 교섭대표노동조합은 교섭창구단일화 절차에 참가한 노동조합과 조합원 사이에 차별을 금지하는 공정대표의무를 부담하게 된다(제29조의2-제29조의4)

그런데 구직활동중인 자의 경우 노동조합을 결성할 수 있는가? 지역별노동조합의 경우 그 구성원으로 구직중인 여성 노동자를 포함시키고 있다하더라도, 구직중인 여성 노동자 역시 노조법상의 근로자에 해당하므로(대법원 2001두8568), 산업별·직종별·지역별 노동조합의 경우 구직활동중인 자도 노동조합을 결성할 수 있다.

3. 노조법에 의해 설립된 노동조합의 보호

먼저 노조법에 의하여 설립된 노동조합의 경우 노동쟁의의 조정 및 부당노동행위의 구제신청을 할 수 있고 노동조합이라는 명칭을 사용할 수 있으나, 노조법상 설립된 노동조합이 아니면 노조법상 특별히 설정된 노동위원회에 노동쟁의의 조정 및 부당노동행위의 구제를 신청할 수 없다(제7조 제1항). 그리고 노조법상 설립된 노동조합이 아니면 노동조합이라는 명칭을 사용할 수 없으며(동조 제3항), 이에 위반한 자는 500만원 이하의 벌금에 처한다(제93조 제1호). 헌법재판소는 노동조합명칭 사용금지와 이에 대한 벌금제도는 법외노동조합이라고 하여도 결성에 제약이 없고 또한 어느 정도 단체교섭을 할 수 있다고 하여 명칭을 사용하는 것을 금지하는 것이 단결권이나 단체교섭권을 침해하는 것으로 볼 수 없다고 하였다(헌재 2004헌바9).

다음으로 노조법은 사용자는 노조법에 의한 단체교섭 또는 쟁의행위로 인하여 손해를 입은 경우에 노동조합 또는 근로자에 대하여 그 배상을 청구할 수 없으며(제3조), 형법 제20조의 정당행위 규정은 노동조합이 단체교섭·쟁의행위 기타의 행위로서 제1조의 목적을 달성하기 위하여 한 정당한 행위에 대하여 적용된다고 하여(제4조), 이른바 민사책임과 형사책임의 면책보호를 하고 있다.

끝으로 노동조합은 그 규약이 정하는 바에 의하여 법인으로 할 수 있고(제6조 제1항), 사업체를 제외하고는 세법이 정하는 바에 따라 조세를 부과하지 아니한다(제8조).

사례 10 <해설> (노동조합)

일정한 사용자에의 종속관계를 조합원의 자격요건으로 하는 기업별 노동조합의 경우와는 달리 산업별·직종별·지역별 노동조합 등의 경우에는 원래부터 일정한 사용자에의 종속관계를 조합원의 자격요건으로 하는 것이 아니기 때문에 구직활동중인 자의 경우 기업별 노동조합을 결성하거나 이에 가입할 수는 없지만 산업별·직종별·지역별 노동조합을 결성하거나 이에 가입하는 것은 가능하다.

II. 노동조합 통제권

사례 11 (노동조합 통제권)

　　노동조합이 조합원 총회에서 특정 정당을 지지하기로 결의한 경우, 이에 위반하여 다른 정당을 지지하는 활동을 한 조합원을 제명 등 징계할 수 있는가?

1. 통제처분의 필요성

　　노동조합은 근로자가 주체가 되어 자주적으로 단결하여 근로조건의 유지·개선 기타 근로자의 경제적·사회적 지위의 향상을 도모함을 목적으로 하는(제2조 제4호 본문) 조직체로서, 조합원에 대하여 일정한 통제를 할 필요가 있을 것이다. 더욱이 자본주의 사회에서 노동조합은 사용자단체와 함께 중요하고도 대표적인 이익단체로서 그 통제의 필요성 또한 크다고 하겠다.

　　통제처분의 유형으로는 조합원에 대하여 일정기간 동안 권리정지, 의결권 정지 등과 같이 조합원자격 자체는 유지시키는 형태가 있는가 하면, 제명과 같이 조합원 자격을 상실하게 하는 처분 등도 있다.

2. 통제처분의 한계

　　노동조합이 조합원에 대하여 노동조합 목적의 범위 내에서 일정한 통제권을 행사하는 것은 자연스럽다. 그러나 노동조합이라고 하더라도 조합원의 신념, 종교적 자유, 정치적 자유 등에 대하여 통제처분을 허용할 수 있을까. 노조법 제9조는 노동조합의 조합원은 어떠한 경우에도 인종, 종교, 성별, 연령, 신체적 조건, 고용형태, 정당 또는 신분에 의하여 차별대우를 받지 아니한다고 규정하고 있는데, 이는 사용자 및 노동조합으로부터의 보호뿐만 아니라, 기타 국가나 지방자치단체, 나아가 일반 사회단체 등과의 관계에서도 유효하다고 할 수 있다.

노동조합이 공직선거에서 특정 정당이나 후보자를 지지하거나 반대하기로 결정하고 노동조합명의로 선거운동을 할 수 있음은 물론이고, 그 조합원에 대하여 노동조합의 결정에 따르도록 권고하거나 설득하는 행위도 그 한도에서는 노동조합의 정치활동의 일환으로서 허용된다. 그러나 다른 한편, 노동조합이 그 내부통제권을 행사함에 있어서는 구성원인 조합원이 일반 국민으로서 가지는 헌법상의 기본적 권리의 본질적인 내용이나 다른 헌법적 가치를 침해하지 않아야 할 내재적 한계가 존재하는 것이고, 특히 대의민주주의를 기본으로 하는 현대의 자유민주주의 정치체제 아래에서 선거는 주권자인 국민의 민주적 정치참여를 위한 가장 기본적이고도 본질적인 수단이므로 국민의 주권행사를 의미하는 선거과정에의 참여행위, 그 중에서도 어느 정당이나 후보자를 지지할 것인지에 관한 정치적 의사의 결정은 다른 어떠한 이유에 의해서도 방해받거나 제한될 수 없는 선거권의 본질적 내용이다.

따라서 정치활동을 고유의 목적으로 삼는 정치적 결사체도 아닌 노동조합이 비록 총회의 결의 등을 거쳐 지지하거나 반대하는 정당이나 후보자를 결정하고 그 명의로 선거운동을 할 수 있다고 하더라도 그 구성원인 조합원 개개인에 대하여 노동조합의 결의 내용에 따르도록 권고하거나 설득하는 정도를 넘어서 이를 강제하는 것은 허용되지 않는다.

노동조합 간부가 조합원에 대한 다른 정당지지에 관여하는 경우 현행 공직선거법 제237조 제1항 제3호의 업무·고용 기타의 관계로 인하여 자기의 보호·지휘·감독하에 있는 자에게 특정정당이나 후보자를 지지·추천하거나 반대하도록 강요한 자에 해당된다(대법원 2004도227).

사례 11 <해설> (노동조합 통제권)

노동조합은 공직선거에서 특정 정당이나 후보자를 지지하거나 반대하기로 결정하고 노동조합명의로 선거운동을 할 수 있으나, 그 구성원인 조합원 개개인에 대하여 노동조합의 결의 내용에 따르도록 권고하거나 설득하는 정도를 넘어서 이를 강제하는 것은 허용되지 않는다. 따라서 노동조합은 노동조합 결의에 반하여 다른 정당의 후보를 지지하는 활동을 한 조합원에 대해 제명 등의 징계를 할 수 없다.

Ⅲ. 노동조합 활동

사례 12 (노동조합 활동)

　병원에 근무하는 근로자들로 조직된 노동조합이 병원의 승인 없이 조합원들로
하여금 모든 직원이 착용하도록 되어 있는 위생복 위에 구호가 적힌 주황색 셔츠를
근무중에도 착용하게 하는 노동조합활동은 정당한가?

---

1. 노동조합활동의 정당성 판단기준

　　노조법은 노동조합 활동을 위하여 타임오프제도를 도입하고 있다. 노동
조합활동을 위하여 종래 노동조합전임자는 회사로부터 임금의 지원을 받으
면서 동시에 회사의 취업규칙의 적용을 받아 출퇴근 의무 등의 규율에 따르
면서(대법원 94다58087) 노동조합의 일에만 종사할 수 있었다. 현행 노조법은
전임자 제도를 단체협약으로 정하거나 사용자의 동의가 있는 경우 둘 수는
있으나(제24조 제1항), 사용자로부터 어떠한 급여도 지급받아서는 아니 되고(제
24조 제2항), 사용자가 급여를 지원하게 되면 후술하는 부당노동행위가 성립
된다(제81조 4호).

　　여기서 단체협약으로 정하거나 사용자가 동의하는 경우에는 사업 또는
사업장별로 조합원 수 등을 고려하여 근로시간 면제 한도를 초과하지 아니
하는 범위에서 근로자는 임금의 손실 없이 사용자와의 협의·교섭, 고충처리,
산업안전 활동 등 이 법 또는 다른 법률에서 정하는 업무와 건전한 노사관계
발전을 위한 노동조합의 유지·관리업무를 할 수 있도록 하는 이른바 타임오
프(time-off)제도를 도입하였다(제24조 제4항).

　　노동조합활동이 정당하려면 취업규칙이나 단체협약에 별도의 허용규정
이 있거나, 관행, 사용자의 승낙이 있는 경우 외에는 취업시간 외에 행해져
야 한다. 사업장 내의 조합활동에 있어서는 사용자의 시설관리권에 바탕을
둔 합리적인 규율이나 제약에 따라야 하고, 비록 조합활동이 근무시간 외에

사업장 밖에서 이루어졌을 경우에도 근로자의 근로계약상의 성실의무(사용자의 이익을 배려해야 할)는 지켜져야 한다(대법원 90도357). 사례를 들면 근무시간중에 조합간부들과 공동하여 지하철공사의 사무실 내의 집기 등을 부수고 적색 페인트, 스프레이로 복도계단과 사무실 벽에 주장 내용을 담은 낙서를 하여 수리비 4,290만원이 소요되는 재물손괴를 하였다면, 이는 조합활동권의 정당성의 범위 밖에 속한다고 판단하였다.

2. 유인물배포행위의 정당성

노동조합의 유인물 배포행위는 그 내용면에서는 사용자의 명예훼손이라는 형사책임문제가 실제 사례에서 많이 발생하고 있다.

유민물배포행위의 사례를 보면, ① 근로자가 점심시간중에 회사의 근로조건이 열악하다는 점을 부각시키면서 노동조합의 필요성과 함께 노동조합의 결성사실을 알리는 내용의 유인물을 다른 근로자에게 배포한 행위는 설사 그 유인물의 내용 중에 회사의 근로조건상태를 다소 왜곡한 부분이 있다 하여도 노동조합의 업무를 위한 정당한 행위를 한 것(서울고법 1992.1.17. 선고 90구14449 제9특별부판결), ② 근로자가 작성하여 회람시킨 인쇄물이 회사간부의 명예를 훼손하는 내용으로서 그 중 일부는 근거가 없는 것이고, 또 그가 배포한 인쇄물이 사용자인 회사와 노동조합 또는 근로자 사이의 근로관계와는 직접관계가 없는 사항과 관련하여 집단적으로 월차휴가를 실시할 것을 선동하는 내용인 데다가 취업규칙에 정한 사전통보절차도 밟지 않았고 그 결과 다수의 근로자가 이에 동조하여 사업장을 무단 이탈함으로써 회사업무의 정상적인 운영에 지장을 주었다면 위와 같은 유인물배포행위가 정당한 조합활동이라고 할 수 없다고 한 사례(대법원 91누5020), ③ 노동조합활동으로서 배포된 문서에 기재되어 있는 문언에 의하여 타인의 인격 신용 명예 등이 훼손 또는 실추되거나 그렇게 될 염려가 있고, 또 그 문서에 기재되어 있는 사실관계의 일부가 허위이거나 그 표현에 다소 과장되거나 왜곡된 점이 있다고 하더라도, 그 문서를 배포한 목적이 타인의 권리나 이익을 침해하려는 것이 아니라 노동조합원들의 단결이나 근로조건의 유지 개선과 근로자의 복지증진 기타 경제적 사회적 지위의 향상을 도모하기 위한 것이고, 또 그 문서의 내용이 전체적으로 보아 진실한 것이라면, 그와 같은 문서의 배포행위는 노동조합의 정당한 활동범위에 속하는 것으로 보아야 한다고 한 사례(대법원 93다13544), ④ 근로자들이 노동조합을 결성한 후 자신들의 직장의 원청회사에 노동조합 설립에 관한 벽보나 현수막을 부착하고 원청회사 직원들에게 유인물을 배포하여 원청회사가 하청계약의 해지통지를 할 정도에 이른 경우, 근로자들의 이와 같은 유인물배포행위 등이 사회적 상당성을 갖추었다고 볼 수 없어 정당한 노동조합활동이라고 할 수 없다고 한 사례(대법원 98다54960) 등이 있다.

3. 리본·조끼·셔츠 착용

　　사례로서, ① 전국교직원노동조합 소속 교원들이 '족벌재단 퇴진' 등과 같은 내용의 리본, 배지, 조끼를 패용·착용한 행위는 단순히 노동조합의 내부적 단결을 위한 행위가 아니라 학교운영자들에게 유형적 위력을 보이는 외부적인 집단행동에 해당한다고 볼 수 있고, 설령 위와 같은 리본 등의 패용·착용행위가 '단결권'에 관한 것이라 하더라도 근로조건의 향상과 별다른 관계가 없는 내용이므로 이를 금지하는 것은 근로자나 노동조합의 적법한 단결권행사에 어떠한 제한을 부과하는 것이 아니라고 한 것(대법원 2004다62597), ② 병원에 근무하는 직원인 노동조합원들이 병원의 승인 없이 조합원들로 하여금 모든 직원이 착용하도록 되어 있는 위생복 위에 구호가 적힌 주황색 셔츠를 근무중에도 착용하게 함으로써 병원의 환자들에게 불안감을 주는 등으로 병원 내의 정숙과 안정을 해치는 행위를 계속하였고, 아울러 병원이 노동조합의 정당한 홍보활동을 보장하기 위하여 노동조합의 전용 게시판을 설치하여 이를 이용하도록 통보하였음에도 조합원들이 주동이 되어 임의로 벽보 등을 지정 장소 외의 곳에 부착하였고, 또한 노동조합이나 병원과는 직접적인 관련이 없는 전국병원노련위원장의 구속을 즉각 철회하라는 내용의 현수막을 병원 현관 앞 외벽에 임의로 각 설치한 후 병원의 거듭된 자진철거요구에 불응한 사실이 인정된다면 징계사유에 해당한다(대법원 95누6151)고 한 것 등이 있다.

사례 12 <해설> (노동조합 활동)

병원에 근무하는 근로자가 위생복 위에 구호가 적힌 주황색 셔츠를 근무중에도 착용하는 것은 병원의 환자들에게 불안감을 주는 등으로 병원 내의 정숙과 안정을 해치는 행위로서 노동조합활동으로서 정당성이 없다.

Ⅳ. 단체교섭

사례 13 (단체교섭)

　(1) 산업별노동조합의 지부가 독립된 규약 및 집행기구를 갖고 있으나 노동조합 설립신고는 하지 않은 상황에서, 지부의 고유한 사항에 대하여 단체교섭을 요구할 수 있는 단체교섭의 당사자가 될 수 있는가?
　(2) 사업소 통폐합, 공기업의 민영화 등의 반대를 위하여 단체교섭을 요구할 수 있는가?

---

1. 산업별노동조합 하부조직의 단체교섭 당사자 지위

단체교섭의 당사자는 노동조합의 조직형태가 기업별노동조합의 경우에는 당해 기업별노동조합과 사용자가 단체교섭을 하게 되며 이것이 가장 일반적인 단체교섭 당사자 형태라고 할 수 있다. 그런데 노동조합이 산업별노동조합인 경우 개별 사업 또는 사업장에는 그 조직의 하부형태로서 지부 내지 지원이 조직되어 있는 경우가 있다. 이러한 지부 내지 지원의 조직이 단체교섭의 당사자, 나아가 쟁의행위의 주체가 될 수 있는가 하는 문제가 발생한다.

이에 대하여 대법원은 '노동조합의 하부단체인 분회나 지부가 독자적인

규약 및 집행기관을 가지고 독립된 조직체로서 활동을 하는 경우 당해 조직
이나 그 조합원에 고유한 사항에 대하여는 독자적으로 단체교섭하고 단체협
약을 체결할 수 있고, 이는 그 분회나 지부가 노조법시행령 제7조의 규정에
따라 그 설립신고를 하였는지의 여부에 영향받지 아니한다'고 하여(대법원
2007도1557) 지부 내지 지원 형태의 산업별노동조합의 하부조직의 경우 노동
조합설립신고 여부와 관계없이 위 요건을 충족하는 경우에 단체교섭의 당사
자가 될 수 있다고 해석한다.

2. 단체교섭 대상

　　노동조합과 사용자(사용자단체도 포함)가 단체교섭을 함에 있어서 주로 문
제되는 것은 사업소의 축소 내지 폐지, 공기업의 민영화, 정리해고, 운수업
에서의 사용자의 배차지시권, 인사권 등이다. 이러한 사용자의 경영사항이라
고도 할 수 있는 것들이 단체교섭의 대상이 되고, 나아가 쟁의행위의 목적이
정당성화될 수 있는가?

　　사례를 통하여 보면, ① 긴박한 경영상의 필요에 의하여 하는 이른바 정
리해고의 실시는 사용자의 경영상의 조치라고 할 것이므로, 정리해고에 관한
노동조합의 요구내용이 사용자는 정리해고를 하여서는 아니 된다는 취지라
면 이는 사용자의 경영권을 근본적으로 제약하는 것이 되어 원칙적으로 단
체교섭의 대상이 될 수 없고(대법원 99도4893), ② 정리해고나 사업조직의 통폐
합 등 기업의 구조조정의 실시 여부는 경영주체에 의한 고도의 경영상 결단
에 속하는 사항으로서 이는 원칙적으로 단체교섭의 대상이 될 수 없고(대법원
99도5380), ③ 운수사업을 영위하는 사업체에 있어서 배차행위는 원래 사용
자가 행하는 통상적인 업무명령에 속하는 것이므로 이에 관하여 단체협약,
취업규칙 등에 특별한 규정이 있거나 노사합의 또는 확립된 노사관행이 있
는 경우 등을 제외하고는 근로자인 운전사는 원칙적으로 사용자가 배정한
차량을 운행할 의무가 있는바, 회사가 좌석버스를 운행할 수 있는 승무대상
운전자 선발을 위하여 노동조합과 좌석버스 배차기준을 합의하여 정하였고

그 기준이 특별히 불합리하다고 인정되지 아니하는 한, 회사가 그 배차기준에 따라 좌석버스 승무대상 운전자를 선발하여 좌석버스를 배차한 것이 잘못이라 할 수 없고(대법원 93누21514), ④ 근로자들이 쟁의행위를 함에 있어 연구소장의 퇴진을 요구하였다 하더라도 이는 부차적인 것이고 주된 목적은 일부 근로자들에 대한 파면처분이 노동조합의 핵심적 관심사항인 연구자율수호운동을 주동한 것에 대한 보복조치라고 하여 이의 철회를 구하는 것이고 그 뜻은 조합원의 근로조건의 개선요구에 있다고도 볼 수 있다면 이는 단체교섭사항이 될 수 있는(대법원 91다34523) 것 등이 있다.

사례 13 <해설> (단체교섭)

(1) 산업별노동조합의 지부가 독립된 규약 및 집행기구를 갖고 있으면, 지부가 별도의 노동조합설립신고를 하지 않았다고 하더라도 지부의 고유한 교섭사항에 대하여 단체교섭을 요구할 수 있는 단체교섭의 당사자의 지위를 갖는다. 따라서 사용자가 이를 거부하면 정당한 이유없는 단체교섭거부로 부당노동행위가 성립된다.

(2) 사업소 통폐합, 공기업의 민영화 등의 사용자의 결정은 경영사항으로서 그러한 결정이 노동조합을 파괴하기 위한 목적 등의 특별한 사정이 없는 한 단체교섭의 대상이 되지 않는다. 따라서 사용자는 노동조합이 사업소 통폐합, 공기업의 민영화의 철회를 요구하는 단체교섭 요구에 대하여 거부할 수 있다. 다만 사업소의 통폐합 내지 공기업의 민영화 등에 따른 부수적인 근로조건에 대한 교섭을 요구하는 것은 단체교섭의 대상이 될 수 있다.

V. 단체협약

사례 14 (단체협약)

(1) 단체협약에 조합원의 해고에 있어서 노동조합과 협의하여야 한다는 조항을 두고 있는 경우에, 이를 위반한 사용자의 해고는 절차 위반으로서 무효인가?

(2) 회사의 경영사정이 악화되어 노동조합과 사용자가 이미 지급시기가 경과한 상여금과 장래 발생할 상여금에 대하여 지급하지 않기로 합의한 경우 조합원은 상여금을 청구할 수 있는가?

　　단체협약은 노사관계 당사자인 노동조합과 사용자 또는 사용자단체가 단체교섭을 통하여 근로조건 기타 근로자의 대우에 관한 사항과 노사간의 제반 권리·의무에 관한 사항을 합의하여 서면화한 것을 말한다. 단체협약은 서면으로 작성하여 당사자 쌍방이 서명 또는 날인하여야 한다. 또한 단체협약의 체결일로부터 15일 이내에 행정관청에게 신고하여야 한다(제31조).

　　단체협약은 규범적 부분과 채무적 부분으로 구성된다. 규범적 부분은 단체협약의 내용 중 근로조건 기타 근로자의 대우에 관한 기준을 정한 부분을 말하며, 규범적 부분에 대해 이른바 규범적 효력이 인정된다. 즉, 노조법 제33조에 의하면, 단체협약에 정한 근로조건 기타 근로자의 대우에 관한 기준에 위반하는 취업규칙 또는 근로계약의 부분은 무효이고(강행적 효력), 무효로 된 취업규칙이나 근로계약의 부분 또는 근로계약에 규정되지 아니한 사항에 대해서는 단체협약에 정한 기준에 의한다(보충적 효력). 단체협약의 채무적 부분은 단체협약의 내용 중 협약 당사자의 권리·의무에 관하여 정한 부분을 말한다. 예를 들어, 노동조합 전임자의 인정, 조합비일괄공제(check-off), 조합사무소의 제공과 같은 사용자의 편의제공, 교섭의 일시·절차에 관해 정한 사항 등이 채무적 부분에 해당한다. 단체협약의 당사자는 단체협약에서 정한 모든 사항을 성실하게 준수하고 이행하여야 할 의무를 지며, 이를 채무적 효력이라 한다. 특히 채무적 효력은 채무적 부분뿐만 아니라 규범적 부분에도 인정된다.

　　단체협약과 관련하여 주로 문제되는 것은 단체협약상의 조합원 내지 노동조합 간부의 인사시 노동조합의 동의나 협의조항의 효력, 단체협약을 불이익하게 변경하는 경우의 효력범위라고 할 수 있으며, 나아가 우리나라의 특이한 제도로서 단체협약 불이행과 관련한 형사책임의 문제를 지적할 수 있다. 이하 이들에 대하여 보기로 하자.

1. 해고동의 조항

　　단체협약에 조합원 또는 노동조합 간부의 인사시 노동조합의 동의를 구하도록 하는 규정을 두고 있는 경우에 이러한 동의조항에 위반한 사용자의 인사조치의 효력은 어떠한가? 노조법 제33조 제1항은, 단체협약에 정한 근로조건 기타 근로자의 대우에 관한 기준에 위반하는 취업규칙 또는 근로계약의 부분은 무효로 한다고 규정하고 있고 단체협약상의 인사동의 조항은 노조법 제33조 제1항의 근로조건에 해당하는 것으로 해석되고 있다.

노사간의 협상을 통해 사용자가 그 해고 권한을 제한하기로 합의하고 노동조합이 동의할 경우에 한하여 해고권을 행사하겠다는 의미로 해고의 사전 합의조항을 단체협약에 두었다면, 그러한 절차를 거치지 아니한 해고처분은 원칙적으로 무효이다(대법원 92다50263).

그러나 이처럼 해고의 사전 합의 조항을 두고 있다고 하더라도 사용자의 해고권한이 어떠한 경우를 불문하고 노동조합의 동의가 있어야만 행사할수 있다는 것은 아니고 노동조합이 사전동의권을 남용하거나 스스로 사전동의권을 포기한 것으로 인정되는 경우에는 노동조합의 동의가 없더라도 사용자의 해고권 행사가 가능하다고 할 것이다. 여기서 노동조합이 사전동의권을 남용한 경우라 함은 노동조합측에 중대한 배신행위가 있고 이로 인하여 사용자측의 절차의 흠결이 초래되었다거나, 피징계자가 사용자인 회사에 대하여 중대한 위법행위를 하여 직접적으로 막대한 손해를 입히고 비위사실이 징계사유에 해당함이 객관적으로 명백하며 회사가 노동조합측과 사전합의를 위하여 성실하고 진지한 노력을 다하였음에도 불구하고 노동조합측이 합리적 근거나 이유 제시도 없이 무작정 반대함으로써 사전 합의에 이르지 못하였다는 등의 사정이 있는 경우에 인정된다(대법원 2005두8788).

2. 해고협의 조항

해고협의조항의 경우 협의의무를 위반한 인사조치의 효력에 대하여는 규범적 효력은 인정되지 않는다. 단체협약상 '노동조합 간부의 인사 및 징계는 사전에 노동조합과 협의하여 행한다'고 규정한 경우, 이 규정의 단체협약 전체와의 관련과 노사의 관행 등을 감안하여 볼 때, 위와 같은 사전협의는,

노동조합의 간부에 대한 사용자의 자의적인 인사권이나 징계권의 행사로 노동조합의 정상적인 활동이 저해되는 것을 방지하려는 취지에서 사용자로 하여금 노동조합의 간부에 대한 인사나 징계의 내용을 노동조합에 미리 통지하도록 하여 노동조합에 인사나 징계의 공정을 기하기 위하여 필요한 의견을 제시할 기회를 주고 제시된 노동조합의 의견을 참고자료로 고려하게 하는 정도에 지나지 않는 것으로 해석된다(대법원 91다41477).

3. 단체협약 불이익변경

단체협약을 불이익하게 변경하는 경우에 당해 노동조합의 조합원에게 그 적용이 있다고 할 것이다. 노동조합은 조합원의 근로조건의 유지·향상을 위한 조직이지만 상황에 따라서는 단체협약을 불리하게 변경하는 것도 가능하다고 할 것이기 때문이다.

협약자치의 원칙상 노동조합은 사용자와의 사이에 근로조건을 유리하게 변경하는 내용의 단체협약뿐만 아니라 근로조건을 불리하게 변경하는 내용의 단체협약을 체결할 수 있으므로, 근로조건을 불리하게 변경하는 내용의 단체협약이 현저히 합리성을 결하여 노동조합의 목적을 벗어난 것으로 볼 수 있는 경우와 같은 특별한 사정이 없는 한 그러한 노사간의 합의를 무효라고 볼 수는 없다. 노동조합으로서는 그러한 합의를 위하여 사전에 근로자들로부터 개별적인 동의나 수권을 받을 필요가 없으며, 단체협약이 현저히 합리성을 결하였는지의 여부는 단체협약의 내용과 그 체결경위, 당시 사용자측의 경영상태 등 여러 사정에 비추어 판단한다(대법원 99다67536).

그런데 상여금지급과 같이 이미 지급시기가 지났지만 회사의 사정으로 당해 상여금이 지급되지 않은 상황에서 노동조합이 이와 같이 이미 발생한 상여금을 포함하여 당해 연도의 상여금 전체를 포기하는 협정을 체결하는 불이익변경도 가능하다고 할 것인가?

구체적으로 그 지급청구권이 발생한 임금(상여금 포함)이나 퇴직금은 근로자의 사적 재산영역으로 옮겨져 근로자의 처분에 맡겨진 것이기 때문에 노동조합이 근로자들로부터 개별적인 동의나 수권을 받지 않는 이상, 사용자와의 사이의 단체협약만으로 이에 대한 포기나 지급유예와 같은 처분행위를할 수는 없다. 결국 이미 지급사유가 발생한 상여금의 경우에는 조합원들로부터 개별적인 동의나 수권을 받아야 한다.

4. 불이행과 형사책임

단체협약 가운데 앞에서 본 바와 같이 해고동의조항과 같은 규범적 부분에 위반하게 되면 무효가 되며, 노동조합사무실제공 내지 조합비 공제 등과 같은 채무적 부분에 대한 불이행은 채무불이행의 문제로서 그에 대한 손해배상책임의 문제가 발생하게 된다.

그런데 노조법 제92조 제2호는, 단체협약의 내용 중, 임금·복리후생비, 퇴직금에 관한 사항, 근로 및 휴게시간, 휴일, 휴가에 관한 사항, 징계 및 해고의 사유와 중요한 절차에 관한 사항, 안전보건 및 재해부조에 관한 사항, 시설·편의제공 및 근무시간중 회의참석에 관한 사항, 쟁의행위에 관한 사항 등에 위반하는 경우, 1천만원 이하의 벌금에 처하도록 하여, 일부 단체협약 조항 위반에 대하여는 형사처벌로써 그 이행의 실효성을 제고하고 있다.

사례 14 <해설> (단체협약)

(1) 단체협약에 조합원의 해고에 있어서 노동조합과 협의하여야 한다는 조항을 두고 있는 경우에 절차상의 협의의무 위반만으로 해고가 무효로 되지는 않는다. 다만 단체협약상의 해고 절차위반으로 노조법 제92조 제2호 위반으로 인한 형사처벌의 대상이 될 수 있다.

(2) 노동조합과 사용자가 이미 지급시기가 경과한 상여금과 장래 발생할 상여금에 대하여 지급하지 않기로 합의한 경우 이러한 합의는 단체협약의 불이익변경에 해당한다. 이 경우 이미 지급시기가 경과한 상여금은 개별 조합원의 사적 재산 영역으로 옮겨져 근로자의 처분에 맡겨진 것이기 때문에 노동조합이 근로자들로부터 개별적인 동의나 수권을 받지 않는 이상 당해 조합원은 사용자에게 이미 발생한 상여금을 청구할 수 있다. 다만 장래 발생할 상여금에 대하여는 청구권이 인정되지 않는다.

Ⅵ. 쟁의행위

사례 15 (쟁의행위)

　(1) 노동조합이 쟁의행위에 돌입하면서 사용자의 시설을 점거하였다. 이러한 점거행위로 인하여 사용자 내지 쟁의행위에 참가하지 않은 근로자들의 회사 출입이 사실상 불가능하게 된 경우 쟁의행위는 수단 측면에서 정당한가?

　(2) 위법한 쟁의행위 이후에 노동조합과 사용자가 노사화합을 위하여 위법한 쟁의행위 기간중에 발생한 손해배상 제지 징계 등의 민사책임에 대하여 묻지 않겠다고 합의하였다. 그 후 사용자가 위법한 쟁의행위를 기획하고 주도한 노동조합 간부에 대하여 징계를 할 수 있는가?

　'쟁의행위'라 함은 파업·태업·직장폐쇄 기타 노동관계 당사자가 그 주장을 관철할 목적으로 행하는 행위와 이에 대항하는 행위로서 업무의 정상적인 운영을 저해하는 행위를 말한다(제2조 제6호). 헌법 제33조 제1항에 의하면 쟁의행위를 포함한 단체행동권은 근로에게만 보장되는 것인데, 위 쟁의행위의 정의에 사용자가 행하는 직장폐쇄가 병렬적으로 기술되어 있는 것은 일견 이해하기 어렵다. 그러나 사용자의 직장폐쇄는 근로자의 쟁의행위에 대항하는 것이므로 그러한 의미에서 쟁의행위의 개념에 포함된 것으로 이해할 수는 있을 것이다.

　노조법은 쟁의행위를 제한하는 많은 규정을 두고 있는데 이를 보면, 작업시설의 손상이나 원료·제품의 변질 또는 부패를 방지하기 위한 작업은 쟁의행위 기간중에도 정상적으로 수행되어야 한다는 것(제38조 제2항), 노동조합의 쟁의행위는 그 조합원의 직접·비밀·무기명투표에 의한 조합원 과반수의 찬성으로 결정하지 아니하면 이를 행할 수 없고, 교섭대표노동조합이 결정된 경우에는 그 절차에 참여한 노동조합의 전체 조합원(해당 사업 또는 사업장 소속 조합원으로 한정함)의 직접·비밀·무기명투표에 의한 과반수의 찬성으로 결정하지 아니하면 쟁의행위를 할 수 없다는 것(제41조 제1항), 방위사업법에 의하여 지정된 주요방위산업체에 종사하는 근로자 중 전력, 용수 및 주로 방산물자를 생산하는 업무에 종사하는 자는 쟁의행위를 할 수 없다는 것(제41조 제2항),

필수유지업무의 정당한 유지·운영을 정지·폐지 또는 방해하는 행위는 쟁의행위로서 이를 행할 수 없다는 것(제42조의2 제2항), 쟁의행위 기간에 대한 임금의 지급을 요구하여 이를 관철할 목적으로 쟁의행위를 하여서는 아니 된다는 것(제4조 제2항), 노동쟁의 조정신청시의 조정기간중의 쟁의행위 금지(제45조 제2항, 제54조 제1항 및 제2항), 노동쟁의가 중재에 회부된 때에는 그 날부터 15일간은 쟁의행위를 할 수 없다는 것(제63조), 긴급조정의 결정이 공표된 때에는 즉시 쟁의행위를 중지하여야 하며, 공표일부터 30일이 경과하지 아니하면 쟁의행위를 재개할 수 없다는 것(제77조) 등이 있다.

또한 필수공익사업에서 필수유지업무를 유지하여야 하는데, 이는 종래 필수공익사업의 경우 직권중재에 의하여 쟁의행위를 사실상 금지하는 제도에 대신하여 도입된 것이다. 필수공익사업(철도사업, 도시철도사업 및 항공운수사업, 수도사업, 전기사업, 가스사업, 석유정제사업 및 석유공급사업, 병원사업 및 혈액공급사업, 한국은행사업, 통신사업. 제71조 제2항)에서, 노동관계 당사자가 쟁의행위기간 동안 필수유지업무의 정당한 유지·운영을 위하여 필수유지업무의 필요 최소한의 유지·운영 수준, 대상직무 및 필요인원 등을 정한 협정에 따라 그 업무를 유지하는 것을 말한다(제42조의3).

1. 정당성 요건

쟁의행위가 정당하기 위해서는, 첫째 그 주체가 단체교섭의 주체로 될 수 있는 자이어야 한다. 둘째 그 목적이 구조조정계획 철회 등과 같은 사용자의 경영사항이 아닌 근로조건의 향상을 위한 노사간의 자치적 교섭을 조성하는 데에 있어야 한다. 셋째 사용자가 근로자의 근로조건 개선에 관한 구체적인 요구에 대하여 단체교섭을 거부하였을 때 개시하되 특별한 사정이 없는 한 조합원의 찬반투표 내지 노동쟁의발생신고를 한 경우 조정기간중의 쟁의행위 금지 등과 같은 법령이 규정한 절차를 거쳐야 한다. 넷째 그 수단과 방법이 폭력적이거나 파괴적인 것이어서는 아니 된다(대법원 2007도5204).

특히 조합원의 직접·비밀·무기명투표에 의한 찬성결정이라는 절차를 거쳐야 한다는 규정은 노동조합의 자주적이고 민주적인 운영을 도모함과 아울러 쟁의행위에 참가한 근로자들이 사후에 그 쟁의행위의 정당성 유무와 관련하여 어떠한 불이익을 당하지 않도록 그 개시에 관한 조합의사의 결정에 보다 신중을 기하기 위하여 마련된 규정으로 해석된다. 따라서 이러한 절차를 위반한 쟁의행위는 그 절차를 따를 수 없는 객관적인 사정이 인정되지 아니하는 한 정당성이 상실된다(대법원 99도4837).

또한 직장점거는 사용자측의 점유를 완전히 배제하지 아니하고 그 조업도 방해하지 않는 부분적·병존적 점거일 경우에 한하여 정당성이 인정되는 것이고, 이를 넘어 사용자의 기업시설을 장기간에 걸쳐 전면적·배타적으로 점유하는 것은 사용자의 시설관리권능에 대한 침해로서 정당화될 수 없다(대법원 91도383)

2. 준법투쟁

노동조합이 쟁의행위를 함에 있어서 집단적으로 휴일근로 내지 시간외 근로의 제공을 거부한다든지 여객수송업무의 경우 안전운행을 하는 등 법을 준수하는 형태로 통상의 업무에 지장을 초래하는 경우 이를 쟁의행위로 볼 수 있는가 하는 것이다. 일본의 경우 쟁의행위가 금지된 사업 또는 사업장에서 주로 행하여진 노동조합의 전술이기도 하였다.

근로자들의 연차휴가 사용 및 근로제공 거부행위는 이른바 쟁의적 준법투쟁으로서 쟁의행위에 해당한다. 이러한 쟁의행위를 하기 위하여는 노조법상의 적법한 절차를 거쳐야 한다(대법원 96누587).

3. 직장폐쇄

노조법 제46조 제1항은, 사용자는 노동조합이 쟁의행위를 개시한 이후에만 직장폐쇄를 할 수 있다고 하고, 동조 제2항은 직장폐쇄를 할 경우에는 사용자에게 미리 행정관청 및 노동위원회에 각각 신고하도록 하고 있다. 그러나 위 신고 의무는 직장폐쇄를 하기 위한 유효요건으로 해석되는 것은 아니다.

　　그렇다고 한다면 사용자는 쟁의행위가 발생하면 즉시 직장폐쇄를 할 수 있는가? 노사간의 분쟁해결을 위한 노력, 성실한 교섭의무, 노사안정 등의 관점에서 볼 때에 노동조합이 쟁의행위를 개시하였다는 것만을 이유로 곧 직장폐쇄를 할 수 있다고 단정하기 어려운 면이 있다.

　　노동조합이 준법투쟁을 한 기간이 3일에 불과하여 이와 같은 단기간의 준법투쟁으로 인한 피고의 수입금 감소가 경영에 심각한 타격을 끼칠 정도에 이르렀다고는 단정할 수 없는 점 등에 비추어 보면, 노동조합과 임금협상을 시도하지 아니한 채 준법투쟁 3일 만에 전격적으로 단행한 직장폐쇄는, 근로자측의 쟁의행위에 의해 노사간에 힘의 균형이 깨지고 오히려 사용자측에 현저히 불리한 압력이 가해지는 상황에서 회사를 보호하기 위하여 수동적·방어적인 수단으로서 부득이하게 개시된 것이라고 보기 어려우므로, 직장폐쇄는 정당성이 인정되지 않는다(대법원 98다34331).

4. 위법한 쟁의행위와 손해배상

　　정당하지 않은 위법한 쟁의행위로 인한 손해배상액을 누구에게 청구할 것이며, 어떻게 손해액을 산정할 것인가 하는 문제는 간단하지 않다. 예컨대 손해는 상당인과관계에 따른 것이 될 것이나, 쟁의행위의 발생 원인에서 노동조합 또는 사용자의 과실 정도의 산정문제를 비롯하여, 생산차질로 인한 손해라고 하여도 재고가 많이 있었던 경우의 생산차질의 손해산정 등 곤란한 문제가 많다.

　　현실적으로는 위법한 쟁의행위에 대하여 사용자는 인과관계론상에서 과대한 손해배상을 청구하고 있고, 노동조합 간부의 개인 재산에 대한 압류, 노동조합비의 압류 등 많은 문제가 지적되고 있다.

　　불법쟁의행위에 대한 귀책사유가 있는 노동조합이나 불법쟁의행위를 기획·지시·지도하는 등 이를 주도한 노동조합 간부 개인이 그 배상책임을 지는 배상액의 범위는 불법쟁의행위와 상당인과관계에 있는 모든 손해이고, 그러한 노동조합 간부 개인의 손해배상책임과 노동조합 자체의 손해배상책임은 부진정 연대채무관계에 있는 것이므로 노동조합의 간부도 불법쟁의행위로 인하여 발생한 손해 전부를 배상할 책임이 있다. 다만, 사용자가 노동조합과의 성실교섭의무를 다하지 않거나 노동조합과의 기존합의를 파기하는 등 불법쟁의행위에 원인을 제공하였다고 볼 사정이 있는 경우 등에는 사용자의 과실을 손해배상액을 산정함에 있어 참작할 수 있을 것이며, 일반 조합원이 불법쟁의행위시 노동조합 등의 지시에 따라 단순히 노무를 정지한 것만으로는 노동조합 또는 조합 간부들과 함께 공동불법행위책임을 진다고 할 수는 없다(대법원 2005다30610).

5. 위법한 쟁의행위 후의 면책합의 효력

쟁의행위가 위법한 경우에는 쟁의행위로 인한 사용자의 생산차질 등에 의한 손해와 형사상 정당행위가 인정되지 않음으로써 업무방해죄 성립 등 민사 및 형사상의 책임이 발생한다. 또한 민사상 책임에는 위법한 쟁의행위를 기획하거나 주도한 노동조합 간부와 이에 참가한 조합원 등의 근로자들에 대한 징계 또는 해고 등의 문제도 포함된다.

그런데 노동조합과 사용자가 위법한 쟁의행위 이후에 합의에 의하여 민사상 또는 형사상책임을 묻지 않겠다고 한 경우에 그 효력을 어떻게 볼 것인가?

앞에서 본 해고동의조항과 같이 이 또한 규범적 효력을 갖는다고 할 수 있을까.

사례로는, ① '농성기간중 사건에 대하여 조합원들에 대한 일체의 책임을 묻지 않기로 한 단체협약의 취지는 위 농성기간중의 행위뿐만 아니라 농성과 일체성을 가지는 그 준비행위, 유발행위까지도 포함하여 이를 면책시키기로 한 것이라고 봄이 타당할 것이므로 피고로서는 농성과 일체성을 가지는 위 행위를 이유로 원고를 징계해고 할 수 없으며'라고 한 것(대법원 90다카21176), ② '조합간부 및 조합원의 징계를 최소화하며 해고자가 없도록 한다는 내용의 합의를 하였고 이는 적어도 해고의 면에서는 그 행위자를 면책하기로 한다는 합의로 풀이되므로'(대법원 2007두2067) 등이 있다.

그러나 회사와 노동조합 사이에 쟁의행위중에 발생한 구속 및 고소, 고발자에 대하여 '징계를 하지 않는다'는 문구 대신 '최대한 선처하겠다'고 합의한 경우, 이는 회사가 구속자에 대한 형사처벌이 감경되도록 노력하겠다는 취지로 해석되고 구속자들을 징계하지 않겠다는 내용의 합의로는 볼 수 없다(대법원 93다1503). 그런데 면책합의되었거나 징계시효가 지난 비위행위라 하더라도 그러한 비위행위가 있었던 점을 징계양정의 판단자료로 삼는 것까지 금하는 것은 아니라 할 것이므로, 위와 같은 근무내력도 해고처분의 정당성을 판단하는 자료로는 삼을 수 있다(대법원 94다52294).

사례 15 <해설> (쟁의행위)

(1) 노동조합이 쟁의행위에 돌입하면서 사용자의 시설을 점거하는 경우, 사용자의 기업시설을 사실상 이용할 수 없도록 전면적·배타적으로 점유하는 것은 사용자의 시설관리권능에 대한 침해로서 쟁의행위 수단 측면에서 정당하지 않다.

(2) 위법한 쟁의행위 이후에 노동조합과 사용자가 노사화합을 위하여 위법한 쟁의행위 기간중에 발생한 손해배상 제지 징계 등의 민사책임에 대하여 묻지 않기로 합의한 민사면책협정은 규범적 효력이 인정되며 이에 위반하는 경우 효력이 없다. 따라서 사용자가 민사면책협정에 위반하여 위법한 쟁의행위를 기획하고 주도한 노동조합 간부에 대하여 징계를 할 수는 없다.

VII. 부당노동행위

1. 부당노동행위의 유형

노조법 제81조는, 사용자의 부당노동행위 5가지 유형을 들고 있다. ① 근로자가 노동조합에 가입 또는 가입하려고 하였거나 노동조합을 조직하려고 하였거나 기타 노동조합의 업무를 위한 정당한 행위를 한 것을 이유로 그 근로자를 해고하거나 그 근로자에게 불이익을 주는 행위, ② 근로자가 어느 노동조합에 가입하지 아니할 것 또는 탈퇴할 것을 고용조건으로 하거나 특정한 노동조합의 조합원이 될 것을 고용조건으로 하는 행위. 다만, 노동조합이 당해 사업장에 종사하는 근로자의 3분의 2 이상을 대표하고 있을 때에는 근로자가 그 노동조합의 조합원이 될 것을 고용조건으로 하는 단체협약의 체결은 예외로 하며, 이 경우 사용자는 근로자가 그 노동조합에서 제명된 것 또는 그 노동조합을 탈퇴하여 새로 노동조합을 조직하거나 다른 노동조합에 가입한 것을 이유로 근로자에게 신분상 불이익한 행위를 할 수 없다. ③ 노동조합의 대표자 또는 노동조합으로부터 위임을 받은 자와의 단체협약체결 기타의 단체교섭을 정당한 이유없이 거부하거나 해태하는 행위, ④ 근로자가 노동조합을 조직 또는 운영하는 것을 지배하거나 이에 개입하는 행위와 노동조합의 전임자에게 급여를 지원하거나 노동조합의 운영비를 원조하는 행위. 다만, 근로자가 근로시간중에 제24조 제4항에 따른 활동을 하는 것을 사용자가 허용함은 무방하며, 또한 근로자의 후생자금 또는 경제상의 불행 기타 재액의 방지와 구제 등을 위한 기금의 기부와 최소한의 규모의 노동조합사무소의 제공은 예외로 한다. ⑤ 근로자가 정당한 단체행위에 참가한 것을 이유로 하거나 또는 노동위원회에 대하여 사용자가 이 조의 규정에 위반한 것을 신고하거나 그에 관한 증언을 하거나 기타 행정관청에 증거를 제출한 것을 이유로 그 근로자를 해고하거나 그 근로자에게 불이익을 주는 행위 등이다.

2. 부당노동행위의 구제

(1) 구제신청 절차

사용자의 부당노동행위로 인하여 그 권리를 침해당한 근로자 또는 노동조합은 노동위원회에 그 구제를 신청할 수 있고, 구제의 신청은 부당노동행위가 있은 날(계속하는 행위는 그 종료일)부터 3월 이내에 이를 행하여야 한다(제81조). 노동위원회는 조사 등의 절차를 거쳐(제83조) 부당노동행위가 성립한다고 판정한 때에는 사용자에게 구제명령을 발하여야 하며, 부당노동행위가 성립되지 아니한다고 판정한 때에는 그 구제신청을 기각하는 결정을 하여야 한다(제84조 제1항).

그리고 지방노동위원회의 구제명령 또는 기각결정에 불복이 있는 관계 당사자는 그 명령서 또는 결정서의 송달을 받은 날부터 10일 이내에 중앙노동위원회에 그 재심을 신청할 수 있고(제85조 제1항), 중앙노동위원회의 재심판정에 대하여 관계 당사자는 그 재심판정서의 송달을 받은 날부터 15일 이내에 행정소송법이 정하는 바에 의하여 소를 제기할 수 있다(제85조 제2항). 위 기간 내에 재심을 신청하지 아니하거나 행정소송을 제기하지 아니한 때에는 그 구제명령·기각결정 또는 재심판정은 확정된다(제85조 제3항).

(2) 부당노동행위 구제 내용

부당노동행위에 대한 구제내용으로는 먼저 원상회복의무를 들 수 있다. 즉 부당노동행위가 노동조합활동을 한 자의 전근명령인 경우 원래의 직장으로 복귀가, 해고의 경우에는 해고기간 동안의 일시된 소급임금지급(back pay)과 원직으로의 복귀를 말한다. 그러나 노동위원회의 구제명령에는 이러한 직접적인 원상회복뿐만 아니라 동시에 공고문 게재(post notice)를 병행하여 명할 수도 있다.

다른 한편 부당노동행위에 대하여는 위반한 자에 2년 이하의 징역 또는 2천만원 이하의 벌금에 처한다고 하여(제90조), 형사처벌 또한 가능하도록 하고 있다.

(3) 강제이행명령

중앙노동위원회의 재심판정에 대하여 관계 당사자가 그 재심판정서의 송달을 받은 날부터 15일 이내에 행정소송법이 정하는 바에 의하여 행정소송을 제기한 경우에, 관할법원은 중앙노동위원회의 신청에 의하여 결정으로써, 판결이 확정될 때까지 중앙노동위원회의 구제명령의 전부 또는 일부를 이행하도록 명할 수 있으며, 당사자의 신청에 의하여 또는 직권으로 그 결정을 취소할 수 있다(제85조 제5항). 부당노동행위에 대한 노동위원회의 구제명령의 실효성을 높이기 위한 간접강제의 방식이라고 할 수 있겠다.

9. 행정법

*집필: 홍준형. 서울대학교 행정대학원 교수
　　박원규. 군산대학교 법학과 교수

행정법

I. 행정법이란 무엇인가?

1. 행정법의 정의

일반적으로 행정법은 '행정에 관한 국내공법(國內公法)'이라고 정의된다. 이 정의는 행정법을 내용 면에서는 헌법·입법법·사법법(司法法)으로부터, 법체계 면에서는 사법(私法)과 국제공법으로부터 구별하기 위한 것이다. 이 정의에는 '행정에 관한 법'의 전부가 아니라 '행정에 고유한 법'만이 행정법이라는 뜻이 내포되어 있다.

2. 행정법의 개념과 특성

(1) 행정의 개념

행정의 개념은 맥락에 따라 다양하게 파악될 수 있다. 행정은 조직적 의미에서는 '국가나 지방자치단체 등의 행정조직'을, 실질적 의미로는 '행정작용, 즉 행정업무를 처리하기 위한 국가행정활동'을, 그리고 형식적 의미에서는 '행정관청이 행하는 모든 작용'을 뜻하는 개념이다. 반면 실질적 의미의 행정개념을 정의하는 데에는 논란의 여지가 있다. 여기에는 기본적으로 두 가지 방향이 있다. 첫째, 적극적 정의를 포기하고 '국가작용중에서 입법과 사법을 제외한 나머지'를 행정이라고 보는 입장이다. 이를 소극설 또는 공제설(控除說: Substraktionstheorie)라고 부른다. 둘째, 소극설처럼 '행정이 아닌 것'만을 이야기할 것이 아니라 행정관념의 적극적 해명을 시도하여 가령 '개

별적 사안에 있어 국가목적의 실현'(Peters), '법에 의거하여 법률의 범위내에
서 행해지는 사회형성'(Forsthoff), '기존의 정치적 결정을 계획적, 목적지향적
으로 집행하는 작용'(Thieme), '구속적 결정의 산출'(Luhmann), '역무의 수
행'(Ellwein) 등의 표식에 의해 행정개념을 정의하는 적극설이 있다. 양설은
각각 문제점이 있고 또 어느 입장에서도 행정 관념의 완전한 정의는 기대하
기 어렵다. 현대행정의 복잡다기한 속성을 감안할 때, 행정을 '정의'하기보다
는 행정의 특징적 속성을 파악하는데 주력할 필요가 있다. 포르스토프
(Forsthoff)는 '행정은 정의될 수 없고 다만 기술될 수 있을 뿐'(daß sie sich zwar
beschreiben, aber nicht definieren läßt)이라고 실토한 바 있다. 행정 관념의 주
요한 징표는 다음과 같다.

1) 행정은 사회적 형성작용이다. 행정의 대상은 사회적 공동생활이다.
2) 행정은 **공익**(öffentliche Interessen)의 실현을 지향한다.
3) 행정은 능동적·미래지향적인 형성작용이다. 이 점에서 본질상 수동적·과거지
   향적 반작용이자 법선언 작용인 사법과 구별된다.
4) 행정은 개별적 사안의 규율과 계획의 실현을 위한 구체적 조치를 취하는 작용이
   다. 이 점에서 행정은 입법과 구별된다. 행정은 계획행정(planende Verwaltung)
   을 포함한다. '처분법률'(Maßnahmegesetz)은 행정과 입법의 한계를 이룬다.

(2) '행정에 고유한' 법만 행정법

행정법은 모든 공법이 아니라 오로지 '행정에 고유한' 법, 즉 행정의 조
직, 행정절차, 행정작용에 관한 법만을 말한다.

(3) 행정법은 행정에 관한 공법이다

가. 공법과 사법의 구별

행정법에 대한 위 정의는 공법과 사법(私法)의 구별을 전제로 한
다. 다시 말해 행정법을 행정에 관한 공법에 한정시키려면 먼저 공법이 사
법으로부터 명확히 구별되어야 한다.

나. 구별이유

공·사법 구별의 필요성은 크게 다음 두 가지이다.

첫째, 무엇보다도 양자의 구별은 어떤 구체적 사안이 어떤 법규범, 어느 법영역에서 해결되어야 하는지를 판단하기 위하여 필요하다. 다시 말해서 구체적 사안에 적용할 법규나 법원칙을 결정하기 위해 공·사법의 구별이 필요하다. 우리 법체계가 대륙법적 전통에 바탕을 두어 공법관계인가 사법관계인가에 따라 적용법규와 법원칙을 달리하기 때문이다. 가령 조세 과오납의 경우 민법상 부당이득반환청구를 할 것인지 아니면 그와 다른 별도의 법원칙을 적용하여 반환을 구할 것인지는 조세납부관계의 성질에 따라 달리 판단되며, 결국 그 기초가 된 법규의 성질에 의존한다. 그 밖에도 공·사법의 구별은 행정강제 및 소멸시효 등의 적용과 관해서도 중요한 차이를 가져온다. 즉 행정상 의무위반에 대하여 행정청은 대집행·행정상 강제징수 등을 통해 당사자인 자신이 직접 그 의무이행을 확보할 수 있는데 비해, 사법관계에서의 의무위반에 대하여는 제3자인 법원의 재판을 통하지 않고 당사자가 직접 의무이행을 확보할 수는 없다. 소멸시효의 경우 국가·지방자치단체가 당사자인 공법상 금전채권의 소멸시효는 사법상 채권과는 달리 단기로 되어 있다.

둘째, 공·사법의 구별은 제도적으로 어떤 구체적인 분쟁이 공법 분쟁인지 또는 사법 분쟁인지 여부에 따라 이를 해결하기 위한 쟁송수단이 달라지기 때문에, 현행법상 쟁송절차를 결정하기 위하여 필요하다. 즉 절차법적 차원에서 분쟁해결을 위한 쟁송수단의 결정을 위하여 양자의 구별이 필요하다. 현행법상 행정소송에 대해서는 민사소송의 경우와 달리 여러 가지 면에서 특례가 인정되기 때문이다.

다. 공법·사법의 구별기준

(가) 주체설(구주체설: Subjektstheorie)

국가 또는 지방자치단체가 법관계의 당사자가 되는 경우를 규율하는 법이 공법이고 그 밖의 경우가 사법이라는 견해이다.

(나) 복종설(Subjektions- oder Subordinationstheorie)

당사자간의 법률관계가 상하관계이냐 대등관계이냐에 따라 공법과 사법을 구별한다. 급부행정영역같이 비권력적 행위형식이 늘어난 현실에 더 이상 맞지 않는다는 문제가 있다.

(다) 이익설(Interessentheorie)

법의 보호목적에 따라 공법과 사법을 구별하는 견해로서 많은 법규들이 공익과 아울러 사익을 보호하고 있는 점, 공익과 사익의 구별이 반드시 명확하지 않다는 점에서 비판된다.

(라) 귀속설(Zuordnungstheorie, 신주체설)

독일에서 볼프(Hans J. Wolff)에 의해 발전된 이론으로 권리의무의 귀속주체를 공권력보유자(Träger hoheitlicher Gewalt)에게만 한정하는 법규의 총체가 공법이고 만인에(für jeder- mann) 타당한 법규가 사법이라는 견해이다. 공법은 국가의 특별법(Sonderrecht)인 반면, 사법은 만인의 법이지만, 국가도 이 '만인'(jedermann)에 속할 수 있다고 함으로써 종래의 주체설의 단점을 보완한다. 형식적이기는 하지만 그 때문에 오히려 명료하고 구별기준으로 적절하다는 평을 받았으나, 이 견해 역시 아무런 내용적 기준을 제시해 주지 못한다는 점에서 비판을 받고 있다.

(마) 복수기준설

위 어느 견해도 완벽한 구별기준을 제공하지 못하므로 위에서 제시된 여러 기준, 예컨대 귀속설을 주로 하고 이익설을 보조기준으로 하여 공법과 사법을 구별한다든지 하여 복수의 기준을 적용하려는 견해이다. 각 견해에 대한 비판들을 받을 수밖에 없으나, 각 견해가 지닌 타당한 측면들을 모두 고려할 수 있다는 점에서 장점이 있다.

3. 통치행위

2004년 노무현 전 대통령의 이라크 파병이 단행되자 이에 대한 위헌소원이 제기되었고 '통치행위' 문제가 도마 위에 올랐다. 2004년 4월 29일 일반사병 이라크파병 위헌확인을 구하는 헌법소원심판에서 피청구인인 정부가 외국에의 국군의 파견결정과 같이 성격상 외교 및 국방에 관련된 고도의 정치적 결단이 요구되는 사안에 대한 국민 대의기관의 결정은 존중되어야 한다며 '통치행위'의 이론을 들고 나왔기 때문이다. 일반적으로 행정의 관념은 '통치행위'와 구별되는 것으로 이해되고 있다.

(1) 개 념

통치행위란 일반적으로 '고도의 정치적 성격을 지닌 국가최고기관의 행위', 또는 '고도의 정치성을 띠어 사법심사로부터 제외되는 국가행위'를 말한다. 통치행위의 개념은 두 가지 측면을 가진다. 첫째, 행위의 고도의 정치성(실체적 개념), 둘째, 사법심사의 배제(형식적·절차적 개념)이다. 물론 양자는 상호 밀접히 연관되어 있다. 즉 통치행위는 입법의 하위에 위치한 단순한 법집행행위가 아니라 고도의 정치성을 띤 고차원의 국가작용이므로 사법부에 의한 심사의 대상이 될 수 없다. 행정법학에서는 일반적으로 절차적 개념으로서 통치행위가 문제된다.

(2) 인정여부 및 근거

헌법상 법치주의의 전면적 관철, 사법심사의 개괄주의 등을 근거로 통치행위 관념 자체를 부정하는 견해도 있지만, 대다수 문헌은 통치행위의 관념을 인정하되 그 사법심사배제의 논거를 달리 한다. 가령 권력분립의 원리에 따른 사법내재적인 한계(권력분립설), 통치행위의 자유재량행위로서의 성격(재량행위설), 사법의 정치화를 막기 위한 정치문제(political question)에 대한 사법부자제에의 요청(사법자제설), 그리고 고도의 정치성을 지닌 최상위의 국가행위로서 통치행위의 독자적 성격(통치행위독자성설) 등이 있다.

(3) 통치행위의 내용

통치행위를 긍정하는 입장에 설 때 통치행위로 고려될 수 있는, 일반적으로 거론되는 통치행위의 유형들은 다음과 같다.

대통령

국가원수로서 행하는 외교행위

선전포고 및 전쟁수행행위

사면·영전의 수여

행정부의 수반으로서 행하는 국무총리등의 임명행위

법률안거부

국가중요정책의 국민투표 부의

긴급명령의 발포 등

국회

국무총리등 해임건의

국회의원 징계

국회조직 및 의사행위 등

그러나 이것은 통치행위의 공정 목록은 아니다. 또 이들 모두가 통치행위라는 이유에서 일괄적으로 사법심사로부터 배제된다고 볼 것인지도 여전히 논란의 여지가 있다.

(4) 통치행위의 한계

현대민주국가에서 통치행위의 관념은 점점 더 축소되거나 제한되고 있다. 통치행위 역시 헌법의 구속을 피할 수 없고, 특히 그 헌법적 수권규정에 의한 제약(특히 목적·요건·절차상의 제약)을 벗어날 수 없다. 이렇게 볼 때 특히 정치적 성질을 띤 법적 분쟁(politischer Rechtsstreit)은, 적어도 그것이 법적 해결가능성을 지니고 있는 한, 법적 통제를 받아야 한다는 결론에 이른다. 요컨대 법의 지배를 받지 않는 선 법치국가적 개념범주로서 통치행위란 존재하지 않는다.

대법원은 1972년 헌법 제53조에 의한 '대통령의 긴급조치는 헌법적 효력이 있는 고도의 통치행위이므로 사법적 심사의 대상이 되지 않는다'(대법원 78도813)고 판시했고, '대통령의 비상계엄선포행위는 고도의 군사적 성격을 띠므로 그 선포의 당·부당을 판단할 권한은 국회만이 갖고 있고 그 선포가 당연무효라면 몰라도 사법기관인 법원이 계엄선포요건의 구비여부나 선포의 당·부당을 심사하는 것은 사법권에 내재하는 본질적 한계를 넘어서는 것'(대법원 81도1833)이라고 판시하였다.

헌법재판소 역시 2004년 4월 29일 일반사병 이라크파병 위헌확인을 구하는 헌법소원심판에서 외국에의 국군의 파견결정과 같이 성격상 외교 및 국방에 관련된 고도의 정치적 결단이 요구되는 사안에 대한 국민의 대의기관의 결정은 존중되어야 하며 헌법재판소가 사법적 기준만으로 이를 심판하는 것은 자제되어야 한다고 판시하여, '대통령이 2003. 10. 18. 국군(일반사병)을 이라크에 파견하기로 한 결정'의 헌법 여부에 대한 판단을 회피하였다(헌법재판소 2003헌마814(일반사병 이라크파병 위헌확인)).

그러나 대법원은 남북정상회담 개최과정에서 북한측에 사업권의 대가 명목으로 송금한 행위가 사법심사의 대상이 되는지 여부가 문제된 사건에서 남북정상회담의 개최과정에서 재정경제부장관에게 신고하지 아니하거나 통일부장관의 협력사업 승인을 얻지 아니한 채 북한측에 사업권의 대가 명목으로 송금한 행위 자체는 헌법상 법치국가의 원리와 법 앞에 평등원칙 등에 비추어 볼 때 사법심사의 대상이 된다고 판시하였다(대법원 2003도7878(외국환거래법위반·남북교류협력에관한법률위반·특정경제범죄가중처벌등에관한법률위반(배임))).

Ⅱ. 법치행정의 원리

법치주의란 '사람의 지배', 즉 인치가 아닌 '법의 지배'를 말한다. 헌법재판소는 그와 같은 맥락에서 탄핵심판 결정문에서 법치주의 훼손이 대통령 탄핵사유임을 분명히 했다(헌법재판소 2016헌나1(대통령(박근혜) 탄핵)).

법치행정의 원리란 헌법 원칙인 법치주의의 행정법적 표현이다. 일반적으로 헌법에서 도출되는 행정법의 기본원리로 민주행정의 원리, 법치행정의 원리 그리고 복리행정의 원리가 있다.

1. 헌법과 행정법의 관계 : 구체화된 헌법으로서 행정법

행정과 행정법은, 프릿츠 베르너(Fritz Werner)의 유명한 공식 '구체화된 헌법으로서 행정법'(Verwaltungsrecht als konkretisiertes Verfassungsrecht)에서 드러나듯, 각 시대의 헌법의 제약을 받는다. 행정과 행정법은 다시 헌법에 영향을 미친다. 헌법의 변동이나 신헌법 제정이 행정에 영향을 미치는 것은 당연하다. 그러나 이 영향은 즉발적으로 나타나기보다는 헌법변동이 자체적으로 소화되고 뒤 이어 행정에 영향을 미치는 시간적 지체를 거쳐 발생하게 된다.

2. 법치행정의 원리

법치행정의 원리란, 문자 그대로 행정이 헌법과 법률을 포함하는 의미에서의 '법'에 의해 이루어져야 한다는 원리이다(Rechtsmäßigkeitsprinzip). 여기에는 그 목적으로서 기본권보장, 그 조직원리로서 권력분립의 원리가 전제되며, 그 절차적 보장으로 법원에 의한 권리구제제도, 특히 행정재판제도의 확립이 요구된다. 법치행정의 원리, 즉 법률에 의한 행정의 원리는 일반적으로 법률의 우위(Vorrang des Gesetzes)와 법률의 유보(Vorbehalt des Gesetzes)란 두 가지 요소로 이루어진다.

오늘날 법률에 의한 행정의 원리 역시 헌법상 실질적 법치주의가 행정법을 통해 직접 구체화된 결과로서 이해되고 있다. 다시 말해서 법률에 의한 행정의 원리는 형식적 법치주의로 표현되었던 자유주의적 법치국가원리를 넘어서 실질적 정의를 지향하는 실질적 법치행정의 원리를 의미한다.

(1) 법률의 우위

'법률의 우위'란 행정이 법률에 위반되는 행위를 해서는 아니 된다는 것을 말한다. 법률우위의 원칙은 모든 행정 분야에 대하여 무제한·무조건의 효력을 가진다. 그것은 먼저 합헌적 법률의 우위를 의미한다. 즉 법률 역시 최고법규인 헌법에 위반되어서는 안 된다는 규범논리가 여기에 전제되어 있다.

아울러 헌법이 직접 행정을 구속한다는 것이 또한 법률의 우위의 요구이다. 둘째, 법률의 우위는 모든 파생적 하위법원에 대한 형식적 법률의 우월성을 표현하며, 또한 이로써 행정이 법률을 적용해야 한다는 것(Anwendungsgebot), 법률을 회피하거나 위반해서도 안 된다는 것(Abweichungs- und Verstoßverbot)을 요구한다.

(2) 법률의 유보

'법률의 유보'란 행정이 법률에 의한 수권을 받은 때에만 행동할 수 있다는 원칙을 말한다. 이 원칙은 따라서 법률우위 보다 더 많은 것을 요구한다. 법률의 우위가 기존법률에 대한 위반을 금하는 데 비하여(소극적) 이것은 행정활동에 대한 법률상 근거를 요구한다(적극적). 따라서 특정법률의 부존재가 행정의 활동을 배제시키는 것은 법률의 우위가 법률의 유보에 의한 것이라는 점을 유념할 필요가 있다.

법률의 유보는 행정법 전 분야에 대해 적용되는 법률의 우위와는 달리 그 적용 또는 효력범위(Reichweite)에 있어 무제한적인 것은 아니다. 그 적용범위를 둘러싸고 학설이 대립한다.

가. 침해유보설

이것은 전통적인 견해로서 국민의 자유와 권리를 침해·제한하는 경우에만 법률의 수권이 요구된다고 보는 입장이다. 따라서 급부행정 분야나 특별권력관계 내부에서의 행위는 법률유보의 범위에서 제외된다. 오늘날 침해유보설은 더 이상 현실에 맞지 않는 이론이 되고 말았다. 의회제 민주주의의 발전, 급부행정의 비중확대 그리고 기본법에 의한 국가 전영역으로의 헌법의 침투로 법률유보의 확대가 요구되었기 때문이다.

나. 전부유보설

'모든 행정은 법률의 근거 하에서만 수행된다'고 규정하는 오스트리아 연방헌법 제18조 제1항 및 스위스의 학설과 연관하여 모든 행정활동에 법률의 근거를 요구하는 입장이다. 그러나 실제 이러한 극단적인 형태의 전부유보, 즉 철두철미 전면적인 행정의 법률에의 의존성을 주장하는 경우는 없다. 다만 민주주의의 요청이나(Jesch) 법치국가원칙에 입각하여 (Rupp), 직접 시민에게 향해진 행정작용 전부에 대하여 법률의 유보를 요구하는, 사회유보설과 관련되어 주장되었던 견해이다. 전부유보설에서는 군주권력의 몰락으로 일찍이 왕권에 대한 제한적 요소에 불과했던 의회가 국가 최고기관의 지위에 올랐다는 사실이 강조된다. 그러나 그러한 의회의 지위로부터 의회의 의사행위의 행정권에 대한 우월성이 도출될 수는 있을지 몰라도 전면적인 법률의 유보를 위한 근거는 나오지 않는다는 비판 (Ossenbühl)이 있다.

다. 사회(급부행정)유보설

사회적 유보설은 자유개념의 내용적 변질을 출발점으로 삼아 법률유보의 적용영역을 침해행정을 넘어서서 급부행정에 확대시킨다. 즉, 자유주의시대에 있어 자유란 법률에 의해서만 침투할 수 있는 개인의 고유영역을 말하는 것이었으나 오늘날에는 자유의 자율적 영역, 즉 자기에 의해 지배된 또는 지배 가능한 것으로 생각된 생활공간 대신에 개인의 국가에 대한 전면적인 사회적 의존성이 대체되었다는 것이다. 이제 자유 관념은 이전과 다른 목표를 지향하게 되었다. 즉, 자유는 '국가에 의한 침해의 부존재'(Abwesenheit staatlicher Eingriffe) 뿐만 아니라 또한 '국가적 급부에의 지분 또는 참여'(Teilhabe an der staatlichen Leistung)를 의미한다. 따라서 법률의 유보는 침해유보를 넘어서 급부행정 전 영역에 확대되어야 한다는 것이다. 시민에게 변화된 생존조건하에서 적극적 사회적 지위(status positivus socialis)를 확보해 주려는 노력은 정당하며 또한 사회국가원칙을 감안할 때 헌법적으로 요구되는 바이기도 하다. 그러나 법률의 유보를 확대한다고 그 목표가 효과적으로 달성될 수 있는 것은 아니라는 비판이 있다.

라. 본질성설

독일 연방헌법재판소가 사례별 접근방식(Kasuistik)에 의해 발전시킨 이론으로, 국내문헌에서는 대체로 본질성설 또는 중요사항유보설(Wesentlichkeitstheorie)

이라고 불리고 있다. 이에 따르면 모든 중요한 결정은 의회에 유보되어 있다(소위 의회유보: Parlamentsvorbehalt). 여기서 본질성의 기준은 간혹 일반적으로 추측되듯이 사물의 본질(Natur der Sache)이 아니라 하나의 규율이 일반공중이나 시민에게 얼마나 중요하고 기본적인가, 결정적인가에 있다. 즉 본질성이란 하나의 확정적인 개념이 아니라 오히려 일종의 '유동적 공식'(Gleitformel)이다. 예컨대 사안이 일반공중 및/또는 시민에게 중요할수록 입법자에 대한 요구는 더욱 더 높아지며, 규율의 밀도(Regelungsdichte)에 관해서도 개별시민의 기본권들이 결정적으로 침해되거나 위협받을수록, 그 일반공중에 대한 효과가 큰 비중을 가지면 가질수록 또한 하나의 문제복합체가 공중들간에 논란되면 될 수록, 법률의 규율 또한 더욱 정확하고 상세해 져야만 한다. 이 이론은 특히 기본권관련성이란 중요한 계기를 강조했다는 점에서 일단 그 현실적 타당성을 인정받을 수 있으나, 그 본질성의 구체적 윤곽을 명백히 해야 한다는 문제점을 안고 있다.

마. 결 론

우리 헌법 제37조 제2항은 '국민의 모든 권리와 자유는 국가안전보장·질서유지 또는 공공복리를 위하여 필요한 경우에 한하여 법률로써 제한할 수 있으며..'라고 규정하고 또 제1항에서는 '국민의 자유와 권리는 헌법에 열거되지 아니한 이유로 경시되지 않는다'고 규정하고 있다. 이 조항은 물론 법률유보의 적용범위에 관한 직접적인 규정이라고는 할 수 없다. 그러나 이 조항은 이 문제에 관해 중요한 규범적 기준을 시사해 준다. 즉, '국민의 모든 권리와 자유'에 대한 제한은, 그것이 행정작용에 의해 이루어지든 기본권을 제한하는 법률에 의해 직접 이루어지든, 위 조항에 따라 제정된 법률에 의하지 않으면 안 된다는 것이다. 따라서 이 조항은 기본권제한에 관한 법률유보를 규정한 동시에 법치주의의 내용으로서 법률의 유보에 대한 헌법적 하한선(Verfassungsminimum)을 그은 것이라고 볼 수 있다. 헌법상 사회적 기본권이나 환경권과 같은 권리들에 대한 제한 역시, 그 직접적 권리성이 인정된다면, 이러한 관계에서 법률 유보에 의한 보호를 받는다. 특히 이들 권리에 있어 법률유보의 성격이 권리제한적인 것이라기보다는 오히려 권리형성적인 것이라고 볼 때, 사회적 기본권의 국가적 보호 또는 구체화 역시 반드시 법률에 의해야 한다는 결론에 이르게 된다. 나아가 헌법 제75조는 독일기본법 제80조 제1항과 같이 구체적 위임, 즉 특정적 수권의 필요성을 규정하고 있다는 점에서 법률의 유보의 원칙을 표현한 것으로 볼 여지가 있다.

　　　법률유보의 효력범위에 관한 한 어떠한 특허처방(Patentrezept)도 존재하지 않는다(K. Stern). 이러한 견지에서, 첫째, 침해유보설이 아니라 침해유보가 논의의 출발점이 되어야 한다. 그것은 최소한의 법률의 유보영역이며, 여기에는 침해유보설이 오늘날 더 이상 타당성을 갖지 못한다는 인식이 전제되어 있다. 둘째, 급부행정에 관하여는 그 기본권관련성을 가장 우선적으로 고려하여야 한다. 독일 연방헌법재판소가 취한 사례별 개별화론은 나름대로 타당하다. 문제는 그 본질성의 기준을 어떻게 구체화시켜 나갈 것인가에 있다.

　　　이와 관련하여 국회의 결정 내지 관여를 배제한 채 공사로 하여금 텔레비전방송 수신료의 금액을 결정하도록 맡긴 한국방송공사법 제36조 제1항은 법률유보원칙(의회유보원칙)에 어긋나는 것이어서, 헌법 제37조 제2항과 법치주의원리 및 민주주의원리에 위반된다는 헌법재판소의 판례(헌법재판소98헌바70(한국방송공사법 제35조 등 위헌소원))와 '법률이 공법적 단체 등의 정관에 자치법적 사항을 위임한 경우에는 헌법 제75조가 정하는 포괄적인 위임입법의 금지는 원칙적으로 적용되지 않는다고 봄이 상당하고, 그렇다 하더라도 그 사항이 국민의 권리·의무에 관련되는 것일 경우에는 적어도 국민의 권리·의무에 관한 기본적이고 본질적인 사항은 국회가 정하여야 한다'고 한 대법원의 판례가 있다(대법원 2006두14476(주택재개발사업시행인가처분취소)).

Ⅲ. 행정법의 법원, 행정법의 일반원칙

행정법의 법원(法源)은 크게 성문법과 불문법으로 나뉜다. 국회에서 제정한 법률이 성문법원의 대표라면 조리 또는 법의 일반원칙(Allgemeine Rechtsgrundsätze)이 판례법과 함께 불문법원이 대표라 할 수 있다.

'조리'(條理)란 일종의 자연법적 법원리로 불문 법원(法源) 중 하나이다. 독일에서는 '사물의 본성'(Natur der Sache)이라는 용어를 쓴다. 조리는 행정법에서는 '행정법의 일반원칙'으로 불린다. 오늘날 행정법의 일반원칙이 법원으로 효력을 가진다는 것은 학설이나 판례상, 특히 행정법의 특징적 불완비성과 헌법의 행정 구속이란 측면에서 의문의 여지가 없다.

1. 행정법 일반원칙의 법적 성질

행정법 일반원칙의 법적 성질은 일률적으로 판단할 수 없다. 헌법 차원을 획득한 원칙들이 있는가 하면, 법률과 동위의, 또는 그 이하의 위계를 지닌 법원리들도 있을 수 있기 때문이다. 행정법의 일반원칙은 일종의 집합개념(Sammelbegriff)이다. 즉 그것은 통상 불문법원으로서 관습법이나 판례법(Richterrecht: 법관법)의 형태를 취할 수도 있고 경우에 따라 법률등 성문법 형태를 통해 표현될 수도 있다.

행정법의 일반원칙중 중요한 것으로는 평등의 원칙·행정의 자기구속의 원칙, 비례원칙, 신뢰보호의 원칙 등을 들 수 있다. 비례원칙은 무엇보다도 기본권제한에 관한 헌법 제37조 제2항을 통하여 구현되고 있고, 평등의 원칙 역시 헌법 제11조에서 명문으로 승인되고 있다. 신뢰보호의 원칙은 헌법으로부터 도출되는 법치국가원칙 외에도 국세기본법 제18조 제3항을 통해 또는 그 밖의 판례를 통해 구체화되고 있다. 반면 위법한 침익적 행정행위의 취소 자유의 원칙(Grundsatz der freien Rücknahme rechtswidriger, belastender Verwaltungsakte) 같이 관습법적 기초를 지닌 것도 있다.

행정법의 일반원칙을 생성시키는 가장 주된 원동력은 역시 판례법이라 할 수 있다. 이처럼 주로 판례법으로 구체화되어 온 행정법의 일반원칙은 대부분 헌법상 기본원리로부터 구체화된 것이거나 또는 사법상 법원리의 유추적용(Analogie)을 통하여 형성된 것이다.

2. 법의 일반원칙 : 평등원칙, 행정의 자기구속 원칙

(1) 개 념

헌법 차원으로 고양되어 있는 법원칙으로서 평등원칙이 행정작용에 대하여 적용되는 것은 자명한 결과이다. 평등원칙의 내용은 자의의 금지(Willkürverbot), 바꿔 말하면 불합리한 차별의 금지이다. 합리적 근거가 없는 (따라서 불합리한) 차별은 허용되지 않는다는 것이다. 평등원칙은 또한 행정규칙에 의하여 구체화됨으로써 예외적·부분적으로나마 행정규칙의 대외적 효력(법규적 효력)을 뒷받침해 주는 근거가 되기도 한다. 행정규칙은 상당기간 계속 적용됨으로써 하나의 균일한 행정실무 관행을 성립시키며 이에 따라 행정청은 특별한 실질적 근거 없이 유사한 사안들을 차별할 수 없게 되는 구속을 받는다 (행정의 자기구속: Selbstbindung der Verwaltung).

(2) 이단계심사

헌법재판소는 평등권 침해 여부를 이단계, 즉, 자의금지원칙에 의한 심사와 비례의 원칙에 의한 심사로 해 왔다.

자의심사의 경우에는 차별을 정당화하는 합리적 이유가 있는지만 심사하기 때문에 그에 해당하는 비교대상간 사실상 차이나 입법목적(차별목적)의 발견·확인에 그친다.

비례심사의 경우에는 단순히 합리적인 이유의 존부가 아니라 차별을 정당화하는 이유와 차별간 상관관계에 대한 심사, 즉 비교대상간 사실상 차이의 성질과 비중 또는 입법목적(차별목적)의 비중과 차별의 정도에 적정한 균형관계가 이루어져 있는지를 심사하게 된다.

헌법재판소는 1999. 12. 23. 선고 98헌마363결정에서 평등위반심사를 함에 있어 '법익의 균형성' 심사에까지 이르는 본격적인 비례심사를 한 바 있고, 이후에도 이러한 판례를 재확인해 오고 있다(헌법재판소 2000헌마25. 국가 유공자등예우및지원에관한법률 제34조 제1항 위헌확인; 01헌마132(여객자동차운수사업법제 73조의2 등 위헌확인)).

엄격한 심사척도에 의할 것인지, 완화된 심사척도에 의할 것인지는 입법자에게 인정되는 입법형성권의 정도에 따라 다르지만, 헌법에서 특별히 평등을 요구하고 있는 경우와 차별적 취급으로 인하여 관련 기본권에 대한 중대한 제한을 초래하게 될 경우에는 입법형성권은 축소되어 보다 엄격한 심사척도가 적용되어야 한다는 것이 헌법재판소의 판례이다(헌법재판소98헌마 363(제대군인지원에관한법률 제8조 제1항 등 위헌확인)).

3. 비례의 원칙

(1) 개 념

비례의 원칙(Verhältnismäßigkeitsprinzip)이란, 좁은 의미로는 공익상 필요와 권익의 침해 사이에 적정한 비례관계(Angemessenheit)가 유지되어야 한다는 원칙(Verhältnismäßigkeits- grundsatz im engeren Sinne)을 말한다. 넓은 의미로는 행정청에 의하여 사용된 수단이 위험방지와 같은 행정목적의 달성에 적합한 것이어야 한다는 적합성(Geeignetheit)의 원칙, 적합한 복수의 조치들중에서 상대방 개인과 일반공중에 대하여 최소한의 침해를 가져오는 조치를 취해야 한다는 필요성(Erforderlichkeit)의 원칙 또는 최소침해의 원칙(Grundsatz des geringsten Eingriffen), 그리고 그 조치들이 의도된 목표달성에 비추어 명백히 비례되지 않는 침해를 초래해서는 안 된다는 협의의 비례원칙을 포함한다.

최소침해의 원칙과 협의의 비례의 원칙은 개인의 권리를 침해함에 있어 사용된 수단이 그 조치의 목적이 정당화하는 강도와 범위를 초과해서는 아니 된다는 과잉금지(Übermaßverbot)의 원칙이란 상위개념으로 통합된다 (Lerche).

적합성의 원칙, 필요성의 원칙 및 협의의 비례원칙은 일정한 순서에 따라 적용된다. 이 순서는, 가령 위험방지의 임무를 수행하여야 할 행정청에게 부과된 법적 한계가 단계적으로 점점 좁혀지는 과정을 표현해 주는 것으로, 가령 ① 먼저 적합한 여러 수단들을 검토한 후, ② 이들중에서 최소침해를 가져오는 수단들을 선정하고, ③ 다시 남아있는 허용되는 수단중 추구된 목적에 비추어 명백히 비례되지 않는 침해를 초래하는 조치들을 배제하는 과정이 그것이다.

(2) 법적 근거

비례원칙은 원래 경찰 및 질서행정법에서 생성·발전되었다. 경찰관직무집행법 제1조 제2항은 '이 법에 규정된 경찰관의 직권은 그 직무수행에 필요한 최소한도내에서 행사되어야 하며 이를 남용하여서는 아니 된다'고 규정하는데 이는 법률이 경찰권행사의 한계요인으로서 비례원칙을 명문화한 예인 동시에 간접적으로는 비례원칙의 경찰법적 배경을 보여주는 일례이기도 하다. 그러나 비례원칙은 비단 이러한 경찰·질서행정법상 관계규정의 유무에 구애됨이 없이 기본권제한을 통하여 표현되고 있는 헌법상 법치국가원칙(헌법 제37조 제2항)에 법적 근거를 둔 헌법의 기본원리이자 행정법의 일반원칙이다.

(3) 적용분야

비례원칙은 경찰 및 질서행정법에서 생성·발전된 것이지만 오늘날 비단 이 분야에 머무르지 않고 행정행위의 부관의 한계, 행정행위의 취소 및 철회권의 제한사유, 행정강제처분의 경우 강제수단의 선택과 실현과정에 대한 제한, 특히 경찰권행사의 한계 등의 영역에서 구체화되어 적용되고 있고, 급부행정에서도 과잉급부금지의 원칙의 모습으로 구현되고 있다.

(4) 효 력

비례원칙 역시 행정법의 법원으로서 헌법적 수준으로 고양된 법원칙인 이상, 그 위반은 당연히 위법사유를 구성한다.

4. 신뢰보호의 원칙

(1) 개 념

신뢰보호의 원칙(Vertrauensschutzprinzip)이란 행정기관이 한 언동의 정당성 또는 존속성에 대한 개인의 신뢰가 보호되어야 한다는 원칙으로서 신의칙 내지 금반언(禁反言: estoppel)의 법리로부터 도출되는 법치국가의 요청이다. 가령 과세관청의 명시적 또는 묵시적 언동에 의하여 납세자가 조세를 부과 받지 않으리라고 신뢰하기에 충분한 객관적 여건이 존재하였고 그가 실제로 이를 자신의 귀책사유 없이 신뢰하였음에도 불구하고, 과세관청이 그와 같은 납세자의 (보호가치 있는) 신뢰에 배반하는 조치를 취함으로써 그의 권익을 침해한 경우, 그러한 조치는 형식적으로는 합법적일지라도 실질적으로는 법의 근저를 이루는 정의의 이념에 부합되지 않는다고 본다. 이 경우 형식적 합법성의 원칙을 희생하여서라도 납세자의 신뢰를 보호하는 것이 실질적 법치주의 내지 법치국가원칙에 부합한다. 신뢰보호의 원칙은 정의의 이념이 법치국가원칙을 통하여 실질화·구체화된 것이다.

〈참고〉 위 사례는 관세법령에 의한 보세품운송면허를 받아 1973년 11월부터 약 4년간 보세품운송을 해 온 원고 주식회사에 대하여 피고 용산구청장이 수출확대라는 공익상 필요에서 그동안 면허세를 부과하지 않다가, 1978년말 처음으로 위 면허세합계액을 일시에 부과하자, 이에 불복하여 면허세부과처분의 취소를 구하는 행정소송을 제기한 사건이다.

(2) 법적 근거

가. 신뢰보호원칙의 헌법적 근거

신뢰보호의 원칙의 법적 근거에 관해서는 몇 가지 학설이 있다. 사법원리일 뿐만 아니라 공법에도 일반적으로 적용되는 법의 일반원칙인 신의성실의 원칙에서 찾는 입장(신의칙설), 국가작용에 의하여 창설된 법적 관계의 존속·안정에 대한 법치국가적 요청, 즉 법적 안정성의 요청에서 도출하려는 견해(법적 안정성설), 그 밖에 사회국가원칙(Sozialstaatsprinzip), 그리고 기본권에서 근거를 찾으려는 견해 등이 주장된다. 이 중 법치국가원칙에 내포된 법적 안정성에 대한 요청에서 신뢰보호원칙의 헌법적 근거를 찾으려는 견해가 다수설이다.

대법원은 법령의 존속에 대한 신뢰 보호 문제가 다투어진 사건에서 '신뢰를 적절하게 보호함으로써 법적 안정성을 도모하는 것은 법치주의가 요청하는 바'라고 판시한 바 있다(대법원 2003두12899(변리사법시행령 부칙 무효확인)).

나. 신뢰보호원칙의 실정법적 표현

신뢰보호의 원칙은 1996년말일 행정절차법 제정으로 마침내 일반적인 입법적 근거를 확보하였다. 행정절차법은 제4조에 신의성실의 원칙과 함께 신뢰보호의 원칙을 명문화하고 있다.

행정절차법은 제4조(신의성실 및 신뢰보호)에서 다음과 같이 규정하고 있다:

1) 행정청은 직무를 수행할 때 신의(信義)에 따라 성실히 하여야 한다.

2) 행정청은 법령등의 해석 또는 행정청의 관행이 일반적으로 국민들에게 받아들여졌을 때에는 공익 또는 제3자의 정당한 이익을 현저히 해칠 우려가 있는 경우를 제외하고는 새로운 해석 또는 관행에 따라 소급하여 불리하게 처리하여서는 아니 된다.

(3) 신뢰보호의 요건

구체적으로 어떤 경우, 즉 어떤 요건 하에 신뢰보호가 인정될 수 있는지에 관한 일반규정은 없다. 다만 행정절차법 제4조와 기존의 학설 및 판례에 비추어 볼 때, 신뢰보호의 원칙의 적용요건으로 적어도 다음과 같은 다섯 가지를 추려낼 수 있다.

그것은 첫째, 신뢰의 원인·대상이 되는 행정기관의 선행조치가 있었을 것, 둘째, 관계인이 선행조치의 적법성이나 존속을 신뢰했을 것, 셋째, 관계인의 신뢰는 보호가치 있는 것일 것, 넷째, 관계인이 신뢰에 기해 일정한 '처분'(Disposition)을 했을 것, 다섯째, 선행조치에 반하는 행정청의 처분이 있을 것이 그것입니다. 판례 역시 이 같은 요건을 대체로 시인하고 있다(대법원 96누10096(택지개발예정지구지정처분취소등). 同旨 대법원 93누5741 ; 91누10091 등 참조).

(4) 위반의 효과

신뢰보호의 원칙은 행정법의 일반원칙으로서 효력을 가지므로 그 위반은 당연히 위법사유가 된다. 행정처분이 신뢰보호의 원칙에 반하여 행해지는 경우에는 원칙적으로 취소사유가 되겠지만, 경우에 따라 무효사유가 될 수도 있다.

5. 그 밖의 행정법의 일반원칙

그 밖의 행정법의 일반원칙으로는 신의성실(Treu und Glauben)의 원칙, 부당결부금지(Koppelungsverbot)의 원칙, 수인기대가능성(Zumutbarkeit)의 원칙 등이 있다.

(1) 신의성실의 원칙

신의성실의 원칙 또는 신의칙이란 모든 사람이 사회공동생활의 일원으로서 상대방의 신뢰에 반하지 않도록 성실하게 행동할 것을 요구하는 법원칙이다. 행정절차법 제4조는 신뢰보호의 원칙과 함께 신의성실의 원칙을 명시적으로 천명하고 있다. 이에 따르면, 행정청은 직무를 수행함에 있어서 신의에 따라 성실히 하여야 한다(제1항). 아울러 국세기본법 제15조는 '납세자가 그 의무를 이행할 때에는 신의에 따라 성실하게 하여야 한다. 세무공무원이 직무를 수행할 때에도 또한 같다'고 규정하고 있다.

(2) 부당결부금지의 원칙

부당결부금지의 원칙이란 행정작용을 하면서 상대방에게 그와 실질적인 관련이 없는 의무를 부과하거나 그 이행을 강제하여서는 아니 된다는 원칙을 말한다. 일반적으로 행정작용에 어떤 반대급부를 결부시키려면 원인과 목적 양면에서 관련성이 있어야 된다. 행정행위의 발급여부를 이를 규율하는 관계법의 목적을 넘어서는 내용을 지닌 상대방의 반대급부에 결부시켜서는 안 된다. 가령 개인이 허가등과 같은 행정행위를 출원한 경우 행위의 공법적 목적을 넘어서는 내용의 경제적 반대급부를 조건으로 허가를 내주어서는 안 된다는 것이다. 또 공법상 계약에서도 행정주체의 급부에 실질적 관련이 없는 반대급부를 결부시키는 것은 부당결부로 허용될 수 없다. 법치국가원칙과 자의 금지에서 유출되는 원칙으로서 헌법적 지위를 가진다.

(3) 수인기대가능성의 원칙

수인기대가능성(Zumutbarkeit) 원칙은 공행정작용이나 입법은 그 결과를 사인이 수인하리라고 기대 가능할 때에만 정당화된다는 원칙이다. 가령 납세자의 담세능력을 초과하는 세법규정, 과도한 개인의 희생을 강요하는 직무명령의 합헌·합법성을 부정하는 법리이다. 그 근거는 기본권, 비례원칙 등 다양하지만 헌법적 지위를 갖는 행정법의 일반원칙의 하나로 볼 수 있다.

Ⅳ. 공 권 론

행정법관계도 법률관계, 즉 권리의무관계이므로 공권과 공의무를 기본 요소로 한다. 공권은 주체가 누구냐에 따라 국가적 공권과 개인적 공권으로 나뉘는데, 여기서 주로 문제되는 것은 개인적 공권으로서 공권이다.

1. 공권의 개념과 반사적 이익

공권(subjektive öffentliche Rechte)이란 '자기의 이익을 위하여 국가 등 행정주체에게 작위·불작위·수인·급부 등을 요구할 수 있도록 개인에게 주어진 법적 힘'을 말한다. 공권은 개인뿐만 아니라 국가나 기타 단체의 공권으로도 나타날 수 있으므로 반드시 개인적 공권만을 의미하지는 않는다. 공권은 법률상 이익으로서 반사적 이익 또는 사실상 이익과 달리 항고소송의 원고적격을 판단하는 요건이 된다.

2. 공권의 성립요건: 보호규범설(Schutznormtheorie)

공권의 성립요건은 첫째, 공법상 법규가 국가 또는 그 밖의 행정주체, 즉 구체적으로는 행정청에게 일정한 의무를 부과하는 강행법규일 것, 둘째, 이 강행법규는 공익뿐만 아니라 적어도 사익을 아울러 보호하는 것일 것 두 가지이다. 공권은 단순법률 뿐만 아니라 헌법, 행정행위, 공법상 계약, 심지어는 관습법에 의해서도 성립될 수 있다.

3. 행정에 대한 사인의 지위 강화

행정에 대한 의존성이 증대될수록 행정에 대한 사인의 지위 또한 더욱 강화될 수밖에 없다. 국민의 행정 참여 확대와 개인의 법주체화 및 법적 지위 강화는 오늘날 거스를 수 없는 대세이다. 사인이 행정에 법적 영향력을 행사할 수 있는 가능성을 확보하고 행정절차, 정보공개, 주민투표, 주민소송 등과 같은 법제도적 수단을 통해 행정과정에 참가하고 영향력을 행사할 수 있게 되기 때문이다. 공법관계에서 사인의 법적 주체성을 확립시켜 준 계기는 공권 법리의 발전, 특히 공권 개념의 성립과 확대, 개인의 지위를 행정실체법적 차원에서 강화시키는데 기여한 무하자재량행사청구권과 행정개입청구권 등 강화된 공권의 등장이다.

(1) 원고적격의 확대

공권은 특히 행정소송법에 반영되어 원고적격의 법리를 통해 확대되기 시작하였다. 공권 또는 법률에 의해 보호되는 이익의 범위, 특히 원고적격이 확대되어 온 것이다. 행정심판법(제9조)과 행정소송법(제12조, 제35조, 제36조)은 청구인적격 또는 원고적격이 인정되는 범위를 '법률상 이익이 있는 자'로 규정함으로써, 소송법적 차원에서 이러한 공권의 확대를 제도화하고 있다.

(2) 무하자재량행사청구권

가. 개념과 의의

법을 적용·집행하는 행정청에게 재량이 인정되는 경우에도 행정청은 하자 없는 재량행사에 대한 법적 의무를 진다. 행정청은 재량행사에 있어 그 한계를 넘거나 법이 재량권을 부여한 목적에 위배되는 행위(남용)를 해서는 안 된다. 행정소송법 제27조는 '행정청의 재량에 속하는 처분이라도 재량권의 한계를 넘거나 그 남용이 있는 때에는 법원은 이를 취소할 수 있다'고 규정한다. 만일 어떤 법규정이 행정청에게 재량권을 부여한 경우, 행정청은 재량의 범위 내에서 선택의 자유를 갖지만 동시에 하자 없는 재량행사의 법적 의무를 진다. 이에 상응하여 행정청의 하자 없는 재량행사를 요구할 개인의 권리가 성립할 수 있다. 공권의 성립요건과 관련시켜 볼 때, 관건은 재량을 수권하는 그 규정이 개인의 이익도 아울러 보호하려는 것인지가 관건이 된다. 이 점이 긍정된다면 개인은 행정청에 하자 없는 재량행사를 요구할 권리를 가진다. 이것이 무하자재량행사청구권(Anspruch auf fehlerfreie Ermessensausübung)의 법리이다.

무하자재량행사청구권은 국내의 학설에서도 일반적으로 인정되고 있다. 대법원도 검사임용과 관련하여 적어도 재량권의 한계일탈이나 남용이 없는 위법하지 않은 응답을 할 의무가 임용권자에게 있고 이에 대응하여 임용신청자로서도 재량권의 한계일탈이나 남용이 없는 적법한 응답을 요구할 권리가 있다고 판시하여 이를 인정하는 태도를 드러낸 바 있다(대법원 90누5825).

무하자재량행사청구권에 관해서는 다음 두 가지 점을 분명히 해 둘 필요가 있다:

① 일반적인 무하자재량행사청구권은 존재하지 않으며 또한 일괄적인(schematische) 재량권수축 역시 인정되지 않는다. 문제는 오로지 특정한 관계법규정의 해석과 사실판단에 의해 해결될 수 있을 뿐이다.

② 무하자재량행사청구권은 재량권수축의 경우, 다시 말해 사안의 성질상 일정한 결정 이외의 여하한 결정도 하자있는 것으로 판단될 수 있을 경우 특정한 내용의 처분을 요구할 청구권, 즉 행정개입청구권으로 전환될 수 있다. 이를 확인시켜 준 것이 1960년 독일연방행정법원이 내린 '띠톱판결'(Bandsäge-Urteil, BVerwGE 11, 95)이다.

나. 쟁송수단

현행법상 무하자재량행사청구권을 관철시키기 위한 행정쟁송수단으로는 취소소송, 의무이행심판, 부작위위법확인소송이 있다.

(가) 취소소송

무하자재량행사청구권을 행사했으나 행정청이 이를 거부한 경우 그 상대방이 이 거부처분에 대한 취소소송을 제기할 수 있다. 취소소송을 인용하는 취소판결이 확정되면 피고 행정청은, 원칙적으로 판결의 취지에 따라 위법사유가 된 재량하자를 시정하여 다시 처분을 하여야 한다(행정소송법 제30조 제2항·제3항). 이 경우 행정청은 여전히 재량권을 지니므로, 그 위법사유가 된 재량하자를 반복하지 않는 한, 재차 동일한 내용의 처분을 할 수도 있다. 반면 재량권이 영으로 수축되는 경우, 다시 말해서 상대방이 신청하였던 특정한 처분 이외의 어떠한 처분도 적법한 재량행사라고 인정될 수 없는 경우에는 당해 처분을 하지 않은 것이 위법사유가 되므로, 행정청은 바로 상대방이 신청한 바와 같은 처분을 하여야 한다.

(나) 의무이행심판

신청이 거부되거나 부작위에 의하여 방치되고 있을 때 제기되는 의무이행심판이 무하자재량행사청구권에 기한 것일 경우, 그 심판청구가 인용되면 재결청은 신청에 따른 처분을 하거나 처분청에게 이를 할 것을 명하여야 한다(행정심판법 제32조 제5항).

(다) 부작위위법확인소송

무하자재량행사청구권은 행정청의 하자 없는 재량행사의무를 전제로 하는 것이므로, 상대방의 신청을 부작위로 방치하는 것은 위법한 것이 되며, 이 경우 부작위위법확인소송을 제기, 그 부작위가 위법임을 확인받을 수 있다. 확정판결로 부작위의 위법이 확인되면, 행정청은 판결의 취지에 따라 상대방의 신청에 대하여 처분을 하여야 한다(행정소송법 제38조 제2항, 제30조). 그러나 부작위위법확인소송은, 판례와 다수설에 따를 때, 단순히 부작위, 즉 무응답상태의 위법성을 확인함에 그칠 뿐 적극적으로 특정한 처분의무를 확인하는 것은 아니다.

(3) 행정개입청구권

행정개입청구권(Anspruch auf Einschreiten)은 무하자재량행사청구권의 법리를 기초로 하여 독일연방행정법원의 판례를 통해 확립된 권리로서 행정청의 개입, 즉 처분등에 의한 공권력 발동을 요구할 수 있는 권리를 말한다. 건축경찰법 분야에서 무하자재량행사청구권과 재량권수축의 법리가 적용되어 인정된 개인의 공권이다.

1) 행정개입청구권은 무하자재량행사청구권의 한 적용례라는 점에서 기본적으로 성질상 공통점이 있다. 즉, 일반적 행정개입청구권은 존재하지 않는다.

2) 행정개입청구권은 재량권이 부여된 경우에 발생하는 문제지만, 기속행위에 대한 행정개입청구권을 인정하는 견해도 있다.

3) 행정개입청구권은 실체법적 이행청구권의 문제이다.

V. 특별권력관계

1. 특별권력관계론

(1) 특별권력관계의 개념과 유래

학교, 교정시설 기타 공공시설에의 이용·수용관계, 공무원관계, 병역관계 등 일정한 행정분야에서 공법상의 특별원인에 의해 성립하는 국가와 시민간의 특수한 권력관계를 말한다. 종래 특별권력관계에 속하는 특수한 관계들은 기본권, 법률의 유보 및 사법심사로부터 제외된다고 보았으나, 법치행정의 원칙이 보편화되면서 특별권력관계의 해체가 거론되기도 한다.

(2) 특별권력관계 인정여부에 대한 학설

가. 부정설

(가) 전면적·형식적 부정설

민주주의·법치주의가 지배하고 기본권보장에 입각한 현대적 헌법체제하에 있어서 공권력의 발동은 반드시 법률의 근거를 요하는 것이므로 헌법·법률의 근거가 없는 한 특별권력관계라는 개념을 인정할 수 없다고 하는 견해이다.

(나) 개별적·실질적 부정설

종래 일괄적으로 특별권력관계로 파악되었던 관계들을 개별적으로 그 실질에 따라 판단하려는 견해로 예컨대 공무원 근무관계, 국공립학교 재학관계, 국공립병원 이용관계와 같은 것들은 권력관계가 아니라 계약관계이며, 따라서 법치주의가 전면적으로 적용된다고 한다.

(다) 기능적 재구성설(특수기능적 법률관계론)

특별권력관계를 부정하는 입장에 서면서도 종래 특별권력관계로 파악되어 왔던 제관계들의 부분사회로서의 특수성을 인정하고 그에 따른 고유한 법이론을 재구성해내려는 입장이다.

나. 특별권력관계의 수정이론 또는 제한적 긍정설

특별권력관계이론을 변화된 헌법상황에 맞게 수정하려는 견해이다. 일반권력관계와 특별권력관계의 본질적 차이를 부정하면서도 후자의 경우 특수한 행정목적 달성을 위해 법치주의 완화 여지를 인정하는 입장이다. 이를테면 군복무관계에 있어 개괄조항에 의한 포괄적 규율권을 인정하는 입법적 결정이 가능하다고 본다. 울레(C.H. Ule)는 기본관계(Grundverhältnis)와 업무수행관계(Betriebsverhältnis)를 구별하여 전자는 특별권력관계의 발생·변경·종료 등과 같은 개인의 법적 주체로서의 지위에 영향을 미치는 법관계로서 법치주의와 사법심사가 일반권력관계와 다름없이 적용되어야 하는데 반하여, 후자에 관한 행위는 독립된 법적 주체로서 개인의 지위에 영향을 미치지 아니 하므로 사법심사의 대상에서 제외된다고 한다.

다. 결 론

결론적으로 오늘날 특별권력관계론은 그 전통적 원형이나 수정된 형태 어느 경우에도 더 이상 타당하지 않다. 물론 그렇다고 해서 특별권력관계의 예로 통용되는 관계들 중 일부가 일반적인 행정법관계와 구별되는 특수성을 지니고 있고 또 특수한 법적 규율을 필요로 한다는 점을 부인하는 것은 아니다. 그러나 그러한 규율은 법치행정의 원리에 따라 법률에 의하여 또는 법률의 수권에 기하여 행해져야 하며 또한 헌법의 기본권규정에도 합치되어야 한다.

2. 특별권력관계의 성립, 종류, 내용

(1) 특별권력관계의 성립

특별권력관계는 모든 국민 또는 주민과의 관계에서 당연히 성립하는 일반 행정법관계와는 달리, 공법상 특별한 법률원인이 있는 경우에만 성립한다. 직접 법률의 규정에 의하는 경우와 상대방의 동의에 의하는 경우로 나뉜다.

가. 법률의 규정(강제가입)

직접 법률의 규정에 의하여 특별권력관계를 성립시키는 원인의 예로는 수형자의 교도소 수용(형의 집행 및 수용자의 처우에 관한 법률 제1조, 제11조), 제1군전염병환자등의 강제입원(전염병예방법 제29조) 등을 들 수 있다.

나. 상대방의 동의

특별권력관계는 당사자의 합의, 즉 상대방의 동의에 의해서도 성립될 수 있다. 이 때 상대방의 동의는 법률이 동의의무를 부과하는 결과 행해지는 동의(의무적 동의)와 임의적 동의로 나뉜다. 가령 학령아동의 취학과 같은 경우는 의무적 동의의 예이며, 공무원관계, 국공립학교 입학, 도서관 이용 등은 임의적 동의가 행해지는 경우이다.

(2) 특별권력관계의 종류

일반적으로 공법상 근무관계·공법상 영조물이용관계·공법상 특별감독관계·공법상 사단관계로 구분되어 왔으나 오늘날 이들 관계의 법적 성질은 전술한 특별권력관계이론의 동요로 인허여 다양한 각도에서 논란되고 있다.

가. 공법상 근무관계

공무원법에 따른 공무원근무관계, 병역법에 따른 군복무관계 등이 대표적인 예이다.

나. 공법상 영조물이용관계

국공립대학 재학관계, 국공립병원 입원관계, 교도소 재소관계 등이 대표적이다.

다. 공법상 특별감독관계

공공단체, 공공조합, 국가사무를 위임받은 행정사무수임자 등에 대한 국가 또는 지방자치단체의 감독관계를 말한다. 종래 국가로부터 특허나 보호를 받는 특허기업·보호회사와 국가와의 관계도 이를 공법상 특별권력관계의 하나로 보았으나, 오늘날은 그렇지 않다.

라. 공법상 사단관계

과거 농지개량조합, 산림조합 등 공공조합과 조합원의 관계를 공법상 사단관계로 보았다.

(3) 특별권력관계의 내용

종래 특별권력관계에 있어서 특별권력의 내용은 포괄적인 명령권과 징계권을 포함하는 것으로 이해되어 왔다. 그러나 만일 특별권력관계를 부정하는 입장에 선다면, 특별권력관계의 내용으로 명령권과 징계권 역시 법적 근거를 전제로만 인정될 수 있을 것이다. 특별권력관계의 내용은 그 종류에 따라 직무상 권력, 영조물권력, 감독권력, 사단권력 등으로 나누어진다.

3. 특별권력관계와 기본권, 법치주의 및 사법심사

법치주의와 기본권의 효력은 특별권력관계에서도 관철되어야 한다. 따라서 기본권을 제한하기 위해서는 헌법 제37조 제2항의 일반적 법률유보에 따라 법률의 근거가 필요하다. 또 그 경우에도 헌법 제37조 제2항의 기본권 제한의 한계(본질적 내용의 침해금지)가 준수되어야 한다. 반면, 종래 특별권력관계의 일종으로 인정된 공무원관계처럼 헌법 스스로 근로삼권을 부정 또는 제한하는 규정(제33조)을 두고 있고 또 이를 법률에서 구체화시킨 경우(국가공무원법제66조)도 있다.

특별권력관계에서의 행위에 관한 사법심사의 가능성에 관해서는 종래 전면적 부정설(절대적 구별설의 입장)과 제한적 긍정설(상대적 구별설 또는 수정설의 입장)이 주장된 바 있으나, 특별권력관계에서의 행위도 행정쟁송법상 처분성이 인정되는 경우에는 사법심사의 대상이 된다는 데 의문이 있을 수 없다.

한편, 특별권력관계에서의 행위에 대한 사법심사의 범위나 내용에 관한한, 판례의 태도는 여전히 전통적인 시각을 크게 벗어나지 않는다. 일례로 대법원은 장교 2명이 그들을 포함한 장교 5명 명의로 명예선언이란 의식행사를 가지고 기자회견을 한 행위가 군인복무규율 제38조가 금지하고 있는

'군무 외의 집단행위'에 해당하며, 특수한 신분관계에 있는 군인에 대하여 국방목적수행상 필요한 군복무에 관한 군율로서 그 규제가 합리성을 결여하였다거나 기본권의 본질적인 내용을 침해하고 있다고 볼 수도 없으므로 위 각 규정을 위헌 또는 무효의 규정이라고 볼 수 없고. 따라서 원심이 위 각 규정이 위헌이라 볼 수 없다고 한 판단은 정당하고 기본권제한이나 특별권력관계에 관한 법리를 오해한 위법이 없다고 판시하였다(대법원 90누4839 (파면처분취소)).

Ⅵ. 행정입법

1. 의 의

행정입법은 국가나 지방자치단체 등 행정주체가 정립하는 일반적·추상적 규율을 말한다. '일반적'이란 불특정 다수인에게 적용된다는 의미이며, '추상적'이란 불특정 다수의 사안에 적용된다는 의미이다. 이러한 점에서 행정입법은 개별적·구체적 성격을 가지고 있는 행정행위와 구별된다.

권력분립의 원칙에 따라 국민의 생활에 대해 규율하는 법규범은 입법부인 국회에서 제정하여야 한다. 그러나 행정의 양적·질적 확대에 따라 국회에 의한 입법원칙의 예외로서 행정기관에 의한 입법이 인정된다. 행정입법은 전문적·기술적 입법사항의 증대, 행정현상의 급격한 변화로 인한 탄력적 입법 필요성, 지역별·분야별 특수한 사정에 대한 고려 등을 이유로 이루어지고 있다.

행정입법은 대외적 구속력, 국민의 권리나 의무에 효력을 가지는지 여부에 따라 법규명령과 행정규칙으로 구분된다. 법규명령은 대외적 구속력을 가지며, 행정규칙은 대외적 구속력을 가지지 않는다.

2. 법규명령

(1) 법규명령의 의의

법규명령이란 행정기관이 정립하는 일반적·추상적 규율로서 대외적 구속력을 가지는 것을 말한다. 법규명령은 대외적 구속력을 가진다는 점에서 내부적 효력만을 가지는 행정규칙과 구별되며, 일반적·추상적 성격을 가진다는 점에서 행정행위와 구별된다.

(2) 법규명령의 종류

법률과의 관계에 따라 ① 헌법과 대등한 효력을 가지는 헌법대위명령, ② 법률과 대등한 효력을 가지는 법률대위명령, ③ 법률보다 하위의 효력을 가지는 법률종속명령으로 구분된다. 법률종속명령은 다시 위임명령과 집행명령으로 구분된다. 위임명령은 상위법령의 개별적 위임에 따라 제정되는 명령이며, 집행명령은 상위법령의 집행에 필요한 세부적인 사항을 정하는 명령이다.

제정권자에 따라 ① 대통령이 제정하는 대통령령, ② 국무총리가 제정하는 총리령, ③ 행정각부의 장관이 제정하는 부령으로 구분된다. 대통령령은 일반적으로 시행령, 총리령·부령은 시행규칙이라고 한다.

(3) 법규명령의 한계

가. 위임명령의 한계

위임명령은 원칙적으로 법률에서 규정할 사항을 행정기관이 규정하는 것이므로 법률의 수권을 필요로 한다. 법률의 수권은 일반적이고 포괄적인 수권이어서는 안 되며 구체적으로 범위를 정하여 위임하여야 한다. 즉 포괄적 위임은 금지된다. 상위법령의 위임이 없는 법규명령은 국민에 대하여 구속력을 가지지 않는다. 한편 헌법에서 법률로 정하도록 한 사항과 기본권이 본질적인 내용에 관한 사항은 법률로서 정하여야 하며 법규명령에 위임해서는 안 된다.

나. 집행명령의 한계

집행명령은 상위법령의 집행에 필요한 절차 또는 형식을 규정하는데 그쳐야 하며 새로운 입법사항을 규정하여서는 안 된다.

(4) 법규명령의 적법요건

법규명령은 헌법이나 법률에 의하여 수권을 받은 정당한 권한을 가진 기관이 제정하여야 한다(주체에 관한 요건). 또한 법령에 근거하여 제정되어야 하며, 그 내용이 상위법령에 반하여서는 안 된다(내용에 관한 요건). 이외에도 법규명령은 입법예고절차, 법조문 형식 등 법령이 정한 절차 및 형식을 거쳐 제정되어야 한다(절차 및 형식에 관한 요건).

(5) 법규명령의 하자

법규명령의 적법요건에 하자가 있으면 위법한 것이 된다. 하자 있는 법규명령의 효력과 관련하여 ① 하자가 중대하고 명백한 경우에는 무효, 그 정도에 이르지 않는 경우에는 취소라는 견해, ② 위법한 법규명령은 무효라는 견해가 있다. 법규명령은 처분성의 결여로 행정소송법상 취소소송 대상이 되지 않으므로 하자 있는 법규명령은 무효라는 견해가 타당하다.

하자있는 법규명령에 따른 행정행위는 내용상 중대한 하자를 갖는다. 따라서 근거된 법규명령의 하자가 외관상 명백하다면 무효인 행정행위, 명백하지 않다면 취소할 수 있는 행정행위가 된다.

3. 행정규칙

(1) 행정규칙의 의의

행정규칙이란 행정조직내부에서 행정조직의 운영, 행정의 사무처리기준 등을 규율하기 위하여 제정하는 일반적·추상적 규율을 말한다. 행정규칙은 일반적·추상적 성격을 가진다는 점에서 법규명령과 동일하나, 국민에 대하여 구속력을 가지지 않는다는 점에서 차이가 있다. 실무상 훈령, 예규, 고시,

규정, 운영지침 등 다양한 용어로 사용된다.

(2) 행정규칙의 성질

행정규칙은 상급기관이 하급기관에 대하여 가지는 지휘·감독권에 근거하여 제정되는 것이므로 법률의 수권을 필요로 하지 않는다. 또한 행정규칙은 행정조직 내부에서 그 기관과 구성원을 직접적 규율대상으로 하기 때문에 대내적 효력은 가지지만, 국민에 대한 일반적 구속력은 없다.

공무원이 행정규칙을 위반하더라도 대외적 구속력이 있는 법규범이 아니므로 위법의 문제는 발생하지 않으나 복종의무위반으로 징계의 원인이 될 수 있다. 다만 행정규칙의 적용과 관련하여 행정의 자기구속 원칙, 신뢰보호의 원칙을 위반하는 경우에는 위법한 것이 되며, 이 경우 국민은 공무원의 행정규칙 위반을 이유로 행정소송을 제기할 수 있다.

(3) 행정규칙의 종류

행정규칙은 형식에 따라 ① 상급기관이 하급기관에 대하여 상당히 장기간에 걸쳐 그 권한의 행사를 지휘·감독하기 위하여 발하는 명령인 '훈령', ② 상급기관이 직권 또는 하급기관의 문의에 따라 개별적·구체적으로 발하는 명령인 '지시', ③ 문서로서 반복적 행정사무의 처리 기준을 제시하는 명령인 '예규', ④ 당직·출장·시간외근무 등 일일업무에 관한 명령인 '일일명령'으로 구분된다.

규율 내용에 따라 ① 법령의 통일적 적용을 가능하게 하기 위하여 규범 해석의 지침을 제공하는 '법령해석규칙', ② 재량권 행사의 일반적 기준을 제시하는 '재량준칙', ③ 적용할 법령이 존재하지 않거나 대략적으로만 규정되어 있어 구체화가 필요한 경우 이를 대체하거나 보충하기 위하여 제정되는 '법률대체·법률보충규칙'이 있다.

(4) 행정규칙의 적법요건

① 행정규칙은 정당한 권한을 가진 기관이 제정하여야 한다. ② 내용적

로 적법·타당하고, 실현가능하며, 명확하여야 한다. ③ 행정규칙은 적당한 방법으로 표시 또는 통보되어 수범자가 그 내용을 알 수 있는 상태에 이르렀다면 효력이 발생한다. ④ 만약 행정규칙 제정과 관련하여 별도의 절차와 형식이 규정되어 있다면 이를 갖추어야 한다.

(5) 행정규칙의 하자

행정규칙이 적법요건을 갖추지 못하면 하자 있는 것으로서 위법한 행정규칙이다. 법규명령에서와 마찬가지로 행정규칙은 처분성이 없어 취소소송의 대상이 되지 못하므로 하자 있는 행정규칙은 원칙적으로 무효이다.

Ⅶ. 행정계획

1. 행정계획 의의

행정계획이란 행정에 관한 전문적·기술적 판단을 기초로 하여 특정한 행정목표를 달성하기 위하여 서로 관련되는 행정수단을 종합·조정함으로써 장래의 일정한 시점에 있어 일정한 질서를 실현하기 위하여 설정된 활동기준을 말한다. 행정계획은 활동기준을 마련하기 위하여 여러 행정수단을 종합·조정하는 과정(Planing)과 그 결과로서 설정된 활동기준(Plan)으로 구분된다. 국토계획, 도시계획 등이 행정계획에 해당한다.

2. 행정계획의 법적 성질

행정계획의 법적 성질은 행정소송의 대상이 되는지와 관련하여 특히 문제가 된다. 왜냐하면 행정소송법은 처분에 대해서만 행정소송으로 다툴 수 있다고 규정하고 있기 때문이다. 즉 행정계획의 처분성이 인정된다면 행정소송의 대상이 되고, 처분성이 인정되지 않는다면 행정소송의 대상이 되지 않는다.

행정계획의 법적 성질과 관련하여 과거에는 ① 일반적·추상적 성격을 가지는 입법행위라는 견해(입법행위설), ② 직접적으로 국민의 권리·의무에 변동을 가져오는 행정행위라는 견해(행정행위설), ③ 입법행위와 행정행위의 성질을 모두 가진다는 견해(복수성질설), ④ 입법행위도 행정행위도 아닌 독자적인 성질을 가진다는 견해(독자성설) 등 주장되었다. 그러나 행정계획은 그 종류가 매우 다양하기 때문에 ⑤ 개별적으로 법적 성질을 판단하여야 할 것이다(개별검토설). 대법원은 도시계획결정과 관련하여 그 처분성을 인정한바 있다(대법원 80누105).

3. 행정계획의 종류

행정계획은 수립주체, 기간, 성격, 대상 등의 기준에 따라 다양하게 구분된다. 예를 들면 계획기간에 따라 단기계획·중기계획·장기계획, 계획권한 행사주체에 따라 국가계획·지방자치단체의 계획, 국토·도시 등 공간을 대상으로 하는지에 따라 공간계획·비공간계획, 법적 구속력 유무에 따라 비구속적 계획·구속적 계획, 법적 구속력 정도 및 내용에 따라 명령적 계획·유도적 계획·정보제공적 계획 등으로 분류된다.

4. 행정계획의 절차

행정계획의 절차에 관한 일반법은 없다. 현행 행정절차법에는 행정계획에 관한 구체적인 내용은 규정하고 있지 않기 때문에 행정계획의 절차는 개별법에 따른다. 다만 행정절차법은 원칙적으로 모든 행정계획에 대해서 예고하고 이를 통해 국민의 의견을 수렴할 것을 규정하고 있다(행정절차법 제46조).

행정계획에 관한 개별법으로서의 국토계획법에서는 광역도시계획과 관련하여 공청회 개최(국토계획법 제14조), 지방자치단체의 의견 청취(국토계획법 제

15조), 광역도시계획의 승인(국토계획법 제16조) 및 조정(국토계획법 제17조) 등에 관한 절차를 규정하고 있다.

5. 행정계획의 통제

(1) 행정 내부적 통제

상급행정청이 하급행정청에 대하여 감독권을 행사하거나, 행정계획 수립과정에서 일정한 절차를 거치도록 하는 방법으로 행정계획에 대하여 행정 내부적으로 통제할 수 있다. 이외에도 처분성을 가지는 행정계획에 대해서는 행정심판을 통해서도 통제할 수 있다.

(2) 국회에 의한 통제

현재 행정계획에 대하여 국회가 직접적으로 통제할 수 있는 제도는 없다. 다만 국회의 예산심의, 국정감사와 국정조사, 해임건의 등의 제도를 통해 행정계획에 대하여 간접적으로 통제할 수 있다.

(3) 사법적 통제

가. 계획재량

행정계획에 대한 사법적 통제는 계획재량에 대한 법원의 심사에 관한 문제이다. 계획재량이란 행정계획을 수립·변경하는 과정에서 계획행정청에게 인정되는 재량을 의미한다. 즉 행정주체는 행정계획을 수립함에 있어 광범위한 형성권한을 가지고 있다.

만약 행정계획이 계획재량 내에서 이루어졌다면 법원은 행정계획의 위법여부에 대하여 심사할 수 없다. 다만 행정주체에게 계획재량이 인정된다고 하더라도 형량명령 등 일정한 한계를 준수하여야 한다.

나. 형량명령

형량명령(Abwägungsgebot)은 행정계획을 수립함에 있어 관련되는 모든 이익을 정당하게 형량하여야 한다는 원칙이다. 형량원칙에 따라 계획행정청은 ① 공익과 사익 등 관계되는 이익을 조사하고, ② 이익에 대한 평가를 하고, ③ 이익형량하는 단계를 거치게 된다.

　　　만약 행정계획이 형량명령의 내용을 위반하여 수립된 경우에는 위법한 계획으로서 사법심사의 대상이 된다. 형량하자는 일반적으로 ① 이익형량을 전혀 하지 않은 경우, ② 이익형량에서 고려하여야할 이익을 누락한 경우, ③ 이익형량을 하였으나 정당성·객관성이 결여된 경우에 인정된다.

6. 계획보장청구권

　　계획보장청구권은 행정계획 존속에 대한 이해관계인들의 신뢰보호와 여건 변화에 따른 행정계획의 변경 필요성 간의 조화를 달성하기 위하여 논의된다.

　　그 내용으로는 ① 행정주체에 대하여 일정한 계획의 입안을 요구할 수 있는 권리인 계획청구권, ② 행정계획의 폐지·변경에 대하여 계획의 존속을 요구할 수 있는 권리인 계획존속청구권, ③ 계획의 변경을 요구할 수 있는 권리인 계획변경청구권, ④ 기존의 계획과 다른 방향으로 계획이 집행되는 경우 기존의 계획을 따를 것을 요구할 수 있는 권리인 계획준수청구권 등이 언급된다.

　　계획보장청구권은 개별법에서 별도로 규정하고 있지 않는 한, 행정법의 일반원칙으로서의 신뢰보호의 원칙의 범주 내에서 인정할 수 있을 것이다. 판례는 주민의 도시계획입안을 요구할 수 있는 법규상 또는 조리상 신청권을 인정한바 있다(대법원 2003두1806).

Ⅷ. 행정행위

1. 행정행위의 개념

행정행위란 행정청이 구체적 사실에 관한 법집행으로서 행하는 외부에 대하여 직접적이고 구체적인 법적 효과를 발생시키는 권력적 단독행위인 공법행위를 말한다. 즉 행정행위는 ① 행정청이 행하고, ② 구체적 사실에 관한 것이어야 하고, ③ 법을 집행하는 것이며, ④ 외부에 대하여 직접적이고 구체적인 법적 효과를 가지며, ⑤ 권력적 단독행위이며, ⑥ 공법행위이어야 한다. 한편 행정행위라는 개념은 학문상 필요에 의해 만들어진 강학상 개념이며 실무상으로는 허가·인가·특허·면허·승인·하명 등 다양한 용어로 사용되고 있다.

2. 행정행위의 종류

(1) 법률행위적 행정행위와 준법률행위적 행정행위

법률행위적 행정행위란 행정청의 의사표시를 구성요소로 하고 표시된 의사의 내용에 따라 법적 효과가 발생하는 행정행위이며, 준법률행위적 행정행위란 판단·인식 등 의사표시 이외의 정신작용을 구성요소로 하고 행위자의 의사와는 무관하게 법이 정한 바에 따라 법적 효과가 발생하는 행정행위이다.

(2) 침익적 행정행위, 수익적 행정행위, 복효적 행정행위

행정행위의 효과의 성질에 따라서 침익적 행정행위, 수익적 행정행위, 복효적 행정행위로 구분된다. 침익적 행정행위란 권리를 제한하거나 의무를 부과하는 등 상대방에게 불리한 효과를 발생시키는 행정행위를 말한다(예: 과세처분). 수익적 행정행위란 상대방에게 유리한 효과를 발생시키는 행정행위를 말한다(예: 생활보조금 지급결정). 복효적 행정행위란 하나의 행정행위가 이익과 불이익을 동시에 발생시키는 행정행위를 말한다. 이중효과적 행정행위라고도 한다. 복효적 행정행위는 이익과 불이익이 동일인에게 발생하는 혼합효 행정행위와 한 사람에게는 이익을, 다른 사람에게는 불이익을 발생시키는 제 3자효 행정행위가 있다.

(3) 일방적 행정행위와 쌍방적 행정행위

일방적 행정행위는 행정청의 일방적 의사결정에 따라 법적 효과가 발생하는 것을 말하며(예: 과세처분), 쌍방적 행정행위는 신청·동의 등 상대방의 협력을 필요로 하는 행정행위를 말한다(예: 국립대학교 교수의 임명행위).

(4) 대인적 행정행위, 대물적 행정행위, 혼합적 행정행위

대인적 행정행위란 상대방의 주관적 사정에 착안하여 행해지는 행정행위를 말하며(예: 운전면허, 의사면허), 대물적 행정행위란 물건이나 시설의 객관적인 사정에 착안하여 행해지는 행정행위를 말한다(예: 건축허가). 혼합적 행정행위란 상대방의 주관적 사정과 물건이나 시설의 객관적인 사정을 모두 고려하여 행해지는 행정행위를 말한다(예: 카지노업허가).

(5) 기속행위와 재량행위

기속행위란 행정권 행사의 요건과 효과가 법에 일의적으로 규정되어 있기 때문에 법이 정한 요건이 충족되면 반드시 법에서 정해진 행위를 하여야 하는 행정행위를 말한다.

재량행위란 법에서 정한 요건이 충족되었다 하더라도 행정청이 다수의 효과 중에서 하나를 선택할 수 있는 행정행위를 말한다. 재량행위는 다시 어떠한 행위를 할 것이지 하지 않을 것인지에 관한 결정재량과 다수의 행위 중 어떤 것을 선택할 것인지에 관한 선택재량으로 구분된다.

3. 행정행위의 내용

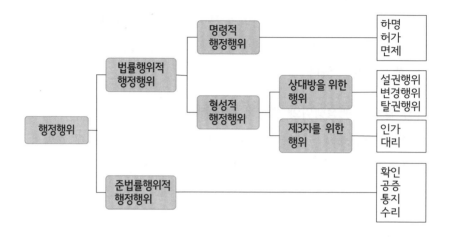

(1) 법률행위적 행정행위

가. 명령적 행정행위

명령적 행정행위란 행정청이 상대방에 대하여 작위·부작위·급부·수인 등의 의무를 부과하거나 이러한 의무를 해제하는 것을 내용으로 하는 행정행위이다. 명령적 행정행위에는 하명, 허가, 면제가 있다.

(가) 하 명

하명이란 작위·부작위·급부·수인을 명하는 행정행위를 말한다(예: 불법건축물 철거명령, 심야영업금지, 납부고지). 하명은 개인의 권리를 제한하거나 의무를 부과하는 침익적 행정행위이므로 법령의 근거를 필요로 한다. 하명에 의하여 부과된 의무를 이행하지 않으면 행정상 강제집행이 행해지고, 하명에 의하여 부과된 의무를 위반하면 행정벌이 가해진다. 다만 하명에 위반하여 행해진 행위의 법률상 효과는 부인되지 않는다(예: 불량식품 판매금지를 위반한 경우 그에 대한 행정적 제재와는 별개로 판매행위 자체는 유효).

(나) 허 가

허가란 법령에 의한 일반적·상대적 금지를 특정한 요건을 갖춘 경

우 해제하여 적법하게 일정한 행위를 할 수 있게 하는 행정행위를 말한다
(예: 영업허가, 건축허가). 금지는 반사회적·반윤리적 성격으로 인하여 어떠한
경우에도 해제될 수 없는 절대적 금지(예: 인신매매)와 헌법상 기본권에 근거
하여 자유롭게 할 수 있는 행위를 공공복리, 질서유지, 위험방지 등을 목적
으로 잠정적으로 금지한 상대적 금지(예: 무면허운전금지)로 구분된다. 이와 관
련하여 허가는 상대적 금지만을 그 대상으로 하며, 절대적 금지는 허가의
대상이 아니다. 허가는 개인이 가지는 자연적 자유를 회복시켜주는 행위라
는 점에서 정해진 요건을 충족하면 허가를 하여야 하는 기속행위이다.

(다) 면 제

법령에 의하여 부과된 작위의무, 급부의무, 수인의무를 특정한 경
우에 해제하는 행정행위를 말한다(예: 등록금납부의무 면제). 의무의 해제라는
점에서 수익적 행정행위이다.

나. 형성적 행정행위

형성적 행정행위란 상대방에게 일정한 권리, 권리능력, 포괄적 법
률관계를 발생·변경·소멸시키는 행정행위를 말한다. 형성적 행정행위는 일
정한 권리나 법률관계를 형성한다는 점에서 일정한 의무를 명하거나 해제
하는 명령적 행정행위와 구별된다. 형성적 행정행위에는 특허, 대리, 인가
등이 있다.

(가) 특 허

특허는 상대방에게 권리, 권리능력, 포괄적 법률관계를 설정하는
행위를 말한다(예: 자동차운송사업면허, 광업허가). 허가와는 달리 상대방이 본래
가지고 있지 않던 권리를 설정한다는 점이 특징이다. 실무상 면허, 허가 등
의 용어가 사용된다. 특허는 공익상 필요에 따라 개인에게 새로운 권리를
설정해 주는 행위이므로 원칙적으로 재량행위이다. 따라서 상대방이 특허
의 요건을 충족하였더라도 행정청은 특허를 하지 않을 수 있다.

(나) 인 가

인가란 타인의 법률행위를 보충함으로써 법률적 효과를 완성시켜

주는 행정행위를 말한다(예: 사립대학 설립인가, 재단법인 정관변경허가). 실무상 승인, 허가, 인허라는 용어로도 사용된다. 법률행위는 행정주체의 관여 없이도 효력이 발생하는 것이 원칙이지만 공익적 관점에서 행정청이 일정한 법률행위에 동의, 즉 인가를 함으로써 효력이 발생하도록 한다. 인가는 당사자의 신청이 있는 경우에만 할 수 있다. 한편 행정청은 인가를 할 것인지에 대해서만 결정할 수 있을 뿐 상대방의 신청과는 다른 내용으로 수정인가할 수는 없다.

(다) 공법상 대리

공법상 대리란 제3자가 하여야 할 행위를 행정청이 대신하여 행하고 법적 효과는 제3자에게 귀속시키는 행정행위를 말한다(예: 공매처분, 토지수용위원회의 토지수용재결).

(2) 준법률행위적 행정행위

가. 확 인

확인이란 특정한 사실 또는 법률관계의 존재 여부 또는 진위 여부에 대하여 의문이나 다툼이 있는 경우 공적으로 판단하여 확정하는 행정행위를 말한다. 실정법상 재결, 재정, 특허 등 다양한 용어로 사용된다(예: 당선인결정, 국가시험합격자결정, 행정심판재결). 확인을 통하여 법률관계 등이 형성되는 것은 아니다. 행정청은 일정한 요건이 존재하는 경우에는 사실이나 법률관계의 존재 여부, 진위 여부를 확인하여야 한다는 점에서 기속행위이다.

나. 공 증

공증은 특정한 사실 또는 법률관계의 존재를 공적으로 증명하는 행정행위를 말한다(예: 부동산등기, 선거인명부의 등록, 합격증 교부). 확인은 일정한 사실 또는 법률관계에 대한 의문이나 다툼을 전제로 함에 반해 공증은 의문이나 다툼을 전제하지 않는다는 점이 차이이다.

다. 통 지

특정인 또는 불특정 다수인에게 특정한 사실을 알리는 행위를 말한다(예: 납세독촉, 대집행의 계고). 준법률행위적 행정행위로서의 통지는 그 자체로서 일정한 법률효과를 발생시킨다. 따라서 법적 효과 없는 단순한 사실행위로서의 통지(예: 당연퇴직의 통보)와는 구별되어야 한다.

라. 수 리

타인의 행위를 행정청이 유효한 것으로 받아들이는 행정행위를 말한다(예: 사직서의 수리, 혼인신고서의 수리). 준법률행위적 행정행위로서의 수리는 단순한 사실행위인 도달이나 접수와는 구별된다.

4. 행정행위의 부관

(1) 부관의 의의

행정행위의 부관이란 행정행위의 효과를 제한 또는 보충하기 위하여 '주된 행정행위에 부가되는 종된 규율'을 말한다. 부관은 주된 행정행위에 종속되는 부종성(附從性)을 가지기 때문에 일반적으로 주된 행정행위가 효력을 상실하면 부관도 같이 효력을 상실한다.

(2) 부관의 종류

가. 조 건

조건이란 행정행위의 효력의 발생 또는 소멸을 장래의 불확실한 사실에 의존시키는 부관을 말한다. 조건에는 조건의 성취에 의하여 행정행위의 효력이 발생하는 정지조건(예: 주차장 설치를 조건으로 하는 여객자동차운송사업 면허)과 조건의 성취 또는 미이행으로 행정행위의 효력이 상실되는 해제조건(예: 일정 기간 내에 공사를 착수할 것을 조건으로 하는 공유수면매립면허)이 있다.

나. 기 한

기한이란 행정행위의 효력의 발생 또는 소멸을 장래에 도래할 것이 확실한 사실에 의존시키는 부관을 말한다(예: 2020년 1월 1일부터 2022년 12월 31일까지의 영업허가). 행정행위가 효력을 발생하는 기한을 시기(始期)라고 하고 효력을 상실하는 기한을 종기(終期)라고 한다.

다. 부 담

부담이란 수익적 행정행위에 작위·부작위·급부·수인 등의 의무를 부과하는 부관을 말한다(예: 영업허가시 주차장설치의무 부과). 부담은 조건, 기한과는 달리 행정행위의 일부분이 아니라 그 자체가 독립된 행정행위의 성격을 가진다.

부담의 경우 조건과의 구별이 문제가 된다. 정지조건부 행정행위는 일정한 조건의 성취에 의하여 효력이 발생하는 반면, 부담부 행정행위는 부담의 이행이 없더라도 효력이 발생한다. 해제조건부 행정행위는 일정한 조건의 성취에 의하여 효력이 소멸되는 반면, 부담부 행정행위는 부담의 이행이 없더라도 효력이 당연히 소멸되지 않는다. 다만 부담에 의해 부과된 의무의 불이행은 강제집행 또는 행정벌의 대상이 된다.

라. 철회권 유보

철회권 유보란 일정한 사유가 존재하는 경우에 행정행위를 철회할 수 있는 권한을 유보하는 행정행위를 말한다(예: 특정한 사안을 위반하는 경우 사후에 허가를 철회할 수 있다는 조건을 붙여 영업허가). 해제조건은 어떠한 사실의 발생으로 행정행위의 효력이 즉시 소멸되는 반면 철회권 유보는 행정청의 철회행위가 있어야 소멸된다는 차이가 있다.

5. 행정행위의 하자

(1) 하자의 의의

행정행위가 적법요건을 갖추지 못한 경우 위법한 것이 되며, 이를 하자 있는 행정행위라고 한다. 넓은 의미에서의 하자에는 위법한 행정행위뿐만 아니라 부당한 행정행위, 즉 재량권 행사에 합목적성이 결여된 행정행위까지 포함하기도 한다. 위법한 행정행위의 경우 항고소송을 통해 다툴 수 있으나, 부당한 행정행위는 행정심판을 통해서만 다툴 수 있다. 행정행위의 하자의 효과는 무효와 취소로 구분된다.

(2) 행정행위의 무효와 취소

가. 의 의

무효인 행정행위란 행정행위로서의 외형은 갖추고 있으나, 그 하자가 중대하고 명백하여 처음부터 아무런 효력이 발생하지 않는 행정행위를 말한다. 행정행위라고 볼 수 있는 외형조차 존재하지 않는 행정행위의 부존재와 구별된다.

취소할 수 있는 행정행위란 하자가 있음에도 불구하고 권한 있는 기관이 취소하기까지는 유효한 행정행위로서의 효력을 가지며, 권한 있는 기관의 취소에 의하여 비로소 효력을 상실하는 행정행위를 말한다.

나. 무효와 취소의 구별실익

1) 행정행위의 효력   무효인 행정행위는 처음부터 행정행위로서의 효력이 전혀 발생하지 않는다. 따라서 공정력, 불가쟁력, 강제력 등의 효력이 인정되지 않는다. 취소할 수 있는 행정행위는 행정청, 법원 등 권한 있는 기관에 의하여 취소될 때까지는 행정행위로서의 효력이 인정된다.

2) 행정쟁송의 형태   무효인 행정행위는 무효등확인심판 또는 무효등확인소송으로 무효확인을 구할 수 있다. 취소할 수 있는 행정행위는 취소심판 또는 취소소송으로 취소를 구할 수 있다.

3) 사정재결 및 사정판결   무효인 행정행위의 경우 사정재결·사정판결에 의해 유지할 유효한 행정행위가 애초에 존재하지 않는다. 따라서 취소할 수 있는 행정행위에 대해서만 사정재결 및 사정판결이 인정된다.

4) 하자의 치유와 전환   원칙적으로 하자의 치유는 취소할 수 있는 행정행위에 대해서만 인정된다. 하자의 전환은 무효인 행정행위에 대해서만 인정된다.

다. 무효와 취소의 구별기준

무효와 취소의 구별기준으로 중대명백설, 중대설, 명백성 보충요

건설 등의 견해가 있으나, 통설·판례는 중대명백설을 취하고 있다.

중대명백설에 따르면 행정행위의 하자가 중대하고, 그것이 외관상 명백한 경우에는 무효이다. 그러나 행정행위의 하자가 중대하지만 명백하지 않거나, 명백하지만 중대하지 않은 경우에는 취소할 수 있는 행정행위에 불과하다.

법치행정의 원칙에 따르면 행정행위의 적법요건에 하자가 있으면 효력을 인정하지 않는 것이 바람직하지만 행정의 실효성 확보, 법적 안정성, 신뢰보호의 차원에서 무효와 취소를 구별하고, 그 하자가 중대·명백하지 않은 경우에는 권한 있는 기관이 취소하기 전까지는 그 효력을 인정하고 있는 것이다.

6. 행정행위의 효력소멸

(1) 행정행위의 폐지

행정행위의 폐지란 행정청 또는 법원 등의 의사표시에 의하여 행정행위의 효력을 상실시키는 것을 말한다. 행정행위의 폐지에는 위법·부당한 행정행위를 폐지하는 행정행위의 취소와 적법한 행정행위를 폐지하는 행정행위의 철회가 있다.

가. 행정행위의 취소

행정행위의 취소는 위법·부당한 행정행위의 효력을 상실시키는 것으로서 직권취소와 쟁송취소가 있다. ① 직권취소란 쟁송제기와는 상관없이 행정청이 스스로 행정행위를 취소하는 것을 말한다. 처분청은 별도의 법적근거 없이도 취소권을 행사할 수 있으나 감독청은 법령상 명문의 규정이 있는 경우에만 취소권을 가진다. ② 쟁송취소란 위법·부당한 행정행위로 인하여 권익침해를 받은 상대방이나 이해관계인이 행정심판이나 행정소송 등 쟁송제기를 통해 행정행위를 취소하는 것을 말한다.

나. 행정행위의 철회

행정행위의 철회란 적법·유효하게 성립한 행정행위에 대하여 그 효력을 더 이상 존속시킬 수 없는 새로운 사정의 발생을 이유로 장래에 향하여 소멸시키는 독립한 행정행위를 말한다. 실정법에서는 취소라는 용어로 사용된다. 철회는 처분청만이 할 수 있으며 법령에 규정이 없다면 감독청은 철회권이 없다.

(2) 행정행위의 실효

행정행위의 실효란 적법·유효하게 성립한 행정행위의 효력이 일정한 사실의 발생으로 인하여 장래에 향하여 소멸하는 것을 말한다. 행정청의 의사와 무관하게 일정한 사실의 발생으로 그 효력이 소멸한다는 점에서 행정행위의 취소 및 철회와는 구별된다. 실효사유로는 ① 대상의 소멸(예: 운전면허를 받은 사람의 사망으로 인한 운전면허실효), ② 목적의 달성(예: 철거명령 대상물의 화재로 인한 소실), ③ 부관의 성취(종기의 도래) 등이 있다. 실효사유가 발생하면 행정행위는 행정청의 별도의 행위 없이 당연히 효력이 소멸된다.

IX. 행정의 실효성 확보수단

1. 의 의

행정목적을 달성하기 위해서는 행정의 상대방이 행정상 의무를 이행하고 준수하여야 한다. 만약 상대방이 이러한 의무를 불이행하거나 위반한다면 행정목적 달성이 불가능하게 된다. 이러한 경우에 행정의 실효성 확보수단이 중요한 의미를 가진다. 전통적으로 행정의 실효성 확보수단은 행정상 강제집행과 행정상 즉시강제 등 직접적 강제수단과 행정벌 등 간접적 강제수단으로 구분된다. 그러나 이러한 전통적인 수단만으로는 행정의 실효성을 확보하

기 어려운 경우가 있기에 과징금, 가산금, 명단공표 등 새로운 수단도 등장
하고 있다

직접적 강제수단 (행정강제)	행정상 강제집행	대집행
		이행강제금(집행벌)
		직접강제
		강제징수
	행정상 즉시강제	
간접적 강제수단	행정벌	행정형벌
		행정질서벌
	새로운 실효성 확보수단	금전적 수단(과징금, 가산금 등)
		비금전적 수단 (명단공표, 공급거부, 관허사업제한 등)

2. 행정상 강제집행

행정상 강제집행이란 행정상 의무의 불이행이 있는 경우에 행정주체가
의무자의 신체 또는 재산에 실력을 가하여 그 의무를 이행시키거나 이행한
것과 동일한 상태를 실현하는 행정작용을 말한다. 의무의 존재와 그 불이행
을 전제로 한다는 점에서 행정상 즉시강제와 구별된다.

(1) 대집행

가. 대집행의 의의

대집행이란 대체적 작위의무(다른 사람이 대신하여 이행할 수 있는 작위의무)
를 의무자가 이행하지 않는 경우 행정청이 스스로 의무자가 하여야 할 행
위를 하거나 제3자로 하여금 이를 하게 하고 그 비용을 의무자로부터 징수
하는 것을 말한다. 일반법으로 행정대집행법이 있다.

나. 대집행의 주체

대집행의 주체는 의무를 부과한 당해 행정청이다. 당해 행정청의

위임이 있으면 다른 행정청도 대집행의 주체가 될 수 있다. 그러나 당해 행정청의 위임을 받아 대집행을 실행하는 제3자는 대집행의 주체가 아니다.

다. 대집행의 요건

대집행의 요건은 행정대집행법 제2조에서 규정하고 있다. 행정청이 대집행을 하기 위해서는 ① 공법상 대체적 작위의무의 불이행이 있어야 하며(예: 철거명령), ② 다른 수단으로는 그 이행을 확보하기 곤란하고, ③ 그 불이행을 방치하는 것이 공익을 심하게 해치는 것으로 인정되어야 한다.

라. 대집행의 절차

대집행의 절차는 행정대집행법 제3조에서 규정하고 있다. 대집행은 ① 계고(상당한 이행기한을 정하여 그 기한까지 이행하지 않을 경우 대집행을 한다는 의사를 사전에 문서로 통지하는 행위), ② 대집행영장에 의한 통지(대집행 시기, 집행책임자의 성명, 대집행 비용 등 통지), ③ 대집행의 실행, ④ 비용징수(의무자가 비용을 납부하지 않는 경우 강제징수)의 단계로 행해진다.

(2) 이행강제금

이행강제금이란 일정한 기한까지 작위의무나 부작위의무를 이행하지 않을 경우 금전적 불이익을 과할 것을 계고함으로써 의무자에게 심리적 압박을 가하여 의무이행을 확보하는 수단을 말한다. 이행강제금은 장래에 대한 의무이행을 확보하기 위한 수단이라는 점에서 과거의 의무불이행에 대한 제재인 행정벌과는 구별된다. 따라서 이행강제금과 행정벌은 병과될 수 있다.

(3) 직접강제

직접강제란 행정상 의무의 불이행이 있는 경우에 의무자의 신체나 재산에 실력을 가하여 의무의 이행이 있는 것과 동일한 상태를 실현하는 작용을 말한다(예: 영업소의 폐쇄조치, 외국인의 강제퇴거). 직접강제는 작위의무, 부작위의무, 수인의무 등 모든 의무를 대상으로 한다.

(4) 강제징수

강제징수란 행정상 금전급부의무를 이행하지 않는 경우 행정청이 의무자의 재산에 실력을 가하여 의무의 이행이 있는 것과 동일한 상태를 실현하는 작용을 말한다. 행정상 강제징수에 관한 일반법은 없으나 국세징수법이 사실상 일반법으로서의 기능을 하고 있다.

3. 행정상 즉시강제

행정상 즉시강제란 급박한 위험이나 장해를 제거할 필요가 있지만 미리 의무를 명할 시간적 여유가 없는 경우, 또는 그 성질상 미리 의무를 명해서는 목적을 달성할 수 없는 경우에 직접 상대방의 신체 또는 재산에 실력을 가하여 행정상 필요한 상태를 실현하는 행정작용을 말한다(예: 주차위반차량의 견인조치, 전염병환자의 강제입원). 즉시강제는 행정상 의무부과 및 그 불이행을 전제하지 않는다는 점에서 직접강제 등 행정상 강제집행과 구별된다.

4. 행정벌

행정벌은 행정법상 의무위반에 대하여 제재로서 가하는 처벌을 말한다. 행정벌에는 행정형벌과 행정질서벌이 있다. ① 행정형벌은 행정법상 의무위반에 대하여 형법상 규정되어 있는 형벌(사형·징역·금고·자격상실·자격정지·벌금·과료·구류·몰수)을 가하는 행정벌을 말한다. ② 행정질서벌은 행정법상 의무위반에 대하여 과태료를 부과하는 행정벌을 말한다.

X. 행정구제법

행정구제(Verwaltungsrechtsschutz)란 행정작용으로 인하여 자기의 권리·이익이 침해되었거나 침해될 것이라 주장하는 자가 국가기관(법원, 행정기관, 헌법재판소 등)에 원상회복, 손해전보 또는 문제된 행정작용의 취소·변경이나 기타 피해구제·예방조치 등을 요구하고 이에 응해 사건을 심리·판정하는 일련의 절차로 이에 관한 법을 총칭하여 행정구제법이라 부른다.

현행법상 행정구제를 받는 가장 주된 방법으로는 행정상 손해전보와 행정쟁송이 있다. 전자는 행정작용으로 국민이 입은 손해를 금전적으로 전보(塡補), 즉 되갚아 주는 제도로 위법한 행정작용으로 인한 권익침해에 대해서는 행정상 손해배상(국가배상)이, 적법한 행정작용으로 인한 권익침해에 대해서는 이해조정수단인 행정상 손실보상이 주어진다. 후자는 행정기관이 행한 행위(또는 부작위)의 효력 내지 법률관계의 당부를 다투는 방법인데, 다시 행정심판과 행정소송으로 나뉜다. 전통적인 행정구제법의 내용은 크게 네 가지 전형적인 사후적 구제방법에 대한 법적 규율로 구성된다.

현대 행정구제법은 행정에 대한 사후적 권리구제와 법적 통제를 중심으로 한 전통적 체계를 기본적으로 유지하면서도 다양한 시각변화와 중점이동 경향을 보인다. 행정구제는 국민의 권익을 실질적이고 효과적으로 보호할 수 있어야 하므로 전형적인 행정구제수단을 지속적으로 개선해 나가야 한다. 행정구제법이 점차 행정절차나 옴부즈만(Ombudsman)제도, 행정과 관련된 각종 분쟁조정제도 등 행정에 대한 절차적·사전적 통제를 지향하여 발전하는 양상을 보이는 것이 바로 그 변화의 결과이다. 1998년부터 시행된 행정절차법에 따라 법적 기반을 확보한 행정절차제도 역시 사전적 권리구제기능을 수행할 수 있다.

1. 행정상 손해전보

(1) 국가배상

사인이 위법한 행위에 의하여 타인에게 손해를 가한 경우 이를 가해자가 배상해야 한다는 것은 당연한 법적 정의의 요청이다. 헌법은 제29조 제1항에서 '공무원의 직무상 불법행위로 손해를 받은 국민은 법률이 정하는 바에 의하여 국가 또는 공공단체에 정당한 배상을 청구할 수 있다. 이 경우 공무원 자신의 책임은 면제되지 아니 한다'고 규정한다. 이처럼 국가배상청구권은 단순히 재산권보장의 결과가 아니라 청구권적 기본권의 하나로 헌법에 보장되어 있다.

국가배상법은 국가배상책임을 제2조에 따른 공무원의 직무상 불법행위로 인한 책임과 제5조에 따른 영조물설치·관리 하자로 인한 책임, 두 가지 유형으로 구분하여 규정하고 있다.

가. 공무원의 위법한 직무행위로 인한 손해배상

헌법 제29조 제1항에 따라 국가배상법은 제2조에서 공무원의 위법한 직무행위로 인한 국가배상책임을 명문으로 인정한다. 이에 따르면 국가나 지방자치단체는 공무원 또는 공무를 위탁받은 사인이 직무를 집행하면서 고의 또는 과실로 법령을 위반하여 타인에게 손해를 입히거나, '자동차손해배상 보장법'에 따라 손해배상의 책임이 있을 때에는 이 법에 따라 그 손해를 배상하여야 하며, 그 피해자는 국가 또는 지방자치단체를 상대로 국가배상을 청구할 수 있는 권리가 인정된다(국가배상법 제2조 제1항 본문). 한편 국가배상법은 제2조 제2항에서 '제1항 본문의 경우에 공무원에게 고의 또는 중대한 과실이 있는 때에는 국가나 지방자치단체는 그 공무원에게 구상할 수 있다'고 규정하여 가해공무원의 구상책임과 국가 또는 지방자치단체의 구상권을 인정하고 있다.

공무원이 직무상 불법행위를 하여 국가나 지방자치단체가 배상책임을 지는 경우 그 가해공무원 개인이 배상책임을 부담하는 것은 고의 또는 중과실이 있는 경우에 한하며, 경과실뿐인 경우에는 공무원 개인은 손해배상책임을 부담하지 않는다는 것이 대법원의 판례이다.

나. 영조물하자로 인한 국가배상

공공시설 또는 공적 관리(공공단체의 비권력적 행정) 하에 있는 사회간접자본 내지 하부구조(Infrastruktur)로부터 야기되는 위험의 정도나 영향범위가 확대일로를 걷고 있는 오늘날 그 중요성이 점점 더 커지고 있는 법제도가 바로 국가배상법 제5조에 따른 공공시설 등의 하자로 인한 책임, 즉 '영조물책임'이다. 우리나라에서는 유명한 망원동수해사건, 여의도광장질주사건 등을 통하여 그 제도적 가치가 부각된 바 있다.

국가배상법은 제5조에서 '도로·하천, 그 밖의 공공의 영조물(영조물)의 설치나 관리에 하자(하자)가 있기 때문에 타인에게 손해를 발생하게 하였을 때에는 국가나 지방자치단체는 그 손해를 배상하여야 한다'고 규정하고(국가배상법 제5조 제1항 본문) '제1항을 적용할 때 손해의 원인에 대하여 책임을 질 자가 따로 있으면 국가나 지방자치단체는 그 자에게 구상할 수 있다'(국가배상법 제5조 제2항)고 규정한다. 이는 공작물책임을 규정한 민법 제758조에 상당하는 규정이지만 그 대상의 범위를 확대하였고 점유자의 면책규정을 두지 않았다는 점이 다르다.

(2) 손실보상

행정상 손실보상이란 공공필요에 의한 공권력행사로 인해 국민의 재산에 가해진 특별한 손해에 대하여 전체적인 평등부담의 견지에서 행해지는 재산적 보상을 말한다. 행정상 손실보상은 전술한 바와 같이 국가배상과 더불어 행정상 손해전보체계의 양대 축을 이룬다.

손실보상에 대해서는 첫째, 적법한 행위로 인한 재산권침해에 대한 보상이라는 점, 둘째, 공권력행사로 인한 손실의 보상이라는 점, 셋째, 특별한 희생에 대한 조절적 보상이라는 점이 중요하다.

행정상 손실보상의 근거에 대해서는 특히 보상규정없는 법률에 의한 재산권의 수용·사용·제한이 이루어진 경우 헌법 제23조 제3항을 근거로 직접 손실보상청구권을 행사할 수 있는지와 관련하여 ① 방침규정설, ② 직접효력설, ③ 위헌무효설, ④ 간접효력설 또는 유추적용설이 대립한다. 판례의 입장은 종래에는 일관되어 있지 않았으나 헌법재판소는 1998. 12. 24. 선고 89헌마214결정을 통해 구도시계획법 제21조에 규정된 개발제한구역제도 그 자체는 원칙적으로 합헌적인 규정이지만, 개발제한구역의 지정으로 말미암아 일부 토지소유자에게 사회적 제약의 범위를 넘는 가혹한 부담이 발생하는 예외적인 경우에 대하여 보상규정을 두지 않은 것은 위헌이라는 헌법불합치결정을 내렸다(헌법재판소 89헌마214(도시계획법 제21조에 대한 위헌소원)).

2. 행정쟁송

(1) 행정심판

가. 행정심판의 개념과 존재이유

헌법은 제107조 제3항에서 '재판의 전심절차로서 행정심판을 할 수 있다. 행정심판절차는 법률로 정하되 사법절차가 준용되어야 한다'고 규정함으로써 행정심판의 헌법적 근거를 분명히 하고 있다. 여기서 행정심판이란 실질적 의미의 행정심판, 행정심판이란 행정기관에 의한 분쟁해결절차 일반을 말한다. 가령 행정심판, 이의신청(광업법 제90조; 국세기본법 제55조), 재결신청, 심사청구·심판청구(국세기본법 제55조 이하) 등 다양한 명칭으로 표현되는 절차이다(광의의 행정심판). 형식적 의미의 행정심판은 행정심판법 제1조에서 규정한 '행정청의 위법 또는 부당한 처분이나 부작위로 침해된 국민의 권리 또는 이익을 구제'하는 절차를 말한다.

행정심판은 행정소송의 사전구제절차로서 기능할 뿐만 아니라 그 자체가 독자적인 행정상 불복·구제절차이기도 하다. 행정심판의 존재이유는 첫째, 자율적 행정통제, 즉 행정의 자기통제 및 행정감독을 가능케 한다는 점, 둘째, 행정의 전문·기술성이 날로 증대됨에 따라 법원의 판단능력의 불충분성이 의문시되는 문제영역들에 있어 행정의 전문지식을 활용할 수 있도록 함으로써 사법기능의 보충을 기대할 수 있다는 점, 셋째, 분쟁을 행정심판단계에서 해결할 수 있다면 이를 통하여 법원부담의 경감, 행정능률의 고려, 시간과 비용의 절감(爭訟經濟)을 기할 수 있다는 점 등에 있다.

나. 행정심판법상 행정심판의 종류

일반적으로 행정심판을 행정심판법에 의한 것과 다른 개별법에 의한 것으로 나누고 후자를 특별행정심판이라고 부른다. 행정심판법은 제4조에서 특별행정심판의 남설(濫設)을 방지하기 위하여 그 특례의 신설이나 변경을 엄격히 제한하고 있다. 행정심판의 종류는 다음과 같다.

(가) 취소심판

취소심판이란 '행정청의 위법 또는 부당한 처분을 취소하거나 변경하는 행정심판'이다(행정심판법 제5조 제1호). 위법 또는 부당한 행정처분으로 인하여 권리나 이익을 침해당한 자가 그 재심사를 청구하는 복심적(覆審的) 항고쟁송절차이다. 취소심판 청구가 이유 있다고 인정되면 취소·변경재결을 한다. 계쟁처분을 직접 취소·변경하거나(형성재결), 처분청에게 처분의 취소·변경을 명할 수 있다(이행재결:행정심판법 제43조 제3항). 다만 심판청구가 이유 있다고 인정되는 경우에도 이를 인용하는 것이 현저히 공공복리에 적합하지 아니하다고 인정할 때 심판청구를 기각하는 사정재결(事情裁決)을 할 수 있다(행정심판법 제44조 베1항).

(나) 무효등확인심판

무효등확인심판이란 '행정청의 처분의 효력 유무 또는 존재 여부를 확인하는 행정심판'이다(행정심판법 제5조 제2호). 그 확인의 대상에 따라 다시 유효확인심판, 무효확인심판, 실효확인심판, 존재확인심판 및 부존재확인심판으로 나뉜다.

(다) 의무이행심판

의무이행심판이란 '당사자의 신청에 대한 행정청의 위법 또는 부당한 거부처분이나 부작위에 대하여 일정한 처분을 하도록 하는 행정심판'

이다(행정심판법 제5조 제3호). 급부행정 등의 영역에서 개인생활의 행정의존성이 증대됨으로 인하여 거부처분이나 부작위와 같은 소극적 행정작용 또한 적극적인 행정작용으로 인한 권익침해 못잖은 침해적 효과를 갖는다는 사실이 인식되게 되었고 이러한 인식의 전환에 따라 현행 행정심판법을 통하여 신설된 행정심판유형이 이 의무이행심판이다. 의무이행심판은 행정청에게 일정한 처분을 할 것을 명하는 재결을 구하는 것이므로 당연히 이행쟁송에 해당한다. 심판청구가 이유 있다고 인정되면 위원회는 지체 없이 신청에 따른 처분을 하거나(형성재결), 처분을 할 것을 피청구인에게 명하는 재결(이행재결)을 한다(행정심판법 제43조 제5항). 피청구인이 재결의 취지에 따른 처분을 하지 아니하는 때에는 위원회는 당사자가 신청하면 기간을 정해 서면으로 시정을 명하고 그 기간 내에 이행하지 아니 하면 직접 처분을 할 수 있다(행정심판법 제50조 제1항). 다만, 처분의 성질이나 그 밖의 불가피한 사유로 위원회가 직접 처분을 할 수 없는 경우에는 그렇지 않다(§ 50 ① 단서)

위원회는 제1항 본문에 따라 직접 처분을 하였을 때에는 그 사실을 해당 행정청에 통보하여야 하며, 그 통보를 받은 행정청은 위원회가 한 처분을 자기가 한 처분으로 보아 관계 법령에 따라 관리·감독 등 필요한 조치를 하여야 한다(행정심판법 제50조 제2항).

(2) 행정소송

행정소송이란 행정작용으로 위법하게 권익을 침해받은 자가 독립된 제3자기관인 법원에 제기하는 소송, 즉 행정법상 분쟁에 대한 재판 형식의 쟁송을 말한다. 행정소송은 일면 행정법상 법률관계에 관한 분쟁해결절차인 행정쟁송이라는 점에서 같은 司法作用에 속하는 민사소송, 형사소송과 구별되며, 타면 약식쟁송인 행정심판과 달리, ① 심판기관이 독립된 제3자인 법원이며, ② 당사자대립구조(대심구조: adversary system) 아래 구술변론·증거조사 등 당사자의 공격방어권이 절차적으로 보장되어 있다는 점에서 정식쟁송에 해당한다.

행정소송의 제도적 목적은 국민의 권리보호와 행정의 법적 통제에 있다. 행정소송의 양면적 목표는 행정법의 기본원리인 법치행정의 원리, 즉,

법치국가원칙 또는 '법의 지배' 원리로부터 도출되는데, 행정소송은 사후적 권리구제절차로서의 측면과 행정통제제도로서의 측면을 아울러 지니고 있다. 행정소송의 궁극적 목적은 어디까지나 국민의 권익보호이다.

가. 행정소송의 일반적 절차

(가) 행정소송의 절차구조

행정소송의 절차구조는 다음 그림에서 보는 바와 같이 원고와 피고를 당사자로 하는 다툼이 원고의 소송제기에 의하여 개시되고 이에 대한 심리를 통하여 법원이 절차의 산물(output)로서 판결을 내림으로써 종료되는 일련의 과정으로 이루어진다. 행정소송은 크게 원고에 의한 취소소송의 제기와 법원의 심리·판결의 두 가지 단계로 나뉜다.

<행정소송의 절차>

판결에 따른 조치
직권시정

원고 또는 참가인

절차개시

소제기

피고
(행정청·국가)

소장송달
각종결정

각종
신청

관할법원

답변서 등 제출

-제척·기피·회피
  결정·허가
-각종 결정·허가
-소변경허가
-판결경정결정

소송판결

심리/증거조사

소송종결

본안판결

(나) 행정소송의 제기

행정소송도 일반민사소송과 마찬가지로 오로지 원고의 소송제기에 의해서만 개시될 수 있다. '소 없으면 재판 없다'. 일반적으로 행정소송의 분쟁해결절차, 즉 사법작용으로서의 본질에서 연유하는 결과이다. 행정소송은 그것이 행정통제 목적에 기여할지라도 어디까지나 수동적 절차이지 능동적 절차는 아니다.

(다) 행정소송의 심리와 종료

행정소송이 제기됨으로써 이를 심리하고 판결할 구속을 받게 된 법원은 먼저 소송이 적법하게 제기되었는지 여부를 심사하게 된다. 심사대상은 행정소송이 적법하게 제기되었는가 하는 것인데, 이를 일반적으로 '행정소송의 제기요건' 또는 '소송요건'(Prozeßvoraussetzungen)이라고 부른다. 행정소송의 제기요건에 관한 문제는 본안심리의 필요유무를 결정하는 관건이 되는 문제이므로 법원은 당사자의 주장유무와 무관하게 이를 직권으로 심사해야 하며, 만일 그 중 어느 하나만 결여하면 법원은 본안에 들어가지 아니 하고 소를 부적법한 것으로 각하한다.

<행정소송의 일반소송요건>
① 대한민국의 재판권: 대한민국이 재판권을 갖는가
② 행정소송사항: 행정소송이 가능한 사항에 관한 것인가
③ 법원의 관할권: 법원이 사물 및 토지관할을 가지는가
④ 당사자능력: 원고나 피고등이 당사자가 될 수 있는 능력을 보유하고 있는가
⑤ 소송능력: 당사자가 소송행위를 할 능력을 보유하고 있는가
⑥ 소송대리인의 자격: 소송대리인이 적법한 자격을 보유하고 있는가
⑦ 소제기의 형식: 소정의 방식과 제소기간 등을 준수했는가
⑧ 재소금지: 동일한 사안에 대한 확정판결이 있는가
⑨ 중복제소금지: 동일사안에 대한 소송이 다른 법원에 이미 계속되어 있지 않은가
⑩ 소의 이익: 소송을 통한 권리보호의 필요가 있는가

<취소소송의 제기요건(특별소송요건)>
당사자: 처분등의 취소를 구할 법률상 이익(원고적격)이 있는 자가 처분청
    을 피고로 하여 관할법원에 소송을 제기하였는가
소송의 대상: 행정청의 처분등을 대상으로 제기한 것인가
청구의 취지: 처분등의 위법을 주장하여 그 취소를 구하는 것인가
소제기의 방식: 소정의 방식(訴狀등)을 준수했는가
소제기기간: 소정의 제소기간을 준수했는가
전심절차 경유: 행정심판을 먼저 거쳐야 하는 경우 행정심판의 재결을 거
    쳤는가

취소소송의 경우 가장 빈도 높은 소각하 요인으로 원고적격, 처분
성 및 제소기간이 꼽힌다.

요건심리 결과 소가 적법하게 제기되었다고 판단되면 법원은 당사
자가 제기한 권리보호의 주장(Rechtsschutzbegehren), 즉 청구의 당부를 심
사·판단하여 결론을 내려야 한다. 소의 실체적 내용에 대한 심리를 본안심
리라고 한다. 본안심리는 당사자가 제출한 공격방어방법에 관하여 증거조
사를 통한 사실인정 및 법해석을 통한 법적 판단을 내림으로써 원고의 청
구가 이유 있는지 여부를 판단하기 위한 절차이다.

행정소송 심리 결과 사건이 종국판결을 내릴 수 있을 만큼 성숙되
었다고 판단되면 법원은 심리를 종결하고 판결을 내리게 된다. 청구가 이
유 있다고 인정되면 법원은 청구인용의 판결을 내린다. 다만 취소소송의
경우, 소송청구가 이유 있다고 인정되는 경우에도 이를 인용하는 것이 현
저히 공공복리에 적합하지 아니하다고 인정할 때에는 소송청구를 기각하
는, 이른바 사정판결이란 제도가 인정된다(§ 28 ①). 만일 청구가 이유 없다
고 판단되는 경우에는 청구기각의 판결을 내린다. 소 취하등 특별한 사정
이 없는 한 행정소송의 절차는 이 같은 종국판결로 일단 종료되고, 이 종국
판결은 상소기간의 도과나 상소권의 포기 등과 같은 일정한 사유에 의하여
확정됨으로써 행정소송법 소정의 효력을 발하게 된다.

<저자 약력>

강동욱
한양대학교(법학사, 법학석사. 법학박사)
사법시험, 행정고시 출제위원
현 동국대 법과대학·법무대학원장 겸 인권·
　장애학생지원센터장
「형사소송법」(공저) 외

김기영
서울대학교(법학사, 법학석사)
위스콘신대학(법학박사)
사법고시, 행정고시, 외무고시 합격
서울지방법원 판사 역임
사법시험, 7급 및 지방공무원시험 등 시험
　위원
현 조선대학교 법과대학 교수
"국제거래법사례" 외

김동민
서울대학교(법학사, 법학석사. 법학박사)
사법시험, 공인회계사, 세무사, 법무사, 행
　정고시(PSAT) 출제위원
공인회계사회 강사, 국세공무원교육원 강사
현 상명대학교 지적재산권학과 교수
"회사분할에서 소수주주 및 채권자보호에
　관한 연구" 외

김봉수
동국대 일반대학원 법학과 형사법 박사
동국대학교 법과대학 강사, 중앙경찰학교
　형사법 강사, 여주대학 경찰경호과 강
　사 등 역임
현 김천대학교 경찰행정학과 학과장

김홍영
서울대학교(법학사, 법학박사)
서울지방노동위원회 공익위원 역임
현 성균관대학교 법학전문대학원 교수
　중앙노동위원회 공익위원

남선모
동국대학교(법학박사)
사법시험, 검찰사무관특별승진 출제위원
현 세명대학교 사회과학대학 법학과 교수
「여성과 법률」 외

박원규
경찰대학 법학과 졸업
독일 프라이부르크대학 법학석사(LL.M.)
독일 프라이부르크대학 법학박사(Dr.jur.)
현 국립군산대학교 법학과 교수

변환철
서울대학교 법과대학 졸업
중앙대학교법학전문대학원 교수, 부산지방
　법원·인천지방법원·서울동부지방법원·
　서울중앙지방법원 판사 역임
현 변호사

송강직
동아대학교(법학사),
　일본 와세다대학(석사 및 법학박사과정
　수료), 일본 호세이대학(법학박사)
사법시험, 공인노무사시험 출제위원
현 동아대학교 법학전문대학원 교수
「한국노동법」 외

유주성
경찰대학 법학사
프랑스 파리10대학교 법학석사·법학박사
5급·7급·9급 공무원선발시험, 경찰간부·순
　경공채·법학특채시험 출제위원
현 창원대학교 법학과 교수

이동률
건국대학교(법학사, 법학석사. 법학박사)
사법시험, 행정고시, 입법고시, 변리사시험
　출제위원
일본 게이오대학 방문교수
현 건국대학교 법학전문대학원 교수
「민사소송의 당사자론」 외

이성우
서울대학교(법학사, 법학석사. 법학박사)
현 동아대학교 법학전문대학원 교수

이준형
서울대학교(법학사, 법학석사. 법학박사)
사법시험 출제위원
현 한양대학교 법학전문대학원 교수
"수급인의 하자담보책임에 관한 연구" 외

장용근
서울대학교 법과대학 헌법박사
현 홍익대학교 법과대학 교수
"전자민주주의와 재정법" 외

조용만
서울대학교(법학사, 법학박사)
중앙노동위원회 공익위원 역임
현 건국대학교 법학전문대학원 교수
　서울지방노동위원회 공익위원

홍준형
서울대학교 법과대학 및 대학원 법학과졸
독일 Göttingen대학교 법학박사(Dr.iur.)
현 서울대학교 행정대학원 교수

황태윤
법학박사(한국외국어대학교)
변호사, 사법연수원 32기 수료
현 전북대학교 법학전문대학원 교수

법학입문

초판인쇄 2020. 3. 10
초판발행 2020. 3. 20
저 자   홍준형 외
발행인   황 인 욱
발행처   도서출판 **오 래**

서울특별시마포구 토정로 222 406호
전화: 02-797-8786,8787; 070-4109-9966
Fax: 02-797-9911
신고: 제2016-000355호

ISBN 979-11-5829-057-3 93360

http://www.orebook.com
email orebook@naver.com

정가 24,000원